N・グレゴリー・マンキュー［著］
足立英之＋石川城太＋小川英治＋地主敏樹＋中馬宏之＋柳川　隆［訳］

東洋経済新報社

キャサリン，ニコラス，そしてピーターへ
私の次世代へのもう一つの贈りもの

Original Title
Principles of Economics, Eighth Edition
by N. Gregory Mankiw

学生への序文

「経済学は，日常生活における人々を研究するものである．」19世紀の偉大な経済学者であるアルフレッド・マーシャルは，『経済学原理』にこのように書いた．マーシャルの時代と比べると経済に関する研究は大いに進歩したが，経済学のこの定義は，いまもなおその初版が出版された1890年当時と同じくらい正しい．

21世紀のはじまりにおいて，学生であるあなたが，なぜ経済学を学ぶべきなのだろうか．それには，三つの理由があると思う．

経済学を学ぶ第1の理由は，自分が暮らしている世界を理解するのに役立つということである．あなたの好奇心をそそるような問題が，経済に関してもたくさんあるはずである．ニューヨークでアパートをみつけるのが，なぜそんなに難しいのか．航空会社は，土曜夜の一泊を含んだ往復旅行に対して，なぜ運賃を下げるのか．ロバート・ダウニー・ジュニアは，映画スターであることで，どうしてあれほど高い報酬を得られるのか．多くのアフリカ諸国の生活水準はどうして非常に低いのか．インフレ率の高い国々がある一方で，物価が安定している国々もあるのはなぜか．就職するのが容易な年と，困難な年とがあるのはなぜか．これらは，経済学の講義があなたの考察を助ける諸問題のごく一部にすぎない．

経済学を学習する第2の理由は，経済へのより機敏な参加者になるためである．あなたも生きていくにつれて，経済に関連する多くの決定を下さなければならなくなる．学生であるときには，何年間在学するかを決める．働きはじめれば，自分の所得のどれだけを消費に向け，どれだけを貯蓄し，そしてその貯蓄をどのように運用するかを決めることになる．自分で商売をはじめたり，大きな会社を経営するようになれば，自分の商品にどれだけの価格をつけるかを決めなければならない．本書の諸章で修得することになる洞察によって，そうした意思決定をどのように下せばよいかについて，新鮮な考え方ができるようになるだろう．経済学を学ぶだけで金持ちになれるわけではないが，そうなるのを手助けする道具のいくつかを身につけることはできるのである．

経済学を学ぶ第3の理由は，経済政策の可能性と限界をよりよく理解できるようになるためである．経済に関する問題は，市長室，知事公邸やホワイトハウスにいる政策立案者たちの念頭につねにあるものなのである．課税方法の違いによって，副作用はどのように異なるだろうか．他国との自由貿易の効果はどのようなものだろうか．環境を保護するための最良の方法とはどのようなものだろうか．財政赤字は経済にどのような影響を与えるのだろうか．有権者として，あなたも，社会の諸資源の配分を左右する政策決定に関わっている．経済学を理解していることは，あなたが投票に関する判断をするにあたって有用であろう．それに，あなた自身が政策立案者の一員になっているかもしれない．

このように，経済学の諸原理は，実際の生活のさまざまな局面に適用できるものなのである．将来，あなたがニュースを追いかけていようと，経営者になっていようと，大統領執務室に座っていようと，経済学を勉強してよかったと思うことだろう．

2016年12月

N・グレゴリー・マンキュー

謝辞

本書を書くにあたり，多くの有能な人々の助力を得ることができた．本書を作成するプロジェクトに貢献してくれた人々のリストは大変に長いうえに，それはとても貴重な貢献なので，表紙に一人の名前のみが書かれているのが不当にも思えるほどである．

まず，私と同業の経済学の教員の人々に感謝したい．本書と補助教材は８版目になるが，これまで彼らから大きな貢献を受けてきた．本書の試読や本書に関するアンケートにおいて，彼らはさまざまな提案をし，わかりにくい点を指摘し，自分たちの教室での経験に基づくアイディアを共有させてくれた．彼らが本書に提供してくれた，さまざまな視点にも助けられた．以前の版に貢献してくれた人々の洞察にも読者は助けられることになるが，彼らに感謝していると，残念ながらリストが長くなりすぎてしまう．

このプロセスにおいて最も貴重な貢献をしてくれたのは，David Hakes（University of Northern Iowa）である．彼は献身的な教師であり，さまざまなアイディアに対して信頼できる相談役となってくれたし，優れた補助教材パッケージを組み立てるのを一生懸命手伝ってくれた．Ron Cronovich にも，あつく感謝しておきたい．彼は優れた教師かつ信頼できるアドバイザーであり，長い間相談役を務めてくれた．

この版のテストバンク関連などで寄与してくれた経済学の教員のチームにも，格別の謝意を表したい．彼らの多くは，マンキューの諸テキストに初期から関わってくれている．Ken McCormick は，１万7000問のテストバンク全体を点検してくれた．Ken Brown，Sarah Cosgrove，Harold Elder，Michael Enz，Lisa Jepsen，Bryce Kanago，Daniel Marburger，Amanda Nguyen，Alicia Rosberg，Forrest Spence，Kelvin Wong は新しい設問を作ったり古い問題を更新してくれた．

第７版のレビュワーのうち，以下の人々は，第８版のために内容，構成，アプローチなどを改善する提案をしてくれた．

Mark Abajian, *San Diego Mesa College*
Rahi Abouk, *University of Wisconsin Milwaukee*
Mathew Abraham, *Indiana University-Purdue University Indianapolis*
Nathanael Adams, *Cardinal Stritch University*
Seemi Ahmad, *Dutchess Community College*
May Akabogu-Collins, *Mira Costa College-Oceanside*
Ercument Aksoy, *Los Angeles Valley College*
Basil Al-Hashimi, *Mesa Community College*
Rashid Al-Hmoud, *Texas Tech University*
William Aldridge, *University of Alabama-Tuscaloosa*
Donald L. Alexander, *Western Michigan University*
Hassan Aly, *Ohio State University*
Michelle Amaral, *University of the Pacific*
Shahina Amin, *University of Northern Iowa*
Catalina Amuedo-Dorantes, *San Diego State University*
Vivette Ancona, *Hunter College-CUNY*
Aba Anil, *University of Utah*
Diane Anstine, *North Central College*
Carolyn Arcand, *University of Massachusetts Boston*
Becca Arnold, *San Diego Community College*
Ali Ataiifar, *Delaware County Community College*
Shannon Aucoin, *University of Louisiana Lafayette*
Lisa Augustyniak, *Lake Michigan College*
Wesley Austin, *University of Louisiana Lafayette*
Dennis Avola, *Framingham State University*
Regena M. Aye, *Allen Community College*
Sang Hoo Bae, *Clark University*
Karen Baehler, *Hutchinson Community College*
Sahar Bahmani, *University of Wisconsin-Parkside*
Mohsen Bahmani-Oskooee, *University of Wisconsin Milwaukee*
Richard Baker, *Copiah-Lincoln Community College*
Stephen Baker, *Capital University*
Tannista Banerjee, *Auburn University*
Bob Barnes, *DePaul University*
Hamid Bastin, *Shippensburg University*
James Bathgate, *Western Nevada College*
Leon Battista, *Albertus Magnus College*
Gerald Baumgardner, *Susquehanna University*
Christoph Bauner, *University of Massachusetts-Amherst*
Elizabeth Bayley, *University of Delaware*
Ergin Bayrak, *University of Southern California*
Nihal Bayraktar, *Pennsylvania State University*
Mike Bellman, *St. Clair County Community College*
Audrey Benavidez, *Del Mar College*
Cynthia Benelli, *University of California Santa Barbara*
Charles Bennett, *Gannon University*
Bettina Berch, *Borough of Manhattan Community College*
Stacey Bertke, *Owensboro Community & Technical College*
Tibor Besedes, *Georgia Institute of Technology*
Abhijeet Bhattacharya, *Illinois Valley Community College*
Ronald Bishop, *Lake Michigan College*
Thomas Bishop, *California State Channel Islands*
Nicole Bissessar, *Kent State University-Ashtabula*
Janet Blackburn, *San Jacinto South College*
Jeanne Boeh, *Augsburg College*
Natalia Boliari, *Manhattan College*
Antonio Bos, *Tusculum College*

Jennifer Bossard, *Doane College*
James Boudreau, *University of Texas-Pan American*
Mike Bowyer, *Montgomery Community College*
William Brennan, *Minnesota State University-Mankato*
Genevieve Briand, *Washington State University*
Scott Broadbent, *Western Kentucky University*
Greg Brock, *Georgia Southern University*
Ivy Broder, *American University*
Todd Broker, *Murray State University*
Stacey Brook, *University of Iowa*
Keith Brouhle, *Grinnell College*
Byron Brown, *Michigan State University*
Crystal Brown, *Anderson University*
Kris Bruckerhoff, *University of Minnesota-Crookston*
Christopher Brunt, *Lake Superior State University*
Laura Bucila, *Texas Christian University*
Donna Bueckman, *University of Tennessee-Knoxville*
Don Bumpass, *Sam Houston State University*
Joe Bunting, *St. Andrews University*
Benjamin Burden, *Temple College*
Mariya Burdina, *University of Central Oklahoma*
Rob Burrus, *University of North Carolina-Wilmington*
James Butkiewicz, *University of Delaware*
William Byrd, *Troy University*
Anna Cai, *University of Alabama-Tuscaloosa*
Samantha Cakir, *Macalester College*
Michael Carew, *Baruch College*
William Carner, *Westminster College*
Craig Carpenter, *Albion College*
John Carter, *California State University-Stanislaus*
Ginette Carvalho, *Fordham University*
Onur Celik, *Quinnipiac University*
Avik Chakrabarti, *University of Wisconsin-Milwaukee*
Kalyan Chakraborty, *Emporia State University*
Suparna Chakraborty, *Baruch College-CUNY*
Dustin Chambers, *Salisbury University*
Silvana Chambers, *Salisbury University*
Krishnamurti Chandrasekar, *New York Institute of Technology*
Yong Chao, *University of Louisville*
David Chaplin, *Northwest Nazarene University*
Xudong Chen, *Baldwin-Wallace College*
Yi-An Chen, *University of Washington, Seattle*
Kirill Chernomaz, *San Francisco State University*
Ron Cheung, *Oberlin College*
Hui-Chu Chiang, *University of Central Oklahoma*
Mainul Chowdhury, *Northern Illinois University*
Dmitriy Chulkov, *Indiana University Kokomo*
Lawrence Cima, *John Carroll University*
Cindy Clement, *University of Maryland*
Matthew Clements, *St. Edward's University*
Sondra Collins, *University of Southern Mississippi*
Tina Collins, *San Joaquin Valley College*
Scott Comparato, *Southern Illinois University*
Kathleen Conway, *Carnegie Mellon University*
Stephen Cotten, *University of Houston Clear Lake*
Jim Cox, *Georgia Perimeter College*
Michael Craig, *University of Tennessee-Knoxville*
Matt Critcher, *University of Arkansas Community College at Batesville*
George Crowley, *Troy University, Troy*
David Cullipher, *Arkansas State University-Mountain Home*
Dusan Curnic, *University of Virginia*

Norman Cure, *Macomb Community College*
Maria DaCosta, *University of Wisconsin-EauClaire*
Bruce Dalgaard, *St. Olaf College*
Anusua Datta, *Philadelphia University*
Earl Davis, *Nicholls State University*
Amanda Dawsey, *University of Montana*
Prabal De, *City College of New York*
Rooj Debasis, *Kishwaukee College*
Dennis Debrecht, *Carroll University*
William DeFrance, *University of Michigan-Flint*
Theresa J. Devine, *Brown University*
Paramita Dhar, *Central Connecticut State University*
Ahrash Dianat, *George Mason University*
Stephanie Dieringer, *University of South Florida St. Petersburg*
Du Ding, *Northern Arizona University*
Liang Ding, *Macalester College*
Parks Dodd, *Georgia Institute of Technology*
Veronika Dolar, *Long Island University*
Zachary Donohew, *University of Central Arkansas*
Kirk Doran, *University of Notre Dame*
Craig Dorsey, *College of DuPage*
Caf Dowlah, *Queensborough Community College-CUNY*
Tanya Downing, *Cuesta College*
Michael J. Driscoll, *Adelphi University*
Ding Du, *Northern Arizona University*
Kevin Dunagan, *Oakton Community College*
Nazif Durmaz, *University of Houston-Victoria*
Tomas Dvorak, *Union College*
Eva Dziadula, *Lake Forest College*
Dirk Early, *Southwestern University*
Anne Eike, *University of Kentucky*
Harold Elder, *University of Alabama-Tuscaloosa*
Lynne Elkes, *Loyola University Maryland*
Diantha Ellis, *Abraham Baldwin College*
Noha Emara, *Columbia University*
Michael Enz, *Framingham State University*
David Epstein, *The College of New Jersey*
Lee Erickson, *Taylor University*
Sarah Estelle, *Hope College*
Pat Euzent, *University of Central Florida-Orlando*
Timothy Ewest, *Wartburg College*
Yang Fan, *University of Washington*
Amir Farmanesh, *University of Maryland*
MohammadMahdi Farsiabi, *Wayne State University*
Julie Finnegan, *Mendocino College*
Ryan Finseth, *University of Montana*
Donna Fisher, *Georgia Southern University*
Nikki Follis, *Chadron State College*
Joseph Franklin, *Newberry College*
Matthew Freeman, *Mississippi State University*
Gary Frey, *City College of New York*
Ted Fu, *Shenandoah University*
Winnie Fung, *Wheaton College*
Marc Fusaro, *Arkansas Tech University*
Todd Gabe, *University of Maine*
Mary Gade, *Oklahoma State University*
Jonathan Gafford, *Columbia State Community College*
Iris Geisler, *Austin Community College*
Jacob Gelber, *University of Alabama at Birmingham*
Robert Gentenaar, *Pima Downtown Community College*
Soma Ghosh, *Albright College*
Edgar Ghossoub, *University of Texas at San Antonio*
Alex Gialanella, *Manhattanville College*
Bill Gibson, *University of Vermont*

Kenneth Gillingham, *Yale University*
Gregory Gilpin, *Montana State University*
Robert Godby, *University of Wyoming*
Jayendra Gokhale, *Oregon State University*
Joel Goldhar, *IIT/Stuart School of Business*
Michael Goode, *Central Piedmont Community College*
Michael J Gootzeit, *University of Memphis*
Jackson Grant, *US Air Force Academy*
Jeremy Groves, *Northern Illinois University*
Ilhami Gunduz, *Brooklyn College-CUNY*
Roberts Halsey, *Indiana University*
Michele Hampton, *Cuyahoga Community College Eastern*
James Hartley, *Mount Holyoke College*
Mike Haupert, *University Wisconsin LaCrosse*
David Hedrick, *Central Washington University*
Evert Van Der Heide, *Calvin College*
Sara Helms, *Samford University*
Jessica Hennessey, *Furman University*
Thomas Henry, *Mississippi State University*
Alexander Hill, *University of Colorado-Boulder*
Bob Holland, *Purdue University*
Paul Holmes, *Ashland University*
Kim Hoolda, *Fordham University*
Aaron Hoshide, *University of Maine*
Michael Hoyte, *York College*
Glenn Hsu, *University of Central Oklahoma*
Kuang-Chung Hsu, *University of Central Oklahoma*
Jim Hubert, Seattle *Central Community College*
George Hughes, *University of Hartford*
Andrew Hussey, *University of Memphis*
Christopher Hyer, *University of New Mexico*
Kent Hymel, *California State University-Northridge*
Miren Ivankovic, *Anderson University*
Eric Jacobson, *University of Delaware*
Bolormaa Jamiyansuren, *Augsburg College*
Justin Jarvis, *Orange Coast College*
Andres Jauregui, *Columbus State University*
Ricot Jean, *Valencia College*
Michael Jerzmanowski, *Clemson University*
Bonnie Johnson, *California Lutheran University*
Bruce Johnson, *Centre College*
Paul Johnson, *University of Alaska Anchorage*
Phillip Jonas, *KV Community College*
Adam Jones, *University of North Carolina-Wilmington*
Jason Jones, *Furman University*
Rodger Jordan, *Baker College*
James Jozefowicz, *Indiana University of Pennsylvania*
Sujana Kabiraj, *Louisiana State University*
Simran Kahai, *John Carroll University*
Leo Kahane, *Providence College*
Venoo Kakar, *San Francisco State University*
David Kalist, *Shippensburg University*
Lillian Kamal, *University of Hartford*
Willie Kamara, *North Lake College*
Robert Kane, *State University of New York-Fredonia*
David Karemera, *St. Cloud State University*
Logan Kelly, *University of Wisconsin*
Craig Kerr, *California State Polytechnic University-Pomona*
Wahhab Khandker, *University of Wisconsin-LaCrosse*
Jongsung Kim, *Bryant University*
Kihwan Kim, *Rutgers*
Elsy Kizhakethalackal, *Bowling Green State University*
Todd Knoop, *Cornell College*
Fred Kolb, *University of Wisconsin-EauClaire*

Oleg Korenok, *Virginia Commonwealth University*
Janet Koscianski, *Shippensburg University*
Kafui Kouakou, *York College*
Mikhail Kouliavtsev, *Stephen F. Austin State University*
Maria Kula, *Roger Williams University*
Nakul Kumar, *Bloomsburg University*
Ben Kyer, *Francis Marion University*
Yuexing Lan, *Auburn Montgomery*
Daniel Lawson, *Oakland Community College*
Elena Lazzari, *Marygrove College*
Quan Le, *Seattle University*
Chun Lee, *Loyola Marymount University*
Daniel Lee, *Shippensburg University*
Jihoon Lee, *Northeastern University*
Jim Lee, *Texas A&M-Corpus Christi*
Junghoon Lee, *Emory University*
Ryan Lee, *Indiana University*
Sang Lee, *Southeastern Louisiana University*
James Leggette, *Belhaven University*
Bozena Leven, *The College of New Jersey*
Oing Ki, *College of the Mainland*
Zhen Li, *Albion College*
Carlos Liard-Muriente, *Central Connecticut State University*
Larry Lichtenstein, *Canisius College*
Jenny Liu, *Portland State University*
Jialu Liu, *Allegheny College*
Sam Liu, *West Valley College*
Xuepeng Liu, *Kennesaw State University*
Jie Ma, *Indiana University*
Michael Machiorlatti, *Oklahoma City Community College*
Bruce Madariaga, *Montgomery College and Northwestern University*
Brinda Mahalingam, *University of Alabama-Huntsville*
C. Lucy Malakar, *Lorain County Community College*
Paula Manns, *Atlantic Cape Community College*
Gabriel Manrique, *Winona State University*
Dan Marburger, *Arizona State University*
Hardik Marfatia, *Northeastern Illinois University*
Christina Marsh, *Wake Forest University*
William McAndrew, *Gannon University*
Katherine McClain, *University of Georgia*
Michael McIlhon, *Century College*
Steven McMullen, *Hope College*
Jennifer McNiece, *Howard Payne University*
Robert Menafee, *Sinclair Community College*
Fabio Mendez, *Loyola University Maryland*
Charles Meyrick, *Housatonic Community College*
Heather Micelli, *Mira Costa College*
Laura Middlesworth, *University of Wisconsin-Eau Claire*
Meghan Mihal, *St. Thomas Aquinas College*
Eric Miller, *Oakton Community College*
Phillip Mixon, *Troy University-Troy*
Evan Moore, *Auburn University-Montgomery*
Francis Mummery, *California State University-Fullerton*
John Mundy, *St. Johns River State University*
Charles Murray, *The College of Saint Rose*
James Murray, *University of Wisconsin-LaCrosse*
Christopher Mushrush, *Illinois State University*
John Nader, *Davenport University*
Max Grunbaum Nagiel, *Daytona State College*
Mihai Nica, *University of Central Oklahoma*
Scott Niederjohn, *Lakeland College*
Mark Nixon, *Fordham University*
George Norman, *Tufts University*
David O'Hara, *Metropolitan State University*
Brian O'Roark, *Robert Morris University*

Yanira Ogrodnik, *Post University*
Wafa Orman, *University of Alabama in Huntsville*
Glenda Orosco, *Oklahoma State University Institute of Technology*
Orgul Ozturk, *University of South Carolina*
Jennifer Pakula, *Saddleback College*
Maria Papapavlou, *San Jacinto Central College*
Nitin Paranjpe, *Wayne State University*
Irene Parietti, *Felician College*
Jooyoun Park, *Kent State University*
Dodd Parks, *Georgia Institute of Technology*
Jason Patalinghug, *University of New Haven*
Michael Patton, *St. Louis Community College-Wildwood*
Wesley Pech, *Wofford College*
Josh Phillips, *Iowa Central Community College*
Germain Pichop, *Oklahoma City Community College*
Lodovico Pizzati, *University of Southern California*
Florenz Plassmann, *Binghamton University*
Lana Podolak, *Community College of Beaver County*
Gyan Pradhan, *Eastern Kentucky University*
Curtis Price, *University of Southern Indiana*
Silvia Prina, *Case Western Reserve University*
Thomas Prusa, *Rutgers University*
Conrad Puozaa, *University of Mississippi*
John Stuart Rabon, *Missouri State University*
Mark Reavis, *Arkansas Tech University*
Robert Rebelein, *Vassar College*
Agne Reizgeviciute, *California State University-Chico*
Matt Rendleman, *Southern Illinois University*
Judith Ricks, *Onondaga Community College*
Chaurey Ritam, *Binghamton University*
Jared Roberts, *North Carolina State University*
Josh Robinson, *University of Alabama-Birmingham*
Kristen Roche, *Mount Mary College*
Antonio Rodriguez, *Texas A&M International University*
Debasis Rooj, *Kishwaukee College*
Larry Ross, *University of Alaska*
Subhasree Basu Roy, *Missouri State University*
Jeff Rubin, *Rutgers University-New Brunswick*
Jason C. Rudbeck, *University of Georgia*
Jeff Ruggiero, *University of Dayton*
Robert Rycroft, *University of Mary Washington*
Allen Sanderson, *University of Chicago*
Malkiat Sandhu, *San Jose City College*
Lisle Sanna, *Ursinus College*
Nese Sara, *University of Cincinnati*
Naveen Sarna, *Northern Virginia Community College-Alexandria*
Eric Sartell, *Whitworth University*
Martin Schonger, *Princeton University*
Andy Schuchart, *Iowa Central Community College*
Michael Schultz, *Menlo College*
Jessica Schuring, *Central College*
Danielle Schwarzmann, *Towson University*
Gerald Scott, *Florida Atlantic University*
Elan Segarra, *San Francisco State University*
Bhaswati Sengupta, *Iona College*
Reshmi Sengupta, *Northern Illinois University*
Dan Settlage, *University of Arkansas-Fort Smith*
David Shankle, *Blue Mountain College*
Alex Shiu, *McLennan Community College*
Robert Shoffner, *Central Piedmont Community College*
Mark Showalter, *Brigham Yong University*
Sanchit Shrivastava, *University of Utah*

Johnny Shull, *Wake Tech Community College*
Suann Shumaker, *Las Positas College*
Nicholas Shunda, *University of Redlands*
Milan Sigetich, *Southern Oregon University*
Jonathan Silberman, *Oakland University*
Joe Silverman, *Mira Costa College-Oceanside*
Silva Simone, *Murray State University*
Harmeet Singh, *Texas A&M University-Kingsville*
Catherine Skura, *Sandhills Community College*
Gary Smith, *Canisius College*
Richard Smith, *University of South Florida-St. Petersburg*
Joe Sobieralski, *Southwestern Illinois College-Belleville*
Mario Solis-Garcia, *Macalester College*
Arjun Sondhi, *Wayne State University*
Soren Soumbatiants, *Franklin University*
Matt Souza, *Indiana University-Purdue University Columbus*
Nekeisha Spencer, *Binghamton University*
Dean Stansel, *Florida Gulf Coast University*
Sylwia Starnawska, *D'Youville College*
Keva Steadman, *Augustana College*
Rebecca Stein, *University of Pennsylvania*
Dale Steinreich, *Drury University*
Paul Stock, *University of Mary Hardin-Baylor*
Michael Stroup, *Stephen F. Austin State University*
Edward Stuart, *Northeastern Illinois University*
Yang Su, *University of Washington*
Yu-hsuan Su, *University of Washington*
Samantha Subarna, *The College of New Jersey*
Abdul Sukar, *Cameron University*
Burak Sungu, *Miami University*
John Susenburger, *Utica College*
James Swofford, *University of South Alabama*
Vera Tabakova, *East Carolina University*
Ariuna Taivan, *University of Minnesota-Duluth*
Eftila Tanellari, *Radford University*
Eric Taylor, *Central Piedmont Community College*
Erdal Tekin, *Georgia State University*
Noreen Templin, *Butler Community College*
Thomas Tenerelli, *Central Washington University*
Anna Terzyan, *California State University-Los Angeles*
Petros Tesfazion, *Ithaca College*
Charles Thompson, *Brunswick Community College*
Flint Thompson, *Chippewa Valley Technical College*
Deborah Thorsen, *Palm Beach State College-Central*
James Tierney, *University of California Irvine*
Julie Trivitt, *Arkansas Tech University*
Arja Turunen-Red, *University of New Orleans*
Mark Tuttle, *Sam Houston State University*
Jennifer VanGilder, *Ursinus College*
Ross vanWassenhove, *University of Houston*
Ben Vaughan, *Trinity University*
Roumen Vesselinov, *Queens College, City University of New York*
Rubina Vohra, *St. Peter's College*
Will Walsh, *Samford University*
Chih-Wei Wang, *Pacific Lutheran University*
Jingjing Wang, *University of New Mexico*
Chad Wassell, *Central Washington University*
Christine Wathen, *Middlesex Community College*
J. Douglas Wellington, *Husson University*
Adam Werner, *California Polytechnic State University*
Sarah West, *Macalester College*
Elizabeth Wheaton, *Southern Methodist Uni-*

versity
Oxana Wieland, *University of Minnesota, Crookston*
Christopher Wimer, *Bowling Green State University-Firelands College*
Do Youn Won, *University of Utah*
Kelvin Wong, *University of Minnesota*
Ken Woodward, *Saddleback College*
Irena Xhurxhi, *York College*
Xu Xu, *Mississippi State University*
Ying Yang, *University of Rhode Island*
Young-Ro Yoon, *Wayne State University*
Eric Zemjic, *Kent State University*
Yongchen Zhao, *Towson University*
Zhen Zhu, *University of Central Oklahoma*
Kent Zirlott, *University of Alabama-Tuscaloosa*
Joseph Zwiller, *Lake Michigan College*

本書に携わったエディター・チームも，大きな改善をもたらしてくれた．デベロップメンタル・エディターのJane Tuftsは，いつものようにまことに鮮やかな編集作業をしてくれた．Michael Parthenakisは，上級プロダクト・マネージャーとして，このような多数の人々が関わる大プロジェクトを見事に統括してくれた．上級内容デベロッパーのAnita Vermaは，補助教材改訂のための優秀なチームを組み上げるとともに，過去の版に対するコメントを提供するために思慮深いレビュワーを大勢集めてくれた．上級内容プロジェクト・マネージャーのColleen Farmerは，私の草稿を完成本にするために必要な忍耐と献身を示してくれた．デジタルコンテンツ・デザイナーでエコノミストでもあるKasie JeanはMind Tapの中の貴重な学生向け教材をデザインしてくれた．上級アート・ディレクターのMichelle Kunklerは，本書にすっきりとした親しみやすい外観を与えてくれた．イラストレーターのBruce Morserは，本書を視覚的に魅力あるものとするとともに，本書の経済学の抽象度を下げてくれた．コピー・エディターのPamela Rockwellは私の文体を洗練してくれたし，Lumina Datamatics社の索引専門家（indexer）は，注意深く丹念な索引を作成してくれた．上級マーケティング・マネージャーのJohn Careyは，本書の潜在的な読者に私の言葉が届くように，長時間働いてくれた．それ以外のセンゲージ社の担当者たちも，これまでどおり一貫してプロフェッショナルで，熱心でひたむきであった．

二人の優秀なハーバード大学学部生，Denis FedinとNina Vendhanにも感謝したい．本書の草稿を手直しし，校正するのを手伝ってくれた．

私の「家庭内」エディターである，妻デボラにも謝意を表さなければならない．私が書くほとんどのものの最初の読者として，彼女は適度な批判と励ましとを与えてくれた．

最後に，私の子どもたち，キャサリンとニコラスとピーターに対しても，感謝しておきたい．彼らの本書への貢献は，父親が書斎に長時間こもってしまうのを我慢してくれたことである．われわれ４人には，（第４章で明らかになるように）アイスクリームが好きだということも含めて，多くの共通点がある．

2016年12月

N・グレゴリー・マンキュー

C O N T E N T S

PART I

第 I 部

イントロダクション

CHAPTER 1

第1章

経済学の十大原理

Keywords

希少性 scarcity
経済学 economics
効率（性） efficiency
公平（性） equality
機会費用 opportunity cost
合理的な人々 rational people
限界的な変化 marginal changes
インセンティブ（誘因） incentive
市場経済 market economy
所有権 property rights
市場の失敗 market failure
外部性 externality
市場支配力 market power
生産性 productivity
インフレーション（インフレ） inflation
景気循環 business cycle

「経済（economy）」という言葉は，「家計を管理する者」という意味のギリシャ語（oikonomos）に由来している．一見すると，この語源は奇妙に思えるかもしれない．しかし，本当のところ，家計と経済には多くの共通点がある．

家計は数多くの選択をしなければならない．家族の誰にどの仕事をさせて，どれだけの報酬を与えるのかを決定しなければならない．誰が夕食をつくるのか．誰が洗濯をするのか．誰が夕食の後にデザートを余分にもらえるのか．誰が車を運転するのか．つまり，家計は保有している希少な資源（時間，デザート，車の走行距離）を，各構成員の能力・努力・欲求を考慮に入れながら配分しなければならない．

家計と同様に，社会も数多くの選択をしなければならない．どういった仕事がなされ，それを誰が担当するのかを，社会はどうにかして決めなければならない．食料を生産する人も必要なら，衣服をつくる人も必要であるし，コンピュータのソフトウェアを設計する人もまた必要である．人々を（土地や建物や機械などとともに）さまざまな仕事に割り振った後に，社会は彼らが生産する財・サービスを配分しなければならない．誰がキャビアを食べ，誰がジャガイモを食べるのかを決めなければならないのである．誰がテスラを運転し，誰がバスを利用するのかも決めなければならない．

資源には限りがあるため，社会が保有する資源を管理することは重要な問題である．社会には限られた資源しかなく，そのため人々が手に入れたいと思う財・サービスのすべてを生産できるわけではないことを**希少性**という．家計の構成員全員が望むもののすべてを手に入れることができないのと同様に，社会を構成するどの個人も自分の望みうる最高の生活水準を実現することはできないのである．

経済学とは，社会がその希少な資源をいかに管理するのかを研究する学問である．ほとんどの社会では，資源配分は全権を握った１人の独裁者によって決められるのではなく，膨大な数の家計と企業の選択を総合した結果として決定されている．したがって，経済学者は，人々がどのように意思決定するのかを研究する．どれだけ働き，何を買い，どれだけ貯蓄し，その貯蓄を

希少性 scarcity：社会の資源に限りがあるという性質．
経済学 economics：社会が希少な資源をいかに管理するのかを扱う学問．

どのように投資するのか，といったことを研究するのである．経済学者はまた，人々が互いにどのように影響しあうのかも研究する．たとえば，多数の売り手と買い手がどのようにして品物の販売価格や販売数量を決めるのかを調べるのである．さらに，経済学者は，経済全体に影響するようなさまざまな要因や傾向も分析する．たとえば，平均所得の増大，就職できない人々の割合，物価が上昇する速度，といった事柄である．

このように，経済学の学習・研究はさまざまな側面を持っているが，経済学はいくつかの中心となる考え方によって統合されている．この章ではこれから，**経済学の十大原理**をみていこう．それらの原理を完全に理解できなかったり，納得できなかったりしても，心配する必要はない．後に続く章で，もっと詳しく吟味していくからである．経済学とはどのような学問であるかを把握してもらうために，ここで十大原理を紹介するのである．本章を「後のお楽しみの予告編」だと考えてもらえればいい．

1 人々はどのように意思決定するか

何が「経済」であるかは明確である．ロサンゼルスの経済，アメリカの経済，世界全体の経済のどれであっても，経済とは，生活において相互に関わりあっている人々の集団である．経済の動向はそれを構成する個々人の行動を反映するので，個々人の意思決定に関する四つの原理から学習することにしよう．

●第１原理：人々はトレードオフ（相反する関係）に直面している

「無料の昼食（フリーランチ）といったものはどこにもない（There ain't no such thing as a free lunch.）」ということわざを，聞いたことがあるだろう．このことわざの英語表現には文法上の難点があるものの，その内容にはうなずける点が多い．自分の好きな何かを得るためには，たいてい別の何か好きなものをあきらめなければならない．意思決定とは，一つの目標と別の目標との間のトレードオフを意味するのである．

時間という自分の持っている最も貴重な資源を，どのように配分するかを決めようとしている学生について考えてみよう．学生は，すべての時間を経済学の学習に費やすこともできるし，すべての時間で心理学を勉強すること も可能である．あるいは，二つの分野の学習に時間を分けることもできる． この場合は，一つの科目の学習に1時間費やすごとに，もう一つの科目の学習を1時間ずつ断念することになる．また，学習に1時間費やすごとに，昼寝，サイクリング，テレビをみることや小遣い稼ぎのアルバイトなどを1時間ずつあきらめることになる．

家族の収入をどのように使うかを，親が決めようとしている場合を考えてみよう．家族の収入で食べ物や服を買うこともできるし，家族旅行に行くこともできる．また引退後の生活費や子どもの学費のために貯蓄しておくこともできる．どれか一つのものへの出費を1ドル増やすと決めたとき，他の何かへの支出を1ドル削っているのである．

人々が集まって社会ができると，異なる種類のトレードオフに直面することになる．古典的なトレードオフの例として，「大砲かバターか」というものがある．外国からの侵略者に対して，自国の沿岸を守るために国防予算（大砲）を増やせば，国内の生活水準を高めるために個人的な消費（バター）へ使えるお金は少なくなってしまう．環境保護と高所得とのトレードオフも現代社会においては重要である．産業廃棄物の排出量を減少させる法律は，財・サービスの生産費用を高めてしまう．生産費用が高くなった企業は，利潤を減らすか，賃金を減らすか，価格を引き上げるか，あるいはその三つの組合せを選ぶことになる．したがって，廃棄物の排出規制は環境と健康の改善をもたらす一方で，企業の所有者，労働者，顧客などの所得を減らすという費用を伴うのである．

社会は，効率と公平との間のトレードオフにも直面している．**効率（性）**とは，社会が希少な資源から得ることができるものを最大限獲得していることを意味する．**公平（性）**とは，それらの資源から獲得したものが，社会の構成員の間にバランスよく分配されていることを示す．言い換えると，効率性は経済のパイの大きさについての基準であり，公平性は経済のパイの分け方についての基準である．

効率（性） efficiency：社会が希少な資源から最大限のものを得ている状態．
公平（性） equality：経済的な繁栄が社会の構成員の間にバランスよく分配されている状態．

政策立案において，この二つの目標はしばしば衝突することがある．たとえば，経済厚生のより平等な分配をめざした政策を政府が考えているとしよう．福祉制度や失業保険などは，社会のなかで最も救いが必要な人々を助けようとするものである．また，個人所得税のように，政府を維持するために，金銭的に成功した人々に対してより多くの貢献を要求するものもある．これらの政策はより高い公平性を実現するという利点を持っているが，効率性の低下という費用ももたらしてしまう．富裕層から貧困層へ政府が所得を再分配すると，厳しい労働に対する報酬を低下させてしまう．その結果，人々は労働に対する努力を怠るようになるので，財・サービスの生産も減少してしまうことになる．つまり，政府が経済のパイをより平等に切り分けようとすると，経済のパイそのものが小さくなってしまうのである．

人々がトレードオフに直面しているということを認識するだけでは，人々がどのような決定を下すのか，あるいは下すべきかについてはわからない．経済学の学習にあてる時間を増やすことができるというだけの理由で，学生は心理学の学習を放棄すべきではない．環境保護規制が物質的な生活水準を低下させるというだけの理由で，社会は環境保護をやめるべきではない．労働へのインセンティブ（誘因）を弱めるというだけの理由で，貧困層は無視されるべきではない．しかしながら，可能な選択肢を理解したときにはじめて，よい意思決定を下すことができるだろう．したがって，われわれの経済学の学習を，生活のなかのトレードオフを認識することから始めたのである．

●第 2 原理：あるものの費用は，それを得るために放棄したものの価値である

人々がトレードオフに直面している以上，意思決定にあたっては，さまざまな行動の費用と便益を比較することが必要である．しかしながら，たいていの場合，一つの行動に伴う費用は，想像以上に不明確である．

たとえば，大学に進学するかどうかを決定する場合を考えてみよう．その便益は，知的向上と，一生を通じてより望ましい就職の機会を得られることである．では，その費用は何だろうか．学費，教科書代，下宿代や食費などの金銭的費用を足し合わせれば答えになると思うかもしれない．しかし，その合計金額は，大学で 1 年間過ごすために放棄したものを正確に表してはい

ないのである．

この計算には二つの問題点がある．この答えの第1の問題点は，大学に在学しているために生じた費用ではないものも含んでいる点である．大学に行かないとしても，眠る場所は必要であり，食べるものも必要である．したがって，住居費や食費は，大学に行くときのほうが行かないときよりも多くかかる場合にのみ，大学在学の費用となる．この費用計算の第2の問題点は，大学在学の最大の費用である学生の時間を無視している点である．講義を聴き，教科書を読み，レポートを書いている間，学生はそれらの時間を労働にあてることはできない．ほとんどの学生にとっては，大学に在学しているために得られなかった賃金が，最大の教育費用項目なのである．

このように，あるものを獲得するために放棄したものを，そのものの**機会費用**と呼ぶ．何らかの意思決定をする場合には，意思決定者は可能な各選択肢に付随する機会費用を認識しなければならない．実際のところ，たいていの人はよくわかっているようである．大学生の年頃のスポーツ選手のなかには，大学を中退してプロになれば何億ドルも稼ぐことができる者もいる．彼らは大学在学の機会費用がきわめて高いことをよく知っている．彼らのなかで大学教育の便益が費用に見合わないと考える者が少なくないのも，無理のないことである．

●第3原理：合理的な人々は限界原理に基づいて考える

経済学者は通常，人々は合理的であると想定している．**合理的な人々**は，自分たちの目的を達成するために，与えられた条件の下で，手立てを整えてベストを尽くす．経済学を学習していくと，企業が利潤を最大にするために，どれだけの労働者を雇い，どれだけの製品を生産し，販売するかを決めていることを，みることになる．また個々人も自分たちの満足度を最高にするように，何時間働き，稼いだ所得でどれだけの財やサービスを購入するかを決めていることも，みることになるだろう．

合理的な人々は，人生における選択が，白黒明瞭な場合はむしろ例外であ

機会費用 opportunity cost：あるものを手に入れるためにあきらめなければならないもの．
合理的な人々 rational people：自分たちの目的を達成するために，与えられた条件の下で，手立てを整えてベストを尽くす人々．

り，灰色がかっている場合が多いことを知っている．夕食時に直面する選択は，「断食すべきか，それとも豚のようにむさぼり食らうべきか」ではなく，「マッシュポテトをもうひとさじ食べるべきか」といったことである．試験期間が近づいたときの選択は，まったく無視するか24時間勉強するかではなく，テレビをみる時間を1時間減らしてノートを見返すかどうかといったことである．このように，既存のプランに対して微調整を加えることを，経済学者は限界的な変化と呼ぶ．「限界」とは「端」という意味であることに留意しよう．限界的な変化とは，あなたの行動の端における調整であることになる．合理的な人々は，限界的な便益と限界的な費用とを比較することで，選択をしていることが多い．

たとえば，あなたが携帯電話を使って，友人に電話しようかと考えているとしよう．彼女と10分間話すことが，自分にとって約7ドルの価値があると判断したとする．携帯電話の契約には，月額40ドルと各通話1分ごとに50セント（0.5ドル）がかかるものとする．平均的には1カ月で100分通話しているので，毎月の支払いは90ドルになっている（0.5ドル×100＋40ドル）．この状況で，あなたは電話をかけるべきだろうか．あなたは次のようなロジックで考えようとするかもしれない．「毎月100分の通話に90ドル支払っているのだから，1分間の通話費用は平均して90セントである．したがって，10分間の通話の費用は9ドルである．9ドルの費用は7ドルのメリット（便益）よりも大きいので，この通話はやめておこう．」しかしながら，この結論は間違っている．確かに10分間の通話の平均費用は9ドルだが，（この通話をすることによる支払額の増加分である）限界費用は5ドルでしかない．限界費用と限界便益とを比較しないと，正しい選択はできないのである．7ドルの限界便益は5ドルの限界費用よりも大きいのだから，電話をかけるべきなのである．人々は誰からも教わらなくともこの原理については理解している．時間無制限の通話（つまり限界費用はゼロ）付きの契約をしている携帯電話ユーザーは，長時間のつまらない通話を行うことが多い．

限界原理がビジネスにおける決定においてどう作用するかを考えてみよう．たとえば，航空会社が空席待ちの乗客にどれだけの運賃を支払ってもらうか

限界的な変化 marginal changes：行動計画に対する微調整．

を決定するケースを考える．200人乗りの旅客機を飛ばして国土を横断するのに，10万ドルかかるものとする．この場合，各席ごとの平均費用は10万ドル/200＝500ドルである．航空会社は500ドルより安い価格ではチケットを売るべきではないと考える人もいるかもしれない．だが，限界原理に基づいて考えることにより，合理的な航空会社は利益を増やすことができる．たとえば，飛行機が空席を10席残したまま出発しようとしているとしよう．搭乗口で待っている空席待ちの乗客は，300ドルなら支払ってもよいと考えているとする．航空会社はこの乗客にチケットを売るべきだろうか．答えはもちろん売るべきである．飛行機に空席が残っているのであれば，もう１人乗客を増やすことでかかる費用はわずかである．乗客１人当たりの平均費用が500ドルであっても，限界費用はこの乗客が機内で消費するであろう炭酸飲料１缶分の費用だけなのである．空席待ちの乗客が限界費用以上に支払ってくれるのであれば，その乗客にチケットを販売することは利益の増大になるのである．

一見謎にみえるような経済現象も限界的な意思決定で説明できることもある．次のような古典的な問題を考えよう．水はとても安いのに，なぜダイヤモンドはとても高いのだろうか．水は生存に必要なものであるのに，ダイヤモンドはそうではない．それでも，なぜか，人々はコップ１杯の水よりもダイヤモンドにはるかに高い金額を支払おうとするのである．その理由は，人々が喜んで支払おうとする金額は，追加的な財１単位が提供する限界的な便益に依存するからである．その限界的な便益は，人々がすでにどれだけその財を持っているかにも依存する．水は必需品だが，水はふんだんにあるので，追加的な１杯分の限界的な便益は小さい．対照的に，ダイヤモンドは必需品ではないが，とても希少な財なので，ダイヤモンドの追加１個の限界的な便益はかなり高いと，人々は考えるのである．

合理的な意思決定者は，行動の限界的な便益が限界的な費用を上回ったときにのみ，その行動を選択する．この原理は，なぜ人々は携帯電話をよく使うのかや，航空会社はなぜ平均費用以下でもチケットを売ろうとするのか，また人々はなぜ水よりもダイヤモンドに高い金額を支払おうとするのかを説明することができる．限界的な思考の論理に慣れるには少し時間がかかるかもしれないが，経済学を学習すれば，練習する機会は多く与えられるだろう．

●第 4 原理：人々はさまざまなインセンティブ（誘因）に反応する

インセンティブ（誘因）とは，懲罰や報酬のように，人々に何らかの行動を促す要因のことである．合理的な人々が費用と便益とを比較して意思決定するということは，彼らがインセンティブ（誘因）に反応することを意味する．経済学を学んでいくと，インセンティブが中心的な役割を果たしていることがわかるだろう．経済学の分野全体が，次のように要約できるとまで極言する経済学者もいるほどである．「人々はインセンティブに反応する．残りはすべて，その例証にすぎない．」

市場がどのように機能するかを分析するのに，インセンティブは重要である．たとえば，りんごの値段が上がると，人々はりんごを食べる量を減らすようになる．他方で，りんご農園の経営者は，りんごの販売の便益が高まるので，従業員を増やしてより多くのりんごを収穫しようとする．つまり，市場で価格が高くなると，買い手にはその消費を減らすインセンティブが生まれ，売り手にはその生産を増やすインセンティブが生まれるのである．後にみるように，価格が消費者と生産者の行動に及ぼす影響こそが，市場経済において希少資源がどのように配分されるかを左右するのである．

公共政策を立案する人々にとってインセンティブは重要である．公共政策は，しばしば費用と便益を変化させてしまうことによって，彼らの行動をも変化させてしまうからである．たとえば，ガソリンに課税すると，人々は小さくて燃費のいい車を運転するようになる．アメリカに比べてヨーロッパの人々が小型車を運転することが多い理由の一つは，ヨーロッパはガソリン税が高くアメリカはガソリン税が安いことにある．ガソリン税は，人々にカープール（訳注：通勤時に近所の人々などで相乗りすること）や公共交通機関を利用させたり，職住近接をもたらしたりする．税金がもっと上がればより多くの人々がハイブリッドカーに乗るようになり，さらに上がれば電気自動車に乗り替えるだろう．

政策によってインセンティブが変化することを政策立案者が考慮しなければ，意図せざる結果をもたらすことも多い．意図せざる副作用の例として，

インセンティブ（誘因） incentive：人々に何らかの行動を促す要因．

自動車の安全性に関する政策をとりあげてみよう．現在ではすべての車にシートベルトが装備されているが，50年前にはそうではなかった．1960年代に，ラルフ・ネーダーという消費者運動の指導者が書いた『どんなスピードでも危ない』という本がきっかけとなって，自動車の安全性に対する大きな社会的関心が生まれた．これを受けて，連邦議会はシートベルトをすべての新車に標準装備することを義務づける法律をつくった．

シートベルト着用を義務づけた法律は，自動車の安全性にどのような影響を及ぼしただろうか．直接的な効果は明らかだろう．人々がシートベルトをするようになれば，自動車事故による死亡率は低下する．しかしながら，この法律の効果はこれだけではなかった．インセンティブを変えることで，人々の行動を変化させたからである．この変化した行動とは，ドライバーが運転するときのスピードと注意深さであった．ゆっくりとかつ慎重に運転することは，ドライバーの時間とエネルギーを消費するという費用がかかる．どれだけ安全に運転するかを決めるときに，合理的な人であれば安全運転の限界的便益と限界的費用とを，おそらく無意識のうちに比較する．そして安全性を高めた場合の便益が高ければ，スピードを落として安全に運転する．たとえば，道路が凍っているようなときには，道路がよい状態のときよりも，人々は安全運転をする．

それでは，シートベルト法が，合理的なドライバーの費用-便益計算をどのように変えたかを考えてみよう．シートベルトは，負傷したり死亡したりする確率を下げるので，事故の費用を低下させる．したがって，シートベルトはゆっくりと注意深く運転することの便益を低下させるのである．人々のシートベルト法に対する反応は，道路状態が改善されたときの反応と同じで，スピードを上げてより軽率な運転をするようになることである．したがって，シートベルト法は事故件数の増大をもたらすのである．安全運転の減少は，歩行者に対しては明らかにマイナスの影響をもたらす．彼らは事故に遭う確率が高まっただけで，ドライバーと違って追加的な安全装置によって守られていないからである．

一見したところでは，シートベルトとインセンティブに関するこの議論は，いい加減な推測にしかみえないかもしれない．しかし，サム・ペルツマンという経済学者が1975年に発表した古典的論文には，自動車の安全性に関するさまざまな法律が，実際にこうした影響の多くをもたらしたことが示されている．ペルツマンの挙げた証拠によれば，これらの法律は，事故１件当たりの死亡者数を減少させたが，事故件数を増加させてしまった．総合的な結果としては，ドライバーの死亡者数はほとんど変わらなかったが，歩行者の死亡者数は増加したという．

ペルツマンの自動車の安全性に関する分析は，人々がインセンティブに反応するという一般原則の，やや風変わりで論議を呼ぶ一例にすぎない．どのような政策を分析するときにも，直接的な効果だけではなく，インセンティブを通じて働くような間接的な効果も考慮に入れなければならない．政策がインセンティブを変えるのであれば，それは人々の行動を変更させることになるのである．

【小問】
- あなたが最近経験した重要なトレードオフを説明しなさい．
- 金銭的機会費用と非金銭的機会費用の両方を備えた行動の例を挙げなさい．
- あなたの行動を左右しようとして，両親が提示したインセンティブを説明しなさい．

2 人々はどのように影響しあうのか

最初の四つの原理は，個人の意思決定方法に関するものであった．しかしわれわれの生活のなかでは，意思決定の多くは自分たちだけではなく他の人々にも影響を及ぼす．これから述べる三つの原理は，人々が相互に影響しあう方法に関するものである．

●第５原理：交易(取引)はすべての人々をより豊かにする

ニュースを聞いていると，中国とアメリカが世界貿易における競争相手であると報道していることがある．これは，中国の企業とアメリカの企業が同じ種類の商品をたくさんつくっている以上，いくつかの点では正しい表現である．両国の企業はＴシャツ，おもちゃ，ソーラーパネル，自動車のタイヤなどたくさんの市場で共通の顧客を相手に競っている．

しかしながら，国と国との競争を考えるときには，誤った考え方に陥りやすい．中国とアメリカとの間の貿易では，スポーツ競技のように一方が勝者になりもう一方が敗者になるわけではない．むしろ反対である．２国間の貿易は，両方の国をより豊かにすることができるのである．

このことを理解するために，交易（取引）があなたの家族にどのような影響を与えるかを考えてみよう．あなたの家族の誰かが仕事を探しているとしよう．そのとき彼（彼女）は職探しをしている他の家族の人々と競合することになる．それぞれの家族は買物においても競合している．どの家族もいちばんよい品物をいちばん安い価格で買いたいと考えているからである．したがって，ある意味では，経済のなかの各家族は他のすべての家族と競合していることになる．

こうした競争関係にもかかわらず，あなたの家族の生活は，他の家族から離れて孤立することで，より豊かになるわけではない．もしも孤立すれば，衣食住すべてを自給しなければならない．他の家族と交易することによって，あなたの家族の生活水準が高まることは明らかであろう．交易は，人々が農耕，縫製，建築といった各自の得意分野の専門家になることを可能にする．他の人々と取引することにより，はるかに多様な財・サービスをより安く買えるようになるのである．

国も，家族と同様に，互いに取引できることから多くを得ている．貿易は，各国が得意分野に特化し，より多様な財・サービスを享受することを可能にしている．中国人も，フランス人やエジプト人やブラジル人と同様に，世界経済における競争相手であると同時に取引相手でもあるのである．

●第６原理：通常，市場は経済活動を組織する良策である

1980年代後半と1990年代前半におけるソ連と東欧諸国における社会主義の崩壊は，前世紀における最も重要な変化であろう．社会主義諸国は，経済の希少な資源を配分するのに政府官僚が最適のポジションにいると考えていた．これらの中央の計画策定者たちは，どの財・サービスを誰がどれだけ生産し，誰がどれだけ消費するかを決定していたのである．中央集権的な計画の裏づけとなっていたのは，一国全体の経済厚生が向上するように経済活動を組織できるのは政府だけであるという理論であった．

かつて中央集権的な計画経済システムを採用していた国々のほとんどは，

今日ではそのシステムを放棄して，代わりに市場経済システムを構築しつつある．**市場経済**においては，中央の計画策定者による意思決定は，何百万もの企業や家計の意思決定によって代替されている．企業は，誰を雇い，何を生産するかを決めている．家計は，どの企業で働き，自分たちの所得で何を買うかを決めている．これらの企業や家計は市場で相互に影響しあっており，市場においては価格とみずからの利益が彼らの意思決定を導いているのである．

一見したところ，市場経済の成功は不思議に思えることだろう．市場経済では，誰も社会全体の厚生を監視していない．自由な市場では，無数の財・サービスに多数の売り手と買い手がいて，全員が主に自分の厚生を中心に考えている．しかし，利己的な意思決定者たちによる分権的な意思決定にもかかわらず，市場経済は，全般的な経済厚生を高めるように経済活動を組織する点で，大きな成功を収めてきたのである．

1776年に出版された『諸国民の富の性質と原因についての一研究』（『国富論』）において，経済学者であるアダム・スミスは，経済学のなかでも最も有名な考え方を提示した．市場において相互に影響しあっている家計や企業は，まるで「見えざる手」によって導かれているかのように，望ましい結果に到達しているというのである．本書におけるわれわれの目標の一つは，この見えざる手がどのようにその魔力を発揮するのかを理解することである．

経済学を学習するにつれて，見えざる手が経済活動を導く際の手段が価格であることが理解できるようになるだろう．どの市場においても，買い手は価格をみてどれだけ需要するかを決め，売り手は価格をみてどれだけ供給するかを決める．買い手と売り手の意思決定の結果なので，価格は，各財の社会にとっての価値と，社会がその財を生産するための費用の両方を反映したものとなるのである．スミスの偉大な洞察は，価格が調整されることで，多くの場合，個々の意思決定主体を，社会全体の厚生を最大化するような結果へと導くという点にあった．

スミスの洞察には重要な副次的定理（系）がある．それは，もし政府が，価格による需要と供給の自然な調整を妨害すると，経済を構成する家計と企

市場経済 market economy：市場において財・サービスをやりとりする多くの企業や家計による，分権的な意思決定を通じて資源が配分される経済．

コラム アダム・スミスと見えざる手

アダム・スミスの偉大な本『国富論』の出版された1776年が，アメリカの革命家たちが独立宣言に署名したのと同じ年であるのは，単なる偶然の一致かもしれない．しかし，二つの文書は，当時広まっていた一つの考え方を共有している．それは，「個人は，政府に自分たちの行動をいちいち強圧的に指示されることなく，個々の工夫に任せられるのが，通常は最良である」というものである．この政治哲学は，市場経済や，より広くには自由社会の知的な基礎を提供している．

分権的な市場経済が非常にうまく機能するのはなぜだろうか．人々が互いに愛と親切さをもって関わりあうと期待できるからだろうか．それはまったく違う．市場経済において人々がどのように関わりあうかについて，アダム・スミスは以下のように述べている．

「人間はほとんどいつでも他の人々からの助力を必要としているが，他の人々の利他心だけを頼りにしても無駄なことである．彼らの自己愛を自分に好都合な方向に惹きつけたり，自分がしてほしいとおりにすることが彼らにとっても得になるのだということを示したりすることができれば，思いどおりのことを実現できる可能性は高まるだろう．……『私のほしいものをくれたら，あなたもほしいものを入手できるだろう』というのが，そうした提案のどれもが意味していることである．そうした形で，われわれは，自分の必要とする助けのほとんどを，互いに入手しているのである．

われわれの夕食は，肉屋や酒屋，パン屋の利他心に依存しているのではなく，彼ら自身の利己心の尊重に依存しているのである．われわれは，彼らの人間性にではなく利己心に訴えるのである，われわれの必要性について語るのではなく，彼らの利益について語りかける．まわりの市民たちの利他心に依存しているのは物乞いだけである．……

どの個人も，……公共の利益を促進しようと意図してはいないし，自分たちがそれをどれだけ高めているのかも知らない……誰もが自分の利得のみを考えているのであり，そうすることで，他の多くの場合と同様に，見えざる手に導かれて，自分の意図していない目的を促進しているのである．公共の利益が利己心に入っていないことも，社会にとって悪いわけではない．利己心に突き動かされることで，本当に意図した場合よりも効果的に公共の利益を促進できることが多いのである.」

スミスが言っているのは，経済への参加者は利己心に動機づけられているが，市場の「見えざる手」がそうした利己心を全般的な経済的福祉を促進する方向に導いているということである．

スミスの洞察の多くは，いまなお，経済学の中心にあり続けている．本書の以下の章における分析は，スミスの結論をより厳密に表現し，市場の見えざる手の強みと弱みをより十分に検討することを可能にするのである．

業の意思決定を調整する見えざる手の力が弱まってしまうということである．この系は，税金が資源配分に対して悪影響を及ぼすことを説明できる．税金は価格体系を歪めるので，家計や企業の意思決定をも歪めてしまうのである．この系はまた，家賃規制のような直接的な価格規制が大きな悪影響をもたらすことも説明できる．さらに，この系は社会主義の失敗も説明できる．社会主義諸国では，価格は市場ではなく中央の計画策定者によって決められていた．そうした計画策定者たちは，消費者の選好や生産者の費用といった必要な情報を持っていなかった．そうした情報は，市場経済であれば，価格に反映されたはずのものである．中央の計画策定者たちが失敗したのは，彼らのもう一つの手，つまり市場という見えざる手が，後ろ手に縛られていたからである．

ケース・スタディ　アダム・スミスはウーバーを好きだっただろう

あなたはおそらく中央計画経済下で暮らした経験はないだろう．だが，大都市で一度でもタクシーを拾おうとしたことがあれば，非常に規制された市場を経験したといえるかもしれない．多くの都市において，役所はタクシー業界に対して厳重な規制を課している．規制は，保険や安全に関するものにとどまらない．たとえば，タクシーの許認可台数を定めて業界への参入を制限したり，タクシーが徴収できる料金を決めたりしている場合もある．役所は警察権力を用いて罰金や禁固刑を科することで，無認可運転手を追い出し，また公認されていない料金を運転手が課することを防いできた．

しかし最近，この強く規制されてきた業界は，ウーバーという破壊的な勢力によって侵略されるようになった．2009年に創業された同社は，スマートフォン向けのアプリを提供して，乗客と運転手とを結びつける．ウーバーの車はタクシー待ちの歩行者を探して街路を流すことをしないので，タクシーの定義にあてはまらず，そのため規制の対象とならないのである．しかし，両者はほぼ同じサービスを提供している．実際のところ，ウーバーの車に乗るほうが便利なことも多い．寒い雨の日など，道路脇に立って，空車が通りかかるのを待ちたい人がいるだろうか．家の中にいて，スマートフォンでウーバーの車を呼べば，車の到着まで暖かいまま濡れずに済むので好都合である．

ウーバーの車のほうがタクシーよりも安価なことが多いが，つねに安いというわけではない．ウーバーは，需要が急増するようなときに，運転手に価格を相当引き上げることを許している（特需型値上げ制度）．突然の土砂降りとか，大勢のほろ酔いパーティー参加者たちが安全な帰路を求める大晦日の晩などである．対照的に，規制されているタクシーは，価格を引き上げることを許されていないことが多い．

誰もがウーバーを好むわけではない．従来のタクシー運転手は，この新たな競争によって，彼らの所得源が侵食されていると，苦情を言う．このことは驚くには当たらない．財やサービスの供給者は，新たな競争相手を好まないものである．しかし，生産者間の活発な競争が，消費者にとって好都合な市場を生む．

だから，経済学者たちは，ウーバーを好む．2014年に実施されたアンケートは，数十人の有名な経済学者に，ウーバーなどの自動車サービスが消費者の厚生を高めているかをたずねた．全員がイエスと回答した．経済学者たちは，特需型値上げ制度が，消費者の厚生を高めているかもたずねられたが，85%がイエスと回答した．特需型値上げのために消費者はときどき多く支払わねばならないが，ウーバーの運転手がインセンティブに反応するので，最も需要が高いときに自動車サービスの供給を増やすことになる．特需型値上げ制度は，自動車サービスを，その価値を最も高く評価する人々に配分することを容易にし，自動車を探したり待ったりするコストを低下させる．

アダム・スミスが今日生きていれば，自分のスマートフォンにウーバーのアプリを搭載していたことは確実だろう．

第7原理：政府が市場のもたらす成果を改善できることもある

市場の見えざる手がそれほどにすばらしいのなら，なぜ政府が必要なのだろうか．経済学を学ぶ目的の一つは，公共政策の適切な役割と範囲に関して学ぶことにある．

政府を必要とする理由の一つは，見えざる手がその魔法を実現するためには，市場経済にとって重要な制度を政府が維持し，かつルールの番人となっていることが必要だからである．なかでも，個々人が希少な資源を所有し自由にできるための**所有権**を保護する制度を，市場経済は必要としている．自分の作物が盗まれると予想すれば，農夫は土地を耕さないだろう．顧客が店を出る前に支払いをすると保証されないかぎり，レストランは食事を提供しないだろう．映画会社は，あまりに多くの潜在的顧客が違法コピーをつくって代金を支払わないなら，映画を作成しないだろう．誰もが，自分たちの作成するものに関する権利を保護してくれる警察・裁判所を政府が提供してくれることに依存しているのである．見えざる手も，われわれの権利が保護されることを必要としている．

さらに，政府を必要とするもう一つの理由は，見えざる手は，強力だが全能ではないということである．政府が経済に介入することによって，人々の意思決定がもたらすであろう資源配分を変更すべき，二つの大きな理由があ

所有権 property rights：個人が希少な資源を所有し，自由にコントロールできるようにする権利．

る．一つは効率性を高めるためであり，もう一つは公平性を高めるためである．つまり，多くの政策は，経済のパイを大きくすることか，パイの分配方法を変更することを目的としているのである．

まず，効率性という目標を考えてみよう．通常の場合，見えざる手は，市場を導いて経済のパイを最大にするような資源配分を実現するが，うまくいかないこともある．経済学者は，このように市場の力では効率的な資源配分を実現できない場合を**市場の失敗**と呼んでいる．後に学ぶように，市場の失敗を引き起こす原因の一つに**外部性**がある．外部性とは，１人の行動が無関係な人の厚生に及ぼす影響のことである．外部性の古典的な例として環境汚染がある．ある財の生産が大気汚染を生み出し工場周辺に住む住民の健康問題を引き起こす場合，市場に任せておくと，そうしたコストを勘案できないかもしれない．市場の失敗を引き起こすもう一つの原因としては，**市場支配力**が挙げられる．市場支配力とは，１人の個人（あるいは少人数のグループ）が市場価格を不当に左右できる能力のことである．たとえば，町中の人たちが水を必要としているが，井戸は一つしかないとしよう．井戸の所有者は厳しい競争に直面していないので，見えざる手は通常のようには彼女の自己利益を制限することができない．彼女は，この機会を利用して，水の産出量を制限することにより，高い価格をつけようとするかもしれない．外部効果や市場支配力が存在する場合には，適切な公共政策によって，経済効率を高めることができる．

次に，公平性という目標について考えよう．見えざる手が効率的な結果をもたらしているような場合でも，経済厚生に関しては顕著な格差をもたらしやすい．市場経済システムにおける報酬は，人々が喜んでお金を支払うようなものを個々人がつくりだせるかどうかによって決まる．世界最高のバスケットボール選手が世界最高のチェス選手よりも所得が多いのは，チェスよりもバスケットボールを見るために人々がより多く支払うからにすぎない．すべての人が十分な食料とまともな衣服を持ち，適切な医療を受けられること

市場の失敗 market failure：市場が自分の力で資源を効率的に配分するのに失敗した状態．
外部性 externality：ある人の行動が周囲の人の経済厚生に与える影響．
市場支配力 market power：１人もしくは数人の小集団が市場価格に対して実質的に持っている影響力．

を見えざる手は保証しているわけではない．こうした不平等は，人々の政治哲学にもよるが，政府の介入を正当化しうるものである．現実には，所得税や社会福祉制度などの多くの公共政策は，経済厚生のより平等な分配を実現することを目的としている．

政府が市場の成果を改善できることもあるということは，つねに改善されるだろうということではない．公共政策は天使が立案しているわけではなく，完璧からはほど遠い政治プロセスを通じて立案されている．そうした政策のなかには，政治的な影響力を持つ者に利益をもたらすためにだけ立案されるものもある．また，志は正しいが十分な情報を持っていない指導者によって政策が立案されることもある．経済学を学習することで，効率性か公平性を高めるか否かという観点からみて，公共政策の適切さをより良く判断できるようになるだろう．

【小問】
- 鎖国しないことで，国の厚生が高まるのはなぜか．
- われわれが市場を持っているのはなぜか．また，市場のなかで政府はどのような役割を果たすべきだと，経済学者は主張しているか．

3 経済は全体としてどのように動いているか

ここまでは，各個人がどのように意思決定するのかから始めて，彼らがどのように相互に影響しあうのかを論じてきた．これらの意思決定や相互作用のすべてが一つになって「経済」を構成している．最後の三つの原理は，経済全体の機能に関するものである．

●第８原理：一国の生活水準は，財・サービスの生産能力に依存している

世界全体を見渡したとき，生活水準の格差には圧倒されるものがある．2014年のアメリカ人の平均所得は約５万5000ドルであった．同じ年，メキシコ人の平均所得は約１万7000ドルで，中国人の平均所得は約１万3000ドル，ナイジェリア人の平均所得は約6000ドルであった．平均所得に表れたこの大きな格差が，生活の質を測るさまざまな尺度に反映されているといっても驚

くには当たらないだろう．高所得国の国民は，低所得国の国民よりもたくさんのテレビや車を所有し，栄養状態もよく，よい医療を受けていて，より長い寿命を享受している．

生活水準の歴史的な変化も大きい．アメリカでは，歴史的にみて，（生活費の変化を調整した）所得の成長率はほぼ２％であった．この成長率では，平均所得は35年ごとに２倍になる．20世紀のアメリカでは，平均所得は８倍にまで増大した．

国や時代の違いによって生活水準に大きな格差や変化があるのはなぜだろうか．その答えは驚くほど簡単である．生活水準の格差や変化のほとんどは，各国の**生産性**の相違によって説明できる．生産性とは，１人の労働者が１時間当たりに生産する財・サービスの量のことである．労働者が１時間当たりに多く生産できる国においては，ほとんどの人が高い生活水準を享受している．労働者の生産性が低い国においては，ほとんどの人がより低い生活水準を甘受しなければならない．同様に，一国の生産性の成長率は，平均所得の成長率を決定するのである．

生産性と生活水準との間の基本的な関係は単純であるが，その意味するところは深いものがある．生産性が生活水準の基本的決定要因であるのであれば，他の要因は二義的な重要性しか持たないはずである．たとえば，20世紀のアメリカにおける労働者の生活水準の向上を，労働組合や最低賃金法の功績であると考える人もいるだろう．しかしながら，アメリカ人労働者にとっての本当のヒーローは，彼ら自身の生産性の上昇なのである．もう一つ例を挙げれば，アメリカの所得が1970年代と1980年代に低成長だったのは，日本をはじめとする国々との競争のせいであると主張する評論家たちがいる．しかし，本当の悪者は海外との競争ではなく，アメリカ国内における生産性成長率の低下なのである．

生産性と生活水準との関係は，公共政策にとっても重要な意味合いを持っている．政策が生活水準にどのような影響を与えるかを考えるときには，その政策が財・サービスの生産能力にどのように影響するかを考えることが大事である．生活水準を向上させるには，労働者がよく教育されていること，

生産性 productivity：労働者が１人１時間当たりに生産する財・サービスの量．

財・サービスを生産するのに必要な道具を持っていること，最高の生産技術を利用できること，などを政策立案者が保証し，生産性を向上させなければならない．

第9原理：政府が紙幣を印刷しすぎると，物価が上昇する

ドイツでは，1921年1月における新聞の値段は0.3マルクであった．しかし2年も経たない1922年11月には，同じ新聞の値段が7000万マルクになっていた．その他の財の価格もすべて同じぐらい上昇していた．これは，**インフレーション（インフレ）**という経済の全般的な価格上昇の史上最も劇的な例の一つである．

アメリカは1920年代のドイツに匹敵するようなインフレを経験したことはないが，インフレが経済問題になることはたびたびあった．たとえば，1970年代には，一般物価水準が2倍以上に上昇し，ジェラルド・フォード大統領をして，インフレこそが「国民の最大の敵である」と言わしめた．対照的に，21世紀の最初の10年間には，インフレ率はほぼ年率2.5%となった．この上昇率であれば，物価水準が倍になるにはほぼ30年必要である．高率のインフレは社会にさまざまな費用を課するので，インフレを低率に保つことは，世界中の経済政策立案者にとって共通の目標の一つである．

インフレは何によって引き起こされるのだろうか．大幅で持続的なインフレのほとんどは，貨幣供給量の増大が原因である．政府がその国の貨幣供給量を大幅に増やすと，貨幣の価値は下落する．1920年代初期のドイツにおいて，物価が1カ月ごとに3倍になっていたころ，貨幣供給量もやはり毎月3倍に増えていた．それほど劇的ではないにせよ，アメリカ経済の歴史も同様の結論を示している．1970年代の高インフレは貨幣供給量の急激な増大につれて起こっており，1980年代の低インフレへの回帰は貨幣供給量のゆるやかな増大に伴っているのである．

インフレーション（インフレ） inflation：経済において価格が全体として上昇すること．

●第10原理：社会は，インフレと失業の短期的トレードオフに直面している

貨幣供給量増大の長期における主影響は価格水準の上昇であるが，短期においては話が少し複雑になるうえに，意見も分かれてくる．多くの経済学者は，貨幣量増大の短期的効果を次のように説明している．

- 経済の貨幣量の増大は，全体としての支出を刺激し，財・サービスへの需要を増大させる．
- 高水準の需要によって，しだいに企業は価格を引き上げていくが，その途上において企業は雇用を増やし，財・サービスの生産を増大する．
- 雇用の増加は，失業の減少をもたらす．

このように考えると，経済全体に関する最後のトレードオフにつながっていく．インフレと失業との短期的トレードオフである．

こうした考え方に懐疑的な経済学者も存在しているが，今日では大方の経済学者が，インフレと失業との間に短期的なトレードオフが存在するという考え方を受け入れている．このことは，1～2年という期間においては，多くの経済政策がインフレと失業とを逆方向に動かすということを意味する．(1980年代前半のように）インフレと失業が高水準であろうが，(1990年代後半のように）低水準であろうが，あるいは中間的な水準にあろうが関係なく，政策立案者はこのトレードオフに直面することになる．この短期のトレードオフは，**景気循環**の分析において重要な役割を果たしている．景気循環とは，財・サービスの生産や雇用者数で測られた経済活動水準の，不規則でかつ予測不能な変動のことである．

政策立案者はさまざまな政策手段を用いて，このトレードオフを利用することができる．政府の支出を変化させ，税金を変更し，貨幣供給量を変化させることによって，政策立案者は財・サービスへの全体的な需要水準に影響を及ぼすことができる．そうした需要の変化は，経済が経験する失業とイン

景気循環 business cycle：雇用や生産といった経済活動の変動．

フレの組合せを短期的に左右できるのである．このように，経済政策のこうした手段は潜在的に非常に強い力を持っているので，政策立案者が経済をコントロールするにあたって，これらの政策手段をどのように用いるべきかは，つねに論争の対象となっている．

こうした論争が，バラク・オバマが大統領になった初期に，大きな焦点となった．2008年と2009年，アメリカ経済は，世界の他の多くの国々と同様に，深刻な景気後退を経験した．住宅市場における誤った投機によって引き起こされた金融システムの問題が，経済全体に波及して所得を低下させ，失業を急増させたのである．政策立案者たちは，対策としてさまざまな手段を用いて，財・サービスに対する全体的な需要水準を高めようとした．オバマ大統領の最初の本格的な政策行動は，減税と政府支出増加を組み合わせた景気刺激パッケージであった．同時に，アメリカの中央銀行である連邦準備も，貨幣量を増大させた．これらの政策の目的は，失業を減らすことであった．しかし，それらの政策が長期的には高インフレにつながるのではないかと懸念する人々もいた．

【小問】 ● 経済が全体としてどのように動いているかを説明する三つの原理を列挙して，簡単に説明しなさい．

4 結論

これまでのところから，経済学がどういうものなのかをある程度把握できたと思う．これからの章では，人々や市場や経済に関する多くの具体的な洞察を展開していく．それらの洞察を修得するには努力が必要であるが，それほど大変な課題ではない．なぜならば，経済学は，いくつかの基本的な考え方を多様なケースに適用することが可能となる学問だからである．

本書全体を通して，本章で説明し表1-1にまとめてある**経済学の十大原理**に何度も立ち返ることとなる．これらの基礎的な原理をいつも頭に入れておこう．最先端の経済分析でさえも，ここで紹介した十大原理に基づいているのである．

表1-1　経済学の十大原理

人々はどのように意思決定するか	
1	人々はトレードオフ（相反する関係）に直面している.
2	あるものの費用は，それを得るために放棄したものの価値である.
3	合理的な人々は限界原理に基づいて考える.
4	人々はさまざまなインセンティブ（誘因）に反応する.
人々はどのように影響しあうのか	
5	交易（取引）はすべての人々をより豊かにする.
6	通常，市場は経済活動を組織する良策である.
7	政府が市場のもたらす成果を改善できることもある.
経済は全体としてどのように動いているか	
8	一国の生活水準は，財・サービスの生産能力に依存している.
9	政府が紙幣を印刷しすぎると，物価が上昇する.
10	社会は，インフレと失業の短期的トレードオフに直面している.

- 個人の意思決定に関する基本的な教訓は，人々がさまざまな目標の間のトレードオフに直面していること，どのような行動の費用も失われた機会によって測られること，合理的な人々は限界的な費用と限界的な便益とを比較することで意思決定すること，人々は直面するインセンティブに反応して行動を変化させること，である.
- 人々の間の相互作用に関する基本的な教訓は，交易と相互依存関係が相互に利得をもたらすこと，通常の場合は市場が人々の間の経済活動を組織する良策であること，政府には，市場の失敗を修復したり経済的公平性をより促進したりすることで市場のもたらす成果を改善できる可能性があること，である.
- 経済全体に関する基本的な教訓は，生産性が生活水準の最終的な決定要因であること，貨幣量の増大がインフレの根源的な原因であること，社会がインフレと失業の短期的なトレードオフに直面していること，である.

確認問題

1. 経済学は以下のどれを研究する学問と定義できるか.
   a. 社会の希少な資源の管理方法
   b. 企業の利潤を高めるような経営方法
   c. インフレ率・失業率・株価などの予測方法
   d. 無制限な自己利益追求による諸問題を防止する政策
2. 映画を見に行くことの機会費用は何か.
   a. (映画) チケット代金
   b. チケット代金+映画館で買うソーダやポップコーンなどの代金
   c. 映画を見に行くことに関わるすべての支払額+あなたの時間の価値
   d. 映画を楽しめて, 自分の時間とお金を使うに値すると考える限り, ゼロ
3. 限界的な変化は,
   a. 公共政策にとって重要ではない.
   b. 既存のプランを少しずつ変化させる.
   c. 非効率的な成果をもたらす.
   d. インセンティブに影響しない.
4. アダム・スミスの「見えざる手」とは何について言及したものか. 次の中から選びなさい.
   a. 企業が消費者を犠牲にして儲けるために用いる, 微妙で隠匿されがちな手法
   b. 市場参加者の自己利益追求にもかかわらず, 望ましい結果をもたらす自由市場の能力
   c. 消費者が規制のことを認識していなくても, 彼らに便益をもたらす公的規制の能力
   d. 規制されていない市場において, 生産者や消費者が無知な第三者に費用を転嫁する方法
5. 政府は何をするために市場経済に介入するのか.
   a. 所有権を守るため.

b.　外部性に基づく市場の失敗を正すため.

c.　より平等な所得分配を実現するため.

d.　以上のすべて.

6.　ある国が高い，持続的なインフレーションに直面している場合，何が起きていると考えられるか.

a.　中央銀行が貨幣供給を大幅に増やしている.

b.　労働組合が高すぎる賃金を要求している.

c.　政府が高すぎる税金を課している.

d.　企業が独占力を利用して，価格を異常に引き上げている.

復習問題

1.　自分の生活のなかで重要なトレードオフを三つ挙げなさい.

2.　休暇にウォルト・ディズニー・ワールド・リゾートへ行くことの機会費用を計算する際に含めなければならない項目を挙げなさい.

3.　水は生きるために必要である．コップ１杯の水の限界的な便益は大きいだろうか，小さいだろうか.

4.　なぜ政策立案者はインセンティブを考慮すべきなのだろうか.

5.　なぜ諸国間の貿易は勝ち負けのあるゲームと異なるのだろうか.

6.　市場の「見えざる手」は何をしているのだろうか.

7.　市場の失敗の主要な原因を二つ説明し，それぞれの例を挙げなさい.

8.　生産性はなぜ重要なのだろうか.

9.　インフレとはどのようなものだろうか．その原因は何か.

10.短期において，インフレと失業との間にはどのような関係があるだろうか.

応用問題

1.　下記のケースに存在しているトレードオフを説明しなさい.

a.　新しい車を買うかどうかを決めようとしている家族

b.　国立公園への支出をどれだけにするかを決めようとしている国会議員

c. 新しい工場を建設するかどうかを決めようとしている会社社長
d. 授業の準備をどれだけするか決めようとしている教授

2. 休暇をとるかどうかを決めようとしているとしよう．休暇の費用のほとんど（交通費，宿泊費，失うことになる賃金）は金銭的なものであるが，休暇の便益は精神的なものである．この費用と便益をどのように比較すればよいだろうか．
3. 土曜日にアルバイトをしようと考えていたところへ，友達からスキーに誘われたとしよう．スキーに行くことの本当の費用は何か．次に，土曜日には図書館で勉強しようと考えていたとしよう．この場合，スキーに行くことの費用は何か．
4. バスケットボールくじで100ドルを手に入れたとしよう．すぐに使ってしまうこともできるが，5％の利子がつく預金口座に1年間預けておくこともできる．いま100ドルを使ってしまうことの機会費用は何か．
5. あなたが経営している会社が新製品開発に500万ドルを投入したが，新製品がまだ完成していないとしよう．最近の会議で，競合製品が現れたので新製品の予想販売額が300万ドルに減少したという営業部門の報告があった．新製品の完成までにあと100万ドルかかる場合に，開発を継続すべきだろうか．また新製品を完成させるのに最大いくらまでかけるべきだろうか．
6. 1996年に連邦政府の貧困対策プログラムが改革されて，生活保護を受けている人々の多くが，受給期間を2年間だけに限定された．
   a. この生活保護の改革は，働くことへのインセンティブにどのような影響を及ぼすだろうか．
   b. このような改革は，効率性と公平性との間のトレードオフにどのように関わっているだろうか．
7. 政府が以下に掲げるような政策を実施する場合，それが公平性のためか効率性のためかを説明しなさい．効率性を目的とする場合は，どのような市場の失敗が関わっているのかも論じなさい．
   a. ケーブルテレビの料金規制
   b. 貧困者にフードスタンプ（食料品購入にのみ使える引換券）を配給すること

c.　公共の場所を禁煙にすること

d.（石油精製施設の90％を所有していた）スタンダード石油を，いくつかのより小さな会社に分割したこと

e.　高所得の人々により高率の所得税を課すこと

f.　飲酒運転を禁止すること

8.　以下の各文章について，公平性と効率性の観点から議論しなさい．

a.　社会のすべての構成員は，可能な限り最良の医療を保証されるべきである．

b.　労働者が失業したとき，次の仕事がみつかるまで，失業保険給付を受けることが望ましい．

9.　あなたの生活水準は，あなたの両親や祖父母があなたの年齢だったときと比べて，どのように異なっているか．またそうした変化が生じたのはなぜか．

10. アメリカ人が自分の所得からより多くを貯蓄することを選択したとしよう．その追加的な貯蓄を銀行が企業に貸し出して，企業がその資金で新規工場を建てるとする．このことは，どのようにして，生産性の伸び率を高めるだろうか．そのより高い生産性から便益を受けるのは誰だろうか．社会はフリーランチを受け取ることになるのだろうか．

11. 独立戦争中，アメリカの各植民地は戦争遂行に必要な資金に足るだけの税収を得ることができなかった．そこで，不足分を埋め合わせるために，各植民地は貨幣を増刷することにした．政府支出を賄うために貨幣を発行することは，しばしば「インフレ税」と呼ばれている．貨幣量が増えたとき，税金を負担することになるのは誰だろうか．またそれはなぜか．

CHAPTER 2

第2章 経済学者らしく考える

Keywords

フロー循環図 circular-flow diagram
生産可能性フロンティア production possibilities frontier
ミクロ経済学 microeconomics
マクロ経済学 macroeconomics
実証的な主張 positive statements
規範的な主張 normative statements

どの学問分野にも独特の用語があり，独特の考え方がある．数学者は，定理，積分，ベクトル空間といった用語を用いる．心理学者は自我，イド，認識的不協和といった用語を用いる．弁護士は，裁判地，不法死亡訴訟，約束的禁反言などの用語を用いる．

経済学も同じである．需要，供給，弾力性，比較優位，消費者余剰，死荷重といった用語を経済学者はよく用いる．以降の章では多くの新しい用語が出てくるし，使い慣れた言葉が経済学者によって特殊な意味に使われる場合もある．はじめのうちは，こうした新しい用語はあまりにも秘密主義的なものにみえるかもしれない．しかし，あなたの暮らしている世界について有益で新しい考え方を提供してくれるという価値があることを理解してほしい．

本書の最大の目標は，読者が経済学者の考え方を修得することを手助けすることである．数学者や心理学者，弁護士に一夜にしてなれないのと同様に，経済学者のような考え方ができるようになるにもある程度の時間がかかる．しかし，本書では，理論とケース・スタディを組み合わせることで，その技術を体験・訓練する機会が十分に提供されている．

経済学の中核や詳細に立ち入る前に，経済学者が現実世界にどのようにアプローチするのかをみておいたほうがいいだろう．そこで，本章では，経済学の方法論について論じることにする．経済学者が問題に対処する際に用いる方法にはどのような特徴があるだろうか．経済学者のように考えるとはどういうことなのだろうか．

1 科学者としての経済学者

経済学者はみずからの研究テーマを科学者の客観性をもって取り扱おうとする．経済学者が経済を研究するときには，物理学者が物質を研究したり，生物学者が生命を研究するときとほぼ同じようなアプローチを用いる．経済学者は，理論を生み出し，データを集め，それを分析して理論を確かめたり棄却したりするのである．

初心者にとっては，経済学が科学であるという主張は奇妙なものに思えるかもしれない．経済学者は試験管も顕微鏡も用いないからである．しかしながら，科学の本質は**科学的方法**にある．科学的方法は世界の仕組みに関する理論を冷静に構築し，それを検証することからなっている．この探究方法は，地球の重力や宇宙の進化の研究にも，一国の経済の研究にも同じように適用できる．アルバート・アインシュタインがかつて言ったように，「すべての科学は日常の考え方を洗練したものにすぎない」のである．

アインシュタインの言葉は，物理学のような自然科学にも経済学のような社会科学にも同じように当てはまる．しかし，多くの人々は社会を科学者の目でみることに慣れていない．経済の仕組みを調べるにあたって，経済学者が科学の論理を適用する方法をいくつかみてみよう．

科学的方法：観察，理論，そしてまた観察

17世紀の有名な科学者であり数学者でもあるアイザック・ニュートンは，ある日りんごが木から落ちるのをみて興味をそそられたという．この観察に基づいて，ニュートンは重力の理論を構築した．重力の理論は，地面に落ちるりんごだけでなく，宇宙に存在するすべての対になった物体に適用できる．その後の検証作業によって，ニュートンの理論はさまざまな環境によく当てはまることが示された（ただし，すべての環境に当てはまるわけではないことが，後にアインシュタインによって示された）．ニュートンの理論は観察された事実を説明するのに大成功を収めたので，彼の理論はいまなお世界中の大学の学部生向け物理学の講義で教えられている．

このような理論と観察との相互作用は，経済学の分野でも起こる．1人の経済学者が物価が急上昇している国に生活していて，その見聞に基づいてインフレーションの理論を生み出したとしよう．彼の理論は，「政府が紙幣を印刷しすぎると，物価が上昇する」と主張するものだったとしよう．この理論を検証するには，その経済学者はさまざまな国の物価と貨幣に関するデータを集めて分析すればよい．もし貨幣量の増大と物価上昇率とがまったく無関係であれば，その経済学者はこのインフレ理論の有効性を疑いはじめるだろう．逆に国際比較をしたデータにおいて貨幣の成長とインフレ率とが強く相関していれば（実際その通りであるが），経済学者は自分の理論への自信を深めるだろう．

しかしながら，経済学者が他の科学者と同じように理論と観察とを用いて研究しようとする際にはきわめて困難な障害に直面する．経済学において，

実験することは多くの場合実行不可能である．重力を研究している物理学者は，実験室でたくさんの物質を落下させることによって，理論を検証するためのデータを集めることができる．対照的に，インフレーションを研究している経済学者には，役に立つデータを作成するだけのために，一国の金融政策を変えてしまうことは許されない．天文学者や進化生物学者と同様に，経済学者も偶然に世界が提供してくれたデータを，それがどのようなデータであれ用いるしかないのである．

実験室内での実験に代わるものとして，経済学者は歴史が提供する（非人為的な）自然実験に多大な注意を払っている．たとえば，中東で戦争が起こって原油の供給が途絶えれば，石油価格は世界中で急騰する．このような事件の発生は，石油と石油製品を消費する消費者の生活水準を引き下げる．経済政策の立案者にとっては，最適な対策を選択するという難しい問題が課せられる．しかし，経済学者にとっては，重要な天然資源の世界経済への影響を研究する機会が提供されることになるのである．こうしたことから，本書では随所に歴史的なエピソードを豊富にとりいれてある．これらのエピソードは二つの意味で重要である．一つは，こうしたエピソードが，過去の経済に対する洞察を与えてくれることである．もう一つのより重要な意義は，今日の経済理論に対する具体例として，理論を評価する際に役に立つことである．

●仮定の役割

物理学者に，ビー玉が10階建てのビルの屋上から地面に落下するまでにどれくらいの時間がかかるかを尋ねたとしよう．そのとき，物理学者はビー玉が真空中を落下するものと仮定して答えを出すに違いない．もちろん，この仮定は現実に反している．現実には，ビルのまわりには空気があり，落下するビー玉と空気との間に摩擦が生じてビー玉の落下速度は遅くなるからである．しかし，ビー玉に生じる摩擦はわずかなものなので，その影響は無視してよいと，物理学者は指摘するだろう．ビー玉が真空中を落下すると仮定することにより，答えが実質的に左右されることなく，問題を簡単化できるのである．

経済学者がさまざまな仮定を設けるのも同じ理由による．仮定を置くことによって，複雑な世界を単純化して，理解しやすくすることができる．たとえば，国際貿易の効果を研究する際には，世界には2カ国しか存在せず，両国は2種類の財のみを生産していると仮定できる．もちろん，現実の世界にははるかに多くの国が存在し，それぞれの国がたくさんの種類の財を生産している．しかし，2国2財の世界を仮定することで，問題の焦点に思考を集中させることができる．この単純化された架空の世界における国際貿易が理解できれば，自分たちの生活している複雑な世界における国際貿易を理解するのに一歩近づいたことになるのである．

どのような仮定を設けるかという判断は，物理学，生物学，経済学のどの分野においても，科学的に考える際の腕のみせどころである．たとえば，ビー玉の代わりに同じ重さのビーチボールをビルの屋上から落とす場合を考えてみよう．物理学者は，この場合は摩擦がないという仮定に問題があることに気づくだろう．ビー玉よりもビーチボールのほうが大きいので，摩擦による影響が大きいためである．重力が真空中で働いているという仮定は，ビー玉の落下の研究には妥当なものであるが，ビーチボールの落下には不適切である．

同様に，経済学者も異なる問題に答えるときには異なる仮定を設ける．流通紙幣の量を政府が変化させると経済に何が起こるのかを研究したいとしよう．この分析の重要な要素は，物価の反応の仕方であることがわかる．経済の諸価格の多くはたまにしか変化しない．たとえば，雑誌の定価は数年に1回しか変わらない．この事実を知っていると，政策の影響を対象期間を変えて調べるときには，異なる仮定を設けることができる．政策の短期の影響を調べるときには，物価はあまり変化しないと仮定することができる．すべての価格が完全に固定されているという，極端で非現実的な仮定を設けることすら可能かもしれない．一方，政策の長期の影響を分析するときには，すべての価格が完全に伸縮的であると仮定することができる．落下するビー玉とビーチボールに対して物理学者が異なる仮定を用いたように，経済学者も，貨幣量変化の短期の影響と長期の影響を分析する場合には，それぞれ別の仮定を用いるのである．

●経済モデル

高校の生物学の教師は，プラスティックの人体模型を使って，解剖学の基礎を教える．こうした模型は，心臓，肝臓，腎臓などといった主要臓器をすべて備えている．人体模型を使うことによって，教師は，人体の主要な臓器が体のなかにどのように配置されているかを学生にとても簡単に教えることができるのである．こうした模型は大まかなものでしかなく，細部はほとんど省略されているので，本物の人体だと誤解する者もいない．しかしながら，リアリズムの欠如にもかかわらず，あるいはリアリズムがないからこそ，こうした模型は人体の仕組みを学ぶのに役立つのである．

経済学者も，世界について学ぶために模型（モデル）を使う．ただし，経済学者が使うモデルはプラスティックの人体模型ではなく，主に図や式でできている．生物学教師のプラスティック模型と同じように，経済モデルも多くの細部を省略しており，本当に重要な部分をみることができるようになっている．生物学の教師が使う模型が人体の筋肉や血管をすべて備えているわけではないように，経済学者の使うモデルも経済のすべての特徴を備えているわけではない．

本書のなかでさまざまな経済問題を吟味していくにつれて，どのモデルも仮定を用いてつくられていることがわかっていくだろう．ビー玉の落下を研究するにあたって，物理学者がまず摩擦を捨象したように，経済学者もいま取り組んでいる問題と無関係な細部を捨象する．物理学であれ，生物学であれ，経済学であれ，すべてのモデルは，現実を単純化することによって，現実への理解を深めるために存在する．

●第1のモデル：フロー循環図

経済は，購入，販売，労働，雇用，製造などといった多様な活動に従事するたくさんの人々によって構成されている．経済の仕組みを理解するためには，こうした活動のすべてに関する思考を簡単化できる方法を見つけなければならない．つまり，経済の構造やその参加者が相互にどう関わりあうのかを，おおまかに説明するモデルが必要なのである．

図2-1は，**フロー循環図**という視覚的な経済モデルを示している．このモ

図 2 - 1 フロー循環図

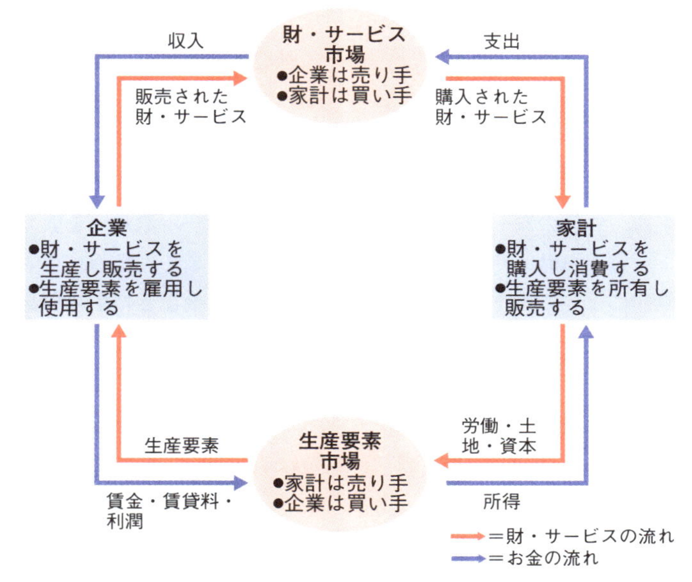

この図は，経済の構造を図式的に表したものである．意思決定をするのは家計と企業である．家計と企業は，（家計が買い手で企業が売り手である）財・サービス市場と，（企業が買い手で家計が売り手である）生産要素市場において相互に関わりあう．外側の矢印はお金の流れを表し，内側の矢印は対応する投入・産出の流れを表す．

デルの経済は単純化されており，企業と家計という２種類の意思決定者しかいない．企業は，労働，土地，資本（建造物と機械）といったさまざまな投入物を用いて，財・サービスを生産する．それらの投入物は**生産要素**と呼ばれる．家計は生産要素を所有し，企業の生産する財・サービスをすべて消費するものとする．

家計と企業は，２種類の市場において関わりあう．**財・サービス市場**では，家計が買い手で，企業が売り手である．より具体的にいうと，企業が生産した財・サービスを家計が購入する．**生産要素市場**では，家計が売り手であり，企業が買い手となる．家計は，財・サービスの生産にあたって使用する投入

フロー循環図 circular-flow diagram：家計と企業の間で，市場を通じてお金がどのように流れるかを示した視覚的な経済モデル．

物を企業に提供する．フロー循環図は，経済のなかで家計と企業との間に生じるすべての経済的取引を整理する簡単な方法である．

フロー循環図の二つのループは，相互に異なるものだが，関係している．内側のループは，投入と産出のフロー（流れ）を表している．家計は，所有する労働，土地，資本の使用権を，生産要素市場で企業に販売する．企業はそれらの生産要素を用いて財・サービスを生産し，財・サービス市場で家計に販売する．外側のループは，対応するお金のフロー（流れ）を表している．家計は，企業から財・サービスを購入するためにお金を支払う．企業は，それらの販売によって得た収入の一部を，労働者の賃金などの生産要素に対する支払いにあてる．後に残るものが企業の所有者の利潤となるが，企業所有者も家計のなかに含まれる．

お金（紙幣）が経済のなかを人から人へと流れていくのに従って，フロー循環図のツアーをしてみよう．当初，紙幣は家計の手元，すなわちあなたの財布のなかにあるものとしよう．あなたがコーヒーを１杯飲みたければ，経済の財・サービス市場の一つ（たとえば，地元のスターバックス コーヒー）に紙幣（いくつかの硬貨もいっしょに）を持っていく．そこで，気に入った飲みものの代金として，その紙幣を支払う．紙幣がスターバックスのレジに入ると，それは企業の収入となる．しかし，紙幣はスターバックスにいつまでもあるわけではない．企業は紙幣を使って，生産要素市場で投入物を買い入れるからである．スターバックスの例でいえば，店の家主への家賃の支払いや，働いている人への賃金の支払いなどである．どちらの場合も，紙幣はどこかの家計の所得となり，また誰かの財布に入ることになる．そこからもう一度，フロー循環図をめぐる旅が始まることになる．

このフロー循環図は，経済を表すきわめて簡単なモデルである．より複雑で現実的なフロー循環図には，たとえば，政府や国際貿易が登場するだろう（あなたがスターバックスに支払ったお金の一部は，税金として政府に支払われたり，ブラジルの農家からコーヒー豆を買うのに使われるかもしれない）．しかし，そうした詳細は，経済の基本的な仕組みを理解するときには必要ではない．単純であるからこそ，経済の各部分がどのような機能を果たしているかを考えるときに，フロー循環図を念頭に置いておくことが有益なのである．

●第2のモデル:生産可能性フロンティア

ほとんどの経済モデルは，フロー循環図とは異なり，数学のツールを使ってつくられている．ここでは，そうしたモデルのなかでも最も単純なモデルの一つである生産可能性フロンティアについて考察しよう．そして，生産可能性フロンティアが，いくつかの経済学の基本的な考え方を例示していることもみていこう．

現実の経済は多くの種類の財・サービスを生産しているが，ここでは二つの財だけを生産している経済を想定することにしよう．その二つの財は自動車とコンピュータとする．自動車産業とコンピュータ産業は，経済のすべての生産要素を使用している．利用可能な生産要素と，その生産要素を用いて生産物を生み出すのに利用可能な生産技術とを所与とした場合に，経済が生産できる生産物（この例では，自動車とコンピュータ）のさまざまな組合せを示すグラフを**生産可能性フロンティア**と呼ぶ．

図2-2は，この経済の生産可能性フロンティアを示している．この経済では，すべての資源が自動車産業で使用された場合，自動車1000台を生産できるがコンピュータを生産できない．反対に，すべての資源がコンピュータ産業で使用された場合，経済はコンピュータ3000台を生産できるが自動車を生産できない．生産可能性フロンティアの両端の点は，これらの極端なケースを表している．

より現実的なのは，経済の資源が二つの産業に振り分けられて，自動車とコンピュータをいくらかずつ生産するケースだろう．たとえば，A点で示されるように，自動車600台とコンピュータ2200台を生産することができる．あるいは，生産要素を少しコンピュータ産業から自動車産業に移すことで，B点で示されるように，自動車700台とコンピュータ2000台を生産することもできる．

資源が希少なので，考えうるすべての組合せを実現することはできない．たとえば，生産要素を2産業の間にどのように配分しようと，C点で表され

生産可能性フロンティア production possibilities frontier：利用可能な生産要素と生産技術が与えられている場合に，その経済が生産可能な生産物のさまざまな組合せを描いたグラフ．

図2-2 生産可能性フロンティア

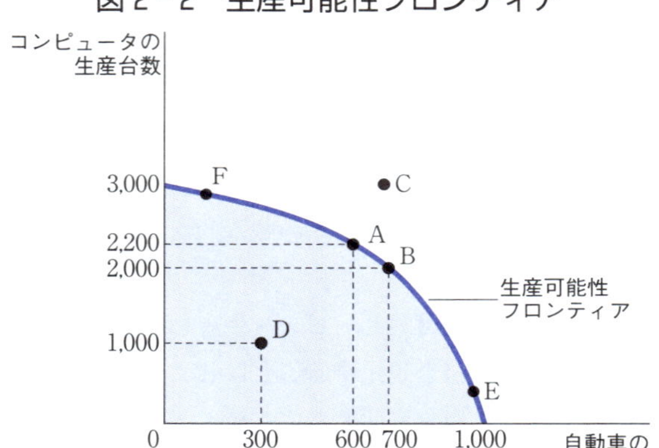

生産可能性フロンティアは，経済が生産することのできる生産物の組合せ（この例では自動車とコンピュータ）を示している．このフロンティアの線上または内部のどの組合せでも，経済は生産することができる．フロンティアの外側の点は，経済の保有している資源では実現不可能である．生産可能性フロンティアの傾きはコンピュータで測った自動車1台の機会費用を表している．この機会費用は，経済がこの2財をどれだけ生産しているかによって変わる．

るような自動車とコンピュータの生産量を実現することはできない．自動車とコンピュータを生産するための技術が一定の下で，そうした生産水準を達成するだけの生産要素を，経済は持っていないのである．経済は保有している資源を使って，生産可能性フロンティア上の点や（原点からみて）内側の点であればすべて実現できるが，生産可能性フロンティアの外側の点は実現できない．

利用可能な希少な資源から最大限のものを経済が得ている場合，その状態は**効率的**であると呼ばれる．生産可能性フロンティア上の点（内側の点ではない）は，効率的な生産水準を示している．経済がA点のような効率的な水準で生産している場合には，片方の生産を減らすことなくもう片方の生産を増やすことはできない．また，D点は**非効率的**な状態を表している．大量失業などの何らかの理由で，経済が利用可能な資源から生産できるはずの生産量を生産していないからである．自動車300台とコンピュータ1000台しか生産していない．非効率をもたらしている原因が取り除かれれば，経済は両方の財の生産を増やすことができる．たとえば，経済がD点からA点へと移ると，自動車生産を300台から600台に，コンピュータ生産を1000台から2200台に増やすことができる．

第１章で議論した**経済学の十大原理**の一つは，「人々はトレードオフに直面している」であった．生産可能性フロンティアは，社会が直面しているトレードオフの一つを示している．フロンティア上の効率的な点に到達してしまうと，一つの財をより多く入手するには他方の財を減らすしかない．たとえば，経済がＡ点からＢ点へと移る場合には，自動車の生産を100台増やしているが，コンピュータの生産を200台減らすという犠牲を払っているのである．

このトレードオフは，もう一つの十大原理を理解するのに役立つ．「あるものの費用は，それを得るために放棄したものの価値である」ということも，**経済学の十大原理**の一つであった．この考え方は**機会費用**と呼ばれている．生産可能性フロンティアは，一つの財の機会費用を他方の財の数量で示したものである．経済がＡ点からＢ点へと移るとき，コンピュータを200台放棄することで自動車を追加的に100台獲得することになる．つまり，このときの自動車１台の機会費用は，コンピュータ２台である．自動車の機会費用が生産フロンティアの傾きに等しいことに気づいてほしい（傾きが何か思い出せなければ，本章の補論「グラフの用法」で勉強し直すことができる）．

コンピュータの台数で測った自動車の機会費用は，この経済においては一定ではなく，どれだけの自動車とコンピュータが生産されているかに依存している．このことは，生産可能性フロンティアの形状に反映されている．図2-2において，生産可能性フロンティアが（原点からみて）外側に膨らんでいるので，Ｅ点のように経済がほとんどの資源を自動車の生産に投入していてコンピュータをあまりつくっていないときには，傾きが大きくなっており，自動車の機会費用はきわめて高い．経済がコンピュータを多く生産し自動車をあまりつくっていないときには，Ｆ点のように傾きが小さくなっており，自動車の機会費用は小さい．

経済学者は，生産可能性フロンティアがこのように曲がった形状をしていると考えている．経済がほとんどの資源をコンピュータの生産に使用している場合，自動車生産の熟練工のような，自動車の生産に最も適した資源までもがコンピュータの生産に投入されている．そうした労働者はおそらくコンピュータの生産があまり上手くないので，自動車生産を1台増やしてもコンピュータの生産はあまり減らさずに済む．このため，F点ではコンピュータで測った自動車の機会費用は小さく，曲線の傾きはかなりフラットである．逆に，E点のように，経済がほとんどの資源を自動車の生産に使用しているときには，自動車の生産に最も適した労働者や機械はすでに自動車の生産に投入されている．このとき自動車の生産量を追加するには，最良のコンピュータ技師をコンピュータ産業から自動車産業に移して，自動車生産の工員にしなければならない．その結果として，自動車を追加的に生産するには，コンピュータの生産量を大きく減少させなければならない．自動車の機会費用は高く，曲線の傾きは急である．

生産可能性フロンティアは，ある一時点における，異なる財の生産の間のトレードオフを示している．しかし，このトレードオフは，時間とともに変化することもある．たとえば，コンピュータ産業に技術進歩が起こって，1人の労働者が1週間当たりに生産できるコンピュータの台数が増えたとしよう．この技術進歩は，社会の機会集合を拡張する．自動車の生産がどのような水準にあっても，今までよりも多くのコンピュータを生産できる．経済でまったくコンピュータを生産しないとしても，自動車は前と同じく1000台しか生産できないので，フロンティアの端点の一つは動かない．しかし，その資源の一部をコンピュータ生産に振り向ければ，これまでより多くのコンピュータを生産できるようになる．その結果として生産可能性フロンティアの他の点はすべて，図2-3のように外側にシフトする．

この図は，経済が成長するときに何が起こるかを表している．社会は生産内容を変えて，古いフロンティア上の点から新しいフロンティア上の点へと動く．このとき社会がどの点を選ぶかは，二つの財の間の選好次第である．この例では，A点からG点へと移動することで，社会はより多くのコンピュータ（2200台の代わりに2300台）とより多くの自動車（600台の代わりに650台）を享受できるようになった．

生産可能性フロンティアは，複雑な経済を単純化することで，いくつかの基本的だが強力なアイディアに焦点を当てる．希少性，効率性，トレードオフ，機会費用，経済成長である．経済学の学習を進めていくにつれて，これらのアイディアにはさまざまな形で繰り返し出会うことになる．生産可能性

図2-3 生産可能性フロンティアのシフト

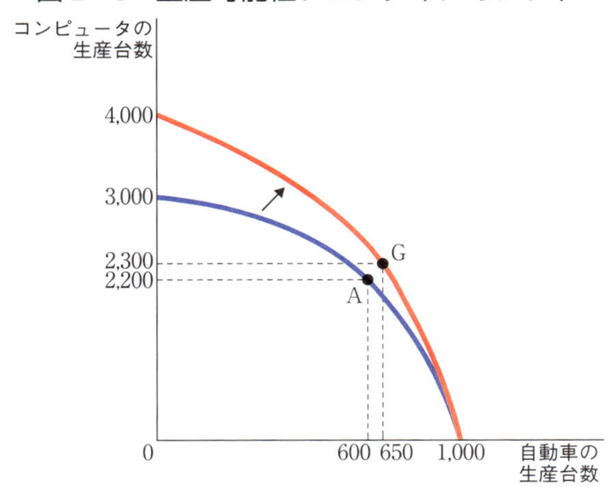

コンピュータ産業の技術進歩は，経済が生産できる自動車とコンピュータの台数を増加させるので，生産可能性フロンティアを外側にシフトさせる．経済がA点からG点へと移動すると，自動車の生産台数もコンピュータの生産台数もともに増加する．

フロンティアは，それらのアイディアについて考えるときの一つの単純な方法を示している．

●ミクロ経済学とマクロ経済学

多くの研究分野では，さまざまなレベルでの研究が可能である．生物学を例にとってみよう．分子生物学者は，生物を形づくっている化学合成物を研究している．細胞生物学者は細胞を研究している．細胞は，多くの化学合成物からつくられているとともに，生命体を形づくる最小の単位でもある．進化生物学者は，動植物の多様な種を調べ，長い年月を通じた種のゆるやかな変化を研究している．

経済学もさまざまなレベルで研究されている．個々の家計や企業の意思決定を研究することもできる．特定の財・サービス市場における家計と企業の相互作用を調べることもできる．あるいは，経済全体がどのような動きをするか研究することもできる．経済全体の動きは，すべての市場におけるすべての意思決定主体の活動を足し合わせたものである．

経済学は，伝統的に二つの研究分野に分けられてきた．**ミクロ経済学**は，家計や企業の意思決定と，特定の市場におけるそれらの相互作用を研究する．**マクロ経済学**は，経済全体に関わる現象を研究する．ミクロ経済学者は，ニューヨーク市における家賃規制の効果や，国際競争がアメリカの自動車産業に与える影響，義務教育が労働者の賃金に与える影響，といった問題を研究する．マクロ経済学者は，連邦政府（中央政府）による借入れの影響，失業率の変遷，一国の生活水準を向上させる経済成長を促進する諸政策といったテーマを研究する．

ミクロ経済学とマクロ経済学は密接に関連している．経済全体の変化がたくさんの人々の意思決定から生じている以上，関連するミクロの意思決定を考慮せずにマクロ経済の発展を理解することは不可能である．たとえば，マクロ経済学者が，連邦所得税減税が財・サービスの生産全体に与える影響を調べるとしよう．この問題を分析するには，家計の財・サービスへの支出決定に減税がどのような影響を及ぼすかを考えなければならない．

ミクロ経済学とマクロ経済学が関連せざるをえないものであるにもかかわらず，この二つは独立した研究分野である．両者は異なる問題を対象としているので，それぞれ独自のモデル群を持っており，別々の講義で教えられることが多い．

【小問】
- 経済学は，どのような意味で科学的か．
- 食料と衣服をつくっている経済の生産可能性フロンティアを描きなさい．効率的な点，非効率的な点，実現不可能な点を示しなさい．また干ばつが起こったとき，この生産可能性フロンティアはどうなるか，示しなさい．
- ミクロ経済学とマクロ経済学を定義しなさい．

2 政策アドバイザーとしての経済学者

経済学者は，しばしば経済事象の原因の説明を求められる．たとえば，10

ミクロ経済学 microeconomics：家計や企業がどのように意思決定を行い，それらが相互にどのように関わりあうかを研究する学問．
マクロ経済学 macroeconomics：インフレーション，失業，経済成長など，経済全体に関わる現象を研究する学問．

代の若者が他の年長の労働者よりも高い失業率にさらされている理由を問われることがある．またあるときには，経済状況を改善するための政策提案を求められることもある．たとえば，10代の若者の経済的福祉を改善するために，政府は何をすべきかを問われる．経済学者は，経済を説明しようとするときには科学者となり，経済を改善しようとするときには政策アドバイザーとなる．

●実証的分析と規範的分析

経済学者が果たすべき二つの役割を明らかにするために，まず言葉の使い方を検討しよう．科学者と政策アドバイザーとは異なる目標を持っているので，言葉の使い方も異なってくるのである．

たとえば，最低賃金法について議論している２人がいるとしよう．２人の次のような主張が聞こえてきた．

ポーシャ：「最低賃金法は失業が増える原因になるわ」
ノア：「政府は最低賃金を引き上げるべきだよ」

２人の意見に賛成するかどうかは別として，ポーシャとノアが違うことを言おうとしている点に注意しよう．まず，ポーシャは科学者のように話している．彼女は，社会の仕組みについて意見を述べているのである．一方，ノアは政策アドバイザーのように話している．彼は，社会をどう変えたいかについて意見を述べているのである．

一般的に，社会についての意見は２種類に分けることができる．ポーシャのような主張の仕方は実証的といわれる．**実証的な主張**は説明的であり，社会がどのようになっているかについての主張である．ノアのような主張の仕方は規範的といわれる．**規範的な主張**は処方的であり，社会がどうあるべきかについての主張である．

実証的な主張 positive statements：世界がどのようなものであるかを叙述しようとする主張．
規範的な主張 normative statements：世界がどのようにあるべきかを規定しようという主張．

実証的な主張と規範的な主張との根本的な違いは，その正しさをどのようにして判定できるかにある．実証的な主張は，原則として，証拠を吟味することで肯定したり否定したりできる．経済学者であれば，最低賃金の変化と失業率の変化の時系列データを分析することにより，ポーシャの主張を評価することができるだろう．対照的に，規範的な主張を評価するには，事実だけでなく価値観も必要である．ノアの主張が正しいかどうかを判定することは，データだけではできない．よい政策と悪い政策とを判別することは，科学だけではできないのである．それには，倫理，宗教，政治哲学などに対する考え方も必要になってくる．

当然，実証的な主張と規範的な主張とは，根本的に異なるものであるが，人々の信念のなかでは，しばしば相互に結びついている．とくに，社会の仕組みについての実証的な見方は，どの政策が望ましいかという規範的な見方に影響を与える．もしポーシャが言うように，最低賃金法が失業を増やすのであれば，最低賃金を引き上げるべきだというノアの主張には反対することになるかもしれない．しかしながら，規範的な結論は，実証的な分析のみによって導き出されるものではない．規範的な主張には，実証的な分析に加えて価値判断が必要なのである．

経済学を学習するにあたっては，実証的な主張と規範的な主張との区別を忘れないようにしよう．経済学の多くの部分は実証的であり，経済の仕組みを説明しようとするものである．しかしながら，経済学を使う人々は，多くの場合，規範的な目標を持っている．どうすれば社会を改善できるのか，知りたいのである．経済学者が規範的な主張をしているときには，彼らは科学者としてではなく，政策アドバイザーとして話しているのである．

●ワシントンの経済学者やエコノミストたち

アメリカの第33代大統領ハリー・トルーマンは，隻腕（one-armed）の経済学者を見つけたいと言ったことがあるという．彼がブレーンの経済学者たちにアドバイスを求めると，経済学者たちはいつも次のように答えたからである．「一方では（on the one hand）……ですが，他方では（on the other hand）……となります．」

経済学者のアドバイスがしばしばどっちつかずのものになることに気づい

たトルーマンは，正しかった．このような傾向がみられるのは，**経済学の十大原理**の一つである「人々はトレードオフに直面している」がその原因である．ほとんどの政策決定にトレードオフが絡んでいることを，経済学者は認識している．公平性を犠牲にして，効率性を高める政策もあるだろう．現役世代を犠牲にして，将来世代を救済する政策もあるだろう．すべての政策判断が容易で明快だなどという経済学者はかえって信頼できない．

経済学者（エコノミスト）の助言を求めた大統領は，トルーマン１人ではない．1946年以降の歴代のアメリカ大統領は，経済諮問委員会（CEA：Council of Economic Advisers）のアドバイスを受けている．経済諮問委員会は，３人の委員と数十人のエコノミストで構成されている．経済諮問委員会はホワイトハウスのすぐ傍にあり，大統領に助言を行うことと『大統領経済報告』を書くことだけが任務である．この『大統領経済報告』は，経済の最近の状況を論じ，現在の政策課題に関する委員会の分析を提示している．[1)]

大統領はまた，行政府のなかの多くの部署にいるエコノミストたちにも支えられている．予算管理局のエコノミストたちは，支出計画や規制政策の立案を助けている．財務省のエコノミストたちは，税制の設計を補助している．労働省のエコノミストたちは，労働者と求職者たちのデータを分析し，労働市場に関する政策形成を助けている．司法省のエコノミストたちは，反トラスト法の施行を助けている．

行政府以外でもエコノミストは働いている．政策案に対する第三者的な評価として，連邦議会は議会予算局（CBO：Congressional Budget Office）のアドバイスに信頼を置いている．議会予算局はエコノミストの集団である．また連邦準備（アメリカの中央銀行）は金融政策のかじ取りを行う組織であり，アメリカをはじめとする世界中の経済の状況を分析するために，数百人のエコノミストを雇っている．

経済学者が経済政策に及ぼす影響力は，アドバイザーとしての役割を超えることさえもある．経済学者の研究や著作は，しばしば間接的に政策に影響を与えているからである．経済学者ジョン・メイナード・ケインズは，つぎ

1）本書の著者であるマンキューは，2003年５月～2005年２月にCEAの委員長を務めた．

のような見方を述べている.

「経済学者や政治思想家の考えは，正しいものであれ誤ったものであれ，一般に考えられているよりもはるかに強力である．実際のところ，それらが世界を支配しているのである．知識の影響を受けていないと自任しているような現実的な人々も，過去の経済学者の奴隷であることが普通である．権力を握った狂人たちも，天の声を聞いていると自分では考えているが，何年も前のアカデミックな三文文士から彼らの狂気を蒸留しているのである.」

この文章は1935年に書かれたものだが，その内容は今日でも正しい．ケインズ自身も，現在の公共政策に大きな影響を及ぼす「アカデミックな三文文士」にしばしばなっている.

●経済学者のアドバイスが必ずしも聞き入れられないのはなぜか

大統領など選出されたリーダーたちのアドバイザーを務める経済学者はみな，自分たちのアドバイスがつねに受け入れられるとは限らないことを知っている．悔しいことだが，その理由はよくわかる．経済政策がつくられるプロセスが，経済学の教科書が想定しているような理想的な政治プロセスから，多くの点で乖離しているからである.

本書を通じて，経済政策について論じるとき，われわれは一つの問題に焦点を合わせている．政府が採用すべき最良の政策は何かというものである．われわれは，親切な王様が政策を決めているかのように，振る舞っている．王が正しい政策を見出しさえすれば，その考えを実施に移すのに何も問題はないかのように.

だが，現実の世界においては，正しい政策を考案することはリーダーの仕事の一部，なかでも最も容易な部分でしかない．大統領は，経済顧問からベストの政策を説明された後，関連する情報を他の顧問たちに尋ねる．コミュニケーション関係の顧問は，提案された政策を大衆にどう説明すればよいかを教え，この課題を難しくするような誤解を予想しようとする．報道関係顧問は，彼の提案をメディアがどのように報道するか，諸紙の社説にどのような意見が載りそうかを，教えるだろう．議会関係顧問は，議会がその提案をどのように受け止めるか，議員たちが提案するであろう修正案，大統領の提案が何らかの形で法律になる確率について，教えるだろう．政治顧問たちは，提案される政策に対して，どんなグループが賛成にまわるか反対にまわるかを伝え，選挙民の諸グループのなかでの彼のポジションにどのように影響するか，大統領の他の政策方針への支持がどう変化するかを教えるだろう．そうしたアドバイスを聞いて，秤にかけた後で，大統領はどのように進んでいくかを決定するのである．

間接民主主義における経済政策立案は，厄介なものなのである．エコノミストが提案した政策を，大統領などの政治家が推進しない理由も立派にあることがしばしばなのである．エコノミストは政策プロセスに必須の投入物を提供するわけだが，彼らのアドバイスは，複雑なレシピのなかの材料の一つにすぎないのである．

【小問】
- あなたの生活に何らかの関連性があるような，実証的な主張と規範的な主張の例を挙げなさい．
- 経済学者（エコノミスト）のアドバイスに頼ることが通例となっている政府の部署を三つ挙げなさい．また，日本ではどうか，調べなさい．

3 なぜ経済学者の意見は一致しないのか

「経済学者をぐるりと順に並べて横たえたら，その端と端は，結び合わない[2]（合意に達しない）だろう」という，バーナード･ショーの警句は，示唆に富んでいる．経済学者という職業集団は，対立するさまざまなアドバイスを政策立案者に提示することで知られている．ロナルド･レーガン元大統領も，経済学者向けのトリビア・ゲームには100の問題と3000の解答があるだろうというジョークを飛ばしたことがある．

なぜ経済学者が政策立案者に提示するアドバイスはしばしば対立するのだ

2） 原語の conclusion には，結び目という意味と，結論という意味とがあり，ここでは両方の意味をかけている．

ろうか．これには二つの基本的な理由がある．

- 世界の仕組みに対する見方が実証的諸理論のなかで分かれていて，どれが妥当性を持つかについて意見が一致しない可能性．
- 価値観が異なるために，政策が達成すべき目標について規範的な考え方が異なっている可能性．

それぞれの理由について論じてみよう．

●科学的判断における相違

何世紀も前には，天文学者たちが地球と太陽のどちらが太陽系の中心であるかについて論争していた．最近では，気象学者たちが「地球温暖化」が進行しつつあるのか，また，もしそうであればその理由は何かについて論争している．科学とは，われわれを取り巻く世界を理解するための進行中の探究である．この探究が続いている間は，何が真実なのかについて科学者たちの意見が一致しないときがあるのも当然だろう．

経済学者の意見が一致しないのも，これと同じ理由であることが多い．経済学は若い学問であり，未解決の問題が数多く残っている．経済学者たちは，対立する理論の有効性や（経済諸変数の相互依存関係を測る）重要なパラメーターの大きさに関して異なる推測をしているために，意見が一致しないこともある．

たとえば，経済学者は，家計の所得と消費（支出）のどちらに課税すべきかについて意見が一致していない．現行の所得税制から消費税制へ移行することを提唱している人たちは，貯蓄された所得には課税されないので，この移行によって家計がもっと貯蓄をするようになると考えている．そして，貯蓄が増えると資本蓄積に資源が使えるようになるので，生産性と生活水準はより急速に成長すると主張している．一方，現行の所得税制がよいと思っている人たちは，家計貯蓄は税制の変更にあまり反応しないと考えている．この二つの経済学者の集団は，税制の変更に対して貯蓄がどう反応するかについて異なる実証的な見方をしているので，税制について異なる規範的な意見を持つようになったのである．

●価値観の相違

ピーターとポーラは，町営の井戸から同じ量の水を汲んでいる．井戸の維持費にあてるため，町は住民に税金を課している．ピーターの所得は15万ドルで，その10％に当たる１万5000ドルの税金を払っている．ポーラの所得は３万ドルで，その20％に当たる6000ドルの税金を払っている．

この政策は公平だろうか．公平でないとしたら，支払いすぎているのはどちらで，支払いが足りないのはどちらだろうか．ポーラの所得が少ないことが，身体的な障害によるものなのか，役者になろうとしているためなのかを考慮すべきだろうか．ピーターの所得が多いことが，多額の遺産を相続したからなのか，人の嫌がる仕事に長時間携わっているためなのかも勘案すべきだろうか．

これらは難しい問題であり，なかなか意見は一致しないだろう．町が２人の専門家を雇って，井戸を維持するためには住民にどのように課税したらよいかを研究させて，その２人が相反する助言を行ったとしても不思議ではない．

この単純な例は，公共政策に関して経済学者の意見が一致しない理由を示している．規範的な分析と実証的な分析を扱った節で学んだように，科学的な理由だけでは政策は決定できない．価値観が異なっているときには，経済学者は対立するようなアドバイスを提示してしまう．科学としての経済学がどれだけ精緻なものになっても，ピーターとポーラのどちらが支払いすぎているのかを教えてはくれないのである．

●認識と現実

科学的判定の相違と価値観の相違があるために，経済学者の間にある程度の意見の不一致が生まれることは避けられない．しかしながら，意見の分裂を強調しすぎることは慎まなければならない．しばしば考えられているよりも多くの点について，経済学者は共通の意見を示しているからである．

表2-1は，経済政策に関する20個の提言を並べたものである．経済学者を職業とする人々にアンケートを行ったところ，これらの政策提言は回答者の圧倒的多数に支持された．もし，このアンケートが一般の人々の間で行われたものであれば，これらの政策提言の多くは，これほどのコンセンサスを得

ることはできなかっただろう.

第1の政策提言は，家賃規制に関するものであり，家主が自分の保有する賃貸アパートに設定する家賃に上限を設ける政策である．ほとんどの経済学者は家賃規制が住宅供給の量と質に悪影響を及ぼしており，公的補助が必要な人たちへの諸施策のなかでも，非常に費用のかかる方法であると信じている．それにもかかわらず，多くの自治体が経済学者の助言を無視して，家主が借家人に貸すときの家賃に上限を設けている.

第2の提言は，関税と輸入割当てという，ともに国際貿易を制限する政策に関するものである．後の章で詳述するいろいろな理由に基づいて，ほとんどの経済学者が，自由貿易を妨げるそれらの障害に反対している．それにもかかわらず，長年の間，大統領と連邦議会は特定の財の輸入を制限してきた.

専門家が揃って反対しているのに，なぜ家賃規制や輸入割当てといった政策が続けられているのだろうか．政治プロセスの現実が動かしがたい障害となっているということもあるだろう．だが，これらの政策が望ましくないということを一般の人々に納得させることに経済学者が成功していないのも一因だろう．こういった問題に関する経済学者の見方を理解してもらい，それが正しい見方であることを納得してもらうことも本書の目的の一つである.

本書を読んでいくと，ときどき，「専門家にきく」というコラムがあるのに気づくだろう．これらは，IGM 経済専門家パネルという世界的に著名な数十名の経済学者に実施されているアンケート結果に基づいている．数週間ごとに，彼らには一つの命題が提示され，それに対する「同意する」「同意しない」あるいは「どちらとも言えない」かをたずねられる．このコラムをみると，どのようなときに経済学者の意見が一致して，どのようなときに分かれるのか，また，どのようなときに答えにたどり着けないのかが，ある程度分かるだろう.

ここでは，エンターテインメントやスポーツのイベントのチケット転売（ダフ屋と呼ばれる）に関する例を示そう．議会はしばしばチケット転売を禁止しようとしている．多くの経済学者は議員たちよりもダフ屋の味方であることを，アンケート結果は示している.

【小問】 ●大統領の経済アドバイザーたちが，政策問題に関して異なる意見を持つことがあるのはなぜだろうか.

表2-1 政策提言と経済学者の賛同率

1	家賃の上限規制は住宅供給の量・質ともに低下させる	93%
2	関税と輸入割当ては一般的な経済厚生を低下させる	93%
3	変動為替相場制度は有効な国際通貨制度である	90%
4	不完全雇用状態の経済では，財政政策（減税や財政支出拡大）には顕著な景気刺激効果がある	90%
5	アメリカは企業が外国へのアウトソーシングをするのを制限すべきでない	90%
6	アメリカのような先進国における経済成長は，経済厚生のさらなる改善につながる	88%
7	アメリカは農業への補助金を撤廃すべきである	85%
8	適切に設計された財政政策は長期の資本蓄積率を増加させる	85%
9	地方および州政府はプロのスポーツチームへの補助金を撤廃すべきである	85%
10	連邦予算を均衡させるためには，毎年の値ではなく景気循環を通じての値を均衡させるべきである	85%
11	今の政策が変更されなければ，社会保障基金とその支出のギャップは今後50年以内に持続不可能なほど広まる	85%
12	生活保護受給者への現金給付は，同額の現物給付よりも受給者の厚生を高める	84%
13	巨額の財政赤字は経済に悪影響をもたらす	83%
14	アメリカにおいて，所得再分配は政府の正当な役割である	83%
15	インフレは主にマネーサプライの過剰な増大によって生じる	83%
16	アメリカは遺伝子組み換え作物を禁止すべきでない	82%
17	最低賃金の引上げは，若年労働者と未熟練労働者の失業率を引き上げる	79%
18	政府は社会福祉制度を「負の所得税」形式に改革すべきである	79%
19	環境汚染規制のアプローチとしては，矯正税や売買可能な排出権のほうが，総量規制の導入よりもすぐれている	78%
20	アメリカ政府によるエタノールへの補助金は削減あるいは撤廃すべきである	78%

（出所） Richard M. Alston, J. R. Kearl, and Michael B. Vaughn, "Is There Consensus among Economists in the 1990s?"*American Economic Review*, May 1992, pp. 203-209; Dan Fuller and Doris Geide-Stevenson, "Consensus among Economists Revisited," *Journal of Economics Education*, Fall 2003, pp. 369-387; Robert Whaples, "Do Economists Agree on Anything? Yes!" *Economists' Voice*, November 2006, pp. 1-6; Robert Whaples, "The Policy Views of American Economic Association Members: The Results of a New Survey, *Econ Journal Watch*, September 2009, pp. 337-348.

専門家にきく　チケット転売

「エンターテインメントやスポーツのイベントのチケット転売を制限する法律は，そうしたイベントの潜在的な参加者の厚生を，平均的には低下させる.」

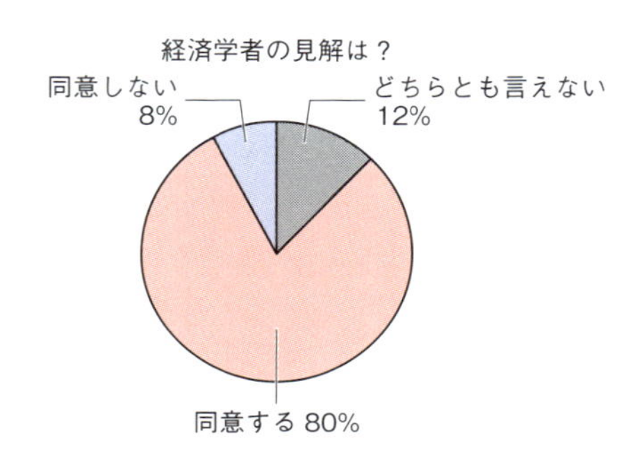

（出所） IGM Economic Experts Panel, April 16, 2012.

4 やってみよう

ここまでの二つの章では，経済学の考え方と方法論を紹介してきた．ようやく本格的に取り組む準備ができた．次の章では，経済行動と経済政策の原理をより詳しく学び始める．

本書を読み進んでいくなかで，さまざまな知的技能を使うことが要求される．そこで，偉大な経済学者であったジョン・メイナード・ケインズのアドバイスを覚えておくと役に立つかもしれない．

「経済学の研究に，めったにないほど高い水準の特別な才能は必要ないように思える．しかし……高等な哲学や純粋科学などと比べても，それほど簡単な科目ではないのではないだろうか．あるいは，容易な科目なのに，なぜ，ほんのわずかの人しか熟達しないのだろうか．このパラドックスに対する答えは，おそらく，一流の経済学者になるには，複数の才能の稀代な組合せが必要なことにある．一流の経済学者は，数学者，歴史家，政治家，哲学者といった才能を，ある程度ずつ持っていなければならない．記号を十分に理解するとともに，言葉にも巧みでなければならない．特殊な内容を一般的な言葉で説明しなければならないし，一続きの思考の流れのなかで抽象と具象の両方を扱わなければならない．過去を認識しつつ，将来のために現在を研究しなければならない．人類の特性や制度のうちで，経済学者にとって完全に対象外であるものはない．目的意識を持つと同時に，時代の風潮からは離れていなければならない．芸術家と同じくらい独立不羈であらねばならない一方で，ときにはほとんど政治家のようにもならねばならない．」

これは大変に高い要求水準である．しかし，学習を重ねるにつれて，しだいにより経済学者らしく考えるようになっていくだろう．

- 経済学者は，科学者の客観性をもって研究テーマに取り組む．すべての科学者と同じく，適切な仮定を置き，単純なモデルを構築して，自分たちを取り巻く世界を理解しようとする．二つの単純な経済モデルとして，フロー循環図と生産可能性フロンティアがある．
- 経済学はミクロ経済学とマクロ経済学という二つの分野に分けることができる．ミクロ経済学者は，家計や企業の意思決定と，市場における家計や企業の相互作用を研究する．マクロ経済学者は，経済全体に影響する要因や趨勢（すうせい）を研究する．
- 実証的な主張とは，世界がどうあるかについての主張である．規範的な主張とは，世界がどうあるべきかについての主張である．経済学者が規範的な主張を述べる場合，それは科学者というよりも政策アドバイザーとしての行為である．
- 経済学者たちが政策立案者に対立するアドバイスをするのは，科学的判定の相違か，価値観の相違からである．また，経済学者が一致してアドバイスしても，政治プロセスに起因する多くの要因や制約のために，政策立案者がそれを無視してしまう可能性もある．

確認問題

1. 経済のモデルとは何か．
   a. 経済の機能を詳細に複製するような機構を備えた装置
   b. 経済を詳細かつ現実的に説明するもの
   c. 経済の何らかの側面を簡単化して表したもの
   d. 将来の経済を予測するようなコンピュータ・プログラム
2. フロー循環図において，生産要素市場はどのように描かれるか．
   a. 家計は売り手で，企業は買い手
   b. 家計は買い手で，企業は売り手
   c. 家計と企業はともに買い手
   d. 家計と企業はともに売り手
3. 生産可能性フロンティアの内側の点は，
   a. 効率的だが，実現不能である．
   b. 実現可能だが，効率的ではない．
   c. 効率的であり，かつ実現可能である．
   d. 効率的でも実現可能でもない．
4. ある経済では，ホットドッグとハンバーガーを生産している．いま，ホットドッグに顕著な健康増進効果が発見されて，消費者の選好が変化した．この変化は，
   a. 生産可能性フロンティアを拡大させる．
   b. 生産可能性フロンティアを縮小させる．
   c. 経済を，生産可能性フロンティアに沿って移動させる．
   d. 経済を，生産可能性フロンティアの内側に移動させる．
5. 以下の中でミクロ経済学の研究分野に属さないのはどれか．
   a. 10代の喫煙行動に対するたばこ課税の影響
   b. ソフトウェアの価格付けに関するマイクロソフトの市場力の役割
   c. ホームレスを減らす上での貧困対策の有効性

d. 経済成長に対する財政赤字の影響

6. 以下の文章のうち，規範的ではなく，実証的な主張はどれか.
   a. 法律 X は，国民所得を低下させる.
   b. 法律 X は，良い立法である.
   c. 国会は，法律 X を成立させるべきである.
   d. 大統領は法律 X に対して拒否権を発動すべきである.

復習問題

1. 経済学はどういう点で科学的なのか.
2. なぜ，経済学者は仮定を置くのか.
3. 経済モデルは現実をそのまま描写すべきか.
4. あなたの家族が生産要素市場や財市場で，他の人々とどのように関わっているか，説明しなさい.
5. 単純なフロー循環図で扱われていない，経済的な相互関係を挙げなさい.
6. 牛乳とクッキーをつくっている経済の生産可能性フロンティアを図示し，説明しなさい．この経済で飼われている牛の半数が病気によって死ぬと，フロンティアはどうなるか.
7. 生産可能性フロンティアを用いて，「効率性」の概念を説明しなさい.
8. 経済学を構成する二つの分野は何か．それぞれの分野は何を研究しているか.
9. 実証的主張と規範的主張の違いは何か．それぞれの例も挙げなさい.
10. 経済学者たちが政策立案者に対立する内容のアドバイスを提示するのはなぜか.

応用問題

1. フロー循環図を描きなさい．下記の各取引は，財・サービスのフローとお金のフローのどの部分にあたるだろうか.
   a. セレナは，1/4ガロンのミルクを買い，店の人に1ドル支払った.
   b. スチュアートは，ファストフードの店で働き，時給8ドルをもらっている．

c. シャナは，散髪代に40ドル支払った．

d. サルマは，アクミー工業の所有権の10%を保有していることによって，2万ドルの所得がある．

2. 武器と消費財とをつくっている社会を想定しよう．武器を大砲，消費財をバターと呼ぶことにしよう．

a. 大砲とバターに関する生産可能性フロンティアを描きなさい．機会費用の概念を使って，それが外側に膨らんだ形となる理由を説明しなさい．

b. この経済にとって実現不可能な点を示しなさい．実現可能ではあるが非効率な点も示しなさい．

c. この社会に二つの政党があるものとしよう．タカ党は巨大な軍隊をめざしており，ハト党は小さな軍隊を望んでいる．生産可能性フロンティア上に，タカ党が選びそうな点と，ハト党が選びそうな点を示しなさい．

d. 近隣のある敵対的な国が軍備を縮小したとしよう．その結果，ハト党もタカ党も，大砲の生産についてのそれぞれの目標を，同じ量だけ減らした．どちらの政党が，より大きな「平和の配当」を得ることができるだろうか（平和の配当は，対応するバターの生産量の増加によって測られる）．その理由も説明しなさい．

3. 第1章で論じられた経済学の第1原理は，「人々はトレードオフに直面している」であった．生産可能性フロンティアを用いて，きれいな環境と高い所得との間のトレードオフに社会が直面していることを説明しなさい．このフロンティアの形状や位置を決めている要因はどのようなものだと考えられるか．もし技術者が汚染物質を少ししか排出しない新しい発電方法を開発すると，このフロンティアはどうなるだろうか．

4. ある経済が3人の労働者から構成されているとしよう．ラリー，モエとカーリーである．みな1日当たり10時間働いて，二つのサービスを生産することができる．芝刈りと洗車である．1時間で，ラリーは1区画の芝生を刈るか1台の洗車ができ，モエは1区画の芝生を刈るか2台の洗車ができ，カーリーは2区画の芝生を刈るか1台の洗車ができる．

a. 次のA，B，C，Dのそれぞれの状況において，それぞれのサービスがどれだけ生産されるかを計算しなさい．

(A) 3人とも，すべての時間を使って芝生を刈る場合
(B) 3人とも，すべての時間を使って洗車する場合
(C) 3人とも，半々の時間を，それぞれの生産に使う場合
(D) ラリーは半々の時間をそれぞれの生産に使い，モエは洗車だけを，カーリーは芝刈りだけをする場合

b. この経済の生産可能性フロンティアを描きなさい．問 a に対するあなたの解答を用いて，点 A，B，C，D を図示しなさい．

c. 生産可能性フロンティアが図示したような形状となる理由を説明しなさい．

d. 問 a で計算した資源配分のなかに非効率なものはあるだろうか．説明しなさい．

5. 下記の事柄を，ミクロ経済学に関するものとマクロ経済学に関するものとに分類しなさい．
 a. 家族の所得のうちどれだけ貯蓄するかという決定
 b. 自動車の排気ガスに対する政府規制の影響
 c. 貯蓄の増大が経済成長へ及ぼす影響
 d. どれだけの労働者を雇うかについての企業の決定
 e. インフレ率と貨幣供給量の変化との関係

6. 下記の各主張を実証的な主張と規範的な主張とに分類し，その理由を説明しなさい．
 a. 社会はインフレと失業との間の短期的トレードオフに直面している．
 b. 貨幣供給量の成長率の低下はインフレ率の低下をもたらす．
 c. 連邦準備は貨幣供給量の成長率を低下させるべきである．
 d. 社会は生活保護の受給者に職探しを義務づけるべきである．
 e. 税率の引下げは労働と貯蓄を促進する．

補論 グラフの用法：概観

経済学者が研究する概念の多くは数量化することができる．バナナの価格，バナナの販売量，バナナの生産費用などはその一例である．こうした経済変数は相互に関わりあっていることも多い．たとえば，バナナの価格が上がると，人々はバナナの購入量を減らす．こうした諸変数間の関係を表示する方法の一つがグラフである．

グラフは二つの役割を持っている．第1に，経済理論を展開する場合には，数式や言葉ではうまく説明できないアイディアを視覚的に表現する手段となる．第2に，経済データを分析するときには，パターンを発見し，解釈するための強力な手段となる．理論とデータどちらの分析においても，グラフはたんなる樹木のかたまりから森林の形を浮かび上がらせるレンズの役割を果たしているのである．

数量的な情報はさまざまな形のグラフにできる．思考がさまざまな言葉で表現できるのと同じである．上手な語り手であれば，議論を明確に，叙述を軽快に，場面をドラマティックにするような言葉を選ぶであろう．優れた経済学者は，当面の目的に最適なグラフを選択するのである．

この補論では，諸変数間の数学的関係を調べるにあたって，経済学者がグラフをどのように使うかを説明しよう．グラフの用法に潜むいくつかの落とし穴についても言及する．

●単一変数のグラフ

図2A-1には，三つの一般的なグラフが描かれている．パネル(a)の**円グラフ**は，アメリカの総所得が，雇用者所得，企業利益などの所得の源泉にどのように分配されているのかを図示したものである．円グラフの各部分は，各所得源泉の総所得に占める割合を表している．パネル(b)の**棒グラフ**は，四つの国の所得を比較したものである．それぞれの棒（バー）の高さは，各国の平均所得を表している．パネル(c)の**時系列グラフ（折れ線グラフ）**は，

アメリカの企業部門における生産性の時系列的な上昇を表したものである．線の高さは各年における1時間当たりの生産量を表している．似たようなグラフは，新聞や雑誌で見かけることができる．

2変数のグラフ

図2A-1の三つのグラフは，一つの変数が時間の経過や個人間でどう変わっているかを示すには有益である．しかし，それらのグラフが教えてくれることは限られている．なぜなら，これらのグラフは単一の変数に関する情報しか示していないからである．経済学者はしばしば変数間の関係に興味を持つ．そこで，一つのグラフに2変数を表示することが必要となる．それを可能にするのが**座標系**である．

図2A－1 グラフの種類

(a) 円グラフ

企業利益 15%
地主所得 9%
生産に課された税 8%
利子所得 3%
賃貸料所得 4%
雇用者所得 61%

(b) 棒グラフ

1人当たり所得（2014年）
60,000
50,000
40,000
30,000
20,000
10,000
0
アメリカ (54,630ドル)
イギリス (39,137ドル)
メキシコ (17,167ドル)
インド (5,833ドル)

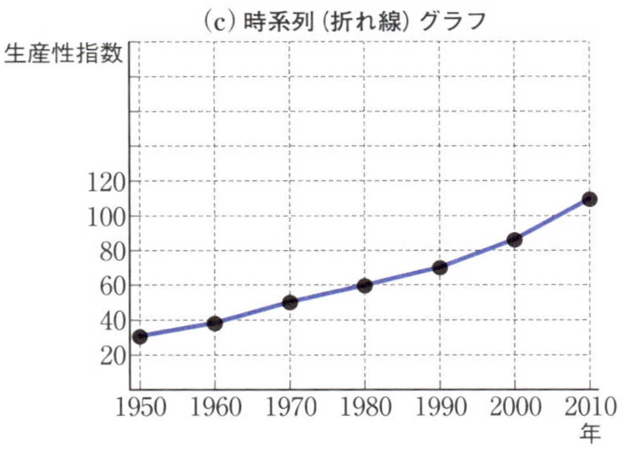

パネル(a)の円グラフは，アメリカの所得がさまざまな源泉にどのように分配されているかを表している．パネル(b)の棒グラフは，2014年の4カ国の平均所得を比較している．パネル(c)は，アメリカのビジネス部門における労働生産性の伸びを示している．

勉強時間と個人の成績平均点（GPA）との関係を調べたいとしよう．クラスのそれぞれの学生について，1週間当たりの勉強時間と個人の成績平均点（GPA）という一対のデータを記録することができる．これらの数値は，**順序づけされたペア**（ベクトル）として括弧書きにすることができ，グラフ上の一つの点で表される．たとえば，アルバートは（週当たり25時間，3.5点）というベクトルで表され，「のんき者の」クラスメートであるアルフレッドは（週当たり5時間，2.0点）というベクトルで表される．

これらのベクトルは，2次元の座標を用いてグラフ化できる．各ベクトルの第1要素は**x 座標**と呼ばれ，水平方向の位置を教えてくれる．ベクトルの第2要素は**y 座標**と呼ばれ，垂直方向の位置を教えてくれる．x 座標も y 座標もゼロの点を**原点**という．ベクトルの二つの座標は，ベクトルを表す点が原点からみてどこに位置するのかを教えてくれる．ベクトルを表す点は，原点から右方向に x 単位，原点から上方向に y 単位進んだ位置にある．

図2A-2は，アルバートやアルフレッドと彼らのクラスメートについて，成績平均点と勉強時間の関係をグラフにしたものである．こうしたタイプのグラフは，散らばった点を図示しているので，**散布図**と呼ばれている．この

図2A－2　座標系の利用

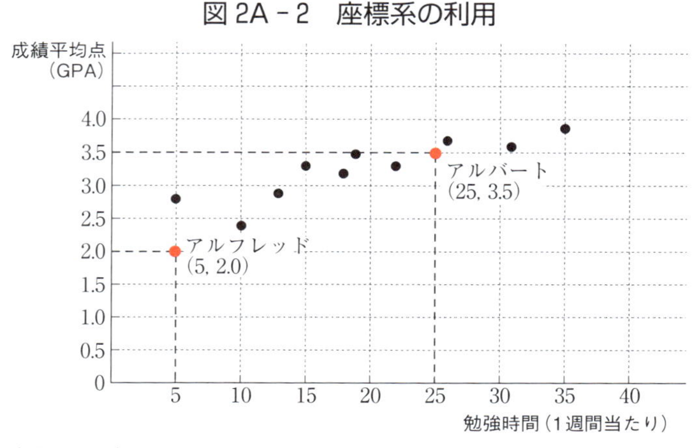

各人の平均点を縦軸にとり，勉強時間を横軸にとる．アルバート，アルフレッド，そして彼らのクラスメートたちは，個々の点によって表されている．このグラフから，長時間勉強した人ほど高い平均点を獲得する傾向を読み取ることができる．

グラフをみると，グラフの右側にある点（勉強時間が長い）ほど高い位置にある（成績平均点がよい）ことがわかる．このように，勉強時間と成績平均点とは同じ方向に動くことが普通なので，二つの変数は**正の相関関係**を持っているという．対照的に，パーティーに参加する時間と成績平均点とをグラフにすれば，パーティーに参加する時間が長いほど個人の成績平均点が低いことがわかるだろう．これらの変数は逆の方向に動くことが多いので，**負の相関関係**を持っているという．どちらの場合も，座標系によって二つの変数間の相関関係が容易に見分けられる．

●座標系のなかの曲線

よく勉強する学生のほうが高得点をあげる傾向があるにしても，学生の成績に影響するのはそれだけではない．たとえば，試験準備も重要な要因であるし，才能，教師からの注目度などや，健康的な朝食をとっているかどうかですら重要な要因である．図2A-2のような散布図は，勉強が成績に与える影響を他の諸要因が与える影響と分離していない．経済学者は，他の諸要因を一定に保ったうえで，一つの変数のもう一つの変数への影響をみたいと考える．

このことを理解するために，経済学における最も重要なグラフの一つである**需要曲線**について考察してみよう．需要曲線は，ある財に対する消費者の希望購入量に，その財の価格がどのように影響するかを表したものである．需要曲線そのものを示す前に，表2A-1をみてみよう．そこには，エンマが買う小説の冊数が，彼女の所得と小説の価格にどのように依存しているかを示してある．小説の価格が安いと，エンマはたくさんの小説を買う．小説が高くなるにつれて，彼女は小説を買う代わりに図書館で借りるようになったり，小説を読む代わりに映画をみにいくようになったりするだろう．また小説の価格が一定であれば，所得が高くなるにつれて彼女はより多くの小説を買うようになる．つまり，自分の所得が増加すると，彼女は，増加した所得の一部を小説の購入にあて，一部を他の財に支出するのである．

ここには，小説の価格，所得，小説の購入冊数という三つの変数があるので，変数が多すぎて2次元の平面には描き表せない．表2A-1の情報をグラフにするには，三つの変数のうち一つの変数を一定に保っておいて，残りの

表 2A-1 エンマが購入する小説冊数

小説の価格（ドル）	所得 3万ドル	4万ドル	5万ドル
10	2冊	5冊	8冊
9	6	9	12
8	10	13	16
7	14	17	20
6	18	21	24
5	22	25	28
需要曲線	D_3	D_1	D_2

この表は，さまざまな所得と価格の下で，エンマが購入する小説の冊数を示している．図2A-3や2A-4のように，どの所得水準を選んでも，価格と需要量のデータから，エンマの小説に対する需要曲線をグラフにすることができる．

二つの変数の関係を描き表すことが必要となる．需要曲線は価格と需要量との関係を表すものなので，エンマの所得を一定に保っておいて，彼女の購入する小説の冊数が小説の価格の変化に応じてどう変化するかを示すことになる．

エンマの収入が4万ドルだとしよう．エンマの小説の購入冊数を x 軸に，小説の価格を y 軸にとると，表2A-1の中央の列をグラフに表すことができる．表のなかの（5冊，10ドル），（9冊，9ドル）といった各要素を表す点を結ぶと，線が出来上がる．図2A-3に描かれているこの線が，小説に対するエンマの需要曲線である．この線は，エンマの所得を一定として，小説がある価格のときに，エンマが何冊購入するかを教えてくれる．需要曲線は右下がりになっており，価格が上がると小説の需要量が減ることを示している．小説の需要量と価格は逆方向に動くことになるので，この二つの変数は**負の関係**を持っているという（反対に，二つの変数が同じ方向に動く場合は，両者を関係づける線は右上がりとなり，両者は**正の関係**を持っているという）．

ここでエンマの年間所得が5万ドルに増えたとしよう．小説の価格がいくらであっても，エンマの小説の購入冊数は，以前の所得のときと比べて増加する．表2A-1の中央の列を使ってエンマの需要曲線を描いたときとまったく同様に，今度は表の右端の列の各要素を使って新しい需要曲線を描くことができる．図2A-4には，この新しい需要曲線（D_2）が，古い需要曲線

図 2A－3 需要曲線

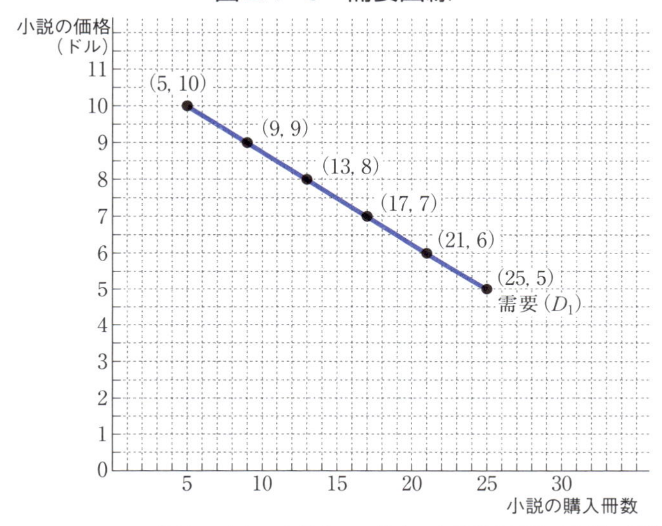

D_1 は，エンマの所得を一定とした場合に，彼女の小説購入冊数が小説の価格にどのように依存しているかを示している．価格と需要量とが負の相関関係にあるので，需要曲線は右下がりである．

（D_1）と並んで描かれている．新しい曲線は当初の曲線によく似た形をしているが，右横の位置に描かれている．したがって，エンマの小説需要曲線が，彼女の所得増加に伴って右方に**シフト**したという言い方をする．エンマの年間所得が３万ドルに減少した場合にも，同じように考えることができる．小説の価格がいくらであっても，エンマが購入する冊数は少なくなるので，彼女の需要曲線は左方にシフトする（図中の D_3）．

経済学においては，**曲線上の動き**と**曲線のシフト**とを区別することが重要である．図 2A-3 から読み取れるように，エンマの年間所得が４万ドルで小説１冊が８ドルであれば，エンマは１年間に小説を13冊購入する．小説の値段が７ドルに低下すると，エンマは購入冊数を17冊に増やす．しかし，需要曲線の位置は変わらない．エンマはそれぞれの価格の下で一定の冊数の小説を購入しているのであり，小説の価格低下に応じて需要曲線上を左から右へと動いたにすぎない．逆に，小説の価格が８ドルで変わらなくても，年間所得が５万ドルに増加すれば，エンマは小説の購入冊数を年間13冊から16冊に

図 2A-4 需要曲線のシフト

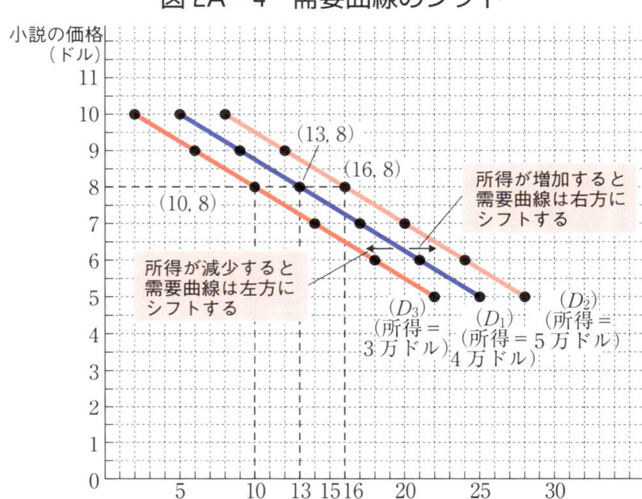

小説に対するエンマの需要曲線の位置は，彼女の稼いでいる所得に依存する．所得が高ければ，小説の価格が同じでも彼女はより多くの小説を購入するので，彼女の需要曲線はより右側に位置することになる．当初の需要曲線 D_1 は，エンマの年収が 4 万ドルのときの需要曲線である．彼女の所得が 5 万ドルに増加すれば，彼女の需要曲線は D_2 にシフトする．彼女の所得が 3 万ドルに減少すれば，彼女の需要曲線は D_3 にシフトする．

増やす．エンマはそれぞれの価格の下でより多くの小説を購入し，彼女の需要曲線は図 2A-4 に示されているように，右方にシフトする．

曲線のシフトが必要なケースを知る簡単な方法がある．**どちらの軸にも表されていない変数が変化した場合には，曲線はシフトする．**所得は x 軸にも y 軸にも表されていないので，所得が変化したときには，エンマの需要曲線はシフトしなければならない．小説の価格以外の要因でエンマの消費行動に影響を与えるような何らかの変化が生じれば，彼女の小説需要曲線はシフトするのである．たとえば，公立図書館が閉鎖されて，読みたい本をすべて自分で買うしかなくなれば，それぞれの価格の下でのエンマの小説購入冊数は増加し，彼女の需要曲線も右方にシフトする．映画の価格が下がれば，エンマは映画をみる時間を増やして読書を減らすだろう．それぞれの小説の価格の下でのエンマの小説購入冊数は減少し，彼女の需要曲線は左方にシフトする．これらの場合と対照的に，グラフの軸にとられている変数が変化した場合には，曲線はシフトしない．この場合には，曲線上の動きとしての変化を読み取ればよいのである．

●傾き

エンマについて問うことができる問題の一つとして，彼女の購入行動が価格にどれだけ反応するかということがある．図 2A-5 に描かれている需要曲線をみてみよう．この曲線がほとんど垂直に立っていれば，小説の価格に関係なく，エンマはほぼ同じ冊数の小説を買っていることになる．この曲線がほとんど水平であれば，価格の変化に対してエンマの購入冊数は著しく変化する．一つの変数の変化に対してもう一つの変数がどれだけ反応するかに答えるには，傾きという概念が用いられる．

線の傾きとは，線上の 2 点間を移動するときの，垂直方向の距離と水平方向の距離との比率のことである．この定義は，数学の記号を用いて，下記の

図 2A－5　傾きの計算

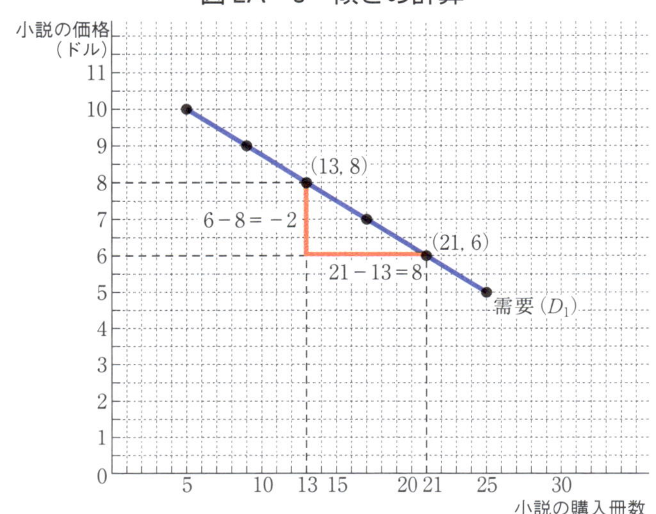

需要曲線の傾きを計算するには，一つの点（21冊，6ドル）から別の点（13冊，8ドル）へ移動する際の，x 座標と y 座標の変化をみればよい．傾きは，y 座標の変化（－2）の x 座標の変化（＋8）に対する比率（－1/4）である．

ように表されることが多い.

$$傾き=\frac{\Delta y}{\Delta x}$$

この式のギリシャ文字 Δ（デルタ）は，変数の変化分を示している．言い換えると，線の傾きは「高さ」（y の変化）を「幅」（x の変化）で割った値である．ゆるやかな右上がりの線の傾きは小さな正の数になり，きつい右上がりの線の傾きは大きな正の数になる．右下がりの線の場合，傾きは負の値になる．水平な線の傾きは，y 軸の変数の値が変わらないのでゼロである．また垂直な線の傾きは無限大である．x 軸の変数がまったく変わらないのに，y 軸の変数はどのような値でもとりうるからである．

エンマの小説需要曲線の傾きはどれくらいだろうか．まず第1に，曲線が右下がりなので，傾きが負の値になることがわかる．傾きの数値を計算するためには，線上の2点を選ばなければならない．エンマの所得が4万ドルのとき，小説の価格が6ドルであればエンマは21冊の小説を購入し，小説の価格が8ドルであれば13冊の小説を購入する．傾きの公式を適用するには，この2点間の変化を知ればよい．言い換えると，2点間の差，つまり一方の組の数値を他方の組の数値から差し引かなければならない．

$$傾き=\frac{\Delta y}{\Delta x}=\frac{1組めの\ y\ 座標-2組めの\ y\ 座標}{1組めの\ x\ 座標-2組めの\ x\ 座標}=\frac{6-8}{21-13}=\frac{-2}{8}$$
$$=\frac{-1}{4}$$

図2A-5は，この計算の仕組みを図示したものである．エンマの需要曲線の傾きを，別の2点を使って計算してみよう．$-1/4$という完全に同じ結果を得るはずである．直線の特徴の一つは，どこでも傾きが等しいということである．このことは，一部分が他の部分よりも急な傾きになっているような，他のタイプの曲線には当てはまらない．

エンマの需要曲線の傾きは，彼女の購買行動が価格に対してどれほど反応するかに関する情報を与えてくれる．小さな傾き（ゼロに近い数値）は，エンマの需要曲線が比較的水平であることを意味する．この場合，価格が少し変化しただけでも，彼女は小説購入冊数を著しく変化させる．大きな傾き（ゼロから離れた数値）は，エンマの需要曲線が相対的に傾きが急であることを意味する．この場合，価格が変化しても，彼女は小説購入冊数をわずかしか変化させない．

●因果関係

経済学者は，経済の仕組みに関する議論を進めるとき，ある出来事が別の出来事をどのように引き起こしたのかを論じるためにグラフをよく使う．需要曲線のようなグラフの場合には，因果関係に関して不明な点はない．他のすべての変数を一定に保ったうえで価格を変化させているので，小説の価格変化がエンマの需要量の変化を引き起こしていることは明らかである．しかし，この需要曲線が仮想的な例であることを忘れないようにしよう．現実の世界のデータをグラフ化するときには，ある変数が他の変数にどのように影響しているかを確定することははるかに難しい．

まず第1の問題は，二つの変数の関係を分析するときに，他のすべての変数を一定に保つことが難しい点である．他の変数を一定に保つことができなければ，図示されていない第3の**捨象された変数**が変化を引き起こしているのに，グラフ上の一方の変数がもう一つの変数の変化を生じさせていると見誤ってしまう可能性がある．たとえ注目すべき正当な2変数を選択できたとしても，第2の問題が存在する．それは**逆因果関係**であり，実際にはBがAを引き起こしているのに，AがBを引き起こしていると誤認してしまうことである．捨象された変数と逆因果関係という二つの落とし穴があるので，グラフを用いて因果関係に関する結論を導くときには慎重でなければならない．

捨象された変数　例を用いて，変数を捨象することであてにならないグラフができることをみてみよう．ガンによる死亡者数が多いので，政府はビッグ・ブラザー統計サービス社に徹底的な調査を依頼したとしよう．ビッグ・ブラザー社は住居のなかのさまざまなものを調べて，どれがガンの危険性と関係があるかを発見しようとした．ビッグ・ブラザー社は，二つの変数の間に強い相関関係があると報告した．その2変数とは，家のなかにあるライターの数とその家の住民がガンにかかる確率である．図2A-6はその関係を示している．

図 2A－6 グラフと捨象された変数

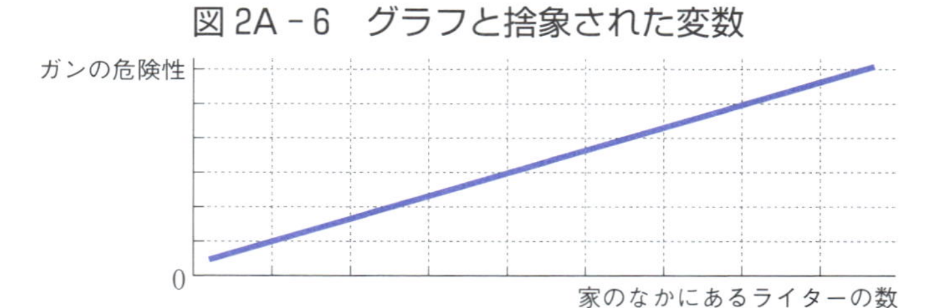

右上がりの曲線は，より多くのライターを保有している家族ほど，ガンになる確率が高いことを示している．しかし，ライターの保有がガン発生の原因であると結論づけるべきではない．このグラフでは喫煙量が無視されているからである．

この結果に基づいて何をすべきだろうか．ビッグ・ブラザー社は，政府による迅速な対応を提案した．政府はライターの販売に課税して，ライターの所有を減らすべきだというのである．「ビッグ・ブラザー社はライターがあなたの健康に有害でありうると判定しました」という警告シールをライターに貼りつけることを義務づけることも同社は提案した．

ビッグ・ブラザー社の分析の妥当性を判断するにあたっては，次の問題が決定的である．すなわち，注目している2変数以外の関係諸変数を，ビッグ・ブラザー社は一定に保ったかという問題である．答えが「ノー」であれば，結論も疑わしくなる．ライターをたくさん持っている人は，より多くのたばこを吸う可能性が高く，ライターではなくたばここそがガンの原因であるというのが，図2A-6の自然な解釈であろう．喫煙量が一定に保たれていなければ，ライター所有の真の影響を図2A-6は語ってくれないのである．

このケースは重要な原則を例示している．因果関係の証拠としてグラフをみるときには，捨象された変数の動きが観察結果を説明できないかどうか考えてみることが大切なのである．

逆因果関係　因果関係の方向を誤認するという過ちを経済学者が犯すこともある．この失敗がどのように起きるかを理解するために仮想例を使おう．アメリカ無政府主義者協会が，アメリカにおける犯罪の研究のスポンサーとなり，主要都市における住民1000人当たりの暴力犯罪件数と住民1000人当たりの警官数とをプロットした図2A-7が得られたとしよう．無政府主義者た

図 2A－7　逆因果関係を示唆しているグラフ

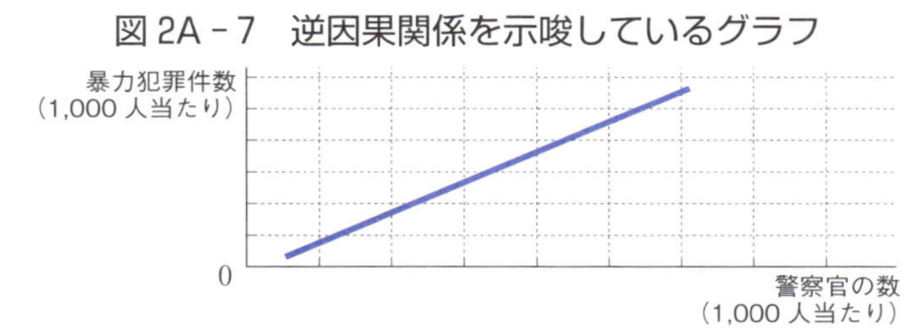

右上がりの曲線は，警察官がたくさんいる街のほうが危険であることを示唆している．しかし，警察官が犯罪の原因なのか，あるいは犯罪の多い街がより多くの警察官を雇っているのかについては，このグラフは答えることができない．

ちは，この曲線の右上がりの傾きに注目した．そして，警察が暴力犯罪を減らすのではなく増やしているのだから，警察を廃止すべきであると主張したのである．

管理された実験が可能であれば，逆因果関係の危険を避けることができる．実験を実施するには，いくつかの都市の警察官の数を無作為に決めて，警察と犯罪との相関関係を調べればよい．しかし，図 2A-7 はそうした実験に基づいたものではない．危険な都市ほど多くの警察官がいるという事実が観察されたにすぎないのである．その説明としては，危険な都市ほど多くの警察官を雇っているということかもしれない．つまり，警察が犯罪を引き起こしているのではなく，犯罪が警察を大きくしているかもしれないのである．因果関係の方向を確定できるような情報は，このグラフのなかには存在していない．

どちらの変数が先に動いたかを調べれば，因果関係を簡単に判定できると思えるかもしれない．たとえば，犯罪が増加した後に警察官が増加したことがわかれば，一つの結論が導かれる．逆に，警察官が増加した後に犯罪が増加したことがわかれば，逆の結論が導かれる．しかし，このアプローチにも欠点がある．現状の変化への対応だけではなく，将来の状態の変化を**予想**することによっても，人々の行動はよく変化するからである．たとえば，犯罪がこれから大幅に増加することを予想した都市は，警察官の雇用数を前もって増やすかもしれない．この問題点は，赤ちゃんとミニバンのケースのほうがもっとわかりやすいであろう．赤ちゃんの誕生が予定されるカップルは，ミニバンを買うことが多い．その場合，ミニバンの購入が赤ちゃんの誕生よりも先になるが，ミニバンの販売量が人口成長の原因であると結論づけようとは考えないだろう．

どのような場合にグラフから因果関係を結論づけることができるかを，完璧に特定化したルールはない．しかし，ライターがガンの原因ではないこと（捨象された変数の問題），ミニバンが赤ちゃん誕生の原因ではないこと（逆因果関係の問題）を覚えておくだけでも，誤った経済論議に陥ることをかなり避けられるだろう．

CHAPTER 3

第3章

相互依存と交易(貿易)からの利益

Keywords

絶対優位 absolute advantage
機会費用 opportunity cost
比較優位 comparative advantage
輸入(品) imports
輸出(品) exports

ある典型的な１日を思い浮かべてみよう．あなたは朝起きると，フロリダ産のオレンジ・ジュースとブラジル産の豆を使ったコーヒーを飲む．朝食をとりながら，ニューヨークで執筆されている新聞をタブレットで読む．ジョージア産の木綿をタイの工場で縫製してつくったシャツを着る．世界中のたくさんの国でつくられた部品で出来ている車に乗って学校に行く．学校で使う経済学の教科書は，マサチューセッツに住む著者によって書かれ，オハイオの会社から出版され，オレゴンの木からつくられた紙に印刷されている．

このように，あなたが毎日享受している財・サービスは，世界中の多くの人々が提供してくれているものである．そのほとんどの人たちを，あなたは知らない．そうした人たちに依存することによって，あなたの生活は成り立っているのである．このような相互依存が可能なのは，人々が互いに取引（交易）するからである．人々があなたに財・サービスを提供しているのは，気前がよいからではない．政府が彼らに命令して，あなたの欲求を満足させているわけでもない．彼らがあなたや他の消費者に自分たちのつくった財・サービスを提供しているのは，何らかの見返りがあるからなのである．

ここからの諸章では，異なる好みや能力を持ったたくさんの人々の活動を，経済がどのように調整していくのかを検討する．その分析の出発点として，本章では経済的な相互依存関係の原理について考察しよう．第１章でみた経済学の十大原理の一つは，「交易（取引）はすべての人々をより豊かにする」というものであった．本章では，この原理をより詳細に検討する．互いに取引することで人々が得ている利益とは，もう少し正確にいうとどのようなものなのだろうか．なぜ人々は互いに依存することを選ぶのだろうか．

これらの疑問への解答は，近代のグローバル経済を理解する鍵となる．今日，ほとんどの国では消費される財・サービスの多くは外国から輸入されたものであり，生産される財・サービスの多くは外国の消費者に向けて輸出されている．この章で分析することは個人間の相互依存だけでなく，国家間の相互依存も説明する．これからみていくように，取引から得られる利益は，近所の理容店で髪を切る場合と地球の反対側の労働者がつくったＴシャツを買う場合と，まったく同じなのである．

現代経済の寓話

人々が財・サービスの供給を他の人々に依存することを選ぶのはなぜなのか，またその選択が人々の生活をどのように改善するのか，ということを理解するために，単純な経済を考えてみよう．牛肉とジャガイモという二つの財しかない世界を想定する．そこに住んでいるのはルビーという名の牛飼と（ジャガイモをつくる）フランクという名の農夫だけで，ルビーもフランクも，牛肉とジャガイモの両方を食べたいものとしよう．

交易による利益が最も明瞭なのは，ルビーが牛肉しかつくることができず，フランクはジャガイモしかつくることができない場合である．一つのシナリオとして，ルビーとフランクが互いに何の取引もしないことを選ぶケースが考えられる．しかし，何カ月もの間，ロースト・ビーフ，煮込み，網焼き，バーベキューと牛肉を食べ続ければ，自給自足以外にも手があるのではないかとルビーも考えるだろう．マッシュド・ポテト，フライド・ポテト，ベイクド・ポテト，ポテトグラタンとジャガイモを食べ続けたフランクも賛成してくれるだろう．この場合，交易することによって，２人ともより多様なものを享受できることが容易にわかるだろう．２人とも，ベイクド・ポテト付きのステーキや，フライド・ポテト付きのハンバーガーを食べることができるからである．

この事例は，交易がすべての人々に利益をもたらすことを，最も簡潔に示している．しかし，ルビーとフランクがともに相手の生産物をつくることが可能であっても，それが難しい場合には，交易によって同じような利益がもたらされる．たとえば，ルビーはジャガイモを栽培することができるが，彼女の土地はジャガイモの栽培にあまり適していないとしよう．同様に，フランクも牛を飼って牛肉を生産することができるが，あまり上手ではないとしよう．この場合にも，ルビーとフランクがそれぞれの特技に特化したあと，互いに交易することによって，双方に利益がもたらされる．

ところが，一方の人がもう１人よりもあらゆる財を上手につくれる場合には，交易によってどのような利益がもたらされるのかがわかりにくい．たとえば，牛の飼育とジャガイモの栽培の両方において，ルビーのほうがフランクよりも上手であるとしよう．この場合，ルビーは自給自足のままでいることを選ぶべきだろうか．それとも，このような場合でも，ルビーにフランクと交易すべき理由が残っているだろうか．この問題に答えるには，ルビーとフランクの意思決定に影響する要因をより詳しく検討しなければならない．

●生産可能性

フランクとルビーはそれぞれ1日に8時間働くものとしよう．ジャガイモを栽培してもいいし，牛を飼育してもいいし，その両方を行ってもいいものとする．図3-1のパネル(a)の表の左半分は，各人が各財を1オンス（約28グラム）つくるのにかかる時間を示している．フランクは，1オンスのジャガイモをつくるのに15分かかり，1オンスの牛肉をつくるのに60分かかる．ルビーは，どちらの作業も上手（生産性が高い）なので，1オンスのジャガイモをつくるのに10分，1オンスの牛肉をつくるのに20分しかかからない．表の右半分は，フランクとルビーが1日に8時間働き，一つの財だけを生産したときにできるジャガイモと牛肉の量を示している．

図3-1のパネル(b)は，フランクが生産することのできる牛肉とジャガイモの量を示している．フランクが8時間をすべてジャガイモの栽培にあてれば，ジャガイモ（横軸で測られる）32オンスをつくることができる．すべての時間を牛の飼育にあてれば，牛肉（縦軸で測られる）8オンスをつくることができる．時間を半分ずつ使って各財の生産に4時間ずつあてれば，16オンスのジャガイモと4オンスの牛肉をつくることができる．図には，これら三つの可能な結果と，それらの中間にある他のすべての可能性が示されている．

このグラフは，フランクの生産可能性フロンティアである．第2章で論じたように，生産可能性フロンティアは経済がつくることのできる生産物のさまざまな組合せを示している．これは，第1章で紹介した経済学の十大原理の一つ，「人々はトレードオフに直面している」の説明にもなっている．ここでフランクは，牛肉の生産とジャガイモの生産との間のトレードオフに直面している．

第2章で説明した生産可能性フロンティアが外側に膨らんでいたことを覚えているだろうか．あのケースでは，2財を交換できる比率は，それらの生

図3-1 生産可能性フロンティア

(a)フランクとルビーの生産機会

	1オンスの生産に必要な時間(分)		8時間の生産でできる牛肉とジャガイモの量(オンス)	
	牛肉	ジャガイモ	牛肉	ジャガイモ
フランク	60	15	8	32
ルビー	20	10	24	48

(b)フランクの生産可能性フロンティア　　(c)ルビーの生産可能性フロンティア

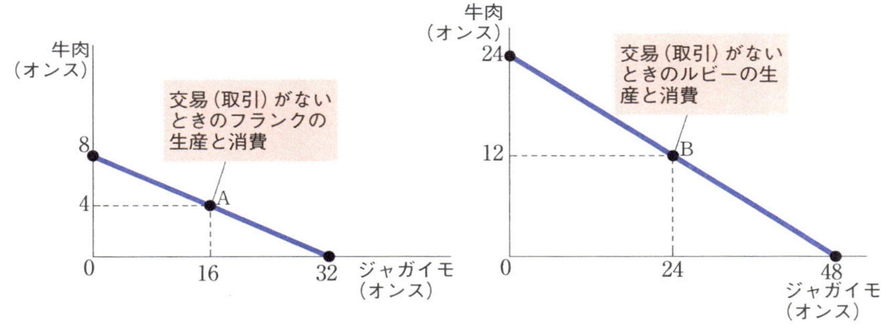

パネル(a)の表はフランクとルビーの生産機会を表している．パネル(b)は，フランクが生産することのできる牛肉とジャガイモの組合せを示している．パネル(c)は，ルビーが生産することのできる牛肉とジャガイモの組合せを示している．どちらの生産可能性フロンティアも，フランクもルビーもそれぞれ1日当たり8時間働くことを前提として描かれている．取引が行われない場合，各人の生産可能性フロンティアは消費の可能性フロンティアにもなる．

産量に依存していた．しかし，（図3-1パネル(a)に要約されている）牛肉とジャガイモに関するフランクの生産技術では，2財を一定の比率で入れ換えることができる．彼が牛肉生産の労働を1時間減らしてジャガイモ生産の労働を1時間増やせば，いつでも牛肉の生産量は1オンス減ってジャガイモの生産量は4オンス増える．このことは，彼がすでにどれだけ生産していようと不変なのである．その結果として，生産可能性フロンティアは直線になる．

図3-1のパネル(c)は，ルビーの生産可能性フロンティアを示している．ルビーが8時間をすべてジャガイモの栽培にあてれば，ジャガイモ48オンスをつくることができる．すべての時間を牛の飼育にあてれば，牛肉24オンス

をつくることができる．時間を半分ずつ使って各財の生産に４時間ずつあてれば，ジャガイモ24オンスと牛肉12オンスをつくることができる．パネル(c)の生産可能性フロンティアは，こうしたすべての可能性を図示している．

もしフランクとルビーが交換取引（交易）をするのではなく，それぞれに自給自足することを選べば，２人は正確に自分たちの生産した分だけを消費することになる．その場合，生産可能性フロンティアは消費の可能性フロンティアにもなる．交易をしない場合には，図3-1パネル(b)とパネル(c)は，フランクとルビーがそれぞれ生産し消費することのできる牛肉とジャガイモの組合せを示していることになるのである．

これらの生産可能性フロンティアは，フランクとルビーが直面しているトレードオフを図示するには有用であるが，彼らが実際にどうするかまでは教えてくれない．彼らがどのような選択を行うかを決めるためには，フランクとルビーの好みを知る必要がある．たとえば，彼らが図3-1のＡ点とＢ点で示される組合せを選んだとしよう．フランクは彼の生産可能性フロンティアと消費の好みに基づき，ジャガイモ16オンスと牛肉４オンスを生産・消費することを決定し，ルビーはジャガイモ24オンスと牛肉12オンスを生産・消費することを決定するのである．

●特化と交易

数年にわたってＢ点の組合せの牛肉とジャガイモを食べ続けたあと，ルビーはあるアイディアを思いついて，フランクに話をした．

ルビー：フランク，あなたにいい取引の話があるの．私たち両方の暮らしをよくする方法を思いついたわ．あなたは牛肉をつくることをきっぱりとやめて，全部の時間を使ってジャガイモを栽培するの．私の計算では，あなたが１日に８時間働くとすると，ジャガイモを１日に32オンスつくることができるわ．その32オンスのうちの15オンスを私にくれれば，そのお返しに，私は５オンスの牛肉をあなたにあげる．そうすれば，あなたは毎日17オンスのジャガイモと５オンスの牛肉を食べることができるようになるわ．いまはジャガイモ16オンスと牛肉４オンスでしょ．あなたが私の言う通りにすれば，あなたはどちらの食べ物もいまよりも多く食べることができる

図 3-2 交易(取引)による消費機会の拡張

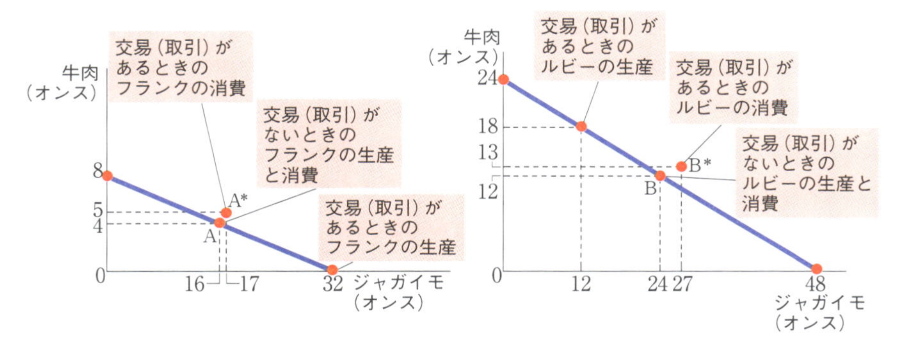

(c)取引による利益(まとめ)

	フランク		ルビー	
	牛肉(オンス)	ジャガイモ(オンス)	牛肉(オンス)	ジャガイモ(オンス)
取引がないケース				
生産および消費	4	16	12	24
取引があるケース				
生産	0	32	18	12
取引	+5	−15	−5	+15
消費	5	17	13	27
取引からの利益	+1	+1	+1	+3

(注) 取引の +, − は,それぞれ受取,提供を表す.

フランクとルビーとが取引をすることによって,取引がなければ不可能であった牛肉とジャガイモの組合せをどちらも享受できる.パネル(a)では,フランクは A 点ではなく A* 点の消費が可能となっている.パネル(b)では,ルビーは B 点ではなく B* 点の消費が可能となっている.取引によって,2人とも取引をしないときよりも多くの牛肉とジャガイモを消費することが可能になったのである.

わよ(このことをはっきりと示すために,ルビーは図 3-2 のパネル(a)をフランクにみせた).

フランク:(疑わしそうに) それはとってもいい話みたいだな.だけど,どうして,君はそんな話をもちかけてきたんだい.その取引がそんなに僕にいい話なら,君にもいい話であるはずがないからね.

ルビー:ところがそうじゃないのよ.私にもいい話なの.毎日 6 時間を牛の

飼育に使って，2時間をジャガイモの栽培に使うと，私は牛肉18オンスとジャガイモ12オンスをつくることができるわ．ジャガイモ15オンスと交換にあなたに牛肉5オンスをあげると，私は牛肉13オンスとジャガイモ27オンスを手にすることができるの．いま手にしている，牛肉12オンスとジャガイモ24オンスの代わりにね．私も両方の食べ物をいまよりもたくさん食べることができるのよ（ルビーは図3-2のパネル(b)をフランクにみせた）．

フランク：わからないな……話があまりにもうますぎるよ．

ルビー：そんなにややこしい話じゃないのよ．ほらね．あなたへの提案を簡単な表にまとめたの（ルビーはフランクに図3-2パネル(c)の表のコピーを手渡す）．

フランク：（表をしばらく調べた後で）計算は正しいみたいだけど，不思議だね．どうして，この取引で僕たち2人の生活がどちらもよくなるんだろう．

ルビー：私たちがどちらも得するのは，それぞれの得意なことに特化することが交換（交易）によって可能になるからよ．あなたはジャガイモの栽培に使う時間を増やし，牛の飼育に使う時間を減らす．私は牛の飼育に使う時間を増やして，ジャガイモの栽培に使う時間を減らす．特化と交換（交易）の結果として，私たち2人がどちらも働く時間を増やさずに，より多くの牛肉とジャガイモを消費することができるのよ．

【小問】 ● ロビンソン・クルーソーは難破船の船乗りで，ココナッツ拾いと魚釣りとに時間を使っている．彼の生産可能性フロンティアを描きなさい．彼が独りきりで暮らしている場合，このフロンティアはクルーソーのココナッツと魚の消費の上限となるだろうか．彼が島の人々と交易できる場合には，彼の消費の上限は変化するだろうか．

2 比較優位：特化をもたらす力

ルビーによる交易の利益の説明は正しいものではあるが，次のような謎が浮かんでくる．ルビーのほうが牛の飼育においてもジャガイモの栽培においても優れているのに，フランクの特化すべき得意な作業がどうやってわかるのだろうか．フランクには特化すべき得意な作業は何もないようにみえる．この謎を解決するためには，**比較優位**の原理を検討する必要がある．

この原理を解明していく第１段階として，次のような質問を考えよう．われわれの例において，ルビーとフランクのどちらがジャガイモをより低い費用で生産することができるだろうか．この問題には二つの解答が可能である．われわれの謎の解決も，交易の利益の理解への鍵も，この二つの解答のなかに含まれている．

●絶対優位

ジャガイモの生産費用に関する問題への一つの解答方法は，２人の生産者が必要とする投入量を比較することである．経済学者は，人や企業や国の生産性を互いに比較するときに，**絶対優位**という用語を使う．ある財を生産するときに，より少ない投入量しか必要としない生産者は，その財の生産に関して絶対優位を持っているという．

われわれの例では，時間が唯一の投入要素なので，それぞれの生産にかかる所要時間をみるだけで，絶対優位を判断することができる．ルビーはジャガイモと牛肉の両方の生産に関して絶対優位を持っている．ルビーはどちらの財を生産するにも，フランクほど時間がかからないからである．ルビーはたった20分で１オンスの牛肉をつくることができるが，フランクは60分かかる．ルビーはたった10分で１オンスのジャガイモをつくることができるが，フランクは15分かかる．つまり，投入量で費用を測る限り，ルビーのほうがジャガイモの生産費用が低いという結論になる．

●機会費用と比較優位

ジャガイモの生産費用を吟味するには，もう一つの方法がある．必要な投入量を比較する代わりに，機会費用を比較するのである．第１章でみたように，あるものの**機会費用**とは，そのものを獲得するために放棄したもののことである．われわれの例では，フランクとルビーはともに１日に８時間働く

絶対優位 absolute advantage：ある財の生産性に基づく生産者間の比較．
機会費用 opportunity cost：あるものを手に入れるためにあきらめなければならないもの．

と仮定していた．したがって，ジャガイモの栽培に時間を使った分，牛の飼育に使える時間が減っているのである．2財の生産の時間配分を変更するたびに，ルビーとフランクは一方の財を生産するために，もう一方の財を放棄しているのである．つまり，自分たちの生産可能性フロンティア上を移動している．ここでの機会費用は，それぞれが直面している，2財の間のトレードオフを測ることになる．

まず，ルビーの機会費用を考えよう．図3-1のパネル(a)の表によれば，ジャガイモ1オンスの生産には，10分間の労働が必要である．ルビーがその10分間をジャガイモの栽培にあてるとき，彼女は牛の飼育にあてる時間を10分間減らすことになる．ルビーが牛肉1オンスを生産するのには20分間必要なので，10分間の労働は1/2オンスの牛肉を生産したはずである．したがって，ルビーにとってジャガイモ1オンスの機会費用は牛肉1/2オンスである．

次に，フランクの機会費用を考えよう．フランクの場合，ジャガイモ1オンスを生産するのに15分かかる．牛肉1オンスを生産するのには60分かかるので，15分間の労働は1/4オンスの牛肉を生産したはずである．したがって，フランクにとってジャガイモ1オンスの機会費用は牛肉1/4オンスである．

表3-1は，2人の生産者の牛肉とジャガイモの機会費用を示している．牛肉の機会費用がジャガイモの機会費用の逆数になっていることに注意しよう．ルビーにとって，ジャガイモ1オンスは牛肉1/2オンスを失うことになるから，ルビーにとっての牛肉1オンスの費用は，ジャガイモ2オンスになる．同様に，フランクにとって，ジャガイモ1オンスは牛肉1/4オンスを失うことになるから，フランクにとっての牛肉1オンスの費用はジャガイモ4オンスである．

経済学者は，2人の生産者の機会費用を説明するときに，**比較優位**という専門用語を使う．ある財 X を生産するのに他の財を少ししか放棄しない生産者は，その財 X の生産における機会費用が小さいことになり，その財 X の生産に関して比較優位を持つという．われわれの例では，フランクはジャガイモの生産においてルビーよりも機会費用が小さい（フランクにとって，1オンスのジャガイモの費用は牛肉1/4オンスだが，ルビーにとっては牛肉

比較優位 comparative advantage：ある財の機会費用に基づく生産者間の比較．

表3-1 牛肉とジャガイモの機会費用

	機会費用	
	牛肉1オンス	ジャガイモ1オンス
フランク	ジャガイモ4オンス	牛肉1/4オンス
ルビー	ジャガイモ2オンス	牛肉1/2オンス

1/2オンスである).反対に,ルビーは牛肉の生産においてフランクよりも機会費用が小さい(ルビーにとって,1オンスの牛肉の費用はジャガイモ2オンスだが,フランクにとってはジャガイモ4オンスである).したがって,フランクはジャガイモの生産に比較優位を持ち,ルビーは牛肉の生産に比較優位を持っている.

(われわれの例におけるルビーのように)一方の人が両方の財に対して絶対優位を持つことはできるが,一人で両方の財に比較優位を持つことは不可能である.一つの財の機会費用はもう一つの財の機会費用と逆数の関係にあるので,一つの財の機会費用が相対的に高い人は,必ずもう一つの財に関して相対的に低い機会費用を持つ.比較優位は相対的な機会費用を反映している.2人が同じ機会費用を持っていない限り,1人が一つの財に比較優位を持ち,もう1人がもう一つの財に比較優位を持つことになる.

●比較優位と交易

特化と交易による利益は,絶対優位ではなく,比較優位に基づくものである.各人が比較優位を持っている財の生産に特化すれば,経済の総生産は増加し,この経済のパイの規模が拡大して,すべての人の生活水準の向上に役立つ.

われわれの例では,フランクはジャガイモ栽培により多くの時間を使い,ルビーは牛肉の生産により多くの時間を使っている.その結果として,ジャガイモの総生産は40オンスから44オンスに増えて,牛肉の総生産は16オンスから18オンスに増えている.フランクとルビーは,生産量増大の成果を2人で分け合っている.

われわれは,取引からの利益を,それぞれが相手に支払っている価格でみることもできる.フランクとルビーは異なる機会費用に直面しているので,ともにより安価に入手できるのである．つまり，２人とも，自分の機会費用よりも低い価格で財を入手することができるので，各人が交易によって便益を得るのである．

ルビーが提案した取引を，フランクの立場から検討してみよう．フランクは15オンスのジャガイモと引換えに５オンスの牛肉を手に入れる．つまり，フランクは牛肉１オンスをジャガイモ３オンスという価格で買っている．この（ジャガイモ３オンスという）牛肉の価格は，フランクにとっての牛肉１オンスの機会費用であるジャガイモ４オンスよりも低い．このように，フランクは牛肉を都合のよい価格で買うことができるので，利益を得るのである．

次に，ルビーの立場からこの取引を検討しよう．ルビーは，ジャガイモ15オンスを牛肉５オンスという価格で買うことになる．つまり，ジャガイモ１オンスの価格は，牛肉1/3オンスである．このジャガイモの価格は，ルビーにとってのジャガイモ１オンスの機会費用である牛肉1/2オンスよりも低い．このように，ルビーはジャガイモを都合のよい価格で買うことができるので，利益を得るのである．

農夫フランクと牛飼ルビーの話の教訓はいまや明らかであろう．**交易が社会のすべての人々に利益をもたらしうるのは，交易によって各人が比較優位を持っている活動に特化できるからである．**

●取引（交易）の値段

比較優位の原理は特化と取引による利益の存在を明らかにしてくれるが，いくつかの疑問が生まれる．取引が行われる価格はどのように決まるのだろうか．取引の利益は，取引関係者の間でどのように分配されるのだろうか．こうした疑問への正確な解答は，本章の範囲を超えているが，一つの一般的な原則を説明することはできる．**取引をする両者が利益を得るためには，取引の価格は両者の機会費用の中間になければならない．**

われわれの例において，フランクとルビーは，ジャガイモ３オンスと牛肉１オンスを交換することで，合意していた．この値段は，ルビーの機会費用（牛肉１オンス当たりジャガイモ２オンス）とフランクの機会費用（牛肉１オンス当たりジャガイモ４オンス）との間にある．両者が利益を得るためには，価格は両者の機会費用の正確な真中にある必要はないが，２オンスと４

コラム アダム・スミスとデービッド・リカードの遺産

経済学者が取引による利益を知ったのは遠い昔である．偉大な経済学者であるアダム・スミスは次のように論じた．

「買うよりも自分でつくるほうが高くつくものを自家生産しようとしないことは，すべての賢い家長の行動原理である．仕立て屋は靴を自分でつくろうとはせずに靴屋から買う．靴屋は洋服を自分でつくろうとはせずに仕立て屋を雇う．農夫は，洋服にしても靴にしても，自分ではつくらずにそれぞれの専門家に注文するであろう．彼らはみな，周囲の人よりも長けている分野に全力を投入し，その生産物の一部によって，すなわち，その生産物の一部を支払って，自分たちの必要なものを買うことが自分の得になると知っているのである．」

これは，スミスが1776年に書いた『諸国民の富の性質と原因についての一研究』（『国富論』）からの引用である．この本は，交易と経済的相互依存関係の分析に大きな貢献をした．

スミスの本に刺激されて，大金持ちの株式ブローカーであったデービッド・リカードは経済学者になった．1817年に書いた『経済学及び課税の原理』において，リカードは，比較優位の原理を今日のわれわれが知っている形に仕上げた．彼は，2財（ワインと布）と2国（イギリスとポルトガル）の例について，検討した．彼は，貿易を進めて，比較優位に基づいた特化をすることで，両国が利益を得ることを示した．

リカードの理論は，現在の国際経済学の出発点となった．さらに，彼の自由貿易擁護は，たんなる学術上の演習ではなかった．リカードは，彼の信念をイギリス国会議員としての活動に生かした．リカードは穀物の輸入を制限しようとする穀物条例に反対した．

貿易の利益に関するアダム・スミスとデービッド・リカードの結論は，時代を超えて支持されてきた．政策問題に関して経済学者の意見は分裂しがちであるが，自由貿易支持に関してはまとまるのである．そのうえ，

自由貿易を支持する議論の中核は，この2世紀もの間ほとんど変化していない．スミスやリカードの時代と比べると経済学の範囲は広がり，理論は洗練されてきたが，貿易規制に対する経済学者の反対意見は基本的には比較優位の原理に基づいているのである．

オンスの間になければならない．

価格がなぜこの範囲になければならないかを理解するには，そうでない場合に何が起こるかを考えればよい．牛肉の価格がジャガイモ2オンスよりも低ければ，フランクとルビーの両者が牛肉を買おうとするだろう．どちらの機会費用よりも低いからである．同様に，牛肉の価格がジャガイモ4オンスよりも高ければ，フランクとルビーの両者が牛肉を売ろうとするだろう．どちらの機会費用よりも高いからである．しかし，この社会にはこの2人しか構成員がいないので，両者がともに牛肉の買い手になったり，ともに売り手になったりすることはできない．どちらかが，取引の相手方にならざるをえないのである．

相互にメリットのある取引が，2オンスと4オンスの間の価格で実現できる．この価格の範囲であれば，ルビーは牛肉を売ってジャガイモを買おうとするし，フランクはジャガイモを売って牛肉を買おうとするからである．それぞれが，自分の機会費用よりも安い価格で財を買うことができる．結局，自分が比較優位を持つ財の生産にそれぞれが特化することとなって，生活水準が高まるのである．

【小問】 ● ロビンソン・クルーソーは，1時間当たりココナッツ10個を集めるか，魚を1匹釣ることができる．彼の友であるフライデーは，1時間当たりココナッツ30個を集めるか，魚を2匹釣ることができる．クルーソーにとって，魚を1匹釣ることの機会費用はいくらか．フライデーにとって，魚を1匹釣ることの機会費用はいくらか．魚釣りに絶対優位を持っているのはどちらか．魚釣りに比較優位を持っているのはどちらか．

3 比較優位の応用例

比較優位の原理は，相互依存の関係と交易の利益を説明する．相互依存関係は現代社会においてきわめて広範に行き渡っているので，比較優位の原理の適用例には事欠かない．ここでは二つの例を挙げる．一つは想像上の事例であり，もう一つは現実的にきわめて重要な事例である．

●セリーナ・ウィリアムズは庭の芝刈りを自分ですべきか

セリーナ・ウィリアムズがウィンブルドン選手権でプレーをするとき，彼女は芝生の上を長い時間走り回っている．史上最高のテニス・プレーヤーの１人であり，彼女の打つ速く正確なショットは，たいていの運動選手たちには夢のようなレベルである．おそらく，他の運動をさせても上手にこなすだろう．たとえば，他の誰よりも速く庭の芝を刈ることができるかもしれない．しかし，彼女が芝刈りを上手にできるというだけで，彼女が自分の庭の芝刈りをすべきだということになるだろうか．

機会費用と比較優位の概念を使うと，この問題に答えることができる．セリーナは２時間で芝刈りをすませられるとしよう．同じ２時間をテレビ・コマーシャルの撮影に使えば，彼女は３万ドルを稼ぐことができる．一方，隣に住むフォレスト・ガンプという男の子は，セリーナの庭の芝を刈るのに４時間かかり，その４時間をマクドナルドで働くと50ドル稼ぐことができる．

この例では，セリーナは，芝刈りをより短い投入時間で片付けることができるので，芝刈りに関して絶対優位を持っている．しかし，セリーナにとっての芝刈りの機会費用は３万ドルであり，フォレストにとっての芝刈りの機会費用は50ドルであるから，フォレストが芝刈りに関して比較優位を持っているのである．

この場合の交易の利益は巨大である．セリーナは，自分で芝刈りをする代わりにコマーシャル撮影に行き，フォレストを雇って芝刈りをさせるべきである．セリーナがフォレストに対して50ドル以上３万ドル以下の手間賃を支払う限り，２人はどちらも得をする．

●アメリカは他の国々と貿易すべきか

人は特化と交換によって利益を得ることができる．異なる国同士の国民もまったく同様である．アメリカ人が享受している多くの財は外国製品であり，また多くのアメリカ製品が海外で販売されている．外国で生産されて国内で販売される財のことを**輸入品**と呼び，国内で生産されて外国で販売される財のことを**輸出品**と呼ぶ．

国々が交易（貿易）によって利益を得られることを理解するために，日本とアメリカの２国と，食料と自動車の２財だけがある世界を考えよう．自動車生産に関して，両国の技量は同じだとしよう．日本の労働者もアメリカの労働者も，１人当たり１カ月に１台の自動車を生産することができる．一方，食料の生産には，広くて肥沃な土地を持つアメリカのほうが適しているとしよう．アメリカの労働者は１人当たり１カ月に２トンの食料を生産できるが，日本の労働者は１人当たり１カ月に１トンの食料しか生産できない．

比較優位の原理によれば，ある財の生産に関して機会費用が低いほうの国が，その財を生産すべきである．アメリカにおける自動車の機会費用は食料２トンであり，日本における自動車の機会費用は食料１トンなので，日本は自動車の生産において比較優位を持っている．日本は国内で必要とする以上に自動車を生産し，その一部をアメリカに輸出すべきである．同様に，日本における食料の機会費用は自動車１台であり，アメリカにおける食料の機会費用は自動車1/2台なので，アメリカは食料の生産において比較優位を持っている．アメリカは国内で消費する量以上に食料を生産し，その一部を日本へ輸出すべきである．特化と貿易を通じて，両国ともにより多くの食料と自動車を得ることができるのである．

もちろん，現実においては，国際貿易に関わる問題はこの例で示されたよりも複雑である．国際貿易の問題のなかで最も重要なのは，どの国も異なる利害関係を持つ多様な国民から構成されているということである．国際貿易は，一国全体をより豊かにすると同時に，国民の一部分を貧しくすることがある．アメリカが食料を輸出して自動車を輸入する場合，アメリカのフラン

輸入（品） imports：海外で生産され，国内で販売される財・サービス．
輸出（品） exports：国内で生産され，海外で販売される財・サービス．

クへの影響とアメリカの自動車産業の労働者への影響は違うものになる．しかしながら，政治家や評論家がしばしば述べる意見とはまったく反対に，国際貿易は戦争ではない．戦争は勝利する国と敗北する国を生み出すが，国際貿易はすべての国々をより繁栄させるのである．

【小問】 ●世界で最もタイプを速く打てるタイピストが，熟練した脳外科医でもあったとしよう．彼女は自分でタイプを打つべきか，それとも秘書を雇うべきか．説明しなさい．

中国とアメリカの貿易

「中国との貿易は多くのアメリカ人に利益をもたらす．とくに，中国で製造されたり組み立てられたより安い製品を買うことができるためである．」

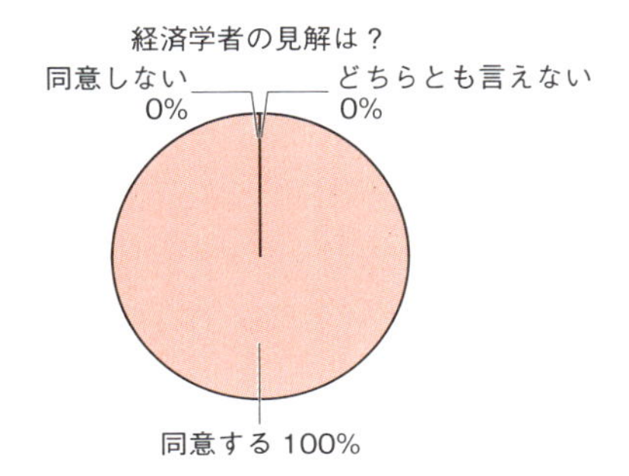

「衣服や家具のような，中国の企業との競争に直面している製品の製造にたずさわっているアメリカ人は，中国との貿易によって不利益をこうむっている．」

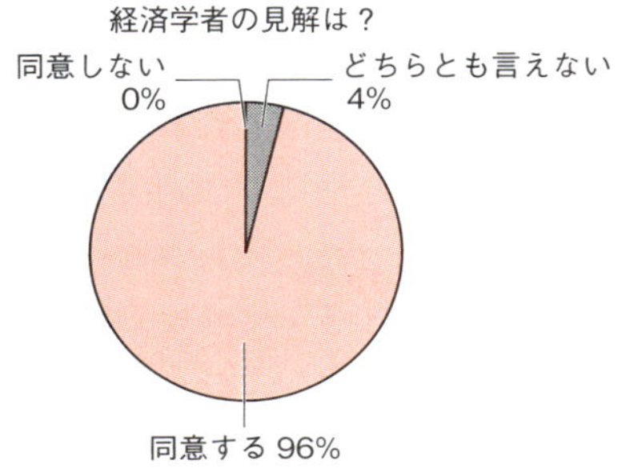

（出所） IGM Economic Experts Panel, June 19, 2012.

4 結論

いまやあなたは，相互に依存しあう経済に暮らしていることのメリットをかなりしっかりと理解することができるはずだ．アメリカ人が靴下を中国から買うとき，メイン州の住民がフロリダ州でつくられたオレンジジュースを飲むとき，家の持ち主が隣家の子どもを雇って芝刈りをさせるとき，いつも同じ経済的な力が作用しているのである．比較優位の原理は，交易（貿易）がすべての人々をより豊かにできることを示している．

相互依存が望ましいものであることがわかると，どのようにすれば相互依存が可能なのかという疑問が自然に浮かんでくることだろう．自由な社会は，その経済に関わるすべての人々の多様な活動をどのようにして調整するのだろうか．財やサービスは，どのようにしてそれらをつくるべき人々からそれらを消費すべき人々へと確実に渡されるのだろうか．牛飼ルビーと農夫フランクの例のような２人だけの社会であれば，答えは簡単である．２人のときには，直接交渉によって資源を配分することができる．しかし，何十億もの人々が暮らしている現実の世界においては，答えはそれほど簡単ではない．この問題を次章で取り上げよう．自由な社会では，需要と供給という市場の力によって資源が配分されることを次章では学習する．

- 人は，国内のみならず世界中の多くの人々によって生産された財やサービスを消費している．相互依存と交易（貿易）は，より多くて多様な財・サービスをすべての人々が享受できるようになるので，望ましいことである．
- 一つの財を生産する能力を２人の間で比較するときには二つの方法がある．より少ない投入量で生産することのできる人は，**絶対優位**を持っているという．より小さい機会費用で生産することのできる人は，**比較優位**を持っているという．交易（貿易）の利益は，絶対優位ではなく比較優位に基づいている．

- 交換（貿易）が人々をより豊かにするのは，それぞれが比較優位を持っている活動に特化することを可能にするからである．
- 比較優位の原理は，国の場合にも，人の場合と同様にあてはまる．経済学者が自由な国際貿易を提唱するときには，比較優位の原理に基づいている．

確認問題

1. 1時間で，マテオは，2台の車の洗車をするか1軒分の庭の芝刈りをすることができる．同じ1時間で，タイラーは，3台の洗車と1軒分の庭の芝刈りをすることができる．洗車に関する絶対優位を持っているのは誰か．芝刈りに関する絶対優位を持っているのは誰か．
   a. 洗車はマテオ，芝刈りはタイラー．
   b. 洗車はタイラー，芝刈りはマテオ．
   c. 洗車はマテオ，芝刈りはどちらでもない．
   d. 洗車はタイラー，芝刈りはどちらでもない．
2. 1時間で，マテオは，2台の車の洗車をするか1軒分の庭の芝刈りをすることができる．同じ1時間で，タイラーは，3台の洗車と1軒分の庭の芝刈りをすることができる．洗車に関する比較優位を持っているのは誰か．芝刈りに関する比較優位を持っているのは誰か．
   a. 洗車はマテオ，芝刈りはタイラー．
   b. 洗車はタイラー，芝刈りはマテオ．
   c. 洗車はマテオ，芝刈りはどちらでもない．
   d. 洗車はタイラー，芝刈りはどちらでもない．
3. 2人の個人が効率的に生産した後，比較優位に基づいて，相互にメリットがある取引を行っているものとしよう．このとき，2人の消費はどうなっているか．
   a. 2人とも，自分たちの生産可能性フロンティアの外側にある消費をしている．
   b. 2人とも，自分たちの生産可能性フロンティアの内側にある消費をしている．
   c. それぞれの生産可能性フロンティアに対して，1人は内側の消費をし，もう１人は外側の消費をしている．

d.　２人とも，自分たちの生産可能性フロンティアの線上にある消費をしている．

4.　各国は，どのような財を輸入することが多いだろうか．

a.　自国が絶対優位を持っている財

b.　自国が比較優位を持っている財

c.　他国が絶対優位を持っている財

d.　他国が比較優位を持っている財

5.　アメリカでは，労働者１人で飛行機を１機作るのに１万時間，シャツを１枚作るのに２時間かかるとしよう．中国では，飛行機１機を作るのに４万時間，シャツを１枚作るのに４時間かかるとしよう．このとき，両国の間では何を貿易するか．

a.　中国は飛行機を輸出し，アメリカはシャツを輸出する．

b.　中国はシャツを輸出し，アメリカは飛行機を輸出する．

c.　両国ともにシャツを輸出する．

d.　このケースでは，貿易の利益は発生しない．

6.　カイラは，夕食の調理に30分，洗濯に20分かかるとしよう．彼女のルームメイトは，どちらも半分の時間でできるものとしよう．この２人は，どのように時間を使うべきだろうか．

a.　自分の比較優位に基づいて，カイラは調理の時間を増やすべきである．

b.　自分の比較優位に基づいて，カイラは洗濯の時間を増やすべきである．

c.　自分の絶対優位に基づいて，カイラは洗濯の時間を増やすべきである．

d.　このケースでは，取引の利益は発生しない．

復習問題

1.　どのような場合に，生産可能性フロンティアは，外向きに膨らまずに，直線になるのだろうか．

2.　絶対優位と比較優位の違いを説明しなさい．

3.　一方の人がある活動において絶対優位を持っているが，比較優位はもう一方の人にあるような例を挙げなさい．

4. 絶対優位と比較優位のどちらが交換（貿易）にとって重要だろうか．問題3で挙げた例を用いて説明しなさい．
5. 取引が比較優位に基づいており，双方が利益を得る場合，取引の価格はどのような範囲になければならないか．
6. 国は，比較優位を持つ財を輸出するのと輸入するのとどちらの傾向があるか．説明しなさい．
7. なぜ経済学者は国際貿易を制限する政策に反対するのか．

応用問題

1. マリアは，経済学の本を1時間に20ページ読むことができる．社会学の本であれば1時間に50ページ読むことができる．彼女の1日の勉強時間は5時間であるとしよう．
   a. 経済学の勉強と社会学の勉強に関して，マリアの生産可能性フロンティアを描きなさい．
   b. マリアにとって，社会学の本を100ページ読むことの機会費用は何か．
2. アメリカの労働者と日本の労働者は，ともに1人当たり1年に4台の自動車を生産することができる．一方，アメリカの労働者は1人当たり1年に10トンの穀物を生産できるが，日本の労働者は1人当たり1年に5トンの穀物しか生産できない．簡単化のために，それぞれの国の労働者はともに1億人であるとしよう．
   a. この数値例をもとに，図3-1パネル(a)の表に対応する表をつくりなさい．
   b. アメリカ経済と日本経済の生産可能性フロンティアを描きなさい．
   c. アメリカにとって，自動車1台の機会費用はいくらだろうか．また，穀物1トンの機会費用はいくらだろうか．日本にとって，自動車1台の機会費用はいくらだろうか．また，穀物1トンの機会費用はいくらだろうか．これらの情報を表3-1のような表にしなさい．
   d. 自動車の生産に関して絶対優位を持っているのはどちらの国だろうか．穀物生産に関してはどちらだろうか．
   e. 自動車の生産に関して比較優位を持っているのはどちらの国だろうか．

穀物生産に関してはどちらだろうか.

f. 貿易がない場合には，どちらの国も自動車の生産と穀物の生産に半々の労働者が従事しているものとしよう．それぞれの国における自動車と穀物の生産量はいくらだろうか.

g. 貿易のない状態を出発点として，貿易が両方の国を豊かにする例を考えなさい.

3. パットとクリスはルームメイトである．彼女たちは（もちろん）よく勉強するが，自分たちの好きなことをするのにも時間を使う．それはピザとノンアルコールビールをつくることである．パットはノンアルコールビールを1ガロンつくるのに4時間かかり，ピザを1枚つくるのに2時間かかる．クリスはノンアルコールビールを1ガロンつくるのに6時間かかり，ピザを1枚つくるのに4時間かかる.

a. ピザを1枚つくることの機会費用は，2人のルームメイトそれぞれにとっていくらか．ピザをつくるのに絶対優位を持っているのはどちらか．ピザをつくるのに比較優位を持っているのはどちらか.

b. パットとクリスが互いに食べ物を交換するとしたら，ピザを渡してノンアルコールビールを受け取るのはどちらか.

c. ピザの価格をノンアルコールビールのガロン数で表すこともできる．両方のルームメイトをより満足させるピザの価格のうち，最も高い価格はいくらか．また，最も低い価格はいくらか．説明しなさい.

4. カナダには1000万人の労働者がいて，1人当たり1年間に自動車2台か小麦30ブッシェルを生産できるものとしよう.

a. カナダにおいて，自動車を1台生産することの機会費用はいくらか．小麦を1ブッシェル生産することの機会費用はいくらか．二つの財の機会費用の関係を説明しなさい.

b. カナダの生産可能性フロンティアを描きなさい．カナダでは自動車が1000万台消費されるとすると，貿易がない場合には小麦はどれだけ消費できるだろうか．生産可能性フロンティア上にその点を描き入れなさい.

c. 今度は，アメリカがカナダに対して，1台当たり小麦20ブッシェルという価格で自動車を1000万台買いたいと提案したとしよう．カナダが1000万台の自動車を消費し続けるとすると，カナダはアメリカとの取引によってどれだけの小麦を消費することができるだろうか．生産可能性フロンティア上にその点を描き入れなさい．カナダはこの取引に応じるべきだろうか．

5. イングランドとスコットランドは，どちらもスコーンとセーターを生産している．イングランドの労働者は，1時間当たりスコーン50個かセーター1枚を生産できる．一方，スコットランドの労働者は，1時間当たりスコーン40個かセーター2枚を生産できる．
   a. それぞれの財の生産に絶対優位を持っているのはどちらの国だろうか．比較優位を持っているのはどちらだろうか．
   b. イングランドとスコットランドとの間で貿易が行われるとすれば，スコットランドがイングランドに輸出するのはどちらの財だろうか．
   c. スコットランドの労働者が，1時間当たり1枚のセーターしか生産できない場合，スコットランドは貿易によって豊かになるだろうか．イングランドはどうだろうか．説明しなさい．

6. 下の表は，ベースボーリアという国にある二つの都市の生産可能性を示している．

	赤靴下（レッドソックス）	白靴下（ホワイトソックス）
ボストン	3	2
シカゴ	2	1

（注）労働者1人1時間当たり生産量．

   a. 二つの都市の間で交易がない場合，ボストンにおける白靴下の（赤靴下で測った）価格はいくらか．シカゴではいくらか．
   b. それぞれの色の靴下の生産に関して，どちらの都市が絶対優位を持っているだろうか．比較優位を持っているのはどちらだろうか．
   c. 二つの都市が交易を始めた場合，それぞれの都市が輸出するのはどの色の靴下だろうか．
   d. 交易が生じたとき，それぞれの靴下の価格はどれくらいの範囲に収まるだろうか．

7. ドイツでは，労働者1人で自動車を1台作るのに400時間，ワインを1ケース分作るのに2時間かかる．フランスでは，労働者1人で自動車を1

台作るのに600時間，ワインを1ケース分作るのにx時間かかる．

a. xがどのような値をとれば，貿易による利益が得られるか，説明しなさい．

b. xがどのような値をとると，ドイツが自動車を輸出しワインを輸入することになるか，説明しなさい．

8. 1年間で，アメリカ人労働者が100枚のシャツか20台のコンピュータをつくることができる一方で，中国人労働者は100枚のシャツか10台のコンピュータをつくることができるものとしよう．

a. 両国の生産可能性フロンティアを描きなさい．貿易がない場合，どちらの国の労働者も半分ずつの時間を二つの財の生産に使うものとしよう．生産可能性フロンティア上にその点を描き入れなさい．

b. 両国が貿易を始める場合，シャツを輸出するのはどちらの国だろうか．具体的な数値例を挙げて，図のなかに示しなさい．どちらの国が貿易から利益を得るか．説明しなさい．

c. コンピュータの（シャツの枚数で測った）価格がどれぐらいならば，両国は貿易するだろうか．

d. 中国の生産性がアメリカに追いついて，中国人労働者が100枚のシャツか20台のコンピュータをつくることができるようになったとしよう．どのようなパターンの貿易が起こると予想できるか．この中国の生産性向上は，両国の国民たちの経済厚生にどのように影響するだろうか．

9. 次の文章は正しいか，誤りか．それぞれ説明しなさい．

a. 二つの国のうち，一方の国がすべての財の生産に関して絶対優位を持っているとしても，貿易によって両方の国がより豊かになれる．

b. 才能に非常に恵まれた人々のなかには，すべてのことに関して比較優位を持った人がいる．

c. ある交換（取引）が一方にとって有利なものである場合，その交換が相手側にとっても有利であるということはありえない．

d. ある交換（取引）が一方にとって有利なものである場合，その交換は相手側にとっても必ず有利である．

e. ある貿易取引が一国にとって有利なものである場合，その貿易取引は国内のすべての国民にとっても有利である．

PART II

第II部 市場はどのように機能するか

CHAPTER 4

第4章

市場における需要と供給の作用

Keywords

市場 market
競争市場 competitive market
需要量 quantity demanded
需要法則 law of demand
需要表 demand schedule
需要曲線 demand curve
正常財 normal good
劣等財 inferior good
代替財 substitutes
補完財 complements
供給量 quantity supplied
供給法則 law of supply
供給表 supply schedule
供給曲線 supply curve
均衡 equilibrium
均衡価格 equilibrium price
均衡取引量 equilibrium quantity
余剰（超過供給） surplus（excess supply）
不足（超過需要） shortage（excess demand）
需要と供給の法則 law of supply and demand

フロリダに寒気団がやってくると，アメリカ中のスーパーマーケットでオレンジジュースの値段が上がる．夏にニューイングランドの気温が上昇すると，カリブ海のホテルの料金が急落する．中東で戦争が起こると，アメリカでガソリンの価格が上昇し，キャデラックの中古車価格が下がる．こうした出来事に共通していることは何だろうか．実はこれらの出来事は，すべて需要と供給の働きを示している．

需要と**供給**は，経済学者が最も頻繁に使う言葉である．それも当然だろう．需要と供給は，市場経済を機能させる力である．需要と供給は，一つ一つの財の生産量と販売価格とを決定する．ある政策や出来事が市場にどのような影響を与えるかを知りたければ，まずその政策や出来事が需要と供給にどのように影響を及ぼすかを考えなければならない．

本章では，需要と供給の理論を紹介する．売り手と買い手がどのように行動し，彼らが互いにどのように影響しあうのかを考察する．需要と供給の理論を用いることによって，市場経済において需要と供給がどのように財の価格を決定するのか，またその価格が経済の希少な資源をどのように配分するのかが明らかになる．

1 市場と競争

需要と**供給**という用語は，競争的な市場において互いに影響しあうときの人々の行動を指している．売り手と買い手がどのように行動するかを論じる前に，**市場**と**競争**という用語の意味についてもう少し考察してみよう．

●市場とは何か

市場とは，一つ一つの財・サービスにおける売り手と買い手の集まりのことである．買い手全体で生産物の需要が決まり，売り手全体で生産物の供給が決まる．

市場はさまざまな形態をとる．多くの農産物市場のように，高度に組織化された市場も存在する．そのような市場では，売り手と買い手が決まった日

市場 market：特定の財・サービスを扱う売り手と買い手の集まり．

時に決まった場所に集まり，そこで競売人によって競りが行われて，価格が決まり，売買が成立する．

しかしながら，たいていの市場はそれほど組織化されていない．例として，どこかの町のアイスクリームの市場について考えてみよう．アイスクリームの買い手は，決められた時間に集合することはない．アイスクリームの売り手は，別々の場所に店を構えて，少しずつ異なるアイスクリームを売っている．アイスクリームの競り値を叫ぶ競売人はどこにもいない．それぞれの売り手は，自分の店のアイスクリームの値段を掲示しており，個々の買い手はどの店でどれだけのアイスクリームを買うかを決めるのである．組織化されていないにもかかわらず，アイスクリームの生産者と消費者は，密接に関連している．アイスクリームの買い手はさまざまな店のなかから選択して，自分たちの望みを満足させようとする．アイスクリームの売り手も共通の買い手たちにアピールして，自分たちの商売を成功させようとする．あまり組織化されてはいないが，アイスクリームの売り手と買い手のグループは，市場を形成しているのである．

●競争とは何か

アイスクリームの市場は，経済に存在する多くの市場と同様に，きわめて競争的な市場である．それぞれの買い手は，自分が選択すべき複数の売り手がいることを知っており，それぞれの売り手も自分たちの商品が他の店の商品と似ていることを認識している．その結果として，アイスクリームの価格や販売量は，1人の売り手や買い手によって決定されることはない．価格や販売量は，すべての売り手と買い手が市場において相互に影響しあうことを通して決定される．

競争市場とは，多くの売り手と買い手が存在していて，1人の売り手や買い手が市場価格に影響を及ぼさないような市場のことをいう．それぞれのアイスクリームの売り手は，他の売り手が同じような商品を販売しているので，アイスクリームの価格に対して限定された支配力しか持たない．現在の相場よりも安く売る理由はないし，高く売ろうとすれば買い手は他の店でアイス

競争市場 competitive market：多数の売り手と買い手が存在し，特定の売り手や買い手が市場価格に与える影響が無視できる市場．

クリームを買うからである．同様に，どのアイスクリームの買い手も，アイスクリームの価格を左右することはできない．個々の買い手が購入するのはわずかな量だからである．

本章では，市場が完全競争的であると想定する．この競争状態の最高水準に到達するには，市場は二つの特徴を持っていなければならない．(1)販売されている財はすべてまったく同じである．(2)売り手と買い手が多数存在するので，市場価格に影響を及ぼすような単独の売り手や買い手は存在しない．完全競争市場においては，売り手も買い手も市場で決まった価格を受け入れるしかないので，彼らは価格受容者（プライス・テイカー）と呼ばれる．市場価格において，買い手は好きなだけの量を買うことができ，売り手も好きなだけの量を売ることができる．

完全競争の想定が完全に当てはまる市場も存在する．たとえば，小麦の市場では，多くの農家が小麦を売っており，非常に多くの消費者が小麦および小麦製品を買っている．どの売り手も買い手も単独では小麦の価格を左右できないので，価格を所与のものとして受け入れている．

しかしながら，財やサービスのすべてが完全競争市場で販売されているわけではない．売り手が一つしか存在せず，その売り手が価格を決めている市場もある．そのような売り手のことを独占企業という．たとえば，あなたの住んでいる町では，ケーブルテレビ局は独占企業かもしれない．その場合，町の住人にとって契約できるケーブルテレビ会社は一つしかない．そのほかに，完全競争と独占という両極端の中間にあたるような市場もある．

現実にはさまざまな種類の市場が存在するが，完全競争を想定することは有益な単純化であり，学習の出発点に適している．完全競争市場は，分析が最も容易である．市場の参加者全員が，市場価格を市場の諸条件によって決められたものとみなしているからである．そのうえ，ほとんどの市場にはある程度の競争があるので，完全競争市場における需要と供給の学習で得られた結果の多くは，より複雑な市場においても適用できる．

【小問】 ● 市場とは何か．

● 完全競争市場の特徴は何か．

2 需要

まず，買い手の行動を調べることから市場についての学習を始めよう．焦点をはっきりさせるために，特定の財（アイスクリーム）の例を念頭に置いておこう．

●需要曲線：価格と需要量との関係

何かの財の**需要量**とは，買い手が買いたいと思い，かつ買うことのできる量のことである．これからみていくように，個人のアイスクリーム需要量に影響する要因（変数）は数多く存在する．しかし，市場の機能の分析においては，一つの要因が中心的な役割を果たす．それは財の価格である．アイスクリームの価格が1個20ドルに上昇したとしよう．そうなれば，あなたは代わりにフローズン・ヨーグルトを買ったりして，アイスクリームをあまり買わなくなるだろう．逆に価格が1個0.2ドル（20セント）に下がれば，アイスクリームをたくさん買うようになるだろう．価格と需要量との間の相関関係は，経済にあるほとんどの財について成立する．かなり一般的なので，経済学者はこの関係のことを**需要法則**と呼ぶほどである．他の要因が一定であれば，財の価格が上昇すると財の需要量は減少し，価格が低下すると需要量は増加する．

図4-1の上の表は，さまざまな価格の下で，キャサリンが1カ月に買うアイスクリームの数を示している．アイスクリームが無料であれば，キャサリンは12個のアイスクリームを買う．1個0.5ドルであれば，キャサリンは10個のアイスクリームを買う．価格が上昇するにつれて，キャサリンが買うアイスクリームの数は減少していく．価格が3ドルに達すると，キャサリンはアイスクリームを買わなくなる．この表を**需要表**と呼ぶ．需要表は，消費者の購入希望量に影響する他のすべての要因を一定にしたときの，財の価格と

需要量 quantity demanded：買い手が買いたいと思い，かつ買うことのできる財の量．
需要法則 law of demand：他の条件が一定であれば，ある財の価格が上昇するときに需要量が減少すること．
需要表 demand schedule：ある財の価格と需要量の関係を表す表．

図 4-1 キャサリンの需要表と需要曲線

アイスクリームの価格（ドル）	アイスクリームの需要量（個）
0.00	12
0.50	10
1.00	8
1.50	6
2.00	4
2.50	2
3.00	0

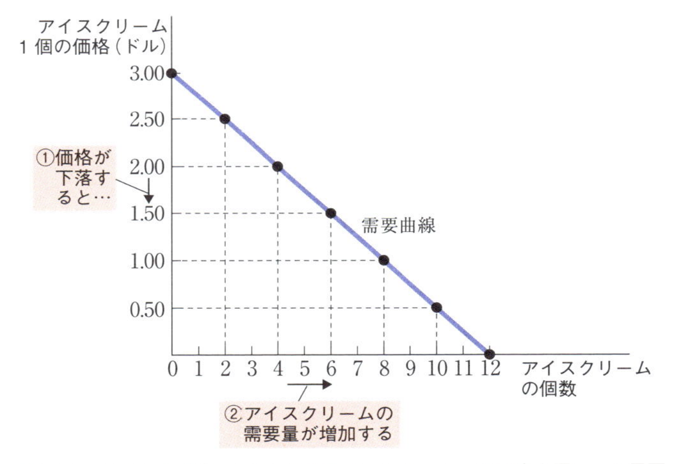

需要表はそれぞれの価格における需要量を示している．需要表を図にした需要曲線は，財の需要量が価格の変化に応じてどのように変化するかを表している．価格が下がると需要量が増えるので，需要曲線は右下がりとなる．

需要量との関係を示している．

図 4-1 のグラフは，表の数字を用いて，需要法則を図示したものである．慣習に従って，アイスクリームの価格を縦軸に，需要量を横軸にとってある．価格と需要量の関係を表した右下がりの曲線のことを**需要曲線**という．他の要因が一定であれば，価格が下がると需要量が増えるので，需要曲線は右下がりとなる．

需要曲線 demand curve：ある財の価格と需要量の関係を表す図．

●市場の需要と個人の需要

図 4-1 の需要曲線は，財に対する個人の需要を示している．市場がどのように機能するかを分析するには，**市場の需要**を決定する必要がある．市場の需要とは，当該の財・サービスに関する個人の需要をすべて足し合わせたものである．

図 4-2 の上の表は，この市場における 2 人の個人，キャサリンとニコラスのアイスクリーム需要表を示したものである．キャサリンの需要表はそれぞれの価格の下で彼女が買うアイスクリームの個数を示し，ニコラスの需要表は彼が買うアイスクリームの個数を示している．このとき，それぞれの価格

図 4－2　個人の需要量の合計としての市場需要量

アイスクリームの価格（ドル）	キャサリンの需要量（個）		ニコラスの需要量（個）		市場需要量（個）
0.00	12	＋	7	＝	19
0.50	10		6		16
1.00	8		5		13
1.50	6		4		10
2.00	4		3		7
2.50	2		2		4
3.00	0		1		1

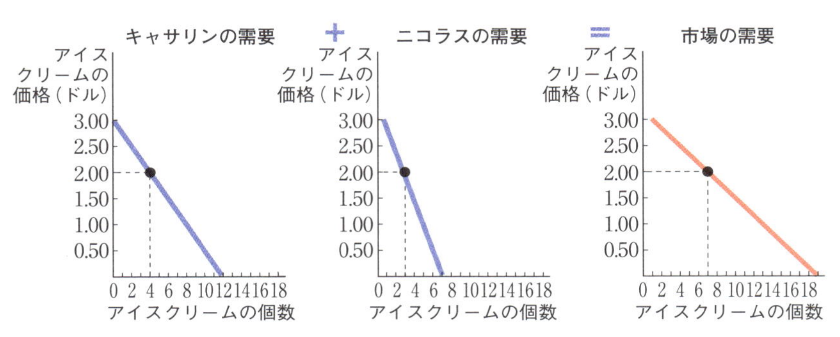

市場需要量は，すべての買い手の各価格における需要量の合計である．したがって，市場需要曲線は，個人の需要曲線を水平方向に足し合わせることによって求めることができる．アイスクリームの価格が 2 ドルのときには，キャサリンのアイスクリームの需要量は 4 個であり，ニコラスの需要量は 3 個である．したがって，価格が 2 ドルのときのアイスクリームの市場需要量は 7 個である．

における市場の需要は，2人の需要の合計である．

図4-2のグラフには，これらの需要表に対応する需要曲線が描かれている．市場需要曲線が個人の需要曲線を水平に足し合わせて描かれていることに注意しよう．それぞれの価格における総需要量を見つけるには，個別の需要曲線上において，その価格に対応する横軸の値を読み取り，合計すればよい．われわれの関心は市場がどのように機能するかということにあるので，市場需要曲線は頻繁に用いられる．市場需要曲線は，消費者の購入希望量に影響する他のすべての要因を一定に保った場合に，財の価格の変化に応じて，財の総需要量がどのように変化するかを表している．

●需要曲線のシフト

市場需要曲線は，消費者の購入決定に影響する（価格以外の）多くの変数を一定としているので，需要曲線はいつも安定的であるとは限らない．それぞれの価格における需要量を変化させるような出来事が生じれば，需要曲線はシフトする．たとえば，アメリカ医学協会が，習慣的にアイスクリームを食べている人は，そうでない人よりも長寿で健康的な生活を送っているということを突然発見したとしよう．この発見は，アイスクリームの需要を高めるだろう．どの価格においても，買い手は以前よりも多くのアイスクリームを買おうとすると考えられるので，アイスクリームの需要曲線はシフトする．

図4-3は，需要のシフトを例示したものである．上述のアメリカ医学協会による発見の仮想例のような，どの価格においても需要量を増やすような変化は，需要曲線を右方にシフトさせることになり，**需要の増大**と呼ばれる．どの価格においても需要量を減らすような変化は，需要曲線を左方にシフトさせることになり，**需要の減少**と呼ばれる．

需要曲線をシフトさせる変数は数多くある．ここで最も重要なものについて考えてみよう．

所得　ある夏にアルバイトをくびになったとしよう．そのときあなたのアイスクリームへの需要はどう変わるだろうか．おそらく減少するだろう．所得の減少は支出可能な金額が減少することを意味するので，いくつかの財への支出を削らなければならない．おそらくは，ほとんどの財への支出を削る

図4-3 需要曲線のシフト

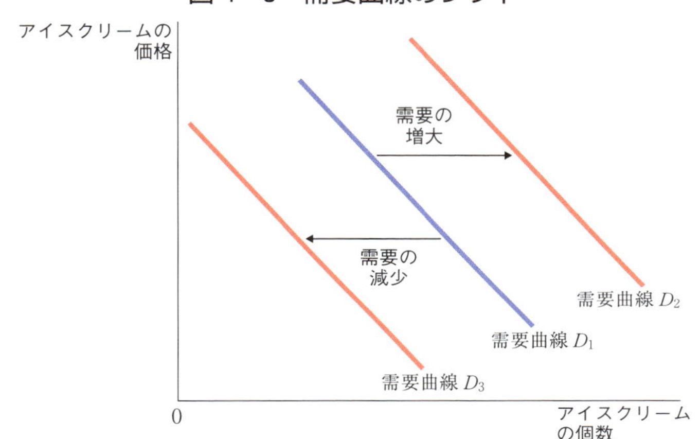

それぞれの価格の下で買い手が買いたいと思う量を増大させるような変化は，需要曲線を右方にシフトさせる．逆に，それぞれの価格の下で買い手が買いたいと思う量を減少させるような変化は，需要曲線を左方にシフトさせる．

ことになるだろう．このように，所得が減少したときに需要が減少する財のことを**正常財**という．

正常財が標準的であるが，すべての財が正常財であるわけではない．所得が減少したときに需要が増大する財のことを**劣等財**という．劣等財の例としては，バスの利用が挙げられる．所得が減少すると，車の購入やタクシーの利用を控えるようになるので，バスを利用することが増えるのである．

関連する財の価格　フローズン・ヨーグルトの価格が低下したとしよう．需要法則によれば，あなたはフローズン・ヨーグルトの購入量を増やすことになる．そのとき，おそらくアイスクリームの購入量は減少するだろう．アイスクリームとフローズン・ヨーグルトは，どちらも冷たくて甘くてクリーミーなデザートであり，同じような欲求を満たすことができるからである．このように，一つの財の価格が下落すると別の財への需要が減少するとき，その二つの財は**代替財**であるという．代替財は，互いに代用できる財のペアであることが多い．ホットドッグとハンバーガー，セーターとスウェットシ

正常財 normal good：他の条件が一定のときに，所得の増加によって需要量が増加する財．
劣等財 inferior good：他の条件が一定のときに，所得の増加によって需要量が減少する財．

ャツ，映画のチケットと動画配信サービスなどが挙げられる．

今度は，ファッジの価格が下落したとしよう．需要法則によれば，あなたはファッジの需要を増やすことになる．しかし，この場合はアイスクリームの需要も増えることになるだろう．アイスクリームと熱いファッジは一緒に食べることが多いからである．このように，一つの財の価格が下落すると別の財への需要が増大するとき，その二つの財は**補完財**であるという．補完財は，一緒に使われる財のペアであることが多い．その例として，ガソリンと自動車，コンピュータとソフトウェア，ピーナッツ・バターとジャム（ピーナッツ・バター & ジェリーサンドはアメリカで定番のサンドウィッチ）などが挙げられる．

嗜好（好み）　あなたの需要を決定するいちばん明白な要因は，あなたの嗜好だろう．もしあなたがアイスクリームを好きならば，アイスクリームをたくさん買うだろう．普通，経済学者が人々の嗜好を説明しようとすることはない．嗜好は歴史的な要因や心理的な影響に基づいているが，それらの要因は経済学の領域から外れるからである．ただし，嗜好が変化したときに何が起こるかということは，経済学者の取り扱う問題である．

期待（予想）　将来に関するあなたの予想が，現在の財・サービスへの需要に影響することもあるだろう．来月に多額の収入を得られると予想していれば，現在貯蓄するのを減らし，現在の所得をより多く使ってアイスクリームを買おうとすることもあるだろう．また，アイスクリームの値段が明日下がると予想すれば，今日の価格でアイスクリームを買おうとはしないかもしれない．

買い手の数　個人の行動に影響するこれらの諸要因に加えて，市場の需要は，買い手の数にも依存する．もし，もう１人のアイスクリーム消費者とし

代替財 substitutes：片方の財の価格が上昇すると，もう片方の財の需要が増大する関係にある二つの財．

補完財 complements：片方の財の価格が上昇すると，もう片方の財の需要が減少する関係にある二つの財．

表 4-1 買い手に影響する諸変数

変数	この変数の変化は…
財の価格	需要曲線上の動き
所得	需要曲線のシフト
関連する財の価格	需要曲線のシフト
嗜好	需要曲線のシフト
期待	需要曲線のシフト
買い手の数	需要曲線のシフト

この表は，消費者の財の購入量に影響する諸変数のリストである．その財の価格が果たす特別な役割に注意しよう．当該財の価格の変化は需要曲線上の動きに対応するが，他の諸変数の変化は需要曲線をシフトさせる．

てピーターがキャサリンとニコラスに加われば，市場の需要量はどの価格においても増加し，市場の需要は増大する．

まとめ　需要曲線は，買い手に影響を与える他のすべての要因を一定として，当該の財の価格だけを変化させたときに，その需要量がどのように変化するかを示している．財の価格以外の要因が一つでも変化すれば，需要曲線はシフトする．表 4-1 は，消費者による財の購入に影響を与える諸要因をリストにしたものである．

需要曲線のシフトなのか，需要曲線に沿った動きなのかを覚えるのが難しい場合，第 2 章の補論の学習を思い出すとよい．曲線がシフトするのは，二つの軸のどちらにも測られていない，関連する変数が変化したときである．価格は縦軸に測られているので，価格の変化は需要曲線に沿った動きを生じる．対照的に，関連する財の価格や嗜好，期待，買い手の数などは，どちらの軸にも測られていない．したがって，これらの変数の変化は需要曲線をシフトさせるのである．

たばこの需要量を減らす二つの方法

喫煙は健康を害するため，公共政策の立案者たちは，しばしば人々の喫煙量を減らしたいと願う．この目標を実現するために，政策で対応可能な方法は二つある．

喫煙を減らす一つの方法は，紙巻たばこ（シガレット）とたばこ製品の需要曲線をシフトさせることである．政府による広報，たばこの箱に警告文を印刷することの義務づけ，たばこのテレビコマーシャルの禁止などは，どれもそれぞれの価格の下でのたばこの需要量を減らすことをめざした政策である．こうした政策が成功すれば，図4-4のパネル(a)のように，たばこの需要曲線は左方にシフトする．

もう一つの方法として，政策立案者はたばこの価格を引き上げることもできる．たとえば，政府がたばこの製造に課税すれば，たばこ会社はたばこの価格を引き上げて，その税金のほとんどを消費者に転嫁するだろう．たばこの価格が上昇すれば，喫煙者は喫煙量を減らすようになる．この場合の喫煙量減少は，たばこの需要曲線のシフトを反映したものではない．図4-4のパネル(b)のように，たばこの需要曲線上をより高価格・少需要の点へと移動したことを反映したものである．

たばこの価格が変化すると，たばこの消費量はどれぐらい反応するのだろうか．経済学者は，たばこの税金が変更されたときに何が起こるかを研

図4-4 需要曲線のシフトと需要曲線上の動き

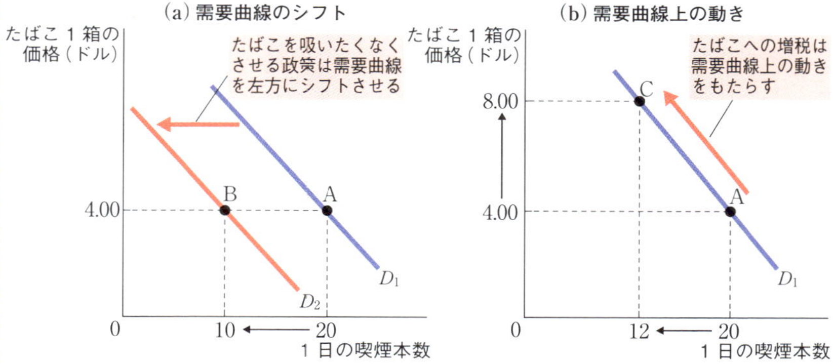

たばこの箱に警告文が書かれることで喫煙者の喫煙量が減ると，需要曲線は左方にシフトする．パネル(a)では，需要曲線が D_1 から D_2 にシフトしている．たばこ1箱が4ドルのとき，たばこの需要量はA点からB点へのシフトを反映して，1日20本から10本に減少する．一方，たばこの税率が上昇したときには，需要曲線はシフトしない．その代わりに，需要曲線上の動きがみられる．パネル(b)では，たばこ1箱の価格が4ドルから8ドルに上昇している．このとき，A点からC点への需要曲線上の動きを反映して，たばこの需要量は1日20本から12本に減少する．

究して，この問題に答えようとしてきた．それによると，たばこの価格が10%上昇すると，需要量は4%減少するという結果が報告されている．なかでも，10代の若者がとくに価格の変化に鋭敏に反応することもわかった．10代の若者については，価格が10%上昇すると，需要量は12%も減少する．

関連する疑問は，たばこの価格が，マリファナのような違法ドラッグの需要にどう影響するかである．たばこ税の反対者たちは，たばことマリファナは代替財であり，たばこの価格が高くなると，マリファナの使用を増やすと主張する．他方で，多くの薬物乱用の専門家たちは，たばこは若者たちがさまざまな有害薬物を試すようになる「玄関口」であると，みなしている．データに基づく検討のほとんどは，後者の見方を支持している．たばこの価格が低いほうが，マリファナの使用が増えるというのである．つまり，たばことマリファナは代替財というよりも補完財のように思われる．

【小問】 ● 1カ月のピザの需要表をつくり，それに基づいて需要曲線を描きなさい．
● ピザの需要曲線をシフトさせる要因の例を挙げなさい．
● ピザの価格の変化は，この需要曲線をシフトさせるか．

3 供給

今度は市場の反対側に目を向けて，売り手の行動を調べてみよう．焦点をはっきりさせるために，ここでもアイスクリームの市場を例にして考えていこう．

●供給曲線：価格と供給量との関係

財やサービスの**供給量**とは，売り手が売りたいと思いかつ売ることのできる量のことである．供給量を規定する要因（変数）は数多く存在するが，ここでも分析の中心的な役割を果たすのは価格である．アイスクリームの価格が高いときには，アイスクリームの販売は儲かるので，供給量は多くなる．

供給量 quantity supplied：売り手が売りたいと思い，かつ売ることのできる財の量．

アイスクリームの売り手は，勤務時間を延ばしたり，アイスクリーム製造機を買い増したり，新しく人を雇い入れたりするだろう．逆に，アイスクリームの価格が低いときには，そのビジネスは儲からないので，供給量は少なくなる．価格が低いと，店を閉めて，供給量をゼロにする売り手も出てくるだろう．価格と供給量との間のこの相関関係は，**供給法則**と呼ばれる．他の要因が一定であれば，財の価格が上昇すると財の供給量は増加し，価格が下落すると供給量は減少する．

図 4-5 の上の表は，さまざまな価格の下で，アイスクリームの売り手であるベンが毎月どれだけのアイスクリームを供給するかを示している．1 ドルを下回る価格では，ベンはアイスクリームをまったく販売しない．価格が上昇するにつれて，ベンが売るアイスクリームの数は増加する．この表を**供給表**と呼ぶ．供給表は，生産者が売りたい量に影響する他のすべての要因を一定にした場合の，財の価格と供給量との関係を示している．

図 4-5 のグラフは，表の数字を用いて，供給法則を図示したものである．価格と供給量の関係を表した曲線のことを**供給曲線**という．他の諸要因を一定にした場合，価格が上昇すると供給量は増加するので，供給曲線は右上がりである．

●市場の供給と個人の供給

市場の需要がすべての買い手の需要を合計したものであったのとまったく同じように，市場の供給もすべての売り手の供給を合計したものである．図 4-6 の表は，市場の 2 人のアイスクリーム業者，ベンとジェリーの供給表を示したものである．ベンの供給表はそれぞれの価格の下でベンが供給するアイスクリームの個数を示し，ジェリーの供給表はそれぞれの価格の下でジェリーが供給するアイスクリームの個数を示している．このとき，市場の供給は 2 人の供給の合計である．

図 4-6 のグラフには，この供給表に対応する供給曲線が描かれている．需

供給法則 law of supply：他の条件が一定であれば，ある財の価格が上昇するときに供給量が増加すること．
供給表 supply schedule：ある財の価格と供給量の関係を表す表．
供給曲線 supply curve：ある財の価格と供給量の関係を表す図．

図4-5　ベンの供給表と供給曲線

アイスクリームの価格（ドル）	アイスクリームの供給（個）
0.00	0
0.50	0
1.00	1
1.50	2
2.00	3
2.50	4
3.00	5

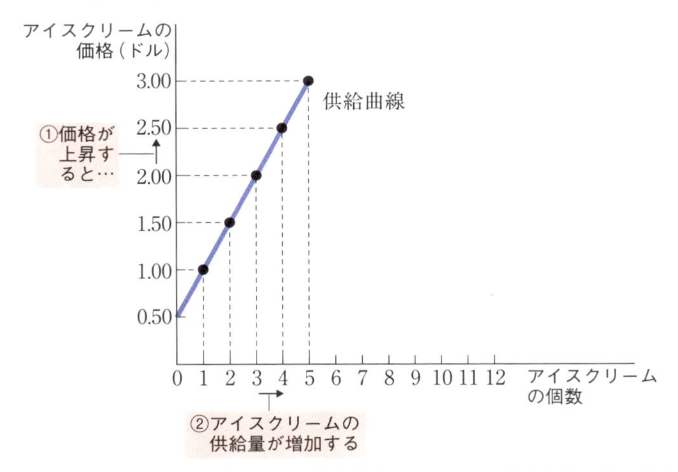

供給表は，それぞれの価格における供給量を示している．供給曲線はその供給表を図にしたものであり，価格が変化すると供給量がどのように変化するかを示している．価格が上昇すると供給量は増加するので，供給曲線は右上がりである．

要曲線の場合と同じように，市場供給曲線は個別の供給曲線を水平に足し合わせることによって得られる．すなわち，それぞれの価格における総供給量を見つけるには，個別の供給曲線上において，その価格に対応する横軸の値を読み取り，合計すればよい．市場供給曲線は，価格以外で生産者の販売量に関する意思決定に影響を及ぼす諸要因をすべて固定した場合に，財の価格の変化に応じて，財の総供給量の合計がどのように変化するかを表している．

図 4-6 個人の供給量の合計としての市場供給量

アイスクリームの価格（ドル）	ベンの供給量（個）		ジェリーの供給量（個）		市場供給量（個）
0.00	0	+	0	=	0
0.50	0		0		0
1.00	1		0		1
1.50	2		2		4
2.00	3		4		7
2.50	4		6		10
3.00	5		8		13

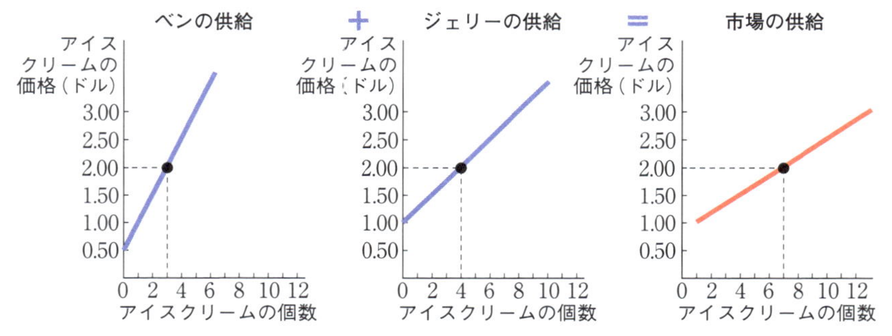

市場の供給量は，すべての売り手の各価格における供給量の合計である．したがって，市場供給曲線は，個人の供給曲線を水平に足し合わせることによって求めることができる．アイスクリームの価格が 2 ドルのとき，ベンは 3 個，ジェリーは 4 個のアイスクリームを供給する．アイスクリームの市場供給量は，価格が 2 ドルのときには 7 個である．

●供給曲線のシフト

市場供給曲線は，生産者の販売希望量の決定に影響する（価格以外の）多くの変数を一定としているので，そうした要因が一つでも変化すれば，供給曲線はシフトする．たとえば，砂糖の価格が下落したとしよう．砂糖は，アイスクリーム生産に用いる投入物の一つなので，砂糖の価格が下落するとアイスクリーム販売の儲けは増える．したがって，アイスクリームの供給は増大する．どの価格においても，売り手は以前よりも多くのアイスクリームを生産しようとするだろう．その結果，供給曲線は右方にシフトする．

図 4-7 は，供給曲線のシフトを図示している．砂糖の価格の下落のように，

図 4－7　供給曲線のシフト

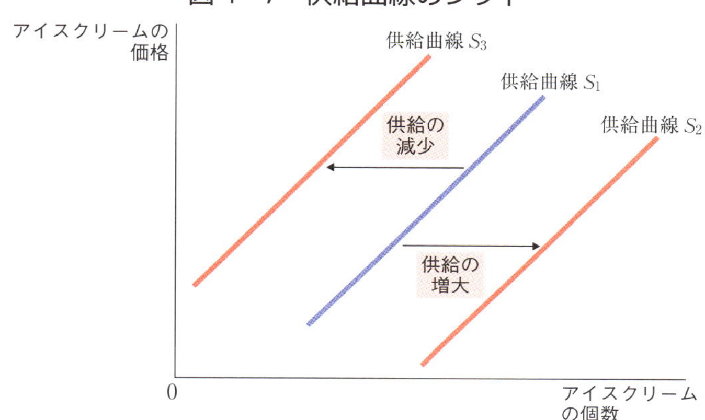

それぞれの価格の下で売り手が生産したいと思う量を増加させるような変化が発生すると，供給曲線は右方にシフトする．逆に，それぞれの価格の下で売り手が生産したいと思う量を減少させるような変化が発生したときには，供給曲線は左方にシフトする．

すべての価格において供給量を増やすような変化は，供給曲線を右方にシフトさせることになり，**供給の増大**と呼ばれる．同じように，すべての価格において供給量を減らすような変化は，供給曲線を左方にシフトさせることになり，**供給の減少**と呼ばれる．

供給曲線をシフトさせる要因は数多い．ここで最も重要なものについて考えてみよう．

投入価格　アイスクリームを生産するために，メーカーはさまざまなもの（投入物）を使用する．クリーム，砂糖，香料，アイスクリーム製造機，アイスクリーム工場の建物，機械を動かして原料を混ぜ合わせる人手，といったものである．こうしたものの価格がどれか一つでも上昇すると，アイスクリーム製造による儲けは減ってしまうので，アイスクリーム会社は供給を減らすようになる．投入価格が大幅に上昇すれば，会社を閉鎖してアイスクリームの供給量をゼロにしてしまうこともあるだろう．このように，財の供給は，その財の生産に必要な投入物の価格と負の相関関係を持っている．

技術 投入物をアイスクリームに変化させるための技術も，供給を決定する要因の一つである．たとえば，アイスクリーム自動製造機が発明されたことで，アイスクリームの製造に必要な人数は減少した．企業の費用を減少させることによって，技術進歩はアイスクリームの供給を増大させたのである．

期待（予想） メーカーが現在供給するアイスクリームの量が，将来に対するメーカーの予想に依存することもある．たとえば，将来アイスクリームの価格が上昇するとメーカーが予想すれば，生産したものの一部を保存しておくことにして，現在の市場への供給を減らすだろう．

売り手の数 個々の売り手の行動に影響するこれらの諸要因に加えて，市場の供給は売り手の数にも依存する．もし，ベンやジェリーがアイスクリームのビジネスから撤退すれば，アイスクリーム市場の供給は減少する．

まとめ 供給曲線は，売り手に影響を及ぼす他のすべての要因を一定として，当該の財の価格だけを変化させたときに，その供給量がどのように変化するかを示している．財の価格以外の変数が一つでも変化すれば，供給曲線はシフトする．表4-2は，売り手による財の販売量に影響を与える諸要因をリストにしたものである．

供給曲線のシフトなのか，供給曲線に沿った動きなのかを判断しなければならないとき，次の教訓を思い出してほしい．曲線がシフトするのは，二つ

表4－2　売り手に影響する諸変数

変数	この変数の変化は…
財の価格	供給曲線上の動き
投入価格	供給曲線のシフト
技術	供給曲線のシフト
期待	供給曲線のシフト
売り手の数	供給曲線のシフト

この表は，生産者の財の販売量に影響する諸変数のリストである．その財の価格が果たす特別な役割に注意しよう．当該財の価格の変化は供給曲線上の動きに対応するが，他の諸変数の変化は供給曲線をシフトさせる．

の軸のどちらにも測られていない，関連する変数が変化したときである．価格は縦軸に測られているので，価格の変化は供給曲線に沿った動きを生じる．対照的に，投入財の価格，技術，期待，売り手の数などは，どちらの軸にも測られていないので，そうした変数の変化は供給曲線をシフトさせる．

【小問】 ● ピザの月間供給表の例をつくり，それに基づいて供給曲線を描きなさい．
● ピザの供給曲線をシフトさせる要因の例を挙げて，簡単に説明しなさい．
● ピザの価格の変化は，この供給曲線をシフトさせるか．

4 需要と供給を組み合わせる

これまでは，需要と供給とを別々に分析してきた．ここでは，二つを組み合わせることによって，需要と供給がどのように市場の販売量と価格を決定するのかをみていこう．

●均衡

図4-8は，市場需要曲線と市場供給曲線を一つの図に描いたものである．需要曲線と供給曲線とが1点で交差していることに注意しよう．この2本の曲線の交点のことを市場**均衡**点という．市場均衡点における価格を**均衡価格**といい，数量を**均衡取引量**という．この図では，均衡価格はアイスクリーム1個が2ドルであり，均衡取引量はアイスクリーム7個である．

辞書によれば，「均衡」という言葉は，さまざまな力が釣り合っている状態と定義されている．この定義は市場の均衡についても同じようにあてはまる．**均衡価格においては，買い手が買いたいと思いかつ買うことのできる財の量と，売り手が売りたいと思いかつ売ることのできる財の量とが，正確に釣り合っている．**均衡価格は，**市場清算価格（マーケット・クリアリング・プライス）**と呼ばれることもある．この価格の下では，市場参加者全員が満

均衡 equilibrium：需要量と供給量が等しくなる水準に価格が到達した状況．
均衡価格 equilibrium price：需要量と供給量が釣り合っているときの価格．
均衡取引量 equilibrium quantity：均衡価格における需要量と供給量．

図 4-8 需要と供給の均衡

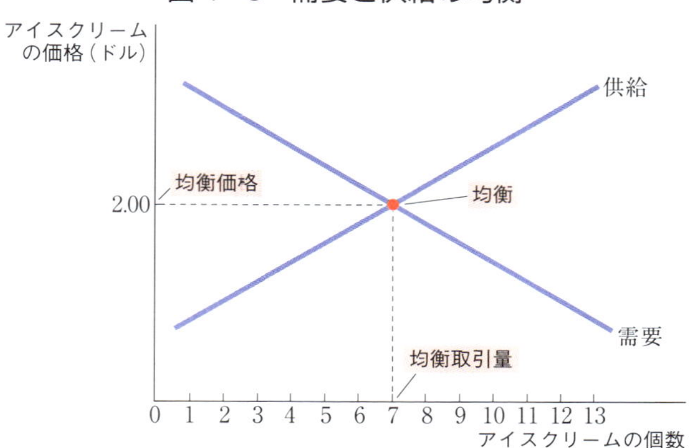

需要曲線と供給曲線が交差する点が均衡である．均衡価格の下では，需要量と供給量は等しい．この図では，均衡価格は2ドルであり，アイスクリームの需要量と供給量は7個になる．

足しており，不満足な者は残されていない（クリアされた）からである．買い手は買いたいと思う量を買い，売り手は売りたいと思う量を売っている．

売り手と買い手の行動は，市場を需要と供給の均衡点へと自然に導いていく．なぜそうなるかを理解するために，市場価格と均衡価格とが異なる場合を考えてみよう．

まず，図4-9のパネル(a)のように，市場価格が均衡価格を上回っているケースを考えよう．アイスクリームの価格が1個2.5ドルのときには，供給量（10個）が需要量（4個）を上回っている．つまり，財が余っている（**余剰**）状態である．売り手は，現在の価格では売りたいと思うだけの量を売り切ることができない．この余剰の状態を**超過供給**とも呼ぶ．アイスクリームの市場に余剰が存在する場合，売りたいのに売れないアイスクリームが売り手の冷凍庫にどんどん貯まっていくことになる．売り手は，価格を引き下げることでこの超過供給状態を解消しようとするだろう．価格が下落すると，需要量は増加し供給量は減少する．こうした変化は，需要・供給曲線に沿った動きであり，曲線のシフトではない．価格は市場が均衡に到達するまで下

余剰（超過供給） surplus（excess supply）：供給量が需要量よりも多い状況．

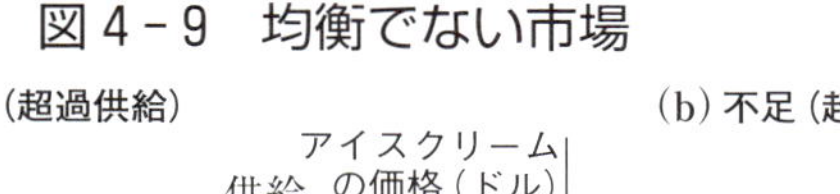

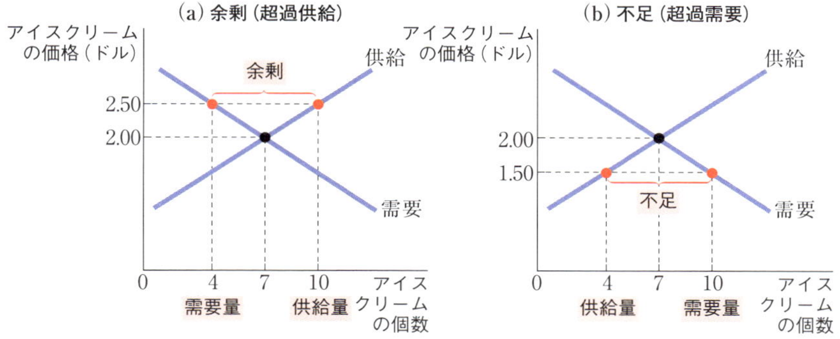

パネル(a)は余剰（超過供給）のケースである．2.5ドルという市場価格は均衡価格よりも高いので，供給量（10個）は需要量（4個）を上回っている．このとき，売り手が売上げを増やすためにアイスクリームの価格を引き下げることによって，価格は均衡水準に向かう．パネル(b)は不足（超過需要）のケースである．1.5ドルという市場価格は均衡価格よりも低いので，需要量（10個）は供給量（4個）を上回っている．少ない財に多くの人が群がるので，売り手は品不足を利用して価格を引き上げることができる．したがって，どちらのケースにおいても，価格は需要と供給の均衡へと調整される．

落し続ける．

今度は，図4-9のパネル(b)のように，市場価格が均衡価格を下回っている場合を考えよう．この場合には，市場価格はアイスクリームが1個1.5ドルであり，需要量が供給量を上回っている．つまり，財が**不足**している状態である．買い手は，現在の価格では買いたいと思うだけの量を買うことができない．この不足の状態を**超過需要**とも呼ぶ．市場においてアイスクリームが不足している場合，残っているアイスクリームを買うチャンスを求めて，買い手は長い行列をつくって待たなければならない．多すぎる買い手がほんの少ししかない財を求めているので，不足しているときには，売り手は売上げを減らすことなく価格を引き上げることができる．価格が上昇するにつれて，需要量は減少し供給量は増加する．こうした変化は，やはり需要・供給曲線に沿った動きであり，市場が均衡に到達するまで動き続ける．

このように，はじめの価格が高すぎても低すぎても，多数の売り手と買い

不足（超過需要） shortage（excess demand）：需要量が供給量よりも多い状況．

手の行動は，市場価格を自動的に均衡価格に導いていく．市場が均衡に到達すると，すべての売り手と買い手は満足するので，価格には上昇圧力も下降圧力もかからない．均衡に到達する速さは価格調整の速度に依存しており，市場によって異なる．ほとんどの自由な市場において，余剰や不足は一時的な現象にすぎない．価格は最終的には均衡価格に向かっていくからである．この価格調整による均衡化という現象は，とても一般的に普及しているので，**需要と供給の法則**と呼ばれることもある．どの財の価格も，その財の需要量と供給量が釣り合うように調整されるのである．

●均衡の変化を分析する3段階アプローチ

これまでは，市場の均衡が需要と供給の組合せによって決まり，市場均衡において，売り手と買い手が売買する財の価格と数量とが決定されることをみてきた．均衡価格と均衡取引量は，需要曲線と供給曲線の位置に依存する．ある出来事がどちらかの曲線をシフトさせると，市場均衡も変化し，売り手と買い手の間の新しい取引価格と取引量をもたらす．

ある出来事が市場にどのような影響を与えるかを分析するときには，3段階でみる必要がある．第1に，その出来事が，需要曲線をシフトさせるのか，供給曲線をシフトさせるのか，両方の曲線をシフトさせるのかを判断する．第2に，その曲線が左方にシフトするのか右方にシフトするのかを判断する．第3に，需要と供給の図を用いて新旧の均衡点を比較することで，曲線のシフトが均衡価格と均衡取引量にどのような影響を及ぼすのかを調べる．この3段階アプローチをまとめたものが表4-3である．この手法を理解するために，さまざまな出来事がアイスクリームの市場にどのような影響を及ぼすかを，3段階アプローチに基づいてみていこう．

例：需要のシフトによる市場均衡の変化　ある年の夏が猛暑だったとしよう．このことはアイスクリームの市場にどのような影響を与えるだろうか．3段階アプローチをこの問題に適用してみよう．

1. 猛暑は人々のアイスクリームに対する嗜好を変化させることで需要曲

需要と供給の法則 law of supply and demand：ある財の需要量と供給量が釣り合うようにその財の価格が調整されるという主張．

表4－3 均衡の変化を分析するための3段階アプローチ

1 需要曲線と供給曲線のどちらがシフトするかを決定する（両方がシフトすることもある）.
2 曲線のシフトの方向を決定する.
3 需要と供給の図を用いて，曲線のシフトが均衡価格と均衡取引量をどのように変化させたかをみる.

線をシフトさせる．つまり，気候の変化は，それぞれの価格の下で人々が買いたいと思うアイスクリームの量を変化させる．アイスクリームを販売する企業にとって，気候は直接には影響がないので，供給曲線には変化が生じない.

2. 猛暑は人々により多くのアイスクリームを食べたいと思わせるので，需要曲線は右方にシフトする．図4-10では，この需要の増大を需要曲線のD_1からD_2へのシフトとして表している．このシフトは，アイスクリームの需要量がそれぞれの価格の下で増えたことを意味している.
3. 価格が2ドルのままでは，いまやアイスクリームに対して超過需要が発生しており，不足状況に対応して企業は価格を引き上げる．図4-10に示されているように，需要の増大は均衡価格を2ドルから2.5ドルに引き上げ，均衡取引量をアイスクリーム7個から10個に増やす．つまり，猛暑はアイスクリームの価格を引き上げ，販売量を増加させる.

曲線のシフトと曲線上の動き　猛暑がアイスクリームの需要を増やして価格を押し上げるとき，供給曲線がシフトしていないのにアイスクリームの販売量が増加したことに注意しよう．この場合，経済学者は，「供給量」は増加したというが，「供給」が変化（シフト）したとはいわない.

「供給」とは供給曲線の位置を意味し，「供給量」とは供給者が売りたい量を指す．上の例では，気候はそれぞれの価格水準において企業の販売したいアイスクリームの量に対して影響を与えないので，「供給」は変わらない．一方，猛暑は消費者がそれぞれの価格において買いたいと考える量を変化させるので，需要曲線を右方にシフトさせる．需要の増大は，均衡価格を上昇

図4-10 需要の増大が均衡に与える影響

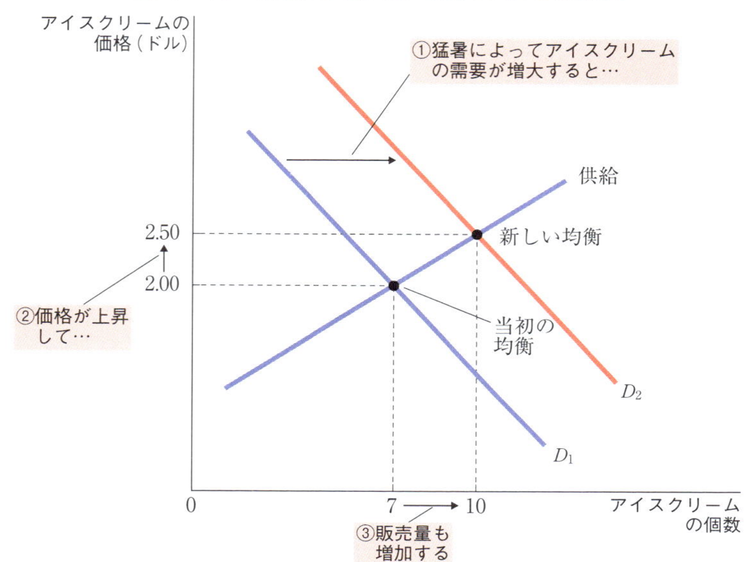

それぞれの価格の下で，需要量を増加させるような何らかの出来事が起こった場合，需要曲線は右方にシフトする．このとき，均衡価格は上昇し，均衡取引量は増加する．異常な猛暑によってアイスクリームの需要が増大したとしよう．このとき，需要曲線は D_1 から D_2 へとシフトする．アイスクリームの均衡価格は2ドルから2.5ドルへと上昇し，均衡取引量は7個から10個に増加する．

させる．価格が上昇すると，供給量も増える．この供給量の増加は，供給曲線上の動きによって表される．

まとめると，供給曲線のシフトは「供給の変化」と呼ばれ，需要曲線のシフトは「需要の変化」と呼ばれる．固定している供給曲線上の動きは「供給量の変化」であり，固定している需要曲線上の動きは「需要量の変化」である．

例：供給のシフトによる市場均衡の変化　別の年の夏に，ハリケーンによってサトウキビの収穫が被害を受けて，砂糖価格が上昇したとしよう．この事件はアイスクリームの市場にどう影響するだろうか．この問題に答えるために，ここでも3段階アプローチを適用しよう．

1．アイスクリームの生産への投入物である砂糖の価格が変化すると，供

図 4－11　供給の減少が均衡に与える影響

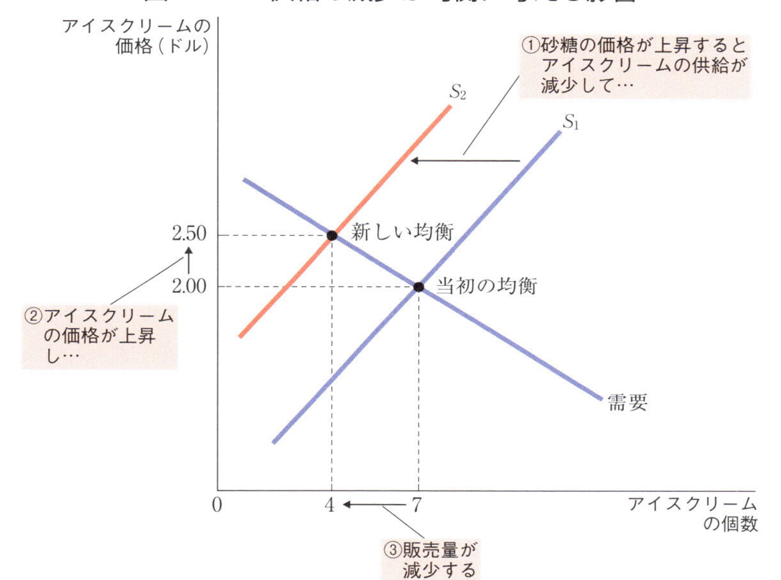

それぞれの価格の下で，供給量を減少させるような何らかの出来事が起こった場合，供給曲線は左方にシフトする．均衡価格は上昇し，均衡取引量は減少する．（投入物である）砂糖の価格上昇によってアイスクリームの供給が減少したとしよう．このとき，供給曲線は S_1 から S_2 へとシフトする．アイスクリームの均衡価格は２ドルから2.5ドルへと上昇し，均衡取引量は７個から４個へと減少する．

給曲線に影響が生じる．生産費用が上昇するので，それぞれの価格の下で企業が製造・販売しようとするアイスクリームの量は減少する．投入物の価格の上昇は，家計が買いたいと思うアイスクリームの量に直接の影響を与えないので，需要曲線には変化は生じない．

2.　供給曲線は左方にシフトする．企業が売りたいと考えかつ売ることのできる合計量が，すべての価格の下で減少するからである．図4-11では，この供給の減少は供給曲線の S_1 から S_2 へのシフトとして表されている．

3.　価格が２ドルのままでは，いまやアイスクリームに対して超過需要が発生しており，不足状況に対応して企業は価格を引き上げる．図4-11に示されているように，供給曲線のシフトは，均衡価格を２ドルから2.5ドルに引き上げ，均衡取引量をアイスクリーム 7 個から 4 個へと減少させる．砂糖の価格が上昇した結果，アイスクリームの価格は上昇し，アイスクリームの販売量は減少する．

例：需要と供給がともにシフトした場合　今度は，猛暑とハリケーンが同じ年の夏に生じたとしよう．この事件の組合せを分析するために，ここでも 3 段階アプローチに従おう．

1. 両方の曲線がシフトすることは間違いないだろう．猛暑はそれぞれの価格の下で人々が買いたいと思うアイスクリームの量を変化させるので，需要曲線に影響する．同時に，ハリケーンによる砂糖価格の上昇は，それぞれの価格の下で企業が製造・販売しようとするアイスクリームの量を変化させるので，供給曲線を変化させる．
2. 二つの曲線は，先述の分析と同じ方向にシフトする．つまり，需要曲線は右方にシフトし，供給曲線は左方にシフトする．図 4-12 には，これらのシフトが描かれている．
3. 図 4-12 に示されているように，需要曲線のシフトと供給曲線のシフトの相対的な大きさに応じて，2 種類の結果が考えられる．どちらの

図 4 - 12　需要と供給が両方ともシフトした場合

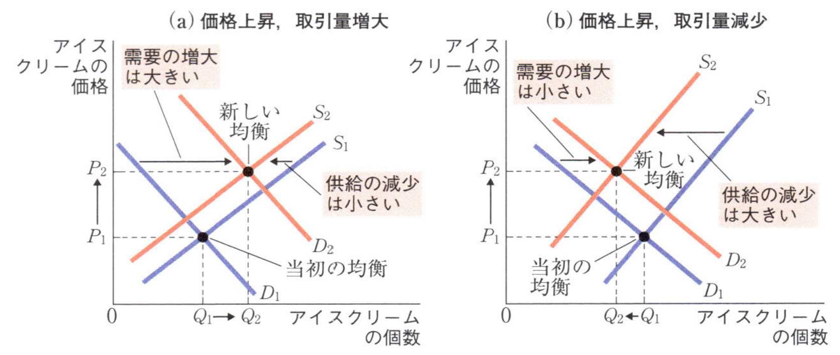

需要の増大と供給の減少が同時に起こったとしよう．2 通りの結果が考えられる．パネル(a)では，均衡価格は P_1 から P_2 へと上昇し，均衡取引量は Q_1 から Q_2 へと増大する．パネル(b)では均衡価格はやはり P_1 から P_2 へと上昇するが，均衡取引量は Q_1 から Q_2 へと減少する．

場合も均衡価格は上昇する．パネル(a)は，需要曲線のシフトが大きくて供給曲線のシフトが小さい場合であり，均衡取引量は増大する．パネル(b)は，供給曲線のシフトが大きくて需要曲線のシフトが小さい場合であり，均衡取引量は減少する．したがって，これらの出来事が同時に起これば，アイスクリームの価格は確実に上昇するが，アイスクリームの販売量への影響ははっきりとは定まらない（つまり，どちらも起こりうる）．

まとめ　均衡の変化を分析するために需要・供給曲線を使う方法に関して，三つの例を学んだ．ある出来事が需要曲線や供給曲線，あるいはその両方をシフトさせるとき，これらの手法を用いて，均衡における販売量や販売価格をどのように変化させるかを予測することができる．表4-4は，二つの曲線のシフトのすべての組合せに対して，予想される結果をまとめている．需要と供給という分析用具の使い方を理解したことを確かめるために，この表のいくつかの部分を選んで，その部分の予測を説明できるか確認してみよう．

【小問】
- トマトの価格が上昇したときに，ピザの市場はどうなるか，適切な図を用いて分析しなさい．
- 別の図を用いて，ハンバーガーの価格が下落したとき，ピザの市場がどうなるか分析しなさい．

表4-4　供給や需要がシフトしたときに価格と取引量はどうなるか

	供給は不変	供給は増加	供給は減少
需要は不変	P 不変 Q 不変	P 下落 Q 増加	P 上昇 Q 減少
需要は増加	P 上昇 Q 増加	P は確定しない Q 増加	P 上昇 Q は確定しない
需要は減少	P 下落 Q 減少	P 下落 Q は確定しない	P は確定しない Q 減少

小問で尋ねたように，需要と供給の図を用いて，少なくともこの表の各項目を説明できるようになりなさい．

価格つり上げ

「コネチカット州の上院議会は，異常気象の間に消費財を法外な価格で販売・あっせんすることを禁じた法律（Senate Bill 60）を通過させるべきである.」

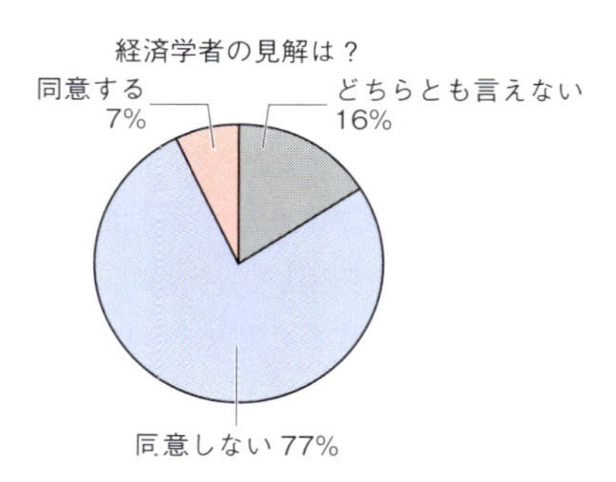

（出所） IGM Economic Experts Panel, May 2, 2012.

5 結論：価格はどのようにして資源を配分するか

本章では，一つの財の市場における需要と供給を分析してきた．アイスクリームの市場に限定して議論を進めてきたが，ここで得られた教訓の多くは，ほとんどの他の市場にも当てはまるものである．店に何かを買いに行くときには，あなたはその財の需要者の一部となっており，何か仕事を探しているときには，あなたは労働サービスの供給者の一部となっているのである．需要と供給は普遍的な経済現象であるので，需要と供給のモデルは強力な分析ツールである．これからの諸章においても，このモデルは繰り返し使われることになる.

第１章で論じた**経済学の十大原理**の一つは，「通常，市場は経済活動を組織する良策である」であった．市場のもたらす成果がよいものか悪いものかを判断するにはまだ早すぎるが，この章では市場がどのように機能するかについて，学びはじめたところである．どのような経済システムにおいても，希少な資源を競合するさまざまな用途の間で配分しなければならない．市場経済は，需要と供給の作用を利用してその課題を果たしている．経済にある多数の財・サービスの価格は，需要と供給の組合せによって決定する．決定した価格は，資源配分を導くシグナルとなる．

例として，浜辺沿いの土地の配分を考えてみよう．このような土地には限りがあるので，すべての人が浜辺沿いに住むという贅沢を享受できるわけではない．それでは，誰がこの資源を獲得するのだろうか．その答えは，誰であろうとその価格を支払う意思がありかつ支払える人である．浜辺沿いの土地の価格は，需要量と供給量が正確に一致するまで調整される．このように，市場経済においては，価格が希少な資源を配分するメカニズムとなるのである．

同様に，価格は，それぞれの財を誰が生産するのか，またそれぞれの財がどれだけ生産されるのかを決定する．例として農業を考えよう．われわれが生きていくためには食料が必要なので，誰かが農場で働くことが絶対に必要である．それでは，誰が農夫になり，誰が農夫にならないのかを決めるものは何だろうか．自由社会においては，政府の計画部門がそれを決定し，適切な食料の供給を保証しているわけではない．その代わりに，膨大な数の労働者の職業に関する意思決定が基礎となって，農場で働く労働者が決められているのである．この分権システムがうまく機能するのは，意思決定が価格に依存しているからである．農夫になることを選ぶ人が十分な数に達するように，食料の価格と農場労働者の賃金（彼らの労働の価格）が調整されるのである．

市場経済が機能している様子をみたことのない人には，すべてが途方もなく馬鹿げた考え方にみえるかもしれない．経済とは，相互に依存した多様な活動に携わる人々の大きな集まりである．分権化された意思決定によって混乱状態に陥ってしまうことを防いでいるものは何だろうか．多様な能力と欲求を持った膨大な数の人々の行動を整合的にしているものは何だろうか．満たされるべきニーズが本当に実現されることを保証しているものは何だろうか．これらの問いへの答えは，一言でいうと**価格**である．アダム・スミスが示唆したように，市場経済が「見えざる手」によって導かれているとするならば，価格システムはその有名な「見えざる手」が経済というオーケストラを指揮するのに用いる指揮棒である．

- 経済学者は需要と供給のモデルを用いて競争市場を分析する．競争市場には多くの売り手と買い手がいるので，１人１人は市場価格に対してほとんど影響力を持たない．
- 需要曲線は，需要量が価格にどのように依存するかを表している．需要法則によると，財の価格が下落するにつれて需要量は増加する．したがって，需要曲線は右下がりである．
- 需要量の決定要因には，価格以外にも，所得，代替財および補完財の価格，嗜好，予想，買い手の数などがある．こうした価格以外の決定要因が一つでも変化すると，需要曲線はシフトする．
- 供給曲線は，供給量が価格にどのように依存するかを表している．供給法則によると，財の価格が上昇するにつれて供給量は増加する．したがって，供給曲線は右上がりである．
- 供給量の決定要因には，価格以外にも，投入価格，技術，予想，売り手の数などがある．こうした価格以外の決定要因が一つでも変化すると，供給曲線はシフトする．
- 需要曲線と供給曲線の交点で市場均衡が決まる．均衡価格では，需要量と供給量とが等しくなる．
- 売り手と買い手の行動によって，市場は均衡へと自然に導かれる．市場価格が均衡価格を上回ると，余剰（超過供給）が発生して市場価格を下落させる．市場価格が均衡価格を下回ると，不足（超過需要）が発生して市場価格を上昇させる．
- ある出来事が市場にどのような影響を与えるかを分析するには，需要と供給の図を用いて，その出来事が均衡価格と均衡取引量をどう動かすかを調べる．分析にあたっては３段階アプローチを用いる．第１に，その出来事が需要曲線と供給曲線のどちら（あるいは両方）をシフトさせるかを判断する．第２に，曲線がどちらにシフトするかを判断する．第３に，新しい均衡と当初の均衡とを比較する．

- 市場経済において，価格は経済的意思決定を導くシグナルであり，希少な資源は価格を通して配分される．経済のすべての財について，価格は需要と供給とが釣り合うことを保証している．それゆえ，均衡価格は，買い手がどれだけの量を購入し，売り手がどれだけの量を販売するかを決定する．

確認問題

1. 以下のうち，ハンバーガーの需要曲線をシフトさせないのはどの動きか．
   a. ホットドッグの価格の変化
   b. ハンバーガーの価格の変化
   c. ハンバーガーのバンズ（パン）の価格の変化
   d. ハンバーガーの消費者の所得の変化
2. 「（　　　）の増加は需要曲線上の移動を引き起こす．この需要曲線上の移動は（　　　）の変化と呼ばれる．」
   a. 供給，需要
   b. 供給，需要量
   c. 需要，供給
   d. 需要，供給量
3. 映画チケットと動画配信サービスは代替財である．動画配信サービスの価格が上昇すれば，映画チケットの市場で何が起こるだろうか．
   a. 供給曲線が左にシフトする．
   b. 供給曲線が右にシフトする．
   c. 需要曲線が左にシフトする．
   d. 需要曲線が右にシフトする．
4. 「大規模な油田が新たに発見されたら，ガソリンの（　　　）曲線がシフトし，より（　　　）均衡価格がもたらされる．」
   a. 供給，高い
   b. 供給，低い
   c. 需要，高い
   d. 需要，低い

5. 経済が景気後退に陥って所得が低下したら，劣等財の市場では何が起こるだろうか.
   a. 価格は上昇し，取引量も増加する.
   b. 価格は低下し，取引量も減少する.
   c. 価格は上昇し，取引量は減少する.
   d. 価格は低下し，取引量は増加する.
6. ゼリーの均衡価格が上昇し，均衡販売量が減少するのは，何が起きたときか．以下より選びなさい.
   a. ゼリーの補完財である，ピーナッツバターの価格上昇
   b. ゼリーの代替財である，マシュマロ・スプレッドの価格上昇
   c. ゼリーの材料である，グレープの価格上昇
   d. ゼリーが正常財である場合の，消費者の所得増大

復習問題

1. 競争市場とはどのような市場か．完全競争でないタイプの市場について簡単に説明しなさい.
2. 需要表と需要曲線とは何か．その二つはどのような関係にあるか．なぜ需要曲線は右下がりになるのか.
3. 消費者の嗜好の変化は，需要曲線上の動きと需要曲線そのもののシフトのどちらを引き起こすか．価格の変化は，需要曲線上の動きと需要曲線そのもののシフトのどちらを引き起こすか．あなたの考えを説明しなさい.
4. ハリーは所得が減ったので，パンプキン・ジュースの購入量を増やした．パンプキン・ジュースは正常財と劣等財のどちらか．ハリーのパンプキン・ジュースに対する需要曲線はどのような形か.
5. 供給表と供給曲線とは何か．その二つはどのような関係にあるか．なぜ供給曲線は右上がりになるのか.
6. 生産者の技術の変化は，供給曲線上の動きと供給曲線そのもののシフトのどちらを引き起こすか．価格の変化は，供給曲線上の動きと供給曲線そのもののシフトのどちらを引き起こすか.
7. 市場の均衡を定義しなさい．市場を均衡に向けて動かしていく力を説明

しなさい.

8. ビールとピザは，一緒に食べることが多いので補完財である．ビールの価格が上昇すると，ピザの市場における需要，供給，需要量，供給量，価格はどのように変化するか.

9. 市場経済における価格の役割を説明しなさい.

応用問題

1. 需要と供給の図を用いて，以下の各文を説明しなさい.
   a. フロリダを突然の寒波が襲うと，アメリカ中のスーパーマーケットでオレンジジュースの価格が上昇する.
   b. 夏にニューイングランドの気温が上昇すると，カリブ海のリゾート地のホテル代が安くなる.
   c. 中東で戦争が勃発すると，アメリカでガソリンの価格は上昇し，キャデラックの中古車価格は下落する.

2. 「ノートの需要が増大すると，ノートの需要量は増加するが，ノートの供給量は変化しない.」この文章は正しいだろうか，それとも間違っているだろうか．説明しなさい.

3. ミニバンの市場について，以下のような出来事が発生したときに，需要と供給のどちらの決定要因が影響を受けるだろうか．需要と供給が増大するか減少するかも示しなさい．そして，ミニバンの価格と販売量への影響を，図示しなさい.
   a. 人々が子どもの数を増やそうと決めた.
   b. 鉄鋼労働者のストライキによって，鉄鋼価格が上昇した.
   c. エンジニアがミニバン製造用の新しい自動機械を開発した.
   d. SUV タイプの車の価格が上昇した.
   e. 株式市場が暴落して，人々の資産が減少した.

4. 動画配信サービス，テレビおよび映画チケットの諸市場について，検討しよう.
   a. 次のそれぞれの組合せに関して，それらが代替財か補完財かを判断しなさい.

- 動画配信サービスとテレビ
- 動画配信サービスと映画チケット
- テレビと映画チケット

b. 技術進歩によって，テレビの製造費用が低下したとしよう．テレビの市場がどうなるか，図示しなさい．

c. 問 b のテレビ市場の変化は，動画配信サービスの市場と映画チケットの市場にどう影響するだろうか．個別に二つの図を描いて示しなさい．

5. 過去40年間にわたって，技術進歩によってコンピュータ・チップの生産費用が低下してきた．このことはコンピュータ市場にどのように影響したと考えられるか．コンピュータ・ソフトウェアの市場はどうだろうか．タイプライターの市場はどうだろうか．

6. 需要と供給の図を用いて，以下の出来事のスウェットシャツ市場への影響を示しなさい．

a. ハリケーンがサウス・カロライナ州の綿花収穫に被害をもたらした．

b. 革のジャケットの価格が下落した．

c. すべての大学が，適切な服装で朝の体操をすることを学生に義務づけた．

d. 新しい機織り機が発明された．

7. ケチャップは，ホットドッグの（薬味であり）補完財である．ホットドッグの価格が上昇すると，ケチャップの市場では何が起こるだろうか．トマトの市場はどうだろうか．トマトジュースの市場はどうだろうか．オレンジジュースの市場ではどうだろうか．

8. ピザの市場の需要表と供給表が下のようになっているとしよう．

価格（ドル）	需要量	供給量
4	135	26
5	104	53
6	81	81
7	68	98
8	53	110
9	39	121

a. この表をもとに，需要曲線と供給曲線を描きなさい．この市場の均衡

価格と均衡取引量はいくらだろうか.

b. 現実の市場価格が均衡価格よりも高いときに，市場を均衡へ動かしていくのは何だろうか.

c. 現実の市場価格が均衡価格よりも低いときに，市場を均衡へ動かしていくのは何だろうか.

9. 次のような出来事を想定してみよう．オレンジを食べると下痢になる危険が低下することが，科学者の研究によって判明した．同時に，農家が，オレンジの樹の実なりがよくなる肥料を使いはじめた．これらの変化が，オレンジの均衡価格と均衡取引量に及ぼす影響を図を用いて説明しなさい.

10. ベーグルにはクリームチーズを塗って食べることが多いので，この2財は補完財である.

a. クリームチーズの均衡価格が上昇し，ベーグルの均衡取引量が増加したとしよう．このような変化を引き起こす原因として何が考えられるだろうか．小麦粉（ベーグルの原料）の価格の下落だろうか，それとも牛乳（クリームチーズの原料）の価格の下落だろうか．図を用いて答え，説明も加えなさい.

b. 今度は，クリームチーズの均衡価格は上昇したが，ベーグルの均衡取引量は減少したとしよう．このような変化を引き起こす原因として何が考えられるだろうか．小麦粉の価格上昇だろうか，それとも牛乳の価格上昇だろうか．図を用いて答え，説明も加えなさい.

11. 大学で行われるバスケットボールの試合のチケットの価格が，市場の作用によって決まるものとしよう．現在の需要表と供給表は以下のとおりである.

価格（ドル）	需要量	供給量
4	10,000	8,000
8	8,000	8,000
12	6,000	8,000
16	4,000	8,000
20	2,000	8,000

a. 需要曲線と供給曲線を描きなさい．この供給曲線の特殊な点はどこだ

ろうか．そのようなことが起こる理由は何か．

b.　チケットの均衡価格と均衡取引量を答えなさい．

c.　大学は来年の新入生の数を5000人増やそうとしている．その5000人の学生のバスケットボールの試合のチケットに対する需要表が，以下のとおりだとしよう．

価格（ドル）	需要量
4	4,000
8	3,000
12	2,000
16	1,000
20	0

現在の需要表にこの新規学生の需要表を足し合わせて，大学全体における新しい需要表を作成し，新しい均衡価格と均衡取引量を答えなさい．

CHAPTER 5

第5章

弾力性とその応用

Keywords

弾力性 elasticity
需要の価格弾力性 price elasticity of demand
総収入（市場の） total revenue (in a market)
需要の所得弾力性 income elasticity of demand
需要の交差価格弾力性 cross-price elasticity of demand
供給の価格弾力性 price elasticity of supply

ある出来事が起こってアメリカのガソリン価格が上昇したと想像してみよう．その出来事とは，たとえば中東で戦争が起こって石油の供給が途絶えるとか，中国経済の好況によって石油に対する世界需要が増加するとか，あるいはガソリンへの増税が議会を通過するというようなことである．そのとき，アメリカの消費者はその価格上昇に対してどのように反応するだろうか．

この問題に対して一般的な形で答えるのは簡単である．消費者は購入を減らすだろう．この結論は，前章で学んだ需要の法則から導き出される．では，より正確に，ガソリンの消費はどれほど減るかという質問に答えるにはどうすればいいだろうか．この質問に対しては，本章で展開する**弾力性**と呼ばれる概念を用いて答えることができる．

弾力性とは，売り手と買い手が市場の状態の変化に対してどれだけ反応するかを示す尺度である．ある出来事や政策が市場にどのような影響を及ぼすかを調べるとき，その効果の方向だけでなく，その大きさも論じることができる．本章の最後のほうでみるように，弾力性はさまざまな問題への応用に役立つ．

しかしながら，先へ進む前に，前述のガソリンの問題への疑問に答えておこう．ガソリン価格の変化に対する消費者の反応について調べた研究は多数あるが，それらによると，需要量は短期よりも長期においてより大きく反応するということがわかっている．ガソリン価格の10%の上昇は，ガソリン消費を1年後には約2.5%，5年後には約6%減少させる．需要量の長期的な減少のうち約半分は，人々が自動車の利用を減らすことによって生じ，半分は燃費効率のよりよい自動車へと乗り替えるために生じる．そしてこれらの反応は両方とも，需要曲線とその弾力性に反映されているのである．

1 需要の弾力性

第4章で需要の決定要因を論じたときに明らかにしたように，通常消費者がある財をより多く需要するのは，以下のような場合，すなわち，その財の価格が下がったとき，消費者の所得が増えたとき，その財の代替財の価格が上がったとき，あるいは補完財の価格が下がったときである．需要に関する前章の議論は質に関するものであり，量に関するものではなかった．つまり，前章の議論の対象は，需要量の変化の方向であり，変化の大きさではなかった．需要がその決定要因の変化に対してどれくらい反応するかを測定するのに，経済学者は**弾力性**の概念を用いる．

●需要の価格弾力性とその決定要因

需要法則とは，ある財の価格が下落すると，その財の需要量が増加するというものである．**需要の価格弾力性**とは，価格の変化に対して需要量がどれだけ反応するかを測る尺度である．需要量が価格の変化に対して大きく反応するとき，その財の需要は**弾力的**であるという．需要量が価格の変化に対してわずかしか反応しないときには，その財の需要は**非弾力的**であるという．

ある財の需要の価格弾力性は，その財の価格が上昇するにつれて消費者がその財の購入をどれほど減らそうとするかを測定する．需要の価格弾力性は消費者の嗜好を形成するさまざまな経済的，社会的，心理的な力を反映するので，何が需要曲線の弾力性を決定するかについての単純で普遍的な規則はない．しかしながら，需要の価格弾力性に影響を及ぼす要因は何かについて，経験に基づいて若干の一般則を述べることは可能である．

密接な代替財の利用可能性　密接な代替財を持つ財ほど，需要の弾力性が大きくなる傾向がある．消費者は簡単にその財から他の財へと切り替えることができるからである．たとえば，バターとマーガリンは簡単に切り替えられる（代替できる）．マーガリンの価格が一定であれば，バターの価格がほんの少し上昇しただけでも，バターの売上げは大幅に減少する．対照的に，卵は密接な代替財のない食品なので，卵への需要はバターへの需要と比べるとおそらく弾力性は小さいだろう．卵の価格のわずかな上昇が卵の売上げを大きく減らすことはない．

必需品と贅沢品　必需品への需要は非弾力的であり，贅沢品への需要は弾

弾力性 elasticity：需要量あるいは供給量が，その決定要因の一つの変化に反応する度合いを測る尺度．
需要の価格弾力性 price elasticity of demand：ある財の需要量がその財の価格の変化に対してどれくらい反応するかを測る尺度であり，需要量の変化率を価格の変化率で割ることによって計算される．

力的であるという傾向がある．医師の診察料が上がったとしよう．人々は病院に行く回数を多少は減らすかもしれないが，大幅に減らすことはないだろう．対照的に，ヨットの価格が上昇すると，ヨットの需要量は大幅に落ち込む．たいていの人の考えでは，医師の診察は必需品だが，ヨットは贅沢品だからである．ある財が必需品であるか贅沢品であるかは，その財自身の性質によるのではなく，買い手の選好による．自分の健康にほとんど関心のない熱心なヨット愛好者にとっては，ヨットは非弾力的な需要を持つ必需品で，医師の診察は弾力的な需要を持つ贅沢品かもしれない．

市場の定義　どの市場の需要の弾力性も，市場の境界をどのように引くかに依存する．狭く定義された市場は，広く定義された市場よりも需要の弾力性が大きくなる傾向がある．狭く定義された財の密接な代替財は，簡単に見つかるからである．たとえば，広い分類である食品には，適当な代替財が存在しないので，需要はかなり非弾力的である．より狭い分類であるアイスクリームは，他のデザートで簡単に代替できるので，需要はより弾力的である．非常に狭い分類であるバニラのアイスクリームは，他の風味のアイスクリームがバニラのほぼ完全な代替財なので，需要はきわめて弾力的である．

時間的視野　一般的に，時間的視野が長いほど，財に対する需要は弾力的になる傾向がある．ガソリンの価格が上昇したとしよう．最初の数カ月は，ガソリンの需要量はほとんど減少しないであろう．しかしながら，時間が経過するにしたがって，人々は燃費のよい車を買ったり，公共交通機関を利用したり，さらには職場により近いところに移り住むようになる．数年のうちには，ガソリンの需要量はかなり減少する．

●需要の価格弾力性の計算

これまでは，需要の価格弾力性について一般的な形で議論してきた．次に，需要の価格弾力性の測定方法について，より厳密にみていこう．経済学者は，需要の価格弾力性を，需要量の変化率を価格の変化率で割って算出する．すなわち，

$$\text{需要の価格弾力性} = \frac{\text{需要量の変化率}}{\text{価格の変化率}}$$

である．たとえば，アイスクリームの価格が10%上昇したために，あなたはアイスクリームの購買量を20%減らしたとしよう．このとき，あなたの需要の弾力性は次のように計算される．

$$需要の価格弾力性 = \frac{20\%}{10\%} = 2$$

この例において，弾力性が２であるということは，需要量の変化の割合が価格の変化の割合の２倍であることを表している．

財の需要量は，価格に対して負の関係を持つので，数量の変化率は価格の変化率とつねに反対の符号となる．この例では，価格の変化率は（上昇を反映して）正の10%であり，需要量の変化率は（減少を反映して）負の20%である．そのため，需要の価格弾力性を負の数値で表すこともある．本書では，慣例に従って，負の符号（−）を落として，すべての需要の価格弾力性を正の数値として表す（数学者はこれを**絶対値**という）．この慣例の下では，価格弾力性が大きいほど，価格の変化に対する需要量の反応が大きいことを意味する．

●中間点の方法：変化率と弾力性のよりすぐれた計算方法

需要曲線上の２点間で需要の価格弾力性を計算しようとすると，すぐに困った問題があることに気づく．A 点から B 点への弾力性と，B 点から A 点への弾力性とが異なるように計算されてしまうのである．以下のような例で考えてみよう．

A点：価格 ＝ ４ドル，数量 ＝120

B点：価格 ＝ ６ドル，数量 ＝ 80

A 点から B 点に移動するときには，価格は50%上昇し，数量は33%減少するので，これは需要の価格弾力性が33/50すなわち0.66であることを示している．B 点から A 点に移動するときには，価格は33%下落し，数量は50%増加するので，これは需要の価格弾力性が50/33すなわち1.5であることを示している．このような違いが生じるのは，変化率がそれぞれ異なる基準点で計算されているからである．

この問題をうまく回避する一つの方法は，弾力性を計算する際に**中間点の方法**を用いることである．変化率を計算する標準的な方法は，変化分を元の水準で割るというものである．中間点の方法はそれと異なり，変化分を元の水準と後の水準の中間点（平均）で割ることによって変化率を計算する．たとえば，４ドルと６ドルの中間値は５ドルである．したがって，中間点の方法によれば，４ドルから６ドルへの変化は40％の上昇と考えられる．なぜなら，$(6-4)/5\times100=40$だからである．同様に，６ドルから４ドルへの変化は40％の下落と考えられる．

中間点の方法を用いると，変化の方向に関係なく同じ答えが得られるので，２点間の需要の価格弾力性を計算するときにこの方法がしばしば用いられる．上記の例では，A 点と B 点の間の中間点は，

中間点：価格 ＝ ５ドル，数量 ＝100

である．中間点の方法によれば，A 点から B 点に移動するときには，価格は40％上昇し，数量は40％減少する．同様に，B 点から A 点に移動するときには価格は40％下落し，数量は40％増加する．どちらの方向でみても，需要の価格弾力性は１である．

（Q_1，P_1）と（Q_2，P_2）で示される２点間の需要の価格弾力性を計算する中間点の方法は，次の公式で表される．

$$需要の価格弾力性=\frac{(Q_2-Q_1)/[(Q_2+Q_1)/2]}{(P_2-P_1)/[(P_2+P_1)/2]}$$

分子は中間点の方法を用いて計算された数量の変化率であり，分母は中間点の方法を用いて計算された価格の変化率である．弾力性を計算する必要のあるときには，この公式を用いるとよい．

しかしながら，本書では，このような計算を行うことはめったにない．本書の目的にとっては，弾力性が価格の変化に対する需要量の感応性を表すのだということのほうが，それがどのように計算されるかということよりも重要だからである．

●さまざまな需要曲線

経済学者は，弾力性によって需要曲線を分類する．弾力性が１よりも大きいとき，需要は**弾力的**であると考えられる．これが意味することは，量のほうが価格よりも大きい割合で変化するということである．弾力性が１よりも小さいとき，需要は**非弾力的**であると考えられる．これが意味することは，

量のほうが価格よりも小さい割合で変化するということである．弾力性がちょうど1の場合には，数量の変化率と価格の変化率が等しく，需要は**単位弾力的**であるという．

需要の価格弾力性は，需要量が価格の変化に対してどれくらい反応するかを測定するものなので，需要曲線の傾きと密接な関係がある．次のように直観的に理解しておくと有益だろう．所与の点における需要曲線の傾きが平らであればあるほど，需要の価格弾力性は大きい．所与の点における需要曲線の傾きが急なほど，需要の価格弾力性は小さい．

図5-1は五つのケースを示している．パネル(a)に示されているように，弾力性がゼロという極端な場合には，需要は**完全に非弾力的**であり，需要曲線は垂直である．この場合には，価格がどの水準にあっても需要量は変わらない．パネル(b)，(c)，(d)に示されているように，弾力性が上昇するにつれて需要曲線の傾きは平らになっていく．パネル(e)に示されているように，(a)と反対の極端な場合では，需要は**完全に弾力的**である．このケースは，需要の価格弾力性が無限大に近づき，需要曲線が水平になるときに起こり，価格の変化が非常に小さくても需要量が非常に大きく変化することを表している．

最後に，もし「弾力的」，「非弾力的」という用語を正しく覚えるのに混乱が生じる場合には，覚え方の秘訣がある．非弾力的（Inelastic）な曲線は，図5-1のパネル(a)のように，アルファベットのIの形をしている．これは深い洞察を要する議論ではないが，次の試験には役立つかもしれない．

●総収入と需要の価格弾力性

市場における需要と供給の変化を調べる際に，調べておきたい変数の一つに**総収入**がある．総収入とは，財の買い手が支払う金額であり，財の売り手が受け取る金額でもある．どの市場においても，総収入は財の価格に販売量を掛けたもの，すなわち$P \times Q$である．総収入は図5-2のように示される．需要曲線の下の長方形の高さはPであり，幅はQである．この長方形の面積$P \times Q$は，この市場の総収入に等しい．図5-2では，Pは4ドルであり，

総収入（市場の） total revenue（in a market）：ある財の買い手が支払い，売り手が受け取る合計金額．その財の価格に販売量を掛けることによって計算される．

図 5-1　需要の価格弾力性

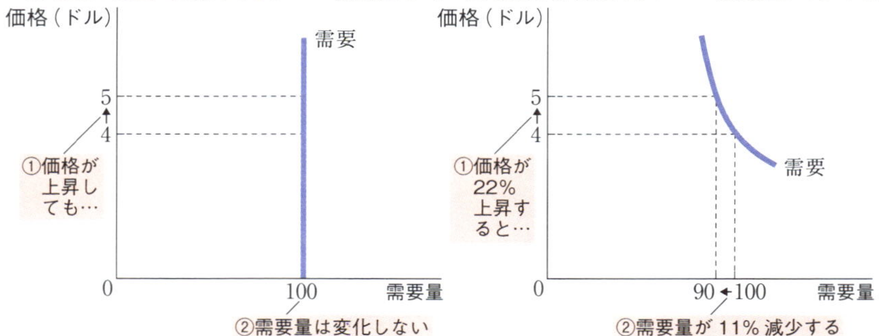

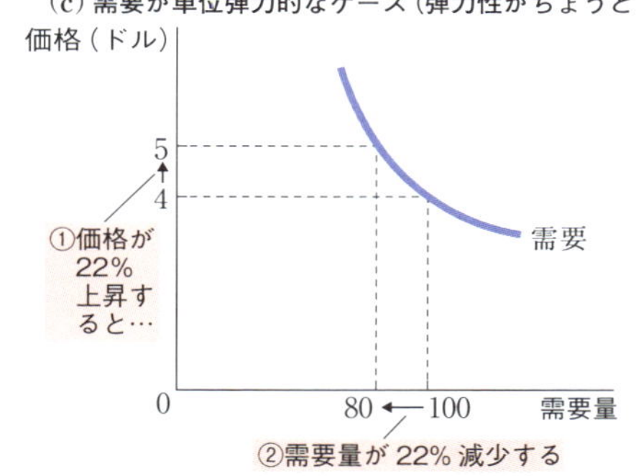

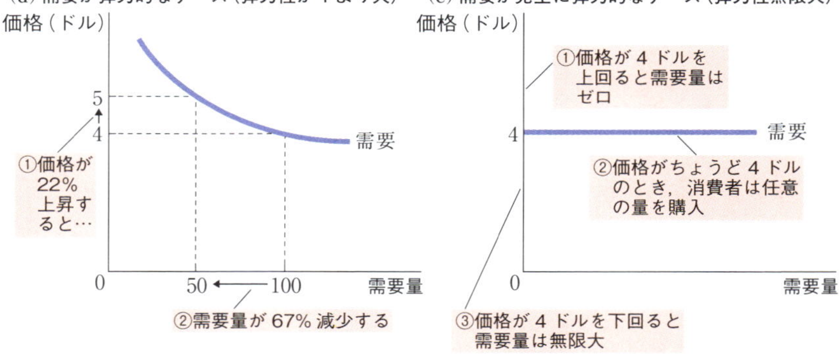

需要の価格弾力性は需要曲線の傾きが急かゆるやかかを決定する．すべての変化率は中間点の方法を用いて計算されていることに注意しよう．

コラム 現実世界での弾力性の実例

以上で論じてきたことは，弾力性が何を意味するか，それを決定するものは何か，それはどのように計算されるかということである．これらの一般的な考え方を超えて，具体的な数値を知りたいと思うかもしれない．個別の財の価格は，需要量に対して正確にはどれほどの影響を与えるのだろうか．

このような疑問に答えるため，経済学者は市場が示すデータを集め，統計的手法を適用して需要の価格弾力性を推計している．以下は，いくつかの財について，さまざまな研究から得られた需要の価格弾力性である．

卵	0.1
医療	0.2
たばこ	0.4
米	0.5
住居	0.7
牛肉	1.6
ピーナッツ・バター	1.7
レストランの食事	2.3
マウンテンデュー	4.4

この種の数字について考えるのは面白いし，市場を比較するときに有用であるかもしれない．

しかしながら，これらの推定値を額面通りに受け取るべきではない．その理由の一つは，それを得るために用いられた統計的手法は，想定する世界についていくつかの仮定を必要とし，これらの仮定が実際には妥当でないかもしれないからである（これらの手法の詳細は本書の範囲を超えているが，計量経済学のコースをとれば学習するだろう）．もう一つの理由は，このすぐあとに出てくる線形需要曲線の場合でみるように，需要の価格弾力性は需要曲線上のすべての点で同一とは限らないからである．これら二つの理由によって，同じ財について異なる研究で異なる需要の価格弾力性が報告されていても不思議ではない．

図5-2 総収入

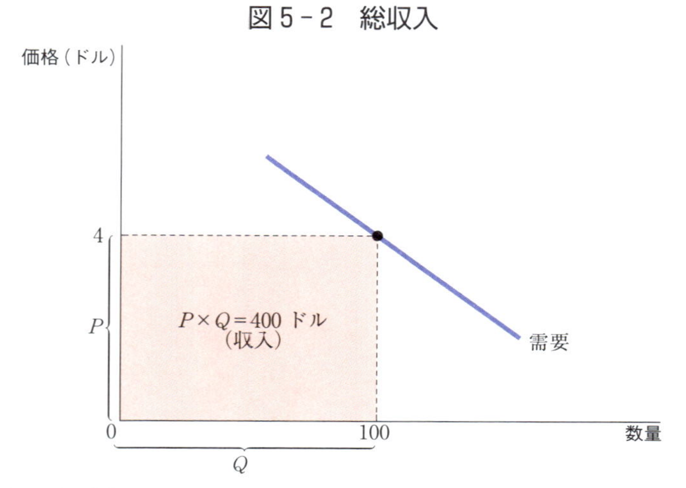

買い手が支払い，売り手が収入として受け取る総額は，需要曲線の下の長方形の面積，$P\times Q$ に等しい．この例では，価格が4ドルのときに，需要量は100であり，総収入は400ドルとなる．

Q は100であるから，総収入は4ドル×100＝400ドルである．

需要曲線上の動きに対して，総収入はどのように変化するだろうか．その答えは需要の価格弾力性に依存する．もし，図5-3パネル(a)のように需要が非弾力的であれば，価格の上昇は総収入の増加をもたらす．この場合，価格が4ドルから5ドルに上昇すると，需要量は100から90に減るので，総収入は400ドルから450ドルに増加する．Q の減少の割合が P の上昇の割合よりも小さいので，価格の上昇によって $P\times Q$ は増加するのである．言い換えれば，1個1個をより高い価格で売ることから得られる収入の増加（図のAの面積）は，より少ない個数しか売れないために生じる収入の減少（図のBの面積）を相殺して余りあるのである．

もし需要が弾力的であれば，これとは反対の結果になる．すなわち，価格の上昇は総収入の減少をもたらす．たとえば，図5-3パネル(b)において，価格が4ドルから5ドルに上昇すると，需要量は100から70へと減少するので，総収入は400ドルから350ドルへと減少する．需要が弾力的なので，需要量の減少は価格の上昇を相殺して余りあるほど大きいのである．言い換えれば，Q の減少の割合が P の上昇の割合よりも大きいので，価格の上昇によ

図5－3 価格が変化するとき総収入はどのように変化するか

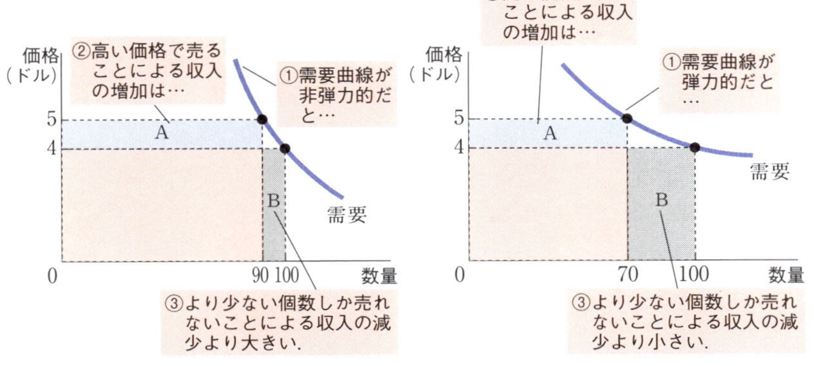

価格変化の総収入（価格と数量の積）に対する効果は，需要の価格弾力性に依存する．パネル(a)では，需要曲線は非弾力的である．この場合，価格の上昇はそれより小さい割合で需要量の減少をもたらし，したがって，総収入は増加する．この図では，価格が4ドルから5ドルへと上昇すると，需要量は100から90へと減少し，総収入は400ドルから450ドルへと増加する．パネル(b)では，需要曲線は弾力的である．この場合，価格の上昇はそれより大きい割合で需要量の減少をもたらし，したがって総収入は減少する．この図では，価格が4ドルから5ドルに上昇すると，需要量は100から70へと減少し，総収入は400ドルから350ドルへと減少する．

って $P \times Q$ が減少するのである．この場合，1個1個をより高い価格で売ることから得られる収入の増加（図のAの面積）は，より少ない個数しか売れないために生じる収入の減少（図のBの面積）より小さいのである．

この図の例は，以下のような一般的な法則を示している．

- 需要が非弾力的（価格弾力性が1よりも小さい）であれば，価格と総収入は同一方向に変化する．価格が上昇すれば，総収入も増加する．
- 需要が弾力的（価格弾力性が1よりも大きい）であれば，価格と総収入は反対方向に変化する．価格が上昇すれば，総収入は減少する．
- 需要が単位弾力的（価格弾力性がちょうど1）であれば，価格が変化しても総収入は一定にとどまる．

●線形の需要曲線上の弾力性と総収入

図5-4で示されているような線形の需要曲線上で，弾力性がどのように変化するかを調べよう．直線が一定の傾きを持つことはわかっている．傾きの

図5-4 線形需要曲線の弾力性

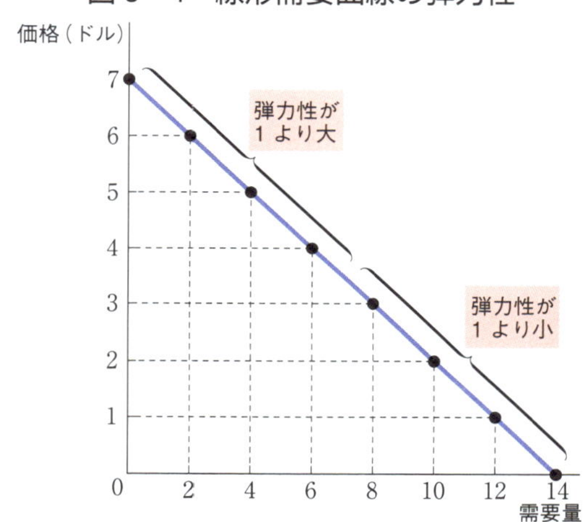

価格（ドル）	需要量	総収入（価格×数量）	価格の変化率（%）	需要量の変化率（%）	弾力性	備考
7	0	0				
			15	200	13.0	弾力的
6	2	12				
			18	67	3.7	弾力的
5	4	20				
			22	40	1.8	弾力的
4	6	24				
			29	29	1.0	単位弾力的
3	8	24				
			40	22	0.6	非弾力的
2	10	20				
			67	18	0.3	非弾力的
1	12	12				
			200	15	0.1	非弾力的
0	14	0				

線形の需要曲線の傾きは一定であるが，弾力性は一定ではない．需要の価格弾力性は，需要表と中間点の方法を用いて計算されている．低価格・多数量の点では，非弾力的であり，高価格・少数量の点では，弾力的である．

定義は「垂直方向の距離/水平方向の距離」であり，ここでは，量の変化（「水平方向の変化」）に対する価格の変化（「垂直方向の変化」）である．この線形の需要曲線の傾きは一定である．価格が1ドル上昇するごとに，需要量は2単位ずつ減少するからである．

線形の需要曲線の傾きは一定であるが，弾力性は一定ではない．その理由は，傾きが2変数の**変化**の比率であるのに対して，弾力性は2変数の**変化率**の比率だからである．このことは，図5-4の表をみれば簡単にわかる．この表は，グラフにおける線形需要曲線の需要表を示している．この表では，需要の価格弾力性を計算するのに，前述の中間点の方法を用いている．この表から以下のことがわかる．**価格が低くて数量が多い部分では，需要曲線は非弾力的である．価格が高くて数量が少ない部分では，需要曲線は弾力的である．**

この事実は変化率の計算の結果として説明される．価格が低くて消費者がたくさん買っているときに価格が1ドル上昇し需要量が2単位減少することは，価格の上昇率が大きく需要量の減少率が小さいことを意味し，弾力性が小さいという結果になる．価格が高くて消費者があまり買っていないときに同じく価格が1ドル上昇し需要量が2単位減少することは，価格の上昇率が小さく需要量の減少率が大きいことを意味し，弾力性が大きいという結果になる．

さらに，この表には需要曲線上の各点における総収入も示されている．これらの数字は総収入と弾力性との関係を示している．たとえば，価格が1ドルのときには需要は非弾力的であり，価格が2ドルに上昇すると総収入は増加する．価格が5ドルのときには，需要は弾力的であり，価格が6ドルに上昇すると，総収入は減少する．3ドルと4ドルの間では，需要の弾力性はちょうど1であり，総収入はどちらの価格においても同じである．

線形の需要曲線は，需要の価格弾力性が需要曲線上のすべての点において同一であるとは限らないということを示している．弾力性は一定となりうるが，つねにそうなるとは限らないのである．

●他の需要の弾力性

経済学者は，市場での買い手の行動を説明するのに，需要の価格弾力性以外の弾力性も用いる．

需要の所得弾力性　**需要の所得弾力性**は，消費者の所得が変化するときに，需要量がどのように変化するかを測定する．需要の所得弾力性は，需要量の変化率を所得の変化率で割ることによって求められる．すなわち，

$$\text{需要の所得弾力性} = \frac{\text{需要量の変化率}}{\text{所得の変化率}}$$

である．第4章で論じたように，大部分の財は**正常財**であり，所得が高くなるにつれて需要量は増加する．需要量と所得は同じ方向に変化するので，正常財は正の所得弾力性を持つ．バスの利用などいくつかの財は**劣等財**であり，所得が高くなるにつれて需要量は減少する．需要量と所得は反対方向に変化するので，劣等財は負の所得弾力性を持つ．

正常財のなかでも，所得弾力性の大きさは財によってかなり異なる．食料や衣服といった必需品の所得弾力性は傾向的に小さい．消費者は，自分たちの所得が低いときでもこれらの財をいくらかは買おうとするからである．一方，キャビアやダイヤモンドのような贅沢品の所得弾力性は傾向的に大きい．消費者は，自分たちの所得が低すぎるのであれば，これらの財がなくてもかまわないと思うからである．

需要の交差価格弾力性　**需要の交差価格弾力性**は，ある財の需要量が他の財の価格の変化に対してどのように反応するかを測定する．需要の交差価格弾力性は，第1財の需要量の変化率を第2財の価格の変化率で割ったものとして計算される．すなわち，

$$\text{需要の交差価格弾力性} = \frac{\text{第1財の需要量の変化率}}{\text{第2財の価格の変化率}}$$

である．交差価格弾力性は，二つの財が代替財であるか補完財であるかによ

需要の所得弾力性 income elasticity of demand：ある財の需要量が消費者の所得の変化にどれくらい反応するかを測る尺度であり，需要量の変化率を所得の変化率で割ることによって計算される．

需要の交差価格弾力性 cross-price elasticity of demand：ある財の需要量が他の財の価格の変化に対してどれくらい反応するかを測る尺度であり，第1財の需要量の変化率を第2財の価格の変化率で割ることによって計算される．

って，正の値をとることも負の値をとることもある．第4章で論じたように，**代替財**とは，ハンバーガーとホットドッグのように，お互いの代わりとしてよく使われる財である．ホットドッグの価格が上昇すると，人々は代わりにハンバーガーを食べようとする．ホットドッグの価格とハンバーガーの需要量は同じ方向に変化するので，交差価格弾力性の値は正である．逆に，**補完財**とは，コンピュータとソフトウェアのように，よく一緒に使われる財である．この場合には，交差価格弾力性の値は負である．このことは，コンピュータの価格が上昇すると，ソフトウェアの需要量が減少することを示している．

【小問】 ●需要の価格弾力性を定義しなさい．
●総収入と需要の価格弾力性の関係を説明しなさい．

2 供給の弾力性

第4章で供給を導入したときに示したことは，ある財の生産者はその財価格が上昇するとより多く売りに出すということである．供給量についても質に関する議論から量に関する議論へと移るために，再び弾力性の概念を用いよう．

●供給の価格弾力性とその決定要因

供給法則とは，ある財の価格が上昇するにつれてその財の供給量が増加するというものである．**供給の価格弾力性**は，価格の変化に対して供給量がどれくらい反応するかを測る尺度である．供給量が価格の変化に対して大きく反応するとき，その財の供給は**弾力的**であるという．供給量が価格の変化に対してわずかしか反応しないときには，供給は**非弾力的**であるという．

供給の価格弾力性は，売り手が財の生産量をどれだけ柔軟に変更できるかに依存する．たとえば，浜辺沿いの土地の供給は非弾力的である．その生産を増やすことはほとんど不可能だからである．本，自動車，テレビなどの製

供給の価格弾力性 price elasticity of supply：ある財の供給量がその財の価格の変化にどれくらい反応するかを測る尺度であり，供給量の変化率を価格の変化率で割ることによって計算される．

造品の供給は弾力的である．製造品を生産する企業は，価格の上昇に反応してその工場の稼働時間を長くすることができるからである．

たいていの市場においては，どのくらいの期間を考えるかということが，供給の価格弾力性の重要な決定要因の一つとなる．通常，供給は短期よりも長期のほうが弾力的となる．短期においては，企業は工場の規模を簡単に変更できないため，ある財の生産を増やしたり減らしたりすることも簡単にはできない．したがって，短期においては，供給量は価格に対してあまり反応しない．長期においては，企業は新しい工場を建設したり，古い工場を閉鎖したりすることができる．そのうえ，新しい企業が市場に参入できるし，古い企業は退出することもできる．したがって，長期においては，供給量は価格に対して大きく反応する．

●供給の価格弾力性の計算

以上で供給の価格弾力性について一般的な理解を得たので，以下ではより詳しくみていくことにしよう．経済学者が供給の価格弾力性を計算するときには，供給量の変化率を価格の変化率で割る．すなわち，

$$\text{供給の価格弾力性}=\frac{\text{供給量の変化率}}{\text{価格の変化率}}$$

である．たとえば，牛乳の価格が１ガロン当たり2.85ドルから3.15ドルに上昇したことによって，酪農家の牛乳の生産量が１カ月当たり9000ガロンから１万1000ガロンに増加したとしよう．中間点の方法を用いると，価格の変化率は次のように計算される．

$$\text{価格の変化率}=\frac{(3.15-2.85)}{3.00}\times 100=10\%$$

同様に，供給量の変化率は次のように計算される．

$$\text{供給量の変化率}=\frac{(11{,}000-9{,}000)}{10{,}000}\times 100=20\%$$

この場合，供給の価格弾力性は，

$$\text{供給の価格弾力性}=\frac{20\%}{10\%}=2.0$$

となる．この例では，弾力性が２ということは，供給量が価格の２倍の割合で変化することを表している．

さまざまな供給曲線

供給の価格弾力性は，価格変化に対する供給量の反応の大きさを測る尺度なので，供給曲線の形状は価格弾力性を反映したものとなる．図5-5は五つのケースを示している．パネル(a)に示されているように，弾力性がゼロという極端な場合には，供給は**完全に非弾力的**であり，供給曲線は垂直である．この場合には，供給量は価格に関係なく一定である．パネル(b)から(d)のように弾力性が上昇するにつれて，供給曲線は平らになっていく．このことは，供給量が価格の変化に対してより大きく反応することを示している．パネル(e)で示されているようなもう一方の極端な場合には，供給は**完全に弾力的**である．このようになるのは，供給の価格弾力性が無限大に近づき，供給曲線が水平になるときである．このことは，価格がほんのわずか変化しただけでも，供給量が非常に大きく変化することを表している．

市場によっては，供給の弾力性は一定でなく，供給曲線上で変化することがある．図5-6は，限られた生産能力しか持たない企業で構成される産業の典型的な例を示している．供給量が低い水準にあるときには，供給の弾力性は高く，企業は価格の変化に対して大きく反応することを示している．この領域では，1日中あるいは一定時間遊休状態にある工場や設備のように，生産能力のうち利用されていない部分を企業は抱えている．ここで，価格が少しでも上昇すると，企業はこの遊休生産能力を使いはじめることで利益を得ることができる．供給量が増加するにつれて，企業は生産能力の限界に到達しはじめる．生産能力が完全に利用されるようになると，生産をさらに増加するためには新しい工場を建設することが必要となる．企業にこの追加的な支出を負担するインセンティブを与えるためには，価格はかなり上昇しなければならないので，供給はより非弾力的になる．

図5-6は，この現象を数値例で示している．この例では，価格が3ドルから4ドルへと上昇すると（中間点の方法では29％の上昇），供給量は100から200へと増加する（67％の増加）．供給量のほうが価格よりも大きな割合で変化するので，供給曲線の弾力性は1よりも大きい．対照的に，価格が12ドルから15ドルへと上昇すると（22％の上昇），供給量は500から525にしか増加しない（5％の増加）．この場合，供給量は価格よりも小さな割合で変化す

図5-5 供給の価格弾力性

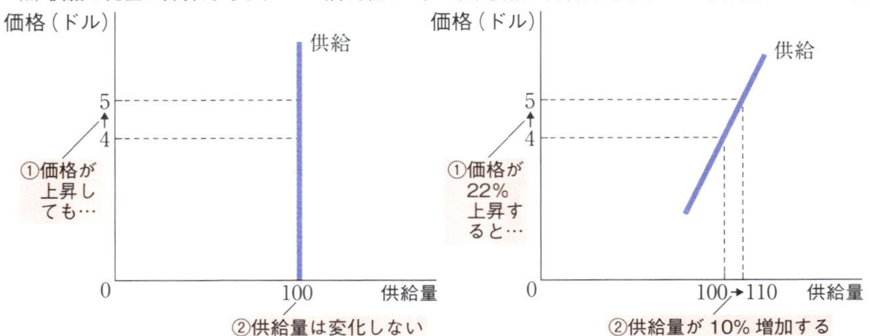

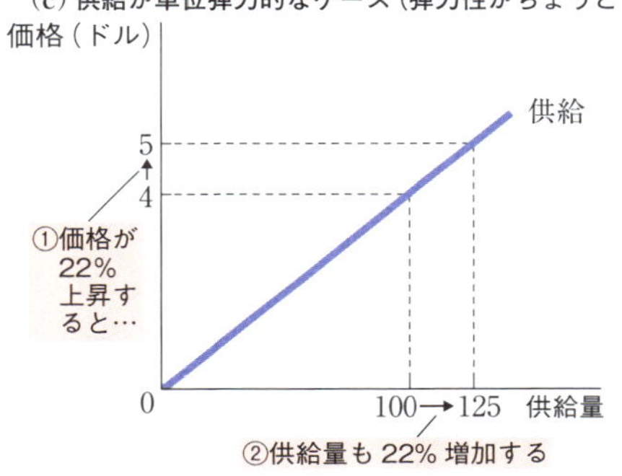

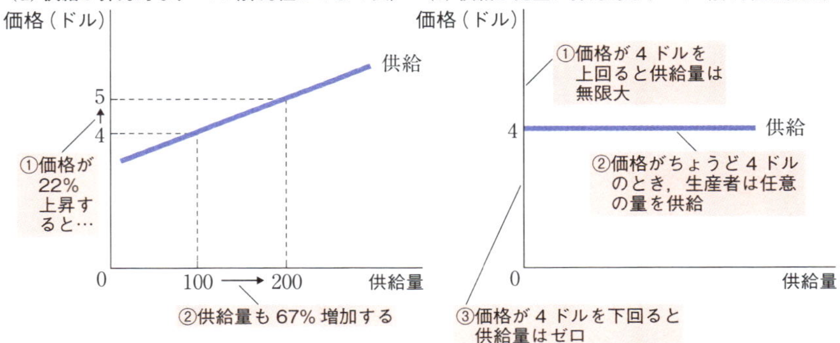

供給の価格弾力性は，供給曲線の傾きが急かゆるやかかを決定する．すべての変化率が中間点の方法を用いて計算されていることに注意しよう．

図5-6 供給の価格弾力性はどのように変化するか

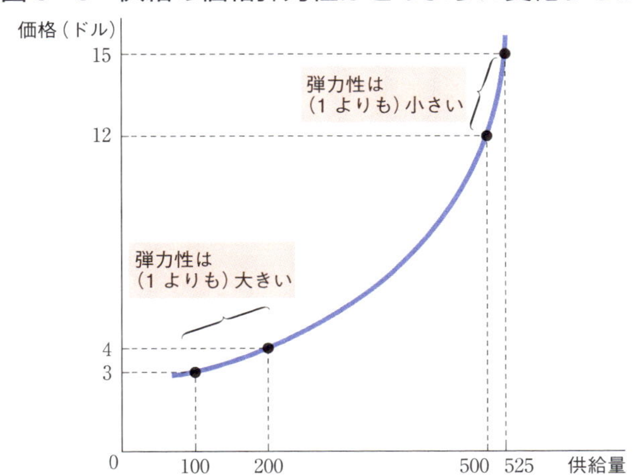

企業の生産能力には限界があるので，供給の価格弾力性は供給量が低い水準にあるときには非常に高く，供給量が高い水準にあるときには非常に低いと考えられる．この例では，価格が3ドルから4ドルへと上昇することで供給量が100から200へと増加している．67%の供給量の増加（中間点の方法を用いて計算）は29%の価格の上昇よりも大きいので，供給曲線はこの範囲では弾力的である．対照的に，価格が12ドルから15ドルへと上昇すると，供給量は500から525にしか増加しない．5%の供給量の増加は22%の価格の上昇よりも小さいので，供給曲線はこの範囲では非弾力的である．

るので，弾力性は1よりも小さい．

【小問】 ●供給の価格弾力性を定義しなさい．
●供給の価格弾力性が短期と長期で異なる理由を説明しなさい．

3 需要，供給，弾力性の三つの応用

農業にとってよいニュースが，農家にとって悪いニュースとなることはあるだろうか．なぜ国際的な石油カルテルであるOPEC（石油輸出国機構）は，石油の価格を高く維持することができなかったのだろうか．麻薬を禁止すると麻薬に絡む犯罪は増えるだろうか，それとも減るだろうか．一見，これらの質問にはほとんど共通性がないようにみえる．しかし，これら三つの質問はすべて市場に関するものであり，すべての市場は需要と供給の諸力に従う．一見錯綜しているこれらの問題に答えるために，需要，供給，弾力性

という用途の広い分析用具を応用してみよう．

●農業にとってよいニュースが，農家にとって悪いニュースとなることはあるか

あなたがカンザス州の小麦農家だと想像してみよう．小麦の販売によってすべての収入を稼いでいるので，自分の土地をできるだけ生産的なものにしようと精一杯努力するだろう．天候と土地の状態を監視し，病虫害にかからないように畑を点検し，農業技術の最新の進歩について調査するだろう．小麦の生産量が増えれば，収穫後により多くの小麦を販売できるはずであり，その結果，あなたの所得は増え生活水準は高くなる．

ある日，カンザス州立大学が大発見をし，それを公表した．農作物の研究者が，土地1エーカー当たりの収量を20％も高めるような新種の小麦を開発したというのである．あなたはこのニュースにどのように反応すべきだろうか．この発見によって，あなたの生活水準は前よりも高くなるだろうか，それとも低くなるだろうか．

第4章で，そのような質問に対して3段階アプローチを用いて答えたことを思い出そう．第1に，需要曲線と供給曲線のどちらがシフトするかを調べる．第2に，その曲線がどちらの方向にシフトするかを考察する．第3に，市場均衡がどのように変化するかをみるために，需要と供給のグラフを用いる．

このケースでは，新種の発見は，供給曲線に影響を与える．新種は1エーカー当たりの小麦の生産量を増加させるので，農家はどのような所与の価格においても，いままでよりも多くの小麦を供給しようとする．言い換えれば，供給曲線は右方へシフトする．一方，与えられたどの価格においても，小麦に対する消費者の購買意欲は，新種が導入されても影響を受けないので，需要曲線はシフトしない．図5-7は，そのような変化の例を示している．供給曲線がS_1からS_2へとシフトすると，小麦の販売量は100から110へと増加し，小麦の価格は3ドルから2ドルへと下落する．

この新種の発見は農家の生活水準を高めるだろうか．この質問に答える最初の切り口として，農家が受け取る総収入に何が起こるかを考えよう．農家の総収入は$P \times Q$，すなわち小麦の価格に販売量を掛けたものである．新種

図5-7　小麦の市場における供給の増加

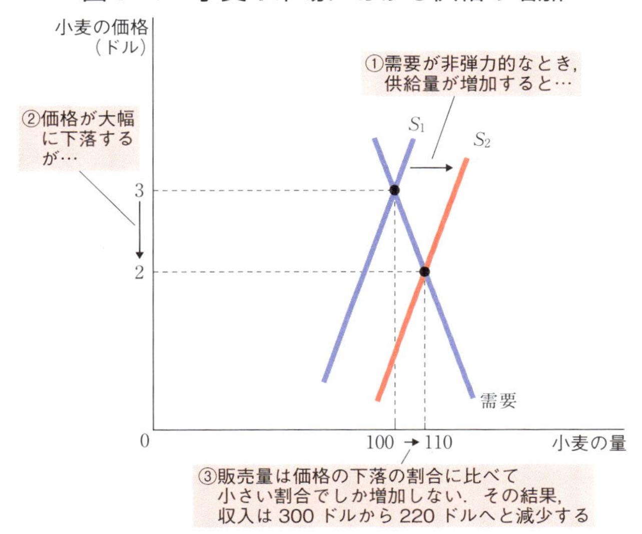

農業技術の進歩によって小麦の供給曲線が S_1 から S_2 へと増加すると，小麦の価格は下落する．小麦の需要は非弾力的であるので，100から110への販売量の増加は，3ドルから2ドルへの価格の下落よりも率でみると小さい．その結果，農家の総収入は300ドル（3ドル×100）から220ドル（2ドル×110）へと減少する．

の発見は，農家に二つの相反する影響を与える．新種を用いることによって，農家はこれまでよりも多くの小麦を生産できるようになる（Q は増加する）が，1ブッシェルの小麦はこれまでよりも安い価格でしか売れない（P は下落する）．

このとき，総収入が増加するか減少するかは，需要の価格弾力性によって決まる．実際には，小麦のような基本的な食料に対する需要は，通常，非弾力的である．それらの品目は比較的安価であり，適当な代替財がほとんど存在しないからである．図5-7のように，需要曲線が非弾力的であるときには，価格の下落は総収入の減少をもたらす．図をみるとわかるように，小麦の価格はかなり下落するが，小麦の販売量はわずかしか増加しない．総収入は300ドルから220ドルへと減少する．したがって，新種の発見は，農家が収穫物の販売によって受け取る総収入を減少させるのである．

新種の発見によって農家の生活水準が低下するのであれば，なぜ彼らはそれを使うのか不思議に思われるかもしれない．この質問に対する解答は，競争市場がどのように機能するかという核心へと向かう．それぞれの農家は小麦市場のわずかな部分を占めるにすぎないので，小麦の価格を与えられたものと考える．与えられたどの小麦価格においても，より多くの小麦を生産・販売するためには，新種を用いたほうがよい．しかし，すべての農家がこのような行動をとると，小麦の供給は増大し，価格は下落する．そして農家の生活水準は低下するのである．

一見，この例はたんなる仮説にしかみえないかもしれないが，これによって過去1世紀にわたるアメリカ経済の主要な変化を説明することができる．200年前には，大多数のアメリカ人は農業で生計を立てていた．農法についての知識は依然として未熟だったので，国民が食べていくのに十分な食料を生産するには，大多数のアメリカ人が農業を行わなければならなかったのである．しかし，時間が経過するにつれて，農業技術の進歩によってそれぞれの農家が生産できる食料の量は増大した．食料供給の増加は，非弾力的な食料需要と一緒に作用して農業収入の減少をもたらし，そのことが人々を農業経営から離脱させた．

いくつかの数字によって，この歴史的変化の大きさを示すことができる．1950年において，アメリカでは1000万人もの人々が農業に従事していた．これは当時の労働力の17％にあたる．今日では，農業に従事している人々は300万人にも満たず，労働力のわずか2％にすぎない．この変化は農業生産性の驚異的な進歩と同時に進行した．農家の数が激減したにもかかわらず，アメリカの農業は，今や1950年の5倍以上も生産している．

農産物市場に関するこの分析は，一見逆説的にみえる公共政策をも説明することができる．ある種の農業政策は，農家が自分たちの土地全部に作物を植えないように誘導することによって農家を助けようとするものである．この政策の目的は，農産物の供給を減らし，それによって価格を引き上げることにある．農産物の需要は非弾力的なので，農家全体としてみると，より少ない農作物を市場に供給したほうが，より多くの総収入が得られる．それぞれの農家は市場価格を与えられたものと考えるので，どの農家も自ら進んで土地の一部を休耕のままにしておくという選択はしないだろう．しかし，もしすべての農家が一緒になってそのような選択をすれば，それぞれの農家の生活はよりよくなりうるのである．

農業技術や農業政策の効果を分析するときには，農家にとってよいことが必ずしも社会全体にとってよいことになるとは限らないことを心に留めておかなければならない．農業技術の改善は，農家をますます不要とするので，農家にとっては悪いことかもしれない．しかし，食料に支払う金額が少なくてすむ消費者にとっては確実によいことである．同様に，農産物の供給を減らすことを目的とする政策は，農家の所得を引き上げるかもしれないが，それは消費者の犠牲の上に成り立っているのである．

●なぜ OPEC は石油価格を高く維持することに失敗したのか

過去数十年間に世界経済を襲った最も破壊的な出来事の多くは，石油の世界市場を発生源としたものである．1970年代に，石油輸出国機構（OPEC：Organization of Petroleum Exporting Countries）は，自分たちの所得を増やすために石油の世界価格を引き上げることを決定した．OPEC 加盟国は，石油の供給量を協調して減らすことに同意することで，この目的を達成した．その結果，石油価格は（全般的なインフレを調整しても）1973年から1974年にかけて50％以上上昇した．それから数年後，OPEC は再び同じことを行った．1979年から1981年にかけて，石油価格はおよそ 2 倍になった．

しかし，OPEC は石油価格を高く維持することが困難であることに気づいた．1982年から1985年にかけて，石油価格は年率約10％のペースでだんだんと下落してきた．まもなく，OPEC 諸国の間に不満と混乱が広がった．1986年には，OPEC 加盟国間の協調は完全に崩壊し，石油価格は45％も急落した．1990年には，石油価格は（全般的なインフレを調整すると）OPEC の協調が始まった1970年の水準まで戻り，1990年代の大半を通じて，その低い水準にとどまった．（21世紀の最初の15年間には，石油価格は再びかなり変動したが，その主な推進力は OPEC の供給制限ではなかった．むしろ世界中の経済の好不況が石油の需要を変動させる一方，石油採掘技術の進歩が供給を大きく増加させたことによるものであった）．

1970年代と1980年代の OPEC のエピソードは，需要と供給が短期と長期でいかに異なる作用をするかを示している．短期においては，石油の需要と供給はどちらも比較的非弾力的である．需要が非弾力的なのは，購買の習慣

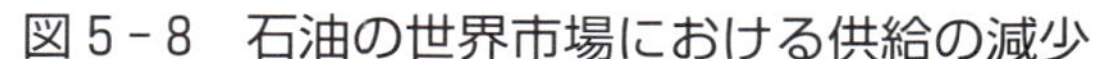

図 5 - 8　石油の世界市場における供給の減少

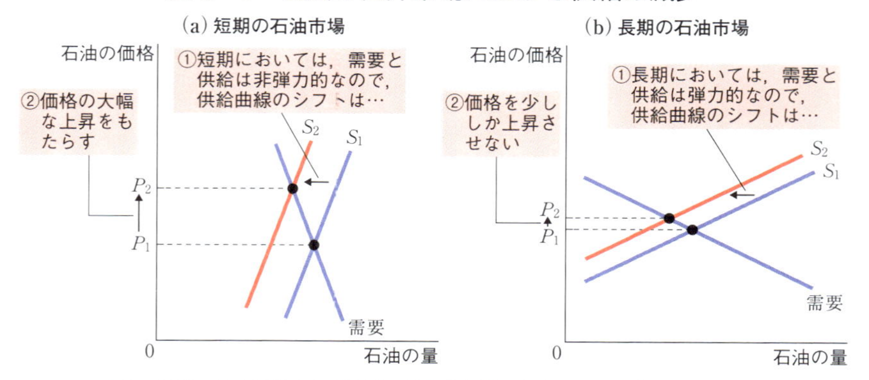

石油の供給の減少に対する反応は，時間的視野に依存する．短期においては，パネル(a)のように，需要と供給は比較的非弾力的である．したがって，供給曲線が S_1 から S_2 へシフトすると，価格は大幅に上昇する．対照的に，長期においては，パネル(b)のように，需要と供給は比較的弾力的である．この場合，供給曲線の同じ大きさのシフト（S_1 から S_2 へ）によって生じる価格の上昇はより小さい．

が価格の変化に対して即座に反応しないからである．供給が非弾力的なのは，既存の油田の量と石油の抽出能力をすばやく変えることができないからである．したがって，図5-8のパネル(a)に示されているように，短期の需要曲線と供給曲線の傾きは急である．石油の供給が S_1 から S_2 へシフトすると，価格は P_1 から P_2 へと大きく上昇する．

長期においては，事態はまったく異なる．長期においては，OPEC 以外の石油生産者は，油田の開発を進め，新しい抽出設備を建設することで高価格に対応する．消費者は，たとえば古くて燃費の悪い車から新しい燃費のよい車に買い換えることによって，石油を大幅に節約することで対応する．したがって，図5-8のパネル(b)が示すように，長期の需要曲線と供給曲線は比較的弾力的である．長期においては，石油の供給曲線の S_1 から S_2 へのシフトによってもたらされる価格の上昇は，短期に比べるとはるかに小さい．

この分析は，なぜ OPEC が短期間しか石油価格を高く維持することができなかったのかを示している．OPEC 諸国が石油の生産を減らすことで合意したとき，供給曲線は左方にシフトした．OPEC 加盟国はそれまでよりも少量の石油しか販売しなかったが，価格が短期的に大幅に上昇したので，

OPEC の所得は増加したのである．だが長期においては需要と供給が弾力的になる．その結果，供給曲線の水平方向へのシフトでみると短期と同じだけ供給が減少したにもかかわらず，価格はわずかしか上昇しなかった．したがって，OPEC による協調的な供給の削減は，長期においてはあまり利益にならないことがわかった．OPEC のカルテルは，価格の引上げは長期よりも短期のほうがやりやすいことを学習したのである．

●麻薬の禁止は麻薬絡みの犯罪を増やすか，減らすか

現代社会が直面する根絶しがたい問題の一つに，ヘロイン，コカイン，エクスタシー，メタンフェタミン（ヒロポン）などの不法な麻薬の使用がある．麻薬の使用にはいくつかの好ましくない影響がある．一つは，麻薬への依存が，麻薬使用者とその家族の生活を破滅させうることである．もう一つは，麻薬常用者がその習慣の維持に必要な金を手に入れるために，しばしば強盗その他の暴力的犯罪に走ることである．非合法な麻薬の使用を抑制するために，アメリカ政府は毎年数十億ドルを投入して麻薬の国内への流入を減らそうとしている．需要と供給の分析用具を用いて，麻薬禁止政策について調べてみよう．

政府が麻薬戦争に専念する連邦捜査官の人数を増やしたとしよう．このとき，非合法な麻薬の市場では何が起こるだろうか．これまでと同様に，この問題に3段階アプローチで答えよう．第1に，需要曲線と供給曲線のどちらがシフトするかを考察する．第2に，曲線のシフトの方向を考察する．第3に，曲線のシフトが均衡価格と均衡取引量にどのような影響を及ぼすかをみる．

麻薬禁止の目的は麻薬の使用を減らすことにあるが，直接の影響は麻薬の買い手よりも売り手に及ぶ．政府がいくつかの麻薬類の国内への流入を止め，多くの密輸業者を逮捕すると，麻薬の販売費用が高まり，したがって与えられたどの価格においても麻薬の供給量は減少する．麻薬の需要，すなわち与えられた各価格において買い手の望む麻薬の量は変化しない．図5-9のパネル(a)が示すように，麻薬の禁止は供給曲線を S_1 から S_2 へと左方にシフトさせるが，需要曲線は変化させない．麻薬の均衡価格は P_1 から P_2 へ上昇し，均衡取引量は Q_1 から Q_2 へと減少する．均衡取引量の減少は，麻薬の

図5-9 非合法な麻薬の使用を減らす政策

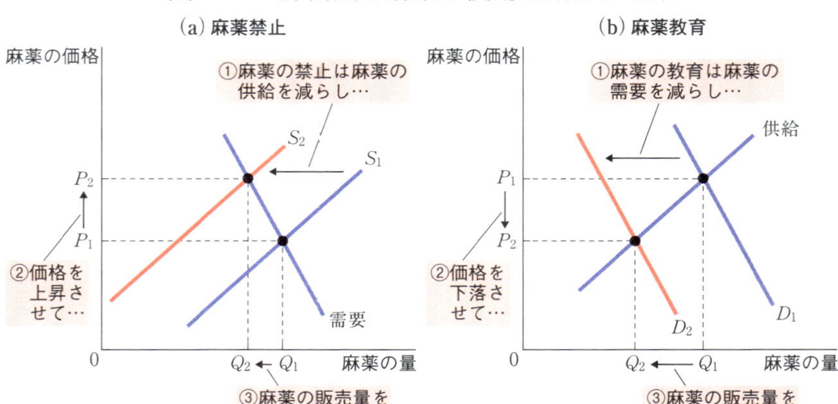

麻薬の禁止は，パネル(a)のように，麻薬の供給を S_1 から S_2 へと減少させる．もし麻薬の需要が非弾力的であれば，麻薬使用者が支払う金額は，麻薬の使用量の減少にもかかわらず増大する．一方，麻薬教育は，パネル(b)のように，麻薬の需要を D_1 から D_2 へと減少させる．この場合，価格と使用量がともに下落するので，麻薬使用者が支払う金額は減少する．

禁止が麻薬の使用を確実に減少させることを示している．

それでは，麻薬に絡む犯罪はどうなるだろうか．この問題に答えるために，麻薬の使用者が麻薬の購入に支払う総額を考えよう．ほとんどの麻薬常用者は，価格が上昇しても自分たちの破滅的な習慣を止めるとは思えないので，麻薬の需要は図に描かれているように非弾力的になると考えられる．需要が非弾力的であれば，麻薬価格の上昇は麻薬市場の総収入を増加させる．すなわち，麻薬の禁止によって麻薬使用が減少する割合よりも，麻薬価格が上昇する割合のほうが大きいので，麻薬使用者が麻薬に支払うお金の総額は増えるのである．その習慣を続けるためにこれまで盗みを働かなければならなかった麻薬常用者も，すぐに現金を手に入れる必要がいっそう高まるだろう．したがって，麻薬を禁止することは，麻薬に絡む犯罪を増加させる可能性がある．

麻薬禁止にはこのような好ましくない影響があるので，アナリストのなかには麻薬問題に対して別の方法で取り組むことを主張する人もいる．麻薬の供給を減らそうとするのではなく，政策立案者は麻薬についての教育政策を推し進めることによって需要を減らすべきだというのである．麻薬教育が成功すると，図 5-9 のパネル(b)に示されているような効果が表れる．需要曲線は D_1 から D_2 へと左方にシフトする．その結果，均衡取引量は Q_1 から Q_2 へと減少し，均衡価格は P_1 から P_2 へと下落する．総収入は $P \times Q$ なので，同様に減少する．したがって，麻薬の禁止とは異なり，麻薬教育は麻薬の使用と麻薬に絡む犯罪をともに減らすことができる．

麻薬の禁止を訴える人は，需要の価格弾力性が時間的視野に依存するので，この政策の長期効果はその短期効果と異なると主張するかもしれない．麻薬の需要は，おそらく短期においては非弾力的だろう．麻薬の価格の上昇は，慢性的な麻薬常用者の使用にはそれほど影響を与えないからである．しかし，長期における麻薬需要は，より弾力的になるかもしれない．麻薬の価格の上昇は，若者たちが麻薬を試してみようとするのを思いとどまらせ，時間の経過とともに麻薬常用者の数を減らしていくからである．この場合，麻薬の禁止は麻薬に絡む犯罪を短期的には増やすかもしれないが，長期的には減らすであろう．

【小問】 ● すべての農場の収穫を半分に減らしてしまうような干ばつが，なぜ農家にとってよいことかもしれないのか．もしそうした干ばつが農家にとってよいことであるのならば，なぜ農家は干ばつのないときでも自らの収穫物を廃棄しないのだろうか．

4 結論

「鸚鵡でも，『需要と供給』としゃべることを習いさえすれば，経済学者になれる」という古い警句がある．前章と本章から，この警句に多くの真理が含まれていることがわかっただろう．需要と供給という分析用具を使えば，経済を左右する最も重要な出来事や政策の多くが分析可能になる．いまやあなたは，経済学者（あるいは，少なくともよく教育された鸚鵡）になりつつあるのだ．

- 需要の価格弾力性とは，価格の変化に対して需要量がどれくらい反応するかを測る尺度である．密接な代替財が利用可能な場合，財が必需品ではなく贅沢品である場合，市場が狭く定義される場合，あるいは買い手が価格の変化に反応するための時間的余裕が十分にある場合などには，需要の弾力性は大きくなる傾向がある．
- 需要の価格弾力性は，需要量の変化率を価格の変化率で割ることによって計算される．需要量が価格よりも小さい割合で変化する場合には，弾力性は1より小さく，需要は非弾力的であるという．需要量が価格よりも大きい割合で変化する場合には，弾力性は1より大きく，需要は弾力的であるという．
- 総収入，すなわちある財に対して支払われる総額は，財の価格にその販売量を掛けたものに等しい．需要曲線が非弾力的なときには，総収入は価格と同じ方向に変化する．需要曲線が弾力的なときには，総収入は価格と反対方向に変化する．
- 需要の所得弾力性とは，消費者の所得の変化に対して需要量がどれくらい反応するかを測る尺度である．需要の交差価格弾力性はある財の需要量が他の財の価格の変化にどれくらい反応するかを測る尺度である．
- 供給の価格弾力性とは，価格の変化に対して供給量がどれくらい反応するかを測る尺度である．供給の価格弾力性は，しばしば，考察の対象となる時間的視野に依存する．たいていの市場では，短期よりも長期のほうが供給は弾力的である．
- 供給の価格弾力性は，供給量の変化率を価格の変化率で割ることによって計算される．供給量が価格よりも小さい割合で変化する場合には，弾力性は1より小さく，供給は非弾力的であるという．供給量が価格よりも大きい割合で変化する場合には，弾力性は1より大きく，供給は弾力的であるという．
- 需要と供給という分析用具は，多くの異なる種類の市場に適用することができる．この章では，小麦市場，石油市場，非合法な麻薬市場の分析に用いられている．

確認問題

1. 密接な代替財のない，生命を救う医薬品は，どのような傾向を持つか．
   a. 需要弾力性が小さい．
   b. 需要弾力性が大きい．
   c. 供給弾力性が小さい．
   d. 供給弾力性が大きい．
2. ある財の価格が8ドルから12ドルに上昇し，需要量が110単位から90単位に減少したとする．中間点の方法を用いて計算すると，需要の価格弾力性は次のどれになるか．
   a. 1/5
   b. 1/2
   c. 2
   d. 5
3. 右下がりの直線の需要曲線は，
   a. 非弾力的である．
   b. 弾力性が1である．
   c. 弾力的である．
   d. ある点では弾力的であり，他の点では非弾力的である．
4. 企業が市場に参入および退出できるということは何を意味するか．
   a. 長期においては需要曲線はより弾力的になる．
   b. 長期においては需要曲線はより非弾力的になる．
   c. 長期においては供給曲線はより弾力的になる．
   d. 長期においては供給曲線はより非弾力的になる．
5. ある財の供給の増加が生産者の受け取る総収入を減少させるのは，
   a. 需要曲線が非弾力的な場合である．
   b. 需要曲線が弾力的な場合である．
   c. 供給曲線が非弾力的な場合である．

d.　供給曲線が弾力的な場合である.

6.　時間が経つにつれて，技術進歩は消費者の所得を増加させ，スマートフォンの価格を低下させる．これらの効果のそれぞれが消費者のスマートフォンへの支出額を増加させるのは，需要の所得弾力性が（　　　）より大きく，需要の価格弾力性が（　　　）より小さい場合である.

a.　0，0

b.　0，1

c.　1，0

d.　1，1

復習問題

1.　需要の価格弾力性と需要の所得弾力性を定義しなさい.
2.　本章で論じた需要の価格弾力性の四つの決定要因を列挙し，説明しなさい.
3.　弾力性が1よりも大きいとき，需要は弾力的か，それとも非弾力的か．弾力性がちょうどゼロのとき，需要は完全に弾力的か，それとも完全に非弾力的か.
4.　需要と供給の図に，均衡価格，均衡取引量，生産者が受け取る総収入を示しなさい.
5.　需要が弾力的な場合，価格の上昇は総収入をどのように変化させるか．説明しなさい.
6.　所得弾力性がゼロよりも小さい財のことを何というか.
7.　供給の価格弾力性の計算方法を述べ，それが何を測定する尺度かについて説明しなさい.
8.　ある財は一定量手に入るが，それ以上は製造できないとする．このときこの財の供給の価格弾力性はいくらか.
9.　暴風雨によってそら豆の収穫の半分が被害にあった．この出来事がそら豆農家に打撃を与えると考えられるのは，そら豆の需要が非常に弾力的な場合だろうか，それとも非常に非弾力的な場合だろうか.

応用問題

1. 以下の各2財の組合せにおいて，どちらの財への需要のほうがより弾力的だと予想されるだろうか．その理由も述べなさい．
   a. 必修科目の教科書とミステリー小説
   b. ベートーベンのレコードとクラシック音楽一般のレコード
   c. 今後6カ月間の地下鉄乗車と今後5年間の地下鉄乗車
   d. ノンアルコールビールと水
2. ビジネス旅行者と休暇旅行者が，ニューヨークからボストンへの航空券に対して以下のような需要表を持っているとしよう．

価格(ドル)	需要量(ビジネス旅行者)	需要量(休暇旅行者)
150	2,100	1,000
200	2,000	800
250	1,900	600
300	1,800	400

   a. 航空券の価格が200ドルから250ドルに上昇すると，(i)ビジネス旅行者，(ii)休暇旅行者のそれぞれに対する需要の価格弾力性はどうなるだろうか（計算には中間点の方法を用いなさい）．
   b. 休暇旅行者の弾力性とビジネス旅行者の弾力性が異なるとすれば，その理由は何か．
3. 灯油に対する需要の価格弾力性が短期では0.2，長期では0.7であると仮定しよう．
   a. もし灯油の価格が1ガロン当たり1.80ドルから2.20ドルへと上昇すれば，灯油の需要量は短期ではどうなるだろうか．長期ではどうなるだろうか（計算には中間点の方法を用いなさい）．
   b. この弾力性は時間的視野に依存するかもしれないが，それはなぜか．
4. ある財の価格の変化はその財の需要量を30%減少させるが，総収入を15%増加させる．この需要曲線は弾力的だろうか，非弾力的だろうか．説明しなさい．
5. コーヒーとドーナツは補完財で，どちらも需要は非弾力的であるとしよう．今，ハリケーンによってコーヒー豆の収穫の半分が被害にあったとする．適当なグラフを描き，それを用いて，次の問いに答えなさい．

a.　コーヒー豆の価格はどうなるか．

b.　コーヒー１杯の価格はどうなるか．コーヒーへの総支出はどうなるか．

c.　ドーナツの価格はどうなるか．ドーナツへの総支出はどうなるか．

6.　先月，コーヒーの価格が急上昇したが，販売量は同じままであった．そのことについて５人の人たちがさまざまな説明をした．

レオナルド：需要が増加したが，供給は完全に非弾力的であった．

シェルドン：需要が増加したが，それは完全に非弾力的であった．

ペニー：需要が増加したが，供給は同時に減少した．

ハワード：供給が減少したが，需要は弾力性が１であった．

ラジ：供給が減少したが，需要は完全に非弾力的であった．

このなかで誰が正しいだろうか．グラフを用いてあなたの答えを説明しなさい．

7.　ピザに対するあなたの需要表が以下のとおりであったとしよう．

価格（ドル）	需要量（所得＝20,000ドル）	需要量（所得＝24,000ドル）
8	40	50
10	32	45
12	24	30
14	16	20
16	8	12

a.　中間点の方法を用いて，ピザの価格が８ドルから10ドルに上昇したときのあなたの需要の価格弾力性を以下のケースについて計算しなさい．(i)あなたの所得が２万ドルの場合，(ii)あなたの所得が２万4000ドルの場合．

b.　あなたの所得が２万ドルから２万4000ドルに上昇したときの所得弾力性を以下のケースについて計算しなさい．(i)ピザの価格が12ドルの場合．(ii)ピザの価格が16ドルの場合．

8.　『ニューヨーク・タイムズ』（1996年２月17日）は，地下鉄の乗車率が運賃の引上げによって低下したと報じている．「切符の価格が25セントから１ドル50セントに上がった最初の月である1995年12月は，前年の12月よりも約400万人乗客が少なくなり，乗車率は4.3%低下した.」

a. 上のデータを用いて地下鉄乗車への需要の価格弾力性を推計しなさい.

b. あなたの推計によると，運賃が上がったことによって交通局の収入はどうなっただろうか.

c. あなたの弾力性の推計が必ずしも信頼できないとすれば，その理由は何か.

9. ウォルトとジェシーという2人の運転手がそれぞれガソリン・スタンドに車を乗り入れた．価格をみる前に，2人はそれぞれ以下のように注文した．ウォルトは「ガソリンを10ガロン下さい」と言った．ジェシーは「ガソリンを10ドル分下さい」と言った．2人の運転手はどのような需要の価格弾力性を持っているだろうか.

10. 喫煙に対する公共政策を考えよう.

a. いくつかの研究によると，たばこへの需要の価格弾力性は約0.4である．いま，たばこ1箱が5ドルであり，政府が喫煙を20%減らしたいと考えているとすると，政府はたばこの価格をいくら引き上げればよいだろうか.

b. 政府がたばこの価格を引き上げたままにしておくとすると，その政策はいまから1年後と5年後とではどちらがより大きい効果をもたらすだろうか.

c. いくつかの研究はまた10代の若者のほうが成人よりも弾力性が高いことを示している．その理由を述べなさい.

11. あなたが博物館の館長であるとしよう．博物館の資金が不足しているので，あなたは収入を増やそうと決心したとする．あなたは入場料を上げるべきだろうか，下げるべきだろうか．説明しなさい.

12. 次の文章が真実であるかもしれない理由を説明しなさい.「世界中で干ばつが起こると，農家が穀物の販売から受け取る総収入は増加するが，カンザス州のみに干ばつが起こると，カンザス州の農家が受け取る総収入は減少する.」

CHAPTER 6

第6章

需要，供給，および政府の政策

Keywords

価格の上限（規制） price ceiling

価格の下限（規制） price floor

税の帰着 tax incidence

経済学者は二つの役割を持っている．一つは，科学者として，自分たちのまわりの世界を説明するための理論を構築し，検証する．もう一つは，政策顧問として，自分たちの理論を用いて世界をよりよいものに変えようとする．第４章と第５章では，科学的側面に焦点を当て，需要と供給が財の価格と販売量をどのように決定するかをみた．また，さまざまな出来事が需要と供給をどのようにシフトさせ，均衡価格と均衡取引量を変化させるかを明らかにした．さらに，こうした変化の量を測るために弾力性の概念を展開した．

この章では，はじめて政策の問題を取り扱う．需要と供給という分析用具のみを用いて，さまざまなタイプの政府の政策を分析する．やがてわかるように，分析の結果，いくつかの驚くべき洞察が得られる．さまざまな政策は，しばしばその設計者が意図あるいは予想しなかったような効果をもたらすことがある．

最初に，価格を直接規制する政策について考えてみよう．たとえば，家賃規制法は家主が借家人に請求できる家賃の最高額を定める．最低賃金法は企業が労働者に支払わなければならない賃金の最低額を定める．価格規制は，通常，財・サービスの市場価格が買い手または売り手に不公正であると政策立案者がみなしたときに実施される．しかし，後に明らかになるように，これらの政策はそれ自体が不公平を生み出すことがある．

価格規制の議論に続いて，税の効果を考察する．政策立案者は，税を用いて公共目的のための収入を得るとともに，市場の成果に影響を及ぼす．税が経済で広く実施されていることは明らかだが，その効果は明らかではない．たとえば，政府が企業から労働者に支払われる額に課税すると，企業と労働者のどちらが税を負担することになるのだろうか．需要と供給という強力な分析用具を適用しない限り，その答えは決して明確にはならないのである．

1 価格規制

価格規制が市場の成果にどのように影響するかを調べるために，もう一度アイスクリームの市場をみることにしよう．第４章で明らかにしたように，アイスクリームが政府による規制のない競争市場で販売されるのであれば，アイスクリームの価格は需要と供給が釣り合うように調整される．均衡価格においては，買い手が購入したいと思うアイスクリームの量は，売り手が販売したいと思う量にちょうど等しい．ここでは具体的に，均衡価格を１個３ドルとしよう．

この自由市場過程の結果について，満足しない人もいるかもしれない．仮に全米アイスクリーム愛好者協会という組織が存在し，すべての人々が１日１個のアイスクリーム（協会の推奨する１日の割り当て量）を食べるには，３ドルという価格は高すぎると不満を言ったとしよう．またそれとは別に，全国アイスクリーム製造業者協会という組織が存在し，３ドルという価格は「激烈な競争」の結果として成立したもので，あまりにも低すぎ，協会の構成員の所得を押し下げていると不満を言ったとしよう．これらのグループはそれぞれ政府に働きかけて，アイスクリームの価格を直接規制することで市場の成果を変える法律を通過させようとするだろう．

財の買い手はつねにより低い価格を望み，売り手はより高い価格を望むので，二つのグループの利害は衝突する．もしアイスクリーム愛好者協会の運動が成功すれば，政府はアイスクリームを販売できる価格の法定最高限度を定める．このとき，価格をこの水準以上に上げることは認められないので，法律で決められた最高限度は**価格の上限**と呼ばれる．反対に，もしアイスクリーム製造業者協会の運動が成功すれば，政府は価格の法定最低限度を定める．このとき，価格をこの水準以下に下げることはできないので，法律で決められた最低限度は**価格の下限**と呼ばれる．これらの政策の効果を順次考察していこう．

●価格の上限は市場の成果にどのような影響を及ぼすか

政府がアイスクリーム愛好者協会の不満と運動に動かされて，アイスクリームの市場において価格の上限を設定した場合，結果として，二つの可能性が考えられる．図6-1のパネル(a)では，政府は１個４ドルという価格の上限を設定している．この場合，需要と供給が釣り合う価格はその上限よりも低いので，価格の上限は**拘束力を持たない**．市場の作用は当然経済を均衡へと移動させるので，価格の上限は価格と販売量に影響を及ぼさない．

価格の上限（規制） price ceiling：ある財を販売できる価格の法的最高限度の設定．
価格の下限（規制） price floor：ある財を販売できる価格の法的最低限度の設定．

図6-1　価格の上限がある市場

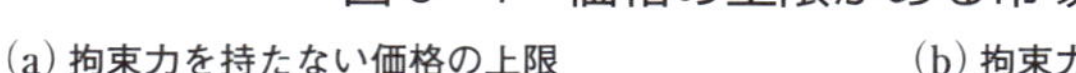

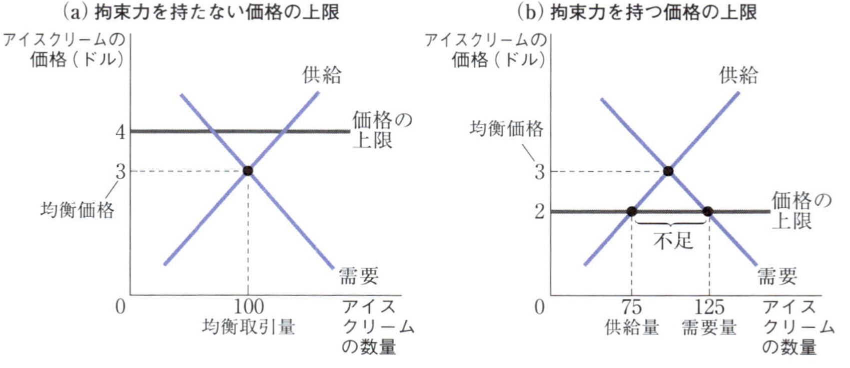

パネル(a)では，政府は価格の上限を4ドルに設定している．価格の上限は均衡価格の3ドルを上回っているので，何の効果も持たず，市場は需要と供給の均衡に到達することができる．均衡においては，需要量と供給量はともに100個である．パネル(b)では，政府は価格の上限を2ドルに設定している．価格の上限は均衡価格の3ドルを下回っているので，市場価格は2ドルになる．この価格では，125個が需要されるが，75個しか供給されないため，50個の不足が生じる．

図6-1のパネル(b)は，より興味深いもう一つの可能性を示している．このケースでは，政府は1個2ドルという価格の上限を設定している．均衡価格である3ドルは価格の上限よりも高いので，上限は市場に対して**拘束力を持つ制約**となる．需要と供給の作用は，価格を均衡に向かって動かしていくが，市場価格が価格の上限に突き当たると，価格は法律によりそれ以上上がらない．したがって，市場価格は上限価格に等しくなる．この価格において，アイスクリームの需要量（図では125個）は供給量（75個）を上回っている．この50個の超過需要により，現行の価格でアイスクリームを買いたいと思っている人のうち買うことができない人もいる．つまり，アイスクリームの不足が生じている．

この不足に反応して，アイスクリームを割り当てる何らかのメカニズムが自然に発生する．そのメカニズムとは長い行列かもしれない．その場合には，先に到着して行列に並ぼうと思う買い手がアイスクリームを獲得し，そうしたくない買い手は獲得できない．あるいは，売り手自身の個人的偏見によってアイスクリームを割り当て，友人，親族，あるいは自分が属する人種的・

民族的なグループのメンバーにのみ販売するかもしれない．ここで注意すべきことは，価格の上限がアイスクリームの買い手を助けたいという願望から生まれたものであるにもかかわらず，すべての買い手がその政策によって利益を得られるわけではないということである．一部の買い手は，並んで待たなければならないかもしれないが，低い価格でアイスクリームを手に入れることができる．しかし他の買い手はアイスクリームをまったく手に入れられないのである．

アイスクリーム市場のこの例は，一般的な結果を示している．すなわち，**政府が競争市場で拘束力を持つ価格の上限を設定すると，財の不足が生じ，売り手は多数の潜在的な買い手に対して希少な財を割り当てなければならない．**価格の上限の下で現れる割当てメカニズムが望ましいことはめったにない．長い行列は買い手の時間を浪費させるので，非効率的である．売り手の偏見に基づく差別は，非効率的である（財が最も高い評価を与える買い手に届かないため）だけでなくしばしば不公正でもある．対照的に，自由競争市場における割当てメカニズムは，効率的であるとともに非人為的である．アイスクリームの市場が均衡に到達したとき，誰でも市場価格を支払えばアイスクリームを得ることができるからである．自由市場は価格で財を割り当てるのである．

ケース・スタディ　ガソリン・スタンドの行列

第５章で論じたように，1973年に石油輸出国機構（OPEC）は原油の供給を減らし，世界の石油市場で原油の価格を引き上げた．原油はガソリンを製造する際の主要な投入物なので，原油価格の上昇はガソリンの供給の減少をもたらした．ガソリン・スタンドでは長い行列が当たり前となり，車の利用者はわずか数ガロンのガソリンを買うためにしばしば何時間も待たなければならなかった．

この長い行列をつくった責任はどこにあったのだろうか．大多数の人々はOPECを非難する．確かに，もしOPECが原油の供給を減らさなければ，ガソリン不足は起こらなかっただろう．しかし，経済学者は，石油会社がガソリン代として請求できる価格を制限した政府の規制を非難する．

図 6-2　価格の上限があるガソリン市場

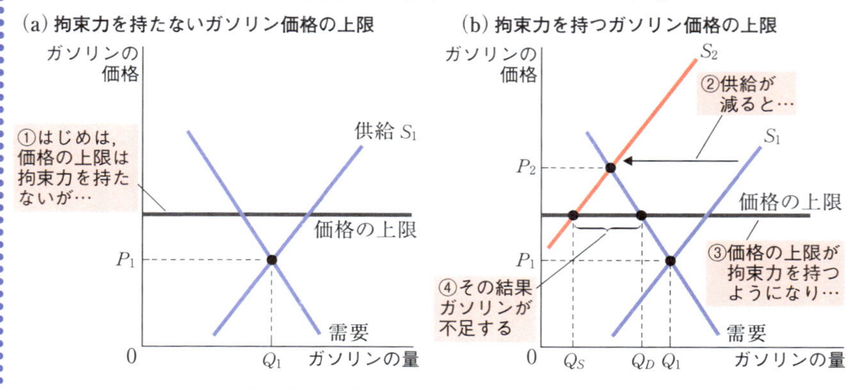

パネル(a)は，均衡価格 P_1 が価格の上限を下回っているために，価格の上限が拘束力を持たないときのガソリン市場を示している．パネル(b)は，原油（ガソリンをつくるための投入物）の価格の上昇によって，供給曲線が S_1 から S_2 へと左方にシフトした後のガソリン市場を示している．規制が存在しない市場であれば，価格は P_1 から P_2 へと上昇したはずである．しかしながら，価格の上限が存在するためにそのようにはならない．価格の上限が拘束力を持つときには，消費者は Q_D の量を買いたいと思っているが，ガソリンの生産者は Q_S の量しか売りたいと思わない．需要量と供給量の差 Q_D-Q_S は，ガソリンの不足を示している．

図 6-2 では何が起こったかが示されている．パネル(a)に示されているように，OPEC が原油の価格を引き上げるまでは，ガソリンの均衡価格は P_1 であり，価格の上限を下回っていた．したがって，価格規制は何の効果もなかった．しかしながら，原油価格が上昇すると状況は変わった．原油価格の上昇はガソリンの生産費用を引き上げ，それによってガソリンの供給が減少した．パネル(b)が示すように，供給曲線は S_1 から S_2 へと左方にシフトした．規制のない市場であれば，供給のシフトはガソリンの均衡価格を P_1 から P_2 へと引き上げるので，ガソリン不足はまったく起こらなかっただろう．ところが，価格の上限が設定されていたために，価格は均衡水準まで上昇しなかった．価格の上限において，生産者はガソリンを Q_S 販売したいと思い，消費者は Q_D 購入したいと思っていた．このようにして，供給のシフトは価格規制の下で深刻なガソリン不足をもたらしたのである．

やがて，ガソリン価格を規制する法律は廃止された．その法律の立案者は，アメリカ人がガソリンを買うために行列をつくって多くの時間を浪費していることについて，自分たちにも部分的に責任があることを理解するようになったのである．今日では，原油価格が変化したときには，ガソリン価格は需要と供給が均衡するように調整される．

ケース・スタディ 短期と長期における家賃規制

価格の上限のよく知られた例として家賃規制がある．多くの都市では，地方政府は家主が借家人に請求できる家賃に対して上限を設定している．この政策の目的は，住宅を手に入れやすくして貧困層を援助することにある．経済学者はしばしば家賃規制について，貧困層の生活水準を高めるための援助方法としてはきわめて非効率的であると批判している．ある経済学者は，家賃規制のことを「爆撃以外で都市を破壊する最善の方法」と言った．

家賃規制の好ましくない影響は，一般の人々にはあまりはっきりとわからない．その効果が表れるまで何年もかかるからである．短期においては，家主が所有している賃貸アパートの数は一定であり，市場の条件の変化に応じてすばやく増減させることはできない．そのうえ，都市で住宅を探している人々の数は，短期的には家賃に対してあまり感応的でないかもしれない．人々が住宅を移るためのさまざまな手配には時間がかかるからである．したがって，住宅に対する短期の需要と供給は比較的非弾力的である．

図6-3のパネル(a)は，家賃規制が住宅市場に及ぼす短期の効果を示している．他の拘束力のある価格の上限と同様に，家賃規制は住宅不足を引き起こす．ただし，需要と供給は短期においては非弾力的なので，最初は家賃規制が行われても住宅はあまり不足しない．短期における主な効果は家賃が下がることである．

ところが長期になると話はまったく変わってくる．なぜなら賃貸住宅の借り手と貸し手は，時間が経過するにつれて市場の条件により強く反応するようになるからである．供給側では，家主は家賃が下がったことで，新しいアパートを建てなくなったり，また既存のアパートの補修を怠るよう

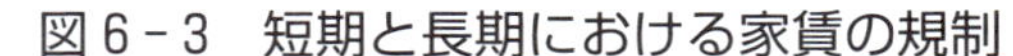

図6－3 短期と長期における家賃の規制

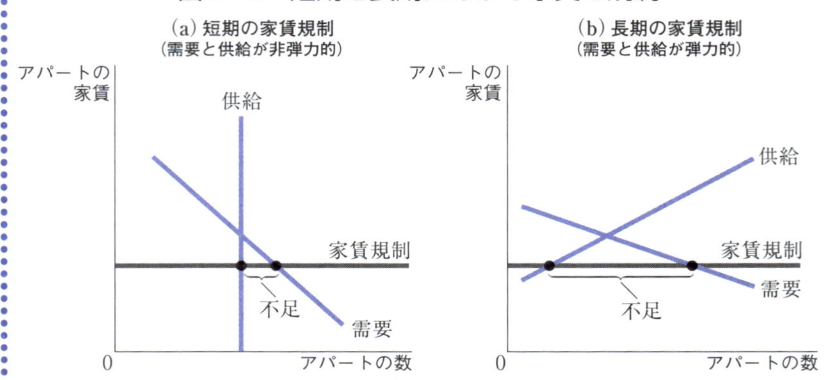

パネル(a)は，家賃規制の短期的な効果を示している．アパートの需要曲線と供給曲線は比較的非弾力的なので，家賃規制法によって設定された価格の上限は，住宅不足をわずかしかもたらさない．一方，パネル(b)は，家賃規制の長期的な効果を示している．アパートの需要曲線と供給曲線はより弾力的になるので，家賃規制は大量の住宅不足をもたらす．

になる．需要側では，家賃が下がると，人々は（両親と一緒に住んだり，ルームメイトとアパートを共有したりする代わりに）自分自身のアパートを探す気になり，またより多くの人々が都市に移り住むインセンティブを持つようになる．したがって，需要と供給はどちらも長期のほうが弾力的になる．

図6-3のパネル(b)は，長期における住宅市場の例を示している．家賃規制によって家賃が均衡水準以下に押し下げられると，アパートの供給量は大幅に減少し，アパートの需要量は大幅に増加する．その結果，住宅不足が拡大する．

家賃規制を行っている都市では，家主は住宅の割当てを行うためにさまざまなメカニズムを用いる．一部の家主は入居希望者を長い空家待ちリストに登録する．他の家主は子どものいない借家人を優先する．さらに別の家主は人種によって差別する．ときには，アパートの管理人に進んで賄賂を渡す人に部屋が割り当てられることもある．実際，こうした賄賂はアパートの総価格を均衡価格の水準に近づける．

家賃規制の影響を完全に理解するためには，第1章の**経済学の十大原理**の一つを思い出さなければならない．すなわち「人々はさまざまなインセンティブに反応する」のである．自由市場では，家主は自分のアパートを清潔で安全にしておこうと努力する．魅力的なアパートにはより高い価格がつくからである．対照的に，家賃規制によって住宅不足と空家待ちのリストが発生するときには，家主は借家人の関心に反応するインセンティブを失う．現状のままでも入居するのを待っている人がいるのに，なぜ家主が建物を維持改良するためにお金を使わなければならないのだろうか．結局，借家人にとって家賃は安くなるが，同時に住宅の質も下がるのである．

政策立案者は，家賃規制のそのような影響に対して，しばしばさらに規制を課すことで対処しようとする．たとえば，住宅供給における人種差別を違法とし，また最低限の適切な居住条件を提供することを家主に義務づけるようなさまざまな法律がある．しかしながら，これらの法律は執行が困難なうえにコストもかかる．対照的に，家賃規制が廃止され，住宅市場が競争の作用によって調整されるときには，そのような法律の必要性は少なくなる．自由市場においては，家主の望ましくない行動を引き起こすような住宅不足がなくなるよう，家賃が調整されるからである．

専門家にきく　家賃規制

「ニューヨークやサンフランシスコなどで実施されている一部の賃貸住宅の家賃引き上げを制限する地方条例は，それを実施してきた都市における手頃な家賃の賃貸住宅の量と質に対して，過去30年にわたってプラスの影響を与えてきた.」

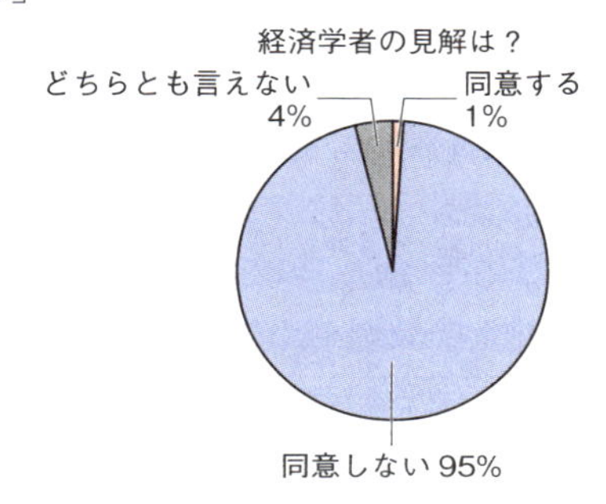

（出所）IGM Economic Experts Panel, February 7, 2012.

●価格の下限は市場の成果にどのような影響を及ぼすか

政府によるもう一つの価格規制の影響を調べるために，アイスクリームの市場に戻って考えよう．全国アイスクリーム製造業者協会のメンバーが，1個3ドルの均衡価格は低すぎるとして行った請願に，政府が説得されたと想像してみよう．この場合，政府は価格の下限を設けるだろう．価格の下限は，価格の上限と同様，政府が価格を均衡水準以外のところに維持しようとする試みである．価格の上限は法定最高価格を設定するのに対して，価格の下限は法定最低価格を設定する．

政府がアイスクリームの市場に価格の下限を設定するとき，二つの可能性が考えられる．均衡価格が3ドルのときに，政府が1個2ドルという価格の下限を設定すると，図6-4のパネル(a)のような結果が得られる．この場合，均衡価格は価格の下限よりも高いので，価格の下限は拘束力を持たない．市場の作用は当然経済を均衡へと移動させるので，価格の下限は何の影響も及ぼさない．

図6-4のパネル(b)は，政府が1個4ドルという価格の下限を設定したと

図6-4 価格の下限がある市場

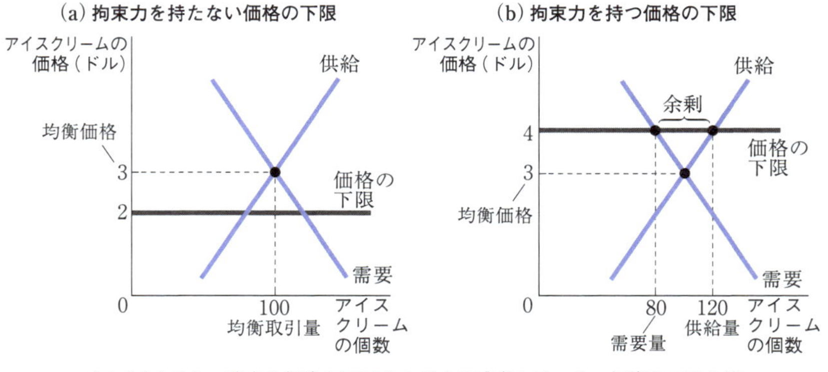

(a) 拘束力を持たない価格の下限

アイスクリームの価格（ドル）
供給
均衡価格
3
2
価格の下限
需要
0
100
均衡取引量
アイスクリームの個数

(b) 拘束力を持つ価格の下限

アイスクリームの価格（ドル）
供給
余剰
4
3
価格の下限
均衡価格
需要
0
80
需要量
120
供給量
アイスクリームの個数

パネル(a)では，政府は価格の下限を2ドルに設定している．価格の下限は均衡価格の3ドルを下回っているので，価格の下限は何の効果も持たない．市場価格は需要と供給が釣り合うように調整される．均衡においては，需要量と供給量はともに100個である．パネル(b)では，政府が価格の下限を4ドルに設定している．価格の下限は均衡価格の3ドルを上回っている．したがって，市場価格は4ドルになる．この価格では，120個が供給されるが，80個しか需要されないので，40個の余剰が生じる．

きに何が起こるかを示している．この場合，均衡価格３ドルは価格の下限より低いので，価格の下限は市場に対して拘束力を持つ制約となる．需要と供給の作用は価格を均衡価格へ移動させようとするが，市場価格が価格の下限に突き当たると，価格はそれ以下には下がらない．このとき，市場価格は価格の下限に等しくなる．価格の下限において，アイスクリームの供給量（120個）は需要量（80個）を上回っている．この40個の超過供給が存在するため，アイスクリームを現行の価格で販売したいと思っている人々のうちの一部は，アイスクリームを販売することができない．**このように，拘束力を持つ価格の下限は余剰をもたらす．**

価格の上限から生じる不足が望ましくない割当てメカニズムをもたらす可能性があるのとちょうど同じように，価格の下限から生じる余剰も望ましくない結果をもたらす可能性がある．人種的または家族的なつながりなど，買い手の個人的な偏見に訴える売り手は，おそらくそうしない売り手よりも商品を多く売ることができるだろう．対照的に，自由市場では価格が割当てメカニズムとして作用し，売り手は均衡価格において販売したいと思う量をすべて販売することができる．

最低賃金

価格の下限の重要な例として最低賃金がある．最低賃金法は，どのような雇用主でも支払わなければならない労働の最低価格を指定するものである．アメリカの議会は，労働者に最低限の適切な生活水準を保障するために，1938年の公正労働基準法ではじめて最低賃金を制定した．2015年において，連邦法では最低賃金は時給7.25ドルである（一部の州は連邦の水準を上回る最低賃金を義務づけている）．多くのヨーロッパ諸国もまた最低賃金法を制定しており，ときにはアメリカよりもかなり高い．たとえば，フランスの平均所得はアメリカの平均所得よりも30％近く低いにもかかわらず，フランスの最低賃金はアメリカの最低賃金よりも30％以上高い．

最低賃金の効果を調べるには，労働市場を考察しなければならない．図6-5のパネル(a)は自由労働市場を示している．他のすべての市場と同じように，労働市場も需要と供給の作用に従う．企業は労働の需要を決定し，

図6-5 最低賃金は労働市場にどのような影響を及ぼすか

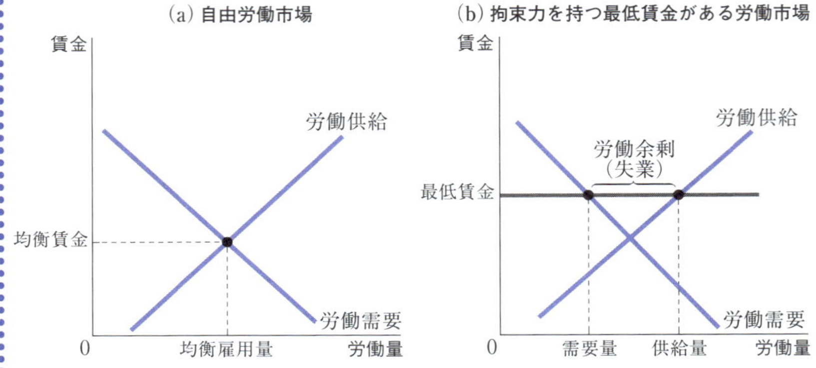

パネル(a)は労働需要と労働供給が釣り合うように賃金が調整される自由労働市場を示している．パネル(b)は，拘束力を持つ最低賃金の影響を示している．最低賃金は価格の下限なので余剰をもたらす．すなわち，労働供給量は労働需要量を上回る．その結果，失業が生じる．

労働者は労働の供給を決定する．政府の介入がなければ，賃金は労働需要と労働供給が釣り合うように調整される．

図6-5のパネル(b)は，最低賃金が存在するときの労働市場を示している．もし最低賃金がこの図で示されているように均衡水準よりも高ければ，労働の供給量は需要量を上回る．その結果，失業が生じる．このように，最低賃金が存在すると，仕事を持っている労働者の所得は増加するが，仕事を見つけることができない労働者の所得は減少する．

最低賃金について十分に理解するために，経済は単一の労働市場からなるのでなく，さまざまなタイプの労働者に対応する多くの労働市場からなることを覚えておこう．最低賃金の影響は労働者の熟練度と経験に依存する．熟練度が高くて経験豊富な労働者は，均衡賃金が最低賃金よりもはるかに高いので影響を受けない．こうした労働者に対して，最低賃金は拘束力を持たない．

最低賃金は10代の若者の労働市場に対して最も大きい影響を与える．10代の若者は労働力のなかでも熟練と経験が最も乏しいので，均衡賃金が低くなりやすい．そのうえ，10代の若者は，しばしば実地訓練（オン・ザ・ジョブ・トレーニング）と引換えに低い賃金を進んで受け入れようとする

(多くの大学生も含む10代の若者のなかにはまったく給与を受け取らずに「研修生（インターン）」として進んで働く者もいる．研修生制度（インターンシップ）は無給なので，最低賃金が適用されない．もし彼らに最低賃金が適用されれば，研修生制度の機会は存在しなくなるだろう）．その結果，最低賃金は10代の若者の多くに対しては拘束力を持つが，その他の労働者に対してはそれほど拘束力を持たない．

多くの経済学者が，最低賃金法は10代の労働市場にどのような影響を及ぼすかを調べてきた．これらの研究者は，最低賃金の変化と10代の雇用の変化とを比較している．最低賃金が雇用にどのような影響を及ぼすかについてはいくつかの論争があるが，代表的な研究が明らかにしたところによれば，最低賃金が10％上昇すると10代の雇用は１～３％減少する．この推定結果を解釈する際には，最低賃金の10％の上昇が10代の若者の平均賃金を10％上昇させるわけではないことに注意しよう．最低賃金を十分に上回る賃金をすでに得ている10代の若者には，法律が変わっても直接の影響はない．そのうえ，最低賃金法は完璧に守られるとは限らない．したがって，推定された１～３％の雇用の減少は重要な意味を持つのである．

最低賃金は，労働需要量を変化させるのみならず，労働供給量も変化させる．最低賃金は10代の若者が稼ぐことのできる賃金を上昇させるので，仕事を探そうとする10代の若者の数を増加させる．いくつかの研究から明らかになったところによれば，最低賃金の上昇は，どのような10代の若者が雇用されるかに影響を与える．最低賃金が上昇すると，まだ高校に通っている若者の一部が中退して仕事に就くことを選ぶようになる．すると就職口をめぐってよりたくさんの人が競うことになり，こうした新しい中退者の中には，すでに学校を中退していた他の若者に取って代わる人も現れるため，今度は後者が失業者となる．

最低賃金はしばしば論争のトピックとなる．最低賃金政策に賛成する人たちは，その政策が貧しい労働者の所得を引き上げる一つの方法だと考えている．最低賃金を得ている労働者は貧しい生活水準しか達成できないという彼らの指摘は正しい．たとえば2015年の最低賃金は時給7.25ドルであり，２人の大人が最低賃金で１年間毎週40時間働いても，３万160ドルの年間総所得しか得られなかったことになる．この額はアメリカの４人家族の公式貧困ラインより24％高いが，アメリカの家族所得の中位値（メディアン）の半分にも満たない．最低賃金政策に賛成する多くの人々は，最低賃金には失業を含むいくつかの悪い副作用が存在することを認めている．しかし彼らは，こうした影響は小さく，すべての事柄を考慮しても，最低賃金を引き上げることで貧しい人たちの暮らし向きが改善すると信じている．

最低賃金政策に反対する人たちは，それが貧困と闘う最善の方法ではないと主張する．彼らによれば，高い最低賃金は失業をもたらし，10代の若者が学校を中退することを促し，一部の未熟練労働者が必要な実地訓練（オン・ザ・ジョブ・トレーニング）を受けることを妨げるという．さらに最低賃金政策に反対する人たちは，それが対象者のはっきりしない政策であるという点を指摘している．最低賃金労働者のすべてが，家族を貧困から脱出させようと努力している所帯主であるわけではない．実際，最低賃金で働いている人のうち，所得が貧困ラインを下回る家庭の人間は3分の1未満である．彼らの多くは，余分に支出するお金が欲しくてパートタイムの仕事で働いている中流階級の家庭の若者なのである．

専門家にきく 最低賃金

「もし連邦政府の決める最低賃金が2020年までに時給15ドルまで徐々に引き上げられると，低賃金のアメリカの労働者の雇用率は，現状維持の場合よりもかなり低くなるだろう．」

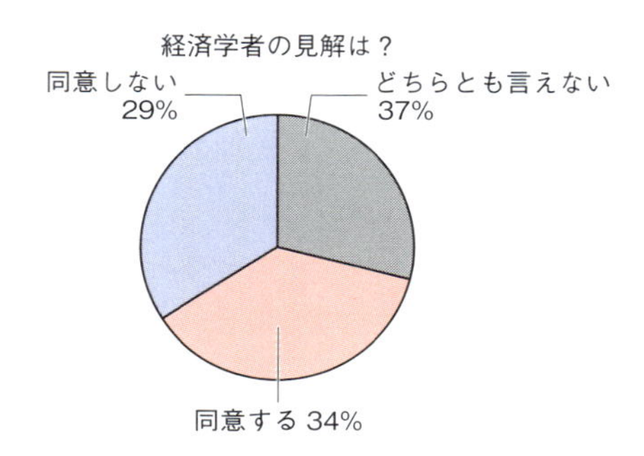

（出所）IGM Economic Experts Panel, September 22, 2015.

●価格規制の評価

第１章で論じた**経済学の十大原理**の一つによれば，「通常，市場は経済活動を組織する良策である」．この原理は，なぜ経済学者が通常，価格の上限と下限に反対するかを説明している．経済学者にとって，価格は何らかの偶然的な過程の結果ではない．経済学者は，価格は需要曲線と供給曲線の背後にある何百万もの企業と消費者の決定の結果であると主張する．価格は需要と供給を釣り合わせ，それによって経済活動を調整するという重要な仕事を果たしている．政策立案者が法令によって価格を設定することは，社会のさまざまな資源の配分を正常に導くシグナルを不明確にすることになる．

経済学の十大原理にはほかにも，「政府が市場のもたらす成果を改善できることもある」というものがある．実際，政策立案者は市場の成果を不公平とみなすために，価格規制を行う気になる．価格規制は貧しい人を助けることを目的とすることが多い．たとえば，家賃規制法はすべての人が手ごろな家賃の住宅に住めるようにと考え，最低賃金法は人々が貧困から脱出するのを助けようと考えている．

ところが，価格規制は彼らが助けようとしている人々に損害を与えることがよくある．家賃規制によって家賃は低い水準に抑えられるかもしれないが，同時に家主は自分のアパートを維持・補修しようとしなくなり，また住宅が見つけにくくなる．最低賃金法は一部の労働者の所得を増加させるかもしれないが，同時に他の労働者を失業させる原因にもなる．

助けを必要としている人を助けることは，価格を規制する方法以外でも達成できる．たとえば，政府は貧しい家族の家賃の一部を補助することによって，住宅を入手しやすくすることができる．家賃規制とは異なり，家賃補助は住宅の供給量を減少させないので，住宅不足を起こさない．同様に，賃金補助は貧しい労働者の生活水準を高めるが，企業が彼らを雇う意欲を低下させない．賃金補助の例としては，**勤労所得税額控除**（EITC：earned income tax credit）という低賃金労働者の所得を補助する政府の政策がある．

これらの代替的な政策は，価格規制よりも優れていることが多いが，それでも完全ではない．家賃補助や賃金補助は，政府からみるとお金がかかり，したがってより多くの税金を必要とする．次節でみるように，課税にはそれ自体の費用がかかるのである.

【小問】 ●価格の上限と価格の下限を定義し，それぞれの例を挙げなさい．不足をもたらすのはどちらか．余剰をもたらすのはどちらか．その理由も説明しなさい．

2 税金

世界中の国の政府から小さい町の地方政府に至るまで，あらゆるレベルの政府は，道路，学校，国防など公共事業のための収入を税金によって調達している．税金は重要な政策手段であり，われわれの生活にさまざまな形で影響を及ぼすので，本書では税金については何度も繰り返して考えていく．本節では，まず税金が経済にどのような影響を与えるかを検討することから始めよう．

分析のお膳立てをするために，ある地方政府が毎年アイスクリーム祭を開催し，パレード，花火大会，町の役員によるスピーチなどを行うことにしたとしよう．そのイベントをまかなう収入源として，アイスクリーム1個の売上げに対して0.50ドル（50セント）の税金を課すことを決定したとする．その計画が発表されると，前述の二つの陳情団体が行動を起こした．全米アイスクリーム愛好者協会は，アイスクリームの消費者が家計のやりくりに困っていると喧伝し，アイスクリームの売り手がその税金を支払うべきだと主張した．全国アイスクリーム製造業者協会は，そのメンバーが競争市場で生き残るためにいかに苦闘しているかを喧伝し，アイスクリームの買い手がその税金を支払うべきだと主張した．町長は，妥協案として，税金の半分を買い手が支払い，残りの半分を売り手が支払うことを提案した．

これらの提案を分析するためには，単純だが微妙な問題を提起する必要がある．政府がある財に課税するとき，その税を実際に負担するのは誰なのだろうか．その財を買う人だろうか．それともその財を売る人だろうか．あるいは，売り手と買い手が税を分担して負担するとすれば，負担の割り振りは何によって決まるのだろうか．政府は，町長が提案しているように，負担の割り振りを単純に法律によって決めることができるだろうか．それとも，その割り振りはより根本的な市場の諸力によって決まるのだろうか．税の帰着という用語は，税の負担が経済を構成するさまざまな人々の間にどのように割り振られるかを表すものである．後に明らかになるように，需要と供給という分析用具を適用することによって，税の帰着に関するいくつかの驚くべき教訓を学ぶことができる．

売り手に対する課税は市場の成果にどのような影響を及ぼすか

ある財の売り手に課税される場合を考察することから始めよう．地方政府が法案を通過させて，アイスクリームの売り手に対してアイスクリーム1個を販売するごとに0.50ドルを政府に納めるように義務づけたとしよう．この法律はアイスクリームの売り手と買い手にどのような影響を及ぼすだろうか．この疑問に答えるために，第4章で述べた均衡の変化を分析する3段階アプローチに基づいて考える．すなわち，(1)その法律が需要曲線または供給曲線に影響を及ぼすかどうかを決定する．(2)曲線がどちらにシフトするかを決定する．(3)曲線のシフトが均衡価格と均衡取引量にどのような影響を及ぼすかを調べる．

第1段階　課税はアイスクリームの売り手に直接影響を及ぼす．買い手は課税されていないので，どの価格においてもアイスクリームの需要量は以前と同じである．したがって，需要曲線は変化しない．反対に，売り手に対する課税は，どの価格においてもアイスクリーム事業の収益を低下させるので，供給曲線をシフトさせる．

第2段階　売り手に対する課税はアイスクリームの生産・販売の費用を高めるので，どの価格においても供給量を減少させる．供給曲線は左方（あるいは同じことだが上方）にシフトする．

供給曲線がどちらの方向に移動するかを決めるだけでなく，シフトの大きさについても正確なことがいえる．アイスクリームの市場価格がいくらであっても，売り手にとっての実効価格（税を支払った後に手元に残すことので

税の帰着 tax incidence：税の負担が市場の参加者に割り振られる方法．

図6-6　売り手への課税

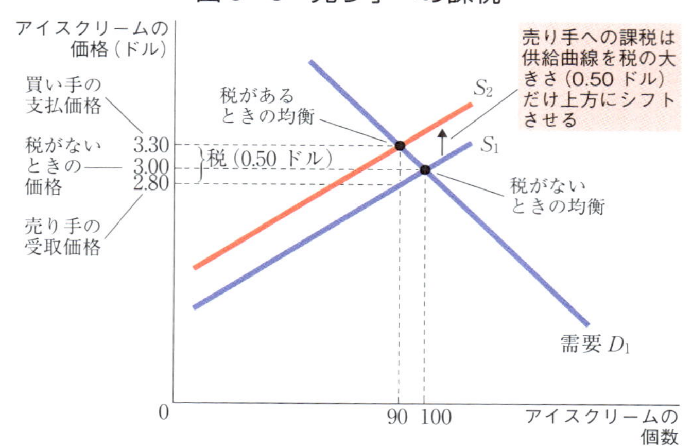

0.50ドルの税が売り手に課されると，供給曲線は S_1 から S_2 へと0.50ドルだけ上方にシフトする．アイスクリームの均衡取引量は100個から90個へと減少する．買い手が支払う価格は3.00ドルから3.30ドルへと上昇する．売り手が受け取る（税引き後の）価格は，3.00ドルから2.80ドルへと下落する．税は売り手に課されるが，売り手と買い手は税を分担して負担することになる．

きる額）は0.50ドルだけ低い．たとえば，アイスクリーム1個の市場価格が2.00ドルであったとすると，売り手が受け取る実効価格は1.50ドルとなる．市場価格がいくらであっても，売り手はそれより0.50ドルだけ低い価格であるかのようにアイスクリームの供給量を決めるだろう．言い換えると，与えられたある量を供給するように売り手を誘導するためには，市場価格は税の影響を埋め合わせるために0.50ドルだけ高くなければならない．したがって，図6-6に示されているように，供給曲線は S_1 から S_2 へと，ちょうど税の大きさ（0.50ドル）だけ上方にシフトする．

第3段階　供給曲線がどのようにシフトするか決まったので，当初の均衡と新しい均衡を比較することができる．図6-6で示されているように，アイスクリームの均衡価格は3.00ドルから3.30ドルへと上昇し，均衡取引量は100個から90個へと減少する．新しい均衡において，売り手の販売量と買い手の購入量はともに減少するので，課税はアイスクリーム市場の規模を縮小する．

結果の意味　さて，税の帰着の問題に立ち返ろう．税を支払うのは誰だろうか．税金はすべて売り手が納めるが，税の負担は売り手と買い手が分担する．税が課されると，市場価格は3ドルから3.30ドルに上昇するので，買い手の支払金額は，税がないときに比べてアイスクリーム1個につき0.30ドル多い．したがって，税は買い手の厚生を悪化させる．売り手は買い手から以前よりも高い価格（3.30ドル）を受け取るが，税を支払った後に保持できるのは，課税前の3ドルに比較して課税後には2.80ドル（3.30ドル−0.50ドル＝2.80ドル）へと下落する．したがって，税は売り手の厚生も悪化させる．

これらをまとめると以下の二つの教訓が導き出せる．

- 税は市場の活動水準を低下させる．ある財に対して課税されると，その財の販売量は新しい均衡では少なくなる．
- 売り手と買い手は税の負担を分担する．新しい均衡においては，買い手の財への支払額は増加し，売り手の受取額は減少する．

買い手に対する課税は市場の成果にどのような影響を及ぼすか

今度は財の買い手に対して課税した場合を考えよう．地方政府が法案を通過させ，アイスクリームの買い手に対してアイスクリームを1個買うごとに0.50ドルを政府に納めるよう義務づけたとしよう．この法律の影響はどのようなものだろうか．再び3段階アプローチを適用して考えよう．

第1段階　課税はまずアイスクリームの需要に影響を及ぼす．供給曲線は影響を受けない．アイスクリームのどの所与の価格においても，売り手がアイスクリームを市場へ供給するインセンティブは変わらないからである．対照的に，買い手はアイスクリームを買うたびに，（売り手に支払う価格に加えて）政府に税金を支払わなければならない．したがって，課税はアイスクリームの需要曲線をシフトさせる．

第2段階　次にシフトの方向を明らかにしよう．買い手への課税によって

図6-7 買い手への課税

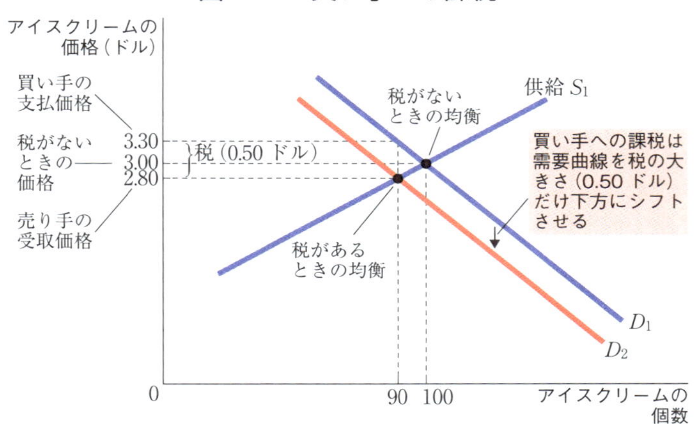

0.50ドルの税が買い手に課されると，需要曲線は D_1 から D_2 へと0.50ドルだけ下方にシフトする．アイスクリームの均衡取引量は100個から90個へと減少する．売り手が受け取る価格は3.00ドルから2.80ドルへと下落する．買い手が支払う（税込の）価格は3.00ドルから3.30ドルへと上昇する．税は買い手に課されるが，売り手と買い手は税を分担して負担することになる．

アイスクリームを購入する魅力は低下するので，買い手はどの価格においても以前よりも少ない量のアイスクリームを需要する．その結果，図6-7に示されているように，需要曲線は左方に（あるいは同じことだが下方に）シフトする．

この場合も，シフトの大きさについても正確なことがいえる．買い手に0.50ドルが課税されるので，買い手にとっての実効価格は（市場価格がいくらであっても）市場価格よりも0.50ドルだけ高い．たとえば，アイスクリームの市場価格が1個2ドルであれば，買い手にとっての実効価格は2.50ドルとなる．買い手は税金を含む総費用をみているので，あたかも市場価格が実際よりも0.50ドル高いかのように考えてアイスクリームの需要量を決める．言い換えれば，どのような量であれ，それを需要する気持ちを買い手に起こさせるためには，市場価格は税の影響を埋め合わせるために0.50ドル低くなければならない．したがって，買い手への課税は，需要曲線を D_1 から D_2 へと，ちょうど税の大きさ（0.50ドル）に相当する分だけ下方にシフトさせる．

第３段階　需要曲線がどのようにシフトするか決まったので，当初の均衡と新しい均衡とを比較することによって課税の影響がわかる．図6-7から明らかなように，アイスクリームの均衡価格は３ドルから2.80ドルへと下落し，均衡取引量は100個から90個へと減少する．この場合も，アイスクリームへの課税はアイスクリーム市場の規模を縮小し，また売り手と買い手は税の負担を分担するのである．課税前に比べて，売り手が生産物に対して受け取る価格は低くなり，買い手が売り手に対して支払う市場価格は低くなる．しかし，（買い手が支払わなければならない税を含む）実効価格は，３ドルから3.30ドルに上昇する．

結果の意味　図6-6と図6-7を比較すると，驚くべき結論が導かれる．**売り手への課税と買い手への課税は同等である．**どちらの場合も，課税によって買い手が支払う価格と売り手が受け取る価格に差額が出る．買い手の価格と売り手の価格の差額は，税が売り手と買い手のどちらに課されるかに関係なく同一である．どちらの場合も，その差額は需要曲線と供給曲線の相対的な位置をシフトさせる．新しい均衡において，売り手と買い手は税を分担して負担する．売り手に対する課税と買い手に対する課税の唯一の違いは，政府にお金を納めるのが誰かという点だけである．

この二つの税が同等であるということは，政府がすべてのアイスクリーム店のカウンターに鉢を置いて0.50ドルのアイスクリーム税を集めることを想像してみれば，おそらく容易にわかるだろう．政府が売り手に課税したときには，売り手はアイスクリームを１個販売した後にその鉢に0.50ドル入れることを要求される．政府が買い手に課税したときには，買い手はアイスクリームを１個買うたびにその鉢に0.50ドルを入れることを要求される．0.50ドルが買い手のポケットから直接鉢に入ろうが，買い手のポケットから売り手の手を経て間接的に鉢に入ろうが関係ない．ひとたび市場が新しい均衡に到達すると，税が誰に課されるかに関係なく，売り手と買い手は分担してそれを負担するのである．

議会は給与税の負担を割り振れるか

もしあなたがアメリカで給料を受け取ったことがあれば，あなたが稼いだ金額から税が控除されていることにおそらく気づくだろう．この税は連邦保険分担法令（Federal Insurance Contribution Act）の頭文字をとってFICAと呼ばれる．連邦政府はFICAからの収入を用いて，社会保障と医療保険（メディケア），すなわち高齢者に対する所得扶助と健康保険プログラムの支払いを行う．FICAは**給与税**の一種であり，企業が労働者に支払う賃金に課される税である．2010年において，典型的な労働者がFICAとして支払う総額は所得の15.3%であった．

この給与税を負担するのは誰だろうか．企業だろうか，それとも労働者だろうか．議会はこの法案を通過させたとき，税負担の割合を指定しようとした．その法律では，税の半分は企業が支払い，半分は労働者が支払うとされている．すなわち，税金の半分は企業の収入から支払われ，半分は労働者の給料から控除されるのである．給料支払いの明細書に控除として示されている金額が労働者の負担額である．

しかしながら，税の帰着に関する分析が示しているように，立法者は税の負担をそれほど簡単には割り振れない．これを例示するために，給与税は一つの財への課税にすぎないと考えて分析してみよう．財は労働であり，価格は賃金である．給与税の重要な特徴は，それが企業の支払う賃金と労働者の受け取る賃金との間に差額をつけることである．図6-8はその結果を示している．給与税が実施されると，労働者の受け取る賃金は下落し，企業が支払う賃金は上昇する．結局，労働者と企業は法律が命じるように税を分担して負担する．しかしながら，労働者と企業への税負担の割り振りは，立法化されたものとはまったく関係がない．図6-8における負担の割り振りは必ずしも半々とは限らず，法律がすべての税を労働者に課しても，企業に課しても，結果は同じである．

この例は，税の帰着の最も基本的な教訓が公の議論でしばしば見逃されることを示している．立法者は，税を買い手のポケットからとるのか，それとも売り手のポケットからとるのかを決めることはできるが，税の真の

図 6-8　給与税

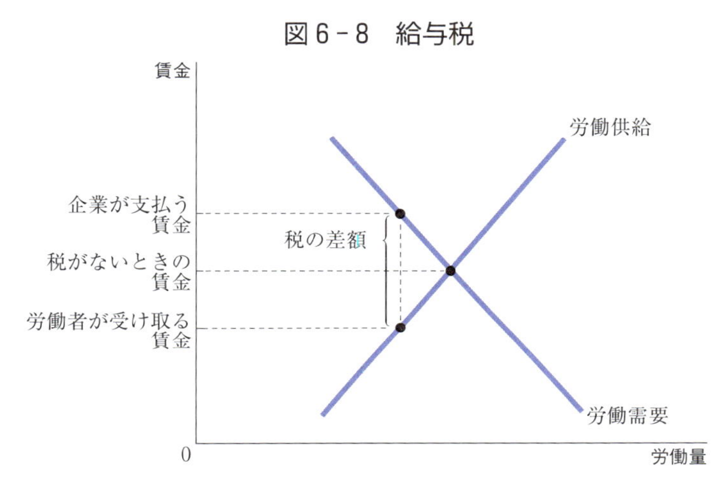

給与税は，労働者が受け取る賃金と企業が支払う賃金との間に差額をもたらす．税があるときの賃金とないときの賃金を比較すると，労働者と企業が税を分担して負担していることがわかる．労働者と企業の間のこのような税の負担の割り振りは，政府がその税を労働者に課すか，企業に課すか，それとも両方に均等に課すかに依存しない．

負担を法律で決めることはできない．税の帰着は需要と供給の作用に依存するのである．

弾力性と税の帰着

ある財に税が課されると，その財の売り手と買い手は税を分担して負担する．それでは，税は正確にはどのように負担されるのだろうか．均等に負担することはめったにないだろう．負担がどのように割り振られるかをみるため，図 6-9 の二つの市場における課税の影響を考察しよう．どちらの場合も，当初の需要曲線，当初の供給曲線，そして買い手の支払額と売り手の受取額の間に差額をもたらす税が図示されている（新しい需要曲線と供給曲線はこの図のどちらのパネルにも描かれていない．どちらの曲線がシフトするかは，税が売り手と買い手のどちらに課されるかに依存する．すでにみたように，このことは税の帰着には無関係である）．二つのパネルの違いは，需要と供給の相対的な弾力性である．

図 6-9 のパネル(a)は，供給が非常に弾力的で，需要がそれに比べると非

図6-9 税の負担はどのように割り振られるか

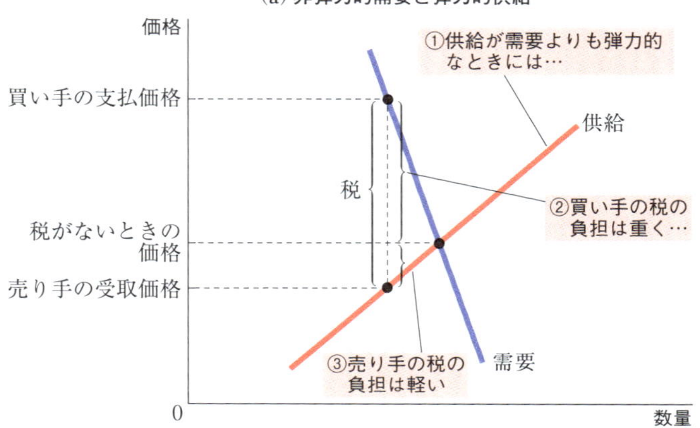

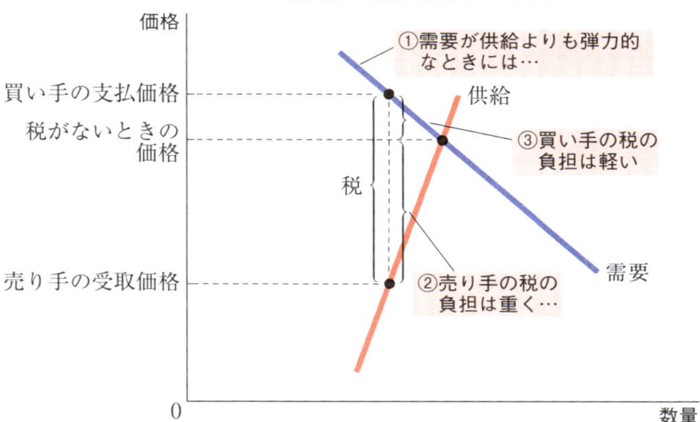

パネル(a)では，供給曲線は弾力的であり，需要曲線は非弾力的である．この場合，売り手が受け取る価格はわずかしか下落しないが，買い手が支払う価格はかなり上昇する．したがって，税の大部分は買い手が負担することになる．パネル(b)では，供給曲線は非弾力的であり，需要曲線は弾力的である．この場合，売り手が受け取る価格はかなり下落するが，買い手が支払う価格はわずかしか上昇しない．したがって，税の大部分は売り手が負担することになる．

弾力的な市場における税を示している．売り手は財の価格に非常に敏感であり（したがって供給曲線の傾きは比較的平らである），買い手はあまり敏感ではない（したがって需要曲線の傾きは比較的急である）．このような弾力性を持つ市場に税が課されると，売り手が受け取る価格はあまり下落せず，したがって売り手はわずかしか負担しない．対照的に，買い手が支払う価格はかなり上昇する．このことは税の大部分を買い手が負担することを示している．

図6-9のパネル(b)は，供給が比較的非弾力的で需要が非常に弾力的な市場における税を示している．この場合，売り手は価格の変化にあまり敏感ではなく（したがって供給曲線の傾きは急である），買い手は非常に敏感である（したがって需要曲線の傾きは平らである）．この図は，税が課されたとき，買い手が支払う価格はあまり上昇せず，売り手が受け取る価格はかなり下落することを示している．したがって，税の大部分は売り手が負担することになる．

図6-9の二つのパネルは，税の負担がどのように割り振られるかについて一般的な教訓を示している．すなわち，**税の負担は，市場のなかで弾力性が小さい側に重く割り振られる**．なぜそうなるのだろうか．本質的に，弾力性は，状況が悪化したときに，売り手や買い手が市場を離れたいと思う度合いを測る尺度である．需要の弾力性が小さいということは，買い手が特定の財を消費するにあたって適切な代替的選択肢を持たないことを意味する．供給の弾力性が小さいということは，売り手が特定の財を生産するにあたって適切な代替的選択肢を持たないことを意味する．その財が課税されると，市場のなかで適切な代替的選択肢を少ししか持っていない側は，市場を離れようと思う度合いがより小さく，したがって税をより多く負担することになるのである．

この論理は，前のケース・スタディで論じた給与税に適用することができる．ほとんどの労働経済学者は，労働供給は労働需要よりもはるかに弾力性が小さいと信じている．このことは，企業よりも労働者のほうが給与税を負担する割合が非常に高いことを意味している．言い換えれば，税の負担の割り振りは，立法者の意図に反して五分五分とは大きく異なることになるのである．

ケース・スタディ 奢侈税を支払うのは誰か

1990年に，アメリカの議会はヨット，自家用飛行機，毛皮，宝石，高級車といった品目に対する奢侈税を新たに採択した．新しい奢侈税の目的は，税を最も容易に支払うことができる人たちから収入を調達することにあった．そのような贅沢品を買うことができるのは金持ちのみなので，贅沢品への課税は金持ちに課税する論理的な方法であると考えられた．

しかしながら，需要と供給の作用が働きはじめると，その結果は議会が意図したものとまったく異なるものとなった．たとえば，ヨットの市場を考えてみよう．ヨットに対する需要はきわめて弾力的である．百万長者はヨットを買わなくても全然構わない．そのお金でもっと大きい家を買ったり，ヨーロッパでバカンスを楽しんだり，あるいは相続人に巨額の遺産を残すこともできるのである．対照的に，ヨットの供給は，少なくとも短期においては比較的非弾力的である．ヨットの工場は代替的な用途に簡単に転換できないし，ヨットを製造する労働者は市場状態の変化に対応して進んで転職しようとはしない．

このケースでは，われわれの分析は明確な予測ができる．需要が弾力的で供給が非弾力的であれば，税の負担は主として供給者にかかる．すなわち，ヨットへの課税は主としてヨットを製造する企業と労働者に負担をかける．なぜなら，彼らが受け取る生産物価格が大幅に下落するという結果に終わるからである．しかしながら，労働者は豊かではない．したがって，奢侈税は金持ちよりも中流階級により大きな負担をかける．

奢侈税の帰着に関する想定が間違っていたことは，税が施行されるとすぐに明らかになった．贅沢品の供給者は，いかに経済的な困難を経験したかを議員たちに十分に認識させた．その結果，議会は奢侈税の大部分を1993年に廃止した．

【小問】 ● 自動車の買い手に対して1台当たり1000ドル課税するとき，自動車の販売量と価格にどのような影響を与えるかを需要と供給の図を用いて示しなさい．次に，自動車の売り手に対して1台当たり1000ドル課税するとき，自動車の販売量と価格にどのような影響を与えるかを別の図で示しなさい．どちらの図にも，自動車の買い手が支払う価格の変化と自動車の売り手が受け取る価格の変化を示しなさい．

3 結論

経済は2種類の法（law）によって支配されている．一つは需要と供給の法則であり，もう一つは政府によって施行される法律である．この章では，これらの法がどのように相互作用するかについてはじめて調べた．価格規制も税も経済のさまざまな市場でよく見かけるものであり，その影響についてはしばしば新聞紙上や政策立案者の間で論争されている．経済に関する知識がわずかでもあれば，それらの政策を理解し，評価することがかなりできるようになる．

以下の諸章では，さまざまな政府の政策をより詳しく分析する．課税のさまざまな影響を詳しく調べ，この章の考察よりもさらに広範囲の政策を考える．しかしながら，この章で学んだ基本的な教訓は変わらない．すなわち，政府の政策を分析するときには，需要と供給が最初の，かつ最も有用な分析用具であるということである．

- 価格の上限とは，法律で定められた財・サービスの最高価格である．その一例は家賃規制である．もし価格の上限が均衡価格を下回っていれば，価格の上限は拘束的であり，需要量は供給量を上回る．その結果不足が生じるため，売り手は何らかの方法で財・サービスを買い手に割り当てなければならない．
- 価格の下限とは，法律で定められた財・サービスの最低価格である．その一例は最低賃金である．もし価格の下限が均衡価格を上回っていれば，価格の下限は拘束的であり，供給量は需要量を上回る．その結果余剰が生じるため，財・サービスに対する買い手の需要は何らかの方法で売り手に割

り当てられなければならない．

- 政府がある財に課税すると，その財の均衡取引量は減少する．すなわち，ある市場への課税はその市場の規模を縮小する．
- ある財への課税は買い手が支払う価格と売り手が受け取る価格に差額をもたらす．市場が新しい均衡に移動すると，買い手がその財に支払う額は増加し，売り手が受け取る額は減少する．その意味で，売り手と買い手は税を分担して負担する．税の帰着（すなわち税負担の割り振り）は，その税が売り手に課税されるか，買い手に課税されるかに依存しない．
- 税の帰着は需要と供給の価格弾力性に依存する．その負担の大部分は，市場のなかで弾力性が小さい側にかかる．なぜならば，弾力性の小さい側は，税に反応して売買の量を変えることが簡単にはできないからである．

確認問題

1. 政府が拘束力を持つ価格の下限を課すとき，何が生じるか．
   a. 供給曲線が左方にシフトする．
   b. 需要曲線が右方にシフトする．
   c. 財の不足が生じる．
   d. 財の過剰が生じる．
2. 拘束力を持つ価格の上限がある市場では，上限の上昇は供給量を（　　）させ，需要量を（　　）させ，そして（　　）を減少させる．
   a. 増加，減少，余剰
   b. 減少，増加，余剰
   c. 増加，減少，不足
   d. 減少，増加，不足
3. ある財の消費者に課せられる単位当たり1ドルの税に等しいのは，次のうちどれか．
   a. 財の生産者に課される単位当たり1ドルの税
   b. 財の生産者に支払われる単位当たり1ドルの補助金
   c. 単位当たり1ドルだけ財の価格を引き上げる価格の下限

d. 単位当たり１ドルだけ財の価格を引き上げる価格の上限

4. 供給量を増加させ，需要量を減少させ，消費者が支払う価格を上昇させるのは，次のうちどれか．

a. 拘束力を持つ価格の下限の設定

b. 拘束力を持つ価格の下限の撤廃

c. 生産者への新たな課税

d. 生産者への課税の廃止

5. 供給量を増加させ，需要量を増加させ，消費者が支払う価格を低下させるのは，次のうちどれか．

a. 拘束力を持つ価格の下限の設定

b. 拘束力を持つ価格の下限の撤廃

c. 生産者への新たな課税

d. 生産者への課税の廃止

6. ある財が課税されたとき，主として消費者に税の負担がかかるのはどの場合か．

a. 消費者に課税される場合

b. 生産者に課税される場合

c. 供給が非弾力的で，需要が弾力的である場合

d. 供給が弾力的で，需要が非弾力的である場合

復習問題

1. 価格の上限と価格の下限の例を挙げなさい．

2. 価格の上限と価格の下限では，どちらが財の不足をもたらすか．図を用いてあなたの解答の根拠を説明しなさい．

3. ある財の価格が需要と供給の均衡をもたらすことができないとき，どのようなメカニズムで資源は配分されるか．

4. 経済学者が，通常，価格規制に反対する理由を説明しなさい．

5. 政府がある財の買い手に対する税を免除し，同じ額の税をその財の売り手にかけるものと仮定する．この課税政策の変化は，この財の買い手が売り手に支払う価格，買い手が支払う額（税負担を含む），売り手が受け取

る額（税負担を除く），および財の販売量にそれぞれどのような影響を与えるだろうか.
6. ある財への課税は買い手が支払う価格，売り手が受け取る価格，財の販売量にどのような影響を与えるか.
7. 税の負担が売り手と買い手の間にどのように割り振られるかを決めるものは何か．その理由も説明しなさい.

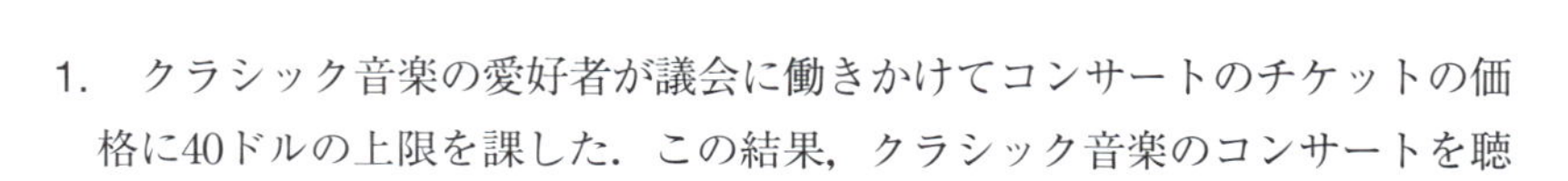

応用問題

1. クラシック音楽の愛好者が議会に働きかけてコンサートのチケットの価格に40ドルの上限を課した．この結果，クラシック音楽のコンサートを聴きに来る人は多くなるだろうか，少なくなるだろうか．説明しなさい.
2. 政府は自由市場におけるチーズの価格が低すぎると判断した.
   a. 政府がチーズ市場で拘束力を持つ価格の下限を設定するとしよう．需要と供給の図を描いて，この政策がチーズの価格と量に及ぼす影響を示しなさい．チーズは不足するだろうか，それとも余剰が生じるだろうか.
   b. チーズ農家は価格の下限のせいで総収入が減少したと不満を言っている．そういうことは起こりうるだろうか．説明しなさい.
   c. チーズ農家の不満への対応として，政府が余ったチーズを価格の下限ですべて引き取ることに同意したとしよう．当初の価格の下限と比較して，この新しい政策によって利益を受けるのは誰だろうか，損をするのは誰だろうか.
3. 最近の研究が明らかにしたところによると，フリスビーに対する需要表と供給表は以下のとおりである.

フリスビーの価格（ドル）	需要量（万枚）	供給量（万枚）
11	100	1,500
10	200	1,200
9	400	900
8	600	600
7	800	300
6	1,000	100

a.　フリスビーの均衡価格と均衡取引量を求めなさい．

b.　フリスビーの製造業者が，フリスビーの生産は空気力学に関する科学者の理解を深めるので，国防のため重要であると政府を説得したとする．関心を持った議会は均衡価格を２ドル上回る価格の下限を設定した．新しい市場価格はいくらになるだろうか．そのときフリスビーは何枚売れるだろうか．

c.　怒った大学生がワシントンで行進し，フリスビーの価格の引下げを要求したとする．事態を憂慮した議会は，価格の下限を廃止し，当初の価格の下限よりも１ドル低い水準に価格の上限を設定したとする．新しい市場価格はいくらになるだろうか．フリスビーは何枚売れるだろうか．

4.　連邦政府が，ビールを飲む人に対して，ビール１ケースにつき２ドルの税を支払うことを義務づけたとしよう（実際，連邦政府と州政府はともに，何らかの形でビール税を課している）．

a.　税がないときのビール市場の需要と供給の図を描きなさい．消費者が支払う価格，生産者が受け取る価格，ビールの販売量を示しなさい．消費者が支払う価格と生産者が受け取る価格の差はいくらだろうか．

b.　次に，課税されたあとのビール市場の需要と供給の図を描きなさい．消費者が支払う価格，生産者が受け取る価格，ビールの販売量を示しなさい．消費者が支払う価格と生産者が受け取る価格の差はいくらだろうか．ビールの販売量は増えただろうか，それとも減っただろうか．

5.　ある上院議員は，税収を引き上げて労働者の福祉を向上させたいと思っている．彼のスタッフの１人が企業の支払う給与税を引き上げ，増収分の一部を用いて労働者の支払う給与税を引き下げることを提案した．この政策は上院議員の目的を達成するだろうか．説明しなさい．

6.　もし政府が高級車に500ドルの税を課すと，消費者が支払う価格の上昇分は500ドル以上になるだろうか，500ドル以下になるだろうか，それともちょうど500ドルになるだろうか．説明しなさい．

7.　議会と大統領が，アメリカはガソリンの使用量を削減して大気汚染を減らすべきだという決定を行ったとする．そのためガソリン１ガロンにつき0.50ドルの税が課された．

a.　この税は生産者に課されるべきだろうか，それとも消費者に課されるべきだろうか．需要と供給の図を用いて注意深く説明しなさい．

b.　ガソリンの需要がより弾力的であるとすると，この税がガソリンの消費量を減らす効果はより大きいだろうか，それともより小さいだろうか．言葉と図で説明しなさい．

c.　ガソリンの消費者はこの税によって助かるだろうか，それとも損をするだろうか．その理由も説明しなさい．

d.　石油産業の労働者はこの税によって助かるだろうか，それとも損をするだろうか．その理由も説明しなさい．

8.　この章のケース・スタディは，連邦最低賃金法について論じている．

a.　最低賃金が未熟練労働の市場の均衡賃金を上回っているとしよう．未熟練労働の市場における需要と供給の図を用いて，市場賃金，雇用される労働者数，失業者数を示しなさい．また，未熟練労働に支払われる賃金の総額を示しなさい．

b.　労働長官が最低賃金の引上げを提案したとする．この引上げは雇用にどのような影響を与えるだろうか．雇用の変化は需要の弾力性に依存するだろうか，供給の弾力性に依存するだろうか，その両方に依存するだろうか，それともどちらにも依存しないだろうか．

c.　最低賃金の引上げは失業にどのような影響を及ぼすだろうか．失業の変化は需要の弾力性に依存するだろうか，供給の弾力性に依存するだろうか，その両方に依存するだろうか，それともどちらにも依存しないだろうか．

d.　もし未熟練労働の需要が非弾力的であれば，最低賃金引上げの提案は未熟練労働に支払われる賃金の総額を増大させるだろうか，それとも減少させるだろうか．逆に未熟練労働に対する需要が弾力的であれば，その答えは変わるだろうか．

9.　ボストン・レッドソックスのホームであるフェンウェイ球場には，座席が３万9000席しかない．したがって，発売されるチケットの枚数はこの数字に固定されている．収入をあげる絶好の機会ととらえたボストン市は，チケット１枚につき５ドルの税を買い手に課すことにしたとしよう．ボストンのスポーツファンは，よく知られているように公共心があるので，チケットに対する５ドルの税を忠実に支払うものとする．税の影響を示す図

（図の線の名称を正しく付して）を描きなさい．税を負担するのは誰か．チームのオーナーか，ファンか，それとも両方か．

10. ある市場が次のような供給曲線と需要曲線で表されるとしよう．

$$Q^S = 2P$$

$$Q^D = 300 - P$$

a. 均衡価格と均衡数量を導出しなさい．

b. もし政府が90ドルの価格の上限を設定すれば，不足または余剰が発生するだろうか，発生しないだろうか．価格，供給量，需要量，および不足または余剰の大きさはいくらだろうか．

c. もし政府が90ドルの価格の下限を設定すれば，不足または余剰が発生するだろうか，発生しないだろうか．価格，供給量，需要量，および不足または余剰の大きさはいくらだろうか．

d. 価格規制の代わりに，政府が生産者に30ドルの課税を行うとする．その結果，新しい供給曲線は，

$$Q^S = 2(P - 30)$$

となる．不足または余剰が発生するだろうか，発生しないだろうか．価格，供給量，需要量，および不足または余剰の大きさはいくらだろうか．

PART III

第III部 市場と厚生

CHAPTER 7

第7章

消費者，生産者，市場の効率性

Keywords
厚生経済学 welfare economics
支払許容額 willingness to pay
消費者余剰 consumer surplus
費用 cost
生産者余剰 producer surplus
効率（性） efficiency
公平（性） equality

感謝祭のディナーのために食料品店に買い物に行った消費者は，七面鳥の価格が高くてがっかりすることがある．一方で，自分の育てた七面鳥を市場に持ち込んだ農家は，七面鳥の価格がもっと高ければよいのにと思うことがある．こうしたことは驚くようなことではない．買い手はつねに支払額を少なくしたいと考え，売り手はつねに受取額を多くしたいと考えているものだ．しかし，社会全体の観点からみて，七面鳥の「適正価格」は存在するのだろうか．

これまでの章では，市場経済において需要と供給の作用がどのように財やサービスの価格と数量を決めるかをみてきた．しかし，そこでの分析は，市場による希少資源の配分方法が望ましいものかどうかということを問わないものであった．言い換えれば，われわれの分析は**規範的**（どうあるべきか）ではなく，**実証的**（どうなっているか）であった．七面鳥の価格が需要量と供給量が等しくなるように調整されることはわかった．しかし，この均衡において生産・消費される七面鳥の数は，多すぎたり少なすぎたりすることはないのだろうか．本当に適正なのだろうか．

この章では，**厚生経済学**のトピック，すなわち，資源配分が経済厚生にどのような影響を及ぼすかを考える．まず，売り手と買い手が市場に参加することによって得られる便益を調べ，次に社会がどうすればそれらの便益をできるだけ大きくすることができるかを調べる．これらの分析により，意義深い結論を得ることができる．どの市場においても，需要と供給の均衡は，売り手と買い手が得る総便益を最大にしているのである．

第１章で説明した**経済学の十大原理**の一つ，「通常，市場は経済活動を組織する良策である」は，厚生経済学を学ぶことによってより深く理解できる．また，それによって七面鳥の適正価格もわかる．すなわち，七面鳥の需要と供給が釣り合うような価格が実際に最もよい価格なのである．なぜならば，そのとき七面鳥の生産者と消費者の総厚生が最大になるからである．七面鳥の生産者も消費者も総厚生の最大化をめざしているわけではないが，市場価格に基づいた消費者と生産者の行動が，あたかも見えざる手に導かれたかのように厚生最大化の結果をもたらすのである．

厚生経済学 welfare economics：資源配分が経済厚生に与える影響を研究する分野．

消費者余剰

厚生経済学の学習にあたって，買い手が市場に参加することから得られる便益をまずみてみよう．

●支払許容額

あなたがエルヴィス・プレスリーの未使用のファーストアルバムを持っているとしよう．あなたはエルヴィスのファンではないので，それを売ることにした．売却の一つの方法は競売を開くことである．

テイラー，キャリー，リアーナ，ガガの4人のエルヴィス・ファンが競売に現れたとする．4人ともそのアルバムを欲しがっているが，支払ってもよいと思っている金額にはそれぞれ上限がある．表7-1は，それぞれが支払ってもよいと思っている最高価格を示している．それぞれの買い手の最高額をその人の**支払許容額**と呼ぶ．支払許容額は，買い手の財に対する評価額を測ったものである．それぞれの買い手は，アルバムの価格が自分の支払許容額よりも低ければ購入しようとし，高ければ購入を見送る．アルバムの価格が自分の支払許容額に等しければ，購入するしないは無差別となる．すなわち，アルバムを購入することと購入しないでお金を手元に残すことは，同じ満足度を買い手にもたらすのである．

アルバムを売るにあたって，競売を低い価格，たとえば10ドルから始めたとしよう．4人とももっと支払ってもよいと思っているので，価格はすぐに

表7-1 4人の潜在的な買い手の支払許容額

買い手	支払許容額（ドル）
テイラー	100
キャリー	80
リアーナ	70
ガガ	50

支払許容額 willingness to pay：買い手が財に対して支払ってもよいと思う最大額．

つり上がる．競売は，テイラーが80ドル（あるいはそれよりも少しだけ高い価格）をつけたときに終わる．キャリー，リアーナ，ガガは80ドルを超える金額を支払う気はないので，この時点までに競売から脱落する．テイラーは，あなたに80ドル支払うのと引換えにアルバムを手に入れる．アルバムを最も高く評価した買い手がそれを購入することに注意しよう．

テイラーはエルヴィス・プレスリーのアルバムを手に入れることでどのような便益を得るのだろうか．ある意味，テイラーは安い買い物をしたといえる．彼女は100ドル支払う意思があったにもかかわらず，80ドルの支払いですんだからである．このとき，テイラーは20ドルの消費者余剰を得たという．**消費者余剰**とは，ある財に対して買い手が支払ってもよいと思っている金額から，実際に買い手が支払った金額を差し引いたものである．

消費者余剰は，買い手が市場に参加することで得られる便益を測る尺度である．この例では，テイラーは100ドルの評価をした財に80ドルしか支払わなかったので，競売に参加することによって20ドルの便益を得た．キャリー，リアーナ，ガガは競売から消費者余剰をまったく得ていない．彼女たちはアルバムを入手できず，何の支払いもしていないからである．

ここで，やや異なる例を考えてみよう．あなたが同一のエルヴィス・プレスリーのアルバムを2枚売りに出すとどうなるだろうか．ここでも，4人の買い手に対して競売をするとしよう．簡単化のために，どちらのアルバムも同じ価格で売られ，2枚とも購入したいと思っている人はいないとする．そうすると，買い手が2人になるまで価格は上昇する．

このケースでは，テイラーとキャリーが70ドル（あるいはそれよりも少しだけ高い価格）をつけたときに競売が終わりになる．テイラーとキャリーはこの価格で喜んでアルバムを購入しようとし，リアーナとガガはそれ以上の価格をつけるつもりはない．テイラーとキャリーはそれぞれ，支払許容額から実際の価格を差し引いた金額に等しい消費者余剰を得ている．テイラーの消費者余剰は30ドルであり，キャリーの消費者余剰は10ドルである．テイラーの消費者余剰は，アルバムが1枚しかないケースよりも大きくなる．なぜなら同じものに対して少ない金額しか支払っていないためである．市場にお

消費者余剰 consumer surplus：買い手の支払許容額から実際に支払った金額を差し引いた額．

ける総消費者余剰は40ドルである.

●需要曲線を用いた消費者余剰の測定

消費者余剰はその製品に対する需要曲線と密接なつながりがある. どのようなつながりがあるかをみるために, 引き続き希少なエルヴィス・プレスリーのアルバムを取り上げ, その需要曲線を考えてみよう.

まず, 4人の潜在的な買い手の支払許容額を用いて, アルバムに対する需要表をみてみよう. 図7-1の表は, 表7-1に対応する需要表を表している. もし価格が100ドルを超えていれば, それまで支払おうという人はいないので, 市場における需要量はゼロとなる. 価格が80ドルから100ドルの間では, テイラーだけがその高価格を支払う意思を持っているので需要量は1となる. 価格が70ドルから80ドルの間であれば, テイラーとキャリーの2人がその価格を支払う意思を持っているので需要量は2となる. 他の価格についても同じように調べることができる. このようにして, 4人の潜在的な買い手の支払許容額から需要表を導くことができる.

図7-1のグラフは, この需要表に対応する需要曲線を描いたものである. 需要曲線の高さと買い手の支払許容額との関係に注意しよう. どのような量においても, 需要曲線で表された価格は**限界的な買い手**の支払許容額を示している. 限界的な買い手とは, 価格がそれよりも高くなったときに真っ先に市場から退出する買い手のことである. たとえば, アルバムが4枚のときの需要曲線の高さは, (限界的な買い手である) ガガのアルバムに対する支払許容額の50ドルである. アルバムが3枚のときの需要曲線の高さは, (新たに限界的な買い手となる) リアーナの支払許容額の70ドルである.

需要曲線は買い手の支払許容額を表しているので, 需要曲線を用いて消費者余剰を測ることもできる. 図7-2では, 需要曲線を用いて消費者余剰を測っている. パネル(a)では, 価格は80ドル (あるいはわずかにそれよりも上) であり, 需要量は1である. 需要曲線と価格に囲まれた部分 (価格よりも上で需要曲線よりも下の部分) の面積が20ドルになることに注意しよう. この金額はちょうど先ほどアルバムが1枚だけ売れたときに計算した消費者余剰である.

図7-2のパネル(b)は, 価格が70ドル (あるいはわずかにそれよりも上)

図7－1　需要表と需要曲線

価格（ドル）	買い手	需要量
100～	なし	0
80～100	テイラー	1
70～80	テイラー，キャリー	2
50～70	テイラー，キャリー，リアーナ	3
～50	テイラー，キャリー，リアーナ，ガガ	4

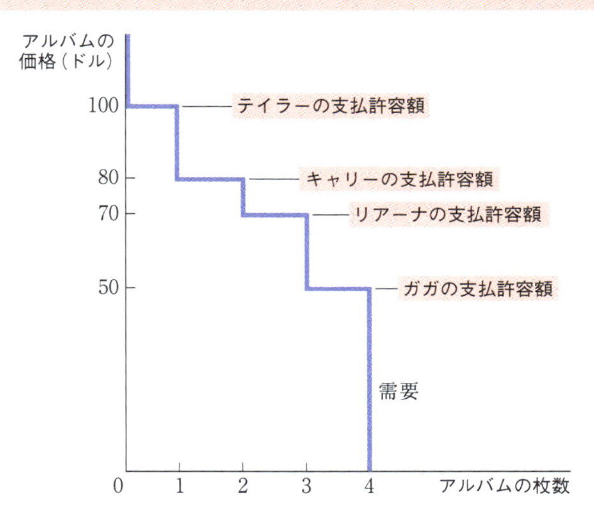

上の需要表は表7-1の買い手の需要表を表し，また下の図はその需要表から需要曲線を描いたものである．需要曲線の高さが買い手の支払許容額を表していることに注意しよう．

のときの消費者余剰を示している．このケースでは，価格よりも上で需要曲線よりも下の部分の面積は，二つの長方形の総面積に等しくなる．この価格におけるテイラーの消費者余剰は30ドルであり，キャリーの消費者余剰は10ドルなので，面積は合計で40ドルとなる．ここでもまた，この金額は先に計算した消費者余剰になっている．

この例から得られる教訓は，すべての需要曲線に当てはまる．すなわち，**価格よりも上で需要曲線よりも下の部分の面積は，市場の消費者余剰になる**．なぜならば，需要曲線の高さは支払許容額を表し，買い手が財にどれだけの価値をつけるかを示しているからである．支払許容額と市場価格との差はそ

図 7-2　需要曲線を用いた消費者余剰の計測

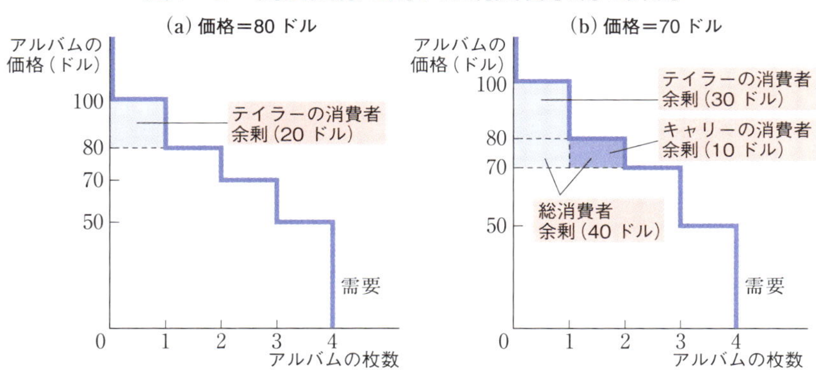

パネル(a)では，財の価格は80ドルであり，消費者余剰は20ドルである．パネル(b)では，財の価格は70ドルであり，消費者余剰は40ドルである．

れぞれの買い手の消費者余剰である．したがって，需要曲線よりも下で価格よりも上の部分の総面積は，ある財・サービスに対する市場におけるすべての買い手の消費者余剰の合計となる．

●価格の下落はどのように消費者余剰を増加させるか

買い手はつねに少ない支払いで財を購入したいと考えているので，価格の下落は買い手の厚生を改善する．しかし価格の下落によって買い手の厚生はどの程度増加するのだろうか．消費者余剰の概念を用いてこの疑問に答えよう．

図 7-3 は典型的な需要曲線を表している．この曲線は，階段状になっている図 7-1 と違って，スムーズな右下がりとなっている．買い手がたくさんいる市場では，1 人の買い手が市場から退出することによる階段状の形状は無視できるほど小さくなるため，スムーズな曲線となる．この需要曲線は前の二つの階段状の需要曲線とは形が異なるが，いままでの分析を適用することができる．消費者余剰は，価格よりも上で需要曲線よりも下の部分の面積である．パネル(a)において，価格が P_1 のときの消費者余剰は三角形 ABC の面積である．

ここで，パネル(b)に示されているように，価格が P_1 から P_2 に下落した

図 7-3 価格が消費者余剰に与える影響

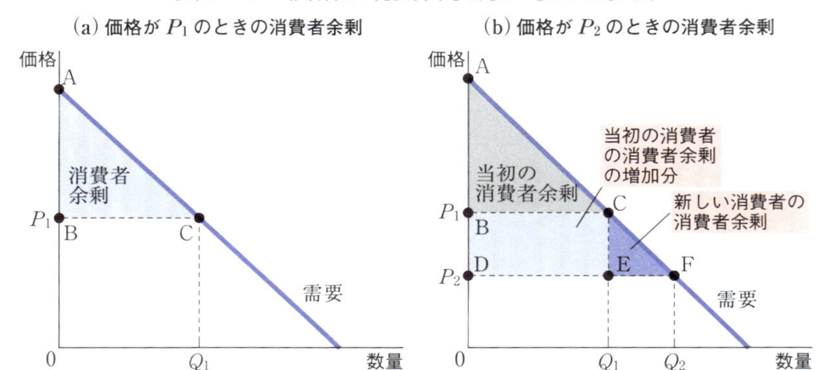

パネル(a)では価格は P_1，需要量は Q_1 であり，消費者余剰は三角形 ABC の面積にあたる．パネル(b)のように価格が P_1 から P_2 に下落すると，需要量は Q_1 から Q_2 へ増加し，消費者余剰は三角形 ADF の面積に拡大する．消費者余剰の増加分（BCFD の面積）は，すでに市場に参加していた消費者の支払額が減少する部分（BCED の面積）と新たに市場に参加する消費者が以前よりも低い価格で購入する部分（CEF の面積）からなる．

としよう．このとき消費者余剰は ADF となる．価格の下落によって，消費者余剰は BCFD の面積の分だけ増加している．

この消費者余剰の増加分は，二つの部分からなる．まず，すでに P_1 という高い価格で Q_1 の量の財を買っていた買い手は，支払額が減少するので厚生が改善する．すでに市場に参加していた買い手の消費者余剰の増加分は，支払額の減少分であり，長方形 BCED の面積にあたる．そして，価格が下落したため，その財を購入する気になった買い手が新たに市場に参入する．その結果，市場における需要量は Q_1 から Q_2 へと増加する．新規参入者が受け取る消費者余剰は三角形 CEF の面積にあたる．

●消費者余剰は何を測っているか

消費者余剰の概念を導入した目的は，市場の成果の望ましさについての判断を行うことにある．ここまでは消費者余剰が何であるかをみてきたので，次にそれが経済厚生のよい尺度かどうかを考えてみよう．

あなたは政策立案者であり，よい経済システムを計画しようとしているとしよう．あなたは消費者余剰の量を気にかけるだろうか．消費者余剰は支払許容額から実際の価格を差し引いた金額であり，買い手自身が認識する財から得られる便益を測る尺度である．したがって消費者余剰は，政策立案者が買い手の嗜好を重視するのであれば，経済厚生のよい指標だといえる．

ある状況の下では，政策立案者が買い手の行動のもととなる買い手の嗜好に問題があると考え，消費者余剰を無視する可能性もある．たとえば，麻薬中毒者はヘロインの価格が高くてもお金を支払おうとするだろう．しかし，われわれは，麻薬中毒者がヘロインを安く買えることから大きな便益を得ているとは考えないだろう（たとえ麻薬中毒者がそう言ったとしてもである）．社会的観点からは，この例における支払許容額は買い手の便益を測るよい指標ではなく，消費者余剰は経済厚生のよい指標ではない．なぜなら，麻薬中毒者は自分の利益の最大化をしていないからである．

しかしながら，ほとんどの市場においては，消費者余剰は経済厚生を反映している．通常，経済学者は，買い手が購入の判断をするとき，合理的であると仮定する．合理的な人々は，与えられた機会のもとで，目的を達成するために最善を尽くす．また経済学者は通常，人々の選好は尊重されるとも仮定する．この場合，消費者は購入する財からどれだけの便益を得るかを判断する最良の審判者である．

【小問】 ●七面鳥の需要曲線を描き，七面鳥の価格とその価格の下での消費者余剰を示しなさい．また，この消費者余剰が何を測っているかを説明しなさい．

2 生産者余剰

今度は市場のもう一つの側面に目を向けて，売り手が市場に参加することから得られる便益を考えてみよう．後で明らかになるように，売り手の厚生分析は買い手の厚生分析とよく似ている．

●費用と受取許容額

所有している家のペンキを塗り替えたいとあなたは思っているとしよう．ヴィンセント，クロード，パブロ，アンディという４人の塗装業者がいて，どの塗装業者も価格が折り合えば，あなたのために仕事をしたいと思っている．あなたは仕事を競売にかけ，４人の塗装業者のなかで最も低い価格をつけた人に仕事を頼むことにする．

どの塗装業者も，価格が仕事に要する費用を上回るのであれば仕事を引き受けたいと思っている．ここで，**費用**という言葉は塗装業者の機会費用と解釈すべきである．すなわち，その費用は（ペンキ，ブラシなどといった）塗装業者自身の経費と，塗装業者が自分の時間につける価値の両方が含まれている．表7-2はそれぞれの塗装業者の費用を表している．塗装業者の費用は仕事を引き受ける際の最低価格なので，費用は塗装業者のサービスを提供する意思を測る尺度となる．それぞれの塗装業者は，価格が費用よりも高ければサービスを提供しようとし，低ければ提供するつもりはない．価格が費用と等しいときには，塗装業者にとっては，サービスを提供することとしないことは無差別である．すなわち，仕事を引き受けても，仕事を引き受けないでその労力と時間を他のことに使っても全く同じ満足を得る．

塗装業者を選ぶにあたって，競売は高い価格から始まるかもしれないが，塗装業者が競争するのですぐに価格は下落する．アンディが600ドル（あるいはそれよりも少しだけ低い価格）をつけると彼だけが競売に残ることになる．アンディの費用は500ドルなので，アンディはこの価格で喜んで仕事を引き受ける．ヴィンセント，クロード，パブロは600ドルよりも低い価格では仕事を引き受けようとしない．最も低い費用で働くことができる塗装業者が仕事を請け負うことに注意しよう．

アンディは仕事を引き受けることからどのような便益を得るのだろうか．

表7-2　4人の潜在的な売り手の費用

売り手	費用（ドル）
ヴィンセント	900
クロード	800
パブロ	600
アンディ	500

費用 cost：財を生産するために売り手が放棄しなければならないすべてのものの価値．

彼は500ドルでも喜んで仕事を引き受けるつもりだったが，実際は600ドルを得るので，100ドルの**生産者余剰**を得るという．**生産者余剰**とは，売り手に支払われた金額から生産に要する費用を差し引いたものである．生産者余剰は，生産者が市場に参加することから得られる便益を測る尺度である．

ここで，やや異なる例を考えてみよう．あなたは塗装が必要な２軒の家を所有しているとする．ここでも，４人の塗装業者の誰に依頼するかを競売で決めるとする．話を簡単にするために，どの塗装業者も両方の家を塗装することはできないとし，あなたはそれぞれの家の塗装に対して同じ金額を支払うとする．したがって，２人の塗装業者が残るまで価格は下落することになる．

このケースでは，パブロとアンディそれぞれが800ドル（あるいはそれよりもわずかに少ない金額）をつけたときに競売が終わる．この価格で，パブロとアンディは喜んで仕事を引き受け，ヴィンセントとクロードはそれよりも低い価格をつけるつもりはない．価格が800ドルのときに，アンディは300ドルの生産者余剰を得て，パブロは200ドルの生産者余剰を得る．市場における総生産者余剰は500ドルである．

●供給曲線を用いた生産者余剰の測定

消費者余剰が需要曲線と密接に関係していたように，生産者余剰は供給曲線と密接に関係している．引き続き塗装業者の例で考えてみよう．

まず，４人の費用をもとに，塗装サービスの供給表をつくってみよう．図7-4の表は，表7-2の費用に対応した供給表を表している．もし価格が500ドル未満であれば，誰も仕事を引き受けないので，供給量はゼロとなる．価格が500ドル以上600ドル未満であれば，アンディのみが仕事を引き受けるので，供給量は１になる．600ドル以上800ドル未満であれば，アンディとパブロが仕事を引き受けるので，供給量は２となる．以下同じように続くので，４人の塗装業者の費用から供給表を導くことができる．

図7-4のグラフは，この供給表に対応する供給曲線を描いたものである．供給曲線の高さが売り手の費用に関係していることに注意しよう．どのよう

生産者余剰 producer surplus：売り手が受け取った金額から売り手の費用を差し引いた額．

図 7-4 供給表と供給曲線

価格（ドル）	売り手	供給量
900〜	ヴィンセント，クロード，パブロ，アンディ	4
800〜900	クロード，パブロ，アンディ	3
600〜800	パブロ，アンディ	2
500〜600	アンディ	1
〜500	なし	0

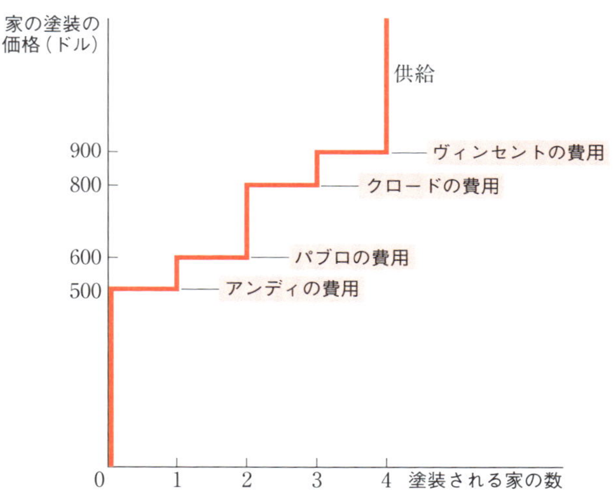

上の供給表は表 7-2 の売り手の供給表を表し，また下の図はその供給表から供給曲線を描いたものである．供給曲線の高さが売り手の費用を表していることに注意しよう．

な数量においても，供給曲線によって与えられる価格は**限界的な売り手**の費用を表している．限界的な売り手とは，価格がそれよりも低くなったときに真っ先に市場から退出する売り手のことである．たとえば，家が 4 軒のときの供給曲線の高さは900ドルであり，（限界的な売り手である）ヴィンセントが仕事を請け負う費用である．家が 3 軒のときには供給曲線の高さは800ドルであり，（新たに限界的な売り手となった）クロードが仕事を請け負う費用である．

供給曲線は売り手の費用を反映しているので，供給曲線を用いて生産者余剰を測ることができる．図 7-5 は供給曲線を用いて上の二つの例における生

図 7－5　供給曲線を用いた生産者余剰の計測

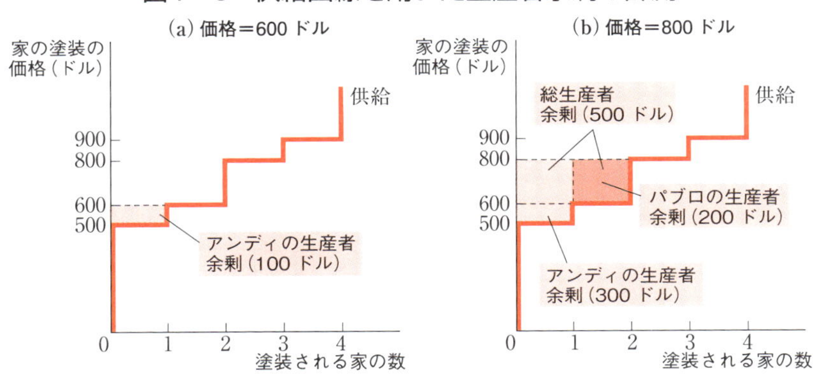

パネル(a)では，財の価格は600ドルであり，生産者余剰は100ドルである．パネル(b)では，財の価格は800ドルであり，生産者余剰は500ドルである．

産者余剰を計算している．パネル(a)では，価格が600ドル（あるいはそれよりわずかに下）と仮定されている．このケースでは供給量は1である．供給曲線と価格で囲まれた部分（価格よりも下で供給曲線よりも上の部分）の面積が100ドルであることに注意しよう．この金額は，先ほど計算したアンディの生産者余剰とちょうど等しい．

図7-5のパネル(b)は，価格が800ドル（あるいはそれよりわずかに下）のときの生産者余剰を示している．このケースでは，価格よりも下で供給曲線よりも上の部分の面積は，二つの長方形の総面積と等しい．その面積は500ドルであり，2軒の家の塗装が必要な際に計算したパブロとアンディの生産者余剰に等しい．

この例から得られる教訓はすべての供給曲線に当てはまる．すなわち，**価格よりも下で供給曲線よりも上の部分の面積は，市場の生産者余剰を表している**．その論理は明らかである．供給曲線の高さは売り手の費用を表し，価格と生産費用の差は各売り手の生産者余剰である．したがって，総面積はすべての売り手の生産者余剰の合計である．

●価格の上昇はどのように生産者余剰を増加させるか

売り手はつねに財を販売するときの受取価格を高くしたいと思っていると

図 7-6 価格が生産者余剰に与える影響

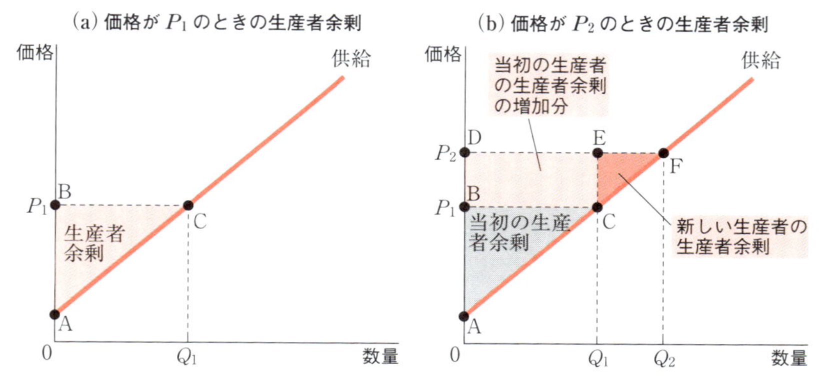

パネル(a)では価格は P_1，供給量は Q_1 であり，生産者余剰は三角形 ABC にあたる．パネル(b)のように価格が P_1 から P_2 に上昇すると，供給量は Q_1 から Q_2 へと増加し，生産者余剰は三角形 ADF の面積に拡大する．生産者余剰の増加分（BCFD の面積）は，すでに市場に参加していた生産者の受取額が増加する部分（BCED の面積）と新たに市場に参加する生産者が以前に比べて高い価格で販売する部分（CEF の面積）から生じる．

聞いても驚かないだろう．しかし，価格の上昇によって売り手の厚生はどれくらい増加するのだろうか．生産者余剰の概念は，この疑問に対する適切な解答を提供してくれる．

図 7-6 は市場にたくさんの売り手がいる場合に描ける典型的な右上がりの供給曲線である．この供給曲線は前の図の供給曲線とは形が異なるが，同じように生産者余剰を測ることができる．生産者余剰は，価格よりも下で供給曲線よりも上の部分の面積である．パネル(a)では，価格は P_1 であり，生産者余剰は三角形 ABC の面積である．

パネル(b)は，価格が P_1 から P_2 へ上昇するとどのようなことが起こるかを示している．生産者余剰は三角形 ADF の面積にあたる．生産者余剰の増加は二つの部分からなる．まず，すでに P_1 という低い価格で Q_1 の量の財を売っていた売り手は，受取額が増加するので，厚生が改善する．すでに市場に参加していた売り手の生産者余剰の増加分は，長方形 BCED の面積にあたる．そして，価格が上昇したために，その財を生産する気になった売り手が新しく市場に参入することにより，供給量は Q_1 から Q_2 へと増加する．新規参入者の生産者余剰は三角形 CEF の面積である．

この分析が示すように，生産者余剰を用いて売り手の経済厚生を測ることと，消費者余剰を用いて買い手の経済厚生を測ることの間には多くの共通点がある．この二つの経済厚生の測定はきわめてよく似ているので，ひとまとめにして用いてもおかしくはない．実際，次節ではまさにそれを行うのである．

【小問】 ●七面鳥の供給曲線を描き，七面鳥の価格とその価格の下での生産者余剰を示しなさい．また，この生産者余剰が何を測っているかを説明しなさい．

3 市場の効率性

消費者余剰と生産者余剰は，市場の買い手と売り手の厚生を分析する際に用いられる基本的な分析用具である．これらの分析用具は，基本的な経済問題を考える際に役立つ．それは，自由市場によって決定された資源配分は望ましいものだろうかという問題である．

●博愛的統治者

市場の成果を評価するために，博愛的統治者という新しい仮想的な人物を分析に導入しよう．博愛的統治者は全知全能で強力な意志を持った独裁者である．博愛的統治者は，社会のすべての人の経済厚生を最大にしたいと願っている．そのためには，博愛的統治者は何をすべきだろうか．売り手や買い手が自然に到達した均衡をそのまま放置すべきだろうか．あるいは何らかの手段を用いて市場の成果を変えることによって，経済厚生を高めることができるだろうか．

この問題に答えるために，博愛的統治者はまず社会の経済厚生の測り方を決めなければならない．一つの方法は，消費者余剰と生産者余剰の合計を測ることである．この合計は**総余剰**と呼ばれる．消費者余剰は買い手が市場に参加することから得られる便益であり，生産者余剰は売り手が市場に参加することから得られる便益である．したがって，総余剰を社会の経済厚生の尺度として用いることは自然である．

この経済厚生の尺度をより深く理解するために，どのように消費者余剰や生産者余剰を測るかを思い出してみよう．消費者余剰は次のように定義される．

消費者余剰 ＝ 買い手にとっての価値 − 買い手が支払った金額

同様に，生産者余剰は次のように定義される．

生産者余剰 ＝ 売り手が受け取った金額 − 売り手の費用

消費者余剰と生産者余剰を加えると，以下のようになる．

総余剰 ＝（買い手にとっての価値 − 買い手が支払った金額）
＋（売り手が受け取った金額 − 売り手の費用）

買い手が支払った金額と売り手が受け取った金額は等しいので，この式の右辺の真ん中の二つの項は相殺される．結果として総余剰は次のようになる．

総余剰 ＝ 買い手にとっての価値 − 売り手の費用

市場における総余剰は，支払許容額で測った買い手にとっての財の価値から財を供給する売り手の総費用を差し引いたものである．

ある資源配分が総余剰を最大化しているとき，その配分は**効率**的であるという．ある配分が効率的でなければ，売り手と買い手の間の取引で実現していない潜在的利益があることになる．たとえば，最も費用の低い売り手が財を生産していなければ，その配分は非効率的である．このような場合には，費用が高い生産者から費用が低い生産者に財の生産を移すことによって，総費用は減少し，総余剰は増加するだろう．同様に，財に最も高い価値をつける消費者がその財を消費していなければ，その配分は非効率的である．このような場合，低い価値をつける買い手から高い価値をつける買い手に財の消費を移すことによって，総余剰は増加するだろう．

博愛的統治者は，効率に加えて公平にも気を遣うかもしれない．**公平**とは，市場におけるさまざまな売り手と買い手が同じような水準の経済厚生を享受しているということである．本質的には，市場での取引からの利益は，市場参加者の間で分けられるパイのようなものである．効率の問題はパイが最大の大きさになっているかどうかの問題であり，公平の問題はパイがどのように切り分けられ，それらが社会の構成メンバーにどのように配分されるかに

効率（性） efficiency：社会のすべての構成員が享受する総余剰を最大にするような資源配分の状態．

公平（性） equality：経済的繁栄が社会の構成員の間に均一的に享受されること．

関わる問題である．この章では，効率を博愛的統治者の目的とする．ただし，実際の政策立案者は公平もしばしば気にかけていることは覚えておこう．

●市場均衡の評価

図7-7は，市場で需要と供給が均衡したときの消費者余剰と生産者余剰を示している．消費者余剰は価格よりも上で需要曲線よりも下の部分の面積に等しく，生産者余剰は価格よりも下で供給曲線より上の面積に等しいことを思い出そう．したがって，この市場からの総余剰は，均衡点までの供給曲線と需要曲線に囲まれた総面積で表される．

この均衡における資源配分は効率的だろうか．言い換えれば，総余剰は最大になっているだろうか．この問題に答えるために，市場が均衡にあるときには，どの売り手とどの買い手が市場に参加するかは価格によって決まることを思い出そう．価格よりも財を高く評価している買い手（需要曲線のAEの部分で表される）は財を買おうとし，価格よりも財を低く評価している買い手（需要曲線のEBの部分で表される）は財を買おうとしない．同様に，価格よりも費用が低い（供給曲線のCEの部分で表される）売り手は財を売

図7-7　市場均衡における消費者余剰と生産者余剰

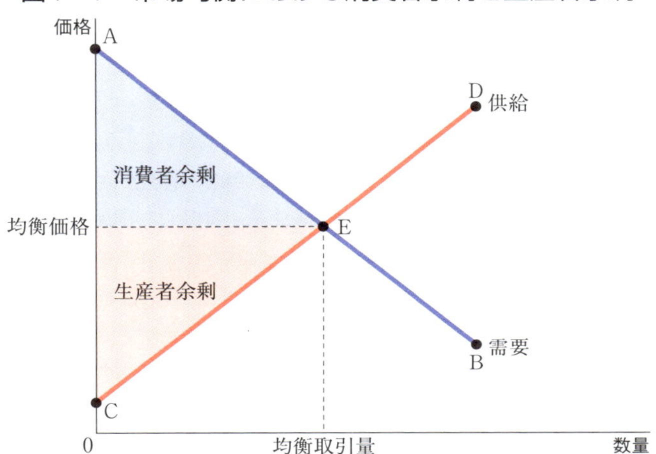

消費者余剰と生産者余剰の合計である総余剰は，均衡取引量までの需要曲線と供給曲線との間の面積である．

ろうとし，価格よりも費用が高い（供給曲線のEDの部分で表される）売り手は財を売ろうとしない．

これらの観察結果から，市場の成果について二つの洞察が得られる．

1. 自由市場は，支払許容額で測ったときに最も高い価値をつける買い手に財の供給を配分する．
2. 自由市場は，最も低い費用で生産できる売り手に財の需要を配分する．

したがって，市場均衡で生産・販売される量の下では，博愛的統治者は買い手の間での消費の配分や売り手の間での生産の配分を変えることによって，経済厚生を増加させることはできない．

それでは，財の量を増減させれば経済厚生を増加させることはできるだろうか．答えは否である．その理由は市場の成果に関する第3の洞察として以下のように述べることができる．

3. 自由市場は，消費者余剰と生産者余剰の合計を最大にするような財の量を生産する．

図7-8はこれが正しいことを示している．この図を見るにあたっては，需要曲線は買い手にとっての価値を表し，供給曲線は売り手の費用を表していることを思い出そう．Q_1のように財の量が均衡水準を下回るときには，限界的な買い手にとっての価値が限界的な売り手の費用を上回っている．その結果，生産量と消費量が増加するにつれて総余剰が増加し，均衡水準に到達するまでその状態が続く．同様に，Q_2のように財の量が均衡水準を上回るときには，限界的な買い手にとっての価値が限界的な売り手の費用を下回っている．この場合，数量が減少するにつれて総余剰が増加し，均衡水準に到達するまでその状態が続く．総余剰を最大化するために，博愛的統治者は，需要曲線と供給曲線が交わる数量を選択する．

以上の三つの市場の成果についての洞察から，市場の結果が消費者余剰と生産者余剰の合計を最大にしていることがわかる．言い換えれば，均衡での結果は資源の効率的配分を達成している．したがって，博愛的統治者はただ

図7-8 均衡取引量の効率性

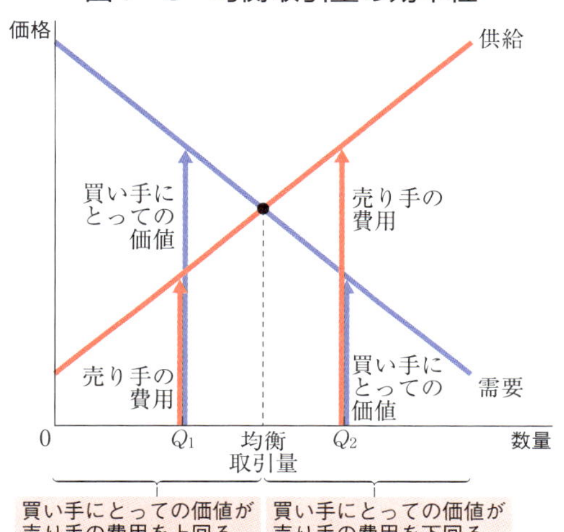

Q_1 のように均衡取引量を下回る量においては，買い手にとっての価値が売り手の費用を上回っている．Q_2 のように均衡取引量を上回る量では，売り手の費用が買い手にとっての価値を上回っている．したがって，市場均衡は消費者余剰と生産者余剰の合計を最大化している．

市場の均衡をそのまま放っておけばよい．このそのまま放っておくという政策は，直訳すれば「自由放任」だが，より広い意味では「人々が望むようにさせる」と解釈されるレッセフェールというフランス語で呼ばれている．

統治者が介入する必要がないというのは，社会にとって幸運である．全知全能の賢い独裁者が何をなすのかを想像することは有益な思考実験だが，その前によく考えてみよう．独裁者がそのようにすばらしいことはまれである．独裁者は，ほとんどの場合博愛的ではないし，たとえ徳があったとしても，重要な情報を持っていないだろう．

いま統治者が市場に頼ることなく，自分で効率的な資源配分を選ぼうとしているとしよう．そのためには，市場におけるすべての潜在的な消費者の財に対する価値とすべての潜在的な生産者の費用を知る必要がある．しかも一つの市場だけではなく，経済に存在する何千もの市場一つ一つについてこの情報が必要なのである．このような情報収集は不可能であり，なぜ中央計画経済がうまく機能しないのかを説明している．

しかし，統治者の仕事は，市場におけるアダム・スミスの見えざる手を借りれば，簡単である．見えざる手は，売り手と買い手のすべての情報を考慮して，市場に参加するすべての者を経済効率という判断基準で最もよい結果に導いてくれるのである．それは，真にすばらしいことである．このことから，なぜ経済学者が経済活動を組織する最もよい方法として自由市場がよいとしばしば主張するかがわかる．

臓器市場は存在すべきか

以前，『ボストン・グローブ』紙の１面に「母の愛がどのようにして２人の命を救ったか」という見出しが躍った．同紙は，腎臓移植が必要な息子を持つスーザン・ステファンという名の女性の話を伝えた．彼女の腎臓が息子とは適合しないことが判明したとき，医師は彼女に奇抜な提案をした．もし，まったく赤の他人のために彼女が腎臓を提供してくれるのであれば，彼女の息子を臓器移植待ちのリストの１番めに載せようと提案したのである．彼女はその提案を受諾し，直ちに彼女の腎臓を別の人物に移植する手術と，彼女の息子に第三者提供の腎臓を移植するという二つの手術が執り行われた．

医師の提案の巧妙さと，母親の行動の崇高さは疑う余地がない．しかしこの話はいくつかの興味深い問題をわれわれに投げかける．もし母親が自分の腎臓と他人の腎臓を交換することが可能なら，病院は，たとえば腎臓を提供しなければとても受けられないような実験段階の高価なガン治療といった他のものと腎臓を交換することも認めるだろうか．あるいは，息子がその病院のメディカル・スクールに無料で通えるようにするために自分の腎臓を提供することも許されるだろうか．腎臓を売って得たお金で古いシボレーからレクサスの新車に乗り換えられるようにもすべきなのだろうか．

公共政策では，人々が自分の臓器を売ることは合法ではない．つまり，臓器市場では，政府がゼロという価格の上限を課している．そのため，上限価格に縛られている他の財の場合と同様に，臓器市場は供給不足に陥っている．ステファンのケースは，公共政策に反していない．なぜなら，そこではお金のやりとりがあったわけではないからである．

多くの経済学者は，臓器の自由売買を認めることには大きな恩恵があると信じている．人々は二つの腎臓を持って生まれてくるが，通常一つあれば日常生活に支障はない．その一方で，世間にはきちんと機能する腎臓を持たないために病に苦しむ人々もいる．市場での取引が明らかに利益をもたらすにもかかわらず，取引が許されていない現状は悲惨である．腎臓移植を受けるためには，何年か待たなければならず，腎臓提供者が見つからないために死んでいくアメリカ人は毎年数千人にのぼる．もし，腎臓が必要な人たちが，二つ腎臓を持つ人から一つを買うことができたなら，価格は需要と供給が均衡するように上昇するだろう．臓器市場が自由化されれば，売り手側は新たな現金を手にすることができ，買い手は自分の命を救う臓器を買うことができるため，両者ともよりよい暮らしが送れるだろう．そして，腎臓の供給不足も解消されるだろう．

このような市場が存在することは効率的な資源配分につながるが，公平性を懸念する声もある．すなわち，臓器市場が自由化されると，臓器を最も欲し，かつ支払能力のある人から順に臓器が配分されるので，貧しい人の犠牲の上に裕福な人が恩恵を受けるという主張である．しかし，現在のシステムもまた公平といえるのだろうか．機能する腎臓を一つも手に入れることができずに死んでいく人々がいる一方で，ほとんどの人は絶対に必要なわけではない余分な臓器を持って生活している．これで公平といえるだろうか．

【小問】 ●七面鳥の需要曲線と供給曲線を描き，均衡における生産者余剰と消費者余剰を示しなさい．均衡取引量以上に七面鳥を生産すると，なぜ総余剰が減少するのかを説明しなさい．

4 結論：市場の効率性と市場の失敗

この章では，厚生経済学の基本的な分析用具である消費者余剰と生産者余剰を紹介し，それらを用いて自由市場の効率性を評価した．そこで示したように，需要と供給の作用は資源を効率的に配分する．すなわち，市場のそれぞれの売り手や買い手が自分自身の厚生にしか関心がなくても，彼らはともに見えざる手によって売り手と買い手の総便益を最大にするような均衡に導

腎臓の供給

「腎臓病の患者の延命のために人間の腎臓への支払いを認める市場を試行的に確立すべきである.」

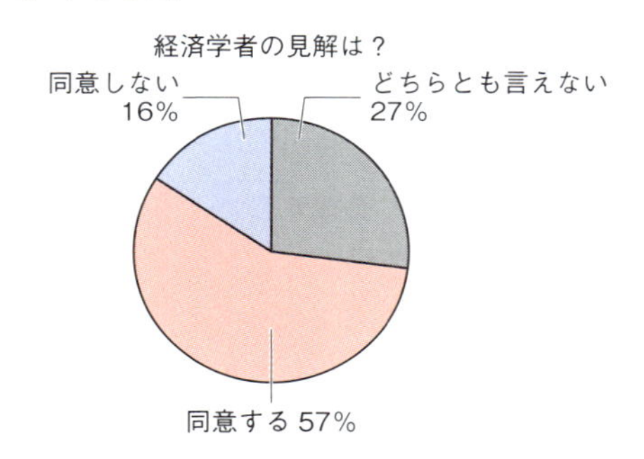

（出所） IGM Economic Experts Panel, March 11, 2014.

かれるのである.

ここで，注意すべき事柄を挙げておこう．市場が効率的であると結論するにあたって，われわれは市場がどのように機能するかについていくつかの仮定を置いた．それらの仮定が成り立たない場合，市場均衡が効率的であるという結論は成立しない可能性がある．この章を終えるにあたり，それらの仮定のなかでも最も重要なもののうちの二つについて簡単に考察しておこう．

まず，われわれは分析にあたって市場は完全に競争的であると仮定した．しかし現実の経済では，競争は完全な状態からかけ離れていることがある．いくつかの市場では，１人の売り手や買い手（あるいは少数の売り手や買い手）が市場価格をコントロールしている．こうした価格に影響を及ぼす能力のことを**市場支配力**という．市場支配力は，価格や数量を需要と供給の均衡水準から乖離させるので，市場を非効率的にすることがある．

次に，市場の成果は市場に参加している売り手と買い手にとってのみ問題となると仮定した．しかし，売り手と買い手の意思決定は，市場にまったく参加していない人々にも影響を与えることがある．環境汚染はその古典的な例である．たとえば，農薬の使用は，それを製造する生産者やそれを使用する農家のみならず，農薬によって汚染された空気や水を吸ったり飲んだりする多くの人にも影響を及ぼす．市場に**外部性**と呼ばれるそのような副作用が存在するとき，市場の厚生は買い手にとっての価値と売り手の費用以外のものにも依存することになる．売り手と買い手がどれだけ消費や生産をするかを決めるときには，そのような副作用を考慮しないかもしれないので，市場の均衡は社会全体からみると非効率になる可能性がある．

市場支配力や外部性は，**市場の失敗**というよくみかける現象の例である．市場の失敗とは，規制されていない市場が資源を効率的に配分できないことを指す．市場の失敗が存在するときには，公共政策によって問題を解決し，経済効率を上げることが潜在的に可能である．ミクロ経済学者は，市場の失敗がどのようなときに起こりやすく，その失敗をどのようにして最適に補正するかといった研究に多大な労力をつぎ込んできた．経済学の勉強を続けていくにつれて，ここで紹介した厚生経済学の分析用具がそのような努力に用いられていることがわかるだろう．

市場の失敗の可能性はあるものの，それでも市場における見えざる手は大変重要である．この章で置いた仮定は多くの市場で当てはまり，市場の効率性に関する結論が直接当てはまる．さらに，厚生経済学と市場の効率性の分析は，政府によるさまざまな政策の影響を考察する際にも用いることができる．第８章と第９章では，この章で学んだ分析用具を用いて二つの重要な政策問題を学習する．その問題とは，課税と国際貿易が厚生に与える影響である．

要約

- 消費者余剰とは，財に対する買い手の支払許容額から実際に支払った金額を差し引いたものであり，買い手が市場に参加することから得られる便益を測る尺度である．消費者余剰を求めるには，需要曲線よりも下で価格よりも上の部分の面積を計算すればよい．
- 生産者余剰とは，売り手の受け取った金額から生産に要した費用を差し引いたものであり，売り手が市場に参加することから得られる便益を測る尺度である．生産者余剰を求めるには，価格よりも下で供給曲線よりも上の部分の面積を計算すればよい．
- 総余剰（消費者余剰と生産者余剰の合計）を最大にするような資源配分を効率的という．政策立案者は経済的成果の効率ばかりでなく，公平にもしばしば関心を持つ．
- 需要と供給の均衡は，総余剰を最大にする．すなわち，市場の見えざる手により，売り手と買い手は資源を効率的に配分する．
- 市場支配力や外部性などの市場の失敗が存在すると，市場では資源が効率的に配分されない．

確認問題

1. ジェンは，自分にとって1時間の価値が60ドルだと考えている．彼女がコリーンにマッサージを施すと2時間かかる．コリーンはマッサージに300ドル支払ってもよいと思っていたが，交渉の結果，200ドルになった．この取引において，
   a. 消費者余剰は，生産者余剰より20ドル多い．
   b. 消費者余剰は，生産者余剰より40ドル多い．
   c. 生産者余剰は，消費者余剰より20ドル多い．
   d. 生産者余剰は，消費者余剰より40ドル多い．
2. クッキーの需要曲線は右下がりで，クッキーの価格が2ドルのときに需要量は100である．価格が3ドルになったら消費者余剰はどうなるか．
   a. 減少するが，減少額は100ドルより小さい．
   b. 減少するが，減少額は100ドルより大きい．
   c. 増加するが，増加額は100ドルより小さい．
   d. 増加するが，増加額は100ドルより大きい．
3. ジョンはティーチングアシスタント（TA）として学期当たり300ドルの収入を得ている．大学がTAに支払う金額を400ドルに引き上げたとき，ジャスミンが新たにTAの仕事を始めた．この支払い金額の引上げによって，生産者余剰はどれだけ増えたか．
   a. 100ドルより少ない．

b. 100ドルと200ドルの間.
c. 200ドルと300ドルの間.
d. 300ドルより多い.

4. 資源の効率的な配分によって最大化されるのは，以下のどれか.
a. 消費者余剰
b. 生産者余剰
c. 消費者余剰と生産者余剰を足し合わせたもの
d. 消費者余剰から生産者余剰を差し引いたもの

5. 市場均衡においては，買い手の支払い許容額は（　　　）となり，売り手の費用は（　　　）となる.
a. 最大，最大
b. 最大，最小
c. 最小，最大
d. 最小，最小

6. 需給均衡よりも多くの量を生産すると，限界的な買い手の支払い許容額が（　　　）なるので，非効率的である.
a. 負と
b. ゼロと
c. 正だが，限界的な売り手の費用よりも小さく
d. 正だが，限界的な売り手の費用よりも大きく

復習問題

1. 買い手の支払許容額，消費者余剰，需要曲線がどのように関連しているかを説明しなさい.
2. 売り手の費用，生産者余剰，供給曲線がどのように関連しているかを説明しなさい.
3. 需要と供給の図において，市場均衡における消費者余剰と生産者余剰を示しなさい.
4. 効率とは何か. 効率は政策立案者の唯一の目標だろうか.
5. 市場の失敗の種類を二つ答えなさい. また，なぜそれが市場の成果を非

効率にしてしまうのかを説明しなさい．

応用問題

1. メリッサは，iPhone を240ドルで購入し，160ドルの消費者余剰を得るとする．
   a. 彼女の支払許容額はいくらか．
   b. もし彼女が180ドルのセール価格で iPhone を購入したとすれば，彼女の消費者余剰はいくらか．
   c. もし iPhone の価格が500ドルだとしたら，彼女の消費者余剰はいくらか．
2. カリフォルニアに早霜があると，レモンは不作になる．このとき，レモン市場における消費者余剰に何が起こるか．また，レモネード市場における消費者余剰に何が起こるか．図を用いて説明しなさい．
3. フランスパンの需要が増加したとしよう．このとき，フランスパン市場における生産者余剰には何が起こるか説明しなさい．小麦市場における生産者余剰には何が起こるだろうか．図を用いて答えなさい．
4. 今日はとても暑く，バートは喉がからからである．彼はペットボトルの水に以下のような価値をつけている．

1本めの価値	7ドル
2本めの価値	5ドル
3本めの価値	3ドル
4本めの価値	1ドル

   a. 上の情報をもとにバートの需要表をつくりなさい．またペットボトルの水の需要曲線を描きなさい．
   b. ペットボトルの水1本の価格が4ドルのとき，バートはペットボトルの水を何本購入するだろうか．そのとき，バートの消費者余剰はどれくらいになるだろうか．バートの消費者余剰を図で示しなさい．
   c. ペットボトルの水1本の価格が2ドルに下落すると，バートの需要量と消費者余剰はどのように変わるだろうか．変化を図で示しなさい．
5. アーニーは水を汲むためのポンプを持っている．大量の水を汲むのは少量の水を汲むよりも大変なので，ペットボトルの水１本の生産に要する費用は，水をたくさん汲めば汲むほど増加する．ペットボトルの水１本の生産にかかる費用は以下のとおりである．

１本めの費用	1ドル
２本めの費用	3ドル
３本めの費用	5ドル
４本めの費用	7ドル

a.　上の情報をもとにアーニーの供給表をつくりなさい．またペットボトルの水の供給曲線を描きなさい．

b.　ペットボトルの水１本の価格が４ドルのとき，アーニーは何本生産して売るだろうか．そのとき，アーニーの生産者余剰はどれくらいになるだろうか．アーニーの生産者余剰を図で示しなさい．

c.　ペットボトルの水１本の価格が６ドルに上昇すると，供給量と生産者余剰はどのように変わるだろうか．変化を図で示しなさい．

6.　問4のバートが買い手，問5のアーニーが売り手である市場を考えなさい．

a.　アーニーの供給表とバートの需要表を用いて，価格が２ドル，４ドル，６ドルのときの需要量と供給量をそれぞれ求めなさい．需要と供給が均衡するのはどの価格のときだろうか．

b.　この均衡における消費者余剰，生産者余剰，総余剰を求めなさい．

c.　アーニーとバートが生産と消費をそれぞれ１本ずつ減らすと，総余剰はどうなるだろうか．

d.　アーニーとバートが生産と消費をそれぞれ１本ずつ増やすと，総余剰はどうなるだろうか．

7.　薄型テレビの生産費用は過去10年間で大幅に低下した．このことがどのような意味を持つかを考えてみよう．

a.　需要と供給の図を用いて，生産費用の低下が薄型テレビの価格と販売量にどのような影響を及ぼすかを示しなさい．

b.　問ａの図において，消費者余剰と生産者余剰に何が起こっているかを示しなさい．

c.　薄型テレビの供給が非常に弾力的だとする．生産費用の低下によって便益を得るのは，消費者と生産者のどちらだろうか．

8. ヘアカットに対する 4 人の消費者の支払許容額が以下のようになっているとしよう．

消費者	支払許容額（ドル）
グロリア	35
ジェイ	10
クレール	40
フィル	25

他方，ヘアカットを行う 4 軒の美容室の費用は以下のようになっている．

美容室	費用（ドル）
A	15
B	30
C	20
D	10

なお，どの美容室も 1 人しかヘアカットできないものとする．効率性の観点からみたとき，何人がヘアカットされるべきだろうか．どの美容室がヘアカットを行い，どの消費者がヘアカットをしてもらうべきだろうか．そのとき，総余剰は最大どれくらいの大きさになるか．

9. 最近数十年の経済における最大の変化の 1 つは，技術進歩によってコンピュータの生産費用が下がったことである．
   a. 需要と供給の図を用いて，コンピュータ市場における価格，販売量，消費者余剰，生産者余剰がどう変化したかを示しなさい．
   b. 40年前，学生たちは講義で提出する論文をタイプライターで書いたが，今日では学生はコンピュータを使っている．このとき，コンピュータとタイプライターは補完財だろうか，それとも代替財だろうか．需要と供給の図を用いて，タイプライター市場における価格，販売量，消費者余剰，生産者余剰がどうなったかを示しなさい．タイプライターの生産者は，コンピュータ生産における技術進歩を喜ぶべきだろうか，それとも悲しむべきだろうか.

c. コンピュータとソフトウェアは補完財だろうか，それとも代替財だろうか．需要と供給の図を用いて，ソフトウェア市場における価格，販売量，消費者余剰，生産者余剰がどうなったかを示しなさい．ソフトウェアの生産者は，コンピュータ生産における技術進歩を喜ぶべきだろうか，それとも悲しむべきだろうか.

d. 以上の分析は，ソフトウェアの生産者であるビル・ゲイツが世界の大富豪の１人である理由を説明しているだろうか.

10. あなたの友人は，二つの携帯電話会社のうちどちらにするか迷っている．A 社は，電話をかけた回数にかかわらず月120ドルの固定料金がかかる．B 社は，固定料金ではなく，通話１分１ドルの料金である．友人の１カ月当たりの通話時間は，$Q^D = 150 - 50P$（P は１分当たりの料金）で与えられる.

a. それぞれの携帯電話会社で，友人が１分余計に話すことによって，彼女の費用はいくら増えるか.

b. 問 a への答えを考慮すると，友人が話す時間は，それぞれの携帯電話会社で何分となるか.

c. 結局，彼女は毎月それぞれの携帯電話会社にいくら支払うことになるか.

d. それぞれの携帯電話会社と契約したときに，消費者余剰はいくらとなるか（ヒント：需要曲線を描き，三角形の面積を求めなさい）.

e. あなたはどちらの携帯電話会社を友人に勧めるか．その理由も答えなさい.

11. 健康保険が医療サービスの量にどのような影響を与えるかを考えてみよう．典型的な医療サービス（診察）には100ドルかかるが，健康保険の加入者は診察を受けるたびに自分では20ドルを支払い，残りの80ドルを保険会社が支払うとする（保険会社は保険料によってこの80ドルを取り戻すだろう．ただし，その場合の個々人が支払う保険料は個々人が受ける診察の回数に依存しない）.

a. 診察の市場における需要曲線を描きなさい（図を描く際に，横軸に診察回数をとること）．診察の価格が100ドルのとき，需要される診察回数はどれほどになるか.

b.　診察に消費者が20ドル支払う場合の需要量を図のなかに示しなさい. 社会にとっての診察の費用が本当は100ドルであり, 個々人が上記のような健康保険に加入しているとき, 行われている診察の回数は総余剰を最大にしているだろうか. 説明しなさい.

c.　経済学者はしばしば, 健康保険制度は医療の過剰利用につながると批判している. 上の分析をもとにして, なぜ医療の利用が「過剰」とみなされるのかを答えなさい.

d.　この過剰利用をやめさせるためにはどのような政策が必要だろうか.

CHAPTER 8

第8章

応用:課税の費用

Keywords　死荷重 deadweight loss

税はしばしば激しい政治論争を引き起こす．1776年には，イギリスの税に対するアメリカ植民地の怒りがアメリカ独立戦争を引き起こした．それから2世紀以上経っても，アメリカの政党は適切な税制や税率についていまだ議論を重ねている．税金の必要性を疑う者は誰もいないだろう．アメリカ合衆国最高裁判所の判事も務めた法律家のオリバー・ウェンデル・ホームズ・ジュニアがかつて述べたように，税金は文明社会のためにわれわれが支払うものである．

税は現代社会に大きな影響を与えるので，この教科書でモデルを拡張したときに，税の問題をまた取り扱うことになる．われわれはすでに第6章で税についての学習を開始した．第6章では，財への課税が価格や販売量にどのような影響を及ぼすのか，また需要と供給の作用が税の負担を売り手と買い手にどのように分担させるのかをみた．この章では分析を拡張し，課税が厚生に与える影響，すなわち課税が市場の参加者の経済厚生にどのような影響を及ぼすのかをみる．言い換えれば，文明社会の価格がどれほど高いのかをみる．

課税の厚生への影響は一見明らかに思えるかもしれない．政府は収入を得るために税金を集めるが，その収入は誰かのポケットから出てこなければならない．第6章でみたように，ある財に課税されると，買い手の支払価格が上がり，売り手の受取価格が下がるので，買い手と売り手の両方の厚生が低下する．しかし，課税が経済厚生に与える影響を十分に理解するためには，売り手と買い手の厚生の低下と政府の収入とを比較しなければならない．消費者余剰と生産者余剰という分析用具を用いると，そのような比較が可能になる．後に分析から明らかになるが，売り手と買い手が負担する課税の費用は，政府の収入を上回ってしまうことが多い．

1 課税の死荷重

まず，第6章の驚くべき結論の一つを思い出そう．財への課税が市場に与える影響は，財の売り手と買い手のどちらから税が徴収されるかに関係なく同じである．税が買い手から徴収される場合には，需要曲線が税の大きさだけ下方にシフトし，税が売り手から徴収される場合には，供給曲線が税の大

図 8－1　課税の影響

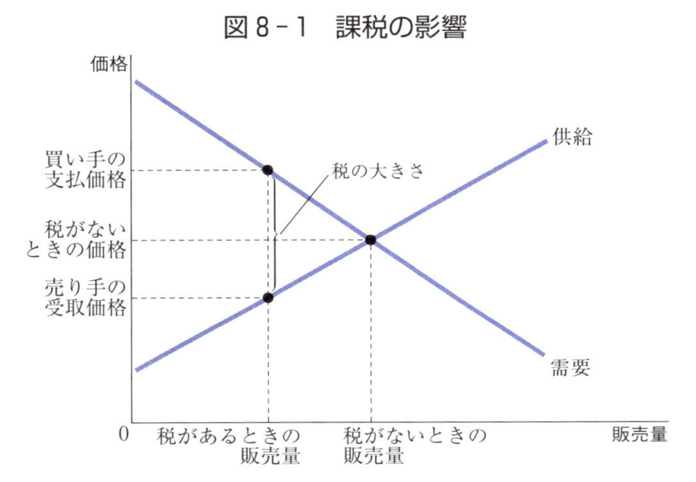

税は買い手が支払う価格と売り手が受け取る価格の間に差額をつけ，財の販売量は減少する．

きさだけ上方にシフトする．どちらの場合も，税が導入されると，買い手が支払う価格は上昇し，売り手が受け取る価格は下落する．結局のところ，需要と供給の弾力性によって，生産者と消費者の税負担がどのように割り振られるかが決まる．この税負担の分担は，税がどのように課されるかに依存しない．

図 8-1 はこの効果を示している．本来であれば需要曲線と供給曲線のどちらかがシフトするはずであるが，議論を簡単にするために，図にはそれを示していない．どちらの曲線がシフトするかは，売り手に課税されるか（供給曲線のシフト），買い手に課税されるか（需要曲線のシフト）に依存する．この章では，分析を一般的にすると同時にそれらのシフトを示さないことによって図を簡単にしている．われわれの目的にとっては，税によって買い手が支払う価格と売り手が受け取る価格の間に差額が生まれるということが重要な結果である．税による差額のために，販売量は税がないときよりも減少してしまう．言い換えれば，財への課税はその財の市場規模を縮小する．これらの結果はすでに第 6 章で得られたものである．

●課税は市場参加者にどのような影響を及ぼすか

厚生経済学の分析用具を用いて，財への課税による利益と損失を比較してみよう．そのためには，税が売り手と買い手と政府にどのような影響を及ぼすかを考慮しなければならない．市場で買い手が受け取る便益は，財に対する支払許容額から実際の支払額を差し引いた消費者余剰で測ることができる．市場で売り手が受け取る便益は，財と引換えに受け取る金額から費用を差し引いた生産者余剰で測ることができる．これらはまさに第7章で用いた経済厚生を測る尺度である．

第3の利害関係者である政府についてはどうだろうか．税の大きさを T，販売量を Q とすると，政府は $T\times Q$ の税収を得る．政府はその税収を用いて，道路，警察，公教育などのサービスを提供したり，貧困者を援助したりする．したがって，税が経済厚生にどのような影響を及ぼすかを分析するために，課税による便益を政府の税収によって測る．ただし，この便益は実際には政府にもたらされるのではなく，この税収が使われる対象の人々にもたらされることに留意しよう．

図8-2は，政府の税収が需要曲線と供給曲線との間の長方形によって表さ

図8－2　税収

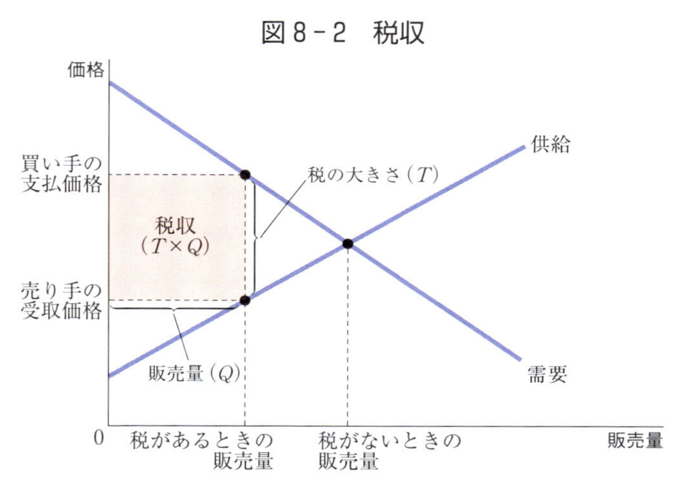

政府が得る税収は $T\times Q$，すなわち税の大きさ T と販売量 Q の積である．したがって，税収は需要曲線と供給曲線との間の長方形の面積となる．

図 8－3　課税の厚生への影響

	課税前	課税後	変化
消費者余剰	A＋B＋C	A	－(B＋C)
生産者余剰	D＋E＋F	F	－(D＋E)
税収	なし	B＋D	＋(B＋D)
総余剰	A＋B＋C＋D＋E＋F	A＋B＋D＋F	－(C＋E)

C＋E の面積は総余剰の減少，つまり，課税による死荷重を示している．

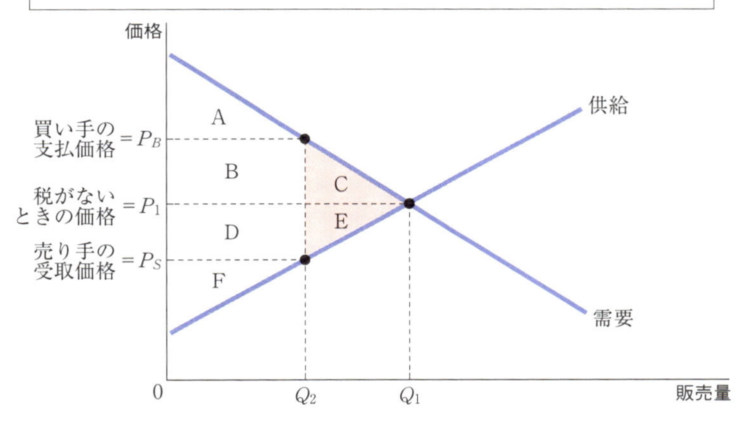

財への課税は消費者余剰を（B＋C の面積だけ）減少させ，生産者余剰を（D＋E の面積だけ）減少させる．消費者余剰と生産者余剰の減少は税収（B＋D の面積）を上回るので，課税は（C＋E の面積の）死荷重をもたらす．

れることを示している．この長方形の高さは税の大きさ T であり，幅は財の販売量 Q である．長方形の面積は高さと幅の積なので，この長方形の面積は $T\times Q$ となり，税収に等しい．

税がないときの厚生　課税が厚生にどのような影響を及ぼすかをみるために，政府が課税する前の厚生をまず考えてみよう．図 8-3 は需要と供給の図であり，重要な領域を A～F の文字で示している．

税がないときには，均衡価格と販売量は需要曲線と供給曲線との交点で得られる．価格は P_1 であり，販売量は Q_1 である．需要曲線は買い手の支払許容額を表しているので，消費者余剰は需要曲線と価格との間の領域 A＋B

+C となる．同様に，供給曲線は売り手の費用を表しているので，生産者余剰は供給曲線と価格との間の領域 D+E+F となる．このケースでは税がないので，税収はゼロである．

総余剰，すなわち消費者余剰と生産者余剰との合計は，A+B+C+D+E+F の面積になる．言い換えれば，第7章でみたように，総余剰は均衡取引量までの需要曲線と供給曲線との間の面積である．以上の結果は，図 8-3 の表の第2列にまとめられている．

税があるときの厚生　次に，課税後の厚生を考えてみよう．買い手が支払う価格は P_1 から P_B に上昇するので，消費者余剰は A の領域（需要曲線よりも下で買い手の価格よりも上の領域）のみとなる．売り手が受け取る価格は P_1 から P_S へ下落するので，生産者余剰は F の領域（供給曲線よりも上で売り手の価格よりも下の領域）のみとなる．販売量は，Q_1 から Q_2 に減少し，政府は B+D の面積の税収を得る．

税があるときの総余剰を計算するには，消費者余剰，生産者余剰，税収を足し合わせればよい．したがって，総余剰は A+B+D+F の面積となる．以上の結果は，図 8-3 の表の第3列にまとめられている．

厚生の変化　課税前と課税後とを比較することで，課税の影響をみることができる．図 8-3 の表の第4列はその変化を表している．消費者余剰は B+C の面積だけ減少し，生産者余剰は D+E の面積だけ減少し，税収は B+D の面積だけ増加する．予想されたように，税によって売り手と買い手の厚生は減少し，政府の厚生は増加する．

総厚生の変化は，（負の）消費者余剰の変化，（負の）生産者余剰の変化，そして（正の）税収の変化からなる．この三つをすべて足し合わせると，市場における総余剰は C+E の面積の分だけ減少することがわかる．このように，**税による売り手と買い手の損失は，政府の税収を上回る**．税（あるいは他の何らかの政策）が市場の成果を歪めることによって生じる総余剰の減少を**死荷重**と呼ぶ．死荷重の大きさは，C+E の面積になる．

死荷重 deadweight loss：税などの市場の歪みから生じる総余剰の減少．

なぜ税が死荷重を生むかを理解するために，第1章で学んだ**経済学の十大原理**の一つ，「人々はさまざまなインセンティブ（誘因）に反応する」を思い出そう．第7章でみたように，自由な市場は通常，希少な資源を効率的に配分する．すなわち，税がなければ，需要と供給の均衡は市場における売り手と買い手の総余剰を最大にする．しかし，政府が税を課すと買い手の価格が上昇し売り手の価格が下落するため，買い手には消費を減少させるインセンティブが生じ，売り手には生産を減少させるインセンティブが生じる．これらのインセンティブに売り手と買い手が反応するために，市場規模は最適な規模よりも小さくなる（図のQ_1からQ_2への動きによって示されている）．課税がインセンティブを歪めてしまうために，資源の配分が非効率的になるのである．

●死荷重と取引からの利益

なぜ税が死荷重を生み出すかをよりよく理解するために，例を用いて考えてみよう．マイクはメイの家を毎週100ドルで掃除するとしよう．マイクの機会費用は80ドルであり，メイにとって家の掃除は120ドルの価値があるとする．したがって，マイクとメイはその取引からそれぞれ20ドルの便益を得ている．この取引から得られる総余剰は40ドルである．

ここで政府が家の清掃サービスに50ドルの税金を課すとしよう．そうすると，メイがマイクに支払える価格のなかで，税を支払った後に両者とも得をするようなものはない．メイが支払う意思のある額は最高で120ドルだが，その場合でも，税を支払った後にマイクの手元には70ドルしか残らず，機会費用の80ドルを下回る．逆に，マイクが機会費用の80ドルを受け取るためには，メイは130ドルを支払わなければならないが，それは彼女の家の掃除に対する価値を上回る．結果として，メイとマイクは取引を止めてしまい，マイクは所得を得られず，メイは汚い家で暮らすことになる．

課税によって，マイクとメイはそれぞれ課税前に得ていた20ドルの余剰を失ったので，合計40ドル分彼らの厚生が悪化する．ここで，メイとマイクは取引を止めてしまうので，政府の税収はゼロであることに注意しよう．純粋な死荷重は40ドルであり，それは政府の収入の増加では相殺されない売り手と買い手の損失である．この例から死荷重の究極の原因がわかる．すなわち，

図 8-4　死荷重の源泉

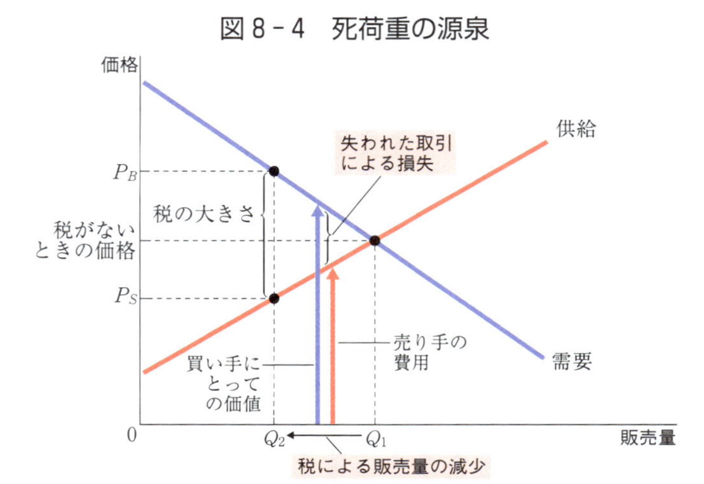

政府が財に課税すると，販売量は Q_1 から Q_2 へ減少する．Q_1 と Q_2 の間のどの数量でも売り手と買い手の間での取引で生じるはずの潜在的利益の一部が実現されない．この取引からの潜在的利益の損失が死荷重を生み出す．

税が死荷重を生むのは，税によって売り手と買い手の取引による利益の実現が部分的に妨げられるからである．

損失部分は，税がくさびとなって生じた需要曲線と供給曲線との間の三角形の面積（図 8-3 の C＋E の面積）で測ることができる．この結果は，需要曲線が消費者にとっての財の価値を示すことと，供給曲線が生産者の費用を示すことを思い出せば，図 8-4 でみるのが最もわかりやすい．税によって買い手の支払う価格が P_B に上昇し，売り手の受け取る価格が P_S に下落すると，限界的な買い手と売り手は市場から退出し，その結果，販売量は Q_1 から Q_2 へと減少する．しかし，この図が示すように，取引量が減少した部分では，買い手にとっての財の価値は売り手の費用を上回っている．Q_1 と Q_2 の間のすべての数量において，マイクとメイの間に起こったことと同じことが生じている．取引からの利益，すなわち買い手にとっての価値と売り手の費用との差で表される部分は，税よりも小さい．したがって，これらの取引は税がいったん課されると行われない．税はこのような相互に有利な取引を思いとどまらせるので，死荷重は失われた余剰である．

【小問】 ● クッキーの需要曲線と供給曲線を描きなさい．政府がクッキーに課税すると，クッキーの販売量，買い手の支払価格，売り手の受取価格がどのようになるかを示しなさい．その図で死荷重を示し，死荷重の意味を説明しなさい．

2 死荷重の決定

課税による死荷重の大きさは何によって決まるのだろうか．その答えは，需要と供給の価格弾力性である．需要と供給の価格弾力性は，価格の変化に対してどのくらい需要量と供給量が変化するかを表す．

まず，供給の価格弾力性が死荷重の大きさにどのような影響を及ぼすかを考えてみよう．図8-5の上の二つのパネルでは，需要曲線と税の大きさが同じであり，供給曲線の価格弾力性だけが異なっている．パネル(a)では，供給曲線は比較的非弾力的であり，供給量は価格の変化に対してわずかしか反応しない．パネル(b)では，供給曲線は比較的弾力的であり，供給量は価格の変化に対して大きく反応する．死荷重は需要曲線と供給曲線との間の三角形の面積に等しく，供給曲線が弾力的なほうが大きくなることに注意しよう．

同様に，図8-5の下の二つのパネルは，需要の価格弾力性が死荷重の大きさにどのような影響を与えるかを示している．この二つのパネルでは，供給曲線と税の大きさは同一に保たれている．パネル(c)では，需要曲線は比較的非弾力的であり，死荷重は小さい．パネル(d)では，需要曲線は比較的弾力的であり，死荷重は大きい．

この図から得られる教訓は明らかである．課税が死荷重を生むのは，課税が売り手と買い手の行動を変化させるからである．税によって買い手の支払価格は上昇し，消費量は減少する．同時に，税によって売り手の受取価格は下落し，生産量は減少する．こうした行動の変化のために，市場での均衡数量は最適水準よりも小さくなってしまう．価格の変化に売り手や買い手がより大きく反応するようになればなるほど，均衡数量も小さくなる．したがって，**需要と供給の価格弾力性が大きいほど，税の死荷重も大きくなる**．

図8-5 税の歪みと弾力性

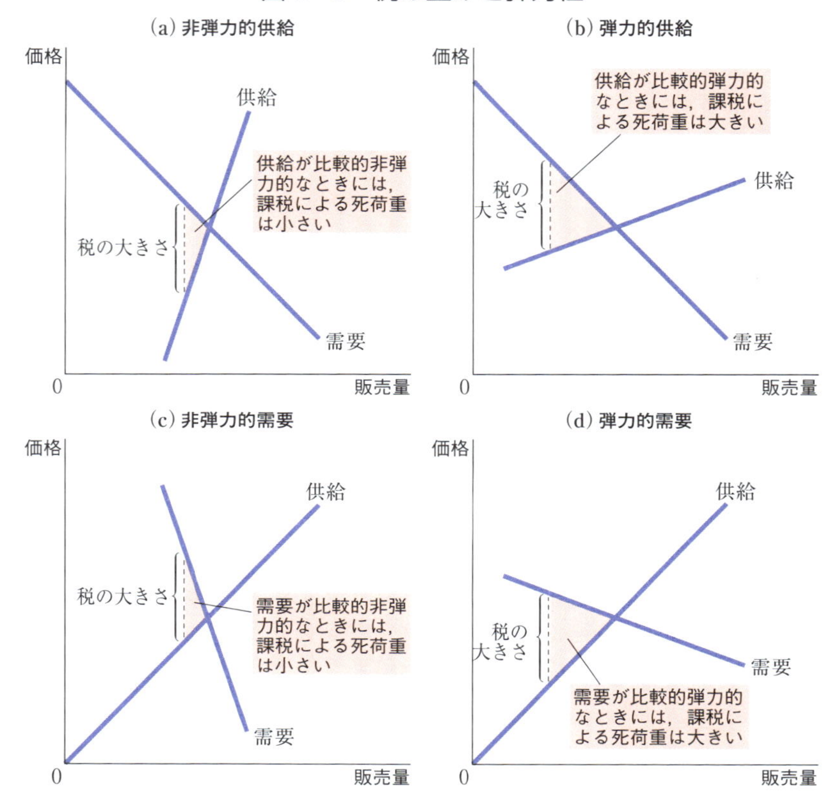

パネル(a)と(b)では，需要曲線と税の大きさは同じであるが，供給の価格弾力性が異なる．供給曲線が弾力的になればなるほど課税による死荷重が増加することに注意しよう．パネル(c)と(d)では，供給曲線と税の大きさは同じであるが，需要の価格弾力性が異なる．需要曲線が弾力的になればなるほど課税による死荷重が増加することに注意しよう．

ケース・スタディ　死荷重をめぐる論争

需要，供給，弾力性，死荷重など，こうした経済理論はどれもあなたの頭のなかを混乱させてもおかしくないようなものばかりである．しかし，信じようと信じまいと，これらの理論は，政府はどれくらいの大きさであるべきか，という深遠な政治的問題の核心部分に関わっている．この問題をめぐる論争は，これらの概念をどのように考えるかによる．なぜなら，税の死荷重が大きくなればなるほど，政府の政策プログラムの費用も大きくなるからである．もし税が大きな死荷重を伴うのであれば，税金も政府の活動も少ない小さな政府を強く支持することにつながる．逆に，税の死荷重が小さいのであれば，政府の政策プログラムの費用は小さいため，より大きな政府を望む声につながる．

それでは税の死荷重はどれくらいの大きさなのだろうか．この問題について，経済学者の間では意見が一致していない．この意見の不一致の性質をみるために，アメリカ経済において最も重要な税について考えてみよう．それは労働に課される税である．社会保障税やメディケア税，そして，連邦所得税の多くは労働に課される税である．多くの州政府も州所得税を通してまた労働所得に課税している．労働への課税は，企業が支払う賃金と労働者が受け取る賃金との間に差額をもたらす．すべての種類の労働への課税を足し合わせると，労働所得に対する**限界税率**（1ドル多く稼いだときのその1ドルに対する税率）は，多くの労働者にとってほぼ40％になる．

労働への課税の大きさを判断するのは簡単だが，課税が生み出す死荷重の大きさを計算するのはそれほど簡単ではない．40％の課税による死荷重が大きいか小さいかについて，経済学者の意見は一致していない．その理由は，労働供給の弾力性についての経済学者の見解が異なるからである．

労働への課税はそれほど市場経済に歪みをもたらさないと主張する経済学者は，労働供給はかなり非弾力的だと考えている．そうした経済学者は，ほとんどの人が賃金に関係なくフルタイムで働くと主張する．もしそうであれば，労働の供給曲線はほとんど垂直となり，労働への課税は小さな死荷重しかもたらさない．このような形の労働供給曲線は労働の主な担い手となっている世代の労働者が家計の中の主たる稼ぎ手である場合にみられることをいくつかの研究が示している．

労働への課税は大きな歪みをもたらすと主張する経済学者は，労働供給はもっと弾力的だと考えている．そのような経済学者は，労働に対する課税の変化に対して一部の労働者は労働供給量を大幅には減らさないことを認めるものの，他の多くの労働者は労働時間を変化させるインセンティブに大きく反応すると主張する．いくつか例を挙げてみよう．

- たとえば残業などによって労働時間を調整できる労働者もいる．彼らは賃金が高くなればなるほどより長時間働くようになる．
- 世帯によっては，所得を生まない家事をするか外に出て所得を生む仕事に従事するかの裁量を持っている人（たとえば子どもがいる既婚女性）がいる．そうした人たちは（育児の費用の節約を含む）家事・育児からの便益と稼得賃金とを比較したうえで，就業・非就業の決定をする．
- 多くの年配者は退職時期を自分で選ぶことができるが，その選択は賃金にも依存している．また退職したとなると，パートタイムで働くインセンティブは賃金によって決まる．
- 麻薬取引などの非合法の経済活動に従事することや，税金から逃れるために「そでの下をもらう」ような仕事をすることを考えている人がいる．経済学者が**地下経済**と呼ぶものである．このような潜在的犯罪者は，地下経済で働くか合法的な仕事に就くかを決める際に，法を破ることで得られる稼ぎと合法的に得られる賃金とを比較する．

これらのどのケースにおいても，労働供給量は賃金（労働の価格）に反応する．したがって，労働所得に対して課税されると，これらの労働者の決定は歪められる．労働への課税は，労働者が労働時間を減らすこと，補助的な稼得者が家庭にとどまること，年配者が早く退職すること，不埒な者が地下経済に入ることを助長する．

労働への課税による歪みの影響についての論争はいまなお続いている．実際問題として，もし２人の選挙立候補者が政府はもっと多くのサービスを提供すべきかとか，税負担を減らすべきかといったことについて議論しているようであれば，その意見の不一致の原因の一部は労働供給の弾力性や税の死荷重についての見解が異なっているせいかもしれないことをつねに意識しておこう．

【小問】 ●ビールの需要は牛乳の需要よりも弾力的である．ビールへの課税と牛乳への課税とではどちらが大きな死荷重を生むだろうか．また，その理由を説明しなさい．

3 税が変化した場合の死荷重と税収

税が長期間一定であり続けることはめったにない．地方政府や州政府，連邦政府はつねに税の引上げや引下げを検討している．ここでは税の大きさが変化したときに，死荷重と税収がどのように変化するかを考えてみよう．

図 8-6 は，市場の需要曲線と供給曲線を固定した場合の，小さな税，中ぐ

図 8 - 6　税の大きさの変化に伴う死荷重と税収の変化

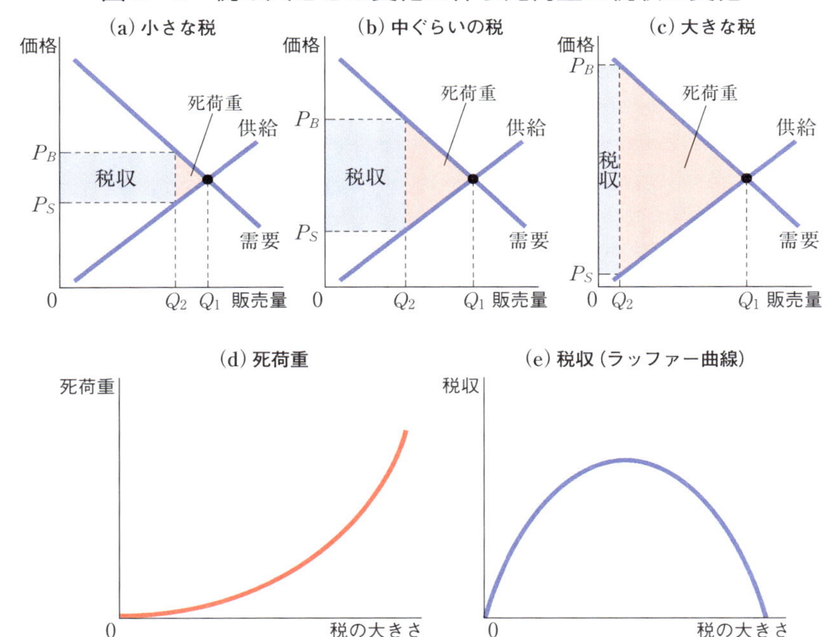

死荷重は課税による総余剰の減少分である．税収は税の大きさと販売量の積である．パネル(a)は，小さな税は小さな死荷重と小さな税収をもたらすことを示している．パネル(b)は，中ぐらいの税は大きめの死荷重と大きな税収をもたらすことを示している．パネル(c)は，非常に大きな税は大きな死荷重をもたらすが，市場規模を非常に縮小させるので，小さな税収しかもたらさないことを示している．パネル(d)は，税の大きさが大きくなるにつれて死荷重も増加することを示している．パネル(e)は，税収は最初のうちは増加するが，その後減少することを示している．この関係はラッファー曲線とも呼ばれる．

らいの税，大きな税の影響を示している．死荷重は，課税によって市場が最適な規模よりも小さくなったときの総余剰の減少分であり，需要曲線と供給曲線との間の三角形の面積である．パネル(a)の小さな税のケースでは，死荷重の三角形の面積は非常に小さい．しかし，パネル(b)，(c)と税が大きくなるにつれて，死荷重も大きくなる．

実際，課税による死荷重は，税が大きくなるにつれてそれを上回る速さで大きくなる．なぜならば，死荷重は三角形の面積であり，税の大きさの2乗に比例するからである．たとえば，税の大きさを2倍にすると三角形の底辺と高さが2倍となり，死荷重は4倍となる．税の大きさを3倍にすると三角形の底辺と高さも3倍となり，死荷重は9倍となる．

政府の税収は税の大きさと財の販売量の積である．図8-6の上段の三つのパネルで示されるように，税収は需要曲線と供給曲線の間の長方形の面積と等しい．パネル(a)の小さな税のケースでは税収は小さい．パネル(a)からパネル(b)へと税が大きくなると，税収も大きくなる．しかし，パネル(b)からパネル(c)へと税がさらに大きくなると，市場規模を非常に小さくしてしまうので，税収は減少する．税が非常に大きいと，人々はその財の購入も販売もやめてしまうので，税収をもたらさない．

図8-6の下段の二つのパネルは以上の結果をまとめたものである．パネル(d)は，税が大きくなるにつれて，死荷重が急速に増加することを示している．一方，パネル(e)は，税が大きくなるにつれて最初は税収も増加していくが，ある程度以上になると市場が縮小して税収が減少しはじめることを示している．

ケース・スタディ ラッファー曲線とサプライサイド経済学

1974年のある日，経済学者アーサー・ラッファーは，数人の著名なジャーナリストや政治家とともにワシントンのレストランにいた．彼は，税率が税収にどのような効果を及ぼすかを示すために紙ナプキンに図を描いた．その図は図8-6のパネル(e)のようなものである．そしてラッファーは，アメリカはこの曲線の右下がりの部分にあると言った．彼は，アメリカの税率は高すぎるので，税率を引き下げると実は税収が増加するだろうと主張した．

ほとんどの経済学者はラッファーの考えに懐疑的だった．税率の引下げによって税収が増加しうるという考えは，経済理論上は正しいが，実際にそうなるかどうかは疑わしかった．アメリカの税率が実際に税収が最大となる水準を超えているというラッファーの見解には，ほとんど証拠がなかった．

しかし，（しだいに有名になっていった）**ラッファー曲線**は，ロナルド・レーガンの想像力をとらえた．第１期レーガン政権の予算委員長デイビッド・ストックマンはつぎのような話を披露した．

> 「彼（レーガン）自身は，以前にラッファー曲線を体験している．『第２次世界大戦中に，映画を製作して大儲けした』と彼はいつも言っている．当時，戦時付加所得税の最高税率は90％にもなっていた．そのため『映画を４本つくるだけで最も税率の高いグループに入ってしまった』そうだ．そして彼はこう続ける．『それで，４本映画をつくると，みんな仕事をやめて田舎に帰ってしまった．』税率が高ければ仕事を減らし，税率が低ければ仕事を増やしたのだ．彼の体験はそれを証明している．」

レーガンは1980年に大統領選に立候補したとき，減税を政綱に入れた．レーガンは，税金が高いために一生懸命働く意欲が失われ，そのため所得を押し下げていると主張した．そして，税率を引き下げることによって，人々により働くインセンティブを与えることができ，それが経済厚生を高めると主張した．さらに，所得の増加が大きいため，減税にもかかわらず税収が増えると彼は考えた．減税は労働の供給量を増加させるので，ラッファーとレーガンの考えは**サプライサイド経済学**として知られるようになった．

経済学者は，ラッファーの見解について議論し続けている．その後の歴史をみても低い税率が税収を増加させるというラッファーの推測は確認されていないと多くの経済学者は考える．しかし，歴史に関しては他の解釈も成り立つので，1980年代の出来事はサプライサイド経済学に沿ったものであると主張する者もいる．ラッファーの仮説をちゃんと評価するためには，レーガンの減税がなかったとしたら税収がどうなったのかをみる必要がある．しかし，残念ながらこのような実験は不可能である．

経済学者のなかには，中立的な立場をとる者もいる．彼らは，全体的な減税は通常税収を減少させるが，ときにはラッファー曲線の右下がりの部分にいる納税者もいるかもしれないと考える．他の事情が一定ならば，高い税率に直面している納税者に対する減税は，税収を増加させそうである．さらに，ラッファーの主張は，アメリカよりも税率がとても高い国に当てはめればもっと現実的かもしれない．たとえば，1980年代前半のスウェーデンでは，労働者が直面していた標準的な限界税率は約80％であった．このような高い税率はかなり労働意欲を阻害する．いくつかの研究は，税率を引き下げることによってスウェーデンの税収が実際増加したであろうということを示唆している．

こうした政策に関連した弾力性の大きさについて意見が一致していないこともあり，これらの問題についても経済学者は意見の一致をみていない．ある市場の需要と供給が弾力的であればあるほど，課税は行動を歪めることになり，減税が税収を増加させる可能性が高まるだろう．しかしながら，つぎのような一般的な結論については議論の余地はない．すなわち，税制の変更によって政府がどれだけ税収を得たり失ったりするかは，たんに税率をみるだけでは判断できない．それは，税制の変更が人々の行動にどのように影響するかにも依存するのである．

【小問】 ●政府がガソリンへの課税を２倍にすると，ガソリン税による税収は確実に増加するか．また，ガソリン税上昇によって死荷重は確実に増加するか．説明しなさい．

4 結論

この章では，前の章で学習した分析用具を用いて，税の理解を深めた．第１章で議論した経済学の十大原理の一つは，「通常，市場は経済活動を組織する良策である」というものである．第７章では，生産者余剰・消費者余剰の概念を用いて，この原理を明確にした．本章でみたことは，政府が財の売り手や買い手に税を課すと，社会は市場の効率性という便益の一部を失う．

ラッファー曲線

「アメリカで連邦所得税をいま引き下げると，引き下げなかったときと比べて，５年以内に国民所得が増加する．」

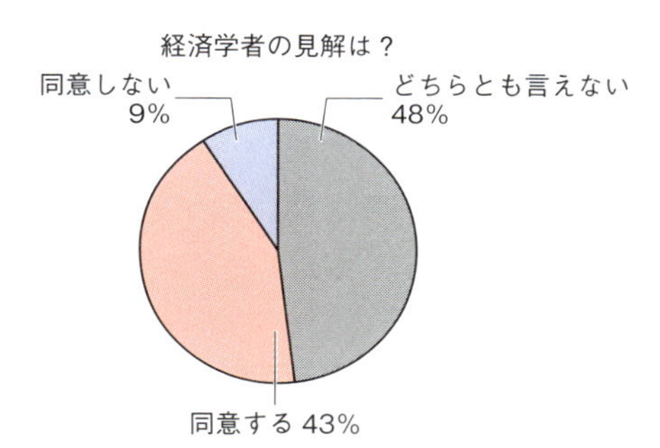

「アメリカで連邦所得税をいま引き下げると，引き下げなかったときと比べて，５年以内に課税所得が十分増えて年間の総税収が増加する．」

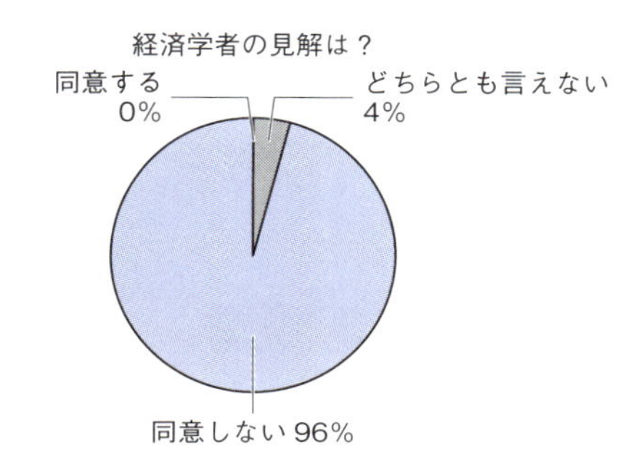

（出所） IGM Economic Experts Panel, June 26, 2012.

税は市場参加者にとって負担となるが，それは資源を市場参加者から政府へ移転するという理由だけでなく，インセンティブを変化させて市場の成果を歪めるという理由による．

この章と第６章での分析は，税の経済的影響を理解するための基本となるが，話はそれで終わりではない．ミクロ経済学者は，効率と公平のバランスをどうとるかという問題を含めて，どのようにして最適な税制を設計するかを研究する．マクロ経済学者は，税が経済全体にどのような影響を及ぼすのか，政策立案者が経済安定や経済成長促進のために税制をどのように用いることができるのかについて研究する．だから，経済学の勉強を続けていったときに，また税の話が出てきても驚いてはいけない．

- 財に対する課税はその財の売り手と買い手の厚生を減少させる．通常，消費者余剰と生産者余剰の減少は，政府の税収よりも大きい．総余剰（消費者余剰，生産者余剰，税収の合計）の減少は，課税による死荷重と呼ばれる．
- 課税が死荷重を生む理由は，買い手の消費と売り手の生産を減少させ，総余剰を最大化する水準よりも市場規模を小さくするからである．需要と供給の弾力性は，市場参加者が市場の条件にどのくらい反応するかを測るので，弾力性が大きいほど死荷重は大きくなる．
- 税が大きくなると，インセンティブがより歪められ，死荷重が増加する．税は市場を小さくするので，税収が単調に増加することはない．税収は最初，税の大きさとともに増加するが，税がさらに大きくなると市場規模が縮小するので，結局は減少する．

確認問題

1. 財への課税によって死荷重が生じるのは，どのような状況においてか．
   a. 消費者余剰と生産者余剰の減少が税収よりも大きい．
   b. 税収が消費者余剰と生産者余剰の減少よりも大きい．
   c. 消費者余剰の減少が生産者余剰の減少よりも大きい．
   d. 生産者余剰の減少が消費者余剰の減少よりも大きい．
2. ソフィアは，毎週サムに50ドル払って芝を刈ってもらう．政府がサムの芝刈りに対して10ドルの税を課すと，彼は芝刈りの料金を60ドルに引き上げる．それでもソフィアはサムに芝刈りをお願いする．このとき，生産者余剰の変化，消費者余剰の変化，死荷重は，それぞれいくらか．

a. 0ドル，0ドル，10ドル

b. 0ドル，－10ドル，0ドル

c. 10ドル，－10ドル，10ドル

d. 10ドル，－10ドル，0ドル

3. 卵の供給曲線は線形で右上がりであり，需要曲線は線形で右下がりである．卵1個当たりの税金が2セントから3セントに上昇するとその税による死荷重はどうなるか．

a. 50％未満の増加で，減少することすらある．

b. 50％の増加となる．

c. 50％を超えた増加となる．

d. 解答は，供給あるいは需要が弾力的かどうかによる．

4. ピーナッツバターの供給曲線は右上がりであり，需要曲線は線形で右下がりである．1ポンド当たりの税金が10セントから15セントに上昇すると政府の税収はどうなるか．

a. 50％未満の増加で，減少することすらある．

b. 50％の増加となる．

c. 50％を超えた増加となる．

d. 解答は，供給あるいは需要が弾力的かどうかによる．

5. ラッファー曲線は，ある状況においては，政府が財への税金を下げると同時に（　　）を増やせることを示している．

a. 死荷重

b. 政府の税収

c. 均衡数量

d. 消費者が払う価格

6. もし政策立案者が財への課税によって収入を増やしたいが，課税の死荷重を最小にしたいならば，需要の弾力性が（　　），供給の弾力性が（　　）財を探すべきである．

a. 小さく，小さい

b. 小さく，大きい

c. 大きく，小さい

d. 大きく，大きい

復習問題

1. 財の販売に対して課税すると，消費者余剰と生産者余剰に何が起こるか．消費者余剰と生産者余剰の変化は，税収の変化と比較してどのようになるか．説明しなさい．
2. 財の販売に課税したときの需要と供給の図を描き，死荷重と税収を示しなさい．
3. 需要の弾力性と供給の弾力性は，税の死荷重にどのように影響するか．また，なぜそのような影響を及ぼすのか．
4. 労働への課税によって生じる死荷重の大きさについて，専門家が意見の一致をみないのはなぜか．
5. 増税が行われると，死荷重と税収には何が起こるか．

応用問題

1. ピザの市場は右下がりの需要曲線と右上がりの供給曲線で表される．
   a. 競争市場均衡を描きなさい．均衡価格，均衡取引量，消費者余剰，生産者余剰を示しなさい．このとき死荷重は存在するだろうか．
   b. 政府がピザ店に対してピザ1枚の販売につき1ドルの税を支払うように命じたとする．この税がピザ市場に与える影響を図示しなさい．その際，消費者余剰，生産者余剰，税収，死荷重を示しなさい．それぞれの面積は課税前と比べてどのようになるだろうか．
   c. 税が廃止されると，ピザの売り手と買い手は厚生が増加するが，政府は税収を失うことになる．そこで消費者と生産者が自主的に彼らの利益の一部を政府に移転するとしよう．（政府を含んだ）すべてのグループの厚生は，課税されていたときよりも改善しうるだろうか．問a, bの答えを踏まえて説明しなさい．
2. 次の二つの主張に賛成するかどうかを理由を含めて答えなさい．
   a. 「死荷重を生まない税から政府は税収を得ることはできない．」
   b. 「政府に税収をもたらさない税は死荷重を生まない．」

3. 輪ゴムの市場を考えてみよう.
   a. もし輪ゴムの市場の供給が非常に弾力的で，需要が非常に非弾力的であれば，輪ゴムへの課税は消費者と生産者との間でどのように負担されるだろうか. 消費者余剰と生産者余剰の考え方を用いて答えなさい.
   b. もし輪ゴムの市場の需要が非常に弾力的で，供給が非常に非弾力的であれば，輪ゴムへの課税は消費者と生産者との間でどのように負担されるだろうか. その答えを問 a の答えと比べてみなさい.
4. 政府が暖房用の灯油に課税するとしよう.
   a. この課税による死荷重は，課税後の最初の年と5年めとではどちらが大きいだろうか. 説明しなさい.
   b. この課税からの税収は，課税後の最初の年と5年めとではどちらが大きいだろうか. 説明しなさい.
5. ある日の経済学の授業の後，あなたの友人が，食料の需要はとても非弾力的なので，食料への課税は税収を調達するよい方法だと言った. どういう意味で食料への課税は税収を調達する方法として「よい」のだろうか. また，どういう意味で食料への課税は税収を調達する方法として「よくない」のだろうか.
6. ダニエル・パトリック・モイニハン上院議員は，かつて殺傷能力の高い銃弾に1万%の税を課す法案を提出した.
   a. この税がたくさんの税収をもたらすかどうかを理由を含めて答えなさい.
   b. この税が税収をまったくもたらさないとしたら，モイニハン上院議員はなぜこのような提案をしたのだろうか.
7. 政府が靴下の購入に課税するとしよう.
   a. この税が靴下市場の均衡価格と均衡取引量にどのような影響を与えるかを図示しなさい. 課税前と課税後の消費者の総支出額，生産者の総収入，政府の税収の領域を示しなさい.
   b. 生産者の受取価格は上昇するだろうか，それとも下落するだろうか. 生産者の総収入が増加するか，減少するかを断言することはできるだろうか. 説明しなさい.
   c. 消費者の支払価格は上昇するだろうか，それとも下落するだろうか.

消費者の総支出が増加するか，減少するかを断言することはできるだろうか．注意深く説明しなさい（ヒント：弾力性を考えること）．消費者の総支出が減少した場合，消費者余剰は増加するだろうか．説明しなさい．

8. この章では，財の販売への課税が厚生にどのような影響を及ぼすかを調べた．ここでまったく逆の政策を考えてみよう．政府が財の販売に補助金を出すとする．財が1単位販売されるごとに，政府が買い手に2ドルずつ支払うのである．この補助金は，消費者余剰，生産者余剰，政府の税収，総余剰にどのような影響を与えるだろうか．補助金は死荷重を生み出すだろうか．説明しなさい．

9. スモールタウンのホテルは，通常100ドルの室料で1日当たり1000室の需要がある．
   a. 税収を増やすために，市長が1室当たり10ドルの税金を課すことを決定した．それによって，室料は税込みで108ドルとなり，需要は1日当たり900室に減った．スモールタウンの得られる税収と死荷重を計算しなさい（ヒント：三角形の面積は底辺×高さ×1/2である）．
   b. 市長が税金を2倍の20ドルにしたとする．室料は税込みで116ドルとなり，需要は1日当たり800室に減った．この場合の税収と死荷重を計算しなさい．それらは，2倍となったか，それとも2倍より大きくなったか，小さくなったか．説明しなさい．

10. 市場が次のような需要関数と供給関数によって表されるとする．

$$Q^S=2P$$
$$Q^D=300-P$$

   a. 均衡価格と均衡取引量を求めなさい．
   b. 買い手に T の税が課され，新しい需要関数が，

$$Q^D=300-(P+T)$$

   になったとする．新しい均衡を計算しなさい．このとき，売り手の受取価格，買い手の支払価格，財の販売量に何が起こるだろうか．
   c. 税収は $T\times Q$ である．問bの答えを用いて，税収を T の関数として表しなさい．T が0から300の値をとるとき，この関係をグラフに表しなさい．

d. 税の死荷重は需要曲線と供給曲線との間の三角形の面積である．三角形の面積は底辺×高さ×1/2であることを思い出し，死荷重を T の関数として表しなさい．T が0から300の値をとるとき，この関係をグラフに表しなさい（ヒント：90度回転させると，死荷重の三角形の底辺は T であり，高さは税がないときの販売量と税があるときの販売量の差となる）．

e. 政府がこの財1単位につき200ドルの税を課すとしよう．これは良策だろうか．理由を含めて答えなさい．あなたは，もっとよい政策を提案できるか．

CHAPTER 9

第9章

応用：国際貿易

Keywords　世界価格 world price
関税 tariff

あなたがいま持っている服のラベルを調べてみよう．たぶんその服の何枚かは海外でつくられているだろう．1世紀前には，繊維とアパレル産業はアメリカ経済の主な産業だったが，いまはそうではない．アメリカの企業は，品質のよい物を安い費用で生産できる外国の競争相手が出現したため，布地や衣服の生産と販売から利益を得ることがだんだん難しくなっていった．その結果，そうした企業は労働者を解雇し工場を閉鎖したのである．今日，アメリカ人が消費する布地と衣服のほとんどは海外から輸入されている．

この繊維産業の話は，経済政策に関して次のような重要な問いかけをする．国際貿易は経済厚生にどのような影響を及ぼすだろうか．国際的な自由貿易によって誰が利益を得て誰が損失を被るのだろうか．また，利益と損失を比べるとどちらが大きいのだろうか．

第3章では，比較優位の原理を用いて国際貿易の学習を始めた．この原理によれば，貿易によってそれぞれの国は最も得意なことに特化できるので，すべての国は互いに貿易することで利益を得る．しかし第3章の分析は不十分である．国際市場がどのようにして貿易から利益を生み出すのか，あるいはその利益がさまざまな経済主体にどのように配分されるのかという点が説明されなかったからである．

ここで，国際貿易の学習に立ち返り，これらの問題に取り組んでみよう．これまでのいくつかの章では，需要，供給，均衡，消費者余剰，生産者余剰など，市場がどう働くかということを分析するためのたくさんの分析用具を学んできた．これらの分析用具を用いることで，国際貿易の経済厚生への影響についてもさらに学ぶことができる．

1 貿易の決定要因

布地の市場について考えてみよう．布地は世界中の多くの国でつくられ，世界貿易の量も多いので，国際貿易の利益と損失を調べる際によく用いられる．さらに，布地市場は，自国の布地生産者を外国の競争相手から保護するために，政策立案者がしばしば貿易制限を考える市場である（そしてときどき実際に制限される）．ここではアイソランドという仮想国の布地市場を考える．

図 9－1　国際貿易がないときの均衡

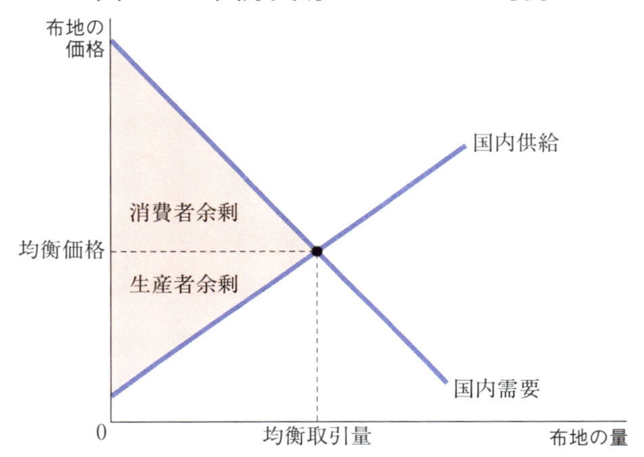

ある経済が世界市場における取引ができないとき，価格は国内の需要と供給が等しくなるように調整される．この図は，アイソランドという仮想国の布地市場における，貿易がないときの均衡の下での消費者余剰と生産者余剰を示している．

●貿易がないときの均衡

まず，アイソランドの布地市場が世界から隔離されているとする．アイソランドでは誰も布地を輸出入できないと政令で定められており，この政令を破った場合の罰は非常に重いので，破ろうとするものは誰もいないとする．

国際貿易が存在しないので，アイソランドの布地市場はアイソランド国内の売り手と買い手のみで構成される．図 9-1 が示すように，国内価格は，国内の売り手の供給量と国内の買い手の需要量が等しくなるように調整される．図は貿易がないときの均衡における消費者余剰と生産者余剰を示している．消費者余剰と生産者余剰の合計は，売り手と買い手が布地市場に参加することで受け取る総便益を表している．

さて，選挙で現職の大統領が敗れ，新しい大統領が選ばれたとする．新しい大統領は「変革」を綱領とするキャンペーンを行い，有権者に大胆かつ新しいアイディアを約束していた．大統領の最初の行動は，経済学者のチームをつくり，アイソランドの貿易政策を評価することである．大統領は経済学者に対して，以下の三つの質問について報告するように要請した．

- 政府がアイソランドの人たちに布地の輸出入を許可した場合，国内の布地市場における価格と販売量はどうなるか．
- 布地の自由貿易によって誰が利益を得て，誰が損失を被るか．また，利益は損失を上回るか．
- 関税（布地の輸入税）を新しい貿易政策に組み入れるべきか．

アイソランドの経済学者のチームは，彼らのお気に入りの教科書（もちろん本書のことである）で需要と供給を復習し，分析を始めた．

世界価格と比較優位

経済学者のチームがとりあげた最初の問題は，アイソランドが布地の輸入国となるか輸出国となるかである．言い換えれば，自由貿易が認められると，アイソランドの人たちは世界市場で布地の売り手になるのか，それとも買い手になるのかという問題である．

この問いに答えるために，経済学者は現在のアイソランドの布地の価格と外国の布地の価格とを比較した．世界市場で成立している価格を**世界価格**と呼ぶ．世界価格が国内価格よりも高ければ，貿易が許可されたときにアイソランドは布地の輸出国となる．アイソランドの布地生産者は，海外で成立している高い価格を享受しようとして外国の買い手に布地を売りはじめる．逆に，世界価格が国内価格よりも低ければ，アイソランドは布地の輸入国になる．外国の売り手が低い価格を提示するので，アイソランドの布地の消費者はすぐに外国から布地を買いはじめる．

要するに，貿易前の国内価格と世界価格とを比較することによって，アイソランドが布地生産に比較優位があるかどうかが明らかになる．国内価格はアイソランドの人たちが1単位の布地を得るために放棄しなければならないものの価値，すなわち布地の機会費用を表している．国内価格が低いときには，アイソランドで布地を生産する費用は小さく，このことは外国と比較してアイソランドが布地生産に比較優位を持つことを示唆している．国内価格が高いときには，アイソランドで布地を生産する費用は大きく，このことは

世界価格 world price：世界市場で成立している財価格．

外国が布地生産に比較優位を持つことを示唆している．

第3章でみたように，国々の間の貿易は，結局のところ比較優位に基づいている．すなわち，貿易によって各国が最も得意なことに特化するので，貿易は利益を生み出す．貿易前の国内価格と世界価格とを比較することにより，アイソランドがそれ以外の国々より布地生産において優れているか劣っているかを決めることができる．

【小問】 ●アウタルカという国では国際貿易が許可されていない．アウタルカでは金3オンスでウールのスーツ1着を購入できる．一方，近隣諸国では同じスーツ1着を金2オンスで購入できる．アウタルカで自由貿易が認められると，アウタルカはウールのスーツを輸入するだろうか，輸出するだろうか．理由も答えなさい．

2 貿易による勝者と敗者

自由貿易の厚生効果を分析するために，アイソランドの経済学者は，アイソランドは世界の国々のなかでも比較的小国であるという仮定を最初に置く．小国の仮定は，その行動が世界市場にほとんど影響を及ぼさないということを意味する．ここの例でいえば，アイソランドの貿易政策の変更は布地の世界価格に影響を及ぼさないということである．このとき，アイソランドの人たちは世界経済において**価格受容者**であるという．すなわち，彼らは布地価格を所与とみなすのである．アイソランドの人たちは，世界価格で販売して輸出者になることもできるし，世界価格で購入して輸入者になることもできる．

小国の仮定は国際貿易による利益と損失を分析するのに必ずしも必要ではない．しかし，アイソランドの経済学者は，経験から（そして本書の第2章を読むことから），この簡単化の仮定が有用な経済モデルを構築する際に重要になることを知っている．アイソランドが小国であるという仮定によって，分析が非常に簡単になるが，基本的な結論は大国の複雑なケースと変わらない．

●輸出国の利益と損失

図9-2は貿易前の国内均衡価格が世界価格よりも低い場合のアイソランドの布地市場を示したものである．貿易が認められると，国内価格は上昇して世界価格に等しくなる．どの売り手も世界価格よりも低い価格を受け入れず，どの買い手も世界価格よりも高い価格を支払わない．

国内価格が上昇して世界価格に等しくなると，国内の需要量と国内の供給量は一致しなくなる．図9-2の供給曲線はアイソランドの売り手の供給量を示している．需要曲線はアイソランドの買い手の需要量を示している．国内

図9-2　輸出国における国際貿易

	貿易前	貿易後	変化
消費者余剰	A+B	A	−B
生産者余剰	C	B+C+D	+(B+D)
総余剰	A+B+C	A+B+C+D	+D

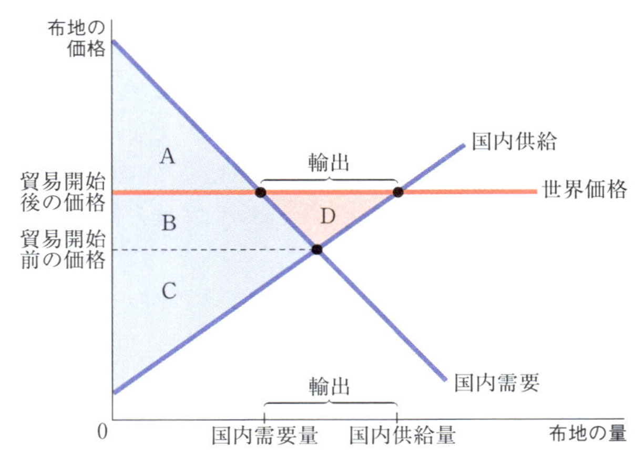

貿易が許可されると，国内価格は上昇して世界価格と等しくなる．供給曲線は国内の布地の生産量を示し，需要曲線は国内の消費量を示す．アイソランドからの輸出は，世界価格における国内の需要量と供給量の差にあたる．売り手は厚生が上がり（生産者余剰がCからB+C+Dに増加），買い手は厚生が下がる（消費者余剰がA+BからAに減少）．総余剰はDの面積だけ増え，貿易が国全体としての経済厚生を改善することを示している．

の供給量が国内の需要量を上回っているので，アイソランドは外国に布地を売る．したがって，アイソランドは布地の輸出国となる．

国内の需要量と国内の供給量は異なるが，アイソランド以外の世界というもう一つの市場参加者がいるため，布地市場は均衡している．世界価格における水平線は，アイソランド以外の世界の布地需要を表しているとみなすことができる．アイソランドは小国であり，世界価格で売りたいだけの布地を売ることができるので，この需要曲線は完全に弾力的である．

ここで貿易を開始することによる利益と損失を考えてみよう．明らかに，すべての人が得をしているわけではない．貿易によって，国内価格は世界価格まで上昇する．布地の国内生産者は高い価格で布地を売ることができるようになるので厚生が改善するが，国内の消費者は高い価格で布地を買わなければならなくなるので厚生が悪化する．

これらの利益と損失を測るために，消費者余剰と生産者余剰の変化をみてみよう．貿易が許可されていないときには，布地の価格は国内の需要と供給が等しくなるように調整される．消費者余剰は需要曲線と貿易前の価格との間の領域 A＋B である．生産者余剰は供給曲線と貿易前の価格との間の領域 C である．したがって，貿易前の総余剰は，消費者余剰と生産者余剰の合計であり，A＋B＋C の面積である．

貿易が始まると，国内価格は世界価格まで上昇する．消費者余剰は（需要曲線と貿易後の価格（世界価格）との間の）領域 A に縮小する．生産者余剰は（供給曲線と貿易後の価格との間の）領域 B＋C＋D に拡大する．したがって，貿易があるときの総余剰は A＋B＋C＋D の面積である．

これらの厚生の計算は，輸出国で誰が貿易から利益を得て，誰が損失を被るかを示している．売り手は生産者余剰が B＋D の面積だけ増えたので得をしている．買い手は消費者余剰が B の面積だけ減ったので損をしている．売り手の利益が買い手の損失を D の面積だけ上回るので，アイソランドの総余剰は増加している．

輸出国の分析から以下の二つの結論が導かれる．

- 貿易が許可されて財の輸出国になると，国内の生産者の厚生は改善し，国内の消費者の厚生は悪化する．

- 利益を得る者の利益が損失を被る者の損失を上回るという意味において，貿易はその国の経済厚生を向上させる．

●輸入国の利益と損失

今度は貿易前の国内価格が世界価格よりも高いとしよう．この場合も，貿易が開始されると，国内価格は世界価格と等しくなる．図9-3に示されているように，国内の供給量は国内の需要量よりも少ない．国内の需要量と供給量の差は外国から購入するので，アイソランドは布地の輸入国となる．

このケースでは，世界価格における水平線は外国の供給を表している．アイソランドは小国であり，世界価格で買いたいだけの布地を買うことができるので，この供給曲線は完全に弾力的である．

もう一度，貿易による利益と損失を考えてみよう．輸出国のケースと同じように，すべての人が得をしているわけではない．貿易によって国内価格は下落し，（低い価格で布地を買えるようになる）国内の消費者の厚生は改善するが，（低い価格で布地を売らなければならなくなる）国内の生産者の厚生は悪化する．利益と損失の大きさは，消費者余剰と生産者余剰の変化で測ることができる．貿易前の消費者余剰は領域 A，生産者余剰は領域 B+C，そして総余剰は領域 A+B+C である．貿易開始後は，消費者余剰は領域 A+B+D，生産者余剰は領域 C，そして総余剰は領域 A+B+C+D である．

これらの厚生の計算は，輸入国において誰が貿易から利益を得て，誰が損失を被るかを示している．買い手は消費者余剰が B+D の面積の分だけ増えたので厚生が改善している．売り手は生産者余剰が B の面積の分だけ減ったので厚生が悪化している．買い手の利益は売り手の損失を上回り，総余剰は D の面積だけ増加している．

輸入国の分析から，輸出国の分析と類似した二つの結論が導かれる．

- 貿易が開始されて財の輸入国になると，国内の財の消費者の厚生は改善し，国内の財の生産者の厚生は悪化する．
- 利益を得る者の利益が損失を被る者の損失を上回るという意味において，貿易はその国の経済厚生を向上させる．

図 9-3 輸入国における国際貿易

	貿易前	貿易後	変化
消費者余剰	A	A+B+D	+(B+D)
生産者余剰	B+C	C	−B
総余剰	A+B+C	A+B+C+D	+D

D の面積は総余剰の増加分，つまり，貿易利益を表している．

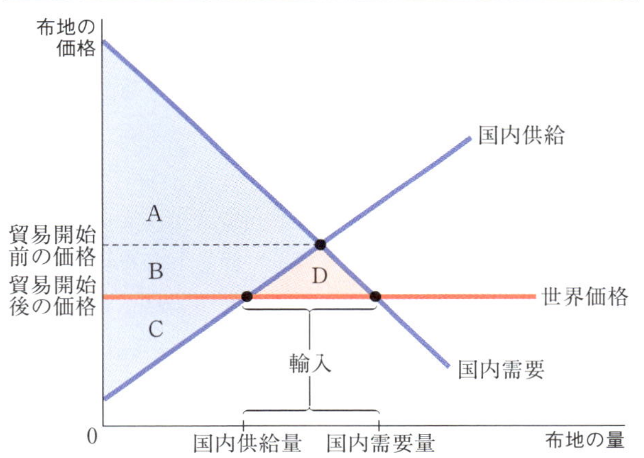

貿易が許可されると，国内価格は下落して世界価格と等しくなる．供給曲線は国内の布地の生産量を示し，需要曲線は国内の消費量を示す．アイソランドの輸入は世界価格における国内の需要量と供給量の差にあたる．買い手は厚生が上がり（消費者余剰が A から A+B+D に増加），売り手は厚生が下がる（生産者余剰が B+C から C に減少）．総余剰は D の面積だけ増え，貿易が国全体としての経済厚生を改善することを示している．

貿易の分析を終えて，「交易（取引）はすべての人々をより豊かにする」という第1章でみた経済学の十大原理の一つをより深く理解できるようになっただろう．アイソランドが自国の布地市場を国際貿易に開放すると，アイソランドが布地の輸出国になろうが輸入国になろうが，利益を得る者と損失を被る者が生まれる．しかし，どちらのケースでも得られる利益が被る損失を上回るので，利益を得る者は損失を被る者を補償しても厚生が改善する．その意味で，貿易はすべての人々をより豊かにしうるのである．しかし，貿易はすべての人々をより豊かにするのだろうか．それはたぶん無理だろう．実際，国際貿易によって損失を被る人に補償がなされることはめったにない．

そのような補償がなければ，国際貿易の開始は，経済のパイを大きくはするが，経済への参加者の一部にとっては前よりも小さな分け前しかもたらさない政策となる．

これでなぜ貿易政策をめぐる論争が多くの場合にもめることになるかがわかるだろう．政策によって，利益を得る者と損失を被る者が生まれるときには，つねに政策論争となる．国が貿易による利益を享受できないこともあるのは，自由貿易から損失を被る者が利益を得る者よりもより組織化されているからである．損失を被る者は，関税や輸入割当てのような貿易を制限する措置を求めて，政治的勢力を結集させてロビー活動を行う．

●関税の影響

アイソランドの経済学者は今度は輸入財への課税，すなわち**関税**の影響について考察した．経済学者は即座に，アイソランドが布地の輸出国であれば布地への関税が何の影響も生じないことに気がついた．アイソランドの誰も布地を輸入しようとしないのであれば，布地輸入への課税は不適切である．関税はアイソランドが布地の輸入国であるときにのみ問題となる．このケースのみを考えて，経済学者は関税がある場合とない場合の厚生を比較した．

図 9-4 はアイソランドの布地市場を表している．自由貿易の下では，国内価格は世界価格に等しい．関税は布地の輸入価格を関税の分だけ世界価格よりも高くする．輸入される布地の供給者と競争する国内の布地の供給者は，世界価格に関税の分を加えた価格で布地を売ることができる．したがって，輸入される布地と国内の布地の価格はともに関税の分だけ上昇し，貿易前の価格に近づく．

価格の変化は国内の売り手と買い手の行動に影響を及ぼす．関税は布地価格を上昇させるので，国内の需要量を Q_1^D から Q_2^D に減少させ，国内の供給量を Q_1^S から Q_2^S に増加させる．**したがって，関税は輸入量を減少させ，国内市場を貿易前の均衡に近づける．**

今度は関税による利益と損失を考えてみよう．関税は国内価格を上昇させるので，国内の売り手の厚生は改善し，国内の買い手の厚生は悪化する．さ

関税 tariff：海外で生産されて国内で販売される財に課される税．

図 9－4　関税の影響

	関税前	関税後	変化
消費者余剰	A＋B＋C＋D＋E＋F	A＋B	－(C＋D＋E＋F)
生産者余剰	G	C＋G	＋C
政府の税収	なし	E	＋E
総余剰	A＋B＋C＋D＋E＋F＋G	A＋B＋C＋E＋G	－(D＋F)

D＋F の面積は総余剰の減少，つまり，関税による死荷重を表している．

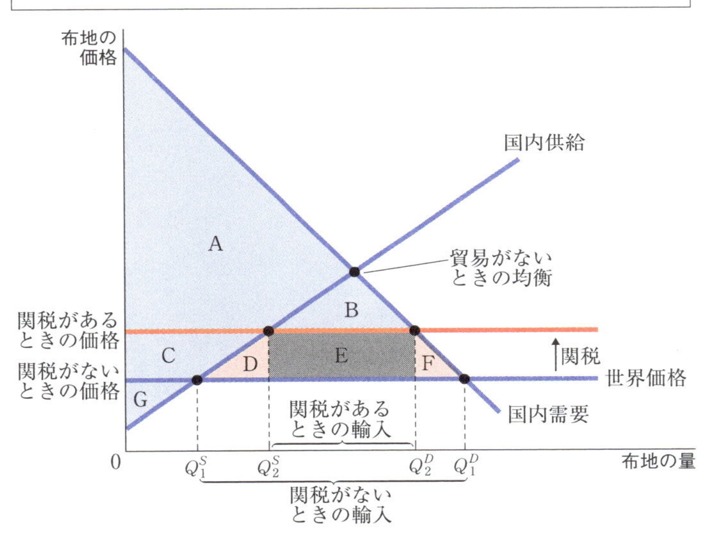

輸入に対する税である関税は輸入量を減らして市場を貿易がないときの均衡に近づける．総余剰は D＋F の面積だけ減少する．この二つの三角形は関税による死荷重を表している．

らに，政府は税収を得る．これらの利益と損失を測るために，消費者余剰，生産者余剰，政府収入の変化をみてみよう．これらの変化は図 9-4 の表にまとめられている．

関税が課される前は，国内価格は世界価格に等しい．消費者余剰は需要曲線と世界価格との間の面積であり，A＋B＋C＋D＋E＋F の面積である．生産者余剰は供給曲線と世界価格との間の面積であり，G の面積である．政府収入はゼロである．総余剰は消費者余剰と生産者余剰と政府収入の合計であり，A＋B＋C＋D＋E＋F＋G の面積である．

ここで政府が関税を課すと，国内価格は国際価格よりも関税の分だけ高くなる．消費者余剰はA+Bの面積となり，生産者余剰はC+Gの面積となる．政府収入は関税の大きさに関税後の輸入量を掛けたもの，すなわちEの面積となる．したがって，関税があるときの総余剰はA+B+C+E+Gの面積となる．

関税が厚生に及ぼす全体的な影響を調べるには，（負の）消費者余剰の変化，（正の）生産者余剰の変化，（正の）政府収入の変化を合計すればよい．市場の総余剰はD+Fの面積だけ減少している．この総余剰の減少は，関税の**死荷重**と呼ばれる．

関税が死荷重を生み出すのは，関税が税の一種だからである．ほとんどの税と同じように，関税はインセンティブを歪めて希少資源の最適な配分を妨げる．このケースでは二つの影響をみることができる．第1に，布地への関税によって布地の国内価格が世界価格よりも高くなるため，国内の生産者は布地の生産をQ_1^SからQ_2^Sに増加させる．増加した分をつくる費用は国際価格を上回るのであるが，関税があるために国内生産者にとって国内での生産が利益をもたらす．第2に，関税によって国内の布地の買い手が支払う価格が上がるため，国内の消費者は布地の消費をQ_1^DからQ_2^Dに減少させる．国内生産の増加した分に対する消費者の評価は国際価格を上回るものの，関税によって消費者は購入を削減する．領域Dは布地の過剰生産による死荷重を表し，領域Fは布地の過少消費による死荷重を表す．関税による死荷重はこの二つの三角形の合計である．

●貿易政策についての結論

これでアイソランドの経済学者チームは新しい大統領に報告書を書くことができた．

親愛なる大統領閣下

貿易開始に関する三つの質問を頂戴し，一生懸命に調べました結果，以下のような回答を得るに至りました．

質問：政府がアイソランドの人たちに布地の輸出入を許可した場合，国内の布地市場における価格と販売量はどうなるか．

回答：貿易が許可されると，アイソランドの布地価格は世界で成立している価格に等しくなります．

世界価格がアイソランドの価格よりも高ければ，国内価格は上昇します．価格が上昇するとアイソランドの布地消費量は減少し，アイソランドの布地生産量は増加します．したがって，アイソランドは布地の輸出国となります．なぜそうなるかというと，このケースではアイソランドが布地生産に比較優位を持つからです．

逆に，世界価格がアイソランドの価格よりも低ければ，国内価格は下落します．価格が下落するとアイソランドの布地消費量は増加し，アイソランドの布地生産量は減少します．したがって，アイソランドは布地の輸入国となります．なぜそうなるかというと，このケースでは他の国々が布地生産に比較優位を持つからです．

質問：布地の自由貿易によって誰が利益を得て，誰が損失を被るか．また，利益は損失を上回るか．

回答：答えは貿易が許可されたときに価格が上昇するか下落するかによります．価格が上昇するのであれば，布地生産者が利益を得て，布地消費者が損失を被ります．価格が下落するのであれば，布地消費者が利益を得て，布地生産者が損失を被ります．どちらのケースにおいても利益は損失よりも大きくなり，したがって，自由貿易はアイソランドの厚生を改善します．

質問：関税を新しい貿易政策に組み入れるべきか．

回答：関税はアイソランドが布地の輸入国となる場合のみ影響があります．関税は，経済を貿易がないときの均衡に近づけ，ほとんどの税と同様，死荷重を発生させます．関税は国内生産者の厚生を改善し，また，政府に収入をもたらしますが，これらの利益は消費者が被る損失を相殺できるほど大きくはありません．経済効率の観点からは，最適な政策は関税なしで貿易を許可することです．

新しい政策を決める際にこれらの回答が役に立つことを願います．

閣下の忠実な僕

アイソランド経済学者チーム

コラム 輸入割当て：貿易を制限するもう一つの方法

関税のほかに，国際貿易を制限する方法として，財の輸入数量に対する上限が設けられることがある．この教科書では，この輸入割当てという政策の分析を行わず，結論のみ述べるにとどめよう．輸入割当ては，関税と似ている．関税も輸入割当ても輸入量を減らし，財の国内価格を引き上げ，国内消費者の厚生を悪化させ，国内生産者の厚生を改善して，死荷重を生み出す．

これら二つの貿易制限政策の唯一の相違は，以下のようなものである．すなわち，関税は政府に収入をもたらすが，輸入割当ては輸入のための許可証を持っている人に余剰を生み出す．輸入許可証保持者の利益は，（輸入財を国内で販売するときの）国内価格と（その財を購入する）世界価格との差である．

関税と輸入割当ては，もし政府が輸入許可証に料金を課すのであれば，より似たものとなる．政府が国内価格と世界価格との差の分の料金を課すとしてみよう．この場合，許可証保持者のすべての利益は料金として政府に支払われて，輸入割当ては関税とまったく同じような効果を持つ．消費者余剰，生産者余剰，そして政府収入は，二つの政策の間でまったく同じとなる．

しかし，実際には輸入割当てで貿易を制限する国が輸入許可証を販売することはめったにない．たとえば，アメリカ政府は日本に対して「自主的に」アメリカ国内での日本車の販売を制限するように圧力をかけたことがある．この場合，日本政府が輸入許可証を日本の企業に配分し，許可証からの余剰は日本の企業が得る．だがアメリカの厚生の観点からすると，この種の輸入割当てはアメリカが輸入車に関税を課すよりも必ず悪い結果となる．関税も輸入割当ても価格を引き上げ，貿易を制限し，死荷重を発生させるが，関税は少なくとも日本の自動車メーカーではなくアメリカ政府に収入をもたらすからだ．

国際貿易のその他の利益

アイソランド経済学者チームが得た結論は，国際貿易の標準的な分析に基づくものであった．彼らの分析は，経済学の最も基本的な分析用具である需要，供給，消費者余剰，生産者余剰を用いている．国家が貿易をするために開国をすると，利益を得る者と損失を被る者が生じるが，前者が得る利益は後者が被る損失を上回るのである．

しかし，自由貿易を支持する理由はまだある．標準的な分析で強調されている貿易の利益以外にも，経済的利益が存在するためである．以下に貿易による他の利益を簡潔に紹介しよう．

- **財の種類の増加**：別々の国でつくられた財は，たとえ同じ種類の財であったとしてもまったく同じ財というわけではない．たとえば，ドイツビールはアメリカのビールとまったく同じではない．自由貿易は，すべての国の消費者に，財の選択肢の増大という恩恵をもたらす．
- **規模の経済を通じての費用の低下**：財のなかには，大量生産した場合のみ少ない費用で生産できるという特性を持つ財が存在する．この現象は**規模の経済**と呼ばれる．たとえば，小国のある企業が国内の小さな市場のみでしか自社製品を販売できなければ，この企業は規模の経済による利益を完全に享受することはできない．自由貿易によって，企業は世界市場というより大きな市場に参加できるようになるので，規模の経済による利益を享受できるようになる．
- **競争の激化**：外国の競争相手から保護されている企業は市場支配力を持ちやすく，市場支配力を持つ企業は，競争均衡価格よりも高い価格を設定する力を持つ．このような現象は，市場の失敗の一例である．貿易の開始は競争を促進し，アダム・スミスのいう見えざる手がその魔法を駆使する機会を増やす．
- **すぐれた知識の流入の促進**：技術進歩の世界中への伝播は，しばしば進歩した技術を具現化した財の貿易と関連があると考えられる．たとえば，貧しい農業国がコンピュータ革命を学ぶいちばんよい方法は，国内で一から生産しようと試みるのではなく，外国からコンピュータを購入することである.

このように，自由な国際貿易は，消費者に財の多様性を増加させ，企業に規模の経済による利益をより活用する機会を与え，市場をより競争的にし，技術の普及を促進する．アイソランドの経済学者たちが，国際貿易がもたらすこれらの影響も考慮するなら，彼らの大統領への進言はさらに説得力を増すだろう.

【小問】 ●アウタルカにおけるウールのスーツの需要と供給の図を描きなさい．貿易が許可されるとスーツの価格は金3オンスから2オンスに下落する．描いた図において，消費者余剰，生産者余剰，総余剰の変化を示しなさい．スーツへの関税は，これらの影響をどのように変えるだろうか.

3 貿易制限を支持する議論

経済学者チームからの手紙によって，新しい大統領は布地の貿易を始めることを考えるようになる．大統領は現在の国内価格が世界価格よりも高いことを知っている．したがって，自由貿易は布地価格を下落させ，国内の布地生産者に損失を与える．新しい政策を実施する前に，大統領は布地会社に経済学者のアドバイスに対する意見を求めた.

驚くことではないが，布地会社は布地の自由貿易に反対である．彼らは，政府が国内の布地産業を外国との競争から保護すべきだと考えている．彼らの立場を支持するいくつかの議論と，それに対して経済学者がどのように答えるかを考えてみよう.

●雇用の議論

自由貿易に反対する人は，外国との貿易によって国内の雇用が失われるとしばしば主張する．われわれの例では，布地の自由貿易は布地価格を下落させ，アイソランドの布地の生産量を減少させる．したがって，アイソランドの布地産業における雇用は減少する．アイソランドの布地労働者のなかには仕事を失う者も出るだろう．

しかし，自由貿易は雇用を喪失させると同時に雇用を創出する．アイソランドが外国から布地を購入すると，外国はアイソランドから他の財を購入するための資源を得ることになる．アイソランドの労働者は，布地産業からアイソランドが比較優位を持つ産業に移動するだろう．短期的には，移動によって困難を伴う労働者もいるかもしれないが，アイソランド全体としてはより高い生活水準を享受できることになる．

貿易に反対する人はしばしば，貿易が雇用を創出するということに懐疑的である．自由貿易の下では，すべてのものが海外でより安くつくられるので，アイソランドの人はおそらくどの産業でも雇用されなくなると主張するかもしれない．しかし，第3章で説明したように，貿易による利益は絶対優位ではなく，比較優位に基づいている．たとえある国がすべての生産において他の国より優れていても，それぞれの国は互いに貿易をすることでなお利益を得ることができる．それぞれの国の労働者は，その国が比較優位を持つ産業で結局は仕事を見つけるだろう．

●安全保障の議論

ある産業が外国からの競争の脅威にさらされているとき，自由貿易に反対する人はしばしば，その産業は安全保障のために必要だと主張する．たとえば，アイソランドが鉄鋼の自由貿易を考えているとしよう．そのとき国内の鉄鋼会社は，鉄鋼は銃や戦車をつくるのに必要だと指摘するかもしれない．自由貿易の下では，アイソランドは鉄鋼の供給を海外に依存することになり，もし後々戦争が勃発して海外からの供給が絶たれたら，アイソランドは自衛に必要な武器や鉄鋼を生産できないと主張するかもしれない．

経済学者も，国家安全保障について正当な重要性があるときには，重要な産業を保護することが適切かもしれないことは認めている．しかし，経済学者は，この議論が消費者を犠牲にして利益を追求する生産者たちにあまりにも安易に用いられる可能性があることを危惧する．

防衛機関ではなく産業の代表者が安全保障の問題を議論するときには注意すべきである．企業は，外国との競争からの保護を得るために安全保障の役割を誇張するインセンティブを持つ．軍司令官はまったく異なる見方をするかもしれない．実際，軍が消費者であるという視点からみてみると，輸入から利益を得るだろう．たとえば，輸入によってアイソランドで鉄鋼が安くなれば，アイソランドの軍は低い費用で武器を調達できるのである．

●幼稚産業論

新しい産業は，その産業の立上げのために一時的な貿易制限を主張することがある．その主張によれば，一定の保護期間が過ぎると，その産業は成熟して外国の競争相手と競争できるようになる．同様に，古い産業が，新しい状況に対応するために一時的な貿易制限を主張することがある．

経済学者はそのような主張にしばしば懐疑的である．その主な理由は，幼稚産業保護は実現が難しいからである．保護を成功させるためには，政府は，どの産業が結局は利益をもたらすのかを判断し，その産業を立ち上げることの便益が保護による消費者の費用を上回るかどうかを判断しなければならない．しかしながら，「勝者を選ぶこと」は大変難しい．政治的プロセス，すなわち政治力を持つ産業がしばしば保護されていることも，問題をさらに難しくしている．そして，政治力を持つ産業がいったん外国との競争から保護されると，「一時的」政策を廃止することはたいていかなり難しくなる．

さらに，多くの経済学者は理論上においても幼稚産業論に懐疑的である．たとえば，ある産業が未成熟であり，外国の競争相手との競争では利益を得られないが，長期的には利益を得られると信じられる理由があるとしよう．その場合，企業の所有者は最終的な利益を得るために，一時的な損失を喜んで負うべきである．幼稚産業が成長するために保護は必要ないのである．企業の立上げは一時的な損失をもたらすが，外国との競争から保護されなくても長期的には成功していることを歴史が証明している．

●不公正競争の議論

自由貿易が望ましいのは，すべての国が同じルールの下にあるときのみであるという主張をよく耳にする．（その主張によれば）異なる国の企業が異なる法律や規制下にある場合には，国際市場における企業の公正な競争は期待できない．たとえば，ネイバーランドという国の政府が布地会社に多額の税控除を与えて布地産業を助成しているとしよう．アイソランドの布地産業は，ネイバーランドが公正に競争していないので，自分たちは外国との競争から保護されるべきだと主張するかもしれない．

補助された価格で外国から布地を買うことは，本当にアイソランドに被害を与えるのだろうか．確かに，アイソランドの布地生産者は被害を受けるが，アイソランドの布地消費者は低価格によって便益を得るだろう．さらに，このケースは自由貿易のケースとまったく変わりがない．つまり，低価格で購入する消費者の利益は生産者の損失を上回るのである．ネイバーランドが布地産業に補助金を与えることは悪い政策かもしれないが，それを負担するのはネイバーランドの納税者である．アイソランドは補助を受けた価格の布地を購入することで，便益を得ることができる．アイソランドは外国（ネイバーランド）の補助金に反対の声をあげるのではなく，むしろお礼のメッセージを送るべきだろう．

●交渉力としての保護の議論

貿易制限を支持するもう一つの主張は交渉の戦略に関するものである．多くの政策立案者は自由貿易を支持しているが，同時に，貿易相手国と交渉する際には貿易制限は有益であると主張する．彼らは，外国政府がすでに課している貿易制限を取り除くには，貿易制限の脅威が役に立つと主張する．たとえば，アイソランドは，ネイバーランドが小麦への関税を廃止しなければ，布地に関税を課すと脅すかもしれない．ネイバーランドが脅しに屈して関税を廃止すれば，その結果はより自由な貿易となる．

この交渉戦略の問題点は，脅しが効かないかもしれないということである．もし脅しが効かなければ，脅しをかけた国は二つの愚かな選択肢に直面する．脅しを実行に移して貿易制限をすれば自国の経済厚生は低下するし，脅しを引っ込めれば外交における威信を失う．このような選択に直面するとき，おそらくその国は最初の段階で脅しをかけなければよかったと思うだろう．

貿易協定

「過去の主な貿易協定は大多数のアメリカ人に利益をもたらした.」

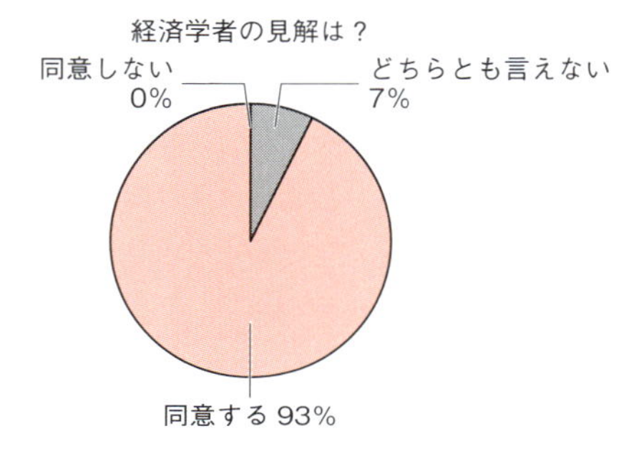

「相手国が新たな労働や環境のルールを採用しないのであれば貿易の自由化を拒むというのは，悪い政策である．なぜなら，新たなルールが採用されれば問題となっている歪みを減らすだろうが，採用されなければ貿易制限という形で大きな歪みを残してしまう危険性をはらんでいるからである.」

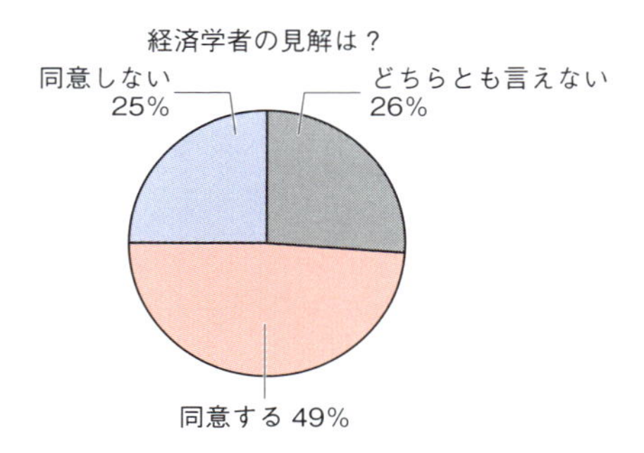

（出所） IGM Economic Experts Panel, November 11, 2014 and March 27, 2013.

貿易協定と世界貿易機関

国家は自由貿易を実現するために二つのアプローチのうちのどちらかをとることができる．一つは**一方的**アプローチであり，貿易制限を自ら廃止するものである．このアプローチはイギリスが19世紀にとったものであり，最近では韓国やチリがこのアプローチをとっている．もう一つは**多角的**アプローチであり，外国が貿易制限を緩和するのと同時に自国も緩和するというものである．言い換えれば，この方法は世界中の貿易制限を緩和する目的で貿易相手国と交渉できる．

多角的アプローチの重要な一例は，1994年に発効したアメリカ，メキシコ，カナダの間で貿易障壁を引き下げる北米自由貿易協定（NAFTA：North American Free Trade Agreement）である．もう一つの例は，関税と貿易に関する一般協定（GATT：General Agreement on Tariffs and Trade）である．GATT は自由貿易の促進を目的とした，世界の多くの国々の間での一連の交渉である．GATT は第２次世界大戦後，1930年代の大恐慌時の高率の関税に対する反省の下に設立され，アメリカもその設立に貢献した．多くの経済学者は，高率の関税が当時の世界中の経済的苦難の一因であったと考えている．GATT は，加盟国の平均関税率を第２次世界大戦後の約40％から現在では約５％まで引き下げることに成功した．

GATT の下でつくられたルールは，現在，世界貿易機関（WTO：World Trade Organization）によって施行されている．WTO は，1995年に設立され，本部はスイスのジュネーブにある．2015年時点で，162カ国が WTO に加盟しており，加盟国で世界貿易の97％以上を占めている．WTO の役割は，貿易協定を管理すること，交渉の場を提供すること，そして加盟国間の紛争を処理することである．

多角的アプローチに対しては賛成論も反対論もある．一つの長所は，多角的アプローチでは自国の貿易制限だけでなく外国の貿易制限も緩和されるので，結果として一方的アプローチよりも自由な貿易になる可能性がある．しかし，国際的交渉が失敗すると，結果的に一方的アプローチよりも制限的な貿易になることもある．

さらに，多角的アプローチには政治的な側面でも優位性があるかもしれない．多くの市場において，生産者は消費者と比べると数が少なく，よく組織化されているため，大きな政治的影響力を持っている．たとえば，アイソランドが単独で布地への関税の引下げを検討しようとしても，政治的に難しいかもしれない．布地の生産者は自由貿易に反対するが，便益を受ける布地の消費者は数が多くて支持を組織化することは難しいからである．しかし，アイソランドが布地への関税を引き下げるのと同時にネイバーランドも小麦への関税を引き下げるとしてみよう．この場合，やはり政治力を持つアイソランドの小麦農家が合意を支持するだろう．したがって，自由貿易への一方的アプローチが政治的支持を受けられない場合でも，多角的アプローチが支持を受けられる場合がある．

【小問】 ●アウタルカの繊維産業はウールのスーツの輸入禁止を主張している．繊維産業のロビイストがすると思われる五つの主張を述べ，それぞれについて検討しなさい．

4 結論

経済学者と一般大衆はしばしば自由貿易について意見が一致しない．たとえば，2015年にNBCニュースと『ウォール・ストリート・ジャーナル』紙がアメリカ人に対して「一般的にいって，アメリカと外国の自由貿易はアメリカにとって望ましいか，望ましくないか，あるいはどちらでもないか」と聞きとり調査を行った．自由貿易が望ましいと回答したのはたったの29%で，34%の人が望ましくないと回答した（残りの人々は，どちらでもないと考えるか，よくわからないかのどちらかである）．対照的に，経済学者は圧倒的に自由貿易を支持する．自由貿易によって生産が効率的に配分され，両国の生活水準が引き上げられると考えるからである．

経済学者は，アメリカ自体を自由貿易の長所を確認するための進行中の実験とみなしている．歴史を通じて，アメリカは州の間で制限のない交易を認め，国全体として交易を通じた特化から便益を得てきた．フロリダではオレンジを栽培し，アラスカでは石油を採掘し，カリフォルニアではワインを生産するといった具合である．もしアメリカ人が，自分の州が生産した財とサービスのみしか消費できなかったら，今日の高い生活水準は享受できなかっただろう．同様にして，世界も国々の間の自由貿易から便益を得られるだろう．

経済学者の貿易に対する考えをより深く理解するために，たとえ話を続けよう．アイソランドの大統領が，直近の世論調査の結果をみて，経済学者チームのアドバイスを無視して布地の自由貿易を認めなかったとしよう．アイソランドは国際貿易のない均衡のままである．

ある日，アイソランドの発明家が布地をとても低い費用でつくる新しい方法を発見した．しかし，その過程はとても不可解で，発明家はその秘密を明かさなかった．奇妙なことに，その発明家は布地をつくるのに綿やウールといった伝統的な原材料を必要としなかった．小麦だけを必要としたのである．そしてもっと不可解なことに，小麦から布地をつくるのに，発明家は労働力をまったく必要としなかったのである．

発明家は天才と呼ばれた．服はすべての人が買うものなので，布地の費用が下がることによって，アイソランドのすべての人々がより高い生活水準を享受できるようになった．以前に布地を生産していた労働者は，工場が閉鎖されたことで痛手を被ったが，結局は他の産業で仕事を見つけた．ある者は農家となり，発明家が布地をつくるのに必要な小麦を栽培した．他の者はアイソランドの人々の生活水準が上昇した結果現れた新しい産業に従事した．衰退した産業からの労働者の移転が技術の発展や経済成長に不可欠なものであることを，すべての人が理解するようになった．

数年後，ある新聞記者がこの不可解な新しい布地の製造方法を調べた．記者は発明家の工場に忍び込み，発明家が詐欺を働いていたことをつきとめた．発明家は布地をまったく生産していなかった．発明家は小麦を海外に密輸出し，それと引き換えに他の国から布地を密輸入していたのである．発明家が発見したのは国際貿易からの利益だけであった．

真実が明かされ，政府は発明家の工場を閉鎖した．布地価格は上昇し，労働者は布地を生産する工場に戻った．アイソランドの生活水準は元の水準に逆戻りした．発明家は投獄され，人々の笑いものとなった．結局，彼は発明家ではなく，たんに経済学者だったのである．

要約

- 自由貿易の効果は，貿易前の国内価格と世界価格を比べることで確定できる．国内価格のほうが低い場合には，その国がその財の生産に比較優位を持つので輸出国になる．国内価格のほうが高い場合には，外国がその財の生産に比較優位を持つので輸入国になる．
- 貿易を開始して財の輸出国になると，財の生産者の厚生は改善し，財の消費者の厚生は悪化する．貿易を開始して財の輸入国になると，財の消費者の厚生は改善し，財の生産者の厚生は悪化する．どちらのケースにおいても貿易による利益は損失を上回る．
- 輸入への税である関税は，市場を貿易がないときの均衡に近づけ，したがって貿易による利益を減少させる．国内生産者の厚生は改善し，政府は税収を得るが，消費者の損失はこれらの利益を上回る．
- 貿易制限を支持するさまざまな議論がある．それらは，雇用の確保，国家安全保障，幼稚産業保護，不公正競争の防止，外国の貿易制限への対処を根拠としたものである．これらの議論のなかには，状況によってはメリットを持つものもあるが，ほとんどの経済学者は通常，自由貿易のほうがよい政策であると考えている．

確認問題

1. 鉄鋼の国際貿易を行っていない国の鉄鋼の国内価格が世界価格よりも低いとすれば，
   a. その国は鉄鋼生産に比較優位を持ち，貿易が開始されれば鉄鋼の輸出国となる．
   b. その国は鉄鋼生産に比較優位を持ち，貿易が開始されれば鉄鋼の輸入国となる．
   c. その国は鉄鋼生産に比較優位を持たず，貿易が開始されれば鉄鋼の輸出国となる．

d. その国は鉄鋼生産に比較優位を持たず，貿易が開始されれば鉄鋼の輸入国となる．

2. エクテニア国がコーヒー豆の世界貿易を開始するとコーヒー豆の国内価格が下がるのであれば，以下の記述のうちどれが正しいか．
   a. 国内のコーヒー生産は増加し，エクトニア国はコーヒーの輸入国となる．
   b. 国内のコーヒー生産は増加し，エクトニア国はコーヒーの輸出国となる．
   c. 国内のコーヒー生産は減少し，エクトニア国はコーヒーの輸入国となる．
   d. 国内のコーヒー生産は減少し，エクトニア国はコーヒーの輸出国となる．
3. ある国がある財の貿易を開始して輸入国になるとすると，
   a. 生産者余剰は減少するが，消費者余剰と総余剰は増加する．
   b. 生産者余剰は減少するが消費者余剰は増加するので，総余剰への影響ははっきりしない．
   c. 生産者余剰と総余剰は増加するが，消費者余剰は減少する．
   d. 生産者余剰，消費者余剰，総余剰のすべてが増加する．
4. ある財を輸入する国がその財に関税をかけたとすると，
   a. 国内の需要量が増える．
   b. 国内の供給量が増える．
   c. 外国からの輸入量が増える．
   d. a，b，c すべてが起こる．
5. 次の貿易政策のうち，生産者に利益を与えるが消費者に損失を与え，かつ，貿易量を増やすものはどれか．
   a. 輸入国で関税を上げる．
   b. 輸入国で関税を下げる．
   c. 世界価格が国内価格よりも高いときに貿易を始める．
   d. 世界価格が国内価格よりも低いときに貿易を始める．
6. 関税とライセンスを供与する輸入割当てとの主な相違は，関税は（　　　）を増やすことである．

a. 消費者余剰
b. 生産者余剰
c. 国際貿易
d. 政府収入

復習問題

1. 貿易がないときに成立している国内価格からは，比較優位についてどのようなことがいえるか．
2. 国がある財の輸出国になるのはどのようなときか．また，輸入国になるのはどのようなときか．
3. 輸入国の需要曲線と供給曲線を描きなさい．貿易が始まる前の消費者余剰と生産者余剰はどの部分か．自由貿易のときの消費者余剰と生産者余剰はどの部分か．総余剰の変化はどの部分か．
4. 関税とは何か．またその経済的影響を述べなさい．
5. 貿易制限を支持するためにしばしばなされる五つの主張を挙げなさい．これらの主張に対して経済学者はどう答えるか．
6. 自由貿易を達成するための一方的アプローチと多角的アプローチの違いは何か．それぞれのアプローチの例を挙げなさい．

応用問題

1. ワインの世界価格は，貿易がない状況で成立するはずのカナダの価格よりも低い．
   a. カナダのワインの輸入量は世界のワインの総生産量の小さな部分にすぎないと仮定して，自由貿易の下でのカナダのワイン市場の図を描きなさい．消費者余剰，生産者余剰，総余剰を表にまとめなさい．
   b. メキシコ湾流の異常な流れによってヨーロッパが季節外れの寒さになり，ヨーロッパの大部分でブドウが収穫できなくなったとしよう．このことはワインの世界価格にどのような影響を与えるだろうか．問 a の図と表を用いて，カナダの消費者余剰，生産者余剰，総余剰への影響を示しなさい．誰が利益を得て，誰が損失を被るだろうか．カナダ全体の厚生は改善するだろうか，悪化するだろうか．

2. 議会が，アメリカの自動車産業を外国との競争から保護するために，輸入車に関税を課すことに決めたとしよう．アメリカは世界の自動車市場で価格受容者であると仮定して，輸入量の変化，アメリカの消費者の損失，アメリカの生産者の利益，政府収入，関税による死荷重を図示しなさい．消費者の損失は，国内生産者の利益，政府の収入，死荷重の三つの部分に分解できる．この三つの部分を図で示しなさい．

3. 中国の衣料産業が拡大して，衣服の供給が増えて，世界価格を引き下げたとしよう．
   a. この価格変化がアメリカのような衣服の輸入国の消費者余剰，生産者余剰，総余剰にどのような影響を与えるかを図を用いて示しなさい．
   b. この価格変化がドミニカ共和国のような衣服の輸出国の消費者余剰，生産者余剰，総余剰にどのような影響を与えるかを図を用いて示しなさい．
   c. 問 a と問 b の答えを比較しなさい．どのような点が同じで，どのような点が異なっているか．中国の衣料産業の拡大を憂慮するのはどちらの国か．逆に喜ぶのはどちらの国か．説明しなさい．

4. 貿易制限に賛成する議論を考えてみよう．
   a. あなたは安い輸入木材との競争に苦しむ木材産業のロビイストであり，議会に対して貿易制限を支持するようロビー活動をしているとする．本章の五つの議論のうちどれが説得的な議論となるか．２～３解答し，その理由を述べなさい．
   b. 今度は，あなたは賢い学生だとしよう（この仮定はそれほどはずれていないとよいのだが）．貿易制限を支持するすべての議論にはそれぞれ欠点があるが，あなたにとって経済学的に最も意味があると思われる議論を２～３挙げなさい．それぞれの議論について，貿易制限の賛否の経済合理性を述べなさい．

5. テクスティリア国は，衣服の輸入を認めていない．貿易がない均衡での T シャツの価格は20ドルで，数量は300万枚である．あるとき，大統領がアダム・スミスの『国富論』を休暇中に読んで，衣服の貿易を認めることにした．T シャツの市場価格は16ドルに下がり，テクスティリア国での T シャツの消費量は400万枚となり，生産量は100万枚となった．

a.　以上の状況を図で表しなさい．図には数値を書き入れること．

b.　貿易を開始したことによる消費者余剰，生産者余剰，総余剰の変化を計算しなさい（ヒント：三角形の面積は，底辺 × 高さ × 1/2である）．

6.　中国は，小麦，トウモロコシ，コメといった穀物の主要な生産国である．数年前に中国政府は穀物輸出が国内消費価格を引き上げることを心配して輸出税を課した．

a.　輸出国における穀物市場を図に描きなさい．この図を用いて以下の設問に解答しなさい．

b.　輸出税は国内穀物価格にどのような影響を与えるか．

c.　輸出税は，国内消費者と国内生産者の厚生と政府の収入にどのような影響を与えるか．

d.　消費者余剰，生産者余剰，税収の合計で測った中国の総余剰はどうなるか．

7.　外国からある財を輸入している国を考える．以下のそれぞれの文章が正しいか間違っているか，理由を含めて述べなさい．

a.「需要の弾力性が大きくなれば，貿易利益も大きくなる.」

b.「需要が完全に非弾力的ならば，貿易利益はない.」

c.「需要が完全に非弾力的ならば，消費者は貿易から利益を得ない.」

8.　アイソランドの大統領は布地に対する関税（輸入に対する税）をやめて，布地に同じ大きさの消費税（輸入品と国産品の両方に対する税）を課すことにした．

a.　図 9-4 を用いて，布地に対して消費税が課されたときの消費量と生産量を示しなさい．

b.　消費税のケースで図 9-4 と同様の表を作成しなさい．

c.　どちらの税のほうが多くの税収をあげるか，またどちらの税のほうが死荷重が小さいか，説明しなさい．

9.　アメリカはテレビの輸入国であり，貿易制限はないと仮定する．アメリカの消費者は 1 年間に100万台のテレビを購入するが，そのうち40万台は国内品，60万台は輸入品である．

a. 日本の生産者の技術進歩によって，世界価格が100ドル下がったとしよう．この変化がアメリカの消費者と生産者の厚生に与える影響と，アメリカの総余剰に与える影響を図を描いて示しなさい．

b. 価格の下落によって，消費者は120万台のテレビを購入するようになったが，そのうち20万台は国内品，100万台は輸入品である．消費者余剰，生産者余剰，総余剰，それぞれの変化を計算しなさい．

c. 政府がテレビの輸入に100ドルの関税を課すと何が起こるか．税収と死荷重を計算しなさい．アメリカの厚生の観点からは，これはよい政策だろうか．誰がこの政策を支持するか．

d. 価格の下落が日本企業による技術革新の結果ではなく，日本政府の日本企業に対する補助金から生じたとしよう．このことは以上の分析にどのような影響を与えるか．

10. 鉄鋼を輸出している小国を考えよう．「貿易前の」政府が，海外に向けて販売する鉄鋼１トンにつきある一定額を支払うことで，鉄鋼輸出を助成することにした．この輸出補助金は，鉄鋼の国内価格，生産量，消費量，輸出量にどのような影響を与えるだろうか．また，それは，消費者余剰，生産者余剰，政府収入，総余剰にどのような影響を与えるだろうか．経済効率性の観点からは，それはよい政策だろうか（ヒント：輸出補助金の分析は関税の分析と同様である）．

PART IV

第IV部

公共部門の経済学

CHAPTER 10

第10章

外部性

Keywords

- 外部性 externality
- 外部性の内部化 internalizing the externality
- 矯正税 corrective tax
- コースの定理 Coase theorem
- 取引費用 transaction costs

紙を生産・販売する企業は，製造過程における副産物としてダイオキシンと呼ばれる化学物質を生み出す．科学者は，ダイオキシンが環境に取り込まれると，住民のガンや出産障害，あるいはその他の健康問題を引き起こす危険性が増大すると信じている．

ダイオキシンを生み出し，撒き散らすことは社会にとって問題だろうか．第4章から第9章まででは，希少な資源が市場の需要と供給の作用によってどのように配分されるかを調べ，需要と供給の均衡は，典型的には効率的な資源配分になることをみた．アダム・スミスの有名な隠喩を用いるならば，市場における利己的な売り手と買い手は，市場の「見えざる手」に導かれて，社会が市場から引き出せる総便益を最大化する．この洞察は，第1章における経済学の十大原理の一つ，すなわち，「通常，市場は経済活動を組織する良策である」ということの基礎になる．そうだとすると，紙市場の企業がダイオキシンを過剰に排出することは，見えざる手によって防がれるという結論になるのだろうか．

市場は多くのことをうまく処理するが，すべてのことがうまくいくわけではない．この章では，経済学の十大原理のもう一つの原理である「政府が市場のもたらす成果を改善できることもある」ということについて学習を始める．なぜ市場が効率的な資源配分に失敗することがあるのか，またどのようにすれば政府の政策は市場における配分を潜在的に改善しうるのか，さらにどのような種類の政策が最適に機能すると考えられるのかを調べていこう．

この章で検討する市場の失敗は，一般的な分類では外部性と呼ばれるものに該当する．**外部性**は，ある活動に従事する人が周囲の人の厚生に影響を与えるが，その影響に対する補償を支払うことも受け取ることもないときに生じる．周囲の人に対する悪影響を負の外部性といい，好影響を正の外部性という．外部性が存在する場合には，市場の成果に対する社会的関心は，市場に参加する売り手と買い手の厚生を超えて，間接的に影響を受ける周囲の人々の厚生にまで及ぶ．売り手と買い手は，需要量と供給量を決めるにあたって，自分たちの及ぼす外部効果を無視する．そのため，外部性が存在するときには，市場均衡は効率的ではない．すなわち，均衡は社会全体の総利益

外部性 externality：ある人の行動が周囲の人の経済厚生に，金銭の補償なく影響を及ぼすこと．

を最大化できない．たとえば，ダイオキシンを環境に撒き散らすことは負の外部性である．利己的な製紙会社は生産過程において自分たちが発生させる汚染の総費用を考慮に入れようとせず，紙を消費する人も紙を購入することを決める際に，生み出す汚染の総費用を考慮に入れようとしないだろう．したがって，政府がそれを禁止したり抑制したりしない限り，企業は汚染を過剰に排出し続けるだろう．

外部性にはさまざまな種類があり，市場の失敗に対処する政府の対応にもさまざまな種類がある．若干の例を挙げてみよう．

- 自動車の排気ガスはスモッグを生み出し，他の人々がそれを吸ってしまうため負の外部性である．ドライバーはどの車を買いどれぐらい運転するかを決定する際にこの外部性を無視するため，ドライバーが発生させる汚染は過剰になる．連邦政府は車の排気基準を設定したり，ガソリンに課税して走行距離を減らすことによって，この問題に対処している．
- 修復された歴史的建造物は正の外部性をもたらす．建造物の周囲を徒歩や乗り物で巡る人たちが，建造物の美しさやその醸し出す歴史的雰囲気を楽しめるからである．建物の所有者は修復による便益のすべてを手にすることができるわけではないので，古い建造物を早めに取り壊しがちである．この問題に対して多くの地方自治体は，歴史的建造物の取り壊しを規制したり，所有者による修復に税金面で優遇措置を講じたりすることで対応している．
- よく吠える犬は，近所の人々が騒音に悩まされるので負の外部性を生み出す．飼い主は騒音によって生じるすべての費用を負担するわけではないので，犬が吠えることにあまり注意を払わなくなる．地方自治体はこの問題への対処として，「静穏を妨げる」ことを違法としている．
- 新しい技術を研究することは，他の人々も利用できる知識を創造するので正の外部性をもたらす．もし個人の発明家や企業，大学が自分の発明による便益を獲得できなければ，研究にあまり資源を振り向けなくなるだろう．連邦政府はこの問題に対して，不十分ではあるが特許制度で対応している．特許制度によって，発明者は一定期間，発明を排他的に利用することができる．

いずれの場合も，意思決定者は自分の行動が及ぼす外部効果を考慮に入れないことがある．政府は周囲の人々の利益を守るため，そうした行動に影響を与えることで対応する．

1 外部性と市場の非効率性

この節では，第7章で説明した厚生経済学の分析用具を用いて，外部性がどのように経済厚生に影響を与えるかを検討する．この分析によって，なぜ外部性があると市場において資源の配分が非効率的になるのかを厳密に示すことができる．この章の後半では，民間の経済主体や公共政策の立案者がこのタイプの市場の失敗を矯正するさまざまな方法について検討する．

●厚生経済学：要約

まず第7章で学んだ厚生経済学に関する重要な教訓を思い出そう．分析を具体的にするため，アルミニウム市場という特定の市場を考察対象としよう．図10-1は，アルミニウム市場の需要曲線と供給曲線を示している．

図 10－1　アルミニウムの市場

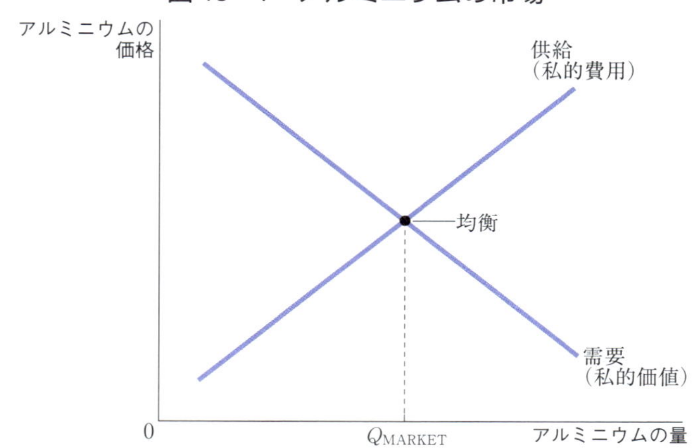

需要曲線は買い手にとっての価値を表し，供給曲線は売り手の費用を表す．均衡生産量 Q_{MARKET} は買い手にとっての総価値から売り手の総費用を差し引いたものを最大化する．したがって，外部性が存在しない場合には，市場均衡は効率的である．

需要曲線と供給曲線は費用と便益に関する重要な情報を含んでいるという第7章の話を思い出そう．アルミニウムの需要曲線は消費者にとってのアルミニウムの価値を反映しており，その価値は消費者が支払ってもよいと思う価格で表される．アルミニウムのそれぞれの量において，需要曲線の高さは限界的な買い手の支払許容額を示している．言い換えれば，消費者が最後に購入するアルミニウム１単位が持つ価値を表しているのである．同様に，供給曲線はアルミニウムを生産する費用を反映している．アルミニウムのそれぞれの量において，供給曲線の高さは限界的な売り手にかかる費用を示している．言い換えれば，最後に販売されるアルミニウム１単位の生産者の費用を表している．

政府の介入がない場合には，アルミニウムの価格はアルミニウムの需要と供給が釣り合うように調整される．市場均衡における生産量と消費量は，図10-1のQ_{MARKET}で表され，生産者余剰と消費者余剰の合計を最大にするという意味で効率的である．すなわち，市場における資源配分は，アルミニウムを購入・使用する消費者にとっての総価値から，アルミニウムを製造・販売する生産者の総費用を差し引いたものを最大化する．

●負の外部性

さて，アルミニウム工場が汚染物を排出しているとしよう．アルミニウムが１単位生産されるごとに，ある一定量の煙が大気中に流れ込んでいく．この煙は，その空気を吸う人の健康に危害を及ぼす可能性があるので負の外部性となる．この外部性は市場の結果の効率性にどのような影響を及ぼすだろうか．

外部性がある場合には，アルミニウムの生産に要する社会にとっての費用は，アルミニウム生産者にとっての費用よりも大きい．アルミニウム１単位の生産に要する**社会的費用**は，アルミニウム生産者の私的費用に加えて，汚染の悪影響を受ける周囲の人々にかける費用を含んだものである．図10-2はアルミニウムの生産に要する社会的費用を示している．社会的費用曲線は，アルミニウム生産者が社会に負わせる外部性の費用が入るため，供給曲線よりも上方に位置する．この二つの曲線の差は排出される汚染の費用を表している．

図10-2　汚染と社会的最適

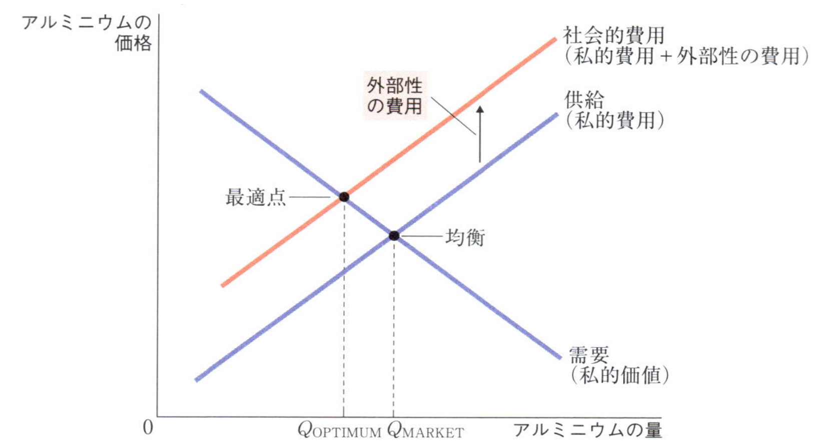

汚染のような負の外部性があるときには，財の社会的費用は私的費用を上回る．したがって，最適生産量 $Q_{OPTIMUM}$ は均衡生産量 Q_{MARKET} よりも少ない．

アルミニウムの生産量はどのようになるだろうか．この問題に答えるために，もう一度，博愛的統治者が何をするかを考えてみよう．博愛的統治者は市場から得られる総余剰を最大化したいと考える．すなわち，アルミニウムの消費者にとっての価値からアルミニウムを生産する費用を差し引いたものを最大化することを考えるのである．ただし，博愛的統治者はアルミニウムを生産する費用に汚染の外部性の費用が含まれることを理解している．

博愛的統治者は，アルミニウムの生産水準として，需要曲線と社会的費用曲線が交わるところを選ぶだろう．この交点は，社会全体の観点からみたときの最適なアルミニウムの生産量だからである．これを下回る生産水準では，（需要曲線の高さで測られる）消費者にとってのアルミニウムの価値が，（社会的費用曲線の高さで測られる）アルミニウムの社会的生産費用を上回る．またこれを上回る生産水準では，アルミニウムを追加的に１単位生産するための社会的生産費用が消費者にとっての価値を上回る．

アルミニウムの均衡生産量 Q_{MARKET} が社会的に最適な生産量 $Q_{OPTIMUM}$ よりも大きいことに注意しよう．こうした非効率性が生じるのは，市場均衡が私的な生産費用のみを反映しているためである．市場均衡では，限界的な消費者にとってのアルミニウムの価値は社会的生産費用を下回る．すなわち，

Q_{MARKET}において，需要曲線は社会的費用曲線よりも下方に位置する．したがって，アルミニウムの生産と消費を減少させて均衡水準以下にすることは，全体的な経済厚生を増大させる．

博愛的統治者はどのようにすればこの最適な結果に到達できるだろうか．一つの方法は，アルミニウムが1トン販売されるごとに，アルミニウム生産者に課税することだろう．アルミニウムへの課税により，アルミニウムの供給曲線は税の大きさの分だけ上方にシフトする．もしこの税が，大気中に撒き散らされる煙の社会的費用を正確に反映したものとなっていれば，新しい供給曲線は社会的費用曲線と一致するだろう．新しい市場均衡では，アルミニウム生産者は社会的に最適な量のアルミニウムを生産する．

そのような税の活用の仕方を**外部性の内部化**という．課税によって，市場の売り手と買い手に自らの行動の外部効果を考慮に入れるインセンティブが生まれるからである．つまり，アルミニウム生産者は，外部費用に対して税金を支払わなければならないために，アルミニウムをどれだけ供給するかを決める際に汚染の費用を考慮に入れるだろう．そして，市場価格は生産者への税を反映するだろうから，アルミニウムの消費者は使用量を減らすインセンティブを持つことになる．この政策は，**経済学の十大原理**の一つ，「人々はさまざまなインセンティブ（誘因）に反応する」に基づいている．この章の後半では，政策立案者が外部性を扱う別の方法についてより詳しく考察する．

●正の外部性

さまざまな活動のなかには，第三者に費用を強いるものもあるが，恩恵を与えるものもある．たとえば，教育について考えてみよう．教育からの便益は大部分，私的なものである．教育の消費者は生産性の高い労働者となり，便益の多くを高賃金の形で受け取る．しかしながら，こうした私的な便益に加えて，教育は正の外部性を生み出す．外部性の一つは，高い教育を受けた人が，学識の豊かな有権者となり，すべての人にとってすぐれた政府をつくることである．二つめの外部性は，高い教育を受けた人の犯罪率が低くなる

外部性の内部化 internalizing the externality：人々が自分の行動の及ぼす外部効果を考慮に入れるように，インセンティブを変えること．

図 10-3　教育と社会的最適

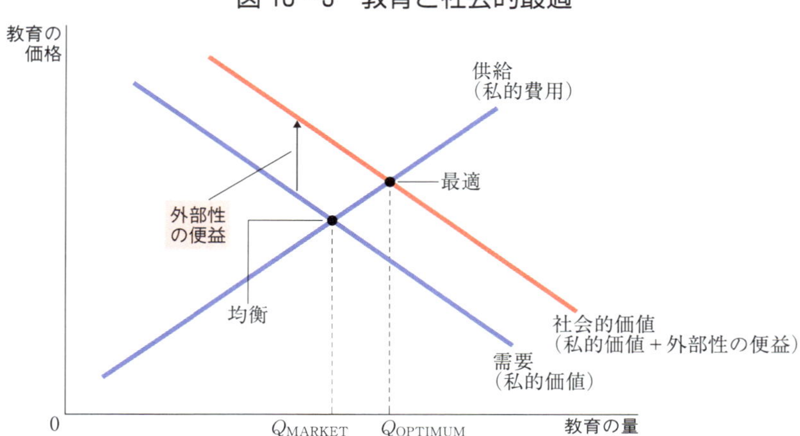

正の外部性があるときには，財の社会的価値は私的価値を上回る．したがって，最適生産量 $Q_{OPTIMUM}$ は均衡生産量 Q_{MARKET} よりも多い．

傾向があることである．三つめの外部性は，高い教育を受けた人が技術進歩の開発や普及を促進し，すべての人に高い生産性と高い賃金をもたらすことである．こうした三つの外部性があるため，高い教育を受けた同胞がいることは好ましいと思われるだろう．

正の外部性の分析は負の外部性の分析とよく似ている．図 10-3 に示されるように，需要曲線はその財の社会的価値を表していない．社会的価値は私的な価値よりも大きいので，社会的価値曲線は需要曲線よりも上方に位置する．最適な生産量は，社会的価値曲線と供給曲線の交点で与えられる．したがって，社会的に最適な生産量は，私的な市場で自然に実現する生産量よりも大きい．

ここでもまた，政府は市場参加者に外部性を内部化するよう促すことにより，市場の失敗を矯正することができる．正の外部性の場合の適切な対応は，負の外部性の場合のちょうど逆である．市場均衡を社会的最適に近づけるためには，正の外部性に補助をすることが必要となる．実際，それはまさに政府がとっている政策であり，たとえば教育については公立学校と政府奨学金を通じて手厚く補助されている．

要約すると，**負の外部性によって，生産量は社会的に最適な生産量よりも**

多くなり，正の外部性によって，生産量は社会的に最適な生産量よりも少なくなる．この問題を改善するために，政府は負の外部性を持つ財に課税し，正の外部性を持つ財に補助金を支給することで，外部性を内部化することができる．

ケース・スタディ 技術の外部波及と産業政策および特許保護

正の外部性で潜在的に重要なものの一つは**技術の外部波及**（**スピルオーバー**）である．技術の外部波及とは，ある企業の研究や生産における努力の成果が，他の企業の技術進歩の増大に与える影響である．たとえば，産業用ロボットの市場を考えてみよう．ロボットは急速に変化する技術のなかでも最先端のものである．企業がロボットを製造する過程には，新しくてよりよい設計を発見するチャンスが必ずある．その新しい設計は技術知識として社会に蓄積されるので，その企業だけでなく社会全体にとっても役立つだろう．すなわち，その新しい設計は他の生産者に正の外部性をもたらすのである．

このケースでは，政府はロボットの生産に補助金を与えることによって，外部性を内部化することができる．もし政府がロボットを１単位生産するごとに企業に補助金を支払うならば，供給曲線は補助金の分だけ下方にシフトするだろう．そして，このシフトによりロボットの均衡生産量は増加するだろう．市場均衡と社会的最適が等しくなるためには，補助金は技術の外部波及の価値と等しくなければならない．

技術の外部波及はどれくらいの大きさなのだろうか．またそれは公共政策にとってどのような意味を持つのだろうか．これは重要な問題である．というのは，技術進歩は，なぜ世代を経るにつれて生活水準が向上するのかを解く鍵となるからである．しかしまた，それは経済学者の意見がしばしば分かれる難しい問題でもある．

経済学者のなかには，技術の外部波及の範囲は広いので，政府は最大の外部波及を引き起こすような産業を奨励すべきだと考える人たちがいる．こうした経済学者は，たとえば，もしコンピュータ・チップをつくるほうがポテト・チップをつくるよりも大きな外部波及を生み出すのであれば，政府はポテト・チップの生産よりもコンピュータ・チップの生産を奨励すべきだと主張する．アメリカの税法では，限られたものではあるが，研究開発への支出に対する非課税措置がある．他の国々のなかには，大きな技術の外部波及をもたらすと考えられる特別な産業に対してさらに補助金を出しているところがある．政府が技術力を強化する産業の促進をめざして介入することは，**産業政策**と呼ばれることがある．

経済学者のなかには，産業政策の効果を疑問視している人たちもいる．たとえ技術の外部波及が共有できるとしても，産業政策を実践するためには，政府が異なる市場からの外部波及の大きさを測定できなければならない．その測定はどうみても困難である．もし正確に測定することができなければ，政府は最大の正の外部性を生み出す産業ではなく，最も政治的影響力の強い産業に補助金を与えてしまうかもしれない．

技術の外部波及に対処するもう一つの方法として特許保護がある．特許法は，発明者に対して発明を一定期間排他的に利用する権利を与えることによって，発明者の権利を保護するものである．ある企業が新しい技術を発見し，そのアイディアで特許を取得すれば，かなりの経済的便益を獲得することができる．特許は発明をした企業に発明の**所有権**を与えることで，外部性の内部化を果たす．もし他の企業がその新技術を利用したければ，特許使用料を支払って発明した企業の許可を得なければならない．こうして，特許制度は企業に対し，技術進歩をもたらす研究やその他の活動に従事する大きなインセンティブを与えるのである．

【小問】
- 負の外部性と正の外部性の例を一つずつ挙げなさい．
- 外部性が存在すると市場の成果がなぜ非効率となるのか説明しなさい．

2 外部性に対する公共政策

これまでは，外部性があるとなぜ市場における資源の配分が非効率になるかについて議論してきた．しかし，非効率性がどのように改善されるかについてはごく簡潔にしか述べてこなかった．実際，公共部門の政策決定者も民間部門の個々人も，どちらもさまざまな方法で外部性に対処しており，どの改善策も資源配分を社会的最適に近づけることを目的としている.

この節では，政府による解決法を考察する．一般的に，外部性に対して政府が対応できる方法は二つある．**指導・監督政策**は行動を直接規制するものであり，**市場重視政策**は，民間の意思決定者が自分で問題を解決するインセンティブを与えるものである.

指導･監督政策：規制

政府は，ある種の行動を要求したり禁止したりすることによって外部性を改善することができる．たとえば，有害な化学物質を上水道に投棄することは犯罪である．この場合，社会が被る外部費用は汚染者の利益をはるかに上回る．したがって，政府はこうした行動を絶対に禁止する指導・監督政策を実施する.

しかしながら，ほとんどの汚染のケースにおいては，状況はそれほど単純ではない．すべての汚染行動を禁止することは環境保護主義者の目標ではあるが，実際には不可能だろう．たとえば，実際上すべての輸送手段は，（馬でさえも）望ましくない汚染物を副産物として生み出す．しかし政府があらゆる交通を禁止するのは賢明ではない．その結果，汚染を完全に取り除くことはできないが，社会は費用と便益とを比較考量し，許容される汚染の種類と量を決めなければならない．アメリカには，環境保護庁（EPA：Environmental Protection Agency）という環境保護を目的とした規制を計画・実施する政府機関が存在する.

環境規制はさまざまな形をとりうる．環境保護庁は工場が排出できる汚染の最大水準を決めることもあれば，排出を減らすような特定の技術の採用を企業に要求することもある．いずれの場合にせよ，よいルールを設計するためには，政府の規制当局者は特定の産業やその産業で使用できる代替的な技術について詳しく知っておく必要がある．こうした情報を政府の規制当局者が得ることはなかなか難しい.

ワクチン

「はしかなどの伝染病に対する予防接種を拒否することは，他の人々に費用を負わせることになるが，それは負の外部性である.」

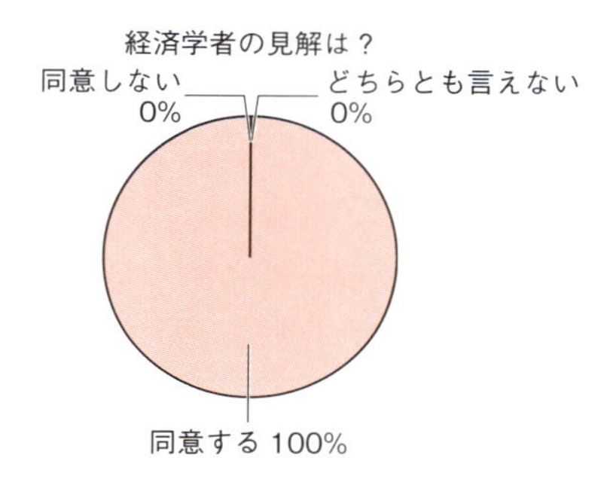

「自由な選択を制限することの費用，および子どもにはしかの予防接種をしないことを選択するアメリカ人の割合を考えると，（やむを得ぬ医学的な理由のある人を除く）すべてのアメリカ人にはしかのワクチン接種を義務づけることの社会的利益は社会的費用を超えるだろう.」

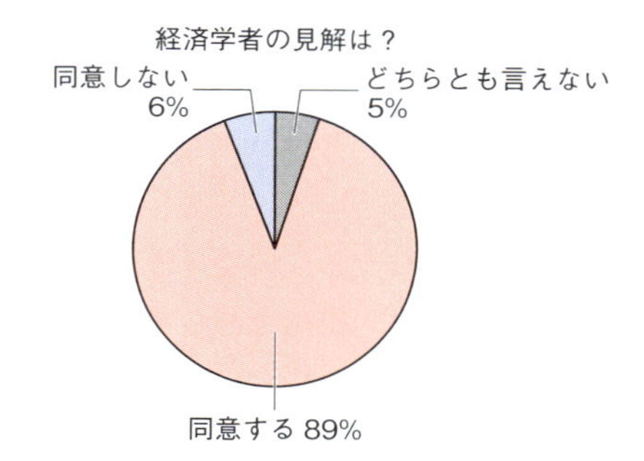

（出所） IGM Economic Experts Panel, March 10, 2015.

●市場重視政策1：矯正税と補助

政府は外部性への対応として，行動を規制するのではなく，市場重視政策を用いて私的インセンティブと社会的効率性を整合的にすることもできる.

たとえば，すでにみたように，政府は負の外部性を持つ活動に課税し，正の外部性を持つ活動に補助を与えることによって，外部性を内部化することができる．負の外部性の影響を矯正するための課税は**矯正税**と呼ばれる．それはまた，早くからその利用を提唱していた経済学者アーサー・ピグー（1877～1959年）の名前にちなんで，**ピグー税**とも呼ばれる．理想的な矯正税は負の外部性を有する活動から生じる外部性の費用に等しく，理想的な矯正補助金は正の外部性を有する活動から生じる外部性の便益に等しい．

矯正税は規制よりも小さな社会的費用で汚染を減少させることができるため，経済学者は汚染に対処する方法として規制よりも矯正税がよいと考えている．その理由を理解するために，一つの例を考えてみよう．

製紙工場と製鉄工場の二つの工場がそれぞれ毎年500トンの汚水を川に垂れ流しているとしよう．環境保護庁は汚水の量を減少させる方針を定め，二つの解決法を検討する．

- 規制：環境保護庁は，それぞれの工場に汚水の排出量を年間300トンまで減少させるように命じることができる．
- 矯正税：環境保護庁は，それぞれの工場に汚水の排出１トンにつき５万ドルの税を課すことができる．

規制は汚水の量の水準を指示するのに対し，矯正税は工場所有者に汚染を減少させる経済的インセンティブを与える．どちらの解決法がよいだろうか．

ほとんどの経済学者は矯正税がよいと考えるだろう．この選択を説明するために，彼らはまず，汚染の全般的水準を減少させる方法として，税は規制とほぼ同じくらい有効だということを指摘するだろう．環境保護庁は税率を適切な水準に設定することにより，汚染をどのような水準にでも減らすことができる．税率が高いほど汚染は減少する．もし税率が非常に高ければ，工場は完全に閉鎖され，汚染はゼロになるだろう．

規制と矯正税はともに汚染を減らすことができるが，税はその目的をより効率的に達成することができる．規制では各工場に汚染を同じ量だけ減らす

矯正税 corrective tax：民間の意思決定者が，負の外部性から生じる社会的費用を考慮に入れるよう促すことを意図する税．

ことを要求するが，一律に減らすことは水をきれいにするための最も安価な方法であるとは限らない．製紙工場のほうが製鉄工場よりも汚染を減らす費用が小さい可能性もある．もしそうであれば，製紙工場は矯正税への対応として，税を避けるために汚染をかなり減少させるだろう．それに対して，製鉄工場は汚染をあまり減らさず，税金を支払う形で対応するだろう．

本質において，矯正税とは汚染する権利に価格をつけることである．市場がある財を最も高く評価する買い手にその財を配分するように，矯正税は汚染を減少させる費用が最も高い工場に汚染を配分するのである．したがって，環境保護庁は矯正税を用いることで最も小さい総費用でどのような汚染水準にも到達できるのである．

経済学者はまた，矯正税のほうが環境にもよいと主張する．規制の指導・監督政策では，工場は300トンという汚水の目標に到達してしまうと，それ以上汚染の排出を減らそうとする理由がなくなる．これに対して，課税では，工場は汚染の排出をさらに減らす技術を開発するインセンティブを持つ．汚染をあまり排出しない技術があれば，工場が支払わなければならない税額が減少するからである．

矯正税は他の税とはあまり似ていない．第８章で議論したように，ほとんどの税はインセンティブを歪め，資源配分を社会的に最適な状態から乖離させる．消費者余剰と生産者余剰の減少による経済厚生の減少は，政府が得る収入を上回り，死荷重を発生させる．対照的に，外部性が存在する場合，社会はその影響を受ける人々の厚生にも配慮する必要がある．矯正税は，外部性が存在する原因となる，市場参加者が直面するインセンティブを修正し，資源配分を社会的に最適な状態に近づける．このように，矯正税は政府に収入をもたらしながら，経済効率も高めるのである．

ケース・スタディ なぜガソリンには重税が課せられるのか

多くの国において，ガソリンは経済のなかで最も重い税が課せられる財の一つである．ガソリン税は車の運転に伴う三つの負の外部性を矯正しようとする矯正税であるとみることができる．

- **渋滞**：もしあなたが数珠つなぎの渋滞に巻き込まれた経験があるならば，おそらくもっと車が少なければいいのにと思ったことだろう．ガソリン税により，人々は公共交通機関を利用したり，車への相乗りを増やしたり，職場に近いところに住むようになるので，渋滞が緩和される．
- **事故**：人々が大型車やSUV（スポーツタイプ四輪駆動車）を購入する場合，購入者の安全性は高まるが，周囲の人が危険にさらされるようになることは確かである．アメリカの高速道路交通安全局によると，普通の車を運転している人がSUVに衝突された場合，他の車に衝突された場合と比べて，死亡率が5倍になる．ガソリン税は，大型で燃費の悪い車が，他の人々に対して危険をもたらすとき，その車の持ち主により多く支払いをさせる間接的な手段である．それにより，人々はどの車を買うか決めるときに，結果としてこの危険性を考慮に入れるようになる．
- **汚染**：自動車はスモッグを生み出す．さらに，ガソリンなどの化石燃料は，燃焼することによって地球温暖化の主な原因となると広く信じられている．専門家の間では，この脅威がどれほど危険であるかについて意見が分かれているが，ガソリン税がガソリンの使用を抑止し，その脅威を低下させることは間違いない．

ほとんどの税が死荷重を発生させるのとは異なり，ガソリン税は実際に経済をよりよい状態に導く．ガソリン税によって，交通渋滞が減り，道路はより安全になり，環境汚染が減るからである．

では，ガソリン税はどれほどの高さにすべきだろうか．ほとんどのヨーロッパ諸国ではガソリン税はアメリカよりもかなり高い．多くの論者はアメリカもガソリン税をもっと重くすべきであると主張している．学術誌（『ジャーナル・オブ・エコノミック・リテラチャー』）に掲載された2007年の研究では，自動車運転に関連するさまざまな外部性の大きさについての研究結果を要約している．そこでは，ガソリンへの最適な矯正税は1ガロン（3.7854リットル）当たり2.28ドル（2005年ドル価格，インフレ調整済み）であると結論している（2015年価格では2.78ドルに相当）．これに対し，アメリカでの2015年の実際の税率は1ガロン当たりわずか約50セントにすぎない．

ガソリン税から得られる収入は，インセンティブを歪め，死荷重を生む所得税のような税を引き下げるために用いることができる．加えて，自動車メーカーに対して燃費のよい車を生産するように義務づける煩わしい政府規制は不要になるだろう．しかしながら，このアイディアはこれまで政治的には不人気であった．

●市場重視政策2：売買可能な排出権取引

製紙工場と製鉄工場の例に戻ろう．経済学者のアドバイスにもかかわらず，環境保護庁が規制を採用し，各企業に汚水を毎年300トンまで減少させるように命じたとしよう．規制が実施され，二つの企業が規制に従った後のある日，両社がある提案を持って環境保護庁を訪れた．製鉄工場は汚水の排出を300トンから400トンへ増やすことを望んでいる．製紙工場は，もし製鉄工場が500万ドルを支払ってくれるならば，汚水の排出を300トンから200トンへ減らすことに同意している．汚水の合計量は600トンのままである．環境保護庁は二つの工場がこのような取引をすることを許可するべきだろうか．

経済の効率性の観点からは，この取引を認めることはよい政策である．それぞれの工場の所有者は自発的にその取引に合意しているので，取引は両者の厚生を改善するはずである．そのうえ，総排出量は同じなので，その取引による新たな外部効果は生まれない．したがって，製紙工場が製鉄工場に排出権を販売するのを認めることは社会的厚生を高める．

同じ論理は，排出権をある企業から他の企業へと自発的に移転させるすべての場合に当てはまる．もし環境保護庁がこうした取引を企業に認めるならば，それは本質的に，排出権という一つの新しい希少な資源を創出することになる．排出権を取引する市場がゆくゆくは発達し，その市場は需要と供給の作用に左右されるだろう．見えざる手は，この新しい市場が排出権を効率的に配分することを保証するだろう．すなわち，排出権は支払許容額で測って最も高く評価する企業の手に入ることになる．そして，排出権に対する支払許容額は排出を減らす際にかかる費用によって決まる．すなわち，企業にとって排出を削減するための費用が大きいほど許可証に対してより多く支払ってもよいと考えるだろう．

排出権の市場を認める一つの利点は，排出権が最初にどの企業に配分され

専門家にきく 炭素税

「ブルッキングス研究所の最近の公表では，アメリカで二酸化炭素排出量１トン当たり20ドルとし，年間４％ずつ引き上げられていく炭素税が導入されると，以後10年間に，年間推計1500億ドルの連邦税収になるという．二酸化炭素排出による負の外部性があるとすれば，この税率の連邦炭素税は，労働所得への限界税率を全面的に引き上げることにより同額の収入を生み出す増税よりもアメリカ経済への有害な正味のゆがみは小さくなる．」

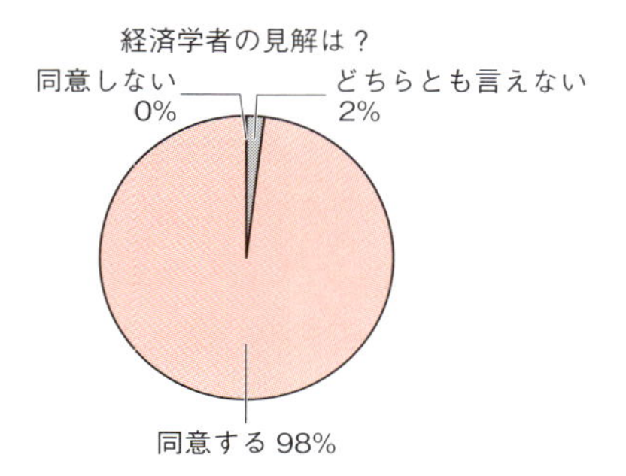

「燃料中の炭素含有量への課税は，全社平均の自動車の燃費要件といったような政策の寄せ集めよりも二酸化炭素排出を削減するために安上がりとなる．」

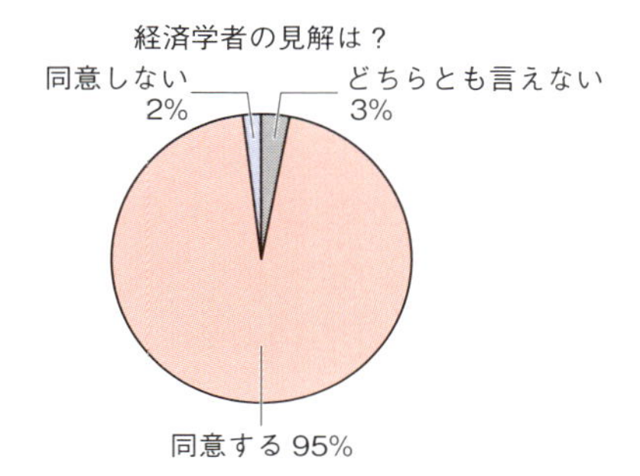

（出所） IGM Economic Experts Panel, December 4, 2012 and December 20, 2011.

ていても，経済効率性の観点からは問題にならないことである．汚染を低費用で削減できる企業は，手に入る許可証をすべて販売しようとするだろうし，高い費用をかけないと排出を削減できない企業は，必要なだけの権利を購入しようとするだろう．排出権の自由な市場がある限り，初期の配分にかかわらず最終的な配分は効率的になるだろう．

排出権取引を用いて汚染を減少させる方法は，矯正税を用いる方法と大きく異なるようにみえるかもしれないが，二つの政策は多くの共通点を持っている．どちらのケースも，企業は汚染を排出するために支払いをするということである．矯正税の場合には，汚染を排出する企業は政府に税金を支払わなければならない．排出権取引の場合には，汚染を排出する企業は排出権を手に入れるために支払いをしなければならない（すでに排出権を持っている企業も，排出するためには支払いをしなければならない．なぜなら排出の機会費用は，その権利を公開市場で販売していれば得られたはずの金額だからである）．矯正税と排出権取引は，どちらも企業が汚染を排出するのに費用がかかるようにすることで，汚染排出の外部性を内部化するのである．

二つの政策の類似性は汚染排出の市場を考察するとよくわかる．図10-4の二つのパネルには，排出権の需要曲線が示されている．この曲線は，排出の価格が低いほど，汚染を排出する企業が増えることを示している．パネル(a)では，環境保護庁は排出価格を設定するのに矯正税を用いている．この場合，排出権の供給曲線は完全に弾力的であり（企業は税金さえ支払えばどのような量でも排出することができる），需要曲線の位置が排出量を決定する．パネル(b)では，環境保護庁は排出権を発行することで排出量を設定する．この場合，排出権の供給曲線は完全に非弾力的であり（排出の量は排出権の数で固定される），需要曲線の位置が排出権の価格を決定する．したがって，環境保護庁は矯正税によって排出権の価格を設定するか，排出権によって排出の量を設定することで，所与の需要曲線上のどのような点にでも到達することができる．

しかしながら，状況によっては排出権を販売するほうが矯正税を課すよりもよいかもしれない．環境保護庁は600トン以上の汚水が川へ放出されることを望まないとしよう．しかし，環境保護庁は汚染の需要曲線がわからないので，どれくらいの税率にすればその目的を達成できるか確信を持てない．

図 10－4　矯正税と排出権取引の同等性

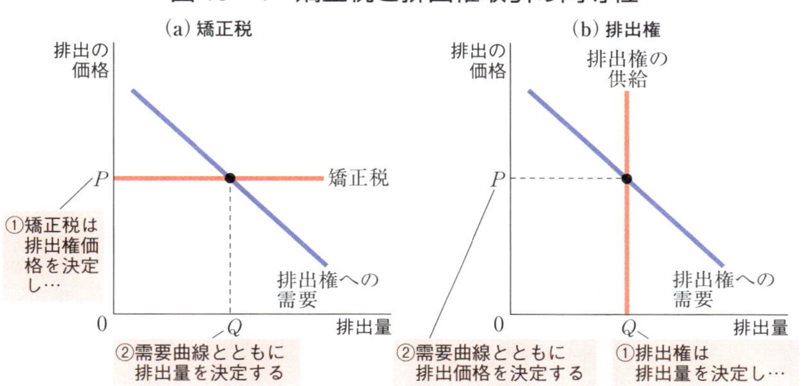

パネル(a)では，環境保護庁は矯正税を課すことで排出の価格を設定し，需要曲線により排出量が決定する．パネル(b)では，環境保護庁は限定数の排出権を発行することで汚染の量を限定し，需要曲線により排出権価格が決定する．排出権価格と量はどちらの場合も同じである．

このような場合，環境保護庁はたんに600トンの排出権を競売にかければよい．その競売価格は矯正税の適切な大きさになるだろう．

政府が排出権を競売するという考えは，一見，経済学者の想像の産物のようにみえるかもしれない．実際，この考えは経済学者の頭のなかから生まれたものである．しかし，しだいに環境保護庁は汚染の排出を制御する方法として，このシステムを用いるようになってきた．顕著な成功例の一つは，酸性雨の主要な原因である二酸化硫黄（SO_2）の事例である．1990年の改正大気浄化法では，発電所に対してSO_2を大幅に削減するよう義務づけた．同時に，改正法では発電所がSO_2の割当量を取引することを認めるシステムを立ち上げた．当初は産業界も環境保護主義者もこの法案に懐疑的であったが，時間が経つにつれて，このシステムは最小限の混乱で汚染を減らすようになった．いまでは排出権取引は，矯正税と同様，費用をかけずにきれいな環境を維持できる方法だと広く考えられている．

●公害の経済分析への反論

「われわれは，代金を払わせて汚染を排出する権利を与えることはできない.」故エドモンド・マスキー元上院議員によるこのコメントは，一部の環境保護主義者の見解を代表している．きれいな空気ときれいな水を入手することは人間の基本的な権利であり，経済的な面から考えることによって価値を下げられるべきではない．きれいな空気ときれいな水にどのように価格をつけろというのか．環境は非常に重要であり，費用に関係なく最大限に守られるべきだというのが彼らの主張である．

経済学者はこの種の議論にはほとんど共感を持たない．経済学者にとってよい環境政策は，第１章で述べた経済学の十大原理の第１原理，すなわち，「人々はトレードオフ（相反する関係）に直面している」ということを理解することから始まる．確かに，きれいな空気やきれいな水には価値がある．しかし，その価値は機会費用と比較されなければならない．すなわち，それらを手に入れる代わりにあきらめなければならないものと比較されなければならないのである．すべての汚染をなくすのは不可能である．すべての汚染を取り除こうとすれば，高い生活水準を享受することを可能にしてくれた多くの技術進歩に逆行してしまう．ほとんどの人は，環境をできるだけきれいにするためだといっても，貧弱な栄養や不十分な医療，みすぼらしい家で我慢しようとはしないだろう．

経済学者は，環境活動家が経済学的な思考をしないために，かえって環境保護が進まなくなっているという．経済学的に考えれば，きれいな環境は単純にもう一つの財であるとみることができる．すべての正常財と同様に，きれいな環境への需要の所得弾力性は正である．豊かな国は貧しい国よりもきれいな環境を供給することができ，そのため通常はより厳しい環境保護を行っている．加えて他の財の需要と同様，きれいな空気と水は需要法則に従う．つまり，環境保護の価格が低いほど，人々は多くの環境保護を望む．したがって，汚染許可証や矯正税といった経済学的アプローチによって環境保護の費用が減少すると，きれいな環境への人々の需要は増加するのである．

【小問】 ● 接着剤工場と製鉄工場は，大量に吸引すると健康を害するような化学物質を含む煙を排出する．この外部性に対して地方自治体が対応できる三つの方法を述べなさい．それぞれの解答に対する賛成論や反対論にはどのようなものがあるか．

3 外部性に対する当事者間による解決法

外部性は市場を非効率的にする傾向があるが，問題の解決にあたって政府の働きかけがいつも必要となるわけではない．状況によっては，当事者間による解決も可能である．

●当事者間による解決法のタイプ

まず，外部性の問題は道徳律や社会常識の拘束力によって解決される場合がある．たとえば，なぜほとんどの人がごみを散らかさないのかを考えてみよう．ごみを散らかすことを禁止する法律は存在するが，こうした法律は厳しくは施行されない．ほとんどの人は，ごみを散らかすことが悪いことだからしないのである．子どもたちはたいてい，(聖書のなかの) 黄金律で「おのれの欲するところを人に施せ」と教えられる．この道徳的な命令は，自分の行動が他の人々にどのような影響を与えるかを考慮に入れよと述べている．経済学の言葉でいえば，外部性を内部化せよということである．

当事者間による外部性のもう一つの解決法は慈善事業である．たとえば，環境を保護することを目的とするシエラ・クラブは，民間からの寄附を基金とする非営利団体である．もう一つの例として，大学は同窓生や企業や財団から寄附を受けるが，その一つの理由は教育が社会に対して正の外部性を持っているからである．政府は慈善事業への寄附金の課税所得控除を認めることで，税制を通じて外部性に対する当事者間による解決法を奨励しているのである．

民間市場ではしばしば，利害関係者の利己心に依拠して外部性の問題が解決される．解決法として，異なるタイプの事業統合という形をとることがある．たとえば，隣り合っているりんご農家と養蜂家を考えてみよう．蜂はりんごの花に授粉するので，果樹園のりんご生産を助けており，蜂はりんごの花の蜜から蜂蜜をつくる．したがって，それぞれの事業は相手に対して正の外部性を与えている．ところが，りんご農家が何本の木を植えるかを決め，養蜂家が何匹の蜂を飼うかを決めるときには，彼らはこの正の外部性を考慮していない．その結果，りんご農家が植える木の数も養蜂家が飼う蜂の数も，最適な数よりも少なくなる．こうした外部性は，養蜂家がりんご果樹園を買収するか，りんご農家が蜂の巣を購入すれば内部化できる．一つの企業が両方の事業を行うので，その企業は最適な木の数と蜂の数を選択できるだろう．このように，外部性を内部化することは，複数のタイプの事業を兼営する企業が存在する理由の一つとなる．

外部効果を民間の市場が取り入れるもう一つの方法は，利害関係者が契約を結ぶことである．この例では，りんご農家と養蜂家が契約を結ぶことにより，木と蜂の数が少ないという問題を解決することができる．契約にあたっては，木の数と蜂の数を明記し，そしておそらく片方から他方への支払いが生じるのでそれも明記するとよい．木と蜂の数を適切に設定することで，外部性から通常生じる非効率性を契約によって解決することができ，両者とも厚生が改善される．

●コースの定理

民間市場は外部性への対処方法としてどれくらい有効なのだろうか．経済学者ロナルド・コースにちなんで**コースの定理**と名づけられた有名な結果は，状況によっては民間市場が非常に有効となりうることを示唆した．コースの定理によると，民間の当事者たちが資源の配分について費用をかけずに交渉することができれば，外部性の問題はつねに民間市場で解決することができ，資源は効率的に配分される．

コースの定理がどのように機能するかをみるために，一つの例を考えよう．ディックはスポットという名の犬を飼っている．スポットはよく吠えるので，ディックの隣人であるジェーンは騒音に悩まされている．ディックは犬を飼うことで便益を得るが，犬はジェーンに負の外部性をもたらす．この場合，ディックは強制的に愛犬を動物収容所に入れさせられることになるのだろうか．あるいはジェーンが犬の鳴き声に悩まされながら眠れぬ夜を過ごさなければならないのだろうか．

まず，どのような結果が社会的に効率的であるかを考えよう．博愛的統治者は二つの選択肢を考慮するにあたって，ディックが犬から得る便益とジェ

コースの定理 Coase theorem：もし民間の当事者たちが資源の配分について費用をかけることなく交渉できるならば，外部性の問題を自分たちで解決できるという命題．

ーンが鳴き声によって被る費用とを比較するだろう．もし便益が費用を上回るならば，ディックが犬を飼い，ジェーンが犬の鳴き声に悩まされながら生活することが効率的となる．逆にもし費用が便益を上回るならば，ディックは犬を処分すべきである．

コースの定理によると，民間市場は自分たちの力で効率的な結果に到達する．このケースでは，ジェーンはお金を支払うから犬を処分してほしいとディックに申し入れるだけでよい．もしジェーンの提示する金額が犬を飼うことの便益よりも大きければ，ディックはその取引を受け入れるだろう．

価格の交渉さえできれば，ディックとジェーンはつねに効率的な結果に到達することができる．たとえば，ディックが犬を飼うことによって500ドルの便益を得る一方で，ジェーンが鳴き声によって800ドルの費用を被るとしよう．この場合，ジェーンはディックに対して600ドルを支払うから犬を処分してくれと頼めば，ディックは喜んで受け入れるだろう．両者の厚生は改善し，効率的な結果が達成される．

もちろん，ディックが受け入れられる価格をジェーンが提示しようとしないこともある．たとえば，ディックが犬を飼うことで1000ドルの便益を得る一方で，ジェーンが鳴き声によって800ドルの費用を被るとしよう．この場合，ディックは1000ドル未満の提示をすべて断るだろうし，ジェーンは800ドルよりも高い価格を提示しないだろう．したがって，ディックは犬を飼い続けることになる．しかし，このような費用と便益のときには，この結果は効率的である．

これまでは，ディックが吠える犬を飼う法的な権利を持っていると仮定してきた．言い換えれば，ジェーンがディックに対して補償金を支払い，自発的に犬を飼うことをあきらめてもらわない限り，ディックは犬を飼い続けることができると仮定してきた．しかし反対に，もしジェーンが静かな環境で平穏に暮らす法的な権利を持っているとすると，結果はどのように変わるのだろうか．

コースの定理によると，最初にどちらが権利を持っているかということは，市場が効率的な結果を導く能力にとっては重要ではない．たとえば，ジェーンがディックに犬を処分させることが法的に可能だとしよう．この権利はジェーンに有利に働くが，おそらく結果は変わらない．この場合，ディックはお金を支払うので犬を飼うことを認めてほしいとジェーンに申し入れることができる．もし犬を飼うことによるディックの便益が犬の鳴き声で苦しむジェーンの費用を上回るのであれば，ディックとジェーンは，ディックが犬を飼える契約を結ぶだろう．

当初の権利の帰属がどのようになっていようと，ディックとジェーンは効率的な結果に到達することができる．しかしながら，権利をどちらが持っているかということは無意味ではない．権利の帰属は，経済厚生の分配を決定する．ディックが吠える犬を飼う権利を持っているのと，ジェーンが静かで平穏に暮らす権利を持っているのとでは，最終的な契約でどちらがどちらに支払いをするかが変わってくるのである．しかしいずれの場合においても，両当事者間で交渉をすることによって，外部性の問題を解決することができる．便益が費用を上回るときにのみ，ディックは犬を飼い続けることになるだろう．

要約すると，**コースの定理によれば，潜在的には民間の経済主体は自分たちの力で外部性の問題を解決することができる．当初誰が権利を持っていても，利害関係のある当事者たちは，全員の厚生が改善されて効率的な結果を生み出すような契約に到達することができる．**

●なぜ当事者間による解決法は必ずしも機能しないのか

コースの定理という説得力のある論理にもかかわらず，民間人は外部性によって引き起こされる問題を自分たちの力で解決することにしばしば失敗する．コースの定理が当てはまるのは，利害関係を有する当事者たちが問題なく契約に到達し，執行できる場合のみである．しかしながら，世の中ではお互いにとって有益な契約ができるときでさえ，交渉が必ずしもうまく機能しないことがある．

ときには，利害関係を有する当事者たちは，**取引費用**のために外部性の問題の解決に失敗する．取引費用とは，当事者たちが契約に合意し，それを遂行する過程で負担する費用のことである．たとえば，ディックとジェーンの話す言葉が異なるために，合意に達するには通訳を雇わなければならない場

取引費用 transaction costs：当事者たちが契約に合意し，それを遂行する過程で負担する費用．

合を考えよう．もし犬が吠えるという問題を解決することによる便益よりも通訳の費用が高くつくようであれば，ディックとジェーンはその問題を未解決のままにしておくかもしれない．より現実的な取引費用の例としては，通訳への支出ではなく，契約書をつくり，契約を実行する際に必要な弁護士への支出がある．

その他にも，交渉が簡単に失敗することがある．戦争やストライキが繰り返し起こることは，合意に達することが困難であり，合意に失敗すると巨額の費用がかかることを示している．よくみられるのが，お互いがより有利な取引を最後まで要求しようとするケースである．たとえば，ディックが犬から500ドルの便益を得て，ジェーンが鳴き声によって800ドルの費用を被るとしよう．この場合，ジェーンがディックにお金を支払って犬を他の人に引きとってもらうのが効率的だが，そのような結果をもたらす価格はいろいろとある．ディックは750ドル要求するかもしれないし，ジェーンは550ドルしか提示しないかもしれない．彼らが価格に関して押し問答をしている限り，鳴き声に関する非効率的な結果が持続するのである．

利害関係のある当事者の数が多いと，全員の調整に費用がかかるため，効率的な契約に到達することはきわめて難しくなる．たとえば，近隣の湖を汚染する工場を考えてみよう．汚染は地元の漁師たちに負の外部性をもたらす．コースの定理によると，汚染が非効率であれば，工場と漁師は，漁師が工場にお金を支払って汚染しないでもらうという契約に至るだろう．しかしながら，漁師の数が多ければ，工場と交渉を始めるために全員の意見を調整することはほとんど不可能である．

民間での契約が機能しないとき，政府がその役割を果たすこともある．政府は，集団的な行動を設計する組織である．この例では，たとえ漁師が自分たちのために行動することが現実的でないとしても，政府は漁師たちのために行動することができる．

【小問】
- 当事者間による外部性の解決法の例を一つ挙げなさい．
- コースの定理とは何か．
- 外部性によって生じる問題を，経済活動に携わる民間の当事者が解決できないことがあるのはなぜか．

4 結論

見えざる手は強力ではあるが全能ではない．ある市場均衡は消費者余剰と生産者余剰の合計を最大化する．すなわち，市場の売り手と買い手だけが利害関係者である場合には，市場の成果は社会全体の観点からみて効率的である．しかし，汚染などの外部効果があるときには，市場の成果を評価するには第三者の厚生も考慮に入れる必要がある．このような場合には，市場における見えざる手は資源を効率的に配分することに失敗するかもしれない．

状況によっては，人々は自分たちの力で外部性の問題を解決することができる．コースの定理によると，利害関係者は当事者間で交渉し，効率的な解決に到達することができる．しかしながら，数多くの利害関係者がいて交渉が困難なときなどには，効率的な結果に到達できないこともある．

人々が当事者間で外部性の問題を解決できないときには，政府がしばしば介入する．しかし，政府の介入があるからといって社会は市場の力を完全に放棄すべきではない．政府は，意思決定者に対して，自らの行動の費用をすべて負担することを要求することによって，外部性の問題を処理できる．たとえば，排出権取引や排出物への矯正税は，汚染の外部性を内部化することを意図している．それらは環境を保護することに関心を持つ人たちにとっても政策の選択肢となる．適切な方向づけさえなされれば，市場の力はしばしば市場の失敗に対処する最適な方法となる．

要約

- 売り手と買い手の間の取引が第三者に直接影響を与えるとき，その影響を外部性と呼ぶ．ある活動が汚染排出のような負の外部性を生じると，市場における社会的に最適な取引量は均衡取引量よりも少なくなる．ある活動が技術の外部波及のような正の外部性を生じると，社会的に最適な取引量は均衡取引量よりも多くなる．
- 政府は，外部性によって生み出される非効率を改善するためにさまざまな

政策を実行する．場合によっては，政府が規制を課して，社会的に非効率的な行動をさせないことがある．あるいは，矯正税を課して外部性を内部化することもある．もう一つの公共政策は排出権を発行することである．たとえば，政府が限定数の排出権を発行すれば，政府は環境を保護することができるだろう．この政策の結果は，汚染排出者に矯正税を課すこととほとんど変わらない．

- 外部性の影響を受ける人たちがその問題を当事者間で解決できることがある．たとえば，ある企業が他の企業に対して外部性をもたらすとき，二つの企業は合併によって外部性を内部化することができる．あるいは，利害関係者たちは契約を結ぶことによって問題を解決することもできる．コースの定理によると，交渉に伴う費用がなければ，資源が効率的に配分される契約に必ず到達できる．しかしながら多くの場合，多数の利害関係者の間で契約に達するのは困難であり，コースの定理は当てはまらない．

確認問題

1. 正の外部性の例となるのは次のうちどれか．
   a. デヴはヒラリー邸の芝刈りをし，そのサービスの対価として100ドルを受け取る．
   b. 芝刈りの間にデヴの芝刈り機が煙を出して，ヒラリーの近所に住むクリスティンがそれを吸うことになる．
   c. ヒラリー邸の芝生が新しく刈られたことで，近所がより魅力的になる．
   d. ヒラリーの近所の住民は，ヒラリーが定期的に芝を刈ると約束するならヒラリーにお金を払う．
2. もしある財の生産が負の外部性を生み出すなら，社会的費用曲線は供給曲線の（　　）に位置し，社会的に最適な生産量は均衡生産量よりも（　　）．
   a. 上方，多い
   b. 上方，少ない
   c. 下方，多い
   d. 下方，少ない

3. 政府が財の生産に関連する外部費用に等しい大きさの課税をすると，消費者が支払う価格は（　　　）し，市場の結果の効率性は（　　　）.
  a. 上昇，高くなる
  b. 上昇，低くなる
  c. 下落，高くなる
  d. 下落，低くなる
4. 矯正税についての以下の文のうち正しくないものはどれか.
  a. 経済学者は指導・監督といった規制よりも矯正税を好む.
  b. 矯正税は政府収入を増やす.
  c. 矯正税は死荷重を生む.
  d. 矯正税は市場での販売量を減らす.
5. 政府は500単位の汚染権を競売にかけた. 政府は1単位当たり50ドルで販売し，合計で2万5000ドルの収入を得た. この政策は汚染量1単位当たり（　　　）ドルの矯正税と同等である.
  a. 10
  b. 50
  c. 450
  d. 500
6. コースの定理が当てはまらないのはどのようなときか.
  a. 両当事者の間に大きな外部性があるとき
  b. 裁判所が熱心にすべての契約の執行を強いるとき
  c. 取引費用のために交渉が困難であるとき
  d. 両当事者が外部性をよく理解するとき

復習問題

1. 負の外部性と正の外部性の例を一つずつ挙げなさい.
2. 需要と供給の図を描き，企業の生産プロセスの結果として生じる負の外部性の影響を説明しなさい.
3. 特許制度は，社会が外部性の問題を解決するのにどのように役立つか.
4. 矯正税とは何か. 汚染から環境を保護する方法として，経済学者はなぜ規制よりも矯正税が望ましいと考えるのか.

5. 外部性によって生じる問題を政府の介入なしに解決できる方法をいくつか挙げなさい.
6. あなたは非喫煙者であり，喫煙者と同居しているとしよう．コースの定理によれば，あなたのルームメイトが部屋で喫煙するかどうかは何によって決まるか．この結果は効率的か．どうすればあなたとあなたのルームメイトはこの問題を解決できるか.

応用問題

1. あなたの車を盗難から守るための二つの方法を考えよう．ザ・クラブ（ハンドルロック）は，車の窃盗団があなたの車を盗むのを難しくする．ロージャック（盗難追跡システム）は，警察が車を盗んだ窃盗団を捕まえやすくする．他の車の持ち主に対して負の外部性をもたらすのはどちらの方法だろうか．正の外部性をもたらすのはどちらの方法だろうか．あなたの分析が政策にとって持つ意味は何か.
2. 消火器の市場について考えよう.
   a. 消火器はなぜ正の外部性を生み出すのだろうか.
   b. 消火器市場を図示し，需要曲線，社会的価値曲線，供給曲線，社会的費用曲線を描き入れなさい.
   c. 市場均衡における生産水準と最適な生産水準を示しなさい．なぜこの二つの水準が異なるかについて直観的に説明しなさい.
   d. 外部性に対する便益が消火器1個につき10ドルであるときに，効率的な結果をもたらす政策を述べなさい.
3. アルコールの消費が増えると交通事故が増加し，飲酒や運転をしない人に費用を負担させることになる.
   a. アルコール市場を図示し，需要曲線，社会的価値曲線，供給曲線，社会的費用曲線，市場均衡における生産水準，最適な生産水準を描きなさい.
   b. 図上で，市場均衡における死荷重に相当する領域を示し，その理由を説明しなさい（ヒント：死荷重は，社会的費用が社会的価値を上回る量のアルコールが消費されるために生じる）.

4. 多くの人は，われわれの経済における汚染の水準が高すぎると考えている．

a. 社会が汚染の総量をある量だけ減らしたいと考えるとき，なぜそれぞれの企業で削減量が異なることが効率的となるのだろうか．

b. 指導・監督政策は，すべての企業が一律に汚染を削減することに頼ることが多い．なぜこの政策では削減量を増やすべき企業を選ぶことが一般的にできないのだろうか．

c. 経済学者は，適切な矯正税や排出権取引が効率的な汚染の減少につながると主張している．これらのアプローチは，どのようにして削減量を増やすべき企業を選ぶのだろうか．

5. ホールビルに住む同じ嗜好を持つ多くの住民はズラープというお酒を好む．各住民は，このお酒を飲むことに対して次のような支払許容額を持っている．

1杯め	5（ドル）
2本め	4
3本め	3
4本め	2
5本め	1
6本め以上	0

a. ズラープの生産費用は1.5ドルであり，競争的な供給者はこの価格で販売する（供給曲線は水平である）．ホールビルの住民はそれぞれ何本のお酒を消費するだろうか．また，それぞれの人の消費者余剰はいくらか．

b. ズラープの生産から汚染が生み出され，1本当たり1ドルの外部性の費用がかかる．この追加的な費用を考慮に入れると，あなたが問aで記述した配分では1人当たりの総余剰はどれだけになるか．

c. ホールビルの住民の1人であるシンディ・ルー・フーは自らズラープの消費を1本減らすことを決めた．シンディの経済厚生（彼女の消費者余剰 − 彼女が被る汚染の費用）はどうなるか．シンディの決断はホールビルの総余剰にどのような影響を与えるか．

d. グリンチ市長はズラープに1ドル課税する．すると1人当たりの消費はどうなるか．消費者余剰，外部性の費用，政府収入，総余剰の1人当たりの大きさを計算しなさい．

e. あなたの計算によると，あなたは市長の政策を支持することになるだろうか．またそれはなぜか．

6. ブルーノはロックンロールの音楽を大音量で演奏するのが好きである．プラシドはオペラが好きで，ロックンロールは嫌いである．不幸なことに，2人は紙のように薄い壁でできたアパートで隣り合わせに住んでいる．

a. ここでの外部性は何か．

b. 家主はどのような指導・監督政策を行うことができるだろうか．その方策は非効率的な結果をもたらすだろうか．

c. 家主は借家人たちに何でもしたいことをさせているとしよう．コースの定理によれば，ブルーノとプラシドはどのようにして当事者間で最適な結果にたどりつくだろうか．彼らが最適な結果にたどりつくことを妨げるのは何か．

7. 図10-4は，排出権の需要曲線が与えられているときに，政府が矯正税によって価格を設定しても，排出権の量を設定しても同じ結果に到達できることを示している．ここで汚染排出を抑制する技術進歩が急速に起こったとしよう．

a. 図10-4と同じような図を用いて，この技術進歩が排出権の需要に及ぼす影響を示しなさい．

b. それぞれの規制システムのもとにおいて，この技術進歩が排出権の価格と量にどのような影響を及ぼすか説明しなさい．

8. 政府がある種の汚染の排出について，排出権を発行するとしよう．

a. 政府が排出権を割り当てるのと競売にかけるのとでは，経済効率の面で違いはあるだろうか．また，それは他の点で問題となるだろうか．理由も述べなさい．

b. もし政府が排出権を割り当てるとすると，企業間での排出権の配分の仕方は効率性にとって問題となるだろうか．またそれは他の点で問題となるかについて説明しなさい．

9. ハッピー渓谷には三つの工場がある．

企業	初期の汚染排出水準	汚染排出を1単位減少させる費用
A	30単位	20ドル
B	40単位	30ドル
C	20単位	10ドル

政府は汚染排出を60単位まで減らしたいと考えており，それぞれの企業に20単位の売買可能な排出権を与える．

a. どの工場がどれだけの排出権を販売し，どの工場がどれだけの排出権を購入するだろうか．また，売り手と買い手がそれぞれなぜそうするのかを簡潔に説明しなさい．このケースにおいて，排出を減少させる総費用はいくらになるだろうか．

b. もし排出権が売買できないと，排出を減少させる費用はどれだけ増加するだろうか．

CHAPTER 11

第11章

公共財と共有資源

Keywords

排除可能性 excludability
消費における競合性 rivalry in consumption
私的財 private goods
公共財 public goods
共有資源 common resources
クラブ財 club goods
フリーライダー（ただ乗り） free rider
費用-便益分析 cost-benefit analysis
共有地の悲劇 Tragedy of the Commons

ある古い叙情歌の一節に「人生で最もよいものはフリー（自由・無料）である」というものがある．少し考えるだけでも，作詩者の頭をよぎった財の候補がたくさん浮かんでくる．山，川，浜辺，湖，海など，そのうちのいくつかは自然のものであり，また運動場，公園，遊歩道など，それらとはまた別のものは政府によって供給されている．どちらの場合においても，人々はその財から便益を得る際に代金を支払わない．

価格のつかない財は経済分析における特別の課題である．現代の経済では，ほとんどの財は市場で配分され，買い手は受け取るものに対して代金を支払い，売り手は与えるものに対し代金を支払ってもらう．このような財にとって，価格は売り手と買い手の決定を導くシグナルであり，またこうした決定が効率的な資源配分を達成するのである．しかし，財が無料で利用できるときには，現代の経済において資源を配分する際の通常の方法，すなわち市場の力は働かない．

この章では，市場価格のない財が存在するときに資源配分で生じる問題を検討する．ここでは，第１章でみた経済学の十大原理の一つ，すなわち「政府が市場のもたらす成果を改善できることもある」ということに光を当てる．ある財に価格がついていないとき，民間市場でその財の適切な量の生産と消費がなされるという保証はない．そのような場合，政府の政策は潜在的には市場の失敗を改善し，経済厚生を増大させる力を持つ．

1 さまざまな種類の財

人々が希望する財を供給するにあたって，市場はどの程度うまく機能するだろうか．この問題への答えは，その財がどのような財であるかに依存する．第７章で議論したように，効率的な数のアイスクリームを供給することは市場に任せることができる．アイスクリームの価格は需要と供給が釣り合うように調整され，均衡において消費者余剰と生産者余剰の合計は最大化されるからである．しかし，第10章で議論したように，アルミニウムの生産者が私たちの吸う空気を汚染しないようにすることを市場には任せられない．市場の売り手と買い手は，たいてい自分たちの決定が及ぼす外部効果を考慮に入れないからである．このように，財がアイスクリームの場合には市場はうま

図 11-1 4種類の財

		消費において競合的か？ 競合する	消費において競合的か？ 競合しない
排除可能か？	可能	私的財 ●アイスクリーム ●衣服 ●渋滞した有料道路	クラブ財 ●消防 ●ケーブルテレビ ●渋滞していない有料道路
排除可能か？	不可能	共有資源 ●海中の魚 ●環境 ●渋滞した無料道路	公共財 ●竜巻警報のサイレン ●国家防衛 ●渋滞していない無料道路

財は，次の二つの性質によって，四つのカテゴリーに分類される．(1) もし人々が財を利用できないようにすることができるならば，その財は排除可能である，(2) もしある人が財を利用するときに他の人のその財の利用が減少するならば，その財は消費において競合している．この表は，四つのカテゴリーのそれぞれの例を挙げている．

く機能するが，財がきれいな空気の場合には市場はうまく機能しない．

経済のさまざまな財について考える際には，二つの性質から財を分類することが有用である．

- その財は**排除可能**か：すなわち，人々がその財を使用できないようにすることができるか．
- その財は**消費において競合**しているか：すなわち，ある人がその財を使用することによって，他の人がその財を利用できる量は減少するか．

この二つの性質を用いて財を四つのカテゴリーに分類すると，図 11-1 のようになる．

1. **私的財**は排除可能であり，消費において競合的である．たとえば，アイ

排除可能性 excludability：他の人が利用できないようにすることができるという財の性質．
消費における競合性 rivalry in consumption：ある人が利用すると他の人の利用できる量が減少するという財の性質．
私的財 private goods：排除可能であり，かつ消費において競合的である財．

スクリームを考えてみよう．他の人がアイスクリームを食べられないようにすることができるので（その人に与えなければよい），アイスクリームは排除可能である．また，誰かがアイスクリームを食べると他の人がそのアイスクリームを食べることはできないので，アイスクリームは消費において競合的である．ほとんどの財はアイスクリームと同じく私的財である．すなわち，お金を支払わないとその財を手に入れることができないのであり，またひとたび手にすると１人だけが便益を得ることができる．第４章〜第６章の需要と供給の分析と，第７章〜第９章の市場の効率性の分析では，財は排除可能であり消費において競合的であると暗黙のうちに仮定していた．

2．**公共財**は排除可能でも消費において競合的でもない．人々が公共財を利用することを妨げることはできないし，ある人が公共財を利用したからといって，他の人の利用できる量が減るわけではない．たとえば，小さな町の竜巻警報サイレンは公共財である．サイレンが鳴るときに，誰か特定の人だけにサイレンを聞かせないようにすることはできない（そのため排除可能ではない）．さらに，ある人がその警告から便益を得ても，他の人の便益が減るわけではない（そのため消費において競合的でない）．

3．**共有資源**は消費において競合的ではあるが排除可能ではない．たとえば，海中の魚は消費において競合財である．ある人が魚を獲ると，他の人が獲ることのできる魚の量は少なくなる．しかし，広大な海で漁師が魚を獲れないようにすることは難しいので，魚は排除可能な財ではない．

4．ある財が排除可能ではあるが消費において競合的ではない場合には，その財は**クラブ財**であるという．たとえば，小さな町の消防活動を考えてみよう．この財を他者が利用するのを排除することは容易である．消防署は家が燃えていても何もしなければよいからである．しかし，消防は消費において競合的ではない．町が消防署の費用を支出しているときには，守るべき家が１軒増えることによる費用の追加は小さい（クラブ財については第15章で再び議論する．そこで，クラブ財は一種の**自然独占**であることがわかる）．

公共財 public goods：排除可能でなく，かつ消費において競合的でない財．
共有資源 common resources：消費において競合的ではあるが，排除可能ではない財．
クラブ財 club goods：排除可能であるが，消費において競合的でない財

図11-1は財を四つのカテゴリーにきれいに分類しているが，カテゴリーの間の境界はあいまいなことがある．財が排除可能であるか，あるいは消費において競合的であるかは程度の問題である．大海で漁の監視をすることは非常に難しいために海にいる魚は排除不可能であるかもしれないが，十分に大きな規模の海洋警備隊をもってすれば少なくとも一部は魚を排除可能とすることができるだろう．同様に，魚は一般的には消費において競合的であるが，もし漁師の人口が魚の数に比べて少なければそうではなくなるだろう（ヨーロッパからの移住者が来る前の北アメリカの漁場を考えてもらいたい）．しかしながら，われわれの分析の目的にとっては，財をこうした四つのカテゴリーに分類することが有益となる．

この章では，排除可能ではない公共財と共有資源について検討する．こうした財は人々の利用を妨げることができないので，すべての人が無料で利用することができる．公共財と共有資源の学習は外部性の学習と密接に関連している．どちらの財にしても，価値のあるものに価格がつけられないために外部性が生じる．もし誰かが竜巻警報サイレンのような公共財を提供すれば，他の人々の厚生は改善される．彼らはお金を支払うことなく便益（正の外部性）を享受するだろう．同様に，ある人が海中の魚のような共有資源を利用するときには，捕獲できる魚が減少するので他の人々の厚生は悪化する．彼らは補償を受けることなく損失（負の外部性）を被る．こうした外部性が存在するために，消費や生産に関する私的な決定は資源の非効率的な配分につながり，政府による介入は潜在的に経済厚生を高めうるのである．

【小問】 ●**公共財**と**共有資源**を定義し，それぞれの例を一つずつ挙げなさい．

2 公共財

公共財は他の財とどのように異なるのか，また公共財はなぜ社会的に問題となるのかを理解するために，花火大会を例にして考えてみよう．他人が花火をみられないようにすることはできないので，この財は排除可能ではない．またある人が花火を楽しんでも他の人の楽しみは減少しないので消費において競合的でもない．

●フリーライダー問題

アメリカのスモールタウンという町の住民は，独立記念日（7月4日）に花火をみることを楽しみにしている．500人の住民はそれぞれ，このイベントに10ドルの価値があると考えており，合計で5000ドルの便益がある．花火大会を行う費用は1000ドルである．5000ドルの便益は1000ドルの費用よりも大きいため，スモールタウンの独立記念日の花火大会は効率的である．

この場合，民間市場は効率的な結果を生み出すだろうか．おそらくそうはならないだろう．たとえば，スモールタウンの企業家であるエラが花火大会を開催するとしよう．エラはそのイベントのチケットを買ってもらうのに大変な苦労をするはずである．潜在的な顧客は，チケットがなくても花火大会をみることができるとすぐに気づくからである．花火大会は排除可能ではないので，人々はフリーライダーになろうというインセンティブを持つ．**フリーライダー（ただ乗り）**とは，ある財からの便益を得るが，それに対する支払いをしない人のことである．人々はチケット購入者になるよりもフリーライダーになろうとするインセンティブを持つだろうから，市場は効率的な結果を生み出さないだろう．

この市場の失敗に対する一つの見方は，それが外部性のために生じるということである．もしエラが花火大会を開催すれば，お金を支払わずに花火をみる人たちに外部性の便益を与えることになるだろう．しかし，エラは花火大会を開催するかどうかを決めるにあたって，その外部性の便益を考慮に入れない．たとえ花火大会が社会的に望ましいものであっても，それは収益をもたらさない．その結果，エラは花火大会を開催しないという，私的には合理的であるが社会的に非効率な決定を行うのである．

民間市場ではスモールタウンの住民が需要する花火大会が供給されないが，スモールタウンの問題の解決法は明らかである．地方自治体が独立記念日の祝賀会のスポンサーになればよい．市議会は全員の税金を2ドルずつ引き上げ，その収入でエラを雇って花火大会を行うことができる．スモールタウンの全住民は，花火の価値だと考える10ドルから税金の2ドルを差し引いた8

フリーライダー（ただ乗り） free rider：ある財に対する対価を支払わずに，その便益だけを享受する人．

ドル分，厚生が改善する．エラは民間の企業家としてはスモールタウンが効率的な結果に到達することを手助けできないが，公務員としてそれを手助けすることができる．

スモールタウンの話は単純化されてはいるが，現実的でもある．実際，アメリカの多くの地方自治体は独立記念日の花火代を支出している．さらに，この話は公共財についての一般的な教訓を示している．すなわち，公共財は排除可能ではないので，フリーライダー問題が発生して民間市場では供給されない．しかし，政府はその問題を解決する力を持つ．公共財の総便益が総費用を上回ると判断すれば，政府は税収を使ってその公共財を提供し，すべての人の厚生を改善することができるのである．

●いくつかの重要な公共財

公共財の例は数多くある．ここでは最も重要な三つの例について考えてみよう．

国家防衛　国外の侵略者から国を守ることは公共財の古典的な例である．国家が防衛されるという便益の享受を妨げられる人は誰一人いない．さらに，ある人が国家防衛の便益を享受しているからといって，他の人の便益が減ることもない．このように，国家防衛は排除可能ではなく，消費において競合的でもない．

国家防衛は最も高価な公共財の一つである．2014年にアメリカの連邦政府は国家防衛に総額7480億ドル，1人当たり2346ドル以上を支出した．この金額の妥当性についての人々の意見は一致していないが，ほとんどの人は国家防衛のためには何らかの政府支出は必要であることを疑っていない．小さな政府に賛成する経済学者でさえ，国家防衛は政府が提供すべき公共財であることに同意している．

基礎研究　知識は研究を通じて創造される．知識創造を目的とした公共政策が適切であるかどうかを評価するには，一般的な知識と特定の技術的知識とを区別することが重要である．より長寿命の電池，より小さいマイクロチップ，あるいはより優れたデジタル音楽プレイヤーなど，特定の技術的知識は特許を取得できる．発明者は発明した知識に対し，特許によって一定期間，排他的な権利を得ることができる．その特許情報を利用したい人は誰でも発明者に対して利用許諾の対価を支払わなければならない．言い換えれば，発明者が創造した知識は特許によって排除可能となるのである．

一方，一般的な知識は公共財である．たとえば数学者は定理の特許をとることができない．ひとたび定理が証明されると，その知識は排除不可能であり，定理は誰でも無料で利用することのできる社会的な一般知識の蓄えの一つとなる．その定理はまた消費において競合的でもない．ある人がその定理を利用したからといって他の人が利用することは妨げられない．

営利企業は特許を取得し販売できる新製品を開発しようとして多額の資金を研究に投じるが，基礎研究にはあまりお金をかけない．むしろ，企業のインセンティブは他人が創造した一般的知識にただ乗りすることにある．その結果，公共政策がなければ社会が新しい知識の創造にかける資源が少なすぎることになるだろう．

政府は一般的知識という公共財をさまざまな方法で提供しようする．国立衛生研究所（NIH：National Institutes of Health）や国立科学財団（NSF：National Science Foundation）などの政府機関は，医学，数学，物理学，化学，生物学，そして経済学にさえ基礎研究として補助金を支給している．なかには，社会の持つ知識の蓄積を付加していくという理由から，宇宙計画への政府資金を正当化している人もいる．しかし，その便益を測定することは難しいため，こうした努力にどれだけの水準の政府援助を行えば適切なのかを決めるのは困難である．さらに，研究に資金を割り当てるにあたって，それを決める議会を構成している議員のメンバーは，通常は科学に関する専門的知識をあまり持っていないため，どのような研究が最大の便益を生み出すかを判断するのに最適な人物とはいえない．そのため，基礎研究が公共財であることは確かであるが，公共部門が適切な額を適切な種類の研究に支給することができなくとも驚くべきではない．

貧困撲滅　多くの政府事業は貧困者を救済することを目的としている．（正式には貧困家庭一時扶助プログラム（TANF：Temporary Assistance for Needy Families）と呼ばれる）福祉制度は，貧困家庭に若干の所得を提供する．また，フードスタンプ（食料品切符，正式には補助的栄養支援プログラム（SNAP：Supplemental Nutrition Assistance Program）と呼ばれる）は，低所得者の食料品購入を援助し，さまざまな政府の住宅プログラムは，収容施設の快適性を高めている．こうした貧困撲滅プログラムへの資金は，経済的に成功した家庭が支払う税によって調達されている．

貧困撲滅のために政府がどのような役割を果たすべきかについて，経済学者の間では意見が一致していない．この議論は第20章でより詳しく議論されるが，ここでは一つの重要な論点を指摘しておこう．それは，貧困撲滅運動を支持する人たちは，貧困の撲滅が公共財であると主張しているという点である．たとえすべての人が貧困のない社会に住むことを好むとしても，貧困撲滅は民間の経済主体が適切に提供する「財」ではない．

その理由を知るために，ある人が貧困を撲滅しようとして裕福な人たちのグループを組織しようとしたと想定しよう．彼らは公共財を供給しようとするだろう．この財は消費において競合的でない．なぜなら，ある人が貧困のない社会に住めるようになることで，他の人が貧困のない社会に住めなくなるわけではない．またこの財は排他的でない．なぜなら，ひとたび貧困が撲滅されると，この事実から喜びを得ることを誰からも妨げられない．その結果，人々は他人の寛大なる行為にただ乗りする風潮，すなわち貧困撲滅の便益を享受しつつもその運動には寄与しないということが生じるだろう．

フリーライダー問題のために，民間の慈善行為を通じて貧困を撲滅することはおそらくうまくいかないだろう．しかし，政府の行動はこの問題を解決することができる．この場合，富裕者に課税して貧困者の生活水準を高めることで，すべての人の厚生を改善できる可能性がある．貧困者は以前よりも高い生活水準を享受できるようになるので厚生が改善し，納税者は以前よりも貧困の少ない社会に住むことができるので厚生が改善するからである．

ケース・スタディ　灯台は公共財か

財のなかには，状況によって公共財にもなれば私的財にもなるものがある．たとえば花火大会は，多くの住民がいる町で開催されれば公共財であるが，ディズニー・ワールドのような民間の経営する遊園地で開催されれば，遊園地の入場者は入場料を支払うため，私的財に近い．

もう一つの例は灯台である．経済学者は長い間，灯台を公共財の例として用いてきた．灯台は海岸沿いの特定の場所を目立たせ，船舶が危険な水域を避けて通れるようにしている．灯台が船長に提供する便益は排除可能でも消費において競合的でもないため，船長は灯台のサービスに対価を支払わずに水先案内として利用するという，ただ乗りのインセンティブを持つ．こうしたフリーライダー問題があるために，通常は，民間市場は船長が必要とするだけの灯台を供給するのに失敗する．その結果，現在では，ほとんどの灯台は政府によって運営されている．

しかしながら，場合によっては，灯台は私的財に近いこともあった．たとえば，19世紀のイギリスの海岸には，私的に所有・経営されている灯台が存在した．ただし，灯台の所有者は料金を船長ではなく，近くの港の所有者に請求した．もし港の所有者が代金を支払わなければ，灯台の所有者は光を消し，船はその港を避けて通った．

あるものが公共財であるかどうかを決めるには，受益者が誰なのか，そして受益者がその財を享受することを排除できるかどうかを決めなければならない．フリーライダー問題は，受益者の数が多く，そのうちの1人を排除することが不可能な場合に生じる．灯台が多くの船長に便益を与えるのであればそれは公共財になる．もし灯台が主としてただ一つの港の所有者に便益を与えるのであれば，それは私的財に近い．

●費用-便益分析の難しさ

これまでは，民間市場で効率的な生産量が達成できないために，政府が公共財を供給するということをみてきた．しかし，政府が役割を果たさなければならないと決定することは，第一歩にすぎない．次の段階として，政府はどのような種類の公共財をどれだけ供給するかを決定しなければならない．

政府が新しい高速道路を建設するという公共事業を検討しているとしよう．高速道路を建設すべきかどうかを判断するためには，それを利用すると思われる人々の総便益と，それを建設・維持する費用とを比較しなければならない．そのためには，政府は経済学者と技術者のチームを雇い，社会全体にとってのその事業の総費用と総便益を推計するために，**費用-便益分析**と呼ばれる調査をしなければならない.

費用-便益分析は困難な作業である.（アメリカでは原則として）高速道路は無料で誰でも利用できるため，高速道路の価値を判断するための価格は存在しない．人々が高速道路にどれだけの価値を置くかを聞くだけでは信頼性に欠ける．なぜならば，質問の結果から便益を数量化することは困難であるし，また回答者には真実を伝えるインセンティブがほとんどないからである．高速道路を利用する人々は，道路を建設してもらうために自分たちが受ける便益を誇張するインセンティブを持つし，高速道路によって迷惑を被る人々は，建設を阻止するために費用を誇張するインセンティブを持つからである．

したがって，公共財を効率的に供給することは，本質的に私的財を効率的に供給することよりも困難である．私的財の買い手は市場に参加するとき，支払ってもよいと考える価格を示すことによって，その財に対する価値を明らかにする．同様に，売り手は受け取ってもよいと考える価格を示すことによって，その財の費用を明らかにする．このとき均衡が効率的資源配分をもたらすのは，これらすべての情報を反映しているためである．対照的に，費用-便益分析では，公共財を供給すべきかどうかを評価するときに，観察できる価格というシグナルがない．このため公共事業の費用と便益の調査結果は，せいぜい大まかな概算でしかない．

ケース・スタディ 生命の値段はいくらか

あなたが地元の市議会の議員に選出されたとしよう．市の技術者があなたを訪れてある提案をする．市が1万ドルを出して，いまは停止標識しかない交差点に信号を設置しようというのである．信号による便益は安全性の向上である．似たような交差点のデータに基づいて技術者が推計したところによると，信号を使用すると，その信号の寿命が尽きるまでに，人命に関わる交通事故が起こる確率は1.6%から1.1%まで低下するという．あなたはその新しい信号に支出するべきだろうか．

この問題に答えるために，あなたは費用-便益分析を始めたが，すぐに

費用-便益分析 cost-benefit analysis：公共財の供給における社会的な費用と便益とを比較する研究.

行き詰まってしまう．費用と便益を意味のある形で比較するためには，同じ単位で測定しなければならない．費用はドルで測る．しかし，便益，すなわち人命が救われる可能性は，直接貨幣で測ることはできない．決定を下すには，人間の命にドルで測った価値をつけなければならない．

まずあなたは，人命はお金にはかえられないという結論を下したくなるかもしれない．あなた自身の命やあなたの愛する人の命をあきらめる代わりに，いくらもらえれば納得できるというのだろうか．おそらくそのような金額は見つからないだろう．このことは，人間の命が無限の貨幣価値を持つことを示唆している．

しかし，費用-便益分析のためには，この答えは意味のない結果しかもたらさない．もし本当に人間の生命に無限の価値を置くのであれば，すべての交差点に信号を設置すべきである．そして，あらゆる最新の安全機能を備えた大型車を運転すべきである．しかし，すべての交差点に信号があるわけではなく，また人々は側面衝撃用エアバッグやアンチロック・ブレーキといった安全性のオプションのついていない安い小型車を購入することがある．公的であるか私的であるかを問わず，人々はいくらかのお金を節約するために生命を危険にさらす決定をすることがあるのである．

それでは，仮に人命は暗黙の貨幣価値を持つという考えを受け入れたとして，その価値をどのように決めればよいだろうか．一つの方法は，不法死亡訴訟（不法行為で死亡した被害者の遺族による損害賠償訴訟）で裁判所が賠償額を決めるときにときどき用いられるもので，その人がもし生きていれば得られたはずの金額を考えることである．しかし経済学者の多くはこの方法に批判的である．それは人の生命を失うことについて他の機会費用を無視しているからである．その方法だと，退職者や障害者には価値がないという信じられない含意が生じるからである．

人命に価値をつけるためのよりよい方法は，人々が自発的に受け入れるリスクと，そのリスクをとるために人々が必要と考える金額とに注目することである．たとえば，死のリスクは仕事によって異なる．高層ビルの建設労働者は，オフィスで働く労働者よりも大きな死のリスクに直面している．教育や経験などの賃金の決定要因を調整したうえで，リスクの高い職業とリスクの低い職業の賃金を比較することにより，経済学者は人々が自分の生命にどれだけの価値を置いているかについて大まかな感覚をつかむことができる．このアプローチを用いた研究では，人命の価値は約1000万ドルであるとされている．

ここでわれわれは最初の例に戻り，市の技術者に返答することができる．信号があると死のリスクは0.5%低下する．そのため，信号を設置することによる期待便益は0.005×1000万ドルで５万ドルとなる．この便益の推計値は費用の１万ドルを十分に上回るので，あなたはそのプロジェクトを認めるべきである．

【小問】
- フリーライダー問題とは何か．
- フリーライダー問題があると，政府はなぜ公共財を供給するように促されるのか．
- 政府は公共財を供給するか否かをどのようにして決めるべきか．

3 共有資源

共有資源は公共財と同じく排除可能ではない．利用したい人は誰でも無料で利用できる．しかしながら，共有資源は消費において競合的である．すなわち，ある人が共有資源を利用すると，他の人々が共有資源を利用できる量が減少する．このように，共有資源は新しい問題を発生させる．ひとたび財が供給されると，政策立案者はそれがどれだけ利用されるかに関心を払う必要がある．この問題の理解には，**共有地の悲劇**と呼ばれる古典的な寓話を使うのが最適である．

●共有地の悲劇

中世のある小さな町の生活を考えよう．町で繰り広げられる数多くの経済活動のうち，最も重要なものの一つは，羊を飼育することである．町に住む家庭の多くは羊の群れを飼い，衣服の材料である羊毛を販売することで生計を立てている．

この話は，羊が町の近くにあるタウン・コモンという土地で草を食べるこ

共有地の悲劇 Tragedy of the Commons：社会全体の観点からみて，なぜ共有資源が望ましい量以上に利用されるのかを説明する比喩．

とに多くの時間を費やすことからはじまる．その土地はどの家庭の所有物でもなく，町の住民たちはその土地を共同で所有し，すべての住民はそこで羊に草を食べさせることができる．土地が豊富にあるので，共同所有はうまく機能している．すべての人が必要とするだけのよい牧草地を利用できている限り，タウン・コモンは消費において競合的ではなく，住民が無料で羊に草を食べさせても問題は生じない．町のすべての人は幸福である．

年月が経ち，町の人口が増加し，タウン・コモンで草を食べる羊の数も増加した．羊の数は増えたが土地の広さは一定なので，土地は再生する能力を失いはじめた．最後には，草を食い荒された土地は不毛になってしまった．タウン・コモンには草がまったく生えず，羊を飼うことはできなくなり，町でかつて栄えた羊毛産業は消えてしまった．多くの家族が生活の糧を失ったのである．

この悲劇の原因は何だろうか．羊飼いたちはなぜタウン・コモンを破壊するほど羊の数を増やしてしまったのだろうか．その理由は社会的インセンティブと私的インセンティブが異なることにある．牧草地の壊滅を避けるには，羊飼いたちの集団行動が必要である．もし羊飼いたちが一緒に行動していれば，共有地が維持できる程度に羊の数を減らしただろう．しかし，個々の家庭は羊の数が多すぎるという問題の責任の一部しか負っていないため，羊の数を減らすというインセンティブがないのである．

本質的に，共有地の悲劇は外部性のために生じる．ある家庭の羊が共有地で草を食べると，他の家庭が利用できる土地の質は低下する．人々はどれだけの羊を所有するかを決めるときに，この負の外部性を無視するので，結果として羊の数は過剰となる．

もしその悲劇が予見されていれば，町はその問題をさまざまな方法で解決することができただろう．各家庭の羊の数を規制したり，羊に課税して外部性を内部化したり，限定数の牧羊許可証を競売にかけることができたはずである．この中世の町は現代社会が汚染の問題を扱うような方法で，過剰放牧の問題を扱うことができただろう．

しかしながら，土地の場合にはもっと簡単な解決法がある．町は各家庭に土地を分割すればよいのである．各家庭がフェンスで自分の土地を囲い込めば，過剰な放牧ができないようにすることができる．こうすれば，土地は共有資源ではなく私的財となる．これは実際に17世紀のイギリスで囲い込み運動のときに起こったことである．

共有地の悲劇は一般的な教訓を持った話である．ある人が共有資源を利用すると，他の人々がそれを利用できる量は減少する．この負の外部性のために，共有資源は過剰に利用される傾向がある．政府は規制をしたり課税によって共有資源の消費を減少させることで問題を解決できる．あるいは，政府は共有資源を私的財とすることができる場合もある．

この教訓は何千年も前から知られていた．古代ギリシャの哲学者のアリストテレスは，共有資源の問題について次のように指摘している．「多くの人が共有するものには注意が払われない．なぜならば，人は他人と共有するものよりも，自分の所有するもののほうにより大きな関心を寄せるからである.」

●いくつかの重要な共有資源

共有資源の例は数多くある．ほとんどの場合において，共有地の悲劇と同じ問題が発生する．すなわち，私的な意思決定者は共有資源を過剰に利用するという問題である．その結果，政府は過剰利用の問題を緩和するため，しばしば行動を規制したり，料金を課したりする．

混雑料金

「都市部のピーク時間帯で有料道路の料金を高くしたり，航空機の発着枠のピーク時の料金を高くしたりするといったように，混雑した交通ネットワークで混雑料金を用いて，他の税を低くする手続きをとることは，一般的には，平均的な市民の経済厚生を改善する.」

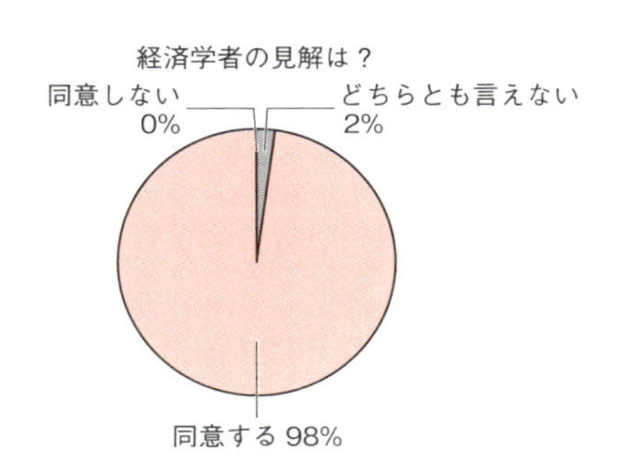

（出所） IGM Economic Experts Panel, January 11, 2012.

きれいな空気と水 第10章で議論したように，市場は環境を保護するのに適当ではない．汚染は規制や矯正税で改善できる負の外部性である．この市場の失敗は，共有資源の問題の例とみなすことができる．きれいな空気と水は自由に利用できる牧草地と同様に共有資源であり，過剰汚染は過剰放牧と同じである．環境の悪化は現代の共有地の悲劇である．

交通渋滞 道路は公共財にも共有資源にもなりうる．もし道路が渋滞していなければ，ある人が利用しても他の人に影響を与えない．この場合，利用は消費において競合的ではなく，道路は公共財である．しかし，道路が渋滞していれば，その道路を利用することは負の外部性を生み出す．ある人がその道路を車で走行すると，道路はますます渋滞し，他の人たちはさらに車のスピードを遅くしなければならない．この場合，道路は共有資源である．

交通渋滞の問題への政府の対応策の一つは，ドライバーに通行料を課すことである．通行料は本質的に渋滞の外部性に対する矯正税である．しかしながら，市街道路のように徴収の費用が高すぎるときには，通行料は現実的な解決策にならないことがある．だがロンドンやストックホルムなどいくつかの大都市において通行料の値上げが渋滞解消に驚くべき効果を持つことがわかってきた．

渋滞は１日のうちのある時間だけの問題であることもある．たとえば，もしラッシュアワーの時間だけある橋の通行量が非常に多いのであれば，１日のうちこの時間に渋滞の外部性が最大となる．この外部性を処理する効率的な方法は，ラッシュアワーの時間だけ高い通行料を課すことである．高い通行料を課すことで，ドライバーは運転時間を変更するインセンティブを持つようになり，いちばん渋滞する時間の交通量が減る．

交通渋滞の問題に対処するもう一つの政策は，前の章で学んだように，ガソリンに課税することである．ガソリン税の上昇はガソリンの価格を上昇させるため，車の運転は減少し，交通渋滞は緩和される．しかしながら，ガソリン税は交通渋滞の解決策としては不完全である．なぜなら，ガソリン税は，渋滞した道路を走る車の量以外にも影響を及ぼすからである．特にガソリン税は，渋滞していない道路の車の量も，渋滞の外部性がないのに抑制することになる.

魚, 鯨, および他の野生動物 多くの種類の動物は共有資源である. たとえば, 魚や鯨は商業的な価値を持ち, 誰でも海へ行き, 獲れるだけ獲ることができる. 個々人には, その種を翌年まで維持するインセンティブがほとんどない. 過剰な放牧がタウン・コモンを破壊するのとまさに同じように, 過剰な漁や捕鯨は商業的に価値のある海中の生物を絶滅させる可能性がある.

海は最も規制が少ない共有資源の一つである. 二つの問題があるため, 解決は簡単ではない. 第1に, 多くの国が海に面しているので, 海に対する価値の異なる国々の国際的な協力がどのような解決にも必要である. 第2に, 海は非常に広大なため, どのような協定も強制することは困難である. 結果として, 漁業権は通常は友好的な国々の間でさえ, しばしば国際的な緊張の原因となってきた.

アメリカでは, 魚やその他の野生動物の利用を管理することを目的としたさまざまな法律がある. たとえば, 政府は漁業や狩猟の許可証に料金を課しており, また漁業や狩猟の期間を制限している. 漁師はたいていの場合, 小さな魚を海に戻すことになっており, また猟師は限定された数しか動物を殺すことができない. これらの法律はすべて, 共有資源の利用を減らし, 動物の個体数を維持することに役立っている.

ケース・スタディ なぜ牛は絶滅しないのか

歴史を通じて, 多くの種類の動物が絶滅の危機に瀕してきた. ヨーロッパ人が初めて北アメリカに足を踏み入れたとき, 6000万頭以上のバッファローが大陸を歩き回っていた. しかし, 不幸にも19世紀を通じてバッファロー狩りが流行したために, 1900年にはバッファローの数は約400頭にまで減少し, 政府が種の保存に踏み出した. 今日では, いくつかのアフリカの国々で象が同様の課題に直面している. 密猟者が象牙を求めて象を殺すからである.

しかし, 商業的価値のあるすべての動物がこの脅威に直面しているわけではない．たとえば，牛は貴重な食料源であるが，牛がまもなく絶滅するかもしれないと心配する人はいない．逆に，牛肉に対する需要の大きさは，種の維持を保証しているようにみえる．

なぜ象牙の商業的価値は象に対する脅威となり，牛肉の商業的価値は牛を保護するのだろうか．その理由は，象が共有資源であり，牛が私的財であるからである．象は誰の所有物でもなく，自由に歩き回っている．それぞれの密猟者は，見つけられる限りの象を殺そうとする強いインセンティブを持っている．密猟者はたくさんいるので，それぞれの密猟者は象の頭数を維持しようというインセンティブをほとんど持たない．対照的に，牛は私的に所有される牧場にいる．各牧場主は多大な努力をして，自分の牧場の牛の頭数を維持しようとする．牧場主はこうした努力による便益を自分のものにできるからである．

各国政府は象の問題を二つの方法で解決しようと努力してきた．ケニア，タンザニア，ウガンダといった国々は，象を殺したり象牙を販売したりすることを法律で禁止した．しかし，この法律は実効性に乏しく，各国政府と密猟者の闘いはますます暴力的なものとなっていき，その間に象の頭数はしだいに減少していった．対照的に，ボツワナ，マラウィ，ナミビア，ジンバブエといった国々は象を私的財とし，自分の所有物に限って象を殺すことを許可した．地主は自分の土地で種を保存しようというインセンティブを持つようになり，その結果，象の頭数は増加しはじめた．私的所有と利潤動機により，アフリカ象はいつか牛と同じように絶滅を免れるかもしれない．

【小問】 ●なぜ政府は共有資源の利用を制限しようとするのか．

4 結論：所有権の重要性

第10章と第11章では，市場では適切に供給されない「財」があることをみてきた．われわれが吸う空気がきれいであったり，国外の侵略者から防衛されたりすることは，市場では保証されない．その代わりに，社会は政府が環境を保護したり国家防衛を提供したりすることに依存する．

この二つの章で考察した問題はさまざまな市場で生じるが，それらは共通のテーマを持っている．いずれの場合も，所有権がうまく確立していないために，市場は資源を効率的に配分できない．すなわち，価値のあるものを管理する法的権利を持つ所有者がいないのである．たとえば，きれいな空気や国家防衛といった「財」に価値があることは間違いないが，それに対して価格をつけ，その利用から利益を得る権利を持つ人はいない．工場が過剰に汚染するのは，その工場が排出する汚染に対して誰も料金を課すことができないからである．市場が国家防衛を供給しないのは，守られている人たちが享受する便益に対して，誰も代価を請求できないからである．

所有権の欠如が市場の失敗の原因となるとき，政府は潜在的にその問題を解決する力を持っている．あるときは，汚染許可証の販売のように，政府が所有権を確定して，市場の力が作用する手助けをすることが解決法となる．またあるときは，限定された狩猟シーズンのように，政府が私的行動を規制することが解決法となる．さらにあるときには，国家防衛の供給のように，政府が市場の供給できない財を税収を用いて供給することが解決法となる．いずれの場合においても，政策がうまく計画され，適切に運営されれば，資源配分はより効率的になり，経済厚生が高められる．

- 財は排除可能か，また消費において競合的であるかどうかによって区別される．もし他人がある財を使用できないようにすることができれば，その財は排除可能である．もしある人が利用すると他の人たちがその財を利用することができないのであれば，その財は消費において競合的である．市場が最もうまく機能するのは，排除可能かつ消費において競合的である私的財のケースである．市場は他のタイプの財に対しては，それほどうまく機能しない．
- 公共財は消費において競合的ではなく，排除可能でもない．公共財の例としては，花火大会，国家防衛，基礎知識の発見などがある．人々は公共財の使用に対して料金を請求されないので，ただ乗りするインセンティブを持つため，そうした財を私的供給に委ねるのは無理がある．したがって，

政府が公共財を供給し，費用-便益分析に基づいてそれぞれの財の供給量を決定する．

- 共有資源は消費において競合的ではあるが，排除可能ではない．共有資源の例としては，共有の牧草地，きれいな空気，渋滞した道路がある．共有資源を利用しても料金は請求されないので，人々は共有資源を過剰に利用する傾向がある．したがって，政府は規制や矯正税といったさまざまな手段を用いて共有資源の利用を制限しようとする．

確認問題

1. どの種類の財が排除可能か．
   a. 私的財とクラブ財
   b. 私的財と共有財
   c. 公共財とクラブ財
   d. 公共財と共有資源
2. どの種類の財が消費において競合的か．
   a. 私的財とクラブ財
   b. 私的財と共有財
   c. 公共財とクラブ財
   d. 公共財と共有資源
3. 公共財の例となるのは以下のうちどれか．
   a. 住宅
   b. 国防
   c. レストランの食事
   d. 海中の魚
4. 共有資源の例となるのは以下のうちどれか．
   a. 住宅
   b. 国防
   c. レストランの食事
   d. 海中の魚
5. 公共財とはどのようなものか．

a. 市場の力によって効率的に供給される.

b. 政府が不在のもとで過少供給となる.

c. 政府が不在のもとで過剰に利用される.

d. 自然独占の一種である.

6. 共有資源とはどのようなものか.

a. 市場の力によって効率的に供給される.

b. 政府が不在のもとで過少供給となる.

c. 政府が不在のもとで過剰に利用される.

d. 自然独占の一種である.

復習問題

1. ある財が「排除可能」であるとは何を意味するかを説明しなさい. ある財が「消費において競合的」であるとは何を意味するかを説明しなさい. カットした1切れのピザは排除可能だろうか, また消費において競合的だろうか.

2. 公共財を定義し, 例を一つ挙げなさい. 民間市場は公共財を独自に供給することができるかどうか説明しなさい.

3. 公共財の費用-便益分析とは何か. なぜそれは重要で, しかも難しいのか.

4. 共有資源を定義し, 例を一つ挙げなさい. 政府の介入がないとき, 共有資源の利用は過少となるか, それとも過剰となるか. またその理由は何か.

応用問題

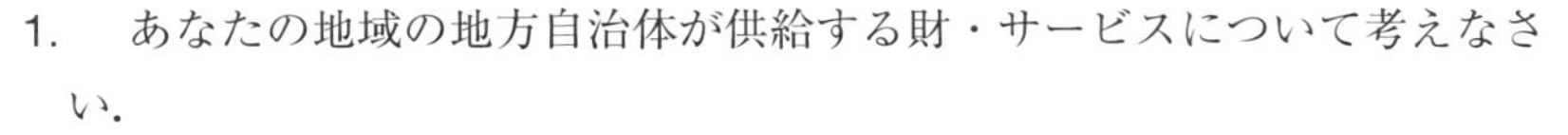

1. あなたの地域の地方自治体が供給する財・サービスについて考えなさい.

a. 図11-1の分類を用いて, 以下のそれぞれの財がどの分類に当てはまるか説明しなさい.

● 警察による防犯活動

● 除雪

●教育
●郊外の道路
●市街地の道路

b. なぜ政府は公共財でないものを供給するのか考えなさい.

2. 公共財と共有資源はともに外部性を有する.

a. 公共財に関連する外部性は，一般的に正の外部性だろうか，それとも負の外部性だろうか，例を用いて答えなさい．自由市場における公共財の供給量は，一般的に，効率的な量を上回るだろうか，下回るだろうか.

b. 共有資源に関連する外部性は，一般的に正の外部性だろうか，それとも負の外部性だろうか，例を用いて答えなさい．自由市場における共有資源の供給量は，一般的に効率的な量を上回るだろうか，下回るだろうか.

3. フレドは地元の公共テレビ局の番組『ダウントン・アビー』をみるのが大好きだが，募金活動でテレビ局を支援するためにお金を送ったことがない.

a. 経済学者はフレドのような人をどのような名称で呼ぶか.

b. フレドのような人々によって生じる問題を政府はどのように解決することができるだろうか.

c. 民間の市場がこの問題を解決できる方法をあなたは考えることができるだろうか．ケーブルテレビ局があるとこの状況は変わるだろうか.

4. コミュニティビルという市の空港では高速無線インターネットが無料で提供される.

a. 最初に，ほんの少数の人がこのサービスを利用する．これはどのような財か，またそれはなぜか.

b. 最終的に，より多くの人々がこのサービスのことを発見して使いはじめると，接続のスピードが遅くなりはじめた．すると，これはどのような財か，またそれはなぜか.

c. どのような問題が結果として生じるだろうか．この問題を解決しうる一つの方法は何か.

5. 4人のルームメイトが寮の部屋で古い映画をみて週末を過ごすことを計画しており，何本の映画をみるかについて議論している．映画をみることへの支払許容額は次のとおりである.

	スティーブン	ピーター	ジェームズ	クリストファー
1本め	7(ドル)	5(ドル)	3(ドル)	2(ドル)
2本め	6	4	2	1
3本め	5	3	1	0
4本め	4	2	0	0
5本め	3	1	0	0

a. 寮の部屋で映画をみることは公共財であるか否か. またそれはなぜか.

b. もし映画を借りる費用が8ドルならば, 総余剰を最大化するためには, ルームメイトたちは何本の映画を借りるべきか.

c. もし彼らが問bで得られた最適な数を選び, 映画を借りる費用を均等に分担すると, 各人は映画をみることからどれだけの余剰を得ることになるか.

d. すべての人が便益を得ることができるように費用を分担する方法はあるか. この解決策にはどのような実際上の問題が生じるか.

e. 彼らが前もって効率的な映画の数を選び, その費用を均等に分担することに合意するとしよう. スティーブンが支払許容額を聞かれたとき, 真実を述べるインセンティブはあるか. またそれはなぜか. もしインセンティブがなければ, 彼はどのように言いたくなるか.

f. この例は, 公共財の私的供給について何を教えてくれるか.

6. 経済学者のなかには, 民間企業は基礎的な科学研究に対して過少にしか投資しないと主張する人たちがいる.

a. なぜそうなるのか説明しなさい. 答えのなかで, 基礎研究が図11-1に示される区分のどれに該当するかを示しなさい.

b. アメリカはこの問題に対して, どのような政策を採用しただろうか.

c. この政策はしばしば, 外国企業と比べてアメリカの生産者の技術的能力を高めると主張される. この議論は問aの解答の基礎研究の分類と整合的だろうか (ヒント: 排除可能性は公共財の潜在的な受益者に当てはまり, 他の人には当てはまらないか).

7. 3人ずつが住んでいる二つの市が, 新年を祝うために花火大会を行うかどうかを決めようとしている. 花火大会には360ドルが必要となる. 花火をどれほど楽しむかはそれぞれの市民によって異なる.

a. ベイポート市では，各住民は花火大会を次のように評価する.

フランク	50ドル
ジョー	100ドル
カリー	300ドル

費用-便益分析では，花火大会を実施することになるか，説明しなさい.

b. ベイポート市長は，花火大会を行うかどうかは多数決により決定し，もし花火に関する住民投票が可決されると，その費用をすべての住民で均等に負担することを提案する．このとき，誰が賛成し，誰が反対するだろうか．また投票結果は費用-便益分析の結果と同じ答えとなるか.

c. リバーハイツ市では，各住民は花火大会を次のように評価する.

ナンシー	20ドル
ベス	140ドル
ネド	160ドル

費用-便益分析では，花火大会を実施することになるか，説明しなさい.

d. リバーハイツ市長は，花火大会を行うかどうかは多数決により決定し，もし花火に関する住民投票が可決されると，その費用をすべての住民で均等に負担することを提案する．このとき，誰が賛成し，誰が反対するだろうか．また投票結果は費用-便益分析の結果と同じ答えとなるか.

e. 公共財の最適供給について，この例は何を示していると考えられるか.

8. 高速道路にはしばしばごみがあるが，人々の家の庭にはめったにない．この事実を経済学的に説明しなさい.

9. ワシントンD. C. の地下鉄など多くの交通システムでは，ラッシュアワー時にはその他の時間より高い料金を課す．なぜこのようにするのだろうか.

10. 高所得者は，死のリスクを避けることに，低所得者よりも多く支出しようとする．たとえば，高所得者のほうが車の安全装置に対してより多くのお金を支払うだろう．費用-便益分析は，公共事業を評価するときに，この事実を考慮に入れるべきだろうか．たとえば，豊かな町と貧しい町が，それぞれ交通信号を設置することを考えていたとする．この決定にあたって，豊かな町は人間の命により大きな価値を置くべきだろうか．その理由は何か．

CHAPTER 12

第12章

税制の設計

Keywords

平均税率 average tax rate
限界税率 marginal tax rate
一括税 lump-sum tax
応益原則 benefits principle
応能原則 ability-to-pay principle
垂直的公平 vertical equity
水平的公平 horizontal equity
比例税 proportional tax
逆進税 regressive tax
累進税 progressive tax

1920年代の悪名高きギャングで，犯罪者のボスだった「頬に傷を持つ男（スカーフェイス）」アル・カポネは，数多くの凶悪犯罪を行ったにもかかわらず，それで有罪になることはなかった．最終的に，とうとう彼は刑務所に入ることになったが，その理由は脱税であった．彼は「この世で死と税金ほど確かなものはない」というベンジャミン・フランクリンの言葉に注意を払うことを怠ったのである．

フランクリンがこの言葉を述べた1789年には，アメリカ人は平均して所得の５％以下しか税金を支払っておらず，その後100年間もその状態が続いた．しかし20世紀の間に，普通のアメリカ市民の生活において，税はそれまでよりもずっと重要なものとなった．今日では，所得税，法人税，給与税（社会保険税），売上税，固定資産税などの税を合わせると，税は平均的なアメリカ人の所得の約４分の１以上を占める．多くのヨーロッパ諸国では，税額はそれよりもはるかに高い．

市民は政府によるさまざまな財・サービスの供給を期待しているので，税が不可欠となる．第１章の経済学の十大原理の一つは「通常，市場は経済活動を組織する良策である」というものであった．しかし，市場経済は所有権と法の支配に依存しているため，政府は警察と裁判所を提供している．また，経済学の十大原理には「政府が市場のもたらす成果を改善できることもある」というものもある．政府が（大気汚染などの）外部性を改善したり，（国家防衛などの）公共財を供給したり，（公共の湖にいる魚などの）共有資源の利用を規制したりすると，経済厚生は増大する．しかしこうした活動には費用がかかる．政府がこうしたことを含む多くの機能を果たすためには，課税を通じて収入を得ることが必要である．

これまでの章で行ってきた課税の勉強では，ある財への課税がその財の需要と供給にどのような影響を及ぼすかをみてきた．第６章では，課税によって市場における販売量が減少することをみて，売り手と買い手の間の税の負担が需要と供給の弾力性に依存してどのように割り振られるかを検討した．第８章では，税が経済厚生にどのような影響を与えるかを検討し，課税が死荷重を発生させることを学習した．すなわち，課税の結果生じる消費者余剰と生産者余剰の減少は，政府が得る収入を上回るのである．

この章では，こうした教訓をもとに税制の設計を議論しよう．まず，アメリカ政府がどのようにしてお金を集めているかということについての基本的事実から始めよう．つぎに，課税の基本的原理を議論しよう．社会にとって，税の費用はできるだけ小さいほうがよく，税の負担は公平になされるべきであるということには，ほとんどの人が合意している．すなわち，税制は**効率**的であり，かつ**公平**であるべきである．しかしながら，後でみるように，こうした目標を述べることは簡単だが，成し遂げることは難しいのである．

1 アメリカの税の概観

政府は国民の所得のどれくらいを税として徴収しているのだろうか．図12-1は，連邦政府と州政府および地方自治体の収入を，アメリカ経済のGDPに対する割合で示したものである（日本の税収の対GDP比は図12-1′を参照）．これをみると，政府の役割が前世紀に相当程度大きくなったことがわかる．1902年には，政府はGDPのわずか7％を集めていたにすぎないが，近年にはそれが30%になった．言い換えれば，一国経済の所得が成長するなかで，政府の租税収入はそれ以上に急速に成長してきたのである．

図 12－1 アメリカの政府収入の GDP 比率の推移

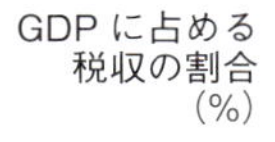

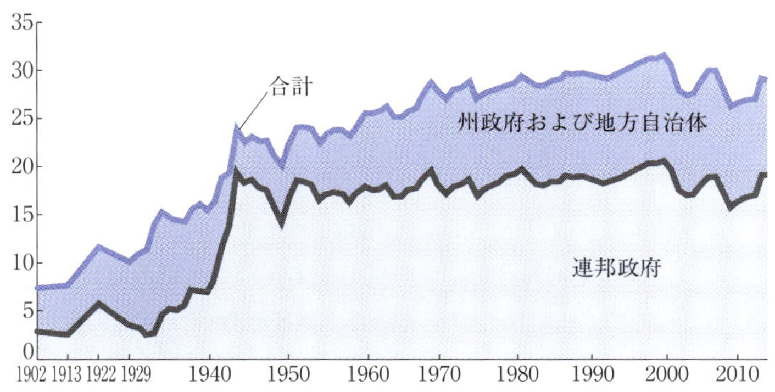

（出所）*Historical Statistics of the United States*，アメリカ商務省経済分析局，および著者の計算による．

この図は，連邦政府，州政府および地方自治体の収入を，経済全体の総所得を測る国内総生産（GDP）に対する比率で示したものである．この図は，アメリカ経済において政府が大きな役割を果たしていること，およびその役割が年々増大していることを示している．

図 12－1′ 日本の政府収入の GDP 比率の推移

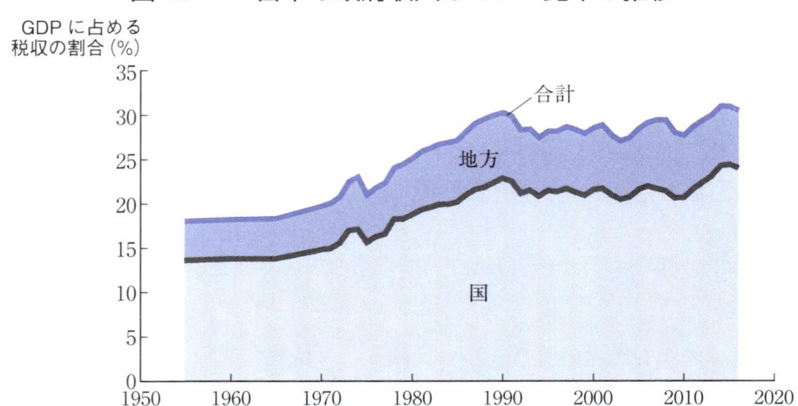

（注）GDP については昭和30年から54年までは68SNA，昭和55年以降は93SNA の名目値を使用し，また接続しない社会保険料負担として68SNA では「社会保障負担」，93SNA では「現実社会負担」の項目を使用した．
（出所）財務総合政策研究所『財政金融統計月報』，内閣府．
この図は，GDP 比でみた日本の国税と地方税を表している．社会保障負担率の増大に伴い，租税負担率も増大している．

図 12-2 は，いくつかの主要な国々の税負担を，GDP に占める政府の税収の割合で測って比較している．アメリカの税負担は，先進諸国のなかでは低いほうである．多くのヨーロッパ諸国ははるかに高い税をとり，貧困者や失業者への実質的な所得支援を含む，より寛大な社会的セーフティネットの資金を調達している．

●連邦政府の税

連邦政府はアメリカ経済全体の税収のうち，約 3 分の 2 を集めている．表 12-1 は，2014年における連邦政府の歳入を示している（日本政府の歳入は表 12-1′ を参照）．この年の歳入総額は 3 兆3000億ドルであるが，理解するのが困難なほど大きな数字である．この天文学的数字を地上に引き下ろすために，それをアメリカの人口（2014年では 3 億1900万人）で割ってみよう．そうすると，アメリカ人は平均すると 1 人当たり連邦政府に 1 万235ドルを支払ったことがわかる．

図 12 - 2　政府の総税収の GDP 比率

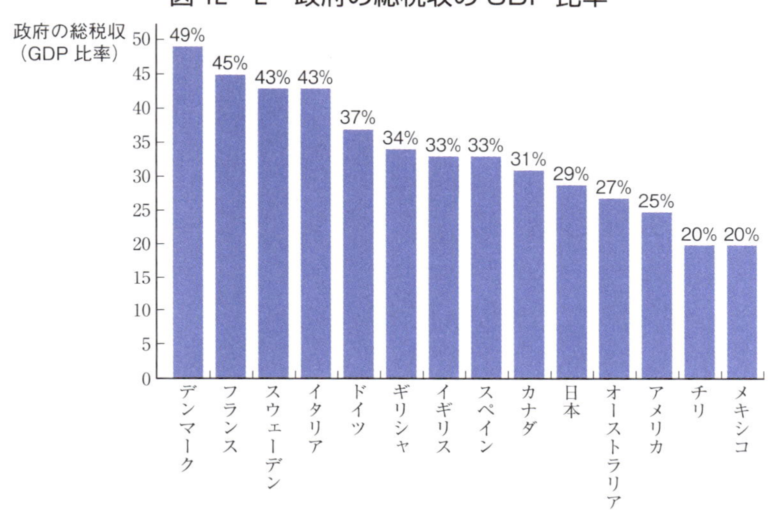

（注）データは2013年のもの.
（出所）OECD.
政府の総税収の GDP 比率は国によって大きく異なる.

個人所得税　連邦政府の収入の最大の源泉は所得税（個人所得税）である. 毎年 4 月15日が近づくと，ほとんどのアメリカの家庭は，政府に支払う所得税額を計算して，納税申告書に記入する. 各家庭は，労働で得た賃金，貯蓄の利子，保有する株式の配当，ちょっとした個人事業で得た利潤など，すべての源泉から発生する所得を報告しなければならない. その家庭の**納税額**（いくら支払うか）は，総所得に基づいている.

ある家庭の所得税額は，単純に所得に比例しているわけではない. 法律では，より複雑な計算が要求される. 課税対象となる所得は，総所得から被扶養者（主として子ども）の数に基づく金額と，政策立案者がその家庭で「控除可能」な支出（住宅ローンの利子，州税や地方税，慈善事業への寄附金など）とみなした金額とを差し引いて計算される. 納税額は，課税所得から表 12-2 のような一覧表を用いて計算される（日本の所得税率は表 12-2′）.

この表は**限界税率**（所得が 1 ドル増えるごとに適用される税率）を示している. 所得が増加するほど限界税率は上昇するため，高所得層の家庭ほど所

表 12－1　連邦政府の歳入（2014年）

税金	額（10億ドル）	1人当たり金額（ドル）	構成比（%）
所得税	1,397	4,379	43
社会保険税	1,145	3,589	35
法人税	418	1,310	13
その他	305	956	9
合計	3,265	10,235	100

（注）四捨五入により各項目の合計は総額に一致しない場合がある．
（出所）アメリカ商務省経済分析局．

表 12－1′　日本政府の歳入（2017年）

税	金額（10億円）	1人当たり金額（円）	構成比（%）
所得税	17,948	141,651	27
法人税	12,391	97,793	18
相続税	2,115	16,692	3
消費税	17,138	135,258	25
関税	953	7,521	1
物品税	6,065	47,867	9
その他	11,092	87,541	16
合計	67,702	534,324	100

（注）四捨五入により各項目の合計は総額に一致しない場合がある．
（出所）総務省統計局『日本統計年鑑』．

得に占める税の割合は高くなる．この表のそれぞれの税率は，その人の総所得に適用されるのではなく，それに対応する範囲の所得に適用されることに注意しよう．たとえば，100万ドルの所得がある人でも，はじめの9075ドルについては，10%を支払うだけである（この章の後半で，限界税率の概念をより詳細に議論する）．

給与税　所得税と同じくらい連邦政府にとって重要なのは**給与税**である．給与税は企業が労働者に支払う賃金に課される税である．表12-1では，この収入は**社会保険税**と表記されている．というのも，この税による収入は，

表 12－2　連邦所得税率（2014年）

課税所得（ドル）	税率（%）
0〜9,075	10
9,076〜36,900	15
36,901〜89,350	25
89,351〜186,350	28
186,351〜405,100	33
405,101〜406,750	35
406,751〜	39.6

この表は結婚していない納税者の限界税率である．納税者が負担する税は，その人の所得水準までのすべての限界税率に依存する．たとえば，2万5000ドルの所得がある納税者は，最初の9,075ドルの所得の10%，残りの所得の15%の税金を支払う．

表 12－2′　日本の所得税率（2017年）

課税所得	税率（%）
195万円以下	5
195万円〜330万円以下	10
330万円〜695万円以下	20
695万円〜900万円以下	23
900万円〜1,800万円以下	33
1,800万円〜4,000万円以下	40
4,000万円超	45

（出所）国税庁ホームページ．

主に社会保障（公的年金）とメディケア（高齢者医療保険制度）の特定財源となるからである．社会保障は所得を援助するプログラムであり，高齢者の生活水準を維持することを主な目的としている．メディケアは，高齢者に対する政府の医療プログラムである．2014年に，総給与税は年間所得11万7000ドルまでの所得に対して15.3%，11万7000ドル以上の所得に対して2.9%，さらに（単身なら20万ドル以上，既婚者なら25万ドル以上の）高所得の納税者には追加的に0.9%がかかった．多くの中所得家計にとって給与税は支払う税の中で最大となる．

法人税 次に多いのは法人税（法人所得税）である．ただし，所得税や社会保険税と比べるとはるかに少ない．**法人**とは，オーナーとは別個の分離された独自の法的地位を有するために設立された事業所である．政府は利潤に応じて各法人に課税する．利潤は，法人が財・サービスの販売によって受け取った金額から，その財・サービスの生産費用を差し引いたものである．法人の利潤は本質的に二度課税されることに注意しよう．一度めは法人税として，法人が利潤を得るときに課税される．二度めは所得税として，法人が株主に対して利潤を配当として支払うときに課税される．一部この二重課税を償うために，政策立案者たちは配当所得に対して他の種類の所得に対するよりも低い税率を課すことを決めた．2014年に，通常の所得に対する最高限界税率は39.6％（にメディケア税のための3.8％を加えたもの）であるのに対して，配当所得に対する最高限界税率はわずか20％（にメディケア税のための3.8％を加えたもの）であった．

その他 表12-1の「その他」と書かれた最後の部門は，受取額の９％を占める．この部門には，ガソリン，たばこ，アルコール飲料などの特定の財に課される税である**物品税**が含まれる．また，そのなかには，相続税や関税などのさまざまな小さな項目が含まれる．

●州政府と地方自治体の税

州政府と地方自治体は，税の約３分の１を集めている．表12-3はアメリカの州政府と地方自治体の収入額を示している．2014年の総収入額は２兆2250億ドル，１人当たりにすると6975ドルであった．この表はまた，この合計がどのような内訳になっているかを示している．

州政府と地方自治体にとって最も重要な二つの税は売上税と固定資産税である．売上税は小売店で支払われる金額に一定割合を課税するものである．客は何かを購入するたびに店に税金分を上乗せして支払い，店主はそれを政府に納付する（いくつかの州では，食料品や衣服など生活必需品と考えられる品目が除外されている）．固定資産税は土地と建物の評価額に一定割合を課税するもので，不動産の所有者が支払う．この二つの税を合わせると，州政府と地方自治体の総受取額の40％以上を占める．

表 12－3　州政府と地方自治体の収入（2014年）

税	金額 (10億ドル)	1人当たり金額 (ドル)	構成比 (%)
売上税	525	1,646	24
固定資産税	456	1,429	20
所得税	383	1,201	17
法人税	58	182	3
連邦政府からの収入	495	1,552	22
その他	308	966	14
合計	2,225	6,975	100

（注）四捨五入により各項目の合計は総額に一致しない場合がある.
（出所）アメリカ商務省経済分析局.

州政府と地方自治体はまた個人と法人に所得税を課す. 多くの場合, 州政府と地方自治体の所得税は連邦所得税とよく似ているが, 非常に異なる場合もある. たとえば, 州によっては, 利子や配当で得た所得よりも, 賃金として得た所得に対する税率が低いところがある. また, 州によっては所得に全く課税しないこともある.

州政府と地方自治体はまた財源の一部を連邦政府から得ている. 州政府と収入を分け合うという連邦政府の政策は, 高所得の州（より多くの税金を支払う）から低所得の州（より多くの便益を得る）へとある程度財源を再分配している. こうした財源はしばしば, 連邦政府が補助したいと考える特定の事業と結びついている. たとえば, メディケイドは貧しい人々に対して医療サービスを提供するプログラムであり, 州政府によって運営されているが, その資金の多くが連邦政府によって支払われている.

最後に, 州政府と地方自治体は, 表12-3の「その他」の部門に含まれるさまざまな源泉から収入を得ている. このなかには, 漁業や狩猟のライセンス料, 道路や橋の通行料, 公営バスや地下鉄の料金が含まれる.

2 税と効率

ここまでは, アメリカ政府がさまざまなレベルでどのようにお金を集めているかをみてきたので, 次にどのようにして良い税制の原則を設計するかについて考察しよう．税制の主要な目的は政府収入を得ることであるが，目標とする金額を調達するにはさまざまな方法がある．代替的な税が多くあるなかからある税を選択するにあたって，政策立案者は効率と公平という二つの目的を持つ．

同じ額の収入を調達する場合，納税者にかかる費用が小さければ小さいほど，税制は効率的である．それでは納税者にとっての税の費用とは何だろうか．いちばんはっきりとした費用は税の支払いそのものである．納税者から政府へのお金の移転は，どの税制においても不可欠な特徴である．しかし，税には他にも以下のような二つの費用がかかる．うまく立案された租税政策は，この二つの費用をなくしたり，あるいは少なくとも最小化したりしようとする．

- 税が人々の意思決定を歪めるときに生じる死荷重
- 納税者が税法に従うときに負う管理負担

効率的な税制とは，死荷重と管理負担が小さいものである．

死荷重

経済学の十大原理の一つ，「人々はさまざまなインセンティブ（誘因）に反応する」ということには，税制によって生じるインセンティブも含まれる．政府がアイスクリームに課税すると，人々はアイスクリームをあまり食べなくなり，フローズン・ヨーグルトを多く食べるようになる．政府が家に課税すると，人々は小さな家に住むようになり，所得のなかから他の用途に使う割合を増やすようになる．もし政府が労働所得に課税すると，人々はあまり働かなくなり，余暇をもっと楽しむようになる．

税はインセンティブを歪めるので，死荷重を発生させる．第8章で最初に議論したように，課税による死荷重とは，納税者の経済厚生の減少分が政府の収入額を上回ることである．死荷重は，人々が売買する財・サービスの真の費用や便益ではなく，税のインセンティブに応じて資源を配分するようになるために，税によって生み出される非効率である．

課税によってどのように死荷重が発生するかを思い出すために，一つの例を考えてみよう．ジェイクはピザに８ドルの価値を見出し，ジェーンは６ドルの価値を見出しているとしよう．ピザが課税されていなければ，ピザの価格は生産費用を反映する．ピザの価格を５ドルとすると，ジェイクとジェーンはともにピザを買うことを選択する．２人の消費者にとっては支払額を上回る分の価値が余剰となる．ジェイクは３ドルの消費者余剰を得て，ジェーンは１ドルの消費者余剰を得る．消費者余剰の合計は４ドルである．

ここで，政府がピザに２ドルの税を課し，ピザの価格が７ドルに上昇するとしよう（これは供給が完全に弾力的なときに生じる）．ジェイクはそれでもピザを買うが，消費者余剰は１ドルだけになる．ジェーンは，ピザの価格が自分にとっての価値よりも高くなるため，ピザを買わない．政府はジェイクのピザから２ドルの税を徴収するが，消費者余剰の合計は（４ドルから１ドルへと）３ドル減少する．消費者余剰の合計が税収以上に落ち込むため，この税は死荷重を発生させる．このケースでは，死荷重は１ドルである．

死荷重が，税を支払うジェイクからではなく，税を支払わないジェーンから発生することに注意しよう．２ドルというジェイクの余剰の減少は，政府が徴収する税収の額と相殺される．死荷重は，税によってジェーンの行動が変わるために生じる．課税によってピザの価格が上昇すると，ジェーンの厚生は悪化し，それを相殺する政府収入は生じない．このジェーンの厚生の悪化は，課税による死荷重である．

ケース・スタディ　所得と消費のどちらに課税すべきか

ジェーンがピザを買わなくなったように，税が人々の行動を変えるとき，税は死荷重を発生させ，資源配分を非効率にする．これまでみてきたように，政府収入の多くは所得税からもたらされる．第８章のケース・スタディでは，所得税が課税されることによって，なぜ人々は税がないときほど一生懸命に働かなくなるかについて議論した．また所得税は，人々が貯蓄を抑制するというもう一つの非効率も生み出す．

ある25歳の人が1000ドルの貯蓄をすることを考えているとしよう．もしこのお金を８％の利子のつく銀行口座に預金しておけば，65歳で退職するときには２万1720ドルを手にする．しかし，もし政府が毎年利子所得に４分の１の税を課せば，事実上の利子率は６％となり，1000ドルは40年経っても１万290ドルにしかならず，課税されなかったときの半分以下となる．したがって，金利収入に課税されると，貯蓄の魅力は低下する．

経済学者のなかには，現行の税制が持つ貯蓄を抑制するインセンティブを取り除くため，課税ベースを変更することを提唱する人たちがいる．その主張によると，政府は人々が稼ぐ所得の額に課税するよりは，人々が使う額に課税するほうがよい．この提案では，貯蓄される所得はすべて，その貯蓄が後になって使われるときまで課税されない．この**消費税**と呼ばれる代替的な制度は，人々の貯蓄決定を歪めないだろう．

現行税法のなかのさまざまな条項によって，税制はすでに消費税に近づいている．納税者は所得のなかからある範囲内の額に限って，個人退職勘定（IRA：Individual Retirement Accounts）や401(k)プラン（従業員のための確定拠出型年金）などの特別の勘定に貯蓄することができる．その所得分とそれが生み出す利子は退職時に引き出されるまで課税されない．貯蓄のほとんどをこうした退職口座に入れている人にとっては，課税は実際には所得ではなく消費に対してなされている．

ヨーロッパ諸国はアメリカよりも消費税に大きく依存する傾向がある．ヨーロッパのほとんどの国では政府収入の相当額を付加価値税（VAT）から得ている．VATは多くのアメリカの州が用いている小売りの売上税のようなものであるが，政府は，消費者が最終財を購入するときに小売段階ですべての税を集めるのではなく，財が生産される段階で（すなわち，生産のそれぞれの段階において企業によって価値が付加されたときに）税を集める．

さまざまなアメリカの政策立案者は，所得への課税から消費への課税という方向にさらに税法を動かすべく提案してきた．2005年には当時FRB（連邦準備制度理事会）議長のエコノミストであったアラン・グリーンスパンは税制改革の諮問委員会に次のような助言を行った．「ご承知のように，多くの経済学者は，経済成長を促すという観点から消費税が最善であると信じている．とくに，もし税制をゼロから設計しようとしているならそうである．なぜなら，消費税は貯蓄と資本形成を助長するからである．

しかしながら，現行の税制から消費税に変わるには，一連の解決すべき取引上の面倒な問題がある．」

●管理負担

4月15日に普通のアメリカ人に税制について意見を求めると，納税申告書の作成が，どんなに頭痛の種となっているかについてたっぷり聞かされる（おそらくののしりの言葉も浴びせかけられる）だろう．どのような税制の管理負担も，税制の生み出す非効率の一部である．この負担には，4月上旬に用紙に記入するために費やす時間だけでなく，1年を通じて納税に備えて記録をとり続ける時間や，政府が税法を施行するために使わなければならない資源を含んでいる．

多くの納税者，とくに高額納税者層は，税理士や会計士を雇って納税の手続きを助けてもらう．複雑な税法の専門家たちは，依頼人のために納税申告書に記入し，依頼人が支払う税額が少なくてすむように手配する．この行動は合法的な節税であり，非合法的な脱税とは異なる．

現行の税制を批判する人たちは，こうしたアドバイザーを指して，「抜け穴」と呼ばれることの多い税法の詳細な条項のいくつかを悪用して，依頼者が税金から逃れることを手伝っているという．場合によっては，抜け穴は議会の誤りから生じることもある．すなわち，税法にあいまいさや遺漏があるのである．しかし多くの場合，そうした抜け穴は議会が特定のタイプの行動に対して，特別扱いをしたために生じる．たとえばアメリカ連邦税法では，州政府や地方自治体が借金をしやすいようにするため，地方債の投資家に特別な取り計らいを与えている．この条項はある程度は州と地方に便益を与え，またある程度は高所得の納税者に便益を与えるものである．租税政策を扱う議会の人たちはこうした抜け穴のほとんどをよくわかっているが，ある納税者からみれば抜け穴にみえるものでも，他の納税者には合法的な節税にみえるかもしれない．

税法に従うために費やされる資源は，一種の死荷重である．政府が手にするのは支払われる税額のみである．一方，納税者は税額だけではなく，記録や計算，または節税に要する時間とお金を失っている．

税制の管理負担は，税法を単純化することによって減らすことができる．

しかし，単純化はしばしば政治的に困難である．ほとんどの人は他人に便益を与える抜け穴を潰して税法を単純化することには賛成するが，自分が便益を得ている抜け穴を手放したいと思う人は少ない．結局，税法の複雑さは，さまざまな納税者が特別な利害を持ち，利益を求めて陳情活動をする政治的プロセスから生じるのである．

●限界税率と平均税率

所得税の効率と公平について議論する際には，経済学者は平均と限界の二つの税率概念を区別する．**平均税率**とは，税金の総額を総所得で割ったものである．**限界税率**とは，所得が1ドル増加したときの税の増加分である．

たとえば，政府が最初の5万ドルの所得に対して20%の課税をし，5万ドルを超える所得に対して50%の課税をするとしよう．この税制の下では，6万ドル稼ぐ人は1万5000ドルの税を支払う（最初の5万ドルの20%（$50,000×0.20＝$10,000）と，残りの1万ドルの50%（$10,000×0.50）の合計）．この人の平均税率は1万5000ドルを6万ドルで割った25%である．しかし，限界税率は50%である．この納税者が1ドル多く稼ぐと，50%の税率に従うため，政府に支払う税額は0.5ドル増加するからである．

限界税率と平均税率はそれぞれ有益な情報を含んでいる．納税者がどれだけ犠牲になっているかを測りたいときには，所得に占める税の支払いの割合を測る平均税率がより適している．一方，税制がどれだけインセンティブを歪めるかを測りたいときには，限界税率のほうが意味を持つ．第1章の経済学の十大原理の一つは，「合理的な人々は限界原理に基づいて考える」ということである．この原理の帰結によると，限界税率は税制によってどれだけ人々の働く意欲が歪められるかを測るものである．もしあなたが余分に数時間働くことを考えているならば，それによって得られる収入のうち，どれだけを政府がとるかを決めるのは限界税率である．したがって，所得税の死荷重を決めるのは限界税率である．

平均税率 average tax rate：支払われる総税額を総所得で割ったもの．
限界税率 marginal tax rate：1ドルの所得の増加に対する税の増加分．

一括税

政府がすべての人に一律4000ドルの税を課したとしよう．すなわち，すべての人が収入や自分のとる行動に関係なく同じ額を税金として支払うのである．このような税を**一括税**という．

一括税は平均税率と限界税率の違いを明らかにする．所得が2万ドルの納税者にとって，4000ドルの一括税は20％の平均税率になる．所得が4万ドルの納税者にとっては，平均税率は10％となる．所得が増えても支払う税額は変化しないので，どちらの納税者も限界税率はゼロである．

一括税は考えられる限りにおいて最も効率的な税である．人々の意思決定によって支払金額が変わることがないので，課税によってインセンティブが歪められることはなく，したがって死荷重は発生しない．誰もが簡単に支払金額を計算でき，税理士や会計士を雇う必要もないので，一括税は納税者の管理負担が最小になる．

しかし，一括税がそれほど効率的であるのならば，なぜ現実の世界ではめったにみられないのであろうか．その理由は，効率は税制の一つの目的にすぎないからである．一括税は，貧しい人からも豊かな人からも同一額を徴収することになるが，その結果をほとんどの人々は不公平だと考えるだろう．したがって，われわれが観察している税制を理解するために，租税政策のもう一つの主要な目的である公平について考察する．

【小問】 ●税制の効率とは何を意味するか．
●税制を非効率なものにするのは何か．

3 税と公平

アメリカへの入植者がイギリスの高い税金に抗議するために輸入紅茶をボストン湾へ捨てて以来，租税政策はアメリカの政治史上において最も白熱した議論のいくつかを生み出してきた．しかし，効率の問題によって議論が白熱したことはほとんどない．それは税の負担をどのように分担すべきかにつ

一括税 lump-sum tax：すべての人が同額を支払う税．

いての意見の不一致から生じている．ラッセル・ロング上院議員はかつて，つぎのような短い歌で大衆の議論をからかったことがある．

お前に課税するな．
俺に課税するな．
その木の陰に隠れているやつに課税しろ．

もちろん，必要な財・サービスの一部の供給を政府に頼るのであれば，その財やサービスを支払うために誰かが税を負担しなければならない．この節では，税制の公平について考えてみよう．税の負担はどのように人々の間に割り振られるべきだろうか．税制が公平であるかどうかはどのようにして評価すればよいのだろうか．税制が公平であるべきだということにはすべての人が合意しているが，税制の公平はどのようにすれば判断できるのかということについては，意見がかなり分かれている．

応益原則

応益原則と呼ばれる課税原理の一つは，人々が政府サービスから受ける便益に基づいて税を支払うべきであるというものである．この原則は，公共財を私的財に近づけて考えようとするものである．よく映画をみる人は，あまり映画をみない人よりも映画のチケットに支払う総額が大きいのが公正だろう．同様に，公共財から大きな便益を受ける人は，あまり便益を受けない人よりも多く税を支払うべきだというのがこの考え方である．

たとえば，ガソリン税は応益原則を用いて正当化されることがある．いくつかの州では，ガソリン税の収入は道路の建設・維持にあてられる．ガソリンを買う人は道路を使用する人でもあるので，ガソリン税はこの政府サービスへの支払いとして公平な方法であるとみなすことができるだろう．

応益原則はまた，裕福な市民は貧しい市民よりも高い税を支払うべきであるという議論にも用いられる．その理由は，単純に，裕福な人のほうが公共サービスから大きな便益を受けるからである．たとえば，警察が泥棒を捕ま

応益原則 benefits principle：政府によるサービスから受ける便益に応じて税を支払うべきだという考え方．

えることの便益を考えてみよう．守るものがたくさんある市民のほうが，あまり守るものがない人よりも多くの便益を得る．したがって，応益原則によれば，裕福な人のほうが貧しい人よりも警察力を維持する費用を多く負担すべきであるということになる．同じ議論は，消防，国家防衛，裁判所制度など他の多くの公共サービスにも当てはまる．

応益原則を用いて，裕福な人への課税を基金とする貧困撲滅プログラムを支持することさえ可能である．第11章で議論したように，人々は貧困のない社会に住みたいと思うだろうが，このことは貧困撲滅プログラムが公共財であることを示唆している．もし裕福な人のほうが，まさに使えるお金が多いという理由で中流層よりもこの公共財に大きな価値を持つのであれば，応益原則によって，裕福な人々のほうがこの事業に対して多く負担すべきである．

応能原則

税制の公平を評価するもう一つの方法は**応能原則**と呼ばれ，どれだけの負担ができるかに応じて課税されるべきであるというものである．この原理は，すべての市民が政府を支えるために「均等な犠牲」を払うべきであるという主張によって正当化されることがある．しかし，人々の犠牲の大きさは，税額だけでなく，その人の所得やその他の状況にも依存する．貧しい人の支払う1000ドルの税は，豊かな人の支払う１万ドルの税よりも大きな犠牲を強いるかもしれない．

応能原則は，垂直的公平と水平的公平という公平の概念の二つの系につながっている．**垂直的公平**とは，高い支払能力（担税力）を持つ納税者は，多くの金額を供出すべきだということである．**水平的公平**とは，同じような担税力を持つ納税者は，同じ金額を供出すべきだということである．こうした公平の概念は広く受け入れられているが，それを税制の評価に適用することはかなり難しい．

応能原則 ability-to-pay principle：各人が税をどれだけ負担できるかに応じて課税されるべきだという考え方．

垂直的公平 vertical equity：高い支払能力を持つ納税者ほど多くの金額を支払うべきだという考え方．

水平的公平 horizontal equity：同じような支払能力を持つ納税者は同じ金額を支払うべきだという考え方．

表 12-4 三つの税制

	比例税		逆進税		累進税	
所得（ドル）	税額（ドル）	所得の割合（%）	税額（ドル）	所得の割合（%）	税額（ドル）	所得の割合（%）
50,000	12,500	25	15,000	30	10,000	20
100,000	25,000	25	25,000	25	25,000	25
200,000	50,000	25	40,000	20	60,000	30

垂直的公平　もし税が担税力に基づくのであれば，豊かな納税者は貧しい納税者よりも多く支払うべきである．しかし，豊かな人はどれくらい多く支払うべきなのだろうか．租税政策をめぐる議論の多くはこの問題に焦点を当てたものとなっている．

表 12-4 の三つの税制について考察してみよう．どの税制においても，高所得の納税者ほど支払金額が多い．しかし，制度によって，所得の増加につれてどれくらい急速に税が増えるかという点が異なる．第 1 の制度は，すべての納税者が所得の一定割合を支払うために**比例税**といわれる．第 2 の制度は，高所得の納税者のほうが高額の税金を支払うが，所得に占める割合が小さくなるために**逆進税**といわれる．第 3 の制度は，高所得の納税者ほど税金が所得に占める割合が大きくなるために**累進税**といわれる．

この三つの制度のなかで，最も公正なものはどれだろうか．明白な答えはなく，また答えを見つけるのに経済理論は役立たない．美しさと同様，公平はそれをみる人の目によるのである．

ケース・スタディ　税の負担はどのように分担されるのか

租税政策をめぐる議論の多くは，裕福な人が公正な割合の税金を支払っているかどうかに関わっている．この判断を下すための客観的な方法はな

比例税 proportional tax：高所得の納税者も低所得の納税者も所得の同じ割合を支払う税．
逆進税 regressive tax：高所得の納税者のほうが低所得の納税者よりも税が所得に占める割合が小さい税．
累進税 progressive tax：高所得の納税者のほうが低所得の納税者よりも税が所得に占める割合が大きい税．

表 12 - 5　連邦税の負担

五分位階層	平均所得（ドル）	所得に占める税の比率（%）	所得の構成比（%）	租税の構成比（%）
最下位層	24,600	1.9	5.3	0.6
第２下位層	45,300	7.0	9.6	3.8
中位層	66,400	11.2	14.1	8.9
第２上位層	97,500	15.2	20.4	17.6
最上位層	245,700	23.4	51.9	68.7
最上位１％	1,453,100	29.0	14.6	24.0

（注）数値は2011年のもの.
（出所）アメリカ議会予算局.

い．しかしながら，あなた自身がこの問題を評価するときには，現行の税制の下で所得の異なる家庭がどれだけの税金を支払っているかを知っておいたほうがいいだろう．

表12-5は，所得階層間で連邦税がどのように割り当てられているかを示している．この数字は本書が印刷される時点で利用可能な最新の2011年のものであり，議会予算局（CBO）が作成したものである．そこにはすべての連邦税（所得税，給与税，法人税，消費税）が含まれているが，州税や地方税は含まれていない．家計の税負担を計算するときには，議会予算局は法人税を資本の所有者に，給与税を労働者に割り当てている．

この表を作成するにあたって，各家計は**五分位階層**と呼ばれる，所得で分けた五つの同じ大きさのグループに分けられている．この表はまた最も豊かなアメリカ人１％のデータも載せている．表の第２列は，各グループの平均所得を示している．所得には市場で得られる所得（家計が労働と貯蓄から稼いだもの）と社会保障や福祉のように政府のプログラムからの移転支払いが含まれる．五つのグループ中，最も貧しいグループの平均所得は２万4600ドルであり，最も豊かなグループの平均所得は24万5700ドルであった．最富裕層の１％の平均所得は140万ドルを超えている．

表の第３列は，税の総額が所得に占める割合を示している．これをみると，アメリカの連邦税制が累進的であることがわかる．五つのグループ中，最も貧しい５分の１の家計は所得の1.9％を税として支払い，最も豊かな

5分の1の家計は23.4％を支払っている．また最上位1％の人々は所得の29.0％を支払っている．

第4列と第5列は，五つのグループ間における所得の分配と税の割当ての比較である．最も貧しい所得階層の稼いだ所得は，国民全体の総所得の5.3％を占め，総税額の0.6％を支払っている．最も豊かな階層は総所得の51.9％を稼ぎ，総税額の68.7％を支払っている．最富裕層の1％は，（一つの階層の20分の1のサイズしかないが）総所得の14.6％を稼ぎ，総税額の24.0％を支払っている．

これらの数値は，政府の負担を理解するためのよい出発点ではあるが，全体像としては不完全なものである．お金は税金の形で家計から政府に流れるだけでなく，移転支払いの形で政府から家計に戻る．いくつかの点で移転支払いは税金の逆である．負の税金としての移転を含めると，税負担の分配は大きく変わる．移転支払いを差し引いた後でも，最上位層の世帯は所得の約4分の1を政府に支払っているし，最上位1％は所得の約30％も支払っている．対照的に，最下位層の平均所得はかなり大きなマイナスの数値となっている．つまり，貧しい世帯は，平均してみると税金として支払った分よりも多くの額を移転支出として受け取っている．この教訓は明白である．政府の政策の累進性を十分に理解するためには，人々が支払うものと受け取るものの両方を考慮に入れなければならないのである．

最後に，表12-5の数字は少し古いことを指摘しておく必要がある．2012年の後半にアメリカ議会が可決し，オバマ大統領が署名した租税法案がある．それにより，特に所得分配の頂点の人にとって税は過去のものから大きく増えた．結果として，2013年以降の税制は表に示されるよりも累進的である．議会予算局は，最上位1％の所得に対する税の比率を29.0％から33.3％に引き上げた．

水平的公平　もし税が支払能力に基づくのであれば，同じような納税者は同じような額の税を支払うべきである．しかし，2人の納税者が同じかどうかは何によって決まるのだろうか．各家庭は多くの点で異なる．税法が水平的に公平であるかどうかを評価するには，どの違いが世帯の支払能力と関係があり，どの違いが関係ないのかを決めなければならない．

スミス家とジョーンズ家がそれぞれ10万ドルの所得を得ているとしよう．スミス家には子どもがいないが，スミス氏は4万ドルの医療費を要する病気を患っている．ジョーンズ家の人々は健康だが4人の子どもがいる．ジョーンズ家の子どものうち2人は大学生で，授業料に6万ドルかかる．所得が同じだからといって，この二つの家庭が同額の税を支払うことは公平だろうか．高額の医療費補助としてスミス家に減税するほうが公平だろうか．それとも授業料支出の補助としてジョーンズ家に減税するほうが公平だろうか．

こうした問題に対する簡単な答えはない．実際，アメリカの税法は，家庭の置かれている状況に基づいてその税額を変える特別な条項がたくさんある．

●税の帰着と税の公平

誰が税を負担するかという税の帰着を研究することは，税の公平を評価する際の中心的課題である．第6章で最初にみたように，税を負担するのは必ずしも政府から納税書を渡される人ではない．税は需要と供給を変化させるので，均衡価格も変化する．そのため，税は法令に従って実際に税金を支払う人だけではなく，それ以外の人々にも影響を与える．いかなる税についても，垂直的公平と水平的公平を評価するときには，こうした間接的な影響を考慮に入れることが重要である．

税の公平についての多くの議論は，税の間接的な影響を無視し，経済学者が税の帰着の**蠅取り紙理論**と嘲笑的に呼ぶものに基づいている．この理論によると，税の負担は，蠅取り紙についた蠅のように，最初に対象とした人にくっついて離れないことになる．しかしながら，その仮定が当てはまることはほとんどない．

たとえば，経済学の訓練を受けていない人は，高価な毛皮のコートに対する課税は垂直的公平であると主張するかもしれない．なぜならば，ほとんどの毛皮の買い手は裕福な人だからである．しかし，もしこうした買い手が簡単に他の贅沢品に切り替えることができるのであれば，毛皮への課税はたんに毛皮の販売を減らすだけになる．結局，この税の負担は毛皮を購入する人よりも，毛皮を生産・販売する人にかかることになる．毛皮を生産する人のほとんどは裕福ではないため，毛皮への課税の公平性は蠅取り紙理論の指摘とはまったく異なるものになるのである．

ケース・スタディ 法人税を支払うのは誰か

法人税は，租税政策における税の帰着の重要性を示すよい例である．法人税は有権者には好評である．結局のところ，法人は人間ではない．有権者は自分の税を減らしてもらい，人間ではない法人に勘定を支払ってもらうことに熱心である．

しかし，法人税は政府が収入を得るよい方法であると決める前に，誰が法人税を負担するのかを考えるべきである．これは難しい問題で経済学者の意見も一致しないところであるが，一つのことだけは確かである．それは，すべての税を支払うのは人間である，ということである．政府が法人に課税するとき，法人は納税者というよりも徴税人になる．税の負担は究極的にはその法人の所有者，顧客，労働者といった人々にかかるのである．

多くの経済学者は，法人税の大部分は労働者と顧客が負担すると考えている．その理由をみるために，一つの例を考えてみよう．アメリカ政府が自動車会社の所得への課税を引き上げることにしたとしよう．最初に，この税は自動車会社の所有者の受け取る利潤を減少させる．しかし，時間が経つにつれて，所有者はこの税に対応するだろう．自動車の生産の収益性が落ちるために，彼らは新しい自動車工場の建設にあまり投資しなくなる．その代わりに，たとえばより大きな住宅を購入したり，他の産業や他の国々で工場を建設するというように，資産を他の用途に投資するようになる．自動車工場が少なくなると車の供給は減少し，自動車産業の労働者への需要も減少する．このように，自動車を生産する法人に課税すると，自動車の価格は上昇し，自動車産業の労働者の賃金は下落する．

法人税は，税の帰着の蠅取り紙理論がどれほど危険であるかを示している．法人税の評判がよいのは，豊かな法人によって支払われるようにみえるという理由も一部にはある．しかし，顧客や労働者といった究極的に税を負担する人々は，豊かではないことが多い．もし法人税の真の帰着がもっと人々に知られていれば，この税が有権者の間でこれほど人気を得ることはなくなるだろう．

【小問】 ●応益原則と応能原則を説明しなさい．

- 垂直的公平と水平的公平とは何か.
- 税の帰着の研究はなぜ税の公平性を判断するうえで重要なのか.

4 結論：効率と公平のトレードオフ

ほとんどの人は，効率と公平が税制の最も重要な二つの目標であることに合意している．しかし，公平が税制の累進性によって判断されるようなときにはとりわけこの二つの目標はしばしば対立する．租税政策について人々の意見が一致しないのは，この二つの目標に置くウエイトが異なることが多いからである．

近年の租税政策の歴史は，政治的リーダーによって効率と公平についての見解が異なっていることを示している．ロナルド・レーガンが大統領に選ばれた1980年には，最も豊かなアメリカ人の所得の限界税率は50％であり，利子所得の限界税率は70％もあった．レーガンは，そのような高い税率は労働と貯蓄への経済的インセンティブを大きく歪めると主張した．言い換えれば，このような高い税率は経済効率の面であまりにも費用がかかりすぎると主張したのである．したがって，税制改革は彼の政権の重要課題であった．レーガンは，1981年に税率を大幅に引き下げる法案に署名し，1986年にも再び同じような法案に署名した．レーガンが1989年に官邸を去ったとき，最も豊かなアメリカ人が直面する限界税率はわずか28％に下がっていた．

政治的議論の振り子はどちらの方向にも振れる．ビル・クリントンは1992年に大統領選に立候補したとき，豊かな人は公正な割合の税を支払っていないと論じた．すなわち，豊かな人への税率が低いことは，彼の見解では垂直的公平が守られていないというのである．1993年に，クリントン大統領は，最も豊かなアメリカ人の税率を約40％に引き上げる法案に署名した．ジョージ・W・ブッシュが大統領選に立候補したときには，レーガンが唱えたテーマの多くを繰り返した．そして大統領になったときには，クリントンの増税の一部を元に戻し，最高税率を35％に引き下げた．バラク・オバマは2008年の大統領選挙戦の間に高所得家庭への税を引き上げることを公約し，2013年より最高限界税率は40％に戻った．

経済学だけでは，効率と公平という目的のバランスをとる最善の方法を決めることはできない．この問題は経済学だけでなく政治哲学をも含んでいる．しかし，経済学者はこの論争において重要な役割を果たしている．すなわち，税制を設計する際に社会が不可避的に直面するトレードオフに光を当て，効率が犠牲になるにもかかわらず，公平の観点から便益がもたらされないような政策を避けるのに役立つのである．

- アメリカ政府は，さまざまな税から収入を得ている．連邦政府にとって最も重要な税は所得税と社会保険のための給与税（社会保険税）である．州政府と地方自治体にとって最も重要な税は売上税と固定資産税である．
- 税制の効率は，納税者の費用と関係がある．課税の費用は，納税者から政府への資源の移転以外にも二つある．一つは税がインセンティブと行動を変化させ資源配分を歪めることで生じる死荷重である．もう一つは税法に従うことで生じる管理負担である．
- 税制の公平は，税の負担が人々の間に公平に割り当てられているかということに関係している．応益原則によると，人々が政府から受け取る便益に基づいて税を支払うのが公平である．応能原則によると，人々が金銭的負担に応じる能力に基づいて税を支払うのが公平である．税制の公平を評価するときには，税の帰着の研究から得られた教訓を覚えておくことが重要である．税負担の割当ては納税申告書の割当てと同じではない．
- 政策立案者は税法の変更を考える際，しばしば効率と公平との間のトレードオフに直面する．租税政策についての論争の多くは，人々がこの二つの目的に置くウエイトが異なることから生じる．

確認問題

1. アメリカ連邦政府の二大税源は次のうちどれか．
   a. 所得税と法人税
   b. 法人税と社会保険のための給与税

c.　法人税と社会保険のための給与税
d.　社会保険のための給与税と固定資産税

2.　アイデンはピアノのレッスンを行っている．彼の機会費用は1レッスン当たり50ドルであり，レッスン料は60ドルである．彼にはブランドンとクロエの2人の生徒がおり，ブランドンの支払許容額は70ドルであり，クロエの支払許容額は90ドルである．政府がピアノのレッスンに20ドルの税を課し，アイデンが料金を80ドルに値上げするとき，死荷重は（　　　）であり，税収は（　　　）である．
a.　10ドル，20ドル
b.　10ドル，40ドル
c.　20ドル，20ドル
d.　20ドル，40ドル

3.　税法で最初の2万ドルの所得について税を免除し，それ以上の全所得に対して25％の税を課すならば，5万ドルを稼ぐ人の平均税率は（　　　）％であり，限界税率は（　　　）％である．
a.　15，25
b.　25，15
c.　25，30
d.　30，25

4.　有料道路の通行料金は利用者への税である．この政策は何の応用と考えらえるか．
a.　応益原則
b.　水平的公平
c.　垂直的公平
d.　累進課税

5.　アメリカでは所得分布の最上位1％の納税者が連邦の税収の（　　　）％を支払っている．
a.　5
b.　10
c.　20
d.　30

6. もし法人税により企業が資本投資を減らしているならばどうなるか.
   a. 法人税は死荷重を生まない.
   b. 株主は法人税から便益を得る.
   c. 労働者は法人税負担の一部を負う.
   d. 法人税は垂直的公平の目的を達成する.

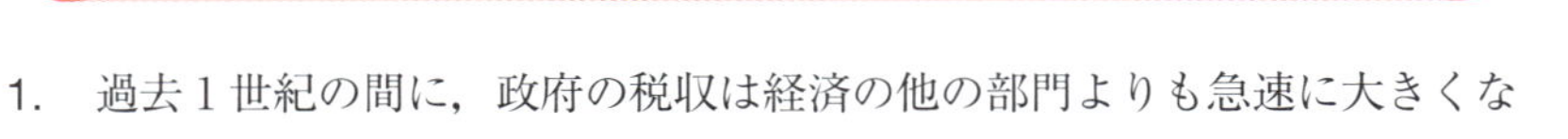

復習問題

1. 過去1世紀の間に，政府の税収は経済の他の部門よりも急速に大きくなったか，あるいはそうではなかったか.
2. 企業利潤がどのように二重に課税されるか説明しなさい.
3. 納税者にとっての税の負担はなぜ政府が受け取る収入よりも大きいのか.
4. 経済学者のなかに所得ではなく消費に課税することを提唱する人がいるのはなぜか.
5. 一括税の限界税率はいくらか．これは税の効率とどのように関係しているか.
6. 裕福な納税者は貧しい納税者よりも多く税を支払うべきであるという二つの主張を述べなさい.
7. 水平的公平の概念とは何か．また，それを適用することはなぜ難しいのか.

応用問題

1. この章の表の多くの情報は，毎年出版される『大統領経済報告（*Economic Report of the President*）』で見つけられる．図書館やインターネットで最新号を見つけ，次の問題に答えるとともに，答えを支持するいくつかの数字を挙げなさい（ヒント：政府印刷局のウェブページは https://www.gpo.gov）.
   a. 図12-1は政府収入が総所得に占める割合が年々上昇してきたことを示している．この上昇は主に連邦政府の収入の変化と州政府と地方自治体の収入の変化のどちらに依拠しているだろうか.

b. 連邦政府と州政府および地方自治体の収入の合計をみると，年月の経過とともに総収入の構成はどのように変化してきただろうか．所得税は重要性を増しただろうか．社会保険税と法人税はどうだろうか．

2. あなたはごく典型的なアメリカ人だとしよう．あなたは，所得の4％の州所得税を支払い，（雇用主と被雇用者で分担しながら）勤労所得の15.3％の連邦給与税を支払う．あなたはまた，表12-2にあるような連邦所得税を支払う．あなたの年収が3万ドルのとき，それぞれの税額はいくらになるだろうか．すべての税を考慮に入れると，あなたの平均税率と限界税率はいくらになるだろうか．あなたの所得が6万ドルに上がると，あなたの納税額と平均税率および限界税率はどうなるだろうか．

3. 食料品や衣服などの必需品を売上税の対象から除外する州としない州とがある．この除外の利点を議論しなさい．効率と公平の両面から考えなさい．

4. （株式のような）価値の上がった資産を保有するとき，「発生した」キャピタルゲインを有する．もしこの資産を売却すると過去に発生したキャピタルゲインが「実現する」．アメリカの所得税では，実現したキャピタルゲインに課税され，発生したキャピタルゲインには課税されない．

a. このルールによって個人の行動がどのように影響されるかについて説明しなさい．

b. キャピタルゲインの税率の引下げ，とくに一時的な引下げで税収が増えると信じている経済学者がいる．どうしてそうなるのだろうか．

c. 発生したキャピタルゲインでなく実現したキャピタルゲインに課税するのはよいルールだろうか．またそれはなぜか．

5. あなたの住んでいる州が売上税を5％から6％に引き上げるとしよう．州の収入役は売上税収入が20％増加すると見込んでいる．この妥当性について説明しなさい．

6. 1986年の租税改革法によって，消費者ローン（ほとんどはクレジットカードと自動車ローン）の利子支払いは税額控除から除かれたが，住宅融資ローンと住宅担保ローンの利子支払いの控除は維持された．消費者ローンと住宅ローンとの相対的な借入額に何が起こったと考えられるだろうか．

7. 以下の資金調達手段の枠組みを，応益原則と応能原則に分類しなさい．

a.　多くの国立公園では入場者が入場料を支払う.

b.　地方の固定資産税で小学校と中学校を維持する.

c.　空港信託基金が販売される航空券に課税し，そのお金を空港や航空管制システムの改善に使う.

PART V

第V部

企業行動と産業組織

CHAPTER 13

第13章

生産の費用

Keywords

総収入（企業の） total revenue（for firm）
総費用 total cost
利潤 profit
明示的費用 explicit costs
潜在的費用 implicit costs
経済学上の利潤 economic profit
会計上の利潤 accounting profit
生産関数 production function
限界生産物 marginal product
限界生産物逓減 diminishing marginal product
固定費用 fixed costs
可変費用 variable costs
平均総費用 average total cost
平均固定費用 average fixed cost
平均可変費用 average variable cost
限界費用 marginal cost
効率的規模 efficient scale
規模の経済 economies of scale
規模の不経済 diseconomies of scale
規模に関して収穫一定 constant returns to scale

経済には，あなたが毎日享受している財・サービスを生産している非常に多くの企業が存在する．ゼネラル・モーターズは自動車を生産し，ゼネラル・エレクトリックは電球を生産し，ゼネラル・ミルズは朝食用のシリアルを生産している．これら三つの企業のように，ある企業は巨大で大勢の従業員を雇い，企業の利益を共有する大勢の株主を抱えている．一方，地元の理容店やカフェのように，ある企業は小さくて，数人の従業員しか雇わず，個人あるいは家族によって所有されている．

これまでの章では，企業における生産の決定を記述するために供給曲線を用いてきた．供給法則によれば，財の価格が高くなると企業は生産・販売量を増やそうとするので，供給曲線は右上がりとなる．供給法則さえ知っていれば，企業の行動に関する多くの問題を分析することができる．

本章と次章では，企業の行動をより詳細に調べる．これによって，供給曲線の背後にどのような決定があるのかをより深く理解できるだろう．さらに，**産業組織論**という経済学の一分野を紹介する．産業組織論とは，価格や数量に関する企業の決定が企業の直面する市場条件にどのように依存しているかを研究する分野である．たとえば，あなたが住んでいる町にはピザ店は何軒かあるが，ケーブルテレビ会社は1社しかないかもしれない．このことは次のような重要な問いを喚起する．企業数は，市場の価格や市場の成果の効率性にどのような影響を与えるだろうか．産業組織論という分野はまさにこうした疑問を検討する．

しかし，これらの問題を検討する前に，生産の費用について議論する必要がある．デルタ航空から地元の総菜店まで，すべての企業は自らが販売する財・サービスを生産するときに費用がかかる．後の章でみるように，企業の費用は生産や価格を決定する際の重要な決定要因である．この章では，企業の費用を測るために経済学者が用いるいくつかの変数を定義し，それらの変数間の関係を考察する．

それにあたって，次のことに留意しておいてほしい．ここでのトピックは無味乾燥で数学的であるため，正直，つまらないと思う人もいるだろう．しかし，これはその後に続く興味深いトピックの重要な基礎をなすものなのである．

費用とは何か

キャロラインのクッキー工場を例に，費用についてまず議論しよう．この工場の所有者であるキャロラインは，小麦粉，砂糖，チョコレートチップなどのクッキーの材料を購入する．彼女はさらにミキサーやオーブンを購入し，これらの設備を動かすために労働者を雇う．そして出来上がったクッキーを消費者に販売する．キャロラインが事業のなかで直面するいくつかの問題を調べることで，経済におけるすべての企業に当てはまる，費用についての教訓を学ぶことができる．

●総収入，総費用，および利潤

企業の目的について考えることから始めてみよう．企業が下す決定を理解するには，企業が何をしようとしているのかを理解する必要がある．キャロラインが工場を立ち上げたのは，世界にクッキーを供給しようという利他的な気持ちによるとも考えられるし，あるいはたぶんクッキー事業が好きなのだろうとも考えられる．しかし，おそらくお金を儲けたいというのが本音だろう．経済学者は通常，企業の目的は利潤の最大化であると仮定するが，この仮定がほとんどのケースで当てはまることがわかっている．

企業の利潤とは何だろうか．企業がその生産物（クッキー）の販売によって得る金額のことを**総収入**という．企業が投入物（小麦粉，砂糖，労働者，オーブンなど）に支払う金額のことを**総費用**という．キャロラインは収入のなかから費用以外の部分を自分のものにすることができる．**利潤**は，企業の総収入から総費用を差し引いたものである．すなわち，

利潤＝総収入－総費用

キャロラインの目的は企業の利潤をできるだけ大きくすることである．

企業がどのように利潤の最大化を行うかをみるためには，総収入と総費用の測り方を詳しく考察しなければならない．総収入は簡単である．総収入は

総収入（企業の） total revenue（for firm）：企業が生産物の販売によって受け取る金額．
総費用 total cost：企業が生産に要する投入物の市場価値．
利潤 profit：総収入から総費用を差し引いたもの．

企業の生産物の量と販売価格の積である．もしキャロラインが1万個のクッキーを作り，それを1個2ドルで売れば，総収入は2万ドルである．ところが，企業の総費用の測り方はもう少し複雑である．

●機会費用としての費用

キャロラインのクッキー工場や他のどの企業の費用を測る際にも，第1章でみた**経済学の十大原理**の一つ，すなわち，「あるものの費用は，それを得るために放棄したものの価値である」ということに留意することが重要である．あるものの**機会費用**が，それを得るために放棄しなければならないすべてのものを指すことを思い出そう．経済学者が企業の生産費用について話す際には，財・サービスの生産を行う際のすべての機会費用が含まれている．

企業の機会費用ははっきりとしている場合もあるし，はっきりとしていない場合もある．キャロラインが小麦粉に1000ドル支払うと，その1000ドルはもう他のものを買うことに使えないので機会費用である．同様に，クッキーを作るために労働者を雇うとき，キャロラインが支払う賃金は企業の機会費用の一部である．これらの機会費用は企業のお金の支払いを伴うので，**明示的費用**と呼ばれる．一方，企業の機会費用のなかにはお金の支払いを伴わず，**潜在的費用**と呼ばれるものがある．たとえばキャロラインはコンピュータの操作に長けており，プログラマーとして働けば1時間に100ドル稼ぐことができるとしよう．この場合，キャロラインはクッキー工場で1時間働くごとに100ドルの所得を放棄していることになる．この放棄した所得も彼女の費用の一部である．つまりキャロラインの事業の総費用は，明示的費用と潜在的費用を合計したものとなる．

明示的費用と潜在的費用を区別することで，経済学者と会計士の事業の分析の仕方の重要な違いを際立たせることができる．経済学者は，企業がどのように生産や価格づけの決定を行うかを研究することに興味がある．これらの決定は明示的費用と潜在的費用の両方に基づいているので，経済学者は企業の費用を測る際には両方の費用を含める．対照的に，会計士は企業に出入りするお金のみに絶えず注意を払う仕事である．その結果，会計士は明示的

明示的費用 explicit costs：企業からのお金の支出がある投入費用．
潜在的費用 implicit costs：企業からのお金の支出がない投入費用．

費用のみを勘定し，たいてい潜在的費用を無視するのである．

経済学者と会計士の違いは，キャロラインのクッキー工場のケースをみると簡単にわかる．キャロラインがコンピュータ・プログラマーとしてお金を稼ぐ機会を放棄しても，彼女の会計士はこれを彼女のクッキー事業の費用には勘定しないだろう．この費用を支払うために事業から支出されるお金はなく，会計士の帳簿上は表面に出てこないからである．しかし，放棄した所得はキャロラインがクッキー事業において行う決定に影響を及ぼすので，経済学者はそれを費用とみなすだろう．たとえば，キャロラインのコンピュータ・プログラマーとしての賃金が時給100ドルから500ドルに上昇すると，彼女はクッキー事業の経営は費用がかかりすぎると判断するかもしれない．そして，工場を閉鎖してコンピュータ・プログラマーに専念するかもしれない．

●機会費用としての資本費用

ほとんどの事業における重要な潜在的費用は，その事業に投資された金融資本の機会費用である．たとえば，キャロラインが前の所有者からクッキー工場を買い取るために貯蓄から30万ドルを支出したとしよう．もしそうせずに，キャロラインがそのお金を５％の利子がつく定期預金に預けておけば，彼女は年間１万5000ドルを得ることができる．したがって，工場を所有するためにキャロラインは年に１万5000ドルの利子収入を放棄したことになる．この失われた１万5000ドルはキャロラインの事業の潜在的機会費用の一つである．

すでに述べたように，経済学者と会計士では費用の扱いが異なるが，このことはとくに資本費用の扱い方において顕著である．経済学者は，キャロラインが毎年放棄する１万5000ドルの利子収入を，彼女の事業の潜在的費用とみなす．しかし，キャロラインの会計士はこの１万5000ドルを費用とはみなさないだろう．それを支払うためにこの事業から支出されるお金はないからである．

経済学者と会計士の考え方の違いをさらに考察するために，例を少し変えてみよう．キャロラインは工場を購入するための30万ドルを全額手持ちの資金から出したのではなく，10万ドルは彼女の貯蓄から出したが，20万ドルは銀行から５％の金利で借りたとしよう．明示的費用のみを勘定するキャロラインの会計士は，銀行からの借入れに対して毎年支払う金利1万ドルは企業から出ていくお金なので，今度は費用と勘定するだろう．対照的に，経済学者にとっては，工場を所有するための機会費用は相変わらず1万5000ドルである．すなわち，機会費用は，銀行借入れの金利（1万ドルの明示的費用）に失われた預金金利（5000ドルの潜在的費用）を加えたものに等しい．

●経済学上の利潤と会計上の利潤

企業の目的である利潤に戻ろう．経済学者と会計士では費用の測り方が異なるので，利潤の測り方も異なる．経済学者は，企業の**経済学上の利潤**を，企業の総収入から販売した財・サービスを生産するためのすべての（明示的・潜在的）機会費用を差し引いたものとする．会計士は，企業の**会計上の利潤**を，企業の総収入から企業の明示的費用のみを差し引いたものとする．

この違いは図13-1にまとめられている．会計士は潜在的な費用を無視するので，会計上の利潤が経済学上の利潤よりも大きくなっていることに注意

図13－1 経済学者 vs. 会計士

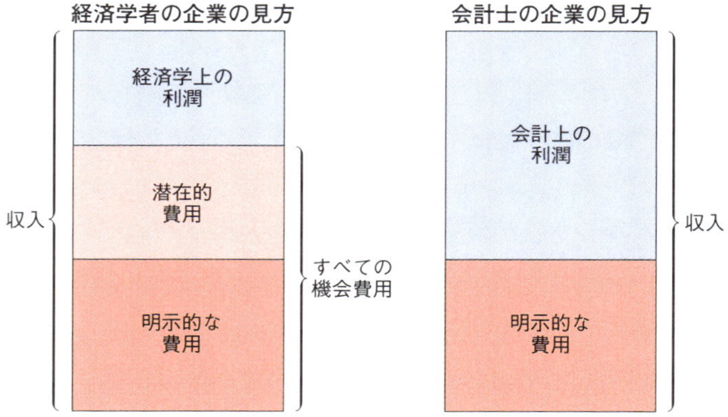

経済学者は，企業を分析する際にすべての機会費用を考慮するが，会計士は明示的費用のみを勘定する．したがって，経済学上の利潤は会計上の利潤よりも小さい．

経済学上の利潤 economic profit：総収入から明示的費用と潜在的費用を含む総費用を差し引いたもの．
会計上の利潤 accounting profit：総収入から明示的総費用を差し引いたもの．

しよう．経済学者の観点で事業が利潤を生むためには，総収入が明示的なものと潜在的なものを含むすべての機会費用を上回らなければならない．

経済学上の利潤は，財・サービスを供給する企業の動機となっているので，重要な概念である．後でみるように，正の利潤をあげている企業はすべての機会費用をカバーし，企業の所有者にいくばくかの収入を報酬として残すことができるため，ビジネスにとどまる．企業が経済学上の損失を出していると（すなわち，経済学上の利潤が負の場合には），企業の所有者は生産費用のすべてをカバーするのに十分な収入を得ていないことになる．その場合，条件が変わらなければ，企業の所有者は最終的には会社をたたんで，その産業から退出するだろう．このように経営判断を理解するためには，経済学上の利潤に注目する必要がある．

【小問】 ●農家のマクドナルドはバンジョーのレッスンを1時間20ドルで請け負う．ある日，彼は農場で10時間かかって100ドル分の種を播いた．彼の機会費用はいくらか．彼の会計士が計算する費用はいくらか．その種が200ドルの収穫を生むとすると，マクドナルドは会計上の利潤を得るだろうか．経済学上の利潤についてはどうだろうか．

2 生産と費用

企業では，財・サービスを生産するのに必要な投入物を購入する際に費用が生じる．この節では，企業の生産過程と総費用との関係を調べる．もう一度，キャロラインのクッキー工場について考えよう．

分析にあたって，以下のような重要な簡単化の仮定を置くことにする．キャロラインの工場の規模は固定されており，クッキーの生産量は彼女が雇う労働者の数を変化させることでのみ変えられるとしよう．この仮定は，短期においては現実的であるが，長期においてはそうではない．大きな工場を一晩で建てることは不可能だが，1，2年かければ可能だろう．したがって，この分析は，キャロラインが短期において直面している生産決定を描写しているととらえるべきである．費用と考察対象となる期間との関係は，この章の後半で分析する．

●生産関数

表13-1は，キャロラインの工場が1時間当たりに生産するクッキーの量が，労働者の数によってどのように変わるかを示している．表の(1)列と(2)列からみてとれるように，工場に労働者が1人もいなければ，キャロラインはクッキーを生産できない．労働者が1人いれば50個のクッキーを生産でき，2人いれば90個のクッキーを生産できる．図13-2のパネル(a)はこの二つの数列をグラフにしたものである．労働者の数を横軸に，クッキーの数を縦軸にとっている．投入物（労働）の量と産出物（クッキー）の量との関係は生産関数と呼ばれる．

第1章の経済学の十大原理の一つは，「合理的な人々は限界原理に基づいて考える」というものである．後の章でみるように，この概念は企業がどれだけの人を雇ってどれだけの産出物を生産するかをどのように決めるのかを理解する際の鍵である．これらの決定をみる手順として，表の(3)列には労働者の限界生産物が示してある．生産過程で用いられる投入物の限界生産物は，その投入物1単位を生産過程に追加したときに得られる産出物の増加量である．労働者の数が1人から2人になると，クッキーの生産量は50個から90個に増加するので，2人めの労働者の限界生産物はクッキー40個である．労働者が2人から3人になると，クッキーの生産量は90個から120個に増加するので，3人めの労働者の限界生産物はクッキー30個である．限界生産物は，労働者が1人増えたときの生産量の変化なので，表では，二つの行の間に示されている．

労働者の数が増加するにつれて，限界生産物が減少することに注意しよう．2人めの労働者の限界生産物はクッキー40個であり，3人めの労働者の限界生産物はクッキー30個であり，4人めの労働者の限界生産物はクッキー20個である．この性質のことを限界生産物逓減という．最初に，ほんの数人しか雇われていないときには，労働者はキャロラインの厨房を自由に使える．労

生産関数 production function：財を生産するために用いられる投入物の量と財の生産量との関係.

限界生産物 marginal product：投入物を1単位多くすることにより生じる生産の増加分.

限界生産物逓減 diminishing marginal product：投入量の増加につれて，投入物の限界生産物が減少するという性質.

表 13－1　生産関数と総費用：キャロラインのクッキー工場

(1) 労働者の数	(2) （1時間当たりのクッキーの）生産量	(3) 労働の限界生産物	(4) 工場の費用（ドル）	(5) 労働者の費用（ドル）	(6) 投入物の総費用（工場の費用＋労働者の費用）（ドル）
0	0		30	0	30
		50			
1	50		30	10	40
		40			
2	90		30	20	50
		30			
3	120		30	30	60
		20			
4	140		30	40	70
		10			
5	150		30	50	80
		5			
6	155		30	60	90

図 13－2　キャロラインの生産関数と総費用曲線

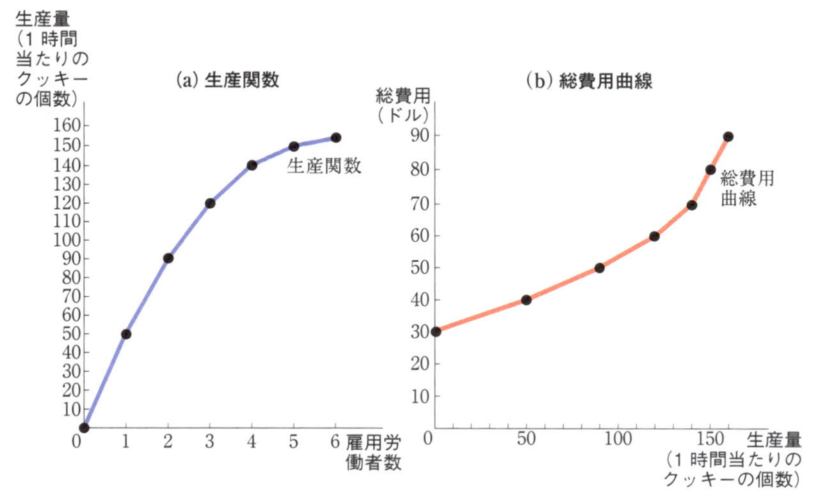

パネル(a)の生産関数は，雇用される労働者の数と生産量との関係を示している．ここでは，雇用される労働者数（横軸）は表 13-1 の(1)列，生産量（縦軸）は(2)列の値である．生産関数は雇用される労働者数が増加するにつれて，傾きがゆるやかになっていく．このことは限界生産物逓減を反映している．パネル(b)の総費用曲線は，生産量と総費用の関係を示している．ここでは，生産量（横軸）は表 13-1 の(2)列，総費用（縦軸）は(6)列の値である．総費用曲線は生産量が増加するにつれて，限界生産物逓減のために傾きが急になる．

働者の数が増加するにつれて，増加した労働者は厨房設備を共有し，混雑した状況のなかで働かなければならない．結局，厨房が大変混雑してお互いに邪魔になってしまうようになる．したがって，より多くの労働者が雇われるにつれて，後から加わった労働者それぞれの生産への貢献は徐々に小さくなる．

限界生産物逓減は図13-2のパネル（a）からも明らかである．生産関数の傾き（「高さ/幅」）は，それぞれの労働投入の増加（「幅」）に対するキャロラインのクッキーの生産の変化（「高さ」）を表している．すなわち，生産関数の傾きは限界生産物を測定する．労働者の数が増加するにつれて，限界生産物は減少し，生産関数の傾きはゆるやかになっていく．

●生産関数から総費用曲線へ

表13-1の(4)列，(5)列，(6)列は，キャロラインのクッキー生産の費用を示している．この例では，キャロラインの工場の費用は1時間当たり30ドルであり，労働者の費用は1時間当たり10ドルである．したがって，労働者を1人雇うと総費用は1時間当たり40ドルとなり，労働者を2人雇えば総費用は1時間当たり50ドルとなる．この表の数値は，キャロラインが雇う労働者の数が，彼女が生産するクッキーの量および総費用とどのような関係にあるかを教えてくれる．

この後のいくつかの章の目的は，企業の生産と価格づけの決定を学習することである．その目的にとって，表13-1における最も重要な関係は生産量（(2)列）と総費用（(6)列）との関係である．図13-2のパネル(b)は，この二つの数値を横軸に生産量，縦軸に総費用をとって表している．この図のことを**総費用曲線**という．

図13-2パネル(b)の総費用曲線とパネル(a)の生産関数とを比較してみよう．この二つの曲線はコインの表と裏のような関係にある．生産量が増加するにつれて，総費用曲線の傾きは急になるが，生産関数の傾きはゆるやかになる．これらの傾きの変化は同じ理由による．クッキーの生産量が多いということは，キャロラインの厨房が多くの労働者で混雑しているということを意味する．厨房が混雑すると，限界生産物逓減を反映して，労働者を増やすことによるクッキーの生産の増加分は減少する．したがって，生産関数の傾

きはゆるやかになっていく．しかし，ここでこのロジックをひっくり返してみよう．厨房が混雑すると，クッキーの生産を増やすにはより多くの労働の追加が必要となり，費用もその分かかるようになる．したがって，生産量が増加するにつれて，総費用曲線の傾きは急になっていくのである．

【小問】 ● 農家のジョーンズが自分の農場にまったく種を播かなければ，収穫はまったくないとする．1袋の種を播くと，3ブッシェルの小麦を収穫できる．2袋の種を播くと，5ブッシェル収穫できる．3袋の種を播くと，6ブッシェル収穫できる．種1袋の費用は100ドルで，彼女の費用は種のみである．これらのデータを用いて生産関数と総費用曲線をグラフに描き，その形状を説明しなさい．

3 費用のさまざまな尺度

キャロラインのクッキー工場の分析によって，企業の総費用がどのように生産関数を反映しているかが明らかになった．企業の総費用のデータから，いくつかの関連した費用の尺度を導くことができる．これらの尺度は，これからの章で生産と価格づけの決定を分析するときにも役に立つことがわかるだろう．これらの関連した尺度がどのように導出されるかをみるために，表13-2の例を考えてみよう．この表は，キャロラインの隣人であるコンラッドのコーヒーショップの費用データを表している．

(1)列は，コンラッドが生産するコーヒーの杯数を1時間当たり0杯から10杯までの範囲で示している．(2)列はコンラッドのコーヒーの生産の総費用を示している．図13-3はコンラッドの総費用曲線を描いたものである．((1)列の) コーヒーの量は横軸，((2)列の) 総費用は縦軸にとってある．コンラッドの総費用曲線はキャロラインの総費用曲線とよく似た形状をしている．とくに，生産量が増加するにつれて，傾きは急になる．(すでに検討したように) このことは限界生産物逓減を反映したものである．

●固定費用と可変費用

コンラッドの総費用は2種類に分けることができる．費用の一部は**固定費**

表 13－2　費用のさまざまな尺度：コンラッドのコーヒーショップ

(1) コーヒーの量（1時間当たり杯数）	(2) 総費用（ドル）	(3) 固定費用（ドル）	(4) 可変費用（ドル）	(5) 平均固定費用（ドル）	(6) 平均可変費用（ドル）	(7) 平均総費用（ドル）	(8) 限界費用（ドル）
0	3.00	3.00	0.00	—	—	—	
1	3.30	3.00	0.30	3.00	0.30	3.30	0.30
2	3.80	3.00	0.80	1.50	0.40	1.90	0.50
3	4.50	3.00	1.50	1.00	0.50	1.50	0.70
4	5.40	3.00	2.40	0.75	0.60	1.35	0.90
5	6.50	3.00	3.50	0.60	0.70	1.30	1.10
6	7.80	3.00	4.80	0.50	0.80	1.30	1.30
7	9.30	3.00	6.30	0.43	0.90	1.33	1.50
8	11.00	3.00	8.00	0.38	1.00	1.38	1.70
9	12.90	3.00	9.90	0.33	1.10	1.43	1.90
10	15.00	3.00	12.00	0.30	1.20	1.50	2.10

用と呼ばれ，生産量が変化しても変化しない．企業が何も生産しなくてもそれらの費用はかかることになる．コンラッドの固定費用には彼が支払うレンタル料も含まれる．この費用はコンラッドがつくるコーヒーの量に関係なく一定だからである．同様に，経理のために正社員を雇う必要があれば，生産されるコーヒーの量に関係なくその給料は固定費用となる．表13-2の第3列はコンラッドの固定費用を表し，この例では3ドルである．

企業の費用の一部は**可変費用**と呼ばれ，企業の生産量の変化につれて変化する．コンラッドの可変費用にはコーヒー豆・ミルク・砂糖・紙コップの費用が含まれる．これらのものは，コンラッドがより多くのコーヒーをつくればつくるほど，多く購入する必要がある．同様に，より多くのコーヒーをつくるためにより多くの従業員を雇う必要があれば，彼らの給料は可変費用である．表の(4)列はコンラッドの可変費用を示している．もし何も生産しなければ可変費用はゼロであり，コーヒーを1杯つくると0.3ドル，2杯つく

固定費用 fixed costs：生産量が変化しても変わらない費用.
可変費用 variable costs：生産量の変化につれて変わる費用.

図 13-3　コンランドの総費用曲線

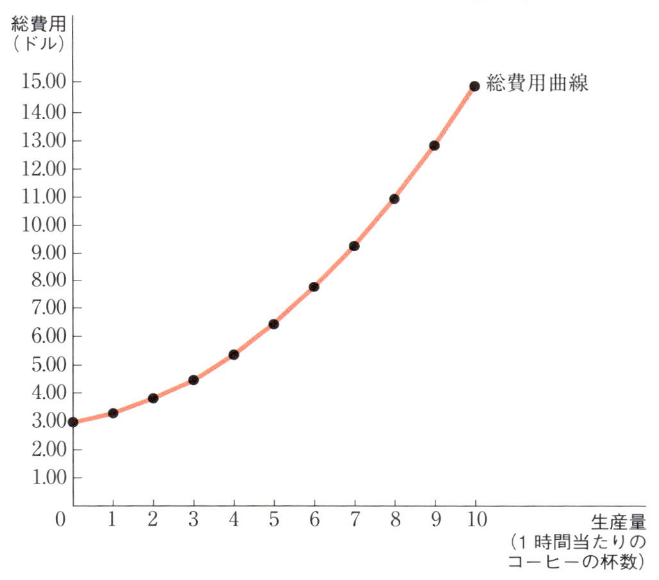

ここでは，生産量（横軸）は表 13-2 の(1)列，総費用（縦軸）は(2)列の値である．図 13-2 と同様，総費用曲線は生産量が増加するにつれて，限界生産物逓減のために傾きが急になる．

ると0.8ドルとなる．

企業の総費用は固定費用と可変費用の合計である．表13-2 では，(2)列の総費用は，(3)列の固定費用に(4)列の可変費用を加えたものである．

●平均費用と限界費用

企業の所有者として，コンラッドはどれだけ生産するかを決めなければならない．この決定の際に考えなければならないことは，生産量を変化させるにつれて費用がどのように変化するかである．コンラッドは生産の監督者にコーヒーの生産費用に関わる次の二つの質問をするかもしれない．

- コーヒー1杯をつくるのに通常どれだけの費用がかかるか．
- コーヒーを1杯多くつくるとどれだけ費用が増大するか．

この二つの質問は同じ答えになりそうだが，実は違う．この二つの答えは，企業がどのように生産量を決定するかを理解するのに重要である．

コーヒー1杯をつくる費用を調べるために，企業の費用を生産量で割ってみよう．たとえば，その企業が1時間にコーヒーを2杯つくるとすると，総費用は3.8ドルになり，典型的な1杯の費用は3.8/2ドル，すなわち1.9ドルである．総費用を生産量で割ったものを**平均総費用**と呼ぶ．総費用は固定費用と可変費用の合計なので，平均総費用は平均固定費用と平均可変費用の合計として表すことができる．**平均固定費用**は固定費用を生産量で割ったものであり，**平均可変費用**は可変費用を生産量で割ったものである．

平均総費用からは典型的な1杯当たりの費用はわかるが，企業が生産量を変化させるにつれて総費用がどのように変化するかはわからない．表13-2の(8)列は，企業が1単位だけ生産量を増やしたときの総費用の増加分を示している．この数値のことを**限界費用**という．たとえば，コンラッドがコーヒーの生産を2杯から3杯に増やすと，総費用は3.8ドルから4.5ドルに増加する．したがって，コーヒー3杯めの限界費用は4.5ドルから3.8ドルを差し引いた0.7ドルである．限界費用は，生産量が1単位増えたときの費用の変化なので，表では，二つの行の間に示されている．

これらの定義を数学的に表すとわかりやすいだろう．

$$\text{平均総費用} = \frac{\text{総費用}}{\text{数量}}$$

$$ATC = \frac{TC}{Q}$$

$$\text{限界費用} = \frac{\text{総費用の変化}}{\text{生産量の変化}}$$

$$MC = \frac{\Delta TC}{\Delta Q}$$

ここでΔはギリシャ文字のデルタであり，変数の変化を表す．これらの式は平均総費用と限界費用が総費用からどのように導かれるかを示している．

平均総費用 average total cost：総費用を生産量で割ったもの．
平均固定費用 average fixed cost：固定費用を生産量で割ったもの．
平均可変費用 average variable cost：可変費用を生産量で割ったもの．
限界費用 marginal cost：1単位多く生産することによる総費用の増加分．

平均総費用は，総費用をすべての生産量で割った生産量1単位当たりの費用を表している．限界費用は，生産量が1単位増加したときの総費用の増加分を表している．詳しくは次の章でみるが，コンラッドのような経営者は，製品をどれだけ市場に供給するかを決める際に平均総費用と限界費用の概念に注意を払う必要がある．

●費用曲線とその形状

これまでの章において，市場の性質を分析する際に需要と供給のグラフが有用であったのと同様に，企業の行動を分析する際には平均費用と限界費用のグラフが有用である．図13-4は，表13-2のデータを用いてコンラッドの費用をグラフにしたものである．横軸は企業の生産量，縦軸は平均費用と限

図13-4　コンラッドの平均費用曲線と限界費用曲線

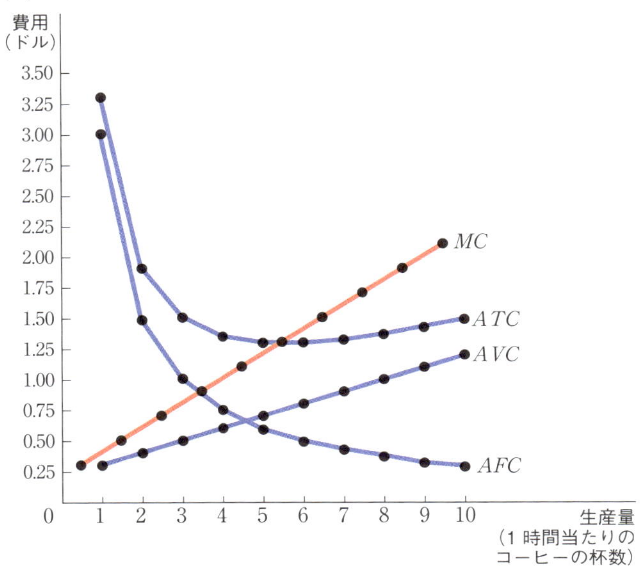

この図は，コンラッドのコーヒーショップの平均総費用（ATC），平均固定費用（AFC），平均可変費用（AVC），限界費用（MC）を表している．これらの費用曲線はすべて表13-2のデータをグラフにしたものである．これらの費用曲線は，三つの共通な性質を示している．①限界費用は生産量の増加につれて増加する．②平均総費用曲線はU字型をしている．③限界費用曲線は平均総費用の最小値において，平均総費用曲線と交わる．

界費用を表している．この図には，平均総費用（ATC），平均固定費用（AFC），平均可変費用（AVC），限界費用（MC）の四つの曲線が描かれている．

ここで描かれたコンラッドのコーヒーショップの費用曲線は，経済における多くの企業の費用曲線に共通の性質を有している．ここではとくに，限界費用曲線の形状，平均総費用曲線の形状，そして限界費用と平均総費用との関係という三つの性質について調べてみよう．

逓増する限界費用　コンラッドの限界費用は生産量の増加につれて増大する．この右上がりの限界費用曲線は限界生産物逓減の性質を反映している．コンラッドがコーヒーを少ししかつくらないときには，ほとんど従業員もなく，彼の厨房設備の多くは使用されていない．彼はこうした遊休設備をすぐに利用できるので，従業員を１人増やしたときの限界生産物は大きく，コーヒーを１杯多くつくるときの限界費用は小さい．対照的に，コンラッドがたくさんのコーヒーをつくっているときには，彼の店は従業員で混み合い，厨房設備のほとんどがフル稼働している．コンラッドは従業員を増やすことでコーヒーの生産を増やすことができるが，新しい従業員は混雑したなかで働かなければならず，設備が空くのを待たなくてはならない場合もあるだろう．したがって，コーヒーの生産量がすでに多い場合には，従業員を１人増やしたときの限界生産物は小さく，コーヒーを１杯多くつくるときの限界費用は大きい．

U 字型の平均総費用　コンラッドの平均総費用は図 13-4 に示されているようにU 字型である．なぜそうなるのかを理解するために，平均総費用は平均固定費用と平均可変費用の合計であることを思い出そう．生産量が増えていくと固定費がより多くの生産単位に振り分けられるので，平均固定費用は，生産量の増加につれて必ず減少する．平均可変費用は，限界生産物逓減のために，生産量の増加につれて通常は増大する．

平均総費用は平均固定費用と平均可変費用の両方の形状を反映する．１時間当たり１杯とか２杯という低水準の生産量のときには，平均総費用はとても高い．なぜなら平均可変費用は低いが，固定費用をわずかな生産単位にしか振り分けられないために平均固定費用がとても高いからである．生産量が増えるにつれて固定費用をより多くの生産単位に振り分けられるようになる．そのため，平均固定費用は，最初は速く，しだいにゆっくりと低下する．結果として，平均総費用もコンラッドの生産量が1時間当たりコーヒー5杯になるまで減少する．このときの平均総費用は1杯当たり1.3ドルである．しかし，コンラッドが6杯を超えて作るようになると，平均可変費用の上昇のほうが勝るようになって，平均総費用は上昇しはじめる．平均固定費用と平均可変費用との間の綱引きによって，平均総費用はU字型となる．

U字の底は，平均総費用が最小化される生産量となる．この生産量は，企業の**効率的規模**と呼ばれることがある．コンラッドにとっては，効率的規模は1時間当たりコーヒー5ないし6杯である．コンラッドの生産量がこれよりも多かったり少なかったりすると，平均総費用は1.3ドルという最小値を上回る．効率的規模より少ない生産量では，固定費用を少ない生産単位にしか振り分けられないので，平均総費用は1.3ドルよりも高くなる．逆に効率的規模より多い生産量では，投入物の限界生産物が大きく減少するので，平均総費用は1.3ドルよりも高くなる．効率的規模では，二つの力がバランスして最も低い平均総費用となる．

限界費用と平均総費用との関係　図13-4（あるいは表13-2）をみると，すぐに驚くべきことを発見するだろう．**限界費用が平均総費用よりも小さい場合には平均総費用はつねに減少し，限界費用が平均総費用よりも大きい場合には平均総費用はつねに増加する．**コンラッドの費用曲線が持つこの性質は，例で用いた特定の数値による偶然の結果ではない．これはすべての企業の費用曲線に当てはまることなのである．

その理由を理解するために，似たような例を考えてみよう．平均総費用はあなたの成績の平均点のようなものであり，限界費用はあなたが次にとる授業科目の成績のようなものであると考えることができる．次の授業科目の成績がいままでの成績の平均点よりも低ければ，成績の平均点は下がる．次の授業科目の成績がいままでの成績の平均点よりも高ければ，成績の平均点は

効率的規模 efficient scale：平均総費用を最小にする生産量．

上がる．平均費用と限界費用の計算は，平均の成績と限界的な成績の計算とまさに同じである．

平均総費用と限界費用との関係から，重要な定理の系を得ることができる．すなわち，**限界費用曲線は平均総費用の最小点で平均総費用曲線と交わる**．なぜだろうか．生産量が少ないときには，限界費用は平均総費用よりも小さく，平均総費用は減少していく．しかし，二つの曲線が交わった後では，限界費用は平均総費用よりも大きくなる．その結果，二つの曲線が交わる生産量水準よりも上の部分では，平均総費用は増加していくはずである．したがって，この交点は平均総費用の最小値となる．次の章でみるように，最小平均総費用は競争企業の分析において重要な役割を果たす．

●典型的な費用曲線

いままで学習してきた例では，企業は限界生産物逓減に従い，したがってすべての生産水準において限界費用が増加している．この簡単化の仮定は，企業の行動を分析する際に有用である費用曲線の重要な性質にフォーカスすることができるので，とても便利である．しかし，実際の企業は通常これよりももう少し複雑であることが多い．多くの企業では，1人めの労働者が雇われてもすぐに限界生産物逓減が始まるわけではない．生産過程にもよるが，チームをつくって分業することで，1人で働くときよりも生産性が上昇し，2人めあるいは3人めの労働者が1人めの労働者よりも多い限界生産物を生み出すケースもありうる．そのような企業では，しばらくの間限界生産物が逓増し，それから限界生産物逓減がはじまるだろう．

図13-5は，そのような典型的な企業の費用曲線，すなわち平均総費用（ATC），平均固定費用（AFC），平均可変費用（AVC），限界費用（MC）が描かれている．生産量が低いときには，限界生産物が逓増となり，限界費用は減少する．やがて，限界生産物逓減がはじまり，企業の限界費用曲線は上昇しはじめる．この限界生産物逓増と逓減の組合せから，平均可変費用曲線もU字型となる．

先の例とこれだけ違うにもかかわらず，図13-5の費用曲線は，先の例と同じ最も重要な三つの性質を持っている．

図 13－5　典型的な企業の費用曲線

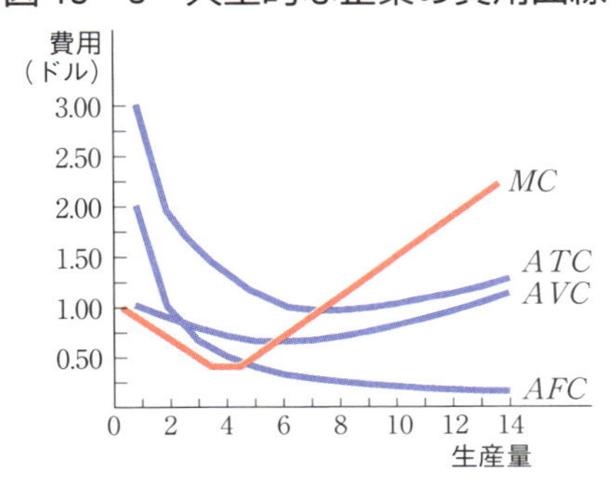

多くの企業では，限界生産物が逓増してから逓減するので，この図のような形状の費用曲線となる．限界費用と平均可変費用が，最初減少してから増加しはじめることに注意しよう．

- 限界費用は最終的には生産量とともに増加する．
- 平均総費用曲線はＵ字型となる．
- 限界費用曲線は平均総費用の最小点で平均総費用曲線と交わる．

【小問】
- ホンダの車４台の総生産費用が22万5000ドルで，５台の総生産費用が25万ドルであるとしよう．５台生産する場合の平均総費用はいくらか．５台めの車の限界費用はいくらか．
- 企業の典型的な限界費用曲線と平均総費用曲線を描き，これらの曲線がその交点でどうして交わるのかを説明しなさい．

4　短期と長期の費用

この章の最初のほうで，企業の費用は考察する時間の長さに依存するということを注意しておいた．なぜそうなるのかをより厳密にみてみよう．

●短期の平均総費用と長期の平均総費用の関係

多くの企業にとって，総費用が固定費用と可変費用にどのように分けられるかということは，対象となる時間の長さに依存する．たとえば，フォード

図 13－6 短期と長期の平均総費用曲線

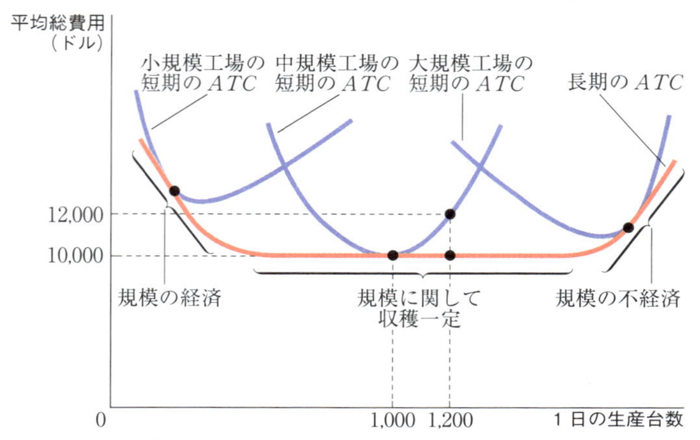

長期においては固定費用が可変となるので，短期の平均総費用曲線は長期の平均総費用曲線と異なる．

のような自動車会社を考えてみよう．たった数カ月の期間では，フォードは自動車工場の数や規模を調整することができない．車の生産を増やす唯一の方法は，現存の工場で雇う労働者を増やすことである．したがって，工場の費用は短期においては固定費用となる．一方，数年間という期間では，フォードは工場を拡張したり，新たに工場を建設したり，古い工場を閉鎖したりすることができる．したがって，工場の費用は長期においては可変費用となる．

企業における多くの決定は，短期では固定されているが長期では可変となるので，企業の長期費用曲線は短期費用曲線とは異なる．図 13-6 はその例を示している．図は，小規模工場，中規模工場，大規模工場の三つの短期の平均総費用曲線を表している．この図ではまた長期の平均総費用曲線も表している．企業は長期の平均総費用曲線上を動くことによって，工場の規模を生産量にあわせて調整する．

このグラフは短期の費用と長期の費用がどのような関係にあるかを示している．長期平均総費用曲線は，短期平均総費用曲線よりもかなり平らである．さらに，すべての短期平均総費用曲線は長期平均総費用曲線に重なるか，それよりも上方に位置する．これらの性質は，企業が長期ではより融通がきくために生じる．つまり，長期においては，企業はどの短期総費用曲線でも好きなものを選ぶことができる．しかし，短期においては，過去の決定に基づく短期の総費用曲線でしか操業できない．

図は，生産の変化が対象期間の長さの違いによってどのように費用を変化させるかを示している．フォードが１日当たりの生産量を1000台から1200台に増やしたいとすれば，短期では現存の中規模工場でより多くの労働者を雇うしかない．限界生産物逓減のため，平均総費用は１台当たり１万ドルから１万2000ドルに増加する．しかし，長期ではフォードは工場の拡張と労働者の増員を行えるので，平均総費用は１万ドルのままである．

では企業にとって長期というのはどれくらいの時間なのだろうか．企業によってまちまちであるというのがその答えである．自動車メーカーのような巨大な製造業企業の場合，大きな工場を建てるには１年かそれ以上の時間がかかる．対照的に，個人が経営するコーヒーショップの場合には，もう一つのコーヒーメーカーを数日中に購入できるだろう．したがって，生産設備を調整するのにかかる時間は，それぞれの企業ごとに異なるということになる．

●規模の経済と規模の不経済

長期平均総費用曲線の形状は，企業が財を生産するのに利用可能な生産プロセスに関して重要な情報を伝えている．とくに，費用が企業の操業規模とともにどのように変わるのかを教えてくれる．財の生産量が増加するにつれて長期平均総費用が低下するとき，**規模の経済**が働くという．逆に，財の生産量の増加とともに長期平均総費用も上昇するとき，**規模の不経済**が働くという．生産量が変化しても長期平均総費用が一定のときは，**規模に関して収穫一定**という．図13-6のフォードの例でいうと，生産量が少ないときには規模の経済が働き，生産量が中ぐらいのときには規模に関して収穫一定であり，生産量が多いときには規模の不経済が働いている．

規模の経済 economies of scale：生産量が増加するにつれて長期の平均総費用が減少する性質．

規模の不経済 diseconomies of scale：生産量が増加するにつれて長期の平均総費用が増大する性質．

規模に関して収穫一定 constant returns to scale：生産量が増加しても長期の平均総費用が変化しない性質．

コラム あるピン工場からの教訓

「多芸は無芸」という言葉は，なぜ企業が規模の経済性を発揮できることがあるのかを理解するヒントとなる．すべての仕事を１人でやろうとする者は，たいていどの仕事も結局うまくできない．雇用した労働者に最大限の生産性を発揮してほしいと考えるのであれば，企業は労働者に限定した範囲の仕事を割り当て，その限定された仕事に熟練してもらうことが最もよい場合が多い．しかし，このような分業は，企業が労働者を多数雇用していて大量生産を行っている場合のみ実現可能である．

アダム・スミスは名著『諸国民の富の性質と原因に関する一研究』（『国富論』）において，ピン工場を訪問したときのことを書いている．スミスは，労働者の間でなされている分業と，分業の結果として生じる規模の経済に感銘し，つぎのように書いている．

> 「ある労働者はワイヤーを取り出し，別の労働者がそれを引き伸ばし，３人めの労働者がそれを切り，４人めがその先端をとがらせ，５人めがそれに頭部を取り付けるためにその最上部を研磨する．頭部をつくる作業自体，２,３の工程を要する．出来上がった頭部を取り付ける作業自体も一つの工程で，それを白くするのもまた別工程となっており，最後に紙袋に入れる作業さえ一つの工程となっている．」

スミスは，分業化によって，ピン工場は労働者１人当たり何千ものピンを毎日生産することができると報告している．さらに彼は，ピン工場でみた各作業の専門家集団による生産方法の代わりに，もし労働者が生産工程すべてを１人で行う製造方法が用いられたとすれば「１日，労働者１人当たり20本のピンもつくれないだろう．もしかしたら，１本のピンさえもつくることもできないかもしれない」と推測している．つまり，分業化されているために，大きなピン工場のほうが小さなピン工場よりも労働者１人当たりのピン生産量は多く，ピン１本当たりの生産に要する平均費用は低くなることを示唆している．

スミスがピン工場でみた分業は，現代経済に広く普及している．たとえば，もし家を建てたいと思えば，すべての仕事を１人でこなすこともできるだろう．しかし，ほとんどの人々は，建築業者に家の建築を依頼し，依頼を受けた建築業者は大工，配管工，電気技師，塗装工といった人々を雇う．これらの技術者たちはある一つの仕事に特化しているため，彼らがすべての作業を自分１人でするよりも，仕事を効率よくこなす．実際，規模の経済を達成するために分業を取り入れたことは，現代社会が今日のように繁栄している一つの理由といえよう．

規模の経済や規模の不経済は何が要因で起こるのだろうか．規模の経済は，生産水準が上昇することによって，労働者間での**分業**が可能になり，それによって各労働者は熟練を通じて自分に割り当てられた特定の仕事をより上手くこなせるようになるときに起こる．たとえば，もしフォードが大量に労働者を雇って車を大量に生産すれば，現代的な組立て流れ作業生産のもとで，費用を削減できる．一方，規模の不経済は，大きな組織にはつきものの**調整問題**によって起こることがある．フォードの例では，自動車をたくさん生産すればするほど，経営組織は肥大化し，経営側が費用を低く抑える効果が低下するだろう．

以上の分析は，長期平均総費用曲線がなぜしばしばＵ字形になるのかを示している．生産水準が低いときには，分業の利益を活用することができるため，生産規模の拡大のメリットを享受することができる．このとき，規模の拡大に伴って生じる調整問題はまだ深刻なレベルに達していない．一方，生産水準が高いときには，分業による利益はすでに実現しつくしているので，企業が規模をさらに拡大させると調整問題がより深刻となってくる．そのため，長期平均総費用は，生産水準が低いときには分業の利益により減少し，生産水準が高いときには調整問題の深刻化により増加する．

【小問】 ● ボーイング社が１カ月に９台のジェット機を生産する場合，長期の総費用は１カ月当たり900万ドルである．10台のジェット機を生産する場合，長期の総費用は１カ月当たり950万ドルである．ボーイング社には規模の経済が働いているか，それとも規模の不経済が働いているか．

表 13－3　さまざまな費用：要約

費用	定　義	数学的表記
明示的費用	企業からのお金の支出がある費用	
潜在的費用	企業からのお金の支出がない費用	
固定費用	生産量が変化しても変わらない費用	FC
可変費用	生産量の変化につれて変わる費用	VC
総費用	企業が生産の投入物を購入するために支払う金額	$TC=FC+VC$
平均固定費用	固定費用を生産量で割ったもの	$AFC=FC/Q$
平均可変費用	可変費用を生産量で割ったもの	$AVC=VC/Q$
平均総費用	総費用を生産量で割ったもの	$ATC=TC/Q$
限界費用	1単位多く生産することによる総費用の増加分	$MC=\Delta TC/\Delta Q$

5 結論

この章の目的は，企業がどのように生産と価格づけの決定をするのかを分析する際に有用な分析用具を説明することであった．経済学者が使う**費用**という言葉の意味は何か，企業の生産量の変化につれて費用がどのように変化するのかをこれで理解できたはずである．表13-3は，これまでに出てきたいくつかの定義をまとめたものである．

企業の費用曲線だけでは，企業がどのような意思決定をするのかはわからない．しかし，次の章でみるように，企業の費用曲線はその重要な要因なのである．

- 企業の目的は利潤を最大化することである．利潤は総収入から総費用を差し引いたものである．
- 企業の行動を分析する際には，生産に要するすべての機会費用を含めることが重要である．機会費用には，労働者に支払う賃金などのように明示的なものがある．また企業の所有者がその企業で働くために放棄しなければならない他の仕事の賃金のように，潜在的機会費用もある．経済学上の利

潤は明示的費用と潜在的費用の両方を考慮するが，会計士は明示的費用のみを考える．

- 企業の費用は生産過程を反映する．典型的な企業の生産関数は，投入量が増えるにつれて傾きがゆるやかになるが，これは，限界生産物逓減を示している．その結果，企業の総費用曲線は生産量が増えるにつれて傾きが急になる．
- 企業の費用は固定費用と可変費用とに分けることができる．固定費用は企業が生産量を変化させても変わらない費用である．可変費用は企業が生産量を変化させると変わる費用である．
- 企業の総費用から二つの関連した費用の尺度が導き出される．平均総費用は総費用を生産量で割ったものである．限界費用は生産量が1単位増えたときの総費用の増加分である．
- 企業の分析をするときには，平均総費用と限界費用を図示することがしばしば役に立つ．典型的な企業の限界費用は，生産量の増加につれて増大する．平均総費用は，初めのうちは生産量の増加につれて減少するが，その後増大する．限界費用曲線はつねに，平均総費用の最小値において平均総費用曲線と交わる．
- 企業の費用はしばしば，考察対象となる期間の長さに依存する．とくに，多くの費用は短期には固定されているが，長期には変化する（可変費用になる）．そのため，企業が生産水準を変化させるとき，短期平均総費用は長期平均総費用よりも大幅に上昇する可能性がある．

確認問題

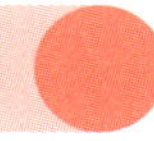

1. ザビエルは2時間レモネードの屋台を出す．彼は，材料代として10ドルを支出し，レモネードを60ドル分売る．レモネードの屋台を出さなければ，彼はその2時間で近所の芝生を刈り40ドルを稼ぐことが可能である．彼の会計上の利潤は（　　　）ドルであり，経済学上の利潤は（　　　）ドルである．
   a. 50，10
   b. 90，50

c. 10，50

d. 50，90

2. 限界生産力逓減があると，企業の生産が増えるときに何が生じるか．

a. 生産関数と総費用曲線の両方とも傾きがより急になる．

b. 生産関数と総費用曲線の両方とも傾きがよりゆるやかになる．

c. 生産関数の傾きはより急になるが，総費用曲線の傾きはよりゆるやかになる．

d. 生産関数の傾きはよりゆるやかになるが，総費用曲線の傾きはより急になる．

3. ある企業が，財1000単位を総費用5000ドルで生産している．生産が1001単位に増えると，総費用は5008ドルとなる．この情報からその企業について何が言えるか．

a. 限界費用は5ドルで，平均可変費用は8ドルである．

b. 限界費用は8ドルで，平均可変費用は5ドルである．

c. 限界費用は5ドルで，平均総費用は8ドルである．

d. 限界費用は8ドルで，平均総費用は5ドルである．

4. ある企業が，財20単位を平均総費用25ドル，限界費用15ドルで生産している．生産が21単位に増えると，次のうちどれが起こるか．

a. 限界費用が減少する．

b. 限界費用が増加する．

c. 平均総費用が減少する．

d. 平均総費用が増加する．

5. 政府がすべてのピザレストランに年間1000ドルのライセンス料を課すとすると，どの費用曲線がシフトするか．

a. 平均総費用と限界費用

b. 平均総費用と平均固定費用

c. 平均可変費用と限界費用

d. 平均可変費用と平均固定費用

6. 生産量が増えることで労働者が特定の仕事に特化できる場合，企業には規模の（　　　）が働き，平均総費用は（　　　）する．

a. 経済，減少

b.　経済，増加
c.　不経済，減少
d.　不経済，増加

復習問題

1.　企業の総収入，利潤，総費用の関係を述べなさい．
2.　会計士が費用とみなさないような機会費用の例を挙げなさい．なぜ会計士はこの費用を無視するのか．
3.　限界生産物とは何か．限界生産物逓減とはどのような意味か．
4.　労働の限界生産物が逓減しているような生産関数を描きなさい．さらに，それに対応した総費用曲線を描きなさい（どちらの図も，軸に何をとっているかをはっきりさせなさい）．あなたが描いた二つの曲線の形状について説明しなさい．
5.　総費用，平均総費用，限界費用を定義し，これらの関係を説明しなさい．
6.　典型的な企業の限界費用曲線と平均総費用曲線を描きなさい．この二つの曲線がなぜそのような形状となるのか，なぜ二つの曲線がその点で交わるのかを説明しなさい．
7.　企業の平均総費用が短期と長期でどのように異なるのか説明しなさい．またその理由も説明しなさい．
8.　規模の経済を定義し，なぜそれが生じるのかを説明しなさい．規模の不経済を定義し，なぜそれが生じるのかを説明しなさい．

応用問題

1.　この章では，多くの種類の費用について議論している．具体的には機会費用，総費用，固定費用，可変費用，平均総費用，限界費用である．以下の各文章を完成させるように費用の種類を答えなさい．
　a.　ある行動を起こすためにあきらめなければならないものは（　　　）である．
　b.　（　　　）は限界費用がそれよりも下方に位置するときに減少し，それよりも上方に位置するときに増大する.

c. 生産量に依存しない費用は（　　　）である.

d. 短期におけるアイスクリーム産業では,（　　　）にはクリームと砂糖の費用は含まれるが，工場の費用は含まれない.

e. 利潤は総収入から（　　　）を差し引いたものである.

f. １単位多く生産するための費用は（　　　）である.

2. あなたの伯母が金物店を始めようとしている．彼女は，店の家賃と品物の仕入れに年間50万ドルかかると見積もっている．さらに，彼女は金物店を始めるために年収５万ドルの会計士の仕事を辞めなければならない.

a. 機会費用を定義しなさい.

b. あなたの伯母が金物店を営むための機会費用は年間いくらだろうか．伯母が年間に51万ドルの商品を売ることができると考えている場合，彼女は店を開くべきだろうか．説明しなさい.

3. ある漁師が魚を獲ることに費やす時間と漁獲量との関係は以下のようになっている.

時間	漁獲量（ポンド）
0	0
1	10
2	18
3	24
4	28
5	30

a. 魚を獲ることに費やす時間ごとの限界生産物はどれだけだろうか.

b. このデータを用いて，漁師の生産関数をグラフに描き，その形状を説明しなさい.

c. 漁師の固定費用（釣竿代）は10ドルである．彼の時間の機会費用は１時間当たり５ドルである．漁師の総費用曲線を描き，その形状を説明しなさい.

4. ニンバス社は，ほうきを生産して通信販売する会社である．従業員数と生産量との関係は次のようになっている.

従業員	生産量	限界生産物	総費用	平均総費用	限界費用
0	0		＿＿＿	＿＿＿	
1	20	＿＿＿	＿＿＿	＿＿＿	＿＿＿
2	50	＿＿＿	＿＿＿	＿＿＿	＿＿＿
3	90	＿＿＿	＿＿＿	＿＿＿	＿＿＿
4	120	＿＿＿	＿＿＿	＿＿＿	＿＿＿
5	140	＿＿＿	＿＿＿	＿＿＿	＿＿＿
6	150	＿＿＿	＿＿＿	＿＿＿	＿＿＿
7	155	＿＿＿	＿＿＿	＿＿＿	＿＿＿

a. 限界生産物の列を埋めなさい．どのような特徴があるだろうか．またなぜそのような特徴になるのだろうか．

b. 従業員１人当たり１日100ドルの費用がかかり，さらに企業の固定費用が200ドルであるとする．この情報をもとに総費用の列を埋めなさい．

c. 平均総費用の列を埋めなさい（$ATC = TC/Q$を思い出そう）．どのような特徴があるだろうか．

d. 限界費用の列を埋めなさい（$MC = \Delta TC/\Delta Q$を思い出そう）．どのような特徴があるだろうか．

e. 限界生産物の列と限界費用の列を比較し，その関係を説明しなさい．

f. 平均総費用の列と限界費用の列を比較し，その関係を説明しなさい．

5. あなたはデジタル音楽プレイヤーを売る会社の最高財務責任者（CFO）である．あなたの企業の平均総費用は以下のようになっている：

数量（台）	平均総費用（ドル）
600	300
601	301

現在の生産量600台をすべて販売しているとする．プレイヤーを550ドルで１台売ってほしいという電話があった．あなたはこの申し出を受けるべきか，断るべきか．理由も説明しなさい．

6. ピザ店の費用についての情報が次のようになっている．

数量（ダース）	総費用（ドル）	可変費用（ドル）
0	300	0
1	350	50
2	390	90
3	420	120
4	450	150
5	490	190
6	540	240

a. ピザ店の固定費用はいくらだろうか．

b. 総費用についての情報からピザ1ダース当たりの限界費用を計算して表にしなさい．可変費用についての情報からピザ1ダース当たりの限界費用を計算しなさい．これらの数値の間にはどのような関係があるか説明しなさい．

7. いとこのヴィニーは塗装店を経営している．その固定費用は200ドルであり，可変費用は以下の表のようになっている．

1カ月にペンキを塗る家の数	1	2	3	4	5	6	7
可変費用（ドル）	10	20	40	80	160	320	640

それぞれのケースについて平均固定費用，平均可変費用，平均総費用を求めなさい．塗装店の効率的な規模はどれだけだろうか．

8. 市当局が以下の二つの税制度を考えている．

●ハンバーガー生産者に対する300ドルの一括税

●ハンバーガー生産者に対する，ハンバーガー1個当たり1ドルの税

a. 一括税が導入されたら，平均固定費用曲線，平均可変費用曲線，平均総費用曲線，限界費用曲線のうちどれがシフトするか．また，それはなぜか．図を用いて示しなさい．

b. ハンバーガー1個当たりの税が導入されたら，この四つの曲線のうちどれがシフトするか．また，それはなぜか．図を用いて示しなさい．

9. ジェーンのジュース・バーは，次のような費用構造になっている．

量（タンク数）	可変費用（ドル）	総費用（ドル）
0	0	30
1	10	40
2	25	55
3	45	75
4	70	100
5	100	130
6	135	165

a. それぞれのケースについて平均可変費用，平均総費用，限界費用を計算しなさい．

b. この三つの曲線をすべて図に描きなさい．限界費用曲線と平均総費用曲線とはどのような関係にあるだろうか．限界費用曲線と平均可変費用曲線とはどのような関係にあるだろうか．説明しなさい．

10. 以下の表にある三つの企業の長期の総費用について考察しよう．

数量	1	2	3	4	5	6	7
企業A（ドル）	60	70	80	90	100	110	120
企業B（ドル）	11	24	39	56	75	96	119
企業C（ドル）	21	34	49	66	85	106	129

三つの企業はそれぞれ，規模の経済と規模の不経済のどちらが働いているだろうか．

CHAPTER 14

第14章

競争市場における企業

Keywords
競争市場 competitive market
平均収入 average revenue
限界収入 marginal revenue
サンクコスト（埋没費用） sunk cost

あなたの地元にあるガソリンスタンドが，ガソリンの価格を20%引き上げたとする．そのガソリンスタンドは，販売量の大幅な減少に見舞われるだろう．そのガソリンスタンドの顧客は，すぐに他のガソリンスタンドで購入するようになるからである．一方，地元の上水道会社が水の価格を20%引き上げても，水の販売量はわずかしか減少しないだろう．人々は，芝生に水を撒く回数を減らしたり，より効率的に水を使えるシャワー・ヘッドを購入したりするかもしれないが，水の消費量を大幅に減らすことは難しいし，他の上水道会社を見つけることも難しいだろう．ガソリンの市場と水の市場との違いは，ガソリンを供給する企業はたくさんあるが，水を供給する企業は一つしかないということである．予想されるように，この市場構造の違いが，これらの市場で活動している企業の価格と生産の決定を左右するのである．

この章では，あなたの地元のガソリンスタンドのような競争企業の行動を検討する．市場が競争的であるということは，個々の売り手と買い手が市場規模に比べて小さく，したがって市場価格にほとんど影響を及ぼすことができないということを思い出そう．対照的に，ある企業が販売する財の市場価格に影響を及ぼすことができるとき，その企業は**市場支配力**を持っているという．第15章～第17章では，あなたの地元の上水道企業のような市場支配力を持つ企業の行動を調べる．

この章における競争企業の分析では，競争市場の供給曲線の背後にある意思決定を明らかにする．驚くことではないが，市場の供給曲線が企業の生産費用と密接に関連していることがわかる．しかし，固定費用，可変費用，平均費用，限界費用といった企業のさまざまな費用のなかで，どれが供給量を決定する際に最も重要なのかという問題はそれほど簡単ではない．詳しくは後でみるが，これらの費用の尺度はすべて，重要で相互に関連した役割を果たすのである．

1 競争市場とは何か

この章の目的は，競争市場において企業がどのように生産の決定を行うかを検討することである．この分析に入る前に，競争市場とは何かということをまず考察しよう．

競争の意味

競争市場は，**完全競争市場**と呼ばれることもあり，次の二つの特徴を持つ．

- 市場に多数の売り手と多数の買い手が存在する．
- さまざまな売り手によって供給される財がほぼ同じである．

この二つの条件から，市場における単一の売り手や買い手の行動が市場価格に及ぼす影響を無視することができる．それぞれの売り手と買い手は市場価格を与えられたものとみなすのである．

一つの例として牛乳の市場を考えてみよう．どの牛乳の消費者も市場規模からみると少量しか購入しないので，牛乳の価格に影響を与えない．同様に，どの牛乳の生産者も，彼の生産する牛乳と他の多くの売り手が生産する牛乳が本質的には同一であるため，価格への影響力は限られている．それぞれの売り手は現行の価格で売りたいと思うすべての牛乳を売ることができるので，低い価格で売る理由はないし，逆に高い価格をつければ買い手は他の売り手から牛乳を買う．競争市場における売り手と買い手は，市場が決めた価格を受け入れなければならないので，**価格受容者**と呼ばれる．

競争についての上記の二つの条件と，3番めの条件が完全競争市場を特徴づけると考えられる．

- 企業は自由に市場への参入と市場からの退出ができる．

たとえば，誰でも酪農を始めることができて，またどの既存の酪農家も酪農をやめることができるのであれば，酪農産業はこの条件を満たすだろう．自由参入・退出の仮定は，企業が価格受容者になるための必要条件ではないため，競争企業分析のほとんどにおいてはその仮定は必要とされない．ただし，この章の後半でみるように，競争市場における自由参入と自由退出は，長期の均衡を実現するときには，しばしば強力に作用する．

競争市場 competitive market：多くの売り手と買い手が同一の財を取引し，その結果個々の売り手と買い手が価格受容者となる市場．

●競争企業の収入

競争市場の企業は，その経済における他のほとんどの企業と同様，総収入から総費用を差し引いた利潤を最大化しようとする．競争企業がどのように利潤を最大化しているかをみるために，まず競争企業の総収入について考えてみよう．具体性を持たせるために，ヴェカ・ファミリー・デイリー・ファームという特定の企業を考えることにしよう．

ヴェカ・ファームは Q の量の牛乳を生産し，1単位当たり市場価格 P で販売する．ファームの総収入は，$P \times Q$ である．たとえば，1ガロン当たり6ドルの牛乳を1000ガロン売ると，総収入は6000ドルである．

ヴェカ・ファームは牛乳の世界市場と比べると小さいので，価格を市場条件によって与えられたものとして受け入れる．これは，牛乳の価格がヴェカ・ファームの牛乳の生産量や販売量に依存しないことを意味している．ヴェカ・ファームが牛乳の生産量を倍増して，2000ガロンにしても，牛乳の価格は変わらず，総収入は2倍の1万2000ドルになる．すなわち，総収入は生産量に比例する．

表14-1は，ヴェカ・ファームの収入を示している．(1)列と(2)列はファームの生産量と販売価格を示している．(3)列はヴェカ・ファームの総収入

表 14－1　競争企業の総収入，平均収入，限界収入

(1) 生産量 (Q) (ガロン)	(2) 価格 (P) (ドル)	(3) 総収入 ($TR=P \times Q$) (ドル)	(4) 平均収入 ($AR=TR/Q$) (ドル)	(5) 限界収入 ($MR=\Delta TR/\Delta Q$) (ドル)
1	6	6	6	
2	6	12	6	6
3	6	18	6	6
4	6	24	6	6
5	6	30	6	6
6	6	36	6	6
7	6	42	6	6
8	6	48	6	6

である．この表では，牛乳の価格を1ガロン当たり6ドルと仮定しているため，総収入は6ドルにガロン数を掛けたものになる．

前の章で費用を分析した際には平均と限界の概念が役に立ったが，この二つの概念は収入を分析する際にも有用である．これらの概念から何がわかるかをみるために以下の二つの問題を考察してみよう．

- 1ガロンの牛乳から，ヴェカ・ファームは典型的にどれだけの収入を得るだろうか．
- ヴェカ・ファームが牛乳の生産を1ガロン増加させると，収入はどれだけ増えるだろうか．

表14-1の(4)列と(5)列がこれら問いの答えとなっている．

表の(4)列は**平均収入**を示している．(4)列は（(3)列の）総収入を（(1)列の）生産量で割ったものである．平均収入は，1単位の販売から企業がどれだけの収入を得るかを示している．表14-1では，平均収入は6ドルであり，1ガロンの牛乳価格に等しい．このことは，競争企業だけではなく他の企業にも当てはまる一般的な結果である．平均収入は総収入（$P \times Q$）を生産量（Q）で割ったものである．したがって，**すべての企業にとって，平均収入は財の価格に等しい．**

(5)列は**限界収入**を表し，販売量が1単位増えるごとに総収入がどれだけ変化するかを表している．表14-1では限界収入は6ドルであり，1ガロンの牛乳価格に等しい．この結果は，競争企業だけに当てはまる．総収入は$P \times Q$であり，Pは競争企業では固定されている．したがって，Qが1単位増加すると，総収入はPドル増加する．**競争企業にとって，限界収入は財の価格に等しい．**

【小問】 ●競争企業が販売量を2倍にすると，企業の生産物の価格と総収入はどうなるだろうか．

平均収入 average revenue：総収入を販売量で割ったもの．
限界収入 marginal revenue：1単位多く販売することによる総収入の変化分．

2 利潤最大化と競争企業の供給曲線

競争企業の目的は総収入から総費用を差し引いた利潤を最大化することである．企業の収入についてはいま議論したばかりであり，企業の費用については前の章で議論した．今度は，競争企業がどのように利潤を最大化するのか，その決定を通じてどのように供給曲線が導出されるのかを検討しよう．

●利潤最大化の簡単な例

企業の供給の決定をまず表14-2の例で分析しよう．表の(1)列は，ヴェカ・ファームが生産する牛乳のガロン数である．(2)列はヴェカ・ファームの総収入であり，ガロン数に6ドルを掛けたものである．(3)列は，ヴェカ・ファームの総費用を示している．この例では，総費用は3ドルの固定費用と，生産量によって変化する可変費用が含まれている．

(4)列は，総収入から総費用を差し引いた企業の利潤を示している．ヴェ

表 14－2　利潤最大化：数値例

(1) 生産量 (Q) (ガロン)	(2) 総収入 (TR) (ドル)	(3) 総費用 (TC) (ドル)	(4) 利潤 ($TR-TC$) (ドル)	(5) 限界収入 ($MR=\Delta TR/\Delta Q$) (ドル)	(6) 限界費用 ($MC=\Delta TC/\Delta Q$) (ドル)	(7) 利潤の変化 ($MR-MC$) (ドル)
0	0	3	−3			
				6	2	4
1	6	5	1			
				6	3	3
2	12	8	4			
				6	4	2
3	18	12	6			
				6	5	1
4	24	17	7			
				6	6	0
5	30	23	7			
				6	7	−1
6	36	30	6			
				6	8	−2
7	42	38	4			
				6	9	−3
8	48	47	1			

カ・ファームが何も生産しなければ，（固定費用の）3ドルの損失を被る．1ガロン生産すると利潤は1ドルであり，2ガロン生産すると利潤は4ドルとなる．ヴェカ・ファームの目的は利潤最大化なので，利潤がいちばん大きくなるような生産量を選ぶ．この例では，ヴェカ・ファームが4ガロンないし5ガロンの牛乳を生産したときに，利潤は7ドルで最大になる．

ヴェカ・ファームの決定をみる方法はもう一つある．ヴェカ・ファームは，それぞれの生産量の限界収入と限界費用とを比較することによって，利潤最大化の生産量を見つけることができる．表14-2の(5)列と(6)列は，限界収入と限界費用を総収入と総費用の変化から計算しており，(7)列は1ガロン多く生産したことによる利潤の変化を表している．ヴェカ・ファームが生産する最初の1ガロンの牛乳の限界収入は6ドル，限界費用は2ドルである．したがって，牛乳を1ガロン生産することによって，利潤は（−3ドルから1ドルへと）4ドル増加する．2ガロンめの生産の限界収入は6ドル，限界費用は3ドルなので，2ガロンめを生産することによって，利潤は（1ドルから4ドルへと）3ドル増加する．限界収入が限界費用を上回る限り，生産量の増加は利潤を増加させる．しかし，ヴェカ・ファームの生産が5ガロンに達すると，状況は変化する．6ガロンめの生産の限界収入は6ドル，限界費用は7ドルであり，6ガロンめを生産すると利潤は（7ドルから6ドルへと）1ドル減少する．したがって，ヴェカ・ファームは5ガロンを超える量を生産することはないだろう．

第1章の経済学の十大原理の一つは，「合理的な人々は限界原理に基づいて考える」である．ここで，ヴェカ・ファームがこの原理をどのように適用するのかみてみよう．1ガロンめ，2ガロンめ，3ガロンめのように，限界収入が限界費用よりも大きければ，ヴェカ・ファームは牛乳の生産量を増やすべきである．なぜなら，それはポケットから出て行く金額（限界費用）よりも入ってくる金額（限界収入）のほうが大きいからである．逆に，6ガロンめ，7ガロンめ，8ガロンめのように，限界収入が限界費用よりも小さければ，ヴェカ・ファームは牛乳の生産量を減らすべきである．ヴェカ・ファームが限界的な部分で考えて，生産水準を調整するならば，最終的に利潤最大化を達成する量を生産するようになる．

図 14-1 競争企業の利潤最大化

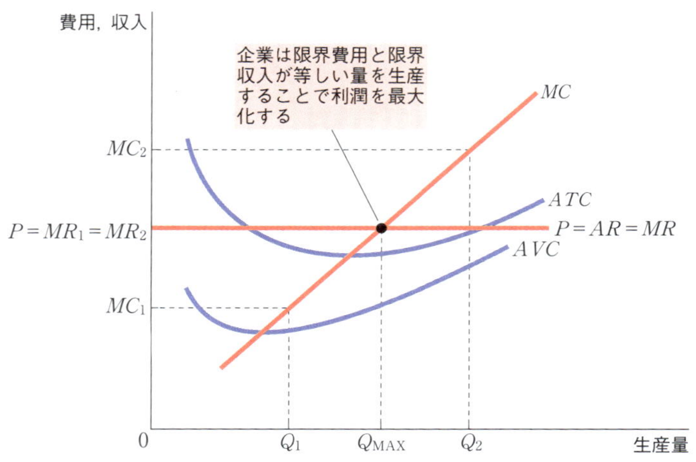

この図は限界費用曲線（MC），平均総費用曲線（ATC），平均可変費用曲線（AVC）を表している．さらにこの図は競争企業にとって限界収入（MR）と平均収入（AR）に等しい市場価格（P）を示している．生産量が Q_1 のときには，限界収入 MR_1 は限界費用 MC_1 を上回るので，生産量を増やすと利潤は増加する．生産量が Q_2 のときには，限界費用 MC_2 が限界収入 MR_2 を上回るので，生産量を減らすと利潤は増加する．利潤最大化の数量 Q_{MAX} は，水平な価格線と限界費用曲線が交わるところで与えられる．

●限界費用曲線と企業の供給決定

利潤最大化の分析をさらに展開するために，図 14-1 の費用曲線を考察してみよう．これらの費用曲線は，第13章で議論したように三つの特徴を持ち，その特徴はほとんどの企業に共通している．第 1 に，限界費用曲線（MC）は右上がりである．第 2 に，平均総費用曲線（ATC）は U 字型である．そして第 3 に，限界費用曲線は平均総費用が最小になる点で平均総費用曲線と交わっている．図にはさらに，市場価格（P）が水平線で示されている．競争企業は価格受容者なので価格線は水平である．すなわち，企業の生産物の価格は，企業の生産量に関係なく一定である．競争企業にとって，価格は企業の平均収入（AR）と限界収入（MR）の両方に等しいことを覚えておこう．

図 14-1 を用いて利潤最大化の生産量を求めることができる．企業が Q_1 の量を生産しているとしよう．この生産水準では，限界収入曲線は限界費用曲

線より上にあるため，限界収入は限界費用よりも大きい．これは，企業が生産量を1単位増やすと，収入の増加（MR_1）が費用の増加（MC_1）を上回る．利潤は総収入から総費用を差し引いたものなので増加する．したがって，Q_1 のように限界収入が限界費用よりも大きければ，企業は生産を増やすことで利潤を増加させることができる．

同様の議論は，生産量が Q_2 のときにも当てはまる．この場合，限界費用曲線は限界収入曲線より上にあるため，限界費用は限界収入よりも大きい．企業が生産を1単位減らすと，費用の減少（MC_2）が失われる収入（MR_2）を上回る．したがって，Q_2 のように限界収入が限界費用よりも小さければ，企業は生産を減らすことで利潤を増加させることができる．

このような限界的な部分での生産量の調整はどこで終了するのだろうか．企業が（Q_1 のような）低い水準で生産を始めようが，（Q_2 のような）高い水準で生産を始めようが，企業は結局生産量が Q_{MAX} になるまで生産を調整するだろう．この分析から，利潤最大化の三つの一般的法則が明らかになる．

- 限界収入が限界費用よりも大きければ，企業は生産量を増やすべきである．
- 限界費用が限界収入よりも大きければ，企業は生産量を減らすべきである．
- 利潤最大化の生産量水準では，限界収入と限界費用はちょうど一致する．

これらの法則は利潤最大化を行う企業によってなされる合理的決定の手がかりとなる．この法則は競争企業だけに当てはまるのではなく，次の章でみるように，他のタイプの企業にも当てはまる．

次に，競争企業がどのように市場への供給量を決定するかをみてみよう．競争企業は価格受容者なので，その限界収入は市場価格に等しい．どのような所与の価格においても，競争企業の利潤最大化生産量は価格と限界費用曲線の交点を見つけることで求められる．図14-1では，その量は Q_{MAX} である．

いま，この市場における需要が増加して価格が上昇したとしてみよう．図14-2は，競争企業が価格の上昇にどのように反応するかを示している．価格が P_1 のとき，企業は限界費用と価格が等しくなる Q_1 の量を生産する．価格が P_2 に上昇すると，企業は限界収入が以前の生産量のときの限界費用

図 14-2　競争企業の供給曲線としての限界費用曲線

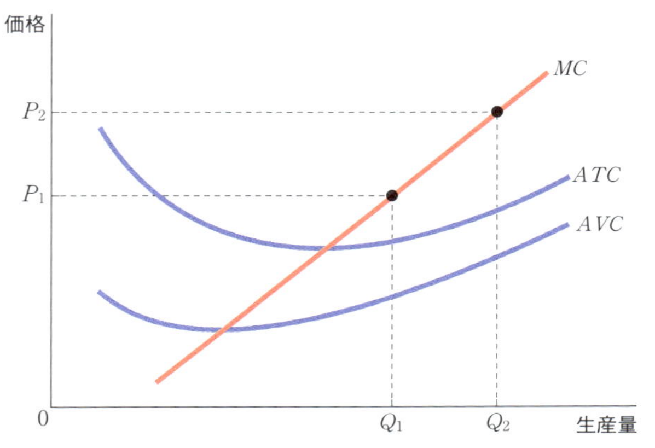

価格が P_1 から P_2 へと上昇すると，利潤最大化企業の供給量は Q_1 から Q_2 へと増加する．限界費用曲線は与えられた価格の下での企業の供給量を示すので，企業の供給曲線である．

よりも高いことに気がつき，生産量を増加させる．新たな利潤最大化の生産量は，限界費用と上昇した新しい価格が等しくなる Q_2 である．**本質的に，企業の限界費用曲線は所与の価格における企業の供給量を決めるので，限界費用曲線が競争企業の供給曲線も表すことになる．**しかし，この結論にはいくつかの注意点があり，それを以下で考察する．

●短期における企業の操業停止の決定

これまでは，競争企業がどれだけ生産するかという問題を分析してきた．しかし，状況によっては，企業は操業を停止して何も生産しないという決定をすることもある．

ここで，一時的に企業が操業を停止することと永久に市場から退出することを区別する必要がある．**操業停止**は，現在の市場条件が悪いために一定の期間だけ何も生産しないという短期の決定を意味する．一方，**退出**は市場から撤退するという長期の決定を意味する．長期の決定と短期の決定とが異なるのは，ほとんどの企業は短期においては固定費用をなくすことはできないが，長期においてはそれが可能となるためである．すなわち，一時的に操業を停止する企業は，固定費用を支払い続けなければならないが，退出する企業は固定費用と可変費用の両方とも支払う必要がなくなる．

たとえば，農家が直面する生産の決定を考えてみよう．土地の費用は農家の固定費用の一つである．もし農家が1シーズン何の作物も生産しなければ，その土地は休閑地となり，農家は土地の費用を回収できない．1シーズン休業するかどうかを決定する際には，土地の固定費用は**サンクコスト（埋没費用）**と考える．対照的に，農家が農耕を完全にやめてしまうのであれば，土地を売ることができる．市場から退出するかどうかという長期の決定を行う際には，土地の費用はサンク（埋没）されない（サンクコストの問題については，すぐ後で扱う）．

次に，企業が操業停止を決めるのはどのようなときかを考えてみよう．企業が操業を停止すると，生産物の販売によって得られるすべての収入を失う．同時に，生産にかかる可変費用を節約できる（ただし，固定費用は支払い続けなければならない）．したがって，**企業は，生産物の販売によって得られる収入が生産の可変費用よりも小さいとき，操業を停止する**．

数学を少し用いると，操業停止の基準がより明確となる．TR を総収入，VC を可変費用とすると，企業の決定は以下のように書くことができる．

$$TR < VC \text{ であれば操業停止}$$

もし総収入が可変費用よりも小さければ，企業は操業を停止する．不等式の両辺を生産量 Q で割ると，次のように書くことができる．

$$\frac{TR}{Q} < \frac{VC}{Q} \text{ なら操業停止}$$

左辺の TR/Q は総収入 $P \times Q$ を生産量で割ったものなので，平均収入に等しく，それは簡単にいえば財の価格 P である．右辺の VC/Q は平均可変費用 AVC である．したがって，企業の操業停止の基準は，

$$P < AVC \text{ であれば操業停止}$$

である．すなわち，企業は財の価格が生産の平均可変費用よりも低ければ操業を停止する．この基準は直観的に理解できるものである．すなわち，生産の決定を行うとき，企業は1単位の財の販売で得る価格と1単位を生産するのにかかる平均可変費用とを比較する．価格が平均可変費用よりも低ければ，企業は生産をやめたほうがよい．（固定費用を支払わなければならないので）

図 14－3　競争企業の短期の供給曲線

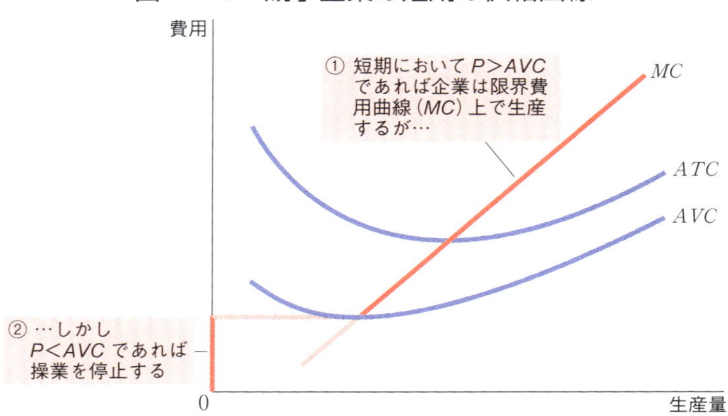

短期においては，競争企業の供給曲線は，限界費用曲線（MC）のうち，平均可変費用曲線（AVC）よりも上の部分である．価格が平均可変費用より低くなったときには，企業は一時的に操業を停止したほうがよい．

企業は損失を被るが，操業を続けるほうがもっと損失を被ることになる．将来この状況が変化して，価格が平均可変費用を上回るようになれば，企業は生産を再開する．

これで競争企業の利潤最大化戦略を詳細に描写することができる．企業が生産を行うときには，限界費用と企業にとっては所与である財の価格が等しくなる量を生産する．ただし，その生産量における平均可変費用が価格よりも高ければ，企業は操業を一時的に停止して何も生産しないほうがよい．これらの結果は図 14-3 に描かれている．**競争企業の短期の供給曲線は，限界費用曲線のうち平均可変費用よりも上の部分である．**

●覆水とサンクコスト（埋没費用）

たぶんあなたはこれまでの人生のなかで，「覆水盆に返らず」とか，「過去のことは水に流せ」と言われたことがあるだろう．これらのことわざは，合理的な決定についての奥の深い真実を含んでいる．経済学者は，すでに投下されて回収できない費用のことを**サンクコスト（埋没費用）**という．サンク

サンクコスト（埋没費用） sunk cost：すでに支払うことが決まっており，回収できない費用．

コストはいったん投下されると回収できないので，ビジネスの戦略を含む人生のさまざまな面において，意思決定の際に無視すべきである．

企業の操業停止の決定の分析は，サンクコストが意思決定に無関係なことを示す一例である．この分析では，一時的な操業停止にあたって，企業は固定費用を回収できないと仮定している．すなわち，供給量にかかわらず（たとえそれがゼロであったとしても），企業は固定費用を支払わなければならない．その結果，企業の固定費用は短期的にはサンク（埋没）しており，生産量の決定の際にこの費用を無視すべきである．企業の短期の供給曲線は，限界費用曲線のうち平均可変費用曲線よりも上に位置する部分であり，固定費用の大きさはこの供給の決定には無関係である．

サンクコストを無視できることは，個人の意思決定においても重要である．たとえば，あなたが新しく公開された映画をみるのに15ドル支払ってもよいと考えているとしよう．あなたはチケットを10ドルで購入したが，映画館に入る前にそのチケットを紛失してしまった．あなたはチケットをもう1枚買うべきだろうか．それとも，合計20ドル支払って映画をみることをあきらめて，家に帰るべきだろうか．答えは，あなたはもう1枚チケットを買うべきである．映画をみることによる便益（15ドル）は，相変わらず機会費用（2枚目のチケット代である10ドル）を上回っている．紛失したチケットにあなたが支払った10ドルはサンクコストである．こぼれてしまった水と同様，それを嘆いてもどうにもならないのである．

ケース・スタディ　空席だらけのレストランとオフシーズンのパターゴルフ

昼食をとろうとしてレストランに入ったら，そこにはほとんど客がいなかったという経験がないだろうか．あなたはそのとき，なぜそのレストランは営業を続けているのだろうと思ったかもしれない．わずかな客からの収入では，レストランの経営にかかる費用はとてもカバーできそうにない．

ランチタイムに店を開けるかどうかを決めるにあたって，レストランのオーナーは固定費用と可変費用を区別しておかなければならない．家賃，厨房設備，テーブル，食器，ナイフ，フォークなどといったレストランの費用の多くは固定費用である．ランチタイムに店を閉めてもこれらの費用が減ることはない．つまり，これらの費用は短期的にはサンクされている．オーナーがランチを出すかどうかを決める際に考える費用としては，ランチ用の食材の費用と従業員の賃金の増加などといった可変費用が適切である．オーナーがランチタイムに店を閉めるのは，ランチタイムのわずかな客からの収入がレストランの可変費用をカバーできないときだけである．

サマーリゾート地のパターゴルフの経営者も同じような状況に直面する．季節によって収入が大きく変化するので，経営者は営業期間をいつからいつまでにするかを決めなければならない．ここでも，短期的な決定の際に，固定費用，すなわち土地を購入してコースをつくる費用を考慮に入れるのは不適切である．パターゴルフのコースは，収入が可変費用を上回る時期には営業すべきである．

長期における企業の市場からの退出および市場への参入の決定

長期における企業の市場からの退出の決定は，一時的な操業停止の決定とよく似ている．企業がその市場から退出すると，生産物の販売による収入を失うのは同じだが，今度は固定費用と可変費用の両方を節約できる．したがって，**企業は生産による収入が総費用を下回るときに市場から退出する**．

ここでも，この基準を数学的に表すことで，より明確なものにできる．TR を総収入，TC を総費用とすると，企業の基準は，

$TR < TC$ であれば退出

と表すことができる．企業は，総収入が総費用よりも小さければ市場から退出する．不等式の両辺を生産量 Q で割ると，

$\frac{TR}{Q} < \frac{TC}{Q}$ であれば退出

と書くことができる．TR/Q が平均収入で価格 P に等しいこと，TC/Q が平均総費用 ATC であることに注意すると，この式はさらに簡単にできる．企業の退出の基準は，

$P < ATC$ であれば退出

となる．すなわち企業は，財の価格が平均総費用よりも小さければ退出を選択する．

図 14-4　競争企業の長期の供給曲線

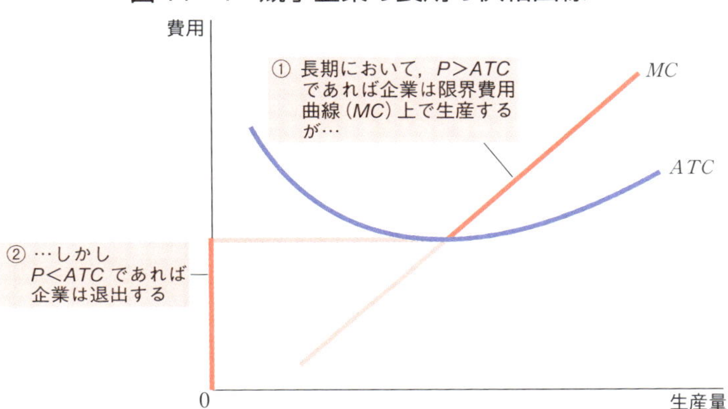

長期においては，競争企業の供給曲線は，限界費用曲線（MC）のうち，平均総費用曲線（ATC）よりも上の部分である．価格が平均総費用より低くなったときには，企業は市場から退出したほうがよい．

同様の分析は，会社を始めようとする起業家にも当てはまる．起業家は，参入によって利潤を得ることができるとき，市場に参入する．すなわち，財の価格が生産の平均総費用を上回るときに市場に参入するのである．したがって，参入の基準は，

$$P > ATC \text{ であれば参入}$$

である．参入の基準は，退出の基準の正反対になる．

これで競争企業の長期の利潤最大化戦略を述べることができる．企業が財を生産している場合，企業は限界費用と財の価格が等しくなる量を生産する．しかし，財の価格が平均総費用を下回ると，企業は市場からの退出（あるいは市場へ参入しないこと）を選択する．これらの結果は図 14-4 に描かれている．**競争企業の長期の供給曲線は，限界費用曲線のうち，平均総費用曲線よりも上の部分である．**

●グラフによる競争企業の利潤の測定

参入と退出を分析するときには，企業の利潤をより詳細に分析するほうが便利である．利潤が総収入（TR）から総費用（TC）を差し引いたものであることを思い出そう．すなわち，

図 14-5 価格と平均総費用の間の領域としての利潤

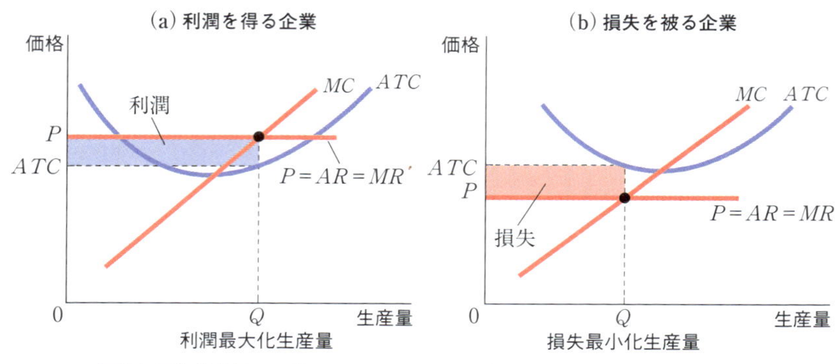

価格と平均総費用との間のアミのかかった長方形の面積が企業の利潤である．この長方形の高さは価格から平均総費用を差し引いたもの（$P-ATC$）で，幅は生産量（Q）である．パネル(a)では，価格が平均総費用を上回り，企業は正の利潤を得ている．パネル(b)では，価格が平均総費用を下回り，企業は損失を被っている．

$$利潤＝TR-TC$$

である．この定義式の右辺に Q を掛けて Q で割ると，上の式をつぎのように書き換えられる．

$$利潤＝\left(\frac{TR}{Q}-\frac{TC}{Q}\right)\times Q$$

TR/Q は平均収入で価格 P に等しく，TC/Q は平均総費用 ATC であることに注意しよう．したがって，

$$利潤＝(P-ATC)\times Q$$

となる．このように表現すると，企業の利潤を図の上で測ることができるようになる．

図 14-5 のパネル(a)は，正の利潤を得ている企業を示している．すでに議論したように，企業は価格と限界費用が等しくなる量を生産することで，利潤を最大化する．青いアミのかかった長方形をみてみよう．長方形の高さは $P-ATC$，すなわち価格と平均総費用との差である．長方形の幅は Q，すなわち生産量である．したがって，長方形の面積は $(P-ATC)\times Q$ で，それが企業の利潤である．

同様に，図 14-5 のパネル(b)は損失（負の利潤）を出している企業を示し

ている．このケースでは，利潤の最大化は損失の最小化を意味し，ここでもそれは価格と限界費用が等しくなる量を生産することで達成される．赤いアミのかかった長方形をみてみよう．長方形の高さは $ATC-P$，長方形の幅は Q である．長方形の面積は $(ATC-P)\times Q$ で，それが企業の損失にあたる．この状況では，1単位当たりの収入は平均総費用に満たないので，企業は長期では市場からの退出を選択する．

【小問】
- 競争企業は利潤最大化の生産量をどのように決定するかを説明しなさい．
- 利潤最大化を行う競争企業はどのようなときに操業停止を選択するか．またどのようなときに市場からの退出を選択するか．

3 競争市場における供給曲線

ここまで単一の企業の供給の決定を検討してきたので，次に市場の供給曲線を議論しよう．二つのケースを考える．最初に，企業の数が固定されている市場について検討する．次に，既存の企業が市場から退出することや新しい企業が参入することで，企業の数が変化する市場について検討する．考察する期間の長さによってどちらのケースもありうるので，両方とも重要である．短期においては，企業が市場に参入したり市場から退出したりするのが難しいことが多いので，企業の数が固定されているとする仮定が適切である．しかし長期においては，企業の数は市場の状況の変化によって調整されることがある．

●短期：企業の数が一定のときの市場供給

まず，同一の企業が1000社存在する市場を考えてみよう．図14-6のパネル(a)に示されているように，与えられた価格の下で，それぞれの企業はその限界費用と価格が等しくなるような生産量を供給する．すなわち，価格が平均可変費用を上回る間は，各企業の限界費用曲線がその供給曲線となる．市場に供給される生産量は，1000社の個々の企業の供給量の合計である．したがって，市場供給曲線を導き出すためには，市場の各企業の供給量を合計すればよい．企業は同一なので，図14-6のパネル(b)が示すように，市場の

図 14－6　短期の市場供給

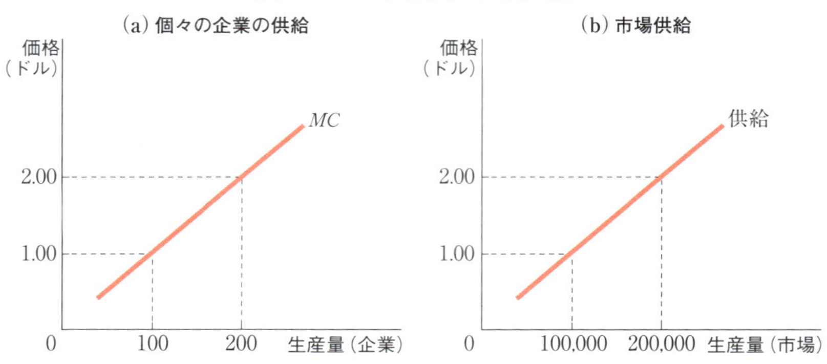

短期では，市場の企業数が固定されている．その結果，パネル(b)に描かれているように市場の供給曲線は，パネル(a)に示されている個々の企業の限界費用曲線を反映している．ここでは1000の企業が市場に存在し，市場への供給量は各企業の供給量を1000倍したものとなる．

供給量は各企業の供給量の1000倍となる．

●長期：参入と退出があるときの市場供給

今度は，企業が市場から退出，あるいは市場に参入できるときに何が起こるかを考えてみよう．すべての人が，財生産のための同一の技術を入手でき，生産に必要な投入物を購入するのに同一の市場を利用できるとしよう．したがって，すべての既存の企業と潜在的な企業は，同一の費用曲線を持つ．

このタイプの市場における退出および参入に関する決定は，市場にすでに参入している企業の所有者と新しい企業を起こす企業家が直面するインセンティブに依存する．もしすでに参入している企業が利益を得ていれば，新しい企業は市場に参入するインセンティブを持つだろう．新しい企業の参入によって企業数は増加し，財の供給量が増加して，価格の下落と利潤の減少をもたらすだろう．逆に，既存の企業が損失を出していれば，企業の一部は市場から退出するだろう．企業の退出によって，企業数と財の供給量は減少し，価格の上昇と利潤の増大をもたらすだろう．**このような参入と退出のプロセスの結果，市場に残る企業の経済学上の利潤はゼロにならなければならない．**

企業の利潤が次のように表せることを思い出そう．

$$利潤＝(P-ATC)\times Q$$

この式は，財の価格がその財の生産の平均総費用に等しいときに限り，操業している企業の利潤がゼロになることを示している．価格が平均総費用よりも高いときには，利潤は正であり，新しい企業の参入が促進される．価格が平均総費用よりも低いときには，利潤は負であり，企業の退出が促進される．**参入と退出のプロセスは，平均総費用と価格が等しくなったときにのみ終了する．**

この分析は驚くべき意味合いを持つ．この章の前半において，競争企業は価格と限界費用が等しくなる生産量を選んで利潤を最大化することを述べた．ここでは，自由な参入と退出によって，価格と平均総費用が等しくなることをみた．価格が限界費用と平均総費用に等しいのであれば，この二つの尺度も等しくなければならない．しかし，限界費用と平均総費用が等しいのは，企業が平均総費用の最小値で操業しているときのみである．平均総費用の最小値に対応した生産量を企業の**効率的規模**と前章で呼んだことを思い出そう．したがって，**参入と退出が自由なときの競争市場の長期の均衡では，企業は必ず効率的規模で操業する．**

図 14-7 のパネル(a)は，そのような長期の均衡にある企業を示している．この図では，価格 P は限界費用 MC に等しく，企業は利潤を最大化してい

図 14-7 長期の市場供給

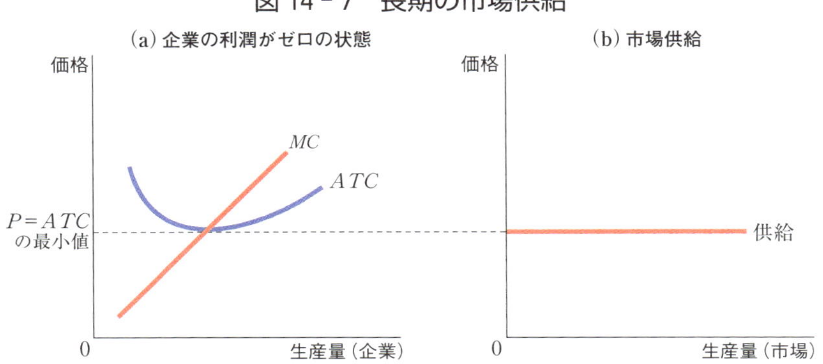

長期では，企業は利潤がゼロになるまで市場に参入したり市場から退出したりする．その結果，長期の均衡では，パネル(a)で表されているように，価格は平均総費用の最小値に等しくなる．企業数は，この価格におけるすべての需要量を満たすように調整される．長期の市場供給曲線は，パネル(b)に示されているように，この価格で水平である．

る．価格はまた平均総費用 ATC にも等しく，利潤はゼロである．新しい企業には市場に参入するインセンティブがなく，既存の企業には市場から退出するインセンティブがない．

企業行動のこの分析から，市場における長期の供給曲線を決定することができる．参入と退出が自由な市場では，ゼロの利潤と両立する価格は一つしかなく，それは平均総費用の最小値である．結果として，長期の市場供給曲線は，この価格で水平にならなければならない．すなわち，図14-7のパネル(b)のように完全に弾力的な供給曲線となる．この水準を上回るどのような価格も利潤を生み出すので，参入と総供給量の増加をもたらす．この水準を下回るどのような価格も損失を生み出すので，退出と総供給量の減少をもたらす．結局，市場における企業数は，価格が平均総費用の最小値に等しくなるように調整され，この価格において，すべての需要を十分に満たすことのできる企業が存在する．

●なぜ競争企業は利潤がゼロでも事業を続けるのか

一見すると，長期において競争企業の利潤がゼロとなるのはおかしいように思えるかもしれない．何といっても人々は利潤を得るために事業を始めるからである．参入によって利潤がゼロになってしまうのであれば，事業を続ける理由はほとんどないように思われる．

利潤がゼロという条件をより十分に理解するために，利潤は総収入から総費用を差し引いたものであり，総費用は企業にとってのすべての機会費用を含んでいることを思い出そう．とくに，総費用には企業の所有者が事業につぎ込む時間とお金も含んでいる．利潤がゼロの均衡における企業の収入は，企業の所有者が事業を続けていくためにつぎ込むこれらの機会費用を補償していなければならない．

次のような例を考えてみよう．農夫が農場を開くにあたって100万ドルを投資するとする．もしその事業に投資をしなければ，そのお金を銀行に預けて年に5万ドルの利子収入を得られる．さらに，農場を始めるには年収3万ドルを得られる仕事をあきらめなければならない．農夫の農場を経営する機会費用は，100万ドルを預金すれば得られたはずの利子収入とあきらめた賃金の計8万ドルである．農夫の利潤がゼロであるとしても，農場からの収入はこれらの機会費用を埋め合わせているのである．

会計士と経済学者の費用の評価は異なることを頭に入れておこう．第13章で議論したように，会計士は明示的費用は捕捉するが，潜在的費用は捕捉しない．すなわち，会計士は，企業からお金が出ていくときにはその費用を計上するが，金銭の支出を伴わない生産の機会費用は計上しない．その結果，利潤がゼロになる均衡では，経済学上の利潤はゼロであるが，会計上の利潤は正である．たとえば，農夫の会計士は，農夫が会計上は8万ドルの利潤をあげ，その事業を行うのに十分なだけの利益が出ると結論を下すだろう．

●短期と長期における需要のシフト

企業がどのように供給の決定を行うかについてより深く理解できたので，需要の変化に対して市場がどのように反応するかについてもよりよい説明ができる．企業の市場への参入と市場からの退出は，長期でのみ可能であり，短期ではできないので，需要の変化に対する市場の反応は，考察対象となる期間の長さに依存する．このことを理解するために，時間の経過につれてどのように需要がシフトするのかをみてみよう．

牛乳の市場がはじめ長期均衡にあったとしよう．企業の利潤はゼロで，価格は平均総費用の最小値に等しい．図14-8のパネル(a)はこの状況を示している．長期の均衡はA点，市場における販売量はQ_1，そして価格はP_1である．

ここで科学者が，牛乳がきわめて健康によいことを発見したとしよう．その結果，パネル(b)のように牛乳の需要曲線はD_1からD_2へと外側にシフトする．短期における均衡はA点からB点に移行し，その結果，牛乳の販売量はQ_1からQ_2へと増加し，価格はP_1からP_2へと上昇する．既存の企業はすべて，価格の上昇に反応して生産量を増加させる．各企業の供給曲線は限界費用曲線を反映しているので，各企業がどれだけ生産を増やすかは限界費用曲線によって決まる．短期の新しい均衡では，牛乳の価格は平均総費用を上回り，企業は正の利潤を得る．

時間が経つにつれて，この市場の利潤は新たな企業の参入を促進する．たとえば，農家によっては他の農産物を作るのをやめて牛乳を生産しはじめるところもあるかもしれない．企業の数が増えるにつれて，それぞれの価格の

図 14－8 短期と長期における需要の増加

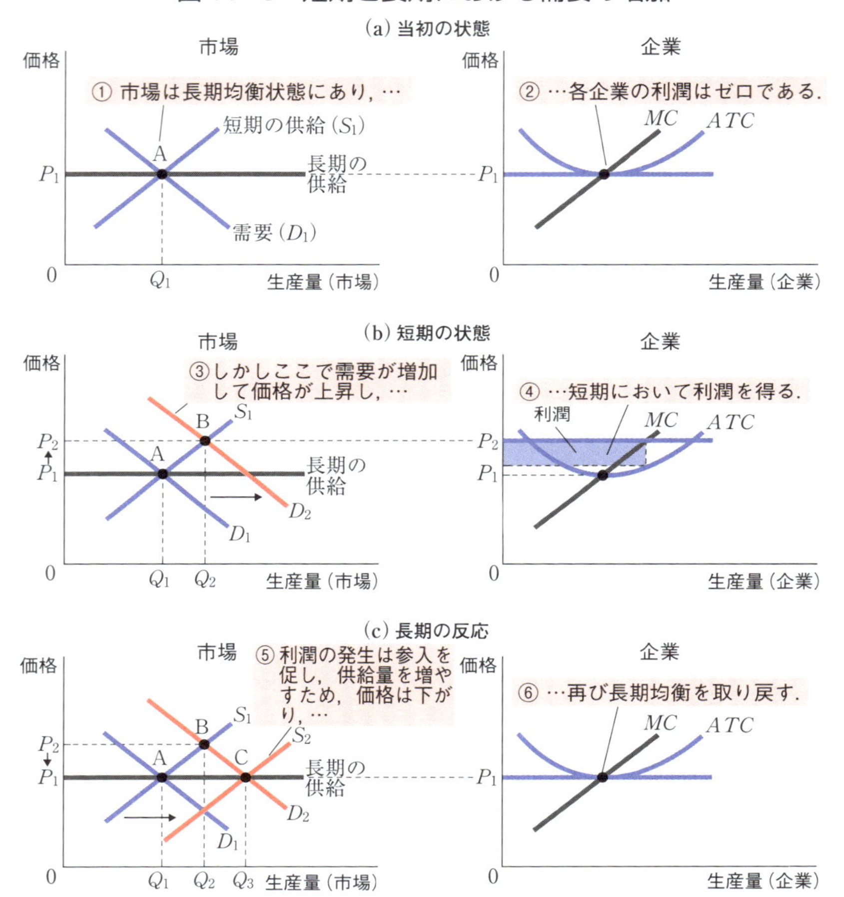

当初，市場がパネル(a)の A 点で表されているような長期均衡にあったとする．この均衡では，各企業の利潤はゼロであり，価格は平均総費用の最小値に等しい．パネル(b)は，需要が D_1 から D_2 に増加したときに短期において何が起こるかを表している．均衡は A 点から B 点へ移り，価格は P_1 から P_2 へ上昇し，市場における販売量は Q_1 から Q_2 へと増加する．価格が平均総費用を上回るので，企業は利潤を得て，時間の経過とともに新たな企業が市場に参入する．この参入は，パネル(c)で表されているように，短期の供給曲線を S_1 から S_2 へと右方にシフトさせる．新たな長期の均衡点 C では，価格は P_1 に戻るが，販売量は Q_3 に増加している．再び利潤はゼロになり，価格は平均総費用の最小値に戻るが，市場には増加した需要を満たすために以前よりも多くの企業が存在している．

下での供給量が増えるため，短期の供給曲線はパネル(c)のようにS_1からS_2へと右方にシフトし，牛乳の価格は下落する．最終的に，牛乳の価格は平均総費用の最小値と等しくなり，利潤はゼロとなって，参入は止まる．したがって，市場は新たな長期均衡であるC点に到達する．牛乳の価格はP_1に戻るが，生産量はQ_3に増加している．各企業は再び効率的規模で生産するようになったが，牛乳生産に携わる企業が増えたので，牛乳の生産量と販売量が増加したのである．

●なぜ長期の供給曲線が右上がりになることがあるのか

これまでは，参入と退出によって長期の市場供給曲線が完全に弾力的になることをみてきた．分析のポイントは，多数の潜在的参入者が存在し，それぞれが同一の費用に直面しているということである．その結果，長期の市場供給曲線は平均総費用の最小値のところで水平となる．財の需要が増加すると，長期においては，価格が不変のまま企業数と総供給量が増加するという結果になる．

しかし，長期の市場供給曲線が右上がりになるかもしれない理由が二つ存在する．第1に，生産に用いられる資源の量に限りがある場合である．たとえば，農産物市場を考えてみよう．誰でも土地を購入して農業を始めることができるが，土地の量は限られている．農家になる人が増えるにつれて，農地価格は上昇し，市場におけるすべての農家の費用が増大することになる．したがって，農作物需要の増加は，農家の費用を増大させることなく供給量を増加させることはできないので，価格の上昇につながる．その結果，長期の市場供給曲線は農業への参入が自由なときでも右上がりとなる．

右上がりの供給曲線になる第2の理由は，企業によって費用が異なるかもしれないということである．たとえば，塗装サービスの市場を考えてみよう．誰でも塗装サービスの市場に参入できるが，すべての人の費用が同一なわけではない．費用が違う理由は，一つには人によって仕事の速さに差があるため，また一つには他の時間の使い方が人によって違うためである．どのような所与の価格においても，費用の小さい人は費用の大きい人よりも参入しやすいだろう．塗装サービスの供給量を増やすためには，後から参入する人が市場に参入しやすくなければならない．新たな参入者ほど費用は大きいので，彼らが参入しても利益があるようにするためには，価格が上昇しなければならない．したがって，塗装サービスの市場供給曲線は，市場への参入が自由でも右上がりとなる．

企業の費用が異なる場合，長期においても利潤を得ている企業があることに注意しよう．この場合，市場価格は限界的な企業の平均総費用となる．限界的な企業とは，価格が少しでも下がると市場から退出する企業のことである．この企業の利潤はゼロであるが，この企業よりも費用が小さい企業の利潤は正である．新規に参入する企業の費用は，既存の企業の費用よりも大きいので，参入によって既存の企業の利潤がなくなることはない．より大きい費用の企業は，価格が上昇し，市場に参入することで利潤を得られるようになったときにのみ参入する．

これら二つの理由のため，供給量が増えるためには価格上昇が必要であり，長期の供給曲線は水平ではなく右上がりとなることがありうる．しかし，参入と退出についての基本的な教訓に変わりはない．すなわち，**企業は，短期よりも長期のほうがより簡単に参入・退出できるので，長期の供給曲線は典型的には短期の供給曲線よりも弾力的である**．

【小問】 ● 自由な参入と自由な退出が可能な長期において，市場価格は限界費用，平均総費用，あるいはその両方と等しくなるか，それともどちらとも異なるか．図を用いて説明しなさい．

4 結論：供給曲線の背後にあるもの

この章では，完全競争市場で財を供給する利潤最大化企業の行動を議論してきた．第1章の経済学の十大原理の一つ，「合理的な人々は限界原理に基づいて考える」を思い出そう．この章ではこの考え方を競争企業に適用した．限界的な部分で分析することから競争市場における供給曲線の理論を得て，その結果，市場の成果をより深く理解することができた．

ここで学んだことは，競争市場の企業から財を購入する際に支払う価格は，財の生産費用に近いということである．とくに，企業が競争的でかつ利潤を最大化しているときには，財の価格は財の生産の限界費用に等しい．さらに，企業が自由に市場に参入したり市場から退出したりできるのであれば，財の価格は生産の平均総費用の最小値にも等しくなる．

この章を通じて，企業は価格受容者であると仮定してきたが，ここで展開した分析用具の多くは，競争的ではない市場の企業を分析する際にも有用である．第15章では，市場支配力を持つ企業の行動を分析する．限界的な部分で分析することは，市場支配力を持つ企業を分析する際にも有用であるが，そこから得られる企業の生産量決定と市場の結果の性質にかかわる結論はまったく異なるものとなる．

- 競争企業は価格受容者なので，その収入は生産量に比例する．財の価格は企業の平均収入と限界収入に等しい．
- 利潤を最大化するために，企業は限界収入と限界費用が等しくなるような生産量を選ぶ．競争企業の限界収入は市場価格に等しいので，企業は価格と限界費用が等しくなるような生産量を選ぶ．したがって，企業の限界費用曲線は供給曲線である．
- 固定費用を回収できない短期において，もし財の価格が平均可変費用よりも低ければ，企業は一時的に操業を停止する．固定費用と可変費用を両方回収できる長期において，もし財の価格が平均総費用よりも低ければ，企業は市場から退出する．
- 自由な参入と退出が可能な市場では，長期的には利潤はゼロになる．この長期の均衡では，すべての企業は効率的規模で生産し，価格は平均総費用の最小値に等しく，企業数はその価格における需要量を満たすように調整される．
- 需要の変化は時間の長さによって異なる影響をもたらす．短期では，需要の増加は価格を上昇させて利潤をもたらし，需要の減少は価格を下落させて損失をもたらす．しかし，企業が自由に市場に参入したり市場から退出したりできるのであれば，長期においては企業の数が調整され，利潤がゼロとなるような市場均衡に戻る．

確認問題

1. 完全競争企業は,
   a. 利潤を最大化するために価格を選択する.
   b. 似たような財を売る企業の価格を下回るような価格を設定する.
   c. 価格を市場による所与のものと見なす.
   d. マーケットシェアを最大にするように価格を決める.
2. 完全競争企業は, 次のような生産量を選ぶことで利潤を最大化する.
   a. 平均総費用が最小となる生産量
   b. 限界費用が価格と等しくなる生産量
   c. 平均総費用が価格と等しくなる生産量
   d. 限界費用が平均総費用と等しくなる生産量
3. 完全競争企業の短期の供給曲線は,( ) 費用曲線の ( ) 費用曲線より上の部分である.
   a. 平均総, 限界
   b. 平均可変, 限界
   c. 限界, 平均総
   d. 限界, 平均可変
4. 利潤最大化を行っている完全競争企業が, 限界費用が平均可変費用と平均総費用の間になるような点で生産しているとすると,
   a. 短期では生産を続けるが, 長期では市場から退出する.
   b. 短期では操業を停止するが, 長期では生産を再開する.
   c. 短期では操業を停止し, 長期では市場から退出する.
   d. 短期でも長期でも操業を続ける.
5. すべての企業が同一の場合の競争市場の長期均衡において, 価格 P と限界費用 MC と平均総費用 ATC の関係はどうなるか.
   a. $P > MC$, および, $P > ATC$
   b. $P > MC$, および, $P = ATC$
   c. $P = MC$, および, $P > ATC$
   d. $P = MC$, および, $P = ATC$

6. ニューヨークのプレッツェルスタンドは，長期均衡において完全競争的である．ある日，市当局が各スタンドに１カ月当たり100ドルの課税を開始した．この政策は，短期および長期において，プレッツェルの消費量にどのような影響を及ぼすか．
   a. 短期では減るが，長期では変わらない．
   b. 短期では増えるが，長期では変わらない．
   c. 短期では変わらないが，長期では減る．
   d. 短期では変わらないが，長期では増える．

復習問題

1. 競争企業の主な特徴はどのようなものか．
2. 企業の収入と利潤の相違を説明しなさい．企業はどちらを最大化するか．
3. 企業の典型的な費用曲線を描きなさい．競争企業がどのように利潤を最大化する生産量を選ぶか説明しなさい．図を用いて，その生産量水準での企業の総収入と総費用を示しなさい．
4. どのような状態のときに企業が一時的に操業を停止するか説明しなさい．
5. どのような状態のときに企業が市場から退出するか説明しなさい．
6. 競争企業の価格が限界費用と等しくなるのは，短期においてか，長期においてか，それとも両方においてか．説明しなさい．
7. 競争企業の価格が平均総費用の最小値と等しくなるのは，短期においてか，長期においてか，それとも両方においてか，説明しなさい．
8. 市場の供給曲線は，通常，短期と長期とではどちらがより弾力的か．説明しなさい．

応用問題

1. 多くの小さなボートは，石油を原料とするファイバーグラスと樹脂でできている．石油の価格が上昇したとしよう．
   a. 図を用いて，個々のボート製造企業の費用曲線と市場供給曲線に何が起こるかを示しなさい．

b.　短期においてボート製造企業の利潤はどうなるだろうか．長期においてはボート製造企業の数はどうなるだろうか．

2.　ボブの芝刈りサービスは，利潤を最大化する競争企業である．ボブは，1回27ドルで芝刈りを請け負う．彼の1日の総費用は280ドルで，そのうち30ドルが固定費用である．彼は1日に10回芝刈りを行う．ボブの短期の操業停止についての決定と長期の市場からの退出の決定について答えなさい．

3.　次表のような総費用と総収入を考えてみよう．

生産量	0	1	2	3	4	5	6	7
総費用(ドル)	8	9	10	11	13	19	27	37
総収入(ドル)	0	8	16	24	32	40	48	56

a.　それぞれの生産量に対する利潤を計算しなさい．利潤を最大化するために企業はどれだけ生産すべきだろうか．

b.　それぞれの生産量に対する限界収入と限界費用を計算し，それをグラフに描きなさい（ヒント：すべての数字の間に限界費用と限界収入の点をとりなさい．たとえば，生産量2と3の間の限界費用は生産量2.5のところに対応する点をとりなさい）．どの点で限界費用曲線と限界収入曲線は交わるだろうか．これは問aの答えとどのような関係にあるだろうか．

c.　この企業は競争企業と呼べるだろうか．もしそうであれば，この産業は長期均衡の状態にあるだろうか．

4.　ボールベアリング社の生産量と費用の関係は次表のようになっている．

生産量	総固定費用(ドル)	総可変費用(ドル)
0	100	0
1	100	50
2	100	70
3	100	90
4	100	140
5	100	200
6	100	360

a.　各生産量における平均固定費用，平均可変費用，平均総費用，限界費

用を求めなさい.

b. ボールベアリングの価格は50ドルである. 利潤を出せないのをみて, 最高経営責任者（CEO）が操業を停止することにした. 企業の利潤, あるいは損失はいくらか. これは賢い決定だろうか. 説明しなさい.

c. 最高財務責任者（CFO）は, うろ覚えの経済学入門の講義を思い浮かべ, 1箱のボールベアリングを生産するときに限界収入と限界費用が等しいので, 1箱ボールベアリングをつくったほうがよいとCEOに進言した. 1箱ボールベアリングをつくるときの利潤, あるいは損失はいくらか. それは最もよい判断か. 説明しなさい.

5. 出版業界が競争的で長期均衡の状態にあるとしよう.

a. この産業における典型的な企業の平均総費用曲線, 限界費用曲線, 限界収入曲線, そして供給曲線を描きなさい.

b. ハイテク出版という出版社が印刷費用を大きく低下させる技術を発明した. 短期において, 特許によってその技術を他の出版社が利用できないとき, ハイテク出版の利潤と本の価格はどのようになるだろうか.

c. 長期において, 特許が切れて他の出版社も自由にその技術を利用できるようになるとどうなるだろうか.

6. 競争市場で, ある企業が500ドルの収入を得ている. 限界収入が10ドルだとすると, 平均収入はいくらか. また, 何単位を販売しているか.

7. 競争市場で利潤最大化をしている企業が, 100単位生産している. 平均収入は10ドル, 平均総費用は8ドル, 固定費用は200ドルである.

a. 利潤はいくらか.

b. 限界費用はいくらか.

c. 平均可変費用はいくらか.

d. 企業の効率規模は100単位より大きいか, 小さいか. それとも100単位ちょうどか.

8. 肥料市場は完全競争的である. 市場に参入している企業は現在経済的損失を出している.

a. 肥料価格は平均総費用, 平均可変費用, 限界費用より大きいか, それとも小さいか.

b. 二つの図を並べて描き, 典型的な企業および市場の現在の状態を示しなさい.

c. 需要や企業の費用曲線に何も変化がないとしよう．長期において，肥料価格，限界費用，平均総費用，各企業の供給量，市場の総供給量がどのようになるか説明しなさい.

9. エクテニア市のアップルパイの市場は競争的であり，以下のような需要表を得ることができる.

価格（ドル）	需要量（個）
1	1,200
2	1,100
3	1,000
4	900
5	800
6	700
7	600
8	500
9	400
10	300
11	200
12	100
13	0

各企業の固定費用は９ドルで，限界費用は下表で与えられる.

数量（個）	限界費用（ドル）
1	2
2	4
3	6
4	8
5	10
6	12

a. 各生産者の１個から６個までのアップルパイの数量に対応する総費用と平均費用を求めなさい.

b. アップルパイの価格が11ドルだとしよう．何個のアップルパイが売れるか．各企業は何個のアップルパイをつくるか．何社の企業がアップルパイ市場に存在し，各企業の利潤はいくらか.

c. 問 b の状態は，長期均衡だろうか．その理由も答えなさい.

d. 長期において自由に参入・退出ができるとしよう．長期均衡における各企業の利潤はいくらか．市場価格はいくらか．各企業は何個のアップルパイをつくるか．市場では何個のアップルパイが売れるか．また生産企業は何社か.

10. ある産業には企業が100社存在し，各企業の固定費用は16ドル，平均可変費用は次表のようになっている.

数量	平均可変費用（ドル）
1	1
2	2
3	3
4	4
5	5
6	6

a. 企業の限界費用と平均総費用を計算しなさい.

b. 現在の価格は10ドルである．各企業は何個生産するか．また市場における総供給量はどれぐらいか.

c. 長期において，企業は自由に参入・退出できるものとし，参入企業はすべてこの表と同じ費用構造を持っているとしよう．この市場が長期均衡への移行過程にあるとすると，価格は上がるだろうか，下がるだろうか．各企業の供給量は増えるだろうか，減るだろうか．説明しなさい.

d. 横軸とたて軸に適当な数字を入れてこの市場の長期供給曲線を描きなさい.

11. 競争産業における各企業の費用は，次のようになっている.

総 費 用：$TC=50+(1/2)q^2$

限界費用：$MC=q$

ここで，q は個々の企業の生産量である.

この財の市場の需要曲線は，次のようになっている.

需　　要：$Q^D=120-P$

ここで，P は価格，Q は財の総量である．現時点で，9社の企業が市場に参入している.

a. 各企業の固定費用および可変費用はいくらか. また, 平均総費用を表す式を導きなさい.

b. q が5から15の値をとるときの平均総費用曲線と限界費用曲線を描きなさい. どの生産量で平均総費用は最小値をとるか. その生産量での限界費用と平均総費用はいくらか.

c. 企業の供給曲線を表す式を導きなさい.

d. 企業数が固定されている短期での市場の供給曲線を表す式を導きなさい.

e. この市場の短期の均衡価格と生産量を求めなさい.

f. この均衡において各企業はどれだけ生産するか. 各企業の利潤あるいは損失を求めなさい. 既存の企業が市場から退出する, あるいは, 新たな企業が市場に参入する誘因はあるか.

g. 市場の参入・退出が自由な長期において, この市場の均衡価格と生産量を求めなさい.

h. この長期均衡において, 各企業はどれだけ生産するか. またこの市場には何社の企業が参入しているか.

CHAPTER 15

第15章

独占

Keywords
独占（者） monopoly
自然独占 natural monopoly
価格差別 price discrimination

もしあなたがパソコンを持っているならば，おそらくそのパソコンはマイクロソフトが販売するOS（基本ソフト）であるウィンドウズのどれかのバージョンを使用しているだろう．マイクロソフトは何年も前に初めてウィンドウズを設計したとき，政府に著作権を申請して認められた．マイクロソフトは著作権によって，ウィンドウズのOSを排他的に製造・販売する権利を与えられた．ウィンドウズの複製を購入したければ，マイクロソフトが決めた価格である約100ドルを支払うしか選択肢がなかった．このことを，マイクロソフトはウィンドウズの市場で**独占**の地位にあるという．

マイクロソフトの経営上の決定は，前の章で展開された企業行動のモデルではあまりうまく説明することができない．前章では，本質的に同質の財を提供する企業が数多く存在する競争市場を分析したので，各企業は価格に対してほとんど影響力を持たなかった．対照的に，マイクロソフトのような独占企業は，類似の製品を生産する競争者がなく，したがって製品の市場価格に影響を与える力を有する．競争企業が**価格受容者（プライス・テイカー）**であるのに対し，独占企業は**価格設定者（プライス・メーカー）**である．

この章では，市場支配力とは何かを検討する．そして，市場支配力によって，企業が販売する製品の価格と費用との間の関係が変わることをみる．競争企業は生産物の価格を市場で所与であると考えて，価格が限界費用と等しくなるような供給量を選ぶ．対照的に，独占企業は限界費用を上回る価格をつける．はたしてわれわれは，マイクロソフトのウィンドウズにこれをみることができる．ウィンドウズの限界費用，すなわちマイクロソフトがプログラムをCDにダウンロードするための追加的な費用はわずか数ドルである．ウィンドウズの市場価格はその限界費用の何倍にもなる．

独占企業が製品に高い価格をつけることは驚くにはあたらない．独占企業の顧客は，独占企業のつける価格がいくらであっても，それを支払う以外に選択肢がないようにみえる．しかし，もしそうであるならば，なぜウィンドウズの複製は1000ドル以上になったり，あるいは1万ドル以上になったりしないのだろうか．その理由は，もしマイクロソフトがそのような高すぎる価格を設定すれば，製品を買う人が少なくなってしまうからである．人々はコンピュータをあまり買わなくなったり，他のOSに変更したり，違法コピーをつくったりするだろう．独占企業は自社の販売する財の価格を支配することはできるが，高い価格をつけると顧客の購入量が減少するため，無限大の利潤を得ることはできない．

ここでは，独占企業の生産と価格づけの決定を検討すると同時に，社会全体にとっての独占の意味についても考察する．競争企業と同様に，独占企業も利潤最大化をめざす．しかしながら，この目的は競争企業と独占企業では非常に異なる結果をもたらす．競争市場の利己的な売り手と買い手は，見えざる手に導かれるかのように，経済全体の厚生を向上させる均衡点に到達する．対照的に，独占企業は競争によって抑止されないため，独占市場の結果はしばしば社会にとっての最善の利益にはならない．

第1章の**経済学の十大原理**の一つは，「政府が市場のもたらす成果を改善できることもある」ということである．この章での分析は，この原理により強く光をあてる．独占が社会にもたらす問題を検討するとともに，政府の政策立案者がそうした問題に対処するさまざまな方法を議論する．たとえば，アメリカ政府はマイクロソフトの経営上の決定を注視していた．マイクロソフトは1994年に，最もよく使われている家計簿のソフトウェアの大手販売会社であるインテュイットを買収しようとしたが，アメリカ政府はそれを阻んだ．両者が一緒になることによって，過度に市場支配力が集中するからである．同様に，1998年にアメリカ司法省は，マイクロソフトがインターネットブラウザをウィンドウズ OS に統合しはじめたときに，これによって企業の市場支配力を新しい分野で形成させる可能性があると主張して反対した．近年，アメリカを含む諸国の規制当局は，グーグルやサムスンといった新たに市場支配力を拡大している企業に焦点を当てるようになったが，マイクロソフトの反トラスト法に対する法令順守を監視し続けている．

1 なぜ独占が生じるのか

ある企業がその製品の唯一の生産者であり，その社の製品が密接な代替財を持たないとき，その企業は**独占**であるという．独占になる基本的な原因は**参入障壁**である．すなわち，他の企業が市場に参入し，その企業と競争する

独占（者） monopoly：密接な代替財のない製品の唯一の販売者である企業．

ことができないために，独占企業は市場において唯一の売り手であり続けるのである．参入障壁の源泉には以下の三つがある．

- **独占資源**：生産に必須の主要な資源が一つの企業に保有されている．
- **政府規制**：政府がある財・サービスを生産する排他的な権利を一つの企業のみに与えている．
- **生産プロセス**：生産費用の面で，たくさんの企業よりも一つの企業のほうが少ない費用で生産できる．

これらの一つ一つについて簡潔に議論していこう．

独占資源

独占が生じる最も単純な理由は，一つの企業が重要な資源を保有することである．たとえば，小さな町の水の市場を考えてみよう．もし使用可能な井戸を何十人もの町民が持っているのであれば，第14章で議論した競争市場のモデルで売り手の行動を記述できるだろう．供給者間での競争の結果，1ガロン当たりの水の価格は，追加的に1ガロンを汲み上げるときの限界費用に等しくなる．しかし，町に井戸が一つしかなく，他から水を手に入れることが不可能であれば，井戸の所有者は水を独占している．驚くにはあたらないが，独占企業は競争市場におけるどの企業よりも，はるかに大きい市場支配力を持っている．水のような必需品の場合には，たとえ追加的に1ガロンを汲み上げる限界費用が低いものであっても，独占企業はきわめて高い価格をつけることができる．

重要な資源を所有するために独占が生じる例として古くから有名なものに，南アフリカ共和国のダイヤモンド会社デビアスがある．デビアスはイギリスのビジネスマンであるセシル・ローズ（ローズ奨学金の寄附者でもある）によって1888年に設立され，ときには世界のダイヤモンドの生産量の約80％までも支配した．その市場シェアは100％より小さいので，デビアスは正確には独占企業ではないが，それにもかかわらずダイヤモンドの市場価格に対して実質的な影響力を行使してきた．

重要な資源を排他的に所有することは，独占の潜在的な原因ではあるが，実際にそのために独占が生じることはめったにない．経済の規模は大きく，資源は多くの人々に所有されている．実際，多くの財は国境を越えて取引されるので，自然に市場の範囲は世界中に広がる．したがって，密接な代替財を持たない資源を所有する企業の例はほとんどないのである．

政府によってつくられる独占

多くの場合，独占は，政府が１人の人や一つの企業にある財・サービスの排他的な販売権を与えるために生じる．ときには，独占者になりたがっている人の政治的影響力だけで独占が生じることもある．たとえば，かつて諸国王は支持者や縁者たちに排他的な営業許可を認めていた．また，公共の利益になるという理由で，政府が独占を認めたこともあった．

特許法と著作権法は二つの重要な例である．医薬品会社は新薬を開発すると政府に特許を申請することができる．政府はその薬が真に独自のものであると考えれば特許を認め，その会社は20年間その薬を排他的に製造・販売する権利を得る．同様に，小説家は著作を完成させると著作権を得ることができる．著作権は，誰も著者の許可なしにその作品を印刷・販売できないことを政府が保証するものである．著作権により，小説家は自分の小説の販売を独占できる．

特許法と著作権法の効果はわかりやすい．これらの法律は唯一の生産者に独占権を与えるので，競争状態にあるときよりも高い価格が生じる．しかし，独占的生産者が高い価格をつけて高い利潤を得ることを認めることによって，この法律はある種の望ましい行動を促進する．製薬会社には開発した薬の独占企業になることが認められているため，研究が促進される．また，著作者には自分の著作の販売を独占することが許されているため，より多くまたより良い作品を書くことが促進される．

このように，特許法や著作権法は，便益と費用の両面を有する．創造的な活動に対するインセンティブの増大がその便益であるが，これはこの章の後で詳しく検討する独占的価格形成という費用によっていくらか相殺される．

自然独占

一つの企業が市場全体に財・サービスを供給したほうが，２社またはそれ

図 15－1　独占の原因としての規模の経済性

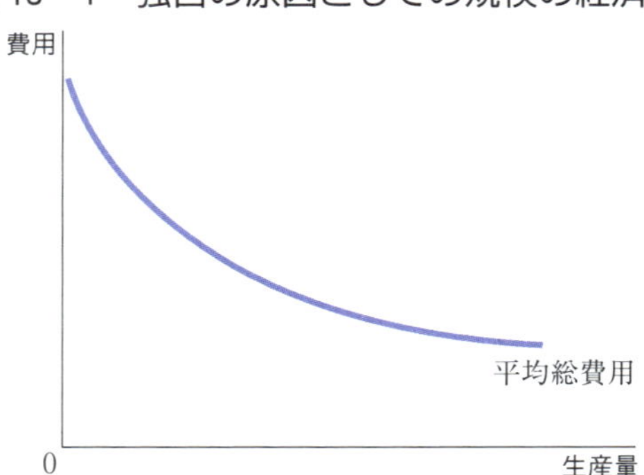

ある企業の平均総費用曲線が逓減するとき，その企業はいわゆる自然独占にあるという．この場合，複数の企業が生産を分担すると，各企業の生産は少なくなり，平均総費用は増大する．その結果，一つの企業が生産する場合が，どのような所与の生産量においても費用が最小となる．

以上の企業で供給するよりも費用がかからないとき，その産業は**自然独占**であるという．自然独占は，対象とされる生産量の範囲において規模の経済があるときに生じる．図 15-1 は，規模の経済を持つ企業の平均総費用を示している．このケースでは，一つの企業のほうがどの生産量においても最小の費用で生産することができる．つまり，どのような所与の生産水準においても，企業数が多くなると 1 企業当たりの生産量が小さくなるため，平均総費用が増大するのである．

自然独占の例は，水の配給である．町の住民に水を供給するためには，企業は町中に水道管のネットワークを築かなければならない．もし 2 社またはそれ以上の企業がこのサービスの供給で競争すると，それぞれの企業がネットワークを構築する固定費用を支払わなければならない．このように，水の平均総費用は，一つの企業が市場全体に配給するときが最も小さい．

自然独占の他の例は，第11章で公共財と共有資源について議論したときにみた．**クラブ財**は排除可能であるが消費において競合的ではない．たとえば，一つの例は，それほど頻繁に用いられず，決して混雑しない橋である．料金を徴収する人は，橋の利用を妨げることができるので，橋は排除可能である．

自然独占 natural monopoly：一つの企業が，二つまたはそれ以上の企業よりも低い費用で市場全体に財やサービスを供給できることから生じる独占．

また，ある人が橋を利用しても，他の人がそれを利用できなくなるわけではないので，橋は消費において競合しない．橋を建設するには固定費用がかかり，利用者が1人増えたときの限界費用は無視できる程度なので，橋を通行することの平均総費用（総費用を通行回数で割ったもの）は，通行回数が増加するにつれて減少する．したがって，橋は自然独占である．

自然独占である企業は，その独占力を脅かす新規参入者にあまり関心を払わない．通常，重要な資源の所有権や政府による保護がないと，独占的地位を維持するには困難を伴う．独占企業の利潤は，参入者を市場に引き寄せ，参入によって市場はより競争的になるからである．しかしながら，自然独占の市場に参入することに他の企業は魅力を感じない．潜在的な参入者は，参入後に手に入る市場シェアが小さくなるために，独占企業が享受しているほどの小さな費用にならないことを知っているからである．

場合によっては，市場規模が，一つの産業が自然独占になるか否かの一つの決定要因となることがある．もう一度，川を渡る橋について考えてみよう．人口が少ないときには，橋は自然独占になるかもしれない．橋が1本あれば，最小の費用で川を渡る需要をすべて満たすことができるからである．しかし，人口が増加して橋が混雑してくると，すべての需要を満たすには，同じ川に橋を2本以上架けなければならなくなるかもしれない．このように，市場が拡大するにつれて，自然独占はより競争的な市場に発展する可能性がある．

【小問】 ●市場が独占となりうる三つの理由は何か．
●独占の例を二つ挙げ，それぞれの理由を説明しなさい．

2 独占企業はどのように生産と価格を決定するか

独占がどのようにして生じるかがわかったところで，つぎに独占企業がどれだけの量の生産物をつくり，いくらの価格をつけるかを，どのように決定するかについて考えよう．この節における独占行動の分析は，独占が望ましいか否か，また独占市場においてどのような政策を政府が推し進めるかを評価する際の出発点となる．

●独占と競争

競争企業と独占企業との重要な違いは，独占企業が生産物の価格に影響を及ぼす能力を持っていることである．競争企業は自分の参加している市場に比べて小さな存在であり，したがって，生産物の価格に影響を与える力がない．競争企業は市場条件によって与えられた価格を所与とみなす．対照的に，独占企業は市場における唯一の生産者であるため，市場に供給する量を調整することによって，その財の価格を変えることができる．

競争企業と独占企業の違いをみる一つの方法は，それぞれの企業が直面する需要曲線を考察することである．第14章で競争企業の利潤最大化を分析したときには，市場価格を水平線として描いた．競争企業はこの価格でいくらでも望むだけの量を売ることができるので，図15-2のパネル(a)のように，競争企業は水平な需要曲線に直面している．事実上，競争企業は多くの完全代替物（その市場における他の企業すべての生産物）を持つ生産物を販売しているため，どの企業が直面する需要曲線も完全に弾力的である．

対照的に，独占企業は市場における唯一の供給者なので，その需要曲線は市場需要曲線である．したがって，独占企業の需要曲線は，図15-2のパネル(b)のように右下がりとなる．もし独占企業が財の価格を引き上げると，

図15-2 競争企業と独占企業の需要曲線

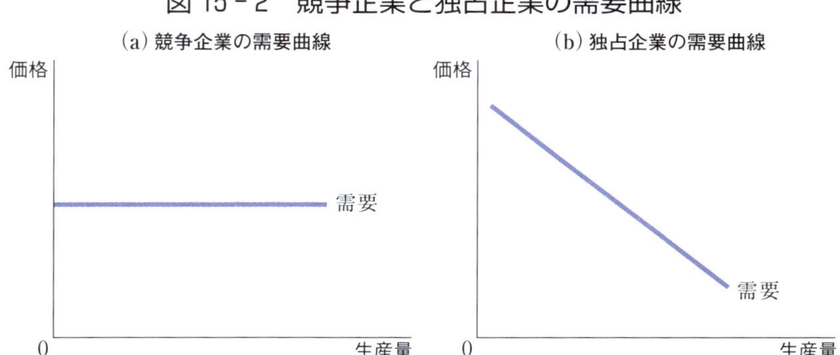

競争企業は価格受容者であるため，パネル(a)のように，水平な需要曲線に直面する．独占企業はその市場における唯一の生産者なので，パネル(b)のように右下がりの市場需要曲線に直面する．そのため，独占企業は，多くの生産物を販売したければ，価格が下落することを受け入れなければならない．

消費者は購入量を減らす．別の見方をすれば，もし独占企業が生産物の販売量を減らすと，生産物の価格は上昇することになる．

市場需要曲線は，独占企業が市場支配力を用いて利潤を得る力に制約を与える．独占企業は，もし可能ならば高い価格をつけ，その高い価格でたくさんの量を販売したいと思うだろう．だが市場需要曲線はそれを不可能にする．とくに，市場需要曲線は，独占企業にとって実現可能な価格と数量の組合せを表している．独占企業は，生産量を（あるいは同じことだが，設定する価格を）調整することで，需要曲線上のどの点でも選ぶことができるが，需要曲線から外れた点を選ぶことはできない．

独占企業は需要曲線上のどの価格と生産量を選ぶだろうか．競争企業と同じように，独占企業の目的は利潤を最大化することにあると仮定しよう．企業の利潤は総収入から総費用を差し引いたものであるから，独占企業の行動を説明するための次の仕事は，独占企業の収入を検討することである．

●独占企業の収入

水の生産者が1社しかない町を考えてみよう．表15-1は，独占企業の収入が水の生産量にどのように依存するかを示している．

表の(1)列と(2)列は，独占企業の需要表を示している．独占企業が1ガロンの水を生産すると，10ドルで売れる．2ガロン生産すると，売り切るには価格を9ドルに引き下げなければならない．3ガロン生産すると，価格を8ドルまで引き下げなければならない．以下，同じように水の生産量を減らせば価格は下がっていく．この二つの列の数字をグラフにすると，典型的な右下がりの需要曲線を得ることができる．

表の(3)列は独占企業の**総収入**を表している．独占企業の総収入は，（(1)列の）販売量と（(2)列の）価格の積に等しい．(4)列はその企業の**平均収入**，すなわちその企業が受け取る1単位当たりの収入額を計算している．平均収入は，(3)列の総収入を(1)列の生産量で割ることによって求められる．第14章で論じたように，平均収入はつねに財の価格に等しい．このことは競争企業と同様に独占企業にも当てはまる．

表15-1の(5)列は，独占企業の**限界収入**，すなわち生産量を1単位増やすことにより企業が受け取る収入額を計算している．限界収入は，生産量が1

表 15-1　独占企業の総収入，平均収入，限界収入

(1) 水の量 (Q, ガロン)	(2) 価格 (P, ドル)	(3) 総収入 (TR=P×Q, ドル)	(4) 平均収入 (AR=TR/Q, ドル)	(5) 限界収入 (MR=ΔTR/ΔQ, ドル)
0	11	0	—	
1	10	10	10	10
2	9	18	9	8
3	8	24	8	6
4	7	28	7	4
5	6	30	6	2
6	5	30	5	0
7	4	28	4	−2
8	3	24	3	−4

単位増加するごとの総収入の変化から計算される．たとえば，企業が 3 ガロンの水を生産するときに，総収入は24ドルである．生産を 4 ガロンに増やすと，総収入は28ドルに増加する．したがって，4 ガロンめの販売による限界収入は，28ドルから24ドルを差し引いた 4 ドルになる．

表 15-1 は，独占企業の行動を理解するうえで重要な結果を示している．すなわち，独占企業の限界収入は財の価格よりも低くなる．たとえば，企業が水の生産を 3 ガロンから 4 ガロンに増加すると，1 ガロン当たり 7 ドルで販売することができるにもかかわらず，総収入は 4 ドルしか増加しない．独占企業は右下がりの需要曲線に直面しているために，限界収入は価格よりも低い．販売量を増やすためには，独占企業はすべての顧客に対して財の価格を引き下げなければならない．したがって，4 ガロンめの水を販売するためには，はじめの 3 ガロンについても 1 ドルずつ少ない収入しか得られなくなる．この 3 ドルの損失は，4 ガロンめの価格（7 ドル）と 4 ガロンめの限界収入（4 ドル）の差である．

独占企業の限界収入は，競争企業の限界収入と大きく異なる．独占企業が販売量を増加させると，総収入（$P \times Q$）に対して二つの効果がある．

図 15-3 独占企業の需要曲線と限界収入曲線

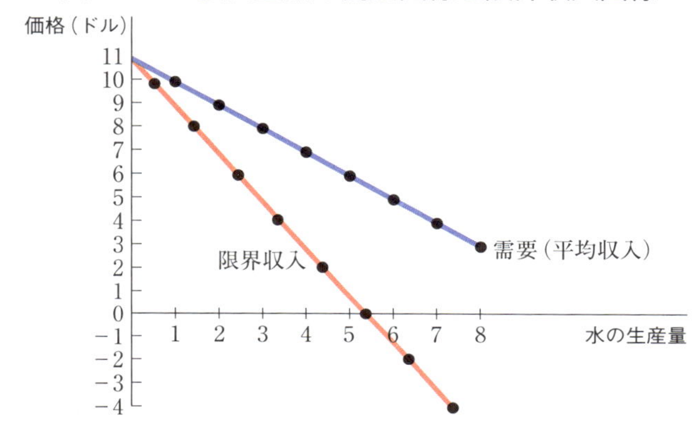

需要曲線は財の生産量がどのような影響を価格に与えるかを示す．限界収入曲線は，生産量が1単位増加すると企業の収入がどのように変化するかを示す．もし独占企業が生産を増やすと，すべての販売量の価格が下落しなければならないので，限界収入はつねに価格よりも小さい．

- **生産量効果**：より多くの生産物が販売されるので，Q が大きくなり，総収入を増やすことになる．
- **価格効果**：価格が下落するので，P が小さくなり，総収入を減らすことになる．

競争企業は市場価格で望む量をすべて販売できるので，価格効果は生じない．生産を1単位増加させ，それに対して市場価格を受け取っても，すでに販売されている分の収入が減ることはない．すなわち，競争企業は価格受容者であるために，限界収入は財の価格に等しい．対照的に，独占企業は生産を1単位増加させると，すべての販売物につける価格を引き下げなければならず，この価格の引下げによって，すでに売りに出していた分の収入は減少する．結果として，独占企業の限界収入は価格よりも低くなる．

図15-3は，ある独占企業の需要曲線と限界収入曲線を図にしたものである（価格は企業の平均収入に等しいため，需要曲線は平均収入曲線でもある）．最初に販売される1単位の限界収入は財の価格に等しいので，この二つの曲線は縦軸上の同じ点から出発する．しかし，上記で説明した理由から，独占企業の1単位め以降のすべての単位での限界収入は財の価格を下回る．

このように，独占企業の限界収入曲線は，需要曲線よりも下に位置する．

この図をみるとわかるように（表 15-1 も同様），限界収入は負になることもある．収入に対する価格効果が生産量効果よりも大きいときには，限界収入は負の値をとる．この場合，企業が生産を 1 単位増やすと，販売量が増えるにもかかわらず，価格が大きく下落して総収入が減少する．

利潤最大化

独占企業の収入について考察してきたので，独占企業がどのように利潤を最大化するかを検討する準備が整った．第 1 章の**経済学の十大原理**の一つ，「合理的な人々は限界原理に基づいて考える」ということを思い出そう．この教訓は競争企業と同様に，独占企業にも当てはまる．ここで，限界分析の論理を，独占企業における生産量の決定という問題に適用して考えてみよう．

図 15-4 は，ある独占企業の需要曲線，限界収入曲線，費用曲線を図にしたものである．これらの曲線はどれもおなじみのものである．需要曲線と限界収入曲線は図 15-3 と同様であり，費用曲線は第13章と第14章でみてきたものと同様である．これらの曲線には，利潤を最大化する独占企業が生産水準を決定するのに必要な情報がすべて含まれている．

最初に，企業が Q_1 のような低い水準で生産しているとしよう．この場合，限界費用は限界収入よりも低い．もし企業が生産を 1 単位増加させると，収入の増加は費用の増加を上回り，利潤が増加する．このように，限界費用が限界収入よりも低ければ，企業は生産量を増やして利潤を増加させることができる．

同様の議論は，Q_2 のような高い水準の生産量にも当てはまる．この場合，限界費用は限界収入よりも高い．もし企業が生産を 1 単位減少させると，削減される費用は収入の減少を上回るだろう．このように，限界費用が限界収入よりも高ければ，企業は生産量を減らすことで利潤を増加させることができる．

結局，企業は，限界収入が限界費用と等しくなる Q_{MAX} に到達するまで生産水準を調整する．このように，**独占企業の利潤最大化生産量は，限界収入曲線と限界費用曲線との交点によって決まる**．図 15-4 では，この交差は A 点で起こる．

図 15－4 独占企業の利潤最大化

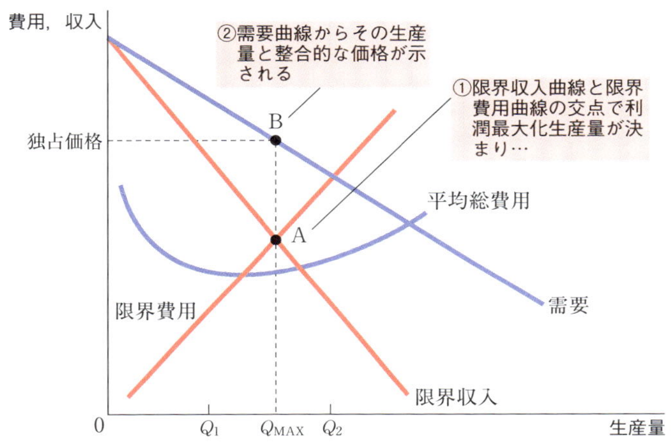

独占企業は限界収入と限界費用が等しくなる数量（A 点）を選ぶことによって利潤を最大化する．そして，独占企業は，需要曲線を用いて消費者がその数量を購入するような価格（B 点）を見つける．

前章から思い出されるように，競争企業もまた限界収入と限界費用が等しくなるような生産量を選ぶ．利潤最大化のこのルールに従うという点において，競争企業と独占企業は同じである．しかし，この 2 種類の企業の間には重要な違いもある．競争企業の限界収入は価格に等しいが，独占企業の限界収入は価格よりも低い．すなわち，

競争企業にとって：$P = MR = MC$

独占企業にとって：$P > MR = MC$

どちらのタイプの企業にとっても，限界収入と限界費用が等しくなる点で，利潤を最大化する数量が決定される．異なるのは，価格がどのように限界収入や限界費用と関係するかである．

独占企業はどのようにして生産物の利潤最大化価格を見つけるのだろうか．この質問には需要曲線が答えてくれる．というのは，需要曲線は消費者の支払許容額と販売量の関係を表しているからである．独占企業は限界収入と限界費用が等しくなる生産量を選んだ後に，需要曲線を用いてその量を最も高く売ることのできる価格を見つけるのである．図 15-4 では，利潤最大化価格は B 点になる．

コラム なぜ独占企業は供給曲線を持たないのか

独占市場における価格の分析をする際に，市場の需要曲線と企業の費用曲線が用いられていることに気づいただろうか．このとき，市場の供給曲線については何も触れてこなかった．対照的に，第4章から始まった競争市場の価格の分析においては，最も重要な二つの言葉はつねに**需要**と**供給**であった．

供給曲線に何が起こったのだろうか．独占企業は，どれだけの量を供給するかについて（この章でみてきたような方法で）決定するが，独占企業は供給曲線を持たない．供給曲線は，企業がさまざまな所与の価格においてどのような供給量を選ぶかを表すものである．この概念は，価格受容者である競争企業を分析するときには意味を持つ．しかし，独占企業は価格設定者であり，価格受容者ではない．独占企業は供給量を選ぶと同時に価格も設定するので，そのような企業がさまざまな価格に対してどれだけ生産するかを問うことには意味がない．

しかし，独占企業がどれだけ供給するかを決定するのに，直面する需要曲線と切り離すことは不可能である．需要曲線の形状は限界収入曲線の形状を決め，次に独占者の利潤最大化生産量を決定する．競争市場においては，供給量の決定は需要曲線がわからなくても分析できるが，それは独占市場には当てはまらない．したがって，独占者の供給曲線について述べることはないのである．

これより，競争企業の市場と独占企業の市場との間の重要な違いをみることができる．すなわち，**競争市場では，価格は限界費用に等しく，独占市場では，価格は限界費用を上回る**．後にみるように，この事実は独占の社会的費用を理解する際に決定的に重要となる．

●独占企業の利潤

独占企業はどれだけの利潤を得るのだろうか．独占企業の利潤を図でみるために，利潤が総収入（*TR*）から総費用（*TC*）を差し引いたものである

図 15－5　独占企業の利潤

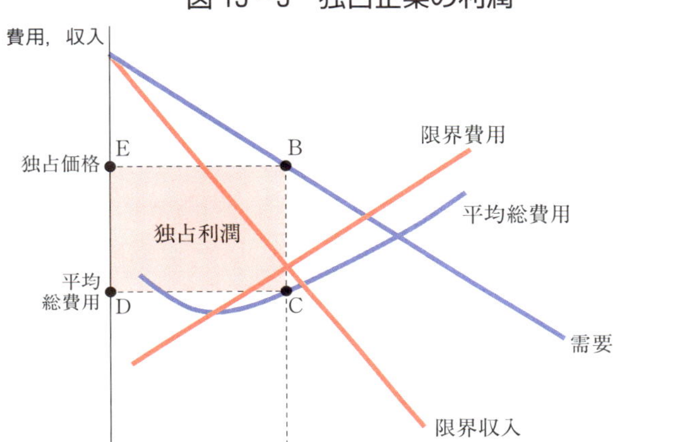

長方形 BCDE の面積は，独占企業の利潤に等しい．長方形の高さ（BC）は価格と平均総費用の差で，1 単位当たりの販売の利潤に等しい．長方形の幅（DC）は販売量である．

ことを思い出そう．すなわち，

$$\text{利潤} = TR - TC$$

である．これは，

$$\text{利潤} = \left(\frac{TR}{Q} - \frac{TC}{Q}\right) \times Q$$

と書き直すことができる．TR/Q は平均収入であり，価格 P に等しい．TC/Q は平均総費用 ATC である．したがって，

$$\text{利潤} = (P - ATC) \times Q$$

となる．この利潤式（これは競争企業にも当てはまる）を用いると，われわれのグラフで独占利潤を測定することができる．

図 15-5 の赤いアミのかかった長方形を考察しよう．長方形の高さ（線分 BC）は価格から平均総費用を差し引いたもの（$P - ATC$）であり，典型的な 1 単位の販売当たりの利潤である．長方形の幅（線分 DC）は，販売数量 Q_{MAX} である．したがって，この長方形の面積は独占企業の総利潤（独占利潤）である．

ケース・スタディ 独占的医薬品とジェネリック（後発）医薬品

われわれの分析によると，独占市場と競争市場とでは非常に異なる方法で価格が決定される．この理論を検証するのに適切なのは，両方の市場構造を持つ医薬品市場であろう．ある企業が新薬を開発すると，特許法によってその医薬品の販売独占権が与えられる．しかし，最終的には特許の期限が切れ，どの企業もその医薬品を製造・販売することができるようになる．そうなると，市場は独占市場から競争市場へと転換する．

特許の期限が切れると，その医薬品の価格に何が起こるだろうか．図15-6は，典型的な医薬品の市場を表している．この図では，医薬品を生産する限界費用は一定である（これは多くの医薬品について大体当てはまる）．特許期間中は，独占企業は，限界収入と限界費用が等しくなるように生産量を決め，限界費用を十分上回る価格をつけて利潤を最大化する．しかし，特許の期限が切れると，その医薬品の製造によって得られる利潤を求めて，市場への新規参入が促進される．市場が競争的になるにつれて，価格は限界費用に等しくなるまで下落するだろう．

実際，われわれの経験は理論と整合的である．ある医薬品の特許の期限が切れると，他社がすぐに参入し，化学的にはかつての独占企業のブランド製品と変わらないジェネリック（後発）医薬品を販売するようになる．そしてわれわれの分析が予言した通り，競争して生産されるジェネリック医薬品の価格は，独占企業がつけていた価格を大幅に下回る．

しかしながら，特許の期限が切れたからといって，独占企業が市場支配力を完全に失ってしまうわけではない．消費者のなかには，ブランド医薬品を長年用いてきたために，もしかしたら新しいジェネリック医薬品は本当は同じ物ではないのではないかと考え，ブランド医薬品を使い続ける人もいる．その結果，かつての独占企業は，新しい競争者がつける価格を上回る価格をつけ続けることができる．

たとえば，最も広く用いられる抗うつ剤の一つはフルオキセチン薬であり，数百万人ものアメリカ人に処方されている．この薬の特許は2001年に期限切れとなっているため，現在の患者はプロザックというブランド名で

図 15－6 医薬品の市場

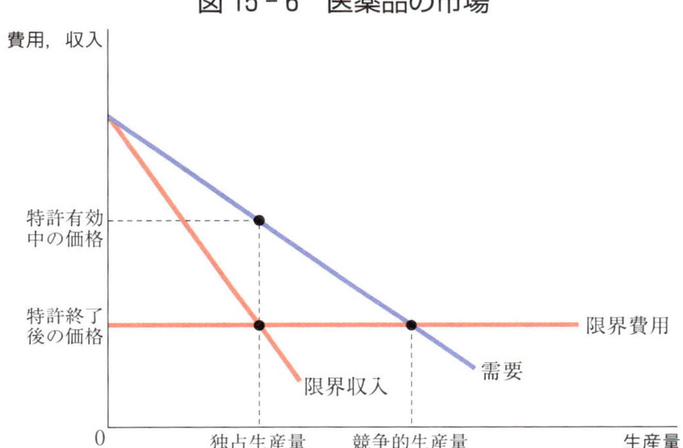

特許によって医薬品の販売の独占権を与えられた企業は，その医薬品を製造する限界費用をはるかに上回る独占価格をつける．その医薬品の特許の期限が切れると，その市場に新しく企業が参入し，市場がより競争的になる．その結果，価格は独占価格から限界費用まで下落する．

売られている最初の薬と，同じ薬のジェネリック医薬品の間で選択できる．プロザックはジェネリック医薬品の約3倍の価格で売られている．この価格差が続くのは，患者のなかに二つの薬が完全な代替物であると納得していない人たちがいるためである．

【小問】 ●独占企業はどのようにして生産量と価格を設定するのか説明しなさい．

3 独占による厚生面の費用

独占は市場を組織する良策だろうか．これまで，競争企業と比べると，独占企業は限界費用を上回る価格をつけることをみてきた．消費者の観点からは，この高い価格のために独占は望ましくない．しかしながら同時に，独占企業はこの高い価格によって利潤を得ている．企業の所有者の観点からは，高い価格のために独占は非常に魅力的だ．企業所有者の便益が消費者に強いる費用を上回り，社会全体の観点から独占が望ましいものとなることはあるだろうか．

この問題については，厚生経済学の手法を用いて答えることができる．第7章でみたように，総余剰は市場の売り手と買い手の経済厚生の尺度であることを思い出そう．総余剰は消費者余剰と生産者余剰の合計である．消費者余剰は，ある財に対する消費者の支払許容額から実際に支払う金額を差し引いたものである．生産者余剰は，ある財に対して生産者が受け取る金額から，その財を生産する費用を差し引いたものである．このケースでは，生産者はたった1社，すなわち独占企業である．

この分析の結果はおそらく推測できるだろう．第7章では，競争市場における需要と供給の均衡は自然な結果というだけではなく，望ましいものでもあるという結論を得た．市場の見えざる手に導かれて，資源配分は総余剰が可能な限り最大になったのである．だが独占の資源配分は競争市場とは異なるものになるので，その結果は何らかの点で全体の経済厚生を最大化できないにちがいないと考えられている．

●死荷重

はじめに，もし博愛的統治者が独占企業を経営すると，何を行うかについて考えてみよう．博愛的統治者は企業所有者が得る利潤のみならず，消費者が受ける便益にも関心を払う．博愛的統治者は生産者余剰（利潤）と消費者余剰の合計である総余剰を最大化しようとする．総余剰が，消費者にとっての財の価値から独占的生産者が負担する財の生産費用を差し引いたものであることを覚えておこう．

図15-7は，博愛的統治者がどのように独占企業の生産量を選ぶかを分析している．需要曲線は消費者にとっての財の価値を反映し，財に対する支払許容額で測ることができる．限界費用曲線は，独占企業の費用を反映している．したがって，**社会的に効率的な生産量は，需要曲線と限界費用曲線が交わるところでみつけられる**．この量を下回ると，消費者にとっての追加的1単位の価値がそれを生産する限界費用を上回るので，生産を増やすことにより総余剰が増加する．またこの量を上回ると，追加的に1単位生産する費用は消費者にとってのその1単位の価値を上回るので，生産を減らすことにより総余剰が増加する．最適な数量では，消費者にとっての追加的1単位の価値は限界的な生産費用にちょうど等しくなるのである．

図 15-7 生産の効率的水準

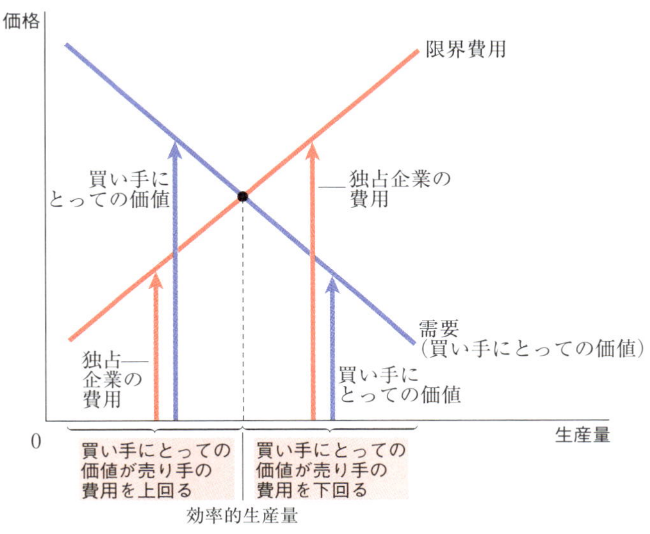

博愛的統治者は，需要曲線と限界費用曲線が交差するところを選択することで，市場の総余剰を最大化しようとするだろう．この水準を下回ると，（需要曲線で示される）限界的な買い手にとっての価値が，その財を生産する限界費用を上回る．この水準を超えると，限界的な買い手にとっての価値は，限界費用を下回る．

もし博愛的統治者が独占企業を経営していれば，需要曲線と限界費用曲線の交点で与えられる価格を設定して，この効率的な生産量に到達できるだろう．このように，博愛的統治者は限界費用に等しい価格をつけるが，これは競争企業と同じであり，利潤を最大化する独占企業とは異なる．この価格は消費者にとって，財の生産費用についての正確なシグナルとなるので，消費者は効率的な生産量を購入するだろう．

独占企業が選択する生産水準と，博愛的統治者が選択する生産水準を比較することにより，独占の厚生面の効果を評価することができる．これまでみてきたように，独占企業は限界収入曲線と限界費用曲線が交わるところで生産量と販売量を選択し，博愛的統治者は需要曲線と限界費用曲線が交わるところで生産量を選択する．図 15-8 は，その違いを示している．**独占企業の生産量は社会的に効率的な生産量よりも少ない．**

独占の非効率性は，独占企業の価格からもみることができる．市場需要曲

図 15-8　独占の非効率

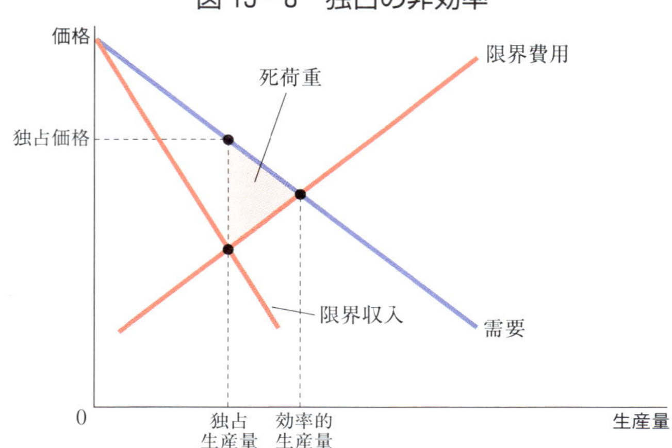

独占企業は限界費用を上回る価格をつけるので，財の価値を費用よりも高く評価する消費者すべてが購入するわけではない．したがって，独占企業による生産・販売量は，社会的に効率的な水準を下回る．死荷重は（消費者にとっての財の価値を表す）需要曲線と，（独占的生産者の費用を表す）限界費用曲線の間の三角形の領域によって表される．

線は財の価格と数量の負の相関関係を表すので，量が少なくて非効率だということは，価格が高くて非効率だということと同じである．独占企業が限界費用よりも高い価格をつけると，潜在的消費者の一部にとっては，財の価値は限界費用よりは高いが，独占価格よりは低いことになる．こうした消費者はその財を買おうとしない．こうした消費者にとっての財の価値は，それを供給する費用よりも大きいので，この結果は非効率的である．したがって，独占価格のためにお互いに有益な取引が生じないことがある．

図 15-8 に示されるように，独占の非効率は死荷重の三角形で測られる．需要曲線が消費者にとっての価値を反映し，限界費用曲線が独占企業にとっての費用を表すので，需要曲線と限界費用曲線の間の死荷重の三角形の面積は，独占価格による総余剰の損失に等しい．これは独占企業が市場支配力を用いることから生じる経済厚生の減少である．

独占によって生じる死荷重は，課税によって生じる死荷重とよく似ている．実際に，独占企業は私的な徴税人のようなものである．第 8 章でみたように，ある財に対する課税は，消費者の（需要曲線で表される）支払許容額と，

（供給曲線で表される）生産者の費用との間に差額をもたらす．独占企業は，市場支配力を用いて限界費用を上回る価格をつけるので，同じような差額を生み出す．どちらの場合も，差額があるために販売量は社会的最適に満たない．二つの違いは，政府が税収を得るのに対し，民間企業が独占利潤を得るということである．

●独占利潤：社会的費用か

独占企業が人々を犠牲にして「不当に利得を得ている」と批判したくなるかもしれない．そして実際，独占企業はその市場支配力のおかげで大きな利潤を得ている．しかしながら，独占の経済分析によると，独占企業の利潤そのものは，つねに社会にとっての問題となるわけではない．

独占市場における厚生も，すべての市場と同様に，消費者の厚生と生産者の厚生の合計である．独占価格のために消費者が生産者に１ドル多く支払うと，消費者の厚生は１ドル悪化するが，生産者の厚生は１ドル改善する．ある財を消費する消費者からその財の独占企業の所有者にこのような移転が起こっても，市場の総余剰（消費者余剰と生産者余剰の合計）は影響を受けない．言い換えれば，独占利潤そのものは経済のパイの大きさが縮小することを意味するわけではなく，たんに，生産者への配分が大きくなり，消費者への配分が小さくなるだけである．消費者が生産者以上に価値があるという何らかの理由がない限り――それは公平についての規範的な判断となり，経済効率の領域を超えるものである――独占利潤は社会的問題ではない．

独占市場の問題は，企業が販売する生産量が総余剰を最大化する水準に満たないために生じる．そしてこのとき経済のパイが結果的にどれだけ縮小したかを測ったものが死荷重となる．この非効率は，独占企業のつける高価格と関係している．企業が限界費用を上回る価格をつけると，消費者の購入量は減少する．しかし，それでも売れることで得られる利潤は問題ではないことを覚えておこう．問題は非効率的に低い生産量から生じるのである．別の表現をすれば，高い独占価格によって消費者が財を購入することを思いとどまらなければ，ちょうど消費者余剰の減少分だけ生産者余剰は増加し，総余剰は博愛的統治者によって達成されるのと同じ大きさになるだろう．

しかしながら，この結論には例外がありうる．独占企業がその独占的地位を維持するのに追加的な費用がかかるような場合がそうである．たとえば，政府によってつくられた独占企業は，ロビイストを雇って独占が続くように立法者を説得しなければならない．この場合，独占企業は独占利潤の一部を用いて，こうした追加的な費用を支払わなければならないかもしれない．もしそうであれば，独占による社会的損失には，こうした費用と，産出量の減少によって発生する死荷重の両方が含まれる．

【小問】 ●独占企業の生産量は，総余剰を最大化する生産量と比べるとどうなるか．この違いは，死荷重とどのように関連するか．

4 価格差別

これまでは，独占企業はすべての顧客に同じ価格を提示すると仮定してきた．しかし企業は，たとえ生産費用が同じであっても，２人の顧客に同じ財を売るにあたって，異なる価格をつけることも多い．この慣行を**価格差別**という．

価格差別をする独占企業の行動について議論する前に，財が競争市場で販売される場合には価格差別は不可能であることを指摘しておくべきだろう．競争市場には，多くの企業が同じ財を市場価格で販売している．企業は市場価格で売りたい量を売ることができるので，顧客に対して低い価格をつける企業はない．またもしある企業が顧客に対して高い価格をつければ，その顧客は他の企業からその財を買うようになるだろう．企業が価格差別をするためには，何らかの市場支配力を持っていなければならない．

●価格設定についての寓話

なぜ独占企業が価格差別をしようとするのかを理解するために，一つの例を考えてみよう．あなたはリーダロット社という出版社の社長だとしよう．リーダロット社の抱えるベストセラー作家が新しい小説を書き上げた．話を単純にするために，あなたはその本を出版する排他的権利を得るのに，200万ドルを著者に支払うとしよう．また，本を印刷する費用はゼロとしよう

価格差別 price discrimination：同じ財を異なる顧客に異なる価格で売る商慣行．

(たとえば電子書籍はそうなるだろう). したがって, リーダロット社の利潤はその本の販売による収入から著者に支払う200万ドルを差し引いたものである. このような仮定のもとで, リーダロット社の社長であるあなたは, その本にどのような価格をつければよいだろうか.

第1のステップは, その本の需要を見積もることである. リーダロット社のマーケティング部門は, その本が二つのタイプの読者の関心を呼ぶといっている. まず, その本は著者の熱狂的なファン10万人の関心を呼ぶ. このファンたちはその本に対して30ドルまでなら喜んで支払おうとするだろう. さらに, その本はあまり熱心ではない約40万人の読者に気に入られ, 彼らはその本に5ドルまでなら支払うだろう.

もしリーダロット社がすべての顧客に均一価格で販売するならば, 利潤を最大にする価格はいくらになるだろうか. 二つの価格が自然に思い浮かぶ. リーダロット社が熱狂的な10万の読者を得ることができる最高価格は30ドルであり, 50万の潜在的読者をすべて得ることができる最高価格は5ドルである. リーダロット社の問題を解くことは, 単純な算術の問題である. 本の価格を30ドルにすると, 10万部売れて300万ドルの収入となり, 100万ドルの利潤を得る. 価格を5ドルにすれば, 50万部売れて250万ドルの収入となり, 50万ドルの利潤を得る. したがって, リーダロット社は30ドルの価格をつけ, あまり熱心でない40万人の読者に売る機会を失うことで利潤を最大化する.

リーダロット社の決定によって死荷重が生じることに注意しよう. 40万人の読者はその本に5ドルを支払ってもよいと考えており, その本を供給する限界費用はゼロである. したがって, リーダロット社が高い価格をつけると, 200万ドルの総余剰が失われる. この死荷重は, 独占企業が限界費用を上回る価格をつけるときに必ず生じる非効率である.

ここでリーダロット社のマーケティング部門がある発見をしたとしよう. この二つの読者グループは別々の市場にいるというのである. 熱狂的な読者はオーストラリアに住んでおり, 他の読者はアメリカに住んでいる. さらに, ある国の読者が他の国で本を買うことは難しい.

この発見に対応して, リーダロット社はマーケティング戦略を変更し, 利潤を増やすことができる. 10万人のオーストラリアの読者に対しては, 本の価格を30ドルにすることができる. 40万人のアメリカの読者には, 本の価格を5ドルにすることができる．この場合，収入はオーストラリアで300万ドル，アメリカで200万ドルになり，合計で500万ドルになる．そして利潤は300万ドルとなり，すべての顧客に30ドルという同じ価格をつけたときに得られる100万ドルよりもはるかに大きい．当然，リーダロット社はこの価格差別戦略を選ぶ．

リーダロット社の話は仮想的であるが，多くの出版社の商慣行を描写している．ハードカバーとペーパーバックの間の価格差別を考えてみよう．出版社は新刊小説を出す際，最初は高価なハードカバー版で売り出し，後に安価なペーパーバック版で売り出す．この二つの版の価格差は，印刷費用の違いをはるかに上回る．ハードカバーを熱狂的な読者に売り，ペーパーバックをあまり熱心でない読者に売ることで，出版社は価格差別をし，利潤を増やしているのである．

●この話の教訓

他の寓話と同様に，リーダロット社の話も定型化されている．しかし，他の寓話と同様に，いくつかの一般的な教訓を与えてくれる．このケースでは，価格差別について三つの教訓を学ぶことができる．

第1のそして最も明らかな教訓は，価格差別が利潤最大化をする独占企業にとって合理的な戦略であるということである．すなわち，異なる顧客に異なる価格をつけることで，独占企業は利潤を増加させることができる．要するに，価格差別をする独占企業は，すべての顧客に均一価格をつけるのではなく，それぞれの顧客にその支払許容額に近い価格をつける．

第2の教訓は，価格差別を実行するには支払許容額に応じて顧客を分離する能力が必要とされることである．われわれの例では顧客は地理的に離れていたが，独占企業は年齢，所得といった他の違いを選んで顧客を区別することもある．

この第2の教訓に関連するが，市場の力によって企業の価格差別が妨げられることもある．とくに，そのような力の一つとして裁定がある．**裁定**とは，財をある市場で安く買い，それを他の市場で高く売って，その価格差から利潤を得るというプロセスである．われわれの例では，もしオーストラリアの書店がアメリカで本を購入し，それをオーストラリアの読者に再び販売できるならば，その裁定によりオーストラリアの人は誰も高い価格の本を買わなくなり，リーダロット社は価格差別ができなくなるだろう．

この寓話の第3の教訓は最も驚くべきことである．すなわち，価格差別は経済厚生を高めうるのである．出版社が30ドルの均一価格をつけると死荷重が生じることを思い出そう．40万人のあまり熱心でない読者が生産の限界費用よりも高くその本を評価しているのに，その本を買わずに終わるためである．対照的に，リーダロット社が価格差別をする場合には，すべての読者が本を買い，その結果は効率的となる．このように価格差別は，独占価格に内在する非効率を取り除くことができる．

この例では，価格差別によって生じる厚生の増加は，消費者余剰の増加ではなく，生産者余剰の増加として表れることに注意しよう．消費者がその本を購入しても厚生はまったく改善しない．彼らが支払う価格はその本に置く価値にちょうど等しく，消費者余剰はまったく生じていない．価格差別によって生じる総余剰の増加は，利潤の増加という形ですべてリーダロット社に生じるのである．

●価格差別の分析

価格差別が経済厚生にどのような影響を与えるかについて，もう少し形式的に考察してみよう．まず独占企業は完全に価格差別を行うことができると仮定しよう．**完全価格差別**とは，独占企業が各顧客の支払許容額を正確に知っており，各顧客に対して異なる価格をつけることができる状況である．この場合，独占企業は各顧客にちょうど支払許容額を課し，すべての取引で全余剰を手にする．

図15-9は，価格差別のない場合とある場合の消費者余剰と生産者余剰を示している．単純化するため，この図は1単位当たりの費用が一定――すなわち限界費用と平均総費用が一定でかつ等しい――だと仮定して描かれている．価格差別がないときには，パネル(a)に示されるように，企業は限界費用を超える均一の価格をつける．この財を限界費用以上に評価する潜在的な顧客のなかには，この高い価格では買わない人がいるので，独占による死荷重が生じる．しかし，パネル(b)に示されるように，企業が完全に価格差別をするときには，この財を限界費用以上に評価する顧客はすべてその財を購

図 15－9　価格差別のある場合とない場合の厚生

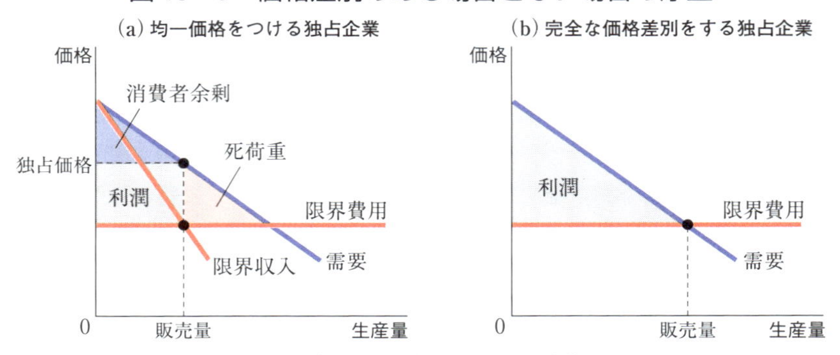

パネル(a)は，すべての顧客に同じ価格をつける独占企業を示している．この市場における総余剰は，利潤（生産者余剰）と消費者余剰の合計に等しい．パネル(b)は，完全な価格差別ができる独占企業を示している．消費者余剰はゼロなので，総余剰はその企業の利潤に等しい．この二つのパネルを比べると，完全な価格差別により，利潤と総余剰は増大し，消費者余剰は減少することがわかる．

入し，支払許容額に相当する支払いをする．互いにとって有益な取引はすべて行われ，死荷重は生じず，市場から生じる余剰はすべて利潤という形で独占企業のものとなる．

もちろん，完全な価格差別というのは不可能である．消費者は支払許容額を示しながら店に入ったりはしない．その代わりに，若者と高齢者，平日の買い物客と週末の買い物客，アメリカ人とオーストラリア人といったように，企業は顧客をグループ分けして価格差別をする．リーダロット社の寓話とは異なり，そうしたグループのなかでも製品に対する支払許容額は顧客によって異なるので，完全な価格差別をすることは不可能である．

この不完全な価格差別は経済厚生にどのような影響を及ぼすだろうか．こうした価格形成の分析は非常に複雑で，この問題に対する一般的な答えはないことがわかる．均一価格の独占の結果と比較すると，不完全な価格差別は市場の総余剰を高めたり，低めたり，あるいは変えないこともある．唯一の確かな結論は，価格差別によって独占利潤が増加することである．そうでなければ，企業は顧客に同じ価格をつけることを選ぶからである．

●価格差別の例

現代経済では，企業はさまざまな経営戦略を用いて異なる顧客に異なる価格を課そうとしている．価格差別の経済学を理解したところで，いくつかの例について考察しよう．

映画鑑賞券　多くの映画館は，子どもと高齢者に対して他の人よりも低い価格をつけている．この事実は競争市場では説明が難しい．競争市場では，価格は限界費用と等しく，子どもや高齢者に対して座席を提供する限界費用は，他の人に対して座席を提供する限界費用と同じだからである．しかし，もし映画館が地域的な独占力をいくらかは持っており，しかも子どもと高齢者が入場券に対して持つ支払許容額が低いのであれば，この異なる価格設定は容易に説明できる．この場合，映画館は価格差別によって利潤を増やすことができる．

航空券の価格　航空機の座席は多くの異なる価格で販売される．土曜日から日曜日にかけて旅行者が旅先で過ごす場合，ほとんどの航空会社は，二都市間の往復航空券の価格を安くする．一見，これは奇妙にみえる．旅行者が土曜の夜を旅先で過ごすか否かが，なぜ航空会社にとって重要なのだろうか．その理由は，このルールによってビジネス客と個人旅行客とを区別することが可能になるからである．ビジネス旅行客の支払許容額は高く，ほとんどの場合，土曜の夜を旅先で過ごしたいとは思わないだろう．対照的に，個人的な理由で旅行する人は，支払許容額が低く，土曜の夜を旅先で過ごしたいと考える人が多いだろう．したがって，航空会社は土曜の夜を旅先で過ごす旅行者に低い価格を設定することにより，価格差別に成功するのである．

割引クーポン　多くの企業は，新聞や雑誌やオンライン上で人々に割引クーポンを提供している．購入者はたんにクーポンを切り抜いておくだけで，次に買うときに50セントを割り引いてもらえる．なぜ会社はこのようなクーポンを提供するのだろうか．なぜ製品の価格を50セント安くしないのだろうか．

その答えは，クーポンによって企業は価格差別ができるためである．企業は，顧客にはクーポンを切り抜くことに時間を費やしたくない人がいることを知っている．さらに，クーポンを切り抜こうとすることは，顧客のその財に対する支払許容額に関係している．豊かで忙しいエグゼクティブたちが，新聞からクーポンを切り抜くことに時間を使うとは思えないし，そういう人は多くの財にもっと高い価格を支払うだろう．一方，失業者は，クーポンの切抜きをしそうであり，支払許容額も低い．このように，クーポンを切り抜く顧客に対してだけ低い価格をつけることにより，企業は価格差別に成功するのである．

学費補助　多くの大学は貧しい学生の学費を補助している．この政策は価格差別の一種であるとみなすことができる．裕福な学生は巨額の資産を所有しており，したがって貧しい学生よりも支払許容額が高い．高い授業料を課す一方で学費補助を選択的に提供することによって，学校は実際に顧客が学校へ行くことに対して持つ価値に応じて価格をつけているのである．この行動は，価格差別をする他の独占企業と同様のものである．

数量割引　これまでの価格差別の例では，独占企業は異なる顧客に対して異なる価格を課してきた．しかしながら時には，独占企業は同じ顧客に対して，異なる購入量に異なる価格を課して価格差別をすることもある．たとえば，多くの企業は大量に購入する顧客には低い価格を提示する．1個50セントのドーナツを売るパン屋は，1ダースのドーナツは5ドルで売るかもしれない．顧客は最初の1単位に12単位めよりも高い価格を支払うので，これは価格差別の一形態である．数量の追加に対する顧客の支払許容額は，多くの数量を買うほど減少するため，数量割引はしばしば成功する価格差別の方法である．

【小問】
- 価格差別の例を二つ挙げなさい．
- 完全な価格差別は消費者余剰，生産者余剰，総余剰にどのような影響を及ぼすかを説明しなさい．

5 独占に対する公共政策

これまで，独占は競争市場と比べると資源を効率的に配分できないということをみてきた．独占企業は社会的に望ましい量よりも少ない生産量しか生産せず，限界費用を上回る価格がつけられる．政府の政策立案者は，次の四つの方法のどれか一つを用いて独占の問題に対応することができる．

- 独占産業を競争的にしようとする．
- 独占企業の行動を規制する．
- 私的独占を公企業に転換する．
- 何もしない．

●反トラスト法（独占禁止法）による競争促進

もしコカ・コーラとペプシコが合併を望めば，その協定は，有効になる前に連邦政府によって子細に検討されるだろう．司法省の法律家と経済学者は，この二つの巨大な飲料企業の合併によって，アメリカのソフトドリンク市場が相当程度に競争を制限され，その結果，一国全体の経済厚生を減少させると結論するかもしれない．もしそうなると，司法省は法廷で合併に異議を申し立て，判事が同意すれば，二つの企業の合併は認められなくなる．1994年に，ソフトウェア業界の巨人であるマイクロソフトがインテュイットを買収しようとして認められなかったのも，まさにこの種の異議申立てによる．同様に，2011年，政府は電話業界の巨人 AT&T が競争相手の T-モバイルを買収することを阻止した．

政府が民間産業に対してこのような力を持っているのは，独占力を制限することを目的とした一連の条文からなる反トラスト法（独占禁止法）があるためである．この一連の法律のうち，最も古くて最も重要な法律は，1890年に議会を通り，当時経済を支配しているとみられた巨大で強力な「トラスト（企業合同）」の市場支配力を弱めようとしたシャーマン法であった．1914年に議会を通過したクレイトン法は，政府の権力を強化し，民間による告訴を正当化した．アメリカ最高裁がかつて述べたように，反トラスト法は，「取引のルールとして自由で束縛のない競争を保護することを目的とした，経済的自由の包括的な憲章である」.

反トラスト法は，競争を促進するためのさまざまな手段を政府に与えている．それにより，政府はAT&TとT-モバイルのような合併を阻止することが認められている．ときには，政府は企業を分割することも認められている．さらに，反トラスト法は，市場を非競争的にするような行為を企業が示し合わせて行うことを禁じている．

反トラスト法には便益だけでなく費用もある．企業は競争を抑制するためではなく，より効率的な共同生産を通じて費用を削減するために合併することもある．合併によるこうした便益は**シナジー効果**と呼ばれることがある．たとえば，近年，多くのアメリカの銀行が合併し，管理部門の合体によって管理スタッフの削減に成功した．航空産業でも同じような合併を経験した．もし反トラスト法が社会的厚生を高めるのであれば，政府はどの合併が望ましく，どの合併が望ましくないかを決めることができなければならない．すなわち，政府は，シナジーによる社会的便益と，競争制限による社会的費用を測定し，比較できなければいけないのである．反トラスト法を批判する人たちは，政府が十分な正確さをもって，必要な費用-便益分析を行うことができるかということに対して懐疑的である．結局，反トラスト法の適用については，専門家の中でも意見が分かれることがしばしば起こる．

専門家にきく　航空会社の合併

「もし規制当局が過去10年間に主要なネットワークを有する航空会社間の合併を承認しなかったとしたら，今日の旅行者の経済厚生は高まっていただろう．」

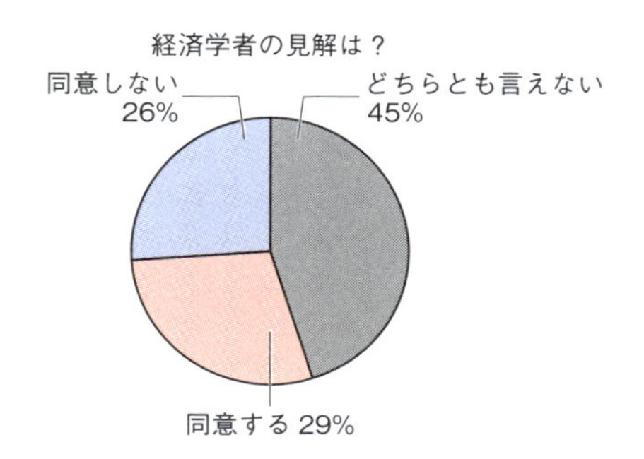

（出所） IGM Economic Experts Panel, August 28, 2013.

規制

政府が独占の問題を扱うもう一つの方法は，独占企業の行動を規制することである．この解決策は，水道会社や電力会社のような自然独占の場合に共通してみられる．これらの会社は，好きな価格をどのようにつけてもよいわけではない．実際，政府の機関はこれらの価格を規制している．

自然独占に対して，政府はどのような価格を設定すべきだろうか．この問題は，一見して思うほどやさしくはない．ある人は，独占企業の限界費用に等しい価格をつけるべきであると結論するかもしれない．価格が限界費用に等しければ，顧客は総余剰を最大化するような独占企業の生産量を購入し，資源配分は効率的となるだろう．

しかし，価格を限界費用に等しくするよう規制をすること（限界費用価格形成）には，二つの実際的な問題がある．第1の問題点は費用曲線の論理から生じる．定義より，自然独占では平均総費用は逓減する．第13章で議論したように，平均総費用が逓減するときには，限界費用は平均総費用よりも小さい．この状況は図15-10に図示されているように，大きな固定費用を持ち，その後は一定の限界費用となる企業にあてはまる．もし規制当局が価格を限

図 15-10　自然独占における限界費用価格形成

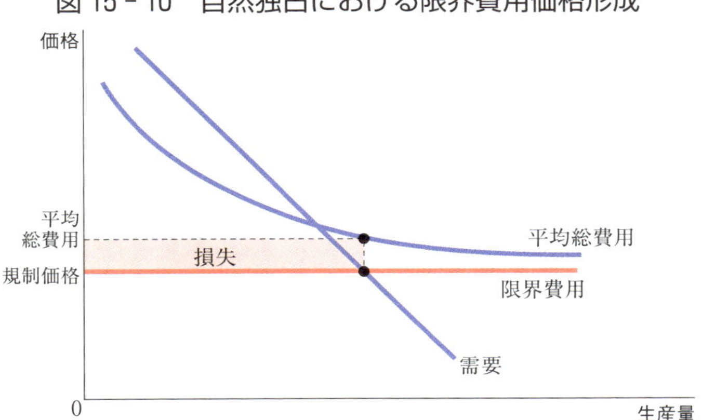

自然独占では平均総費用が逓減するので，限界費用は平均総費用よりも小さい．したがって，規制当局が自然独占企業に対して限界費用と等しい価格を強制すると，価格は平均総費用を下回り，独占企業は損失を被る．

界費用と等しくなるように設定するならば，その価格は企業の平均総費用よりも小さくなり，企業は赤字を抱えるだろう．独占企業は，そのような低い価格をつけるぐらいなら，市場から退出するだろう．

規制当局はこの問題にさまざまな方法で対応できるが，どれ一つとして完全なものはない．一つの方法は独占企業に補助金を与えることである．要するに，限界費用価格形成に内在する損失を政府が負担するのである．しかし，補助金を支払うためには，政府は課税によって資金を集めなければならず，それ自身が死荷重を伴うことになる．代替案として，規制当局は独占企業が限界費用よりも高い価格を設定することを認めることもできる．価格を平均費用に等しくするように規制すること（平均費用価格形成）により，独占企業が得る経済学上の利潤はちょうどゼロとなる．しかし，平均費用価格形成は死荷重をもたらす．独占企業の価格は，財を生産する限界費用を反映しなくなるからである．要するに，平均費用価格形成は独占企業が販売している財への課税のようなものである．

規制制度としての限界費用価格形成（および平均費用価格形成）の第２の問題は，独占企業に費用を削減するインセンティブが生じないことである．競争市場における各企業は，費用を削減すれば利潤が増大するので，費用を減らそうと努力する．しかし，もし費用が低下すると必ず規制当局が価格を下げるとわかっていたら，規制されている独占企業は費用を引き下げても便益を得ないだろう．実際，規制当局はこの問題に対して，独占企業が費用の減少による便益の一部を利潤として得ることを認めている．これは限界費用価格形成からの若干の離脱を必要とする試みである．

●公的所有

政府が独占への対処として用いる第３の政策は，公的所有である．すなわち，民間企業の経営による自然独占を規制するのではなく，政府が独占企業そのものを経営するのである．この解決法は多くのヨーロッパ諸国に共通してみられ，電話，水道，電力会社などの事業は，政府が所有・経営している．アメリカでは，政府が郵便事業を経営している．通常の第１種郵便の配達は自然独占であると考えられている．

経済学者は通常，自然独占について，公的所有よりも私的所有がよいと考えている．重要な点は，企業の所有形態が生産費用にどのような影響を及ぼすかということである．民間企業の所有者は，利潤の増大という形で便益の一部を手にすることができる限り，費用を最小化するインセンティブを持つ．もし企業の経営者が費用を十分に減らすことができなければ，企業の所有者は経営者を解雇するだろう．対照的に，独占企業を経営する政府の官僚が費用を十分に減らすことができなくても，損失を被るのは顧客と納税者であり，彼らの頼みの綱となるのは政治システムだけである．官僚は特定利益集団になり，費用削減に向けた改革を阻止しようとするかもしれない．わかりやすくいうと，企業経営をきちんと行うことを保証する方法としては，投票箱は利潤動機ほどには頼りにならないのである．

●何もしない

独占の問題を減らそうとするこれまでの政策には，それぞれに欠点がある．結果として，経済学者のなかには，政府が独占価格の非効率性を改善しようとしないことがしばしば最善であると主張する人もいる．以下は，産業組織論の業績でノーベル賞を受賞した経済学者であるジョージ・スティグラーの評価である．

> 「経済学の有名な定理では，競争企業経済が所与の資源のストックから最大の所得を生み出せると述べている．現実経済のどこにも，この定理の条件を厳密に満たすところはない．すべての現実経済は理想的経済に至らず，その差は『市場の失敗』と呼ばれる．しかしながら私のみるところでは，アメリカ経済の『市場の失敗』の程度は，現実の政治制度にみられる不完全な経済政策から生じる『政治の失敗』の程度よりもはるかに小さい．」

この引用から明らかなように，経済における政府の適切な役割を決定するには，経済学と同様に政治学に基づく判断も必要となるのである．

【小問】 ●独占によって生じる非効率に対して政策立案者が対応できる方法を述べなさい．それらの政策的対応の一つ一つについて，潜在的な問題を挙げなさい．

6 結論：独占はどれほどみられるか

この章では価格を設定できる支配力を持つ企業の行動を議論した．こうした企業は，前章で学んだ競争企業とは非常に異なった行動をすることをみた．表15-2は競争企業と独占企業の重要な相違点を要約したものである．

公共政策の点からみて重要な結果は，独占企業の生産量は社会的に効率的な生産量よりも少なく，またその（つける）価格は限界費用を上回るということである．その結果，独占によって死荷重が生じる．場合によっては，こうした非効率は独占企業による価格差別によって緩和されることもあるが，政策立案者の積極的な役割を必要とする場合もある．

独占の問題は実際にどれほど生じているのだろうか．この問題については二つの答えがある．

ある意味では，独占は普通にみかけられる．ほとんどの企業は価格設定にあたってある程度の支配力を持つ．ある企業の提供する財は，他の企業の提供する財と完全に同じではないので，市場価格に等しい価格をつけるように

表15-2　競争と独占：簡潔な比較

	競争	独占
類似点		
企業の目的	利潤最大化	利潤最大化
最大化のルール	$MR=MC$	$MR=MC$
短期において経済学上の利潤を獲得できるか	できる	できる
相違点		
企業数	多数	1
限界収入	$MR=P$	$MR<P$
価格	$P=MC$	$P>MC$
経済厚生を最大化する量を生産するか	する	しない
長期的な参入があるか	ある	ない
長期において経済学上の利潤を獲得できるか	できない	できる
価格差別は可能か	不可能	可能

強いられることはない．フォードのトーラスはトヨタのカムリと同じではない．ベン＆ジェリーズのアイスクリームはブレイヤーズのアイスクリームとは同じでない．これらの財はそれぞれ右下がりの需要曲線を持っており，各生産者はある程度の独占力を持っている．

しかし，かなりの独占力を持っている企業は非常にまれである．真に独自の財はほとんどない．ほとんどの財には代替財があり，まったく同じではないもののある程度似通っている．ベン＆ジェリーズは，売上げをあまり落とすことなく，自社のアイスクリームの価格を少し上げることはできるが，大幅に値上げすれば，顧客は他のブランドに乗り換えてしまうので売上げはかなり落ちるだろう．

結局，独占力は程度の問題である．多くの企業がいくらかの独占力を持っているのは確かである．しかし，その独占力が通常は非常に限られたものであることも確かである．このような状況では，企業が競争市場で操業しているという仮定は，正確に当てはまらないにしても，あまり間違ったものにはならないだろう．

要約

- 独占企業とは市場に存在する唯一の売り手である企業のことである．独占が生じるのは，一つの企業が重要な資源を有するとき，政府がある財を排他的に生産する権利を企業に与えるとき，一つの企業で行うほうが多くの企業で行うよりも低い価格で市場すべてに供給できるとき，である．
- 独占企業は市場における唯一の生産者なので，自社の生産物について右下がりの需要曲線に直面する．独占企業が生産を１単位増加させると，財の価格は下落し，すでに生産した分から得られる収入は減少する．その結果，独占企業の限界収入はつねに財の価格を下回る．
- 競争企業と同様に，独占企業は限界収入と限界費用が等しくなる生産量において利潤を最大化する．そして，独占企業は利潤を最大化する生産量が需要されるような価格を設定する．競争企業と異なり，独占企業の価格は限界収入を上回るので，価格は限界費用を上回る．

- 独占企業が利潤を最大化する生産水準は，消費者余剰と生産者余剰の合計が最大になる生産水準よりも低い．すなわち，独占企業が限界費用を超える価格をつけると，その財に生産費用以上の価値を置く消費者のなかには，その財を購入しない人が出てくる．その結果，課税による死荷重と同様の死荷重が独占によって生じる．
- 独占企業は同じ財に，買い手の支払許容額に基づいて異なる価格をつけることによって，利潤を増やすことができる．価格差別を実施することにより，その財を買わなかったかもしれない消費者が買うようになって，経済厚生が高まることがある．完全な価格差別という極端な場合には，独占の死荷重は完全に取り除かれ，市場の余剰のすべては独占企業の手に入る．より一般的には，価格差別が不完全なときの経済厚生は，均一の独占価格をつけた場合の結果と比較して，大きくなることも小さくなることもある．
- 政策立案者は，独占行動の非効率性に対して四つの方法で対処することが可能である．反トラスト法を用いて，産業をより競争的にすることができる．独占企業がつける価格を規制することができる．独占企業を公的所有に転換することができる．また，もし市場の失敗が政策に不可避な不完全性と比べて小さければ，何もしないということもできる．

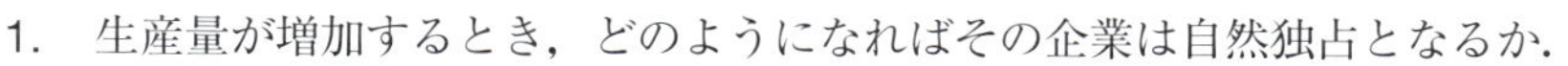

確認問題

1. 生産量が増加するとき，どのようになればその企業は自然独占となるか．
   a. 限界収入が減少する．
   b. 限界費用が増加する．
   c. 平均収入が減少する．
   d. 平均総費用が減少する．
2. すべての消費者に同一の価格をつける独占企業が利潤最大化するときに，価格 P と限界収入 MR と限界費用 MC の間の関係はどのようになるか．
   a. $P=MR$，$MR=MC$
   b. $P>MR$，$MR=MC$
   c. $P=MR$，$MR>MC$
   d. $P>MR$，$MR>MC$

3. もし独占企業の固定費用が増加するならば，その価格は（　　　），利潤は（　　　）.
   a. 増加し，減少する
   b. 減少し，増加する
   c. 増加し，変わらない
   d. 変わらず，減少する
4. 社会的な最適と比べて，独占企業が選ぶのは次のどれになるか.
   a. 少なすぎる生産量と高すぎる価格
   b. 多すぎる生産量と低すぎる価格
   c. 多すぎる生産量と高すぎる価格
   d. 少なすぎる生産量と低すぎる価格
5. 独占で死荷重が生じるのはなぜか.
   a. 独占企業が競争企業よりも高い利潤を得るため.
   b. 財の購入を控えた潜在的な消費者のうち，その財を限界費用以上に評価する人がいるため.
   c. 財を購入する消費者が限界費用以上に支払わなければならず，消費者余剰が低くなるため.
   d. 独占企業が価格と平均収入を等しくする生産量を選ばないため.
6. 独占企業が均一価格から完全価格差別に移行すると何が減少するか.
   a. 生産量
   b. 企業利潤
   c. 消費者余剰
   d. 総余剰

復習問題

1. 政府によってつくりだされる独占の例を挙げなさい．独占をつくりだすことはつねに悪い公共政策かどうか説明しなさい.
2. 自然独占を定義しなさい．市場規模は，その産業が自然独占になるか否かに関係あるか.
3. なぜ独占企業の限界収入はその財の価格よりも小さいのか．限界収入が負になることはあるか．説明しなさい．

4. 独占企業の需要曲線，限界収入曲線，平均総費用曲線，限界費用曲線を描きなさい．利潤を最大化する生産水準，利潤を最大化する価格，利潤の額を示しなさい．
5. 問4の図において，総余剰を最大化する生産水準を示しなさい．独占による死荷重を示し，なぜそうなるのか説明しなさい．
6. 価格差別の例を二つ挙げなさい．それぞれの場合に，なぜ独占企業がこの経営戦略をとることにしたのか説明しなさい．
7. なぜ政府は企業間の合併を規制する権力を持っているのか．（社会的厚生の観点から）二つの企業が合併を考える際の良い理由と悪い理由を示しなさい．
8. 自然独占の企業に対し，規制当局者が価格を限界費用と等しく設定するように命じたとする．このときに生じる二つの問題を述べなさい．

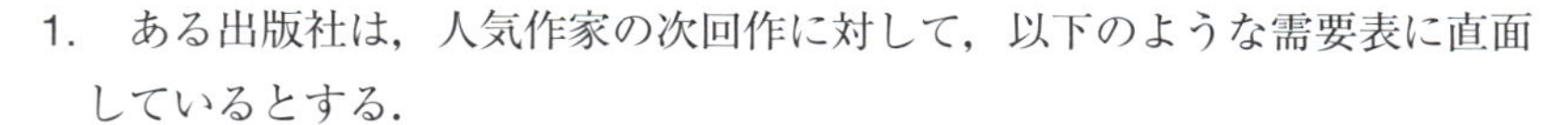

応用問題

1. ある出版社は，人気作家の次回作に対して，以下のような需要表に直面しているとする．

価格（ドル）	需要量（冊）
100	0
90	100,000
80	200,000
70	300,000
60	400,000
50	500,000
40	600,000
30	700,000
20	800,000
10	900,000
0	1,000,000

この本の著者には200万ドルが支払われる．本を出版する限界費用は一定で，1冊につき10ドルである．

a. それぞれの数量のときの，総収入，総費用，利潤を計算しなさい．利潤を最大化するために，出版社はどの数量を選べばよいだろうか．また，どのような価格をつけるだろうか．

b. 限界収入を計算しなさい（$MR = \Delta TR / \Delta Q$ であることを思い出しなさい）．限界収入は価格と比べてどうなるだろうか．その理由も説明しなさい．

c. 限界収入，限界費用，需要曲線を図で表しなさい．限界収入曲線と限界費用曲線はどこで交差するだろうか．このことは何を意味するだろうか．

d. 死荷重の部分を図のなかで塗りつぶしなさい．これが何を意味するかを言葉で説明しなさい．

e. もし著者に対して200万ドルではなく300万ドルが支払われるとすると，出版社の価格設定にどのように影響するかを説明しなさい．

f. 出版社が利潤を最大化することではなく，経済効率を最大化することに関心があるとしよう．本の価格はいくらになるだろうか．出版社はこの価格でどれだけの利潤を得るだろうか．

2. ある小さな町では，一定で同じ大きさの限界費用を持つ多くのスーパーマーケットが競争して営業している．

a. 生鮮食料品の市場の図を用いて，消費者余剰，生産者余剰，総余剰を示しなさい．

b. 独立していたスーパーマーケットが合併し，一つのチェーン店になるとしよう．新しく図を描き，消費者余剰，生産者余剰，総余剰を新たに示しなさい．競争市場と比べたとき，消費者から生産者に移転されるのはどの部分だろうか．死荷重はどの部分だろうか．

3. ジョニー・ロカビリーは最新のCDのレコーディングを終えたばかりである．レコード会社のマーケティング部門は，CDの需要が以下のようになっていると判断した．

価格（ドル）	CD の販売数（枚）
24	10,000
22	20,000
20	30,000
18	40,000
16	50,000
14	60,000

企業はCDを固定費用ゼロ，可変費用5ドルで生産することができる．

a. CDの枚数が1万枚，2万枚，…と変化したときの総収入をそれぞれ求めなさい．販売量が1万枚ずつ増えるごとに限界収入はどのようになるだろうか．

b. 利潤が最大化されるのはCDの枚数が何枚のときだろうか．そのときの価格はいくらだろうか．利潤はどうなるだろうか．

c. もしあなたがジョニーの代理人ならば，レコード会社にレコーディング料をいくら要求するようにジョニーにアドバイスするだろうか．またそれはなぜだろうか．

4. ある会社が川に橋を架けることを考えている．その橋を建設するには200万ドルを要し，維持費はかからない．以下の表は，その企業が橋の寿命が尽きるまでの需要を予想したものである．

P（1通行当たり，ドル）	*Q*（通行量，1000人）
8	0
7	100
6	200
5	300
4	400
3	500
2	600
1	700
0	800

a. この会社が橋を架ける場合，利潤最大化価格はいくらになるだろうか．それは効率的な生産水準になるだろうか．その理由は何か．

b.　もし企業が利潤を最大化することに関心があれば，橋を架けるべきだろうか．その利潤あるいは損失はいくらになるか．

c.　もし政府が橋を架けるとすると，どのような価格をつけるべきだろうか．

d.　政府は橋を架けるべきだろうか．説明しなさい．

5.　独占価格と需要の価格弾力性との間の関係について考察しよう．

a.　独占企業はなぜ需要曲線が非弾力的となるような数量を生産しないか説明しなさい（ヒント：もし需要が非弾力的で企業が価格を引き上げたら，総収入と総費用に何が起こるだろうか）．

b.　独占企業の図を描き，需要曲線が非弾力的な部分を明示しなさい（ヒント：答えは限界収入曲線と関係している）．

c.　図において，総収入を最大化する数量と価格を示しなさい．

6.　あなたは300人の大人と200人の子どもがいる町に住んでおり，住民を楽しませ，いくらかのお金を稼ぐような公演を行うことを考えている．公演には2000ドルの固定費用がかかるが，入場券を追加的に販売する限界費用はゼロである．次の表は二つのタイプの消費者の需要計画である．

価格（ドル）	大人（人）	子ども（人）
10	0	0
9	100	0
8	200	0
7	300	0
6	300	0
5	300	100
4	300	200
3	300	200
2	300	200
1	300	200
0	300	200

a.　利潤を最大化するためにあなたは大人の入場券にいくらの価格をつけるか．子どもの入場券にいくらの価格をつけるか．そのときあなたはどれだけの利潤を得るか．

b.　市議会が，異なる顧客に異なる価格をつけることを禁じる法律を成立させたとしよう．するとあなたは入場券にどのような価格を設定するか．

またそのときどれだけの利潤を得るか.

c. 価格差別を禁じる法律は，誰の経済厚生を悪化させ，誰の経済厚生を改善させるか（可能であれば，経済厚生の変化を数量で表しなさい）.

d. もし公演の固定費用が2000ドルではなく2500ドルならば，問a，問b，問cの答えはどのように変化するか.

7. エクテニアの町のすべての住民は経済学を愛し，市長は経済学博物館の建設を提案した．その固定費として240万ドルかかり，可変費用はかからない．10万人の住民がおり，住民のそれぞれは博物館の見学について同じ需要関数 $Q^D=10-P$ を持っている．ただし，P は入場料である.

a. 博物館の平均総費用曲線と限界費用曲線を図示しなさい．博物館はどのような市場にいると考えられるか.

b. 市長は，一括税で24ドルの資金調達を行い，一般に無料で開放することを提案した．住民はそれぞれ何回博物館を見学するか．消費者余剰からこの新しい税を引いたものを指標として，住民がそれぞれ博物館から得る便益を計算しなさい.

c. 市長の増税に対する反対者は，博物館は入場料を課すことによって自己で資金調達をすべきだという．博物館が損失を被ることなく課すことのできる最低の価格はいくらか（ヒント：2ドル，3ドル，4ドル，5ドルの価格に対する見学者の数と博物館の利潤を求めなさい）.

d. 問cで求めた収支均衡となる価格の下で，各住民の消費者余剰を計算しなさい．市長の計画と比べて，入場料をとることで誰の厚生が改善されるか，また誰の厚生が悪化するかについて説明しなさい.

e. これまでの問いでは考慮されていないが，現実世界においてどのような点を考慮することが，入場料をとることの賛成論となるだろうか.

8. ヘンリー・ポッターは町に一つしかない，清浄な飲料水が出る井戸を所有している．彼は以下の需要曲線，限界収入曲線，限界費用曲線に直面している.

需　　要：$P=70-Q$

限界収入：$MR=70-2Q$

限界費用：$MC=10+Q$

a. これら三つの曲線をグラフに記入しなさい．ポッター氏が利潤を最大化すると仮定して，彼はどれだけの水を生産し，どのような価格をつけるか．またこれらの結果をグラフ上で示しなさい．

b.　水の消費者のことを心配したジョージ・ベイリー市長は，問 a で導いた独占価格から10%下回る上限価格を検討している．この新しい価格ではどれだけの量が需要されるだろうか．また利潤を最大化するポッター氏はその量を生産するだろうか．説明しなさい（ヒント：限界費用を考えなさい）．

c.　ジョージ市長の叔父のビリーは，上限価格は供給不足をもたらすので悪いアイデアであるという．彼の言うことは正しいだろうか．またその場合に上限価格はどれだけの不足を生み出すか．説明しなさい．

d.　ジョージ市長の友人のクラレンスは，彼よりもっと消費者のことを心配し，独占価格よりも50%低い上限価格を提案するとしよう．この価格ではどれだけの量が需要されるだろうか．ポッター氏はどれだけの量を生産するだろうか．この場合，市長の叔父のビリーのいうことは正しいだろうか．この上限価格によりどれだけの量の不足が生み出されるだろうか．

9.　ウィキナム国では，ただ一つの企業がサッカーボールを生産し販売している．そして話を始めるにあたり，サッカーボールの国際貿易は禁止されているとしよう．次の式は，独占企業の需要，限界収入，総費用，限界費用である．

需　　要：$P=10-Q$
限界収入：$MR=10-2Q$
総 費 用：$TC=3+Q+0.5Q^2$
限界費用：$MC=1+Q$

ここで，Q は数量，P はウィキナムのドル表示の価格である．

a.　独占企業は何個のサッカーボールを生産するか．それらはいくらの価格で売られ，独占企業の利潤はいくらになるか．

b.　ある日，ウィキナムの国王がこれからは国際価格である 6 ドルでサッカーボールの自由貿易――輸入や輸出――ができると宣言した．企業は今や競争市場における価格受容者である．このとき，サッカーボールの国内生産と国内消費に何が起こるか．またウィキナムはサッカーボールを輸出するか，それとも輸入するか．

c. 第9章で学んだ国際貿易の分析によれば，貿易がないときの国内価格が国際価格より低い場合にその国は輸出国となり，貿易がないときの国内価格が国際価格より高いときにその国は輸入国となる．この結論は問aおよび問bに対するあなたの答えと一致するか．説明しなさい．

d. 国際価格が6ドルではなく，問aで計算した，貿易がないときの国内価格にちょうど等しかったとしよう．国際貿易の許可はウィキナム国の経済にどんな影響を及ぼすかを説明しなさい．また，ここでの結論を第9章での分析結果と比較しなさい．

10. 市場調査によって，エクテニア国の映画制作会社は新しいDVDに対する需要と制作コストに関する以下のような情報を手に入れた．

需　　要：$P=1000-10Q$

総 収 入：$TR=1000Q-10Q^2$

限界収入：$MR=1000-20Q$

限界費用：$MC=100+10Q$

このとき，Q はDVDの販売量を表し，P はエクテニアン・ドルで測ったDVDの価格を表す．

a. この映画制作会社の利潤を最大化する価格と数量を求めなさい．

b. 社会的厚生を最大にするような価格と数量を求めなさい．

c. 独占によって生じる死荷重を求めなさい．

d. 上記の制作コストに加えて，映画監督に報酬を支払わなければならないとする．この制作会社は，以下の四つの選択肢を考えている．

i．エクテニアン・ドルによる2000ドルの一括報酬

ii．利潤の50%の報酬

iii．販売1単位当たり150エクテニアン・ドルの報酬

iv．収入の50%の報酬

それぞれの選択肢について，映画制作会社の利潤を最大化する価格と数量を求めなさい．独占による死荷重を変えられるのはどの報酬システムか．説明しなさい．

11. ラリーとカーリーとモウは，町でただ1軒の酒場を経営している．ラリーは赤字にならない範囲でなるべく多くの飲物を売りたいと考えている．

カーリーは酒場になるべく多くの収入をもたらしたいと考えている．モウは利潤を最大化したいと考えている．酒場の需要曲線と費用曲線を一つの図に描き，3人の共同経営者それぞれが望む価格と数量の組合せを示しなさい．その理由も説明しなさい．

12. 多くの価格差別の計画には何らかの費用がかかる．たとえば，割引クーポンは売り手と買い手の双方の時間と資源を要する．この問題では費用のかかる価格差別の意味について考察する．話を単純にするために，独占企業の生産費用は単純に生産量に比例し，平均総費用と限界費用は一定で等しいと仮定しよう．
   a. 独占企業の費用曲線，需要曲線，限界収入曲線を描きなさい．独占企業が価格差別をしないときにつける価格を示しなさい．
   b. 図で，独占企業の利潤にあたる領域に印をつけ，X としなさい．消費者余剰にあたる領域に印をつけ，Y としなさい．死荷重にあたる領域に印をつけ，Z としなさい．
   c. 独占企業が完全に価格差別をすることができると仮定しよう．独占企業の利潤はどれだけになるだろうか（X と Y と Z を用いて答えなさい）．
   d. 価格差別によって独占企業の利潤はどれだけ変化するだろうか．価格差別によって総余剰はどれだけ変化するだろうか．どちらの変化が大きいだろうか（X と Y と Z を用いて答えなさい）．
   e. 価格差別にいくらかの費用がかかると仮定しよう．この費用をモデル化するにあたって，独占企業は価格差別をするためには固定費用 C を支払わなければならないと仮定する．この固定費用を支払うべきか否かを，独占企業はどのように決めるだろうか（X，Y，Z，C を用いて答えなさい）．
   f. 総余剰に関心がある博愛的統治者は，独占企業が価格差別をするべきか否かをどのようにして決めるだろうか（X，Y，Z，C を用いて答えなさい）．
   g. 問 e と問 f の答えを比較しなさい．価格差別をするインセンティブは，独占企業と博愛的統治者とではどのように異なるだろうか．価格差別が社会的に望ましくないにもかかわらず，独占企業が実際に価格差別を行うことはありうるだろうか．

CHAPTER 16

第16章

独占的競争

Keywords
寡占 oligopoly
独占的競争 monopolistic competition

今度の休みのときに読む本を買いに，書店に入ったとしよう．本棚には，パトリシア・コーンウェルの推理小説，スティーヴン・キングの怪奇小説，ナサニエル・フィルブリックの歴史書，スーザン・コリンズの反ユートピアのサバイバル小説があり，それ以外にも多くの選択肢がある．そのなかからある本を選んで買うとき，あなたはどのような種類の市場に参加しているのだろうか．

一方では，書籍の市場は競争的にみえる．書店の本棚を見回すと，あなたの目を引こうとして多くの著者と出版社が競っている．この市場の買い手からみると，選ばれるために競争している何千もの商品がある．そして，誰でも本を書いて出版すればこの産業に参入できるので，出版事業の収益性はあまり高くない．高所得を得ている1人の小説家の背後には，何百人もの奮闘している小説家がいるのである．

その一方で，書籍の市場は独占的にみえる．それぞれの本には個性があり，出版社はある程度自由に価格をつけることができる．この市場における売り手は，価格受容者ではなく価格設定者である．そして実際，書籍の価格は限界費用を上回っている．たとえば，典型的なハードカバーの小説の価格は約25ドルだが，小説を1冊追加して印刷する費用は5ドル以下である．

小説の市場は競争モデルにも独占モデルにも当てはまらない．それは本章のテーマである**独占的競争**のモデルによって最もうまく表現される．「独占的競争」という用語は「巨大な小エビ」といったような矛盾する用語のように思われるかもしれない．しかしこれからみるように，独占的競争市場は，ある意味で独占的であり，別の意味で競争的である．このモデルは出版産業だけでなく，他の多くの財・サービスの市場もうまく説明できる．

1 独占と完全競争の中間

前の二つの章では，多くの競争企業がいる市場と，単独の独占企業がいる市場を分析した．第14章では，完全競争市場における価格は，つねに生産の限界費用に等しいことをみた．また，長期においては，参入と退出によって経済学上の利潤がゼロになり，価格は平均総費用にも等しいことをみた．第15章で，独占企業は市場支配力を用いて，どのようにして価格が限界費用を上回るように維持し，企業に経済学上の正の利潤をもたらし，社会に死荷重をもたらすのかをみた．競争と独占は市場構造の極端な形態である．競争は本質的に同質な財を提供する多くの企業が市場に存在するときにしか生じないし，独占は市場に一つの企業しか存在しないときにしか生じない．

完全競争と独占のケースは，市場がどのように機能するかについて，いくつかの重要な考えを示してはいるが，経済のほとんどの市場は両方の要素を含んでおり，したがって，どちらか一方では完全に説明できない．典型的な企業は競争に直面しているが，競争はそれほど厳しくはないので，第14章で分析した企業のように価格受容者（プライス・テイカー）であるわけではない．典型的な企業はまた，ある程度の市場支配力を持っているが，その市場支配力はそれほど大きくないので，第15章で提示した独占モデルでは正確に説明できない．言い換えれば，多くの産業は完全競争と独占の両極端の間のどこかに該当する．経済学者はこの状況を**不完全競争**と呼ぶ．

不完全競争市場の第１のタイプは**寡占**である．寡占とは，わずかな売り手しかいない市場で，それぞれの売り手は他の売り手が供給する製品と類似あるいは同質の製品を供給している．経済学者は少数の企業による市場の支配を，**集中度**と呼ばれる統計を用いて測る．集中度は市場の総生産量に占める４大企業の割合で示される．アメリカ経済ではほとんどの産業で４社集中度は50％以下であるが，いくつかの産業では最大手企業が支配的な役割を演じている．高度集中産業には，大型家電製品（集中率90％），タイヤ（91％），白熱電球（92％），炭酸飲料（94％），無線通信（95％）がある．これらの産業を説明するには寡占が最も適している．次章では，少数の寡占企業が互いに戦略的なやりとりをすることが分析のカギとなることをみる．すなわち，寡占企業は，いくら生産しいくらの価格をつけるかを決めるにあたり，競争者がどのようにしているかに関心を払うだけでなく，自らの行動に競争者がどのように反応するかにも関心を払う．

不完全競争市場の第２のタイプは**独占的競争**と呼ばれる．独占的競争とは，類似しているが同質ではない製品を多くの企業が販売している市場構造をい

寡占 oligopoly：ほんの少数の売り手が類似あるいは同一の製品を提供する市場構造．
独占的競争 monopolistic competition：類似しているが同質ではない製品を多くの企業が販売している市場構造．

う．独占的競争市場では，それぞれの企業は自社の製品については独占であるが，他の多くの企業が類似した製品をつくり，同じ顧客をめぐって競争している．

より正確にいうと，独占的競争市場は，次のような性質を持つ市場である．

- **多数の売り手**：同じ顧客の集団を相手に競争する多数の企業がある．
- **製品差別化**：個々の企業は，他の企業の製品と少なくともわずかに異なる製品を生産する．したがって，各企業は価格受容者ではなく，右下がりの需要曲線に直面する．
- **参入・退出の自由**：企業は制限なく市場に参入，あるいは市場から退出できる．したがって，市場における企業数は，経済学上の利潤がゼロになるまで調整される．

少し考えただけでも，こうした性質を持つ市場が数多くあることがわかる．書籍，コンピュータ・ゲーム，レストラン，ピアノのレッスン，クッキー，衣服などである．

独占的競争は，寡占と同様，競争と独占という極端なケースの中間に位置する市場構造である．しかし，寡占と独占的競争とはまったく異なる．寡占は市場に少数の企業しかいないので，第14章の完全競争の理想型から外れる．売り手の数が少ないため，厳しい競争はあまり起こらず，企業間の戦略的な相互依存がきわめて重要になる．対照的に，独占的競争市場には多くの売り手がいて，それぞれの企業は市場に比べて小さい．しかし，個々の売り手は若干異なる製品を提供するので，独占的競争市場は完全競争の理想型から外れる．

図16-1は，四つのタイプの市場構造を要約したものである．どの市場かを決める第1の質問は，その市場にいくつの企業が存在するかである．もし企業が一つしかなければ，その市場は独占である．もし数社しか企業がなければ，その市場は寡占である．多くの企業があるときには，もう一つの質問をしなければならない．すなわち，企業は同質の製品を売っているだろうか，それとも差別化された製品を売っているだろうか．もし多くの企業が同質の製品を販売していれば，その市場は完全競争である．しかし，もし多くの企

図 16－1　市場構造の四つのタイプ

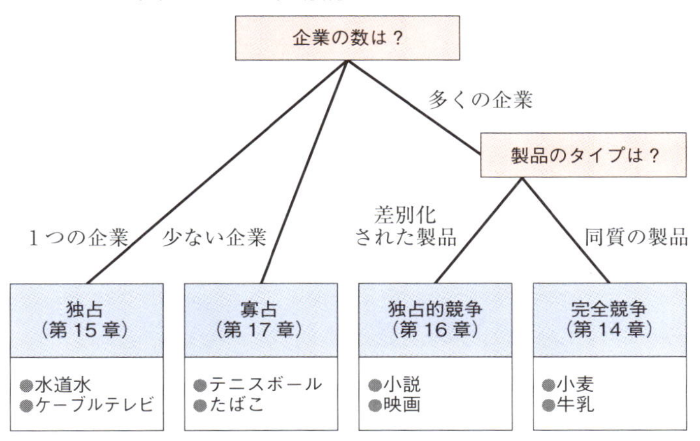

産業組織を研究する経済学者は，市場を独占，寡占，独占的競争，完全競争の四つのタイプに分ける．

業が差別化された製品を販売していれば，その市場は独占的競争である．

もちろん，現実は決して理論ほど明快ではないので，どの構造がその市場を最もよく描写するかを決めにくいことがある．たとえば，企業数を数えるとき，「少ない」と「多い」とを分ける魔法の数はない（アメリカで車を販売しているおよそ十余りの企業は，この市場を寡占的にしているだろうか，それとも競争的にしているだろうか．その答えには議論の余地がある）．同様に，どういうときに製品が差別化されたものであり，どういうときに同質であるかを決める確かな方法はない（異なるブランドの牛乳は本当に同じものだろうか．ここでも答えには議論の余地がある）．現実の市場を分析する際には，経済学者はすべてのタイプの市場構造の研究から学んだ教訓を頭において，適切にその教訓を適用しなければならない．

経済学者がさまざまなタイプの市場構造をどのように定義するかを理解したので，それらの分析を続けよう．この章では独占的競争を分析し，次の章では寡占を検討する．

【小問】　●寡占と独占的競争を定義し，それぞれの例を挙げなさい．

2 差別化された製品の競争

独占的競争市場を理解するために，まず個別企業が直面する意思決定について考えよう．そのあとで，企業が産業に参入したり産業から退出したりすると長期的に何が起こるかを検討しよう．次に，独占的競争における均衡を，第14章で検討した完全競争における均衡と比較しよう．最後に，独占的競争市場の結果が社会全体の観点から望ましいかどうか考えよう．

●短期における独占的競争企業

独占的競争市場における各企業は，多くの点で独占企業に似ている．独占的競争市場における企業は，他の企業が提供する製品と異なる製品を生産するため，右下がりの需要曲線に直面する（一方，競争企業は市場価格で水平な需要曲線に直面する）．したがって，独占的競争企業は独占企業の利潤最大化のルールに従う．すなわち，限界収入と限界費用が等しくなる量を生産することを選び，需要曲線を用いてその量を販売できる価格を見つける．

図16-2は，異なる独占的競争市場にいる二つの企業の典型的な費用曲線，

図16－2　短期における独占的競争企業

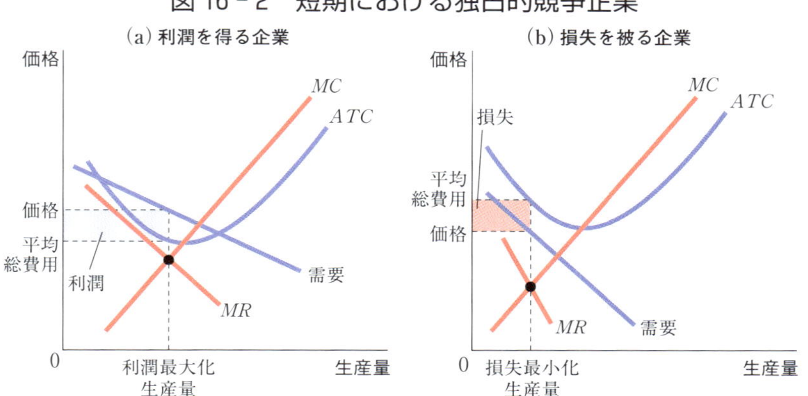

独占企業と同じように，独占的競争企業は限界収入と限界費用とが等しくなるような量を生産することで利潤を最大化する．パネル(a)の企業は，この生産量のときに価格が平均総費用を上回るので利潤を得る．パネル(b)の企業は，この生産量のときに価格が平均総費用を下回るので損失を被る．

需要曲線，限界収入曲線を示している．この図のどちらのパネルも，利潤最大化生産量は限界収入曲線と限界費用曲線の交点にあたる．二つのパネルでは，企業の利潤が異なった結果となっている．パネル(a)では，価格が平均総費用を上回るので，企業は利潤を得る．一方，パネル(b)では，価格が平均総費用を下回っている．この場合，企業は正の利潤を得られないので，企業がとれる最善策は損失を最小にすることである．

以上のことはすべてこれまでみてきたものと似ているだろう．独占的競争企業の生産量と価格の選び方は，独占企業と同じである．短期においては，この二つのタイプの市場構造はよく似ている．

長期均衡

図16-2に描かれた状況は長くは続かない．パネル(a)のように企業が利潤を得ているときには，新しい企業が市場に参入するインセンティブを持つ．参入によって，顧客が選択できる製品の選択肢が増加し，したがって，すでに市場にいる企業は需要の減少に直面する．言い換えると，利潤は参入を促し，参入は既存企業の直面する需要曲線を左方にシフトさせる．既存企業の製品への需要が減少するにつれて，既存企業の利潤は減少する．

逆に，パネル(b)のように企業が損失を被っているときには，市場にいる企業は退出するインセンティブを持つ．退出によって，顧客が選択できる製品の選択肢は減少する．企業数の減少により，市場に残った企業の需要は拡大する．言い換えると，損失は退出を促し，市場に残る企業の需要曲線を右方にシフトさせる．市場に残る企業の製品への需要が増加するにつれて，企業の利潤は増加（すなわち損失は減少）する．

この参入と退出のプロセスは，市場にいる企業の経済学上の利潤がちょうどゼロになるまで続く．図16-3は長期均衡を描いている．市場が均衡に到達すると，新しい企業は参入するインセンティブを持たず，既存企業は退出するインセンティブを持たない．

この図の需要曲線が，平均総費用曲線（*ATC*）にぎりぎりのところで触れていることに注意しよう．数学的には，二つの曲線は互いに接するという．この二つの曲線は，参入と退出によって利潤がゼロになるときには接していなければならない．販売量1単位当たりの利潤は，（需要曲線上で見つかる）

図 16－3　長期における独占的競争企業

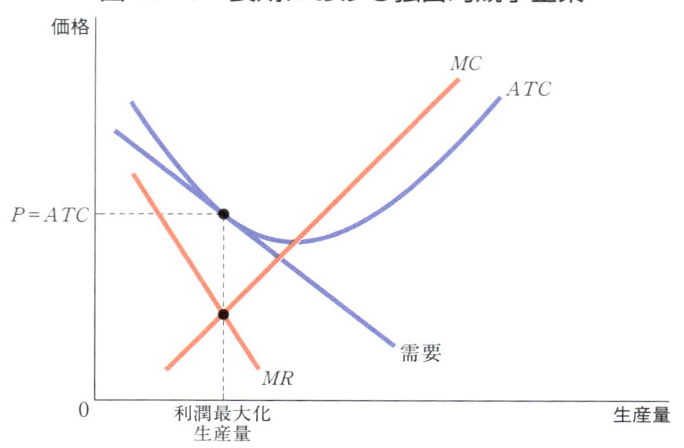

独占的競争市場では，企業が利潤を得ていれば，新たな企業が参入し，既存企業の需要曲線が左方にシフトする．同様に，企業が損失を被っていれば，市場にいる企業のうちいくつかの企業が退出し，残った企業の需要曲線が右方にシフトする．このような需要のシフトにより，独占的競争企業は最終的にはここで示される長期均衡に至る．この長期均衡では，価格は平均総費用に等しく，企業の利潤はゼロになる．

価格と平均総費用との差なので，この二つの曲線が交わることなく互いに接するときに限り，最大利潤はゼロとなる．また，この接点は限界収入が限界費用に等しくなるのと同じ数量である．これらの二つの点が並べられるのは偶然の一致ではない．この特定の数量は利潤を最大化し，しかも長期において最大となる利潤がちょうどゼロとなるのである．

要約すると，独占的競争市場における長期均衡は二つの特徴で表される．

- 独占市場と同じように，価格は限界費用を上回る（$P>MC$）．なぜなら，利潤最大化のためには限界収入と限界費用が等しくなる（$MR=MC$）ことが必要であり，右下がりの需要曲線によって，限界収入が価格よりも小さくなる（$MR<P$）ためである．
- 競争市場と同じように，価格は平均総費用に等しい（$P=ATC$）．そのようになる理由は，参入と退出の自由から経済学上の利潤がゼロとなるためである．

第2の特徴は，独占的競争が独占とどのように異なるかを示している．独占企業は密接な代替財を持たない製品の唯一の売り手であるので，長期においても正の経済学上の利潤を得ることができる．一方，独占的競争市場には参入の自由があるので，このタイプの市場における企業の経済学上の利潤はゼロになる．

独占的競争と完全競争

図16-4は，独占的競争における長期均衡と完全競争における長期均衡とを比較したものである（完全競争の均衡については第14章で議論した）．独占的競争と完全競争との間には，過剰生産力とマークアップという二つの注目すべき違いがある．

過剰生産力　いまみてきたように，独占的競争市場にある企業は，参入と退出によって需要曲線と平均総費用曲線が接する点に到達する．図16-4のパネル(a)は，この点における生産量が平均総費用を最小化する生産量よりも少ないことを示している．したがって，独占的競争では，企業は平均総費

図16-4　独占的競争と完全競争

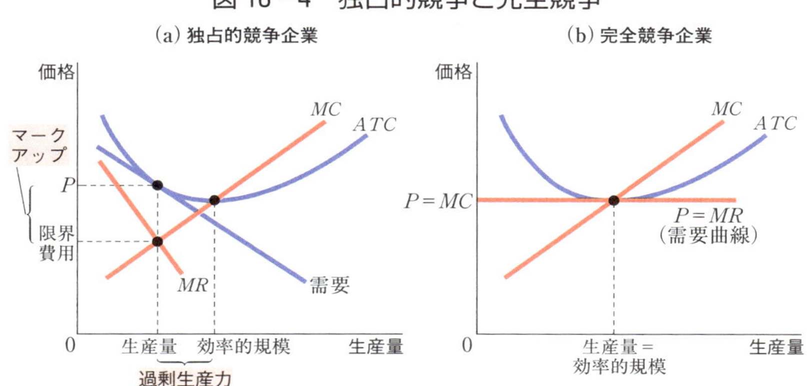

パネル(a)は，独占的競争市場における長期均衡を示しており，パネル(b)は，完全競争市場における長期均衡を示している．大きな違いは二つある．(1)完全競争企業は効率的規模で生産を行い，平均総費用は最小化している．一方，独占的競争企業の生産量は効率的規模よりも小さい．(2)完全競争の下では価格は限界費用に等しいが，独占的競争の下では価格は限界費用よりも高い．

用曲線が右下がりになっている部分で生産をする．このように，独占的競争は，完全競争とはまったく対照的である．図16-4のパネル(b)が示すように，競争市場では参入の自由により，企業は平均総費用の最小値のところで生産をする．

平均総費用を最小化する生産量のことを企業の**効率的規模**という．長期において，完全競争企業は効率的規模で生産するが，独占的競争企業はこれを下回る水準で生産する．このことを企業は独占的競争において**過剰生産力**を持つという．言い換えると，完全競争企業とは異なり，独占的競争企業は生産量を増やすことで，生産にかかる平均総費用を減らすことができる．企業がこの機会を見送るのは，追加的な生産量を売るためには価格を下げる必要があるからである．独占的競争者にとっては，過剰生産力を維持して操業することを続けるほうが利益になるのである．

限界費用を超えるマークアップ　完全競争と独占的競争の第2の違いは，価格と限界費用との関係である．図16-4のパネル(b)に示されるように，競争企業にとって価格は限界費用に等しい．一方，独占的競争企業では，パネル(a)に示されるように，企業がつねにいくらかの市場支配力を持つために，価格が限界費用を上回る．

限界費用を超えるこのマークアップ（利ざや）は，参入の自由やゼロの利潤とどのように整合するのだろうか．ゼロの利潤という条件は，価格と平均総費用とが等しくなることだけを保証し，価格と限界費用とが等しくなることを保証しない．実際，長期均衡では，独占的競争企業は平均総費用曲線が逓減する部分で操業し，限界費用は平均総費用よりも小さい．したがって，価格と平均総費用とが等しくなるためには，価格は限界費用よりも高くなければならない．

こうした価格と限界費用の関係から，完全競争企業と独占的競争企業との重要な行動の違いが理解できる．ある企業に次のような質問をするとしよう．「御社は，いまの価格で御社の製品を買いに来るもう1人の顧客を歓迎しますか．」完全競争企業は，気にしないと答えるだろう．価格が限界費用に等しいので，1単位販売を増やしても得られる利潤はゼロだからである．対照的に，独占的競争企業はもう1人の顧客を歓迎する．価格が限界費用を上回るので，いまの価格で1単位多く売れるということは，利潤の増加を意味するからである．

古くからある皮肉な言い方をすれば，独占的競争市場とは，売り手が買い手にクリスマスカードを贈るかもしれない市場である．価格が限界費用を上回るならば，顧客をより多く引きつけることは道理にかなうのである．

●独占的競争と社会的厚生

独占的競争市場の結果は社会全体の観点からは望ましいだろうか．政策立案者は市場の成果を改善できるだろうか．これまでの章では，社会が希少な資源から得ることのできる最大量を得ているかという，効率の観点から市場を評価した．外部性がないならば競争市場は効率的な結果になること，そして独占市場は死荷重をもたらすことを学んだ．独占的競争市場はこれらの両極端の場合よりも複雑であり，こうした市場の厚生を評価することはより微妙な課題である．

独占的競争市場の非効率性の一つの源泉は，価格が限界費用を上回ることになるマークアップの存在である．マークアップがあると，財に生産の限界費用以上（ただし価格以下）の価値を置く消費者のなかには，それを買うことができない人もいる．このように，独占的競争市場は通常の独占価格による死荷重を有する．

この結果は，価格と限界費用とが等しくなるときに生じる効率的な生産量と比べると望ましくないが，政策立案者にとってこの問題を解決する容易な方法はない．限界費用価格形成を強制するためには，政策立案者は差別化された製品を生産するすべての企業を規制する必要がある．そのような製品は経済に満ちあふれているので，そのような規制の管理負担は大変なものになるだろう．

さらに，独占的競争企業を規制すると，自然独占を規制する際に生じる問題と同じ問題がすべて生じる．とくに，独占的競争企業は，すでに利潤がゼロになっているので，価格を限界費用と等しくなるまで下げるように企業に強制することは，その企業に損失をもたらすことになる．こうした企業が事業を続けていくためには，政府は何らかの形でその損失をカバーする必要があるだろう．政策立案者は，こうした補助金を支払うために税金を引き上げるよりは，独占価格の非効率性と共存したほうがよいと思うだろう．

独占的競争下における非効率性のもう一つの源泉は，市場における企業数が「理想的」なものでないかもしれないことである．すなわち，参入が過剰または過少になるかもしれない．この問題については，参入に関連した外部性の観点から考えることができる．新たな企業が新製品をもって市場に参入することを考えるときには，自社の利潤だけを考慮する．しかし，その参入はまた企業にとって外部性となる次の二つの効果を持つ．

- **製品多様化の外部性**：新製品の導入によって消費者は何らかの消費者余剰を得るので，新たな企業の参入は消費者に対して正の外部性をもたらす．
- **ビジネス収奪の外部性**：新たな競争企業の参入によって他の企業が顧客と利潤を失うので，新たな企業の参入は既存企業に対して負の外部性をもたらす．

このように，独占的競争市場では，新たな企業の参入によって正と負の両方の外部性が伴う．どちらの外部性が大きいかによって，独占的競争市場における製品は過少にも過剰にもなりうる．

この二つの外部性は独占的競争の条件と密接に関係している．製品多様化の外部性は，新たな企業が既存企業の製品と異なる製品を提供するために生じる．ビジネス収奪の外部性は，企業が限界費用を超える価格をつけ，したがってつねに販売量を増やしたいと願うために生じる．一方，完全競争企業は同一の財を生産し，限界費用と等しい価格をつけるので，完全競争ではこのような外部性はどちらも存在しない．

結局のところ，結論としていえるのは，独占的競争市場は完全競争市場の持つ望ましい厚生面の性質をすべて持っているわけではないということだけである．すなわち，見えざる手は，独占的競争において総余剰が最大化されることを保証しない．しかし，非効率性は微妙なものであり，測定が難しく，補正することも難しいため，公共政策によって市場の成果を改善する容易な方法はない．

【小問】
- 独占的競争の重要な性質を三つ挙げなさい．
- 独占的競争市場の長期均衡を示す図を描いて説明しなさい．この均衡は完全競争市場の均衡とどのように異なるか．

3 広告

現代経済において，広告に攻め立てられることなく1日を過ごすことはほとんど不可能である．インターネット・サーフィンをしていても，フェイスブックに投稿していても，雑誌を読んでいても，テレビをみていても，あるいは高速道路を車で走っていても，どこかの企業がそこの製品を買うようにあなたを説得しようとするだろう．そのような行動は，（次章でみる寡占産業にも当てはまることがあるが）独占的競争の特徴である．企業が差別化された製品を販売し，限界費用を上回る価格をつけるとき，各企業は自社の製品により多くの買い手を引きつけるために広告をするインセンティブを持つ．

広告の量は製品によって相当に差がある．市販薬，香水，清涼飲料，カミソリの刃，朝食用シリアル，ドッグフードといった非常に差別化された消費財を売る企業は，典型的には，収入の10％から20％を広告に支出する．一方，穿孔盤や通信衛星のような工業製品を売る企業は，通常は広告にごくわずかしか支出しない．小麦，塩，砂糖，原油などの同質の製品を売る企業は，広告にまったく支出しない．

経済全体でみると，企業収入の総額の約２％が広告に費やされる．この支出には，ウェブサイト，ソーシャルメディア，テレビ，ラジオ，野外広告看板，新聞，雑誌，ダイレクトメールの広告など，多くの形がある．

●広告をめぐる論争

社会は資源を広告に使うことで浪費しているのだろうか．それとも，広告は価値のある目的のために奉仕しているのだろうか．広告の社会的価値を評価するのは困難であり，しばしば経済学者の間で白熱した議論が生じる．この論争を双方の立場から考えてみよう．

広告への批判　広告を批判する人たちは，企業が広告を使って人々の嗜好を操作していると主張する．その主張によると，多くの広告は情報提供ではなく心理操作をしようとする．たとえば，あるブランドの清涼飲料水に関する典型的なテレビコマーシャルを考えてみよう．おそらく，コマーシャルは製品の価格や品質といったものは視聴者に伝えない．その代わりに，よく晴れた日に，ビーチでパーティーをする楽しそうな人々のグループをみせるだろう．彼らの手にはそのブランドの清涼飲料水の缶が握られている．そのコマーシャルの目的は，「あなたはただわれわれの製品を飲むだけで，多くの友人を持ち，幸せになることができる」ということを，（巧妙にといっては言い過ぎだが）潜在意識へのメッセージとして伝えることである．このようなコマーシャルは，もしこのコマーシャルがなければ存在しなかったはずの欲望をつくりだすと，広告を批判する人たちは主張している．

広告を批判する人たちはまた，広告が競争を妨げると主張する．広告はしばしば消費者に対して，実際よりも製品同士に差があるように思い込ませようとする．広告によって製品同士の違いがより認知されるようになり，ブランドへの忠誠心が養成されることで，消費者は類似した財の間の価格の違いにあまり関心を払わなくなる．そうなるとそのブランドの需要曲線の弾力性は小さくなる．企業は弾力性の小さい需要曲線に直面するため，限界費用を超えるマークアップをより大きくつけることができる．

広告への支持　広告を支持する人たちは，企業が広告を用いて顧客に情報を提供していると主張する．広告は，財の販売価格，新製品の存在，販売店の場所を伝える．この情報により，顧客は財の購入にあたってよりよい選択をすることができ，したがって市場で資源を効率的に配分する能力が高まるというのである．

広告を支持する人たちはまた，広告によって競争が促進されると主張する．広告により，顧客は市場にいるすべての企業についてより十分な情報を得ることができるため，顧客は価格の違いを利用しやすくなる．したがって，個々の企業の持つ市場支配力は小さくなる．さらに，広告は新たな企業を参入しやすくする．参入企業は広告によって既存企業から自社へと顧客を引きつけることができるからである．

時が経つにつれて，政策立案者は，広告が市場をより競争的にするという見解を受け入れるようになってきた．一つの重要な例は，弁護士や医師や薬剤師のような専門職による広告の規制である．過去には，これらの職業の人たちは，「専門職らしくない」という理由から，州政府にそれぞれの分野の広告を禁止させてきた．しかしながら，近年，裁判所は，こうした広告の制限は，主に競争を弱める効果しかないと結論を下した．したがって，こうした専門職の広告を禁止する多くの法律は廃止された．

ケース・スタディ 広告と眼鏡の価格

広告は財の価格にどのような影響を及ぼすだろうか．一方では，広告がない場合よりも，消費者の目には製品の違いが大きく映るかもしれない．もしそうであれば，市場の競争は弱まり，企業の需要曲線はより非弾力的になる．それにより，企業はより高い価格をつけるようになるだろう．しかしその一方で，広告により，消費者は最も安い価格を提示している企業を見つけることが容易になる．この場合，市場はより競争的になり，企業の需要曲線はより弾力的となるので，価格は下落するだろう．

1972年の『ジャーナル・オブ・ロー・アンド・エコノミクス』に発表された論文で，経済学者リー・ベンハムは広告に対するこの二つの見解を検証した．1960年代のアメリカでは，州によって検眼士の広告に関するルールが大きく異なっていた．いくつかの州では，眼鏡と検眼の広告が認められていたが，多くの州ではそれが禁止されていた．たとえば，フロリダ州の法律にはつぎのように記されている．

> 「いかなる個人，商店，法人も，……直接・間接を問わず，いかなる方法によっても，処方箋によるまたは矯正用のレンズ，フレーム，処方箋によるまたは矯正用の完成した眼鏡，あるいはあらゆる検眼サービスについて，明白であってもなくても価格や信用販売の条件に関する広告をすることを違法とする．……本条は，公衆の衛生，安全，福祉の利益のために制定され，この条項は，その目標および目的を達成するために公平無私に解釈される．」

プロの検眼士は，広告についてのこうした制限を熱烈に支持した．

ベンハムは，州法の違いを自然実験として用いて，広告に対する二つの見解を検証した．その結果は際立ったものであった．広告を禁止した州では，眼鏡の平均価格は33ドル（2015年価格では256ドル）であった．一方，広告を制限しなかった州では，平均価格は26ドル（2015年価格では202ドル）であった．このように，広告は平均価格を20％以上も下落させた．眼鏡の市場や，またおそらく他の多くの市場でも，広告は競争を促進し，消費者に低価格をもたらすのである．

●品質のシグナルとしての広告

多くのタイプの広告は，対象製品の情報をあまり明らかにしていない．新しい朝食用シリアルを発売する企業を考えてみよう．企業は俳優がそのシリアルを食べて「とてもおいしい」と叫んでみせる映像の広告をちまたにあふれさせるだろう．その広告は，どれだけの情報を実際に提供しているだろうか．

おそらくあなたが考えている以上のことを伝えている，というのがその答えである．広告を支持する人たちは，確固とした情報があまりないようにみえる広告でさえ，実際には消費者に製品の品質について何かを語っていると主張する．企業が広告に多額のお金を使おうという意思は，それ自体が提供される製品の品質についての消費者へのシグナルとなりうる．

ゼネラル・ミルズ社とケロッグ社という二つの企業が直面する問題を考えてみよう．どちらの会社も，1箱3ドルで売られる新しいシリアルの製造法を考え出したところである．話を単純にするために，シリアルをつくる限界費用をゼロと仮定すれば，3ドルはすべて利潤になる．どちらの会社も，もし1000万ドルを広告に支出すれば，その新しいシリアルを試しに買ってみる消費者が100万人いることを知っているとする．そして，両社は，消費者がそのシリアルを好きになると，一度だけでなく何度も買うことも知っているとする．

最初にゼネラル・ミルズ社の決定を考えてみよう．ゼネラル・ミルズ社は市場調査の結果から，そのシリアルがシュレッダーにかけた新聞紙の上に砂糖をかけたもののような味であることを知っている．広告をすれば，100万人の消費者に1箱ずつ売れるかもしれないが，消費者はすぐにそのシリアルがあまりよいものでないことに気づき，買うのをやめるだろう．ゼネラル・

ミルズ社は，300万ドルの売上げを得るために広告に1000万ドルを支出することは価値がないと判断する．そのため，わざわざ広告をすることはない．ゼネラル・ミルズ社の開発チームは，もっとよい製造法を探すために試験室でやり直すだろう．

一方，ケロッグ社は自社のシリアルがすばらしいものであることを知っている．試しに買ってみた人は，向こう１年の間，毎月１箱ずつ買うだろう．したがって，1000万ドルの広告は，１年間で3600万ドルの売上げをもたらすだろう．ケロッグ社は消費者が繰り返し購入するようなよい製品をつくっているので，広告により利潤が生じる．したがって，ケロッグ社は広告することを選ぶ．

二つの企業の行動を考察したところで，次に消費者の行動を考えてみよう．はじめに，消費者は広告をみると新しいシリアルを試しに買う傾向があると仮定した．しかし，この行動は合理的だろうか．売り手が広告をするという理由だけで，消費者は新しいシリアルを試しに買うべきだろうか．

実際，消費者が広告をみて新製品を試しに買うのは完全に合理的かもしれない．われわれの話では，消費者はケロッグ社の新しいシリアルを，ケロッグ社が広告をするという理由で試しに買うとしている．ケロッグ社は，自社のシリアルが非常によいものであることを知っているために広告するが，ゼネラル・ミルズ社は，自社のシリアルが全くよくないと知っているために広告をしない．広告に支出するという意思によって，ケロッグ社は消費者にシリアルの品質についてのシグナルを送っているのである．消費者は，「ケロッグ社がこの新しいシリアルにそれほど多くのお金を使って広告するのならば，それは本当によいものに違いない」と，きわめて合理的に考える．

この広告の理論で最も驚くことは，広告の内容が関係ないということである．ケロッグ社は，広告に支出する意思によって，その製品の品質のシグナルを送る．広告の内容は，消費者が広告は高価であると知っている事実に比べれば重要ではない．対照的に，安価な広告は，消費者に品質のシグナルを送るのに有効となりえない．われわれの例では，もし広告によるキャンペーンに300万ドル以下の費用しかかからないのであれば，ゼネラル・ミルズ社もケロッグ社も広告キャンペーンを用いて新しいシリアルを市場に出すだろう．よいシリアルと悪いシリアルがどちらも広告されるために，消費者はシリアルが広告されるという事実からは新しいシリアルの品質を推定できない．時が経てば，消費者はそのような安い広告を無視することを学ぶだろう．

この理論は，表面上はまったく情報を伝えていないようにみえる広告のために，企業がなぜ有名俳優に大金を支払うのかを説明できる．情報は広告の内容ではなく，たんにその存在と費用なのである．

●ブランド

広告はブランドの存在と密接に関係している．多くの市場には，二つのタイプの企業が存在する．広く認知されたブランドを持った製品を販売する企業と，それ以外の一般的な代替品を販売する企業である．たとえば，一般的なドラッグストアでは，普通のアスピリンの隣の棚にバイエル社のアスピリンが置かれている．一般的な食料品店では，あまり知られていないコーラの隣にペプシコーラが置かれている．ほとんどの場合，ブランド名のある企業は，広告に多く支出し，自社の製品に高い価格をつける．

広告の経済学について意見の不一致があるように，ブランドの経済学についても意見の不一致がある．この論争を両方の立場からみてみよう．

批判する人たちは，ブランドは消費者に本当は存在しない違いを認識させると主張する．多くの場合，一般品はブランド品とほとんど区別がつかない．ブランドを批判する人たちは，消費者のブランド品への支払許容額が大きいのは，広告によって育成される非合理性の一形態であると主張する．独占的競争の理論を早くに開発した経済学者の１人であるエドワード・チェンバレンは，この議論から，ブランドは経済にとってよくないものであると結論づけた．チェンバレンは，企業が製品を識別するために用いる排他的商標（トレードマーク）の使用を政府が禁止して，ブランド名を利用できないようにすることを提案した．

より最近では，消費者に対して購入する財が高品質であることを保証する有益な方法として，経済学者はブランドを支持してきた．これについて関連する議論が二つある．第１に，購入前には容易に品質を判断できないときに，ブランド名は消費者に品質についての情報を提供する．第２に，企業はブランドの評判を維持することに金銭的な利害関係を持つので，ブランドは企業に高品質を維持するインセンティブを与える．

これらの議論が実際にどのように働くかをみるために，有名ブランドであるマクドナルドについて考えてみよう．見知らぬ町をドライブしていて，昼食をとろうと思ったとしよう．マクドナルドとその隣に地元のレストランがある．あなたはどちらを選ぶだろうか．地元のレストランは，低価格でおいしい料理を提供するかもしれないが，あなたにはそれを知る方法がない．一方，マクドナルドは多くの町で同一の製品を提供している．マクドナルドというブランドはあなたにとって，買おうとしているものの品質を判断する方法として役に立つ．

マクドナルドというブランドはまた，会社が品質を維持するインセンティブを持つことを保証する．たとえば，もし顧客がマクドナルドで買った腐った物を食べて病気になれば，そのニュースは会社にとって致命的である．マクドナルドは長年にわたって高価な広告をして築き上げてきた貴重な評判の多くを失うだろう．その結果，マクドナルドは悪い食べ物を売った店だけでなく，国中の多くの店で売上げと利潤を失う．一方，もしある客が地元のレストランで悪い物を食べて病気になれば，そのレストランは店を閉じるかもしれないが，失われる利潤ははるかに小さい．したがって，マクドナルドは，食べ物が安全であることを保証する大きなインセンティブを持つだろう．

このように，ブランドをめぐる議論は，消費者がブランド品を一般的な代替品よりも好むのが合理的かどうかに集中する．ブランドを批判する人たちは，ブランドは広告に対する非合理的な消費者の反応の結果であると主張する．支持する人たちは，消費者がブランド製品の品質により大きな信頼を置くことができるために，ブランドにより多く支払う適切な理由があると主張する．

【小問】 ● 広告はどのように市場の競争を弱めるのか．また，どのように市場の競争を高めるのか．
● ブランドへの賛成論と反対論を挙げなさい．

4 結論

独占的競争はその名前の通りのものである．すなわち，独占と競争の混合物である．独占と同じように，それぞれの独占的競争企業は右下がりの需要

表 16－1　独占的競争：完全競争と独占の中間

	市場構造		
	完全競争	独占的競争	独占
三つの市場構造すべてが共有する特徴			
企業の目的	利潤最大化	利潤最大化	利潤最大化
利潤最大化のルール	$MR=MC$	$MR=MC$	$MR=MC$
短期において経済学上の利潤を獲得できるか	できる	できる	できる
独占と独占的競争が共有する特徴			
価格受容者か	はい	いいえ	いいえ
価格	$P=MC$	$P>MC$	$P>MC$
経済厚生を最大化する量を生産するか	する	しない	しない
完全競争と独占的競争が共有する特徴			
企業数	多数	多数	1
長期的な参入があるか	ある	ある	ない
長期において経済学上の利潤を獲得できるか	できない	できない	できる

曲線に直面し，その結果，限界費用を超える価格をつける．しかし，競争市場と同じように，多くの企業が存在し，参入と退出によってそれぞれの独占的競争企業の利潤は長期においてゼロになる．表16-1はこれらの点を要約したものである．

独占的競争企業は差別化された製品を生産するので，それぞれの企業は自社のブランドに顧客を引きつけるために広告をする．ある程度，広告は消費者の嗜好を操作し，非合理的なブランド信仰を促進し，競争を妨げる．しかしそれ以上に，広告は情報を提供し，信頼できる品質のブランド名を確立し，競争を促進する．

独占的競争の理論は，経済における多くの市場を説明できるようにみえる．したがって，この理論から，単純で説得的な公共政策についての助言が引き出せないのは残念なことである．理論経済学者からみれば，独占的競争市場の資源配分は完全ではない．しかし，実際の政策立案者からみれば，それを改善するためにできることもわずかしかない．

- 独占的競争市場は，数多くの企業，差別化された製品，参入・退出の自由という三つの性質によって特徴づけられる．
- 独占的競争市場における長期均衡は，完全競争市場の均衡と二つの点で異なる．第１に，独占的競争市場における企業はそれぞれ過剰生産力を有する．すなわち，各企業は平均総費用曲線が右下がりになっている部分の生産量を選択する．第２に，各企業は限界費用を上回る価格をつける．
- 独占的競争は完全競争の望ましい性質をすべて持っているわけではない．独占に通常みられる死荷重があり，それは限界費用を上回るマークアップによって生じる．さらに，企業の数（およびそれに伴う製品の多様性）は，多すぎることも少なすぎることもある．現実問題として，この非効率を修正するための政策立案者の能力には限界がある．
- 独占的競争に内在する製品の差別化は，広告とブランド名の使用につながる．広告とブランド名を批判する人たちは，企業は広告やブランド名を通じて消費者の嗜好を操作し，競争を弱めると主張する．広告とブランド名を支持する人たちは，企業はそれらを用いて消費者に情報を伝え，価格と製品の品質についてより活発に競争すると主張する．

確認問題

1. 独占的競争市場の企業についての記述として当てはまらないものは次のうちどれか．
   a. 競争相手とは異なる製品を販売する．
   b. 価格を市場の条件によって所与のものとする．
   c. 短期的にも長期的にも利潤を最大化する．
   d. 長期的に参入・退出の自由がある．
2. 独占的競争市場の定義にもっともよく当てはまるのは次のうちどの市場か．

a. 小麦
b. 水道水
c. 原油
d. 理髪

3. 独占的競争企業が生産を増やすのはどのようなときか.
a. 限界収入が限界費用よりも大きいとき.
b. 限界収入が平均総費用よりも大きいとき.
c. 価格が限界費用よりも大きいとき.
d. 価格が平均総費用よりも大きいとき.

4. 独占的競争市場に新規参入があるのはどのようなときか.
a. 限界収入が限界費用よりも大きいとき.
b. 限界収入が平均総費用よりも大きいとき.
c. 価格が限界費用よりも大きいとき.
d. 価格が平均総費用よりも大きいとき.

5. 独占的競争市場の長期均衡に当てはまるのはどれか.
a. 価格は限界費用よりも大きい.
b. 価格は限界収入に等しい.
c. 企業は正の経済学上の利潤を得る.
d. 企業は平均総費用が最小となるように生産する.

6. もし広告によって消費者が特定のブランドに忠誠心を抱くようになると，需要の弾力性は（　　　），価格の限界費用に対するマークアップは（　　　）.
a. 大きくなり，大きくなる
b. 大きくなり，小さくなる
c. 小さくなり，大きくなる
d. 小さくなり，小さくなる

復習問題

1. 独占的競争の三つの性質を述べなさい．どのような点で独占的競争は独占に似ているのか．どのような点で独占的競争は完全競争に似ているのか.

2. 独占的競争市場で利潤を得ている企業を図に描きなさい．新しい企業がこの産業に参入するときに，この企業に何が生じるかを示しなさい．
3. 独占的競争市場における長期均衡の図を描きなさい．価格と平均総費用はどのような関係にあるか．価格と限界費用とはどのような関係にあるか．
4. 独占的競争企業の生産量は，最も効率的な水準と比べると多すぎるか，それとも少なすぎるか．政策立案者がこの問題を解決することが難しいのは，どのようなことを考慮するためか．
5. 広告はどのように経済厚生を低下させうるか．広告はどのように経済厚生を高めうるか．
6. 明らかな情報をまったく提示しない内容の広告が，なぜ実際には消費者に情報を伝えうるのか．
7. ブランドの存在によって生じる二つの便益を説明しなさい．

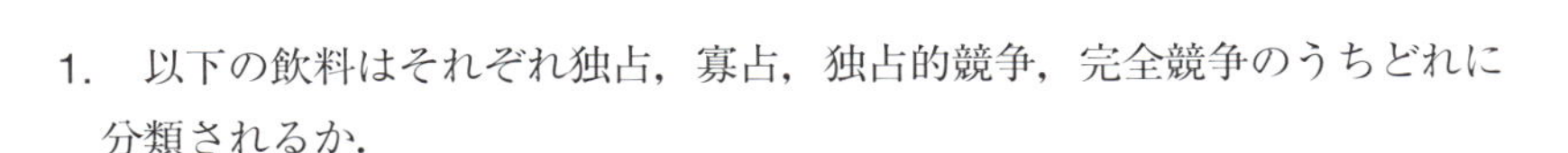

応用問題

1. 以下の飲料はそれぞれ独占，寡占，独占的競争，完全競争のうちどれに分類されるか．
   a. 水道水
   b. ペットボトルの水
   c. コーラ
   d. ビール
2. 以下の市場を完全競争市場，独占市場，独占的競争市場に分類し，その理由を説明しなさい．
   a. HB の鉛筆
   b. 銅
   c. 市内電話サービス
   d. ピーナッツバター
   e. 口紅
3. 以下の性質はそれぞれ，競争企業に当てはまるか，独占的競争企業に当てはまるか，または両者に当てはまるか，あるいはどちらにも当てはまらないかを述べなさい．

a. 競争相手の製品とは差別化された製品を売る．
b. 限界収入が価格より低い．
c. 長期において経済学上の利潤を得る．
d. 長期において最小の平均総費用で生産する．
e. 限界収入と限界費用を均等化する．
f. 限界費用を上回る価格をつける．

4. 以下の性質はそれぞれ，独占企業にあてはまるか，独占的競争企業にあてはまるか，または両者にあてはまるか，あるいはどちらにもあてはまらないかを述べなさい．
a. 右下がりの需要曲線に直面する．
b. 限界収入が価格より低い．
c. 同種の製品を販売する企業の新規参入に直面する．
d. 長期において経済学上の利潤を得る．
e. 限界収入と限界費用を均等化する．
f. 社会的に効率的な数量を生産する．

5. あなたは独占的競争をしている企業のコンサルタントとして雇われているとする．企業は価格，限界費用，平均総費用について以下のような情報を報告している．企業は可能な限りで利潤を最大化できているか．もしそうでなければ，利潤を増やすために企業は何をすべきか．もし企業が利潤を最大化しているならば，企業は長期均衡の状態にあるか．もしそうでなければ，長期均衡を回復するために何が生じるだろうか．
a. $P<MC$，$P>ATC$
b. $P>MC$，$P<ATC$
c. $P=MC$，$P>ATC$
d. $P>MC$，$P=ATC$

6. スパークル社は歯みがき粉市場にいる多くの企業の一つである．この市場は長期均衡にある．
a. スパークル社の需要曲線，限界収入曲線，平均総費用曲線，限界費用曲線を図に描きなさい．スパークル社が利潤を最大化する生産量と価格を図で示しなさい．
b. スパークル社の利潤はどの部分か説明しなさい．

c.　スパークル社の歯みがき粉を購入することによる消費者余剰を図示しなさい．また，効率的な生産水準と比べたときの死荷重を示しなさい．

d.　政府がスパークル社に効率的水準で生産することを強制すると，スパークル社とスパークル社の顧客には何が起こるだろうか．

7.　企業数 N からなる独占的競争市場を考察しよう．各企業のビジネス機会は以下の方程式で記述される通りである．

需　　要：$Q=100/N-P$

限界収入：$MR=100/N-2Q$

総 費 用：$TC=50+Q^2$

限界費用：$MC=2Q$

a.　市場における企業数 N は，各企業の需要曲線にどのような影響を及ぼすか．またそれはなぜか．

b.　各企業は何単位生産するか（この問い，および次の二つの問いの答えは N の大きさに依存する）．

c.　各企業はいくらの価格をつけるか．

d.　各企業はどれだけの利潤を得るか．

e.　長期において，市場にはどれだけの企業が存在するか．

8.　ナットビルにおいて，ピーナッツバターの市場は独占的競争市場であり，長期均衡状態にある．ある日，消費者運動活動家のスキッピー・ジフが，ナットビルのすべてのブランドのピーナッツバターはまったく同じであることを発見した．それ以後，市場は完全競争になり，再び長期均衡に達する．適切な図を用いて，市場の典型的な企業にとって，以下のそれぞれの変数が上昇するか，減少するか，あるいは一定のままであるか，について説明しなさい．

a.　価格

b.　数量

c.　平均総費用

d.　限界費用

e.　利潤

9.　以下の企業の組合せにおいて，どちらの企業が広告を多く行うと考えられるか説明しなさい．

a. 家族経営の農家と家族経営のレストラン

b. フォークリフトのメーカーと自動車メーカー

c. 非常に剃り心地のよい髭剃りを発明した会社と，あまり剃り心地のよくない髭剃りを発明した会社

10. スリーク・スニーカーズ社は靴の市場における多くの企業の一つである.

a. スリーク社は現在のところ短期的な経済学上の利潤を得ていると仮定しよう. 正確に表示したグラフ上に，スリーク社の利潤最大化生産量と価格，利潤を表す領域を示しなさい.

b. 長期において，スリーク社の価格，生産量，利潤はどうなるだろうか. 言葉で表すとともに，それを新たに図のなかで示しなさい.

c. 時間が経過するにつれ，消費者は靴のブランド間のスタイルの違いに関心を持つようになると仮定しよう. この変化は，各人の需要の価格弾力性にどのように影響を与えるか. 長期において，この需要の変化はスリーク社の価格，産出量，利潤にどのように影響を与えるか.

d. 問 c で見つけた利潤最大化価格において，スリーク社の需要曲線は弾力的か，あるいは非弾力的か. 説明しなさい.

CHAPTER 17

第17章

寡占

Keywords

寡占 oligopoly
ゲーム理論 game theory
共謀 collusion
カルテル cartel
ナッシュ均衡 Nash equilibrium
囚人のジレンマ prisoners' dilemma
支配戦略 dominant strategy

もしあなたがテニスをするのであれば，おそらくペン，ウィルソン，プリンス，ダンロップ・スラセンジャー（1つの会社で2つのブランドを持つ）という4つのメーカーのうちのいずれかのボールを使ったことがあるだろう．この4つのメーカーは，アメリカで売られているテニスボールのほぼすべてを製造している．これらの企業が全体としてテニスボールの生産量を決定し，市場需要曲線が与えられると，テニスボールの販売価格が決まる．

テニスボールの市場は**寡占**の例である．寡占市場の本質は，売り手が少ししかいないということである．その結果，市場にいるどの売り手の行動も，他のすべての売り手の利潤に大きな影響を与える．寡占企業は競争企業にはないような相互依存関係にあるのである．この章の目的は，この相互依存が企業行動をどのように決定するか，また公共政策に対してどのような問題をもたらすかを理解することである．

寡占の分析をするに際し，**ゲーム理論**を紹介することが必要となる．ゲーム理論とは，人々が戦略的状況でどのように行動するかについての研究である．「戦略的」とは，各人が一連の選択可能な行動の中からどのような行動をとるべきかを決めるときに，自分のとる行動に対して他の人々がどのように反応するかを考慮しなければならない状況をいう．戦略的思考は，チェッカー，チェス，チック・タック・トゥー（三目並べ）といったゲームの際に重要なだけではなく，多くのビジネス上の決定においても重要である．寡占市場には少数の企業しかいないので，各企業は戦略的に行動しなければならない．それぞれの企業は，自社の利潤が，自社の生産量と他の企業の生産量のどちらにも依存することを知っている．生産量を決定するにあたって，寡占市場にある各企業は，自社の決定が市場にいる他のすべての企業の生産量の決定にどのような影響を及ぼすかを考慮すべきである．

ゲーム理論は，競争市場や独占市場を理解する際に必ずしも必要なわけではない．完全競争市場や独占的競争市場では，各企業は市場に比べて非常に小さいため，他の企業との戦略的な相互作用は重要ではない．また独占市場でも，市場にたった一つの企業しか存在しないので，戦略的相互作用は存在しない．しかし，後にみるように，寡占やその他の少数のプレイヤーが相互

寡占 oligopoly：ほんの少数の売り手が類似あるいは同一の製品を提供する市場構造．
ゲーム理論 game theory：戦略的な状況で，人々がどのような行動をとるかの研究．

に影響しあう行動を理解する際にはゲーム理論は役に立つのである．ゲーム理論はテニスをするときでもテニスボールを売ろうとするときでも，人々の選択する戦略を説明するのに役立つ．

1 少数の売り手しかいない市場

寡占市場には少数の売り手しかいないため，寡占の重要な特徴は，協調と利己心の間の綱引きにある．寡占企業は，協調して独占者のように行動すること，すなわち，少量の財を生産し，限界費用を上回る価格をつけるときに，最も望ましい状態になる．しかし，どの寡占企業も自社の利潤にしか関心がないので，企業集団が協調的な結果を維持することを妨げる強いインセンティブが働く．

●複占の例

寡占企業の行動を理解するために，**複占**と呼ばれる二つの構成員による寡占を考えてみよう．複占は最も単純なタイプの寡占である．三つ以上の構成員による寡占も複占と同じ問題に直面するので，最も単純なケースから始めても大きな問題はない．

ある町でジャックとジルという2人の住民だけが，飲用に適した水の出る井戸を所有しているとしよう．ジャックとジルは毎週土曜日になると，何ガロンの水を汲み上げるかを決め，その水を町に持っていき，市場でどのような価格であってもそれを売る．話を簡単にするために，ジャックとジルは費用をかけずにいくらでも望むだけの水を汲み上げることができるとしよう．すなわち，水の限界費用はゼロである．

表17-1はその町の水に対する需要表である．第1列は総需要量を示し，第2列は価格を示している．もし2人の井戸の所有者が合計で10ガロンの水を売れば，水は1ガロン当たり110ドルになる．もし合計で20ガロンを売れば，価格は1ガロン当たり100ドルに下落する．以下，同じように考えることができる．この二つの列の数字を図にすると，標準的な右下がりの需要曲線を得ることができる．

表17-1の最後の列は，水の販売によって得られる総収入を示している．

表 17－1 水に対する需要表

総需要量（ガロン）	価格（ドル）	総収入（および総利潤）（ドル）
0	120	0
10	110	1,100
20	100	2,000
30	90	2,700
40	80	3,200
50	70	3,500
60	60	3,600
70	50	3,500
80	40	3,200
90	30	2,700
100	20	2,000
110	10	1,100
120	0	0

総収入は販売量と価格の積である．水を汲み上げる費用はないので，２人の生産者の総収入は総利潤に等しい．

次に，町における水市場の構造が水の価格と販売量にどのような影響を及ぼすかを考えてみよう．

●競争，独占，カルテル

ジャックとジルの複占によって生じる水の価格と販売量を考察する前に，水の市場が完全競争や独占のときに結果がどうなるかを簡潔に議論しよう．これらの二つの極端なケースはベンチマークとして適当なものである．

もし水の市場が競争市場ならば，各企業の生産決定によって，価格は限界費用に等しくなるだろう．追加的に水を汲み上げるための限界費用はゼロであると仮定したので，完全競争下では水の均衡価格もゼロになり，均衡生産量は120ガロンになる．水の価格は生産費用を反映し，効率的な量の水が生産され，消費されるだろう．

次に，独占企業がどのように行動するかを考えてみよう．表17-1は，60ガロンの水が１ガロン当たり60ドルの価格のときに総利潤が最大となることを示している．したがって，利潤を最大化する独占企業は60ガロンの水を生産し，60ドルをつけるだろう．独占企業にとっては当たり前のことだが，価格は限界費用を上回る．生産・消費される水の量は社会的に効率的な水準である120ガロンに満たないので，結果は非効率となる．

では，複占企業の場合にはどのような結果が予想されるだろうか．一つの可能性は，ジャックとジルが会って相談し，水の生産量と価格について合意することである．生産と価格に関する企業間のそのような協定を**共謀**といい，一体となって行動する企業集団を**カルテル**という．いったんカルテルが形成されると，市場は事実上，独占企業によって供給されることになるので，第15章の分析を適用できる．すなわち，もしジャックとジルが共謀すれば，独占の場合と同じ結果で合意に達するだろう．なぜならそのときに，総利潤が最大になるからである．2人の生産者は合計で60ガロンを生産し，1ガロン当たり60ドルの価格で販売する．ここでも価格は限界費用を上回り，その結果は社会的に非効率となる．

カルテルは，総生産水準だけでなく，各構成員の生産量についても合意しなければならない．このケースでは，ジャックとジルは，独占生産量の60ガロンをどのように分け合うかについて合意しなければならない．カルテルの各構成員は，市場でより大きなシェアを占めることを望む．大きな市場シェアは大きな利潤を意味するからである．もしジャックとジルが市場を均等に分割することに合意すれば，それぞれ30ガロンずつ生産して，価格は1ガロン当たり60ドルになり，それぞれ1800ドルの利潤を得る．

●寡占の均衡

寡占企業はカルテルを形成し，独占利潤を得たいと考えるが，それは多くの場合不可能である．市場で得られる利潤をどう分けあうかについて，カルテル参加企業の間でもめるために，協定ができないこともある．さらに，公共政策の観点から，寡占企業の間の明白な協定は反トラスト法で禁止されている．競争者間で価格や生産の制限について話しただけで刑事事件となりうる．そこで，ジャックとジルがどれだけの水を生産するかを別々に決めるとき，何が生じるかを考えてみよう．

共謀 collusion：ある市場にいる企業の間で，生産量や価格に関して結ばれる協定．
カルテル cartel：一体となって行動する企業の集団．

まず，独占企業のようにふるまうことでジャックとジルの利潤の合計は最大になるので，２人はそれぞれ別個に決断してもそこに到達すると予想する人がいるかもしれない．しかしながら，拘束力のある協定がないと，独占的結果は起こりそうにない．その理由を理解するために，ジャックはジルが（独占供給量の半分である）30ガロンの水を生産すると予想するとしよう．ジャックは以下のように考えるだろう．

「俺も30ガロン生産するとしよう．この場合，合計60ガロンの水が１ガロン当たり60ドルで売れる．俺の利潤は（30ガロン×60ドル/ガロンで）1800ドルになるだろう．そうではなく，俺は40ガロン生産することもできる．この場合，合計70ガロンの水が１ガロン当たり50ドルで売れる．俺の利潤は（40ガロン×50ドル/ガロンで）2000ドルになる．市場全体の利潤は減るが，俺の利潤は増える．なぜなら，俺は市場で大きなシェアを持つからだ．」

もちろんジルも同じように考えるかもしれない．もしそうなれば，ジャックとジルはそれぞれ40ガロンを町に持ってくる．総販売量は80ガロンとなり，価格は40ドルに下落するだろう．このように，複占企業がどれだけ生産するかを決めるときに，個別に私益を追求すると，合計では独占生産量を上回る量が生産され，独占価格よりも低い価格がつき，独占利潤を下回る利潤しか手にできなくなる．

利己心の論理により複占企業の生産量は独占水準を上回るものになるが，競争的配分にまで到達するわけではない．各複占企業が40ガロンを生産しているときに何が起こるか考えてみよう．価格は40ドルであり，各複占企業は1600ドルの利潤を得る．この場合，ジャックの利己心の論理は異なる結論に達する．

「ちょうどいま，俺の利潤は1600ドルだ．俺が生産を50ガロンに増やすとしよう．そうすれば，合計で90ガロンの水が売れ，価格は１ガロン当たり30ドルになる．そうなると，俺の利潤は1500ドルにしかならない．それならば生産を増やして価格を下げるよりも，40ガロンの生産を続けるほうがいい．」

ジャックとジルがそれぞれ40ガロンを生産するという結果は，ある種の均衡のようにみえる．実際，この結果はナッシュ均衡と呼ばれる（この名前はノーベル経済学賞を受賞した数学者であり理論経済学者のジョン・ナッシュにちなんでいる．彼の人生は『ビューティフル・マインド』という小説と映画に描かれている)．**ナッシュ均衡**とは，相互に影響しあう経済主体が，それぞれ相手が選んだ戦略を所与として自己の最適な戦略を選んでいる状態である．この場合，ジルの40ガロンの生産を所与とすると，ジャックの最適な戦略は40ガロンを生産することであり，ジャックの40ガロンの生産を所与とすると，ジルの最適な戦略は40ガロンを生産することである．ひとたび彼らがこのナッシュ均衡に到達すると，ジャックもジルもこの決定を変えようとするインセンティブを持たない．

この例は，協調と利己心の間の綱引きを示している．寡占企業は，協調して独占的結果に至ることで経済的により望ましい状態になる．しかし，彼らはそれぞれ自らの私益を追求するために独占的結果に到達できず，それゆえ合計の利潤を最大化できない．各寡占企業は生産を増やして，大きな市場シェアを占めようとする誘惑にかられる．各企業がそのように行動すると，総生産量は増加し，価格は下落する．

同時に，利己心によって市場は競争的な結果に到達できるわけでもない．独占企業と同様に，寡占企業は自分たちが生産する量を増加させると製品の価格が下落し，利潤に影響を及ぼすことを知っている．したがって，寡占企業は競争企業のルールには従わず，価格と限界費用が等しい点までは生産しないのである．

要約すると，**寡占における企業が，個々に利潤を最大化するような生産量を選ぶときには，独占企業の生産水準よりも多くなり，競争企業の生産水準よりも少なくなる．寡占価格は独占価格よりも低いが，(限界費用に等しい)競争価格よりも高い．**

●寡占の企業数はどのように市場の結果に影響を及ぼすか

複占の分析から得られた洞察を用いて，寡占の企業数が市場の結果にどのように影響を及ぼすかを議論することができる．たとえば，ジョンとジョアンが突然，自分の土地に水源を発見し，ジャックとジルによる水の寡占市場に参入するとしよう．表17-1の需要表は同じままだが，今度はより多くの生産者がこの需要を満たすことができる．売り手の数が2人から4人に増加

ナッシュ均衡 Nash equilibrium：相互作用をする経済主体がそれぞれ，他のすべての主体が選んだ戦略を所与として，自己の最適な戦略を選ぶ状況．

専門家にきく ナッシュ均衡

「複雑で手に負えないように見える多くの戦略的な状況での行動をよりよく理解するには，そのゲームの各当事者が，他の当事者も同じ問題を解いていることを理解しているならば何をすべきだろうかと考えて解くようにすればよい．この洞察は，軍事衝突，競争する企業の価格設定，サッカーでのペナルティキックのように，多様な行動を理解するのに役立つ．」

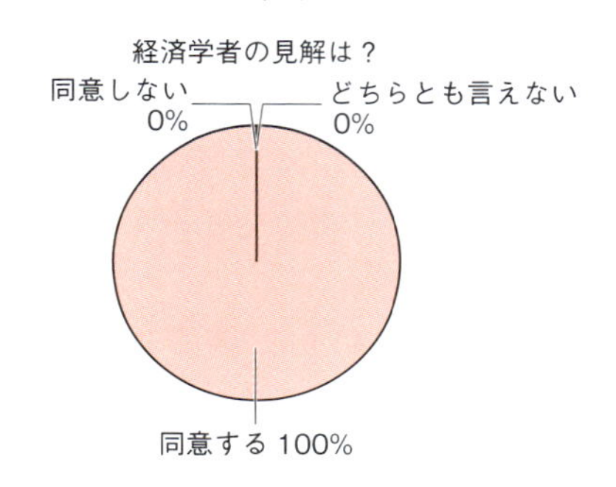

（出所） IGM Economic Experts Panel, June 2, 2015.

すると，町の水の価格と量にはどのような影響があるだろうか．

もし水の売り手がカルテルを形成できるのであれば，この場合も独占供給量を生産し，独占価格をつけて合計の利潤を最大化しようとするだろう．2人の売り手しかいない場合とまさに同じように，カルテルの構成員はそれぞれの生産水準について合意し，合意の実行を守らせる何らかの方法を見つけなければならない．しかし，カルテルが大きくなると，この結果は実現しにくくなる．集団が大きくなればなるほど，合意への到達と，それを守らせることは難しくなるのである．

たとえば，反トラスト法によって禁止されているなどの理由で，寡占企業がカルテルを形成しない場合には，それぞれの売り手はどれだけの水を生産するかを自分で決めなければならない．売り手の数が増加すると結果にどのような影響を及ぼすかをみるために，各売り手が直面する決定について考えてみよう．それぞれの井戸の所有者は，いつでも生産を1ガロン増やすという選択をすることができる．この決定を行うにあたって，井戸の所有者は二つの効果を秤にかける．

- **生産量効果**：価格が限界費用よりも高いので，現在の価格で水を1ガロン多く売ると利潤が増加する．
- **価格効果**：生産を増やすと総販売量が増加するので水の価格が下落し，増加分以外のすべての販売量についての利潤も減少する．

もし生産量効果が価格効果よりも大きければ，井戸の所有者は生産を増加させるだろう．もし価格効果が生産量効果よりも大きければ，所有者は生産を増やさないだろう（実際，この場合には，生産を減らすと利潤が増加する）．各寡占企業は，他の企業の生産量を所与として，これら二つの効果の限界部分がちょうど釣り合うところまで生産を増やし続けるだろう．

次に，ある産業に属する企業の数が，各寡占企業の限界分析にどのように影響を与えるか考えてみよう．売り手の数が多ければ多いほど，各売り手は自分が市場価格に及ぼす影響に関心を払わなくなる．すなわち，寡占企業の数が多くなると，価格効果の大きさは小さくなる．寡占企業の数が非常に多くなると，価格効果は完全に消滅する．この極端なケースでは，個々の企業の生産決定は，もはや市場価格に影響を与えない．各企業はどれだけ生産するかを決定するときに，価格を所与と考えるため，価格が限界費用を上回る限り生産を増加させる．

このようにみると，企業数の多い寡占は本質的に競争企業の集団であるということがわかる．競争企業はどれだけ生産するかを決定する際に，生産量効果のみを考慮する．競争企業は価格受容者（プライス・テイカー）なので，価格効果は存在しないからである．したがって，**寡占における売り手の数が多くなればなるほど，寡占市場は競争市場のようにみえてくる．価格は限界費用に近づき，生産量は社会的に効率的な水準に近づく．**

この寡占の分析から，国際貿易の効果に新しい視点が得られる．自動車会社が，日本にはトヨタとホンダ，ドイツにはフォルクスワーゲンとBMW，アメリカにはフォードとゼネラル・モーターズしかないとしよう．もし，これらの国々が自動車の国際貿易を禁止すれば，各国の自動車市場はわずか二つの会社による寡占となり，市場の結果は理想的な競争状態から大きくかけ離れたものとなるだろう．しかしながら，国際貿易によって自動車市場は世界市場になり，この例の寡占では六つの会社がある．自由貿易が認められると，消費者が選べる生産者の数は増加し，競争の強化により価格は限界費用に近づく．このように，なぜすべての国々が自由貿易から便益を得るかについて，第3章で議論された比較優位の理論に加えて，もう一つの理由が寡占の理論から得られるのである．

【小問】
- もし寡占の構成員が総生産量について合意できれば，どのような量が選ばれるか．
- もし寡占企業が行動を共にせず，その代わりに個別に生産決定をすれば，先の質問の答えと比べて，総生産量は大きくなるか，小さくなるか．理由も答えなさい．

2 協調の経済学

これまでみてきたように，寡占企業は独占的結果に到達したいと考えている．だがそれには協調が必要であり，その協調体制をつくり，維持するのは困難なことがある．この節では，経済主体間での協調が望ましいにもかかわらず，それが困難であるときに生じる問題をより詳しくみる．協調の経済学を分析するためには，ゲーム理論について少し学習しなければならない．

とくに**囚人のジレンマ**と呼ばれる重要な「ゲーム」に焦点を当てよう．このゲームは，なぜ協調することが難しいかについて洞察を与えてくれる．人々は人生のなかで，協調することによってお互いに良い結果が得られるときでさえ，協調することに失敗することがたびたびある．寡占はその一つの例にすぎない．囚人のジレンマの話は一般的な教訓を含むものであり，構成員の間で協調を維持しようと試みるどのような集団にも当てはまる．

囚人のジレンマ prisoners' dilemma：相互に利益が得られるときでさえ，なぜ協調を維持することが困難であるかを例示する，2人の囚人の間の特定の「ゲーム」．

囚人のジレンマ

囚人のジレンマとは，警察に捕まった2人の犯罪者の話である．彼らをボニーとクライドと呼ぶことにしよう．警察は，ボニーとクライドを未登録の銃を保持していたという軽い罪で有罪にするだけの十分な証拠を持っており，その場合，2人は刑務所に1年間入ることになる．警察はまた，2人が一緒に銀行強盗を働いたのではないかと疑っているが，この重罪で彼らを有罪にするだけの有力な証拠は持っていない．警察はボニーとクライドを別々の部屋で取り調べ，それぞれに次のような取引を提案する．

「いま，われわれはおまえを1年間刑務所に入れることができる．だが，もしおまえが銀行強盗を自白し，おまえの仲間が関係していると言えば，おまえを無罪にして，自由にしてやる．おまえの仲間は刑務所に20年入ることになる．だが，もしおまえたちがどちらも罪を自白すれば，おまえの法廷証言はいらなくなり，公判を開く手間が省けるので，おまえたちは中ぐらいの期間の8年の刑を受ける．」

冷酷な銀行強盗であるボニーとクライドが，もし自分自身の判決にしか関心がないとすれば，彼らはどうするだろうか．図17-1は彼らの選択肢を示している．犯人はそれぞれ，自白と沈黙の二つの戦略を持っている．それぞれの犯人が受ける判決は，自分が選ぶ戦略と共犯者が選ぶ戦略に依存する．

まずボニーの決定を考えてみよう．彼女は次のように推論する．「クライドがどうするか私にはわからないわ．もし彼が沈黙を守るなら，私の最適な戦略は自白することになるわ．そうすれば私は刑務所に入らずに自由になれるから．もし彼が自白するとしても，私の最適な戦略はやはり自白することね．そうなれば刑務所に入るのが20年ではなく8年になるもの．だから，クライドがどうするかにかかわらず，私は自白するほうがいいわ．」

ゲーム理論の用語では，プレイヤーのとるある戦略が，他のプレイヤーのとる戦略に関係なく最適であるとき，その戦略を**支配戦略**という．このケースでは，ボニーにとって自白が支配戦略である．クライドが自白しようと沈黙しようと，彼女は自白すれば刑務所に入る期間が短くなるからである．

支配戦略 dominant strategy：ゲームにおいて，他のプレイヤーによって選ばれる戦略に関係なく，あるプレイヤーにとって最適な戦略．

図 17-1 囚人のジレンマ

クライドの意思決定 ＼ ボニーの意思決定	自白する	沈黙を守る
自白する	ボニーは 8 年の刑 クライドは 8 年の刑	ボニーは 20 年の刑 クライドは無罪放免
沈黙を守る	ボニーは無罪放免 クライドは 20 年の刑	ボニーは 1 年の刑 クライドは 1 年の刑

2 人の犯人が罪を犯したと疑われているこのゲームで，それぞれが受ける刑罰は，2 人の犯人がそれぞれ自白するか沈黙を守るかという決定に依存する．

次にクライドの決定について考えよう．彼はボニーと同じ選択に直面しており，ほとんど同じように推論する．ボニーがどうするかにかかわらず，クライドも自白すれば刑務所に入る期間が短くなる．言い換えれば，自白はクライドにとっても支配戦略である．

結局，ボニーとクライドは自白し，ともに刑務所に8年間入ることになる．この結果はナッシュ均衡である．どちらの囚人ももう1人の囚人の選んだ戦略を所与として，可能な限りの最適な戦略を選んでいるのである．しかし，彼らの見地からは，これは厳しい結果である．もし彼らが一緒に沈黙を守れば，2人ともより良い結果を得ることができ，銃保有の罪で1年間刑務所に入るだけですんだからである．それぞれが自分の利益を追求したために，2人の犯人どちらにとっても悪い結果になったのである．

読者は，ボニーとクライドが，この状況を予知し，前もって計画を立てられると考えたかもしれない．しかし，前もって計画をしたとしても，彼らはやはり同じ問題に遭遇する．ボニーとクライドが，自白しないという約束を警察に捕まる前にしたと考えてみよう．もし彼らがともにこの合意に従って行動すれば，明らかに2人はもっと良い結果を得られただろう．彼らは刑務所に1年入るだけだからである．しかし，2人の犯人はたんに合意したという理由だけで，実際に沈黙を守るだろうか．彼らは別々の部屋で尋問されると，利己心の論理が勝り，自白することになる．2人の犯人が協調することは，各人にとっては非合理的なために維持することが難しいのである．

●囚人のジレンマとしての寡占

囚人のジレンマは市場や不完全競争とどのような関係にあるだろうか．寡占企業が独占的結果に到達しようとして演じるゲームは，２人の犯人が囚人のジレンマを演じるゲームと似ていることが明らかになる．

ここで再び，複占のときに示した例である，ジャックとジルが直面する選択について考察しよう．長きにわたる交渉ののち，２人の水の供給者は，生産を30ガロンに保つことに合意する．すると，価格は高く維持され，２人はそろって最大の利潤を得るだろう．しかしながら，２人は生産水準について合意した後，それぞれが協定に従って協調した行動をとるか，それを無視して高水準の生産をするかを決めなければならない．図17-2は，２人の生産者の利潤が戦略の選び方にどのように依存するかを示している．

あなたがジャックであるとしよう．あなたは次のように推論するだろう．「私は合意に従って生産水準を30ガロンに維持することもできるし，生産量を増やして40ガロンを売ることもできる．もしジルが合意に従って生産水準を30ガロンで維持した場合，私の利潤は40ガロンを売れば2000ドル，30ガロン売れば1800ドルとなる．この場合，私は高水準で生産したほうが望ましい結果を得る．もしジルが合意に従わず40ガロンを生産した場合，私の利潤は

図 17－2　ジャックとジルの寡占ゲーム

ジルの意思決定 ＼ ジャックの意思決定	高生産量：40 ガロン売る	低生産量：30 ガロン売る
高生産量：40 ガロン売る	ジャックは 1600 ドルの利潤 ジルは 1600 ドルの利潤	ジャックは 1500 ドルの利潤 ジルは 2000 ドルの利潤
低生産量：30 ガロン売る	ジャックは 2000 ドルの利潤 ジルは 1500 ドルの利潤	ジャックは 1800 ドルの利潤 ジルは 1800 ドルの利潤

それぞれが水を販売することで獲得する利潤は，自分の選んだ販売量と，相手が選んだ販売量の両方に依存する．

40ガロンを売れば1600ドル，30ガロン売れば1500ドルとなる．この場合も，私は高水準で生産したほうが望ましい結果を得ることになる．そのため，ジルがどちらの行動を選択しても，私は合意した約束を破り，高水準で生産したほうが望ましい結果となる.」

40ガロンを生産することは，ジャックにとっての支配戦略である．もちろん，ジルもまさに同じように推論し，どちらも高水準の40ガロンを生産することになる．その結果，どちらの生産者にも低利潤という（ジャックとジルの視点からは）望ましくない結果になる．

この例から，寡占企業が独占利潤を維持することがなぜ難しいかがわかるだろう．協調して独占的結果を得ることは合理的であるが，どの寡占企業も裏切るインセンティブを持っている．囚人のジレンマの状況にある犯人が，利己心によって自白に駆り立てられるのと同様に，寡占企業が低生産，高価格，独占利潤という協調的な結果を維持することも，利己心のために困難である．

OPECと世界の石油市場

これまで述べてきたある町の水の市場の話はフィクションだが，もし水を原油に，ジャックとジルをイランとイラクに置き換えると，話は急に真実味を帯びてくる．世界の石油の多くは少数の，しかもほとんどが中東地域にある国々によって生産されている．これらの国々は寡占を構成している．どれだけの石油を汲み上げるかという決定は，ジャックとジルがどれだけの水を汲み上げるかという決定とほとんど同じである．

世界の石油のほとんどを生産する国々は，石油輸出国機構（OPEC）というカルテルを形成している．OPECは1960年に形成され，最初はイラン，イラク，クウェート，サウジアラビア，ベネズエラにより構成された．1973年までに，カタール，インドネシア，リビア，アラブ首長国連邦，アルジェリア，ナイジェリア，エクアドル，ガボンの８カ国が参加した．これらの国々は，世界の石油埋蔵量の約４分の３を支配している．他のカルテルと同様，OPECは協調して生産量を減らすことによって，製品価格を高めようとする．OPECは各加盟国の生産水準を決定しようとしている．

OPEC が直面する問題は，ジャックとジルが直面する問題とほとんど同じである．OPEC 諸国は石油の価格を高く維持したい．しかし，カルテルの各構成国は，総利潤に占めるシェアを高めるために，生産を増やしたい誘惑にかられる．OPEC 構成国は生産量を減らすことに合意しながら，後に合意に背くことがしばしばあった．

OPEC は1973年から1985年にかけて，協調と高い価格の維持に最も成功した．1バレル当たりの原油価格は，1972年の3ドルから1974年には11ドルに上昇し，そして1981年には35ドルへと上昇した．しかし，1980年代半ばに，構成国は生産水準について議論を始め，OPEC は協調を維持する組織として有効ではなくなった．1986年までに，原油価格は1バレル当たり13ドルまで下落した．

今日でも，OPEC 構成国は定期的に会合を開いているが，カルテルの合意に達し，その合意を強制することにあまり成功しなくなってきている．その結果，原油価格の変動は，カルテルによる人為的な供給制限よりも，むしろ需給の自然な力によるほうが大きくなっている．OPEC 構成国の協調の欠如により，産油国の利潤は協調ができれば得られたであろう水準よりも減ってしまったが，世界中の消費者には有益となった．

●囚人のジレンマの他の例

寡占企業が直面する問題を理解するために，囚人のジレンマがどのように用いられるかをこれまでみてきた．同じ論理は他の多くの状況にも当てはまる．ここでは，利己心によって協調が妨げられ，関係する両当事者に望ましくない結果をもたらす例を二つ考えてみよう．

軍拡競争　第2次世界大戦後の数十年間，世界の二大超大国のアメリカとソ連は，長期間にわたり軍拡競争に明け暮れていた．このトピックは初期のゲーム理論のいくつかの研究の動機となった．ゲーム理論は，軍拡競争が囚人のジレンマにとてもよく似ているということを指摘した．

その理由を理解するために，アメリカとソ連が新兵力を配備するか，軍備を縮小するかという決定について考えてみよう．どちらの国も相手の国より

図 17-3 軍拡ゲーム

		アメリカの意思決定	
		軍拡	軍縮
ソ連の意思決定	軍拡	アメリカは危険 ソ連は危険	アメリカは危険で弱体 ソ連は安全で強力
	軍縮	アメリカは安全で強力 ソ連は危険で弱体	アメリカは安全 ソ連は安全

二国の間のこのゲームでは，それぞれの国の安全と力が，軍拡するか否かについてのその国の決定と，他国の決定の両方に依存する.

も多くの武器を保有することを好む．多くの兵器を持つことにより，世界情勢により大きな影響を及ぼすことができるからである．しかし，どちらの国も他の国の武器から安全な世界であることを好む.

図 17-3 は地獄のような軍拡ゲームを示している．もしソ連が軍拡を選べば，アメリカは力の喪失を避けるために同じ行動をとることで望ましい結果を得る．もしソ連が軍縮を選べば，アメリカは軍拡を選ぶことでより強力になるので，軍拡が望ましい結果になる．どちらの国にとっても，軍拡は支配戦略である．このように，両国は軍拡競争を続けることを選び，両国ともに危険な状態になるという望ましくない結果になる.

1945～1991年の冷戦の時代を通じて，アメリカとソ連は軍縮交渉と協定によってこの問題を解決しようと試みてきた．二国が直面した問題は，寡占企業がカルテルを維持しようとするときに直面する問題によく似ている．寡占企業が生産水準について議論するのとまさに同じように，アメリカとソ連は互いに許容できる軍備の量について議論した．そして，カルテルが生産水準を守らせることに苦心するのと同じように，アメリカとソ連は互いに相手国が協定を破ることを恐れた．軍拡競争も寡占も，利己心という情け容赦のない論理により，（ゲームの）参加者は各人には望ましくない非協力的な結果に至るのである.

共有資源　第11章では，人々が共有資源を過剰使用する傾向にあることをみた．この問題も囚人のジレンマの例と考えることもできる．

エクソンとテキサコという二つの石油会社が，隣接した油田を所有しているとしよう．油田の底には1200万ドル分の共有状態の石油が埋蔵されている．石油を汲み上げる油井を掘るには100万ドルかかる．もし各社が油井を1本掘れば，それぞれ半分の石油を得ることができて，（600万ドルの収入から100万ドルの費用を差し引いた）500万ドルの利潤を得る．

油田は共有資源なので，どちらの会社もそれを効率的に利用しないだろう．どちらの会社も2本めの油井を掘ることができるとしよう．もし1社が3本の油井のうち2本を持てば，その会社は3分の2の石油を得て，600万ドルの利潤を得る．そしてもう一方の会社は3分の1の石油で300万ドルの利潤を得ることになる．しかし，もし各社が2本めの油井を掘れば，二つの会社は再び石油を二分することになる．この場合，各社は2本めの油井の費用も負担しなければならないので，利潤はそれぞれ400万ドルにしかならない．

図17-4は，そのゲームを示している．2本の油井を掘ることは，両社にとっての支配戦略となる．ここでも2人のプレイヤーの利己心により，望ましくない結果が導かれるのである．

●囚人のジレンマと社会的厚生

囚人のジレンマは生活のなかでみられる多くの状況を描写しており，協調がゲームにおける双方のプレイヤーに望ましい結果をもたらすときでさえ，協調を維持することが難しいことを示す．明らかに，この協調の欠如はそうした状況に関係のある人々にとっては問題である．しかし，協調の欠如は社会全体の観点からは問題となるだろうか．その答えは状況によって異なる．

ある場合には，非協力的な均衡はプレイヤーだけでなく社会全体にとってもよくない．図17-3の軍拡ゲームでは，アメリカとソ連は危険な状態になる．図17-4の共有資源ゲームでは，テキサコとエクソンが掘る2本めの油井はまったくの無駄である．どちらも，もし二つのプレイヤーが協調的な結果に到達できれば，社会的にも望ましい結果になるだろう．

対照的に，独占利潤を維持しようとする寡占企業の場合には，協調の欠如は社会全体の観点からは望ましい．独占的結果は寡占企業にとってはよいか

図 17－4　共有資源ゲーム

テキサコの意思決定 ＼ エクソンの意思決定	油井を２本掘る	油井を１本掘る
油井を２本掘る	エクソンは 400 万ドルの利潤 テキサコは 400 万ドルの利潤	エクソンは 300 万ドルの利潤 テキサコは 600 万ドルの利潤
油井を１本掘る	エクソンは 600 万ドルの利潤 テキサコは 300 万ドルの利潤	エクソンは 500 万ドルの利潤 テキサコは 500 万ドルの利潤

共有の油田から石油を採掘する二つの企業の間のこのゲームでは，それぞれの企業が得る利潤は，その企業の掘る油井の数と，相手企業の掘る油井の数の両方に依存する．

もしれないが，その製品の消費者にとっては悪いからである．第７章で最初にみたように，競争的な結果は総余剰を最大化するので社会にとって最適である．寡占企業が協調に失敗すると，生産量は最適な水準に近くなる．言い換えれば，市場が競争的なときにのみ，見えざる手は資源を効率的に配分するように導くのであり，市場で企業がお互いに協調に失敗するときにのみ，市場は競争的になる．

同様に，２人の容疑者を尋問する警察の場合を考えてみよう．容疑者の間での協調の失敗は，より多くの犯人を有罪にできるので警察にとっては望ましい．囚人のジレンマは囚人にとってはジレンマであるが，他のすべての人には利益となる．

●なぜ人々は協調するときがあるのか

囚人のジレンマは協調が困難なことを示す．しかし，それは不可能なのだろうか．警察に尋問されるとき，すべての犯人が共犯者の犯罪を警察に告げるわけではない．カルテルは，各構成員が離脱するインセンティブを持っているにもかかわらず，時には共謀の取決めを何とか維持することがあるのは確かである．多くの場合，プレイヤーが囚人のジレンマを解決できるのは，ゲームを一度ではなく何度も行うためである．

繰り返しゲームではなぜ協調を守らせることが容易となるのかをみるため

に，図 17-2 で選択肢が与えられているジャックとジルの複占の話に戻ろう．ジャックとジルはそれぞれ30ガロンを生産するという独占的結果を維持することに合意したい．しかし，もしジャックとジルがこのゲームを一度しか行わなければ，どちらもこの合意に従うインセンティブを持たない．２人は利己心のために約束を破り，それぞれ40ガロンという支配戦略を選択する．

ここで，ジャックとジルが同じゲームを毎週行うことを知っているとしよう．彼らは最初に生産を低く抑えるという合意をするにあたって，もし一方が約束を破るとどうするかも決める．たとえば，もし一方が一度でも約束を破って40ガロンを生産すると，双方とも永遠に40ガロンを生産することに合意するかもしれない．この罰則は強制が容易である．もし一方が高水準で生産すれば，他方は同じことをするもっともな理由があるからである．

実はこの罰則の脅しさえあれば，ほぼ間違いなく協調を維持することができる．各人は，約束を破ると利潤が1800ドルから2000ドルに増加することを知っている．しかし，この便益はわずか１週間しか続かない．それ以後は，利潤は1600ドルに減少し，そこにとどまる．プレイヤーは将来の利潤を十分に気にかける限り，約束を破ることで得られる一度だけの利益をあきらめることを選択するだろう．このように，囚人のジレンマの繰り返しゲームでは，２人のプレイヤーは協調的な結果に到達できるかもしれない．

ケース・スタディ　囚人のジレンマのトーナメント

囚人のジレンマのゲームをするとしよう．あなたと別室で「尋問」されるもう１人の人がいて，一度ではなく，何回も行われるとする．ゲームの最後におけるあなたの得点は，刑務所に入る年数の合計である．あなたはこの得点をできるだけ小さくしたい．どのような戦略をあなたはとるだろうか．あなたは自白することから始めるだろうか，沈黙を守ることから始めるだろうか．他のプレイヤーの行動は，あなたの自白に関するそれ以降の決定にどのような影響を及ぼすだろうか．

繰り返しの囚人のジレンマは，複雑なゲームである．協調を促進するためには，プレイヤーは協調しないことに対して互いに罰則を与えなければならない．しかし，先のジャックとジルによる水のカルテルで描かれた，他のプレイヤーが裏切ると永久に裏切るという戦略は，あまり寛大ではない．何度も繰り返されるゲームでは，ある期間協調しなかった後に協調的な結果に戻ることをプレイヤーに認める戦略が好ましいかもしれない．

どの戦略が最もよく機能するかをみるために，政治学者のロバート・アクセルロッドはトーナメントを行った．参加者は囚人のジレンマを繰り返し行うように設計されたコンピュータ・プログラムを送った．各プログラムは他のすべてのプログラムとゲームを行い，刑務所に入る年数の合計が最も少ないプログラムが勝者となった．

勝者となったプログラムはしっぺ返し（tit-for-tat）という単純な戦略であった．しっぺ返しでは，プレイヤーは協調から始め，その後は何であれ他のプレイヤーが前の期に行ったことを行う．こうして，しっぺ返しのプレイヤーは，相手のプレイヤーが裏切るまで協調し，相手のプレイヤーが再び協調するまで裏切り続ける．言い換えれば，この戦略は友好的に始まり，非友好的なプレイヤーを罰し，もし友好を保証されれば許す．アクセルロッドが驚いたことに，この単純な戦略が，人々の送った他のどの複雑な戦略よりもよかったのである．

しっぺ返し戦略は長い歴史を持つ．それは本質的に，旧約聖書にある「目には目を，歯には歯を」という戦略である．囚人のジレンマのトーナメントは，この戦略が生活のなかのゲームを行うときの経験則となる場合があることを示唆している．

【小問】
- 囚人のジレンマの筋書きを述べなさい．囚人の選択肢を示す表を書き，どのような結果になるかを説明しなさい．
- 囚人のジレンマを用いることで，寡占市場についてどんなことがわかるだろうか．

3 寡占に対する公共政策

第1章における**経済学の十大原理**の一つは，「政府が市場のもたらす成果を改善できることもある」ということであった．この原理はそのまま寡占市場に当てはまる．これまでみてきたように，寡占企業間の協調は社会全体の観点からは望ましくない．なぜなら生産量は少なく，価格は高くなりすぎるからである．資源配分を社会的に最適なものに近づけるためには，政策立案者は寡占企業が協調ではなく競争をするように促すべきである．政策立案者がどのようにそれを行うかを考察し，その後に，公共政策のこの分野で生じる論争を検討しよう．

●取引制限と反トラスト法

政策によって協調をやめさせる一つの方法は，法に頼ることである．通常，契約の自由は市場経済の本質的な部分である．企業や家計は契約を使って相互に有利な取引を取り決める．その際，彼らは契約の執行を強いるために裁判制度に頼る．しかし，何世紀も前から，イギリスとアメリカの裁判官たちは，競争者の間で生産量を減らして価格を引き上げようとする協定は，公共の利益に反すると考えてきた．したがって，彼らはそのような協定の施行を拒絶してきた．

1890年のシャーマン法はこの方針を成文化し，強化した．

「複数の州の間および外国との取引や通商を制限するあらゆる契約，トラストおよび他の形態の結合，あるいは共謀は，違法と宣言される．……複数の州の間および外国との取引や通商の一部でも，独占したり，独占を企図したり，あるいは独占するために他の人や人々と結合したり共謀したりするあらゆる人は，軽罪の有罪とされ，有罪判決によって，裁判所の裁量により，5万ドルを超えない罰金かまたは1年を超えない禁錮，もしくは併科の刑に処せられる．」

シャーマン法は，寡占企業間の協定を，強制できない契約から犯罪になる共謀へと高めたのである．

1914年のクレイトン法は，反トラスト法をさらに強化した．この法によると，もしある人が，取引を制限するような違法な取決めによって被害を受けたと証明できれば，その人は訴えて，受けた被害の3倍の額を取り戻すことができる．3倍の損害賠償という普通ではないルールは，談合する寡占企業に対する民間からの訴訟を奨励することを目的としたものである．

今日，アメリカ司法省と民間の当事者たちはともに，反トラスト法を執行するために法的に告訴する権限を持つ．第15章で議論したように，この法は単独の企業に過剰な市場支配力をもたらすような合併を妨げる．さらに，こうした法律は，市場における競争を弱めるように寡占企業が行動することを妨げるのに用いられる．

ケース・スタディ 違法な電話

寡占企業は生産を減らし，価格を引き上げ，利潤を増加させるために共謀する強いインセンティブを持つ．18世紀の偉大な経済学者アダム・スミスはこの潜在的な市場の失敗をよくわかっていた．『国富論』において，彼は「同じ取引をする人々が出会うことはめったにないが，もしそこで会話がなされると，人々に損をさせる共謀になるか，あるいは価格を引き上げるための転換になる」と述べている．

スミスの観察の近代的な例をみるために，1980年代初め，2人の航空会社の経営者の間で交わされた電話による会話の引用をみることにしよう．この電話は1983年2月24日の『ニューヨーク・タイムズ』紙で報じられている．ロバート・クランドルはアメリカン航空の社長であり，ハワード・パットナムは当時，メジャーな航空会社であったブラニフ航空の社長であった．

クランドル：後生だから，いいだろうか……ここに座ってお互いに×××× を浴びせ合って，どちらも一銭の ×××× 儲けにならないなんて，まったく馬鹿げたことだと思うのだが．

パットナム：何か私に提案があるのですか．

クランドル：そうだ．一つ提案がある．あなたの ×××× の料金を20％値上げしてほしい．私も自分のところの料金を翌朝値上げする．

パットナム：ロバート，私たちは……

クランドル：あなたはもっと儲けることができる．そして，私もだ．

パットナム：私たちは価格について話してはいけないのですよ．

クランドル：おお ××××，ハワード．私たちは話したいどんな ×××× のことについても話をすることができるのだ．

パットナムは正しい．シャーマン法は，競争する経営者たちが価格を固定することを話すことさえ禁止している．パットナムがこの会話のテープを司法省に提出すると，司法省はクランドルを告訴した．

2年後，クランドルと司法省は和解に達し，クランドルは，他の航空会社の役員との接触を含む，営業活動に対するさまざまな制限に同意した．司法省は和解の条件により，「アメリカン航空およびクランドルが，航空サービスの価格について競争相手と話をし，旅客航空サービスを独占化しようとする試みをいかなる路線においても今後は阻止することになり，航空産業の競争を保護するだろう」と言った．

●反トラスト政策をめぐる論争

長い間，反トラスト法はどのような種類の行動を禁止するべきかについて，数多くの論争が行われた．ほとんどの論者は，競争する企業間で価格を固定する合意が違法であるべきだということに合意している．しかし，反トラスト法は効果が明らかではないいくつかの商慣習を有罪とするのに用いられてきた．ここでは，三つの例を考えよう．

再販売価格維持　論争の多い商慣習の一例に**再販売価格維持**がある．スーパーデューパー電子社がブルーレイプレイヤーを50ドルで小売店に販売するとしよう．もしスーパーデューパー電子社が小売店に対して顧客に75ドルで売るように要求すると，再販売価格維持をしていることになる．75ドルよりも低い価格をつける小売店は，スーパーデューパー社との契約を破ることになる．

一見すると，再販売価格維持は反競争的であり，したがって社会に有害であるようにみえる．カルテルの構成員の間の合意のように，小売店が価格で競争することを妨げている．この理由により，裁判所はときどき再販売価格維持を反トラスト法に違反しているとみなしてきた．

しかし，二つの理由から再販売価格維持を擁護する経済学者もいる．第1

に，そのような経済学者は，再販売価格維持は競争を弱めることを目的としたものではないと主張する．スーパーデューパー電子社が市場支配力を行使したければ，再販売価格維持ではなく，卸売価格を上げることができるからである．さらに，スーパーデューパー電子社は小売店の間の競争を妨げるインセンティブを持たない．実際，小売店のカルテルは，競争的な小売店のグループよりも販売量を少なくするので，スーパーデューパー電子社にとって，小売店がカルテルを結ぶことは望ましくない結果をもたらす．

第2に，経済学者は再販売価格維持には合理的な目的があると信じている．スーパーデューパー電子社は，小売店が顧客に対して快適なショールームと豊かな知識を有する販売部隊を提供することを望むかもしれない．しかし，再販売価格維持がなければ，顧客のなかにはブルーレイプレイヤーの特殊な特徴についてはある店のサービスを利用して学び，そのようなサービスを提供しないディスカウントストアでブルーレイプレイヤーを購入する人が現れるだろう．よい顧客サービスは，スーパーデューパー電子社の製品を販売する小売店の間の公共財であるといえる．第11章で議論したように，ある人が公共財を提供するときには，他の人は支払いをせずにそれを享受することができる．この場合，ディスカウントストアは他の小売店で提供されるサービスにただ乗りができるので，望ましい水準のサービスを行わないだろう．再販売価格維持は，スーパーデューパー電子社がこのフリーライダー問題を解決するための一つの方法である．

再販売価格維持の例は，一つの重要な原理を示している．それは，**競争を弱めるようにみえる商慣習は，実は合理的な目的を持っているかもしれない**，ということである．この原理は，反トラスト法の適用をますます困難にする．この法を執行する経済学者や法律家や裁判官は，競争を阻害して経済厚生を減少させるとして，どのような種類の行動を公共政策によって禁止するべきかを決めなければならない．その仕事は容易ではないことが多い．

略奪価格　市場支配力を持つ企業は，通常はその力を用いて競争水準以上に価格を引き上げる．しかし，市場支配力を持つ企業が低すぎる価格をつけることを，政策立案者はそもそも心配すべきだろうか．この問いは，反トラスト政策をめぐる第2の論争の核心である．

コヨーテ航空という大きな航空会社がある路線を独占しているとしよう．そこにロード・ランナー・エクスプレスが参入し，20%のシェアを占め，コヨーテのシェアは80%になったとする．この競争に対抗してコヨーテは料金を引き下げた．反トラストの専門家のなかには，コヨーテの動きが反競争的になりうると主張する人もいる．料金の引下げはロード・ランナーを市場から駆逐し，コヨーテが独占を取り戻して価格を再び引き上げることを意図しているかもしれないというのである．そのような行動は**略奪価格**と呼ばれる．

略奪価格は，反トラスト訴訟ではよくある主張であるが，経済学者のなかにはこの議論を疑う人もいる．彼らは略奪価格が利益をもたらす経営戦略となることはめったにないと信じている．それはなぜだろうか．価格競争で相手を市場から駆逐するには，価格は費用以下に引き下げられなければならない．しかし，もしコヨーテが損失を出してまで安い航空券を売り出すならば，低料金は乗客を増やすだろうから，直ちにより多くの便を飛ばす用意ができていなければならない．ロード・ランナーはその間，便数を削減することで，コヨーテの略奪的な動きに対応することができる．その結果，コヨーテは価格戦争から生じる損失の80%以上を負い，ロード・ランナーは価格戦争を生き延びるのに有利な立場に置かれることになる．昔のコヨーテとロード・ランナーの風刺漫画にあるように，略奪する者は餌食となる者よりも大きな痛手を被るのである．

略奪価格が反トラストの政策立案者にとって懸念すべき問題かどうかについて，経済学者は論争を続けている．さまざまな疑問が未解決のままである．略奪価格はそもそも利益になる経営戦略なのか．もしそうならば，それはどのようなときか．裁判所は，どの価格切下げが競争的で消費者のためになり，どれが略奪的であると判断することができるのだろうか．こうした問いに対して単純な答えはない．

抱合せ　論争の多い商慣習の三つめの例は抱合せである．メイクマネー映画社が，『アベンジャーズ』と『ハムレット』という２本の新しい映画を制作するとしよう．もしメイクマネー映画社が２本の映画を別々でなく一緒にして，一つの価格で劇場に提供すると，その映画会社は二つの製品を抱き合わせているといわれる．

映画の抱合せの慣習が法廷で争われたとき，最高裁はその慣習を禁止した．裁判所は次のように判断した．『アベンジャーズ』は大ヒット作で『ハムレット』が儲からない芸術的映画であるとしよう．そうすると，映画会社は『アベンジャーズ』への高い需要を利用して，劇場に『ハムレット』を買わせることができる．市場支配力を拡大する仕組みとして，映画会社は抱合せを利用することができるとみなされたのである．

多くの経済学者はこの議論に懐疑的である．劇場は『アベンジャーズ』に２万ドルまで支払う用意があり，『ハムレット』には１ドルも支払うつもりがないとしよう．すると，劇場が２本の映画に支払う最大額はあわせて２万ドルであり，『アベンジャーズ』のみに支払う場合と同じである．価値のない映画を劇場に取引の一部として引き受けさせても，劇場の支払許容額を増やすことはできない．メイクマネー映画社は，２本の映画をひとまとめにしても市場支配力を高めることはできないのである．

それではなぜ抱合せは存在するのだろうか．一つの可能性は，それが価格差別の一形態ということである．二つの劇場があるとしよう．シティ劇場は，『アベンジャーズ』には１万5000ドル，『ハムレット』には5000ドルを支払ってもよいと思っている．そして，カントリー劇場は，そのちょうど反対で，『アベンジャーズ』には5000ドル，『ハムレット』には１万5000ドルを支払ってもよいと思っている．もしメイクマネー社が二つの映画に別々の価格をつけるならば，最適な戦略はそれぞれの映画に１万5000ドルをつけることであり，それぞれの劇場が１本の映画だけを上映することである．しかし，もしメイクマネー社が２本の映画をひとまとめにして提供するのであれば，両方の劇場に２万ドルで売ることができる．したがって，もし異なる劇場が映画に異なる価値を置くならば，映画会社は抱合せにより，買い手の総支払許容額に近い合計価格をつけて利潤を増加させることができる．

抱合せはいまだに論争のある商慣習である．最高裁は，抱合せによって企業が他の財にまで市場支配力を展開することができると主張するが，これは少なくとも最も単純な形としては根拠がない．しかし，経済学者は抱合せがどのように競争を阻害するかについて，より精巧な理論を提案した．本書のこれまでの経済学の知識では，抱合せが社会全体に有害な影響があるかどうかは明らかでない．

ケース・スタディ マイクロソフト事件

特に重要で論争の多い反トラスト事件は，1998年にアメリカ政府がマイクロソフトに対して行った訴訟であった．この事件はまるでドラマのようであった．この事件では，世界で最も裕福な男（ビル・ゲイツ）と，世界で最も強力な規制当局（アメリカ司法省）とが闘ったのである．政府側証言は著名な経済学者（MIT のフランクリン・フィッシャー教授）で，マイクロソフト側証言も，同じく著名な経済学者（MIT のリチャード・シュマレンジー教授）であった．経済で最も急速に成長している産業の一つ（コンピュータ・ソフトウェア）における，世界で最も企業価値の高い会社の一つ（マイクロソフト）の将来がかかっていた．

マイクロソフト事件の中心的な問題には抱合せがあった．とくに，マイクロソフトがインターネット・ブラウザをウィンドウズの OS（基本ソフト）に統合することが許されるべきか否かという点である．政府は，マイクロソフトがこの二つの製品を一つにまとめることにより，コンピュータ OS 市場で持っていた市場支配力を，それとは関係のないインターネット・ブラウザ市場に拡張しようとしていると主張した．政府の主張によると，マイクロソフトがそのような製品を OS に組み込むことが許されると，他のソフトウェア会社が市場に参入して新製品を提供することが阻止されるというのである．

マイクロソフトはそれに対して，新しい特徴を古い製品に取り入れるのは技術進歩の自然な一部であると指摘した．今日の自動車には，CD プレイヤーやエアコンが装備されているが，それらはかつて別々に売られていた．また，カメラにはストロボが内蔵されている．OS についても同じことがあてはまる．時が経つにつれて，マイクロソフトは，かつては独立した製品であった多くの特徴をウィンドウズに追加してきた．これによりコンピュータの信頼性は高まり，利用が容易になった．消費者からみると，間違いなく各製品が一緒になって動くことがわかるからである．マイクロソフトの主張では，インターネット技術の統合は，次の段階への自然な歩みである．

争点の一つは，マイクロソフトの市場支配力の程度に関してであった．政府は，新しいパソコンの80％以上がマイクロソフトのOSを用いていることを指摘し，マイクロソフトは実質的な独占力を持ち，それを拡張しようとしていると主張した．マイクロソフトは，ソフトウェア市場はつねに変化しており，マイクロソフトのウィンドウズは，アップルのマックやリナックスOSのような競争相手からたえず挑戦を受けてきたと応じた．また，ウィンドウズにつけた約50ドルという低価格は，標準的なコンピュータの価格のわずか３％にすぎず，市場支配力が非常に限られている証拠であるとも主張した．

多くの大型反トラスト訴訟のように，マイクロソフト事件は，法律上の泥沼に入った．1999年11月，長い審理を経て，ペンフィールド・ジャクソン判事は，マイクロソフトが大きな独占力を持ち，その力を違法に乱用した，と判決を下した．2000年６月，法的救済措置についての審問の後，彼は，マイクロソフトをOSを販売する会社とアプリケーション・ソフトを販売する会社の二つの会社に分割することを命じた．１年後，控訴裁判所は，ジャクソン判事の分割命令を破棄し，新しい判事にこの事件を委ねた．2001年９月，司法省は会社の分割を以後は求めず，直ちに和解したいと発表した．

2002年11月に最終的に和解に達した．マイクロソフトは商慣習に関するいくつかの制約を受け入れ，政府は，ブラウザがウィンドウズOSの一部であり続けることを受け入れた．しかし，この和解でマイクロソフトの反トラスト紛争は終わらなかった．近年，マイクロソフトは，EUによって起こされたさまざまな反競争行為の申立てに関する訴訟に加えて，いくつかの反トラスト法に関する私訴で闘っている．

【小問】 ● 企業がどのような種類の合意をすると違法になるのか．
● なぜ反トラスト法には論争が多いのか．

4 結論

寡占企業は独占企業のように行動したいと考えるが，利己心により競争に向かって駆り立てられる．寡占市場が独占から競争市場までのうちどのあたりに落ち着くかは，寡占市場の企業数や企業がどれだけ協調を維持するかによる．囚人のジレンマの話では，なぜ寡占企業が協調することで利益を最大にできるときでさえ，協調を維持することに失敗するのかが示されている．

政策立案者は反トラスト法を通じて寡占企業の行動を規制する．この法がどこまで適用されるべきかについては現在も議論の対象となっている．競争企業の間で価格を固定することは，経済厚生を明らかに減少させ，違法とすべきであるが，競争を弱めるようにみえる商慣習のなかには，目的を達成するために巧妙に考えられたものであれば合理的なものもあるかもしれない．したがって，政策立案者は，企業行動を制限するために反トラスト法の強い力を用いるときには，気をつける必要がある．

- 寡占企業はカルテルを形成し，独占企業のように行動することで総利潤を最大化する．しかし，寡占企業が個別に生産水準について決定をすれば，その結果，独占的結果よりも数量は増加し価格は下落する．寡占市場での企業数が多いほど，数量と価格は競争市場で成立する水準に近くなる．
- 囚人のジレンマは，協調がお互いの利益になるときでさえ，利己心のために人々が協調を維持できなくなることを示す．囚人のジレンマの論理は軍拡競争，共有資源問題，寡占といった多くの状況に当てはまる．
- 政策立案者は反トラスト法を用いて，寡占企業が競争を弱める行動をとることを阻止する．しかし，競争を弱めるようにみえる行動のなかには，実際には合理的な経営上の目的を持つものがあるかもしれないために，この法の適用には論争が多い．

確認問題

1. 寡占市場の重要な特徴は次のうちどれか．
   a. 各企業は他の企業と異なる製品を生産する．
   b. 一つの企業が市場需要曲線上の点を選ぶ．

c. 各企業は市場価格を所与とする.

d. 少数の企業が戦略的に行動している.

2. もし寡占産業が協調的なカルテルを組織するならば，生産量は完全競争のときの水準と比べて（　　　），独占のときの水準と比べて（　　　）.

a. 少なくなり，多くなる

b. 多くなり，少なくなる

c. 少なくなり，等しくなる

d. 等しくなり，多くなる

3. もし寡占企業が協調せず，各企業が各自の生産量を決めるならば，産業全体の生産量は完全競争のときの水準と比べて（　　　），独占のときの水準と比べて（　　　）.

a. 少なくなり，多くなる

b. 多くなり，少なくなる

c. 少なくなり，等しくなる

d. 等しくなり，多くなる

4. 寡占市場の企業数が増えるにつれ，産業の生産量は完全競争のときの水準と比べて（　　　），独占のときの水準と比べて（　　　）水準に近づく.

a. 少なく，多い

b. 多く，少ない

c. 少なく，等しい

d. 等しく，多い

5. 囚人のジレンマは2人ゲームで，以下のどのことを説明する例か.

a. ナッシュ均衡のときと比べて，協調的な結果は両者にとって悪くなりうる.

b. ナッシュ均衡のときと比べて，協調的な結果がたとえ1人にとってよくなっているとしても，もう1人にとっては悪くなりうる.

c. ナッシュ均衡のときと比べてたとえ協調的な結果はよくなるとしても，各人は協調しないインセンティブを有するかもしれない.

d. 合理的で自己利益を求める個人が自然とナッシュ均衡を避けるのは，それが両者にとって悪い結果となるからである.

6. 反トラスト法が目的とするのは以下の何か.
   a. 寡占産業にある企業間の協調を促進すること
   b. 規模の経済を享受するための合併を促進すること
   c. 企業が生産設備を海外に移すのを思いとどまらせること
   d. 企業が競争を減殺するように振舞うのを阻止すること

復習問題

1. もし売り手の集団がカルテルを形成することができるならば，どのような数量と価格を設定しようとするだろうか.
2. 寡占のときの数量と価格を，独占のときの数量と価格と比較しなさい.
3. 寡占のときの数量と価格を，競争市場のときの数量と価格と比較しなさい.
4. 寡占における企業の数は，市場の成果にどのように影響するか.
5. 囚人のジレンマとは何か．またそれは寡占とどのように関係するか.
6. 囚人のジレンマが説明に役立つ行動の例を寡占以外に二つ挙げなさい.
7. 反トラスト法はどのような種類の行動を禁止しているか.

応用問題

1. 世界のダイヤモンドの供給の大部分は，ロシアと南アフリカ共和国が占めている．ダイヤモンドを採掘する限界費用はダイヤモンド 1 個当たり1000ドルであり，需要は次の需要表で記述されるとしよう.

価格（ドル）	数量
8,000	5,000
7,000	6,000
6,000	7,000
5,000	8,000
4,000	9,000
3,000	10,000
2,000	11,000
1,000	12,000

a.　ダイヤモンドの生産国が多ければ，価格と数量はどうなるか．

b.　ダイヤモンドの生産国がただ一つしかなければ，価格と数量はどうなるだろうか．

c.　ロシアと南アフリカ共和国がカルテルを形成すると，価格と数量はどうなるだろうか．もし両国が市場を均等に分け合えば，南アフリカ共和国の生産量と利潤はどうなるだろうか．ロシアがカルテルの合意を守っているときに，もし南アフリカ共和国がダイヤモンドを1000個増産すると，南アフリカ共和国の生産量と利潤に何が起こるだろうか．

d.　問 c の答えを用いて，なぜカルテルの合意がしばしばうまくいかないのか説明しなさい．

2.　何年か前に『ニューヨーク・タイムズ』紙は，「先週，OPEC が生産量の削減に合意できなかったために石油市場は混乱し，……（その結果）国内の原油は1990年 6 月以来の最安値になった」と報じた．

a.　なぜ OPEC 加盟国は生産を削減しようとしたのだろうか．

b.　なぜ OPEC は生産削減に合意できなかったのだろうか．その結果，なぜ石油市場は「混乱」に陥ったのだろうか．

c.　新聞はまた OPEC の次のような見解を載せた．「ノルウェーやイギリスのような OPEC に所属しない国々も，相応の役割を果たして生産を削減すべきである．」「相応の役割を果たす」という一節は，OPEC にとってのノルウェーやイギリスとの望ましい関係について何を示唆するだろうか．

3.　この章で議論している企業は，財市場における売り手としての寡占企業である．同じ考え方は，生産要素市場における買い手としての寡占企業にも当てはまることが多い．

a.　寡占企業である売り手の目的が，販売する財の価格を引き上げることにあるとすると，寡占企業である買い手の目的は何か．

b.　メジャーリーグの野球チームのオーナーたちは，野球選手の市場において寡占状態にある．選手の年俸に関するオーナーたちの目的は何か．なぜこの目的の達成は困難なのだろうか．

c.　メジャーリーグの野球選手たちは1994年に，オーナーたちが押し付けようとしたサラリー・キャップ（年俸の上限制）に反対してストライキを行った．オーナーたちが年俸についてすでに共謀しているのであれば，なぜオーナーたちはサラリー・キャップが必要だと考えたのだろうか．

4.　アメリカとメキシコの貿易関係を考えてみよう．二つの国の主導者は二者択一の貿易政策による利得が以下のとおりであると信じているとする．

		アメリカの意思決定	
		低率の関税	高率の関税
メキシコの意思決定	低率の関税	アメリカは250億ドルを得る メキシコは250億ドルを得る	アメリカは300億ドルを得る メキシコは100億ドルを得る
	高率の関税	アメリカは100億ドルを得る メキシコは300億ドルを得る	アメリカは200億ドルを得る メキシコは200億ドルを得る

a.　アメリカとメキシコの支配戦略はそれぞれ何か説明しなさい．

b.　ナッシュ均衡を定義しなさい．貿易政策におけるナッシュ均衡は何か．

c.　1993年に，アメリカ議会は北米自由貿易協定（NAFTA）を批准し，アメリカとメキシコは同時に貿易障壁を削減することに合意した．ここで示されたような利得を認めた場合，この貿易政策への働きかけは正当化できるかについて説明しなさい．

d.　（第３章と第９章で議論した）貿易による利益についての理解に基づいて，四つの可能な結果におけるこれらの利得は，各国の厚生を実際に反映していると考えられるだろうか．

5.　ある特殊なハイテク産業には，シナジー社とダイナコ社の２社しかないとする．次の表は，各社が研究予算の大きさについて決定するときに直面する利得を示したものである.

		シナジー社の決定	
		巨額予算	少額予算
ダイナコ社の決定	巨額予算	シナジー社の利得 2,000万ドル ダイナコ社の利得 3,000万ドル	シナジー社の利得 0 ダイナコ社の利得 7,000万ドル
	少額予算	シナジー社の利得 3,000万ドル ダイナコ社の利得 0	シナジー社の利得 4,000万ドル ダイナコ社の利得 5,000万ドル

a. シナジー社は支配戦略を有するか説明しなさい.

b. ダイナコ社は支配戦略を有するか説明しなさい.

c. このシナリオでナッシュ均衡が存在するか説明しなさい（ヒント：ナッシュ均衡の定義を厳密にみなさい).

6. あなたとクラスメートに研究課題が与えられ，2人は同じ成績を得るものとする．2人はよい成績をとりたいが，同時に努力するのを避けたい．ここでは以下のような状況にある.

● もし2人が努力すれば2人ともAを得て，その幸福度は各人とも40単位である.
● もし2人のうちのどちらかだけが努力すれば，2人ともBを得て，その幸福度は各人とも30単位である.
● もしどちらも努力しないと2人ともDを得て，その幸福度は各人とも10単位である.
● 努力する費用は幸福度で測って25単位である.

a. 次の表に利得を入れなさい.

		あなたの選択	
		努力する	努力しない
クラスメートの選択	努力する	あなた クラスメート	あなた クラスメート
	努力しない	あなた クラスメート	あなた クラスメート

b. どのような結果になりそうか．答えを説明しなさい.

c. もしこのクラスメートが1回限りではなく，年間を通じての一連のプロジェクトのパートナーであるならば，問bで予測した結果はどのように変わるだろうか.

d. もう1人のクラスメートは良い成績をとることにもっと関心があり，Bの幸福度は50，Aの幸福度は80である．もしこのクラスメートがあなたのパートナーである（あなたの選好は不変）ならば，問aと問bの答えは変わるだろうか．あなたは2人のクラスメートのうちどちらをパートナーとしたいか．また，彼女はあなたをパートナーとしたいだろうか.

7. この章のケース・スタディでは，アメリカン航空とブラニフ航空の社長同士で交わされた電話での会話を記している．二つの会社の間のゲームを分析しよう．それぞれの航空会社は航空券に高価格と低価格のどちらかをつけることができるとする．ある社が300ドルをつけるとき，その社の利潤は，他社が300ドルをつけると低くなり，600ドルをつけると高くなる．他方，ある社が600ドルをつけるとき，その社の利潤は，他社が300ドルをつけるととても低くなり，600ドルをつけると中程度となる.

a. このゲームの戦略と利得に関する表を書きなさい.

b. このゲームにおけるナッシュ均衡はどうなるか説明しなさい.

c. 二つの航空会社にとって，ナッシュ均衡よりもすぐれた結果はあるだろうか．それはどのようにすれば達成できるだろうか．もしそれが達成されると，誰が損をするだろうか.

8. 同じ能力を有する2人の運動選手が1万ドルの賞金をめざして競っている．それぞれの選手は，危険ではあるが成績を上げるための薬物を摂取するべきかについて決めようとしている．もし1人の選手が薬物を摂取し，もう1人が摂取しないならば，薬物を摂取した選手が賞金を獲得する．もし2人とも薬物を摂取するか，どちらの選手も薬物を摂取しないならば，引き分けとなり，賞金を分けあう．薬物を取得すると健康への危険があり，それはXドルの損失に等しい.

a. 運動選手が直面する決定を記述する2×2の利得の表を書きなさい.

b. どのようなXの値に対して，薬物を摂取することがナッシュ均衡となるか.

c. 薬物をより安全にすること（すなわち，Xを引き下げること）は，運動選手の厚生を改善するか，それとも悪化させるか，説明しなさい．

9. リトル・コナは小さなコーヒー会社で，ビッグ・ブリューに支配されている市場に参入することを考えている．それぞれの会社の利潤は，リトル・コナが参入するか否か，および，ビッグ・ブリューが高価格をつけるか低価格をつけるかに依存する．

リトル・コナ ＼ ビッグ・ブリュー	高価格	低価格
参入する	ビッグ・ブリューは300万ドルを得る リトル・コナは200万ドルを得る	ビッグ・ブリューは100万ドルを得る リトル・コナは100万ドルを得る
参入しない	ビッグ・ブリューは700万ドルを得る リトル・コナはなにも得ない	ビッグ・ブリューは200万ドルを得る リトル・コナはなにも得ない

a. それぞれのプレイヤーは支配戦略を持っているだろうか．

b. 問aの答えは，他のプレイヤーが何をするかについて理解するうえで役立つか．

c. ナッシュ均衡とは何か，またそれは一つしか存在しないか．

d. ビッグ・ブリューはリトル・コナに対して，「もしそちらが参入したらこちらは低価格をつけるから，参入しないほうがいい」と脅している．リトル・コナはこの脅しを信じるべきだろうか．その理由は何か．

e. もし2企業が共謀し，利潤総額をどのように分けあうかについて合意するならば，どのような結果を選ぶだろうか．

PART VI

第VI部 労働市場の経済学

CHAPTER 18

第18章

生産要素市場

Keywords

生産要素　factors of production
生産関数　production function
労働の限界生産物　marginal product of labor
限界生産物逓減　diminishing marginal product
限界生産物の価値　value of the marginal product
資本　capital

学校を卒業してどのような職業に就くかによって，あなたの所得はだいたい決まるだろう．もしコンピュータ・プログラマーになれば，ガソリンスタンドの店員になるよりも高い所得を得られるだろう．この事実は驚くべきことではない．しかし，なぜそれが真実なのかは明らかではない．コンピュータ・プログラマーの所得をガソリンスタンドの店員の所得よりも高くするように決めた法律もなければ，プログラマーのほうが価値のある職業であることを唱える職業倫理もない．それでは，どの職業の賃金が高いかを決めるものは何なのだろうか．

もちろん，あなたの所得は経済の全体像のごく一部にすぎない．2015年におけるアメリカ居住者の総所得（国民所得と呼ぶ）は約16兆ドルであった．人々はこの所得をさまざまな方法で稼いだのである．労働者は賃金と付加給付の形でその約３分の２を稼いだ．残りは，地主と資本（経済の設備と建造物のストック）所有者が地代や利潤や利子の形で稼いだ．労働者への分配を決める要因は何だろうか．地主や資本所有者についてはどうだろうか．なぜ労働者のなかには他の労働者よりも高い賃金を得る者がいて，資本所有者のなかには他の資本所有者よりも大きな利潤を得る者がいるのだろうか．たとえば，なぜコンピュータ・プログラマーの所得はガソリンスタンドの店員の所得よりも多いのだろうか．

これらの質問に対する答えは，経済学のほとんどの質問と同様，需要と供給次第ということになる．労働や土地や資本における需要と供給が，労働者と地主と資本所有者に支払われる価格を決定する．それゆえに，なぜ他の人よりも所得の高い人がいるかを理解するには，彼らが提供するサービスの市場をより注意深く観察する必要がある．これが，この章と以下の二つの章における課題である．

この章では，生産要素市場の分析のための基本的な理論を学習する．第２章を思い出せばわかるように，生産要素とは財・サービスの生産に用いる投入物である．労働，土地，資本は三つの最も重要な生産要素である．コンピュータ会社は新しいソフトウェア・プログラムを生産する際に，プログラマーの時間（労働），そのオフィスがある物理的空間（土地），そしてオフィ

生産要素 factors of production：財・サービスの生産に使用される投入物．

ス・ビルおよびコンピュータ機器（資本）を使用する．同様に，ガソリンスタンドでガソリンを売るときには，店員の時間（労働），物理的空間（土地），そしてガソリンタンクやポンプ（資本）を使用する．

生産要素市場は多くの点でこれまでの章で分析してきた財・サービスの市場に似ているが，一つ重要な点で異なっている．それは，生産要素需要が派生需要であるという点である．すなわち，企業の生産要素需要は別の市場に生産物を供給するという意思決定から派生する．コンピュータ・プログラマーに対する需要は，コンピュータ・ソフトウェアの供給と不可分に結びついている．ガソリンスタンドの店員に対する需要は，ガソリンの供給と不可分に結びついている．

この章では，利潤を最大化する競争企業が生産要素の購入量をどのように決定するのかを考えることで，生産要素需要を分析する．まず，労働需要について考える．労働は最も重要な生産要素である．というのも，労働者はアメリカ経済における総所得のかなりの部分を受け取っているからである．この章の後半でみるように，労働市場に関するわれわれの分析は，他の生産要素市場にも適用できる．

この章で展開される生産要素市場の基本理論は，アメリカ経済の所得が労働者と地主と資本所有者にどのように分配されるかを説明する際の大きな一歩である．第19章は，この分析に基づいて，なぜ労働者によって所得に差があるのかをより詳細に分析する．第20章は，この生産要素市場の機能からどれだけの不平等が生じるかを検討し，政府が所得分配の変更においてどのような役割を果たすべきか，そして実際にどのような役割を果たしているかを考察する．

1 企業の労働需要

労働市場は経済の他の市場と同様，需要と供給の法則に支配されている．このことは図 18-1 に図示されている．パネル(a)では，りんごの需要と供給がりんごの価格を決定する．パネル(b)では，農夫の需要と供給が農作業の価格，すなわち賃金を決定する．

すでに注意したように，労働需要は派生需要なので，労働市場は他のほと

図 18 - 1　何にでも利用可能な需要と供給

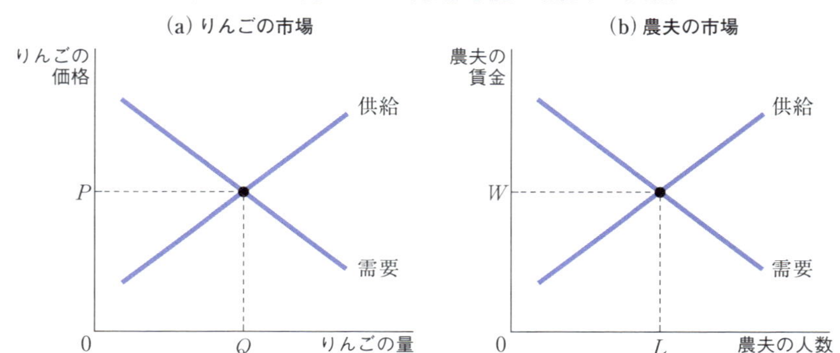

需要と供給の基本的な分析用具は，財にも労働サービスにも適用できる．パネル(a)は，りんごの需要と供給がどのようにりんごの価格を決定するかを示している．パネル(b)は，農夫の需要と供給がどのように農夫の賃金を決定するかを示している．

んどの市場とは異なる．ほとんどの労働サービスは，消費者が享受する最終財ではなく，他の財の生産に向けられる投入物である．労働需要を理解するには，労働を雇用し，労働を用いて財を生産・販売する企業に焦点を当てる必要がある．財の生産とその財を生産するための労働に対する需要との関係を検討することによって，均衡賃金の決定についての洞察が得られるのである．

●利潤を最大化する競争企業

りんご生産企業のような（典型的な）企業が労働需要量をどのように決定するかをみてみよう．この企業はりんご園を所有し，りんごを収穫するために何人の農夫を雇用するかを毎週決めなければならない．企業が雇用量を決定すると，労働者はできるだけ多くのりんごを収穫する．企業はりんごを販売し，労働者に賃金を支払い，残りを利潤として自分のものにする．

ここで企業について二つの仮定を置く．第1に，企業はりんごの市場（企業が売り手になる）と農夫の市場（企業が買い手になる）の両方において**競争的**である．競争企業は価格受容者（プライス・テイカー）である．りんごを販売し，農夫を雇用する企業は他にも多数存在するので，個々の企業はりんごの価格や農夫に支払われる賃金に対してほとんど影響力を持たない．価格と賃金は，市場の状況によって決まるため，企業にとって所与のものとなる．企業が決めるのは，どれだけのりんごを売り，何人の労働者を雇用するかということだけである．

第2に，企業は**利潤を最大化している**と仮定する．したがって，企業は直接的には雇用者数やりんごの生産量そのものに関心がない．企業にとって関心があるのは利潤，すなわち，りんごの販売による総収入からりんごを生産する総費用を差し引いたものだけである．企業のりんごの供給と労働の需要は，利潤最大化という本来の目的から派生したものである．

●生産関数と労働の限界生産物

企業は雇用量を決定するにあたって，労働量がどれだけの産出物を生産するかを考えなければならない．言い換えれば，農夫の数がりんごの収穫量と販売量にどのような影響を及ぼすかを考えなければならない．表18-1にはその数値例が示されている．(1)列には，労働者の数が示されている．(2)列には，労働者が1週間に収穫するりんごの量が示されている．

この2列の数値は，企業の生産能力を表す．経済学者は**生産関数**という用

表 18－1　競争企業はどのように雇用者数を決定するか

(1) 労働 L (労働者数)	(2) 生産量 Q (週当たりブッシェル)	(3) 労働の限界生産物 MPL＝ΔQ/ΔL (週当たりブッシェル)	(4) 労働の限界生産物の価値 VMPL＝P×MPL (ドル)	(5) 賃金 W (ドル)	(6) 限界利潤 ΔProfit＝VMPL－W (ドル)
0	0				
		100	1,000	500	500
1	100				
		80	800	500	300
2	180				
		60	600	500	100
3	240				
		40	400	500	－100
4	280				
		20	200	500	－300
5	300				

生産関数 production function：ある財の生産に使用される投入物の量とその財の生産量との関係．

図 18－2　生産関数

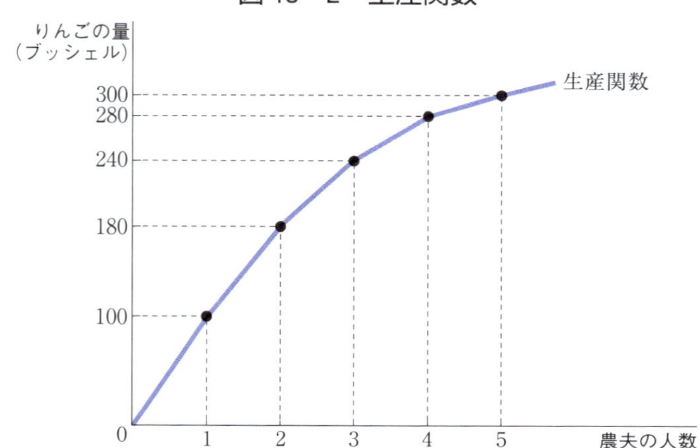

生産関数とは，生産への投入物（農夫）と生産による産出物（りんご）との関係を示したものである．投入量が増加するにつれて，限界生産物逓減の特徴を反映して，生産関数の傾きはゆるやかになる．

語を用いて，生産に用いる投入物の量と産出物の生産量との関係を表すことを思い出そう．ここで，「投入物」は農夫であり，「産出物」はりんごである．りんごの木，土地，企業のトラックとトラクターなどの他の投入物は差し当たり固定されている．この企業の生産関数は，もし企業が労働者を１人雇用すると，その労働者は１週間に100ブッシェルのりんごを収穫することを示している．もし企業が労働者を２人雇用すると，２人の労働者は合わせて１週間に180ブッシェルのりんごを収穫する．

図 18-2 は表 18-1 に示された労働と生産量のデータを，労働者数を横軸，生産量を縦軸にとって図にしたものである．この図は生産関数を表している．

第１章で紹介した経済学の十大原理の一つは，「合理的な人々は限界原理に基づいて考える」である．この考え方は，企業が雇用者数をどのように決定するかを理解する際の鍵となる．雇用者数の決定の最初のステップとして，表 18-1 の(3)列では，**労働の限界生産物**，すなわち，１単位の労働をさらに投入することによる生産量の増加分が計算されている．たとえば，企業が労

労働の限界生産物 marginal product of labor：労働を１単位追加することによる生産量の増加分．

働者数を1人から2人に増やすと，りんごの生産量は100ブッシェルから180ブッシェルに増加する．したがって，2人めの労働者の限界生産物は80ブッシェルである．

労働者数が増加するにつれて労働の限界生産物が減少することに注意しよう．すなわち，この生産過程は**限界生産物逓減**を表している．最初，ほんの数人の労働者しか雇用されていないときには，彼らは木の低いところに実っているりんごを収穫することができる．労働者数が増加するにつれて，後から雇用された労働者は，はしごを上ってりんごを探して収穫しなければならないようになる．したがって，雇用者数が増加するにつれて，後から雇用された労働者によるりんごの収穫（生産）への寄与度は低下する．そのため，労働者数が増加するにつれて，図18-2の生産関数の傾きはゆるやかになる．

●限界生産物の価値と労働需要

利潤最大化企業は，りんごそのものよりもむしろりんごを生産・販売して得られるお金のほうに関心がある．そのため，企業はりんごを収穫するために何人の労働者を雇用するかを決める際に，各労働者がどれだけの利潤をもたらすかを考える．利潤は総収入から総費用を差し引いたものなので，労働者の増加によって得られる利潤は，労働者の収入への寄与度から労働者の賃金を差し引いたものである．

労働者の収入への寄与度を計算するために，（りんごのブッシェル数で測った）労働の限界生産物を（ドルで測った）限界生産物の価値に換算しなければならない．換算にあたっては，りんごの価格を用いる．この例でいえば，もし1ブッシェルのりんごが10ドルで売られ，後から雇用された労働者が80ブッシェルのりんごを生産するのであれば，その労働者は800ドルの収入を生み出すことになる．

投入物の**限界生産物の価値**は，投入物の限界生産物に市場価格を掛けたものである．表18-1の(4)列は，りんごの価格を1ブッシェル当たり10ドルと

限界生産物逓減 diminishing marginal product：投入量の増加につれて，投入物の限界生産物が減少するという性質．

限界生産物の価値 value of the marginal product：投入物の限界生産物に生産物価格を掛けたもの．

図 18－3　労働の限界生産物の価値

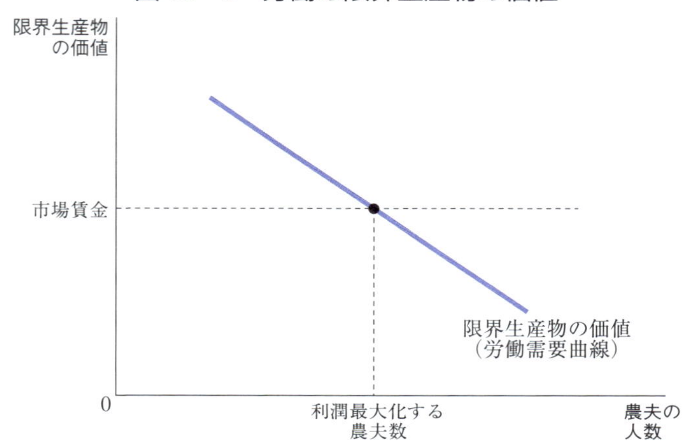

この図は，限界生産物の価値（限界生産物に生産物価格を掛けたもの）がどのように労働者数に依存するかを示す．限界生産物逓減のためにこの曲線は右下がりである．利潤最大化する競争企業にとって，この限界生産物価値曲線はまた企業の労働需要曲線でもある．

仮定して，この例における労働の限界生産物の価値を示している．競争企業にとって市場価格は一定であるのに対して，限界生産物は労働者が増えるにつれて逓減するので，労働者数が増加するにつれて限界生産物の価値は逓減する．経済学者は，これを企業の**限界収入生産物**と呼ぶときがある．企業が生産要素を１単位追加することから得られる収入の増加分だからである．

企業が何人の労働者を雇用するかを考えよう．農夫の市場賃金が週給500ドルであるとしよう．このケースでは，表18-1にみられるように，企業が雇用する１人めの労働者は利潤をもたらす．１人めの労働者は1000ドルの収入を稼ぎ，500ドルの利潤を稼ぐ．同様に，２人めの労働者は800ドルの収入をさらに稼ぎ，300ドルの利潤を稼ぐ．３人めの労働者は600ドルの収入をさらに稼ぎ，100ドルの利潤を稼ぐ．しかしながら，４人めの労働者以降は，それ以上労働者を増やしても利潤にはならない．４人めの労働者は400ドルの収入しか稼がない．労働者の賃金は500ドルなので，４人めの労働者を雇用することは利潤が100ドル減少することを意味する．したがって，企業は労働者を３人だけ雇用すればよいことになる．

図18-3は，労働の限界生産物の価値を図にしたものである．労働者数が

増加するにつれて労働の限界生産物が逓減するので，この曲線は右下がりである．この図には市場賃金も水平線で描かれている．利潤を最大化するために，企業は二つの曲線の交点まで雇用者数を増加させる．この雇用水準を下回る部分では，限界生産物の価値は賃金を上回るため，もう1人労働者を雇用することで利潤が増大する．この雇用水準を上回る部分では，限界生産物の価値は賃金を下回り，限界的な労働者は利潤を生まない．したがって，**利潤を最大化する競争企業は，労働の限界生産物の価値が賃金に等しくなる点まで雇用者数を増加させる**．

利潤を最大化する競争企業の雇用戦略について理解できたので，労働需要の理論を提示することができる．企業の労働需要曲線は，所与の賃金の下で企業が決定する雇用量を意味することを思い出そう．図18-3では，企業は限界生産物の価値が賃金に等しくなるような雇用量を選択することによって意思決定を行うことが示されている．結果として，**限界生産物価値曲線は利潤を最大化する競争企業にとっての労働需要曲線となる**．

●労働需要曲線をシフトさせる原因

いまみてきたように，労働需要曲線は，労働の限界生産物の価値を反映する．この洞察を頭に入れておいて，労働需要曲線をシフトさせるいくつかの原因について考察しよう．

生産物価格　限界生産物の価値は限界生産物に企業の生産物の価格を掛けたものである．したがって，生産物の価格が変化すると，限界生産物の価値も変化し，労働需要曲線がシフトする．たとえば，りんごの価格が上昇すると，りんごを収穫する各労働者の限界生産物の価値が増加し，したがってりんごを供給する企業の労働需要が増加する．反対に，りんごの価格が下落すると，限界生産物の価値が減少し，労働需要が減少する．

技術の変化　1960年から2015年にかけて，典型的なアメリカの労働者の1時間当たりの生産量は195%増加した．なぜだろうか．最も重要な理由は技術進歩である．すなわち，科学者や技術者が新しくてよりよい方法を絶えず見出しているのである．このことは労働市場にとって重要な意味がある．技

コラム 投入物需要と生産物供給：コインの裏表

第14章では，利潤を最大化する競争企業が生産物の販売量をどのように決定するかをみた．すなわち，企業は財の価格が生産の限界費用に等しくなるような生産量を選択する．このような企業が雇用者数をどのように決定するかを本文でみてきた．すなわち，企業は賃金が限界生産物の価値に等しくなるような労働量を選択する．生産関数を通じて投入量と生産量は結びついているので，企業の投入物需要の決定と生産物供給の決定が密接に結びついていることは驚くにはあたらない．事実，この二つの決定は，コインの裏表の関係にある．

この関係をもっと詳細にみるために，労働の限界生産物（*MPL*）と限界費用（*MC*）がどのような関係にあるかを考えてみよう．労働者を1人増やす費用は500ドルであり，その限界生産物は50ブッシェルのりんごだとしよう．この場合，生産量を50ブッシェル増加させるには500ドルの費用がかかる．したがって1ブッシェルの限界費用は500/50ドル，すなわち10ドルである．より一般的には，Wを賃金とし，1単位の労働を追加することによってMPL単位の生産物ができるとすると，1単位の生産物の限界費用は$MC = W/MPL$である．

この分析が示すように，限界生産物逓減は限界費用逓増に密接に関係している．りんご園が労働者で混み合うようになると，労働者の追加によって増加するりんごの生産量は減少する（MPLが減少する）．同様に，りんご生産企業が大量のりんごを生産しているときには，りんご園はすでに労働者で混み合っており，1ブッシェルのりんごをさらに生産すると費用が上昇する（MCが上昇する）．

ここで利潤最大化の基準を考えよう．先に述べたように，利潤最大化企業は，限界生産物の価値（$P \times MPL$）と賃金（W）が等しくなるように雇用者数を選択する．これを数学的に表すと次式の通りになる．

$$P \times MPL = W$$

この式の両辺をMPLで割ると，次式が得られる．

$$P = \frac{W}{MPL}$$

W/MPL が限界費用 MC に等しいことは上で述べた．したがって，代入すると次式が得られる．

$$P = MC$$

この式は，企業の生産物の価格が1単位の生産物を生産する限界費用に等しいことを表している．**このように，競争企業は，限界生産物の価値が賃金に等しくなるような労働者数を雇用すると同時に，価格が限界費用に等しくなるような生産量を生産する．** この章における労働需要に関する分析は，第14章で最初にみた生産決定に対する別の見方にすぎない．

術進歩によって労働の限界生産物が増加すると，今度は労働需要が増加し，労働需要曲線が右方にシフトする．

科学技術の変化が労働需要を縮小することもありうる．たとえば，安価な産業用ロボットが発明されると，労働の限界生産物を相当減少させ，労働需要曲線は左方にシフトする．経済学者は，これを**労働節約的**技術変化と呼ぶ．しかしながら，歴史をみると，そうではなくて，技術進歩は労働を増加させてきた．たとえば，ネイルガン（釘打機）を使う大工はトンカチを使う大工より生産性が高い．**労働を増加させる**技術進歩によって，賃金が上昇しているにもかかわらず，雇用が持続的に増加することが説明できるのである．（インフレーションを調整した）賃金は，1960～2015年の間に165％上昇しているが，企業はそれにもかかわらず雇用労働者数を倍増させている．

他の生産要素の供給　一つの生産要素の利用可能量は，他の生産要素の限界生産物に影響を及ぼしうる．たとえば，農夫の生産性ははしごの利用可能量に左右される．はしごの供給が減少すると，農夫の限界生産物が減少し，農夫に対する需要が減少するだろう．この生産要素間の関係については，本章の後半でもっと詳細に考察する．

【小問】
- 労働の限界生産物と労働の限界生産物の価値を定義しなさい．
- 利潤を最大化する競争企業は雇用者数をどのように決めるかを述べなさい．

2 労働の供給

労働需要を詳細に分析してきたので，次に市場のもう一つの側面である，労働供給について考察しよう．労働供給の公式のモデルは第21章で取り扱い，家計の意思決定の理論を展開する．ここでは，労働供給曲線の背後にある意思決定について，簡潔に議論する．

●労働と余暇の間のトレードオフ

第1章における**経済学の十大原理**の一つは，「人々はトレードオフ（相反する関係）に直面している」である．おそらく人々の生活のなかで労働と余暇の間のトレードオフほど明白かつ重要なトレードオフはないだろう．労働に費やす時間を増やすと，テレビをみたり，ソーシャルメディアを閲覧したり，友人と夕食を楽しんだり，好きな趣味に没頭できる時間が減ってしまう．労働と余暇の間のトレードオフは，労働供給曲線の背後にあるものである．

経済学の十大原理には，「あるものの費用は，それを得るために放棄したものの価値である」というものもある．1時間の余暇を得るためには，何を放棄しなければならないだろうか．その答えは，1時間の労働，すなわち1時間分の賃金である．もしあなたの賃金が時給15ドルならば，1時間の余暇の機会費用は15ドルである．そして，時給が20ドルに上昇すると，余暇を楽しむことの機会費用も上昇する．

労働供給曲線は，労働者の労働と余暇の間のトレードオフに関する意思決定が機会費用の変化にどのように反応するかを反映する．右上がりの労働供給曲線は，賃金が上昇すると労働者が労働供給量を増加させようと考えることを意味する．時間には限りがあるので，労働時間を増やすことは，余暇を楽しむ時間を減らすことを意味する．すなわち，労働者は，余暇を減らすことによって余暇の機会費用の上昇に対応するのである．

労働供給曲線が右上がりである必要がないことに注意しよう．時給が15ドルから20ドルに上がったとしよう．以前より余暇の機会費用は大きくなったが，以前より豊かにもなった．豊かになったため，もっと余暇を増やす余裕ができるという意思決定をすることも可能である．すなわち，賃金が上昇したことで労働時間を減らすことを選択するかもしれない．もしそうならば，労働供給曲線は屈折した形になる．第21章では，労働供給の意思決定についての相対立する効果（いわゆる**所得効果**と**代替効果**）の観点からこの可能性について議論する．とりあえずここでは，屈折した形をした労働供給の可能性は無視し，労働供給曲線は右上がりであると仮定する．

●労働供給曲線をシフトさせる原因

人々が所与の賃金の下で働きたいと考える時間を変化させるときには，必ず労働供給曲線がシフトする．このようなシフトを引き起こす出来事のいくつかについて考察しよう．

嗜好の変化　1950年に雇用されたり求職していた女性は，全体の34％であった．2015年には，その割合が57％に上昇した．こうした傾向については多くの説明があるが，そのうちの一つは嗜好，すなわち労働に対する態度の変化である．65年前には，女性は家庭に入り，子どもを育てるのが常識であった．今日では，典型的な家族規模が縮小し，仕事を選ぶ母親が増えた．その結果，労働供給が増大した．

代替的な機会の変化　いかなる労働市場における労働供給も，他の労働市場における利用可能な機会に依存する．梨農園で働く農夫の賃金が突然上昇すると，りんご農園で働く農夫のなかには転職する人が出てくるかもしれない．その場合，りんご農園で働く農夫の市場における労働供給は減少する．

移民　労働者の地域間あるいは国際的な移動は，もう一つの重要な労働供給シフトの原因となる．たとえば，アメリカに移民が入ってくると，アメリカの労働供給が増大し，移民の出身国の労働供給が減小する．実際に，移民に関する政策論争の多くは，労働供給とそれに伴う労働市場の均衡賃金に及ぼす影響が中心である．

【小問】 ●門番と脳外科医では，余暇を楽しむことの機会費用が大きいのはどちらか，説明しなさい．医師が長い時間働く理由は機会費用から説明できるだろうか．

専門家にきく 移民

「高度な教育を受けた外国人労働者が毎年大量にアメリカに入国することが法的に許されれば，平均的なアメリカ人の生活はよくなる.」

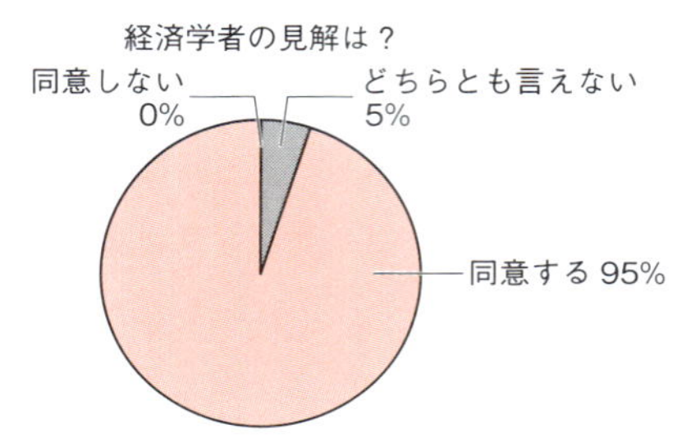

「低い技術しか持たない外国人労働者が毎年大量にアメリカに入国することが法的に許されれば，平均的なアメリカ人の生活はよくなる.」

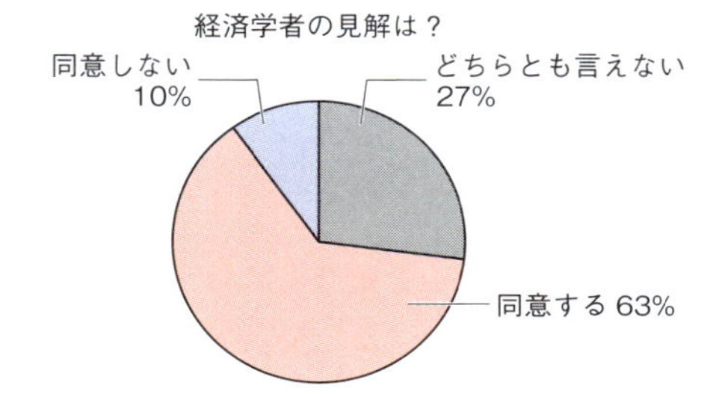

「低い技術しか持たない外国人労働者が毎年大量にアメリカに入国することが法的に許されれば，低い技術しか持たない多くのアメリカ人労働者の生活は，他で保障されない限り，かなり悪くなる.」

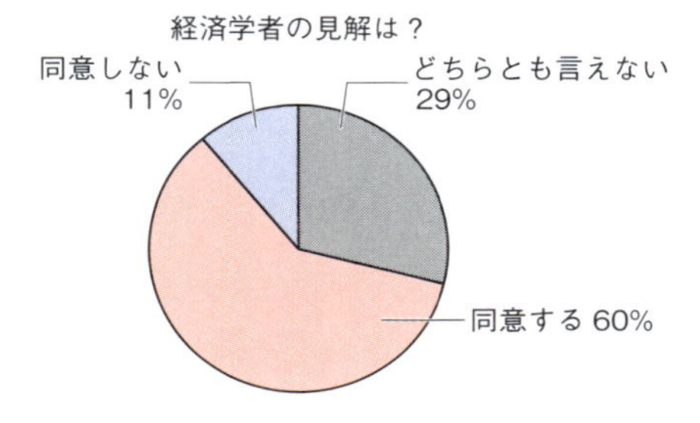

（出所） IGM Economic Experts Panel, February 12, 2013 and December 10, 2013.

3 労働市場の均衡

これまで，競争的な労働市場において賃金がどのように決定されるかについて，二つの事実を確認してきた.

- 賃金は労働の需要と供給が均衡するように調整される.
- 賃金は労働の限界生産物の価値に等しい.

まず，賃金が上の二つの事実を同時に達成できることは驚くべきことのように思われる．実際に，これは謎でも何でもないが，なぜ謎ではないかを理解することは賃金決定を理解する際の重要な一歩である.

図18-4は，労働市場の均衡を図示している．賃金と雇用量は需要と供給が釣り合うように調整されている．労働市場がこの均衡にあるとき，各企業は均衡賃金で利潤があると考えられるだけの労働を購入している．すなわち，各企業は，利潤最大化のルールに従い，限界生産物の価値が賃金に等しくな

図 18－4　労働市場の均衡

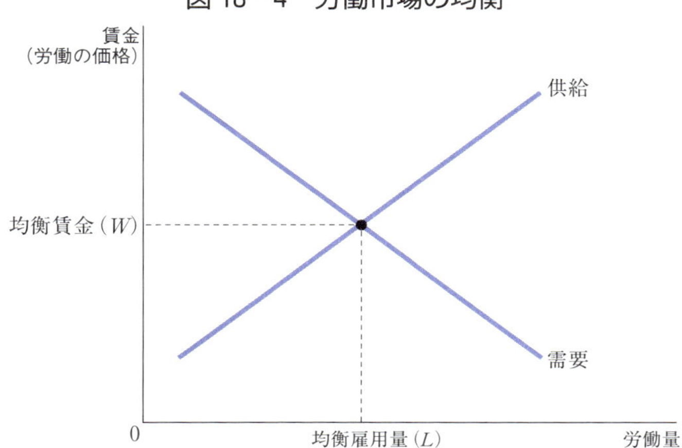

すべての価格と同様，労働の価格（賃金）は需要と供給に依存する．需要曲線は労働の限界生産物の価値を反映するので，均衡において労働者は財・サービスの生産への限界寄与度の価値にあたる賃金を受け取る.

るまで労働者を雇用している．したがって，労働市場の需要と供給が均衡に到達するときには，賃金は労働の限界生産物の価値に等しくならなければならない．

このことから重要な教訓が得られる．すなわち，**労働の需要と供給を変化させるどのような出来事も，均衡賃金と限界生産物の価値を同じ大きさだけ変化させるはずである．なぜならば，これらはつねに等しくなければならないからである．** どのようにこうしたことが起こるかをみるために，二つの曲線をシフトさせる出来事を考えてみよう．

●労働供給のシフト

移民労働者の流入によって，りんご園で働きたいと考える労働者の数が増加するとしよう．図 18-5 が示すように，労働供給は S_1 から S_2 へと右方にシフトする．そうなると，当初の賃金 W_1 では労働供給量が労働需要量を上回っている．この労働の超過供給は農夫の賃金に対する下落圧力になる．そ

図 18－5 労働供給のシフト

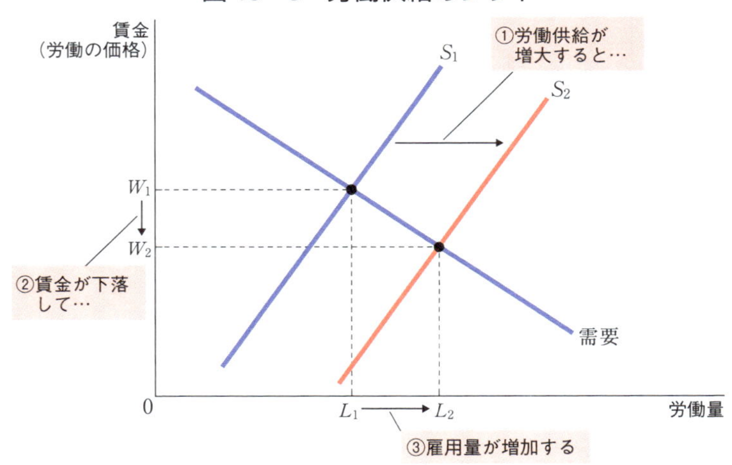

たとえば移民労働者の流入によって労働供給が S_1 から S_2 へ増大すると，均衡賃金は W_1 から W_2 へ下落する．賃金が下がると，企業は雇用者数を増加させるので，雇用量は L_1 から L_2 へ増加する．賃金の変化は労働の限界生産物の価値の変化を反映する．すなわち，労働者数が増加すると，労働者を増やすことによる生産量の増加分は減少する．

して，W_1 から W_2 へと賃金が下落するため，企業は雇用者数を増やすことで利潤が増加する．各りんご園で雇用される労働者数が増加するにつれて，労働者の限界生産物は減少し，したがって限界生産物の価値も減少する．新しい均衡では，賃金と労働の限界生産物の価値はどちらも，新しい労働者が流入する以前の状態よりも低下している．

MIT の経済学者ヨシュア・アングリストによる研究で，労働供給のシフトによって労働市場の均衡が変わる可能性を示すイスラエルのエピソードがある．1980年代のほとんどを通じて，数千人のパレスチナ人は，イスラエルが占領していたヨルダン川西岸地区とガザ地区にある自宅からイスラエルの職場に通勤していた．彼らは主として建設業と農業に従事していた．しかしながら，1988年にこれらの占領地域に政治的不安が生じ，イスラエル政府がとった措置の副産物として，労働者の供給は減少することになった．夜間外出禁止令が布かれ，就労許可が以前よりも徹底的にチェックされた．パレスチナ人がイスラエルに一晩以上滞在することに対する禁止令が以前よりもずっと厳格になった．これらの措置による経済的影響は，まさに理論が予測する通りであった．イスラエルで職を持つパレスチナ人の数が半減する一方で，イスラエルで就労し続けるパレスチナ人はおよそ50%の賃金上昇を享受した．イスラエルで働くパレスチナ人の数が減少したため，イスラエルで働き続けている労働者の限界生産物の価値が大幅に増大したのである．

移民の経済学を考えるときに，経済が単一労働市場から構成されているのではなく，さまざまな労働者の種々の労働市場から構成されることを留意しなければならない．移民が増大すると，新しい移民が職を求める労働市場の賃金を低下させるかもしれないが，他の労働市場では反対の効果をもたらすかもしれない．たとえば，もし新しい移民が農夫として職を求めるならば，農夫の供給が増加し，農夫の賃金が低下する．しかし，新しい移民が医師で，所得の一部を使って，りんごを買うと想定しよう．この場合には，この種の移民が増大すると，医師の供給が増大し，りんごの需要と農夫の需要が増大する．その結果として，医師の賃金が低下し，農夫の賃金が上昇する．さまざまな市場の間の関係――**一般均衡効果**と呼ぶ――によって移民の全体の効果を分析すると，当初の効果よりも複雑となる．

●労働需要のシフト

りんごの人気が高まって，りんごの価格が上昇するとしよう．このりんごの価格上昇によって，所与の労働者数における労働の限界生産物は変化しないが，限界生産物の**価値**は増加する．りんごの価格が上昇すると，農夫の雇用を増やしても利潤を増やすことができる．図 18-6 が示すように，労働需要が D_1 から D_2 へと右方にシフトすると，均衡賃金は W_1 から W_2 に上昇し，均衡雇用量は L_1 から L_2 に増加する．ここでも，賃金と労働の限界生産物の価値がともに変化する．

この分析が示すように，ある産業に属する企業の繁栄はしばしばその産業の労働者の繁栄と結びつく．りんごの価格が上昇すると，りんご生産者の利潤が増大し，農夫の賃金が上昇する．りんごの価格が下落すると，りんご生産者の利潤が減少し，農夫の賃金が下落する．この教訓は，価格がきわめて変動しやすい産業の労働者にはよく知られている．たとえば，油田で働く労働者は，経験から彼らの所得が原油の世界価格と密接に関連していることを

図 18－6　労働需要のシフト

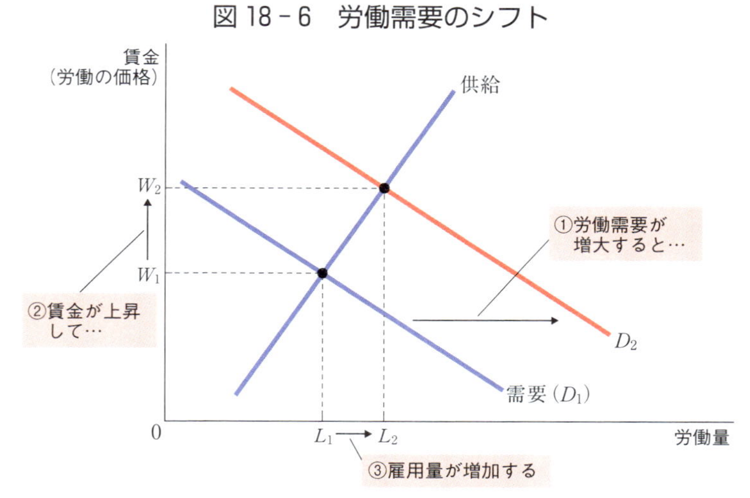

企業の生産物価格などの上昇によって，労働需要が D_1 から D_2 へ増大すると，均衡賃金は W_1 から W_2 に上昇し，雇用量は L_1 から L_2 へと増加する．賃金の変化は労働の限界生産物の価値の変化を反映する．すなわち，生産物価格が上昇すると，労働者を増やすことによる生産物の価値の増加分が増大する．

知っている．

これらの例から，競争的な労働市場においてどのように賃金が設定されるかがよく理解できるはずである．労働需要と労働供給が合わさって均衡賃金を決定し，労働需要曲線と労働供給曲線のシフトが均衡賃金の変化を引き起こす．同時に，企業が利潤最大化に従って労働を需要することによって，均衡賃金はつねに労働の限界生産物の価値と等しくなる．

生産性と賃金

第1章における**経済学の十大原理**の一つは，「一国の生活水準は，財・サービスの生産能力に依存している」である．いまでは，この原理が労働市場においてどのように作用するのかがわかる．とくに，労働需要の分析は，賃金が労働の限界生産物の価値で測った生産性に等しいことを示している．簡単にいえば，生産性の高い労働者の賃金は高く，生産性の低い労働者の賃金は低い．

この教訓は，現代の労働者が前の世代の労働者よりも豊かである理由を理解する際の鍵となる．表18-2は，生産性と実質賃金（インフレを調整した賃金）の成長に関するいくつかのデータを表している（日本の生産性と賃金の成長は表18-2′）．1960年から2015年まで，労働1時間当たりの産出量で測った生産性は，年率約2.0％で成長した．実質賃金もほぼ同じ率の1.8％で成長した．年率2.0％の成長率とすると，生産性と実質賃金は35年間で2倍になる．

生産性成長率は変動する．表18-2には，経済学者がきわめて異なる生産性を経験したと認識している三つのもう少し短い期間におけるデータも示されている．1973年ごろにアメリカ経済は生産性成長率のかなりの減速を経験し，それが1995年まで続いた．生産性成長率が減速した原因はまだ十分に説明されていない．しかし，生産性と実質賃金との間の関係はまさに標準的な理論の予測通りである．生産性成長率が年率2.7％から1.4％に減速したことは，実質賃金成長率が年率2.7％から1.2％に減速したことと符合している．

生産性成長率は1995年ごろに再び上昇した．多くの観察者は，「ニュー

表 18－2　アメリカにおける生産性と賃金の成長

時期	生産性成長率（%）	実質賃金成長率（%）
1960～2015年	2.0	1.8
1960～1973年	2.7	2.7
1973～1995年	1.4	1.2
1995～2015年	2.1	1.8

（出所）アメリカ労働省労働統計局.

表 18－2′　日本における生産性と賃金の成長

時期	生産性成長率（%）	実質賃金成長率（%）
1967～2017年	2.8	2.5
1967～1973年	7.9	10.8
1974～1980年	5.0	3.1
1981～1989年	3.2	1.8
1990～2009年	1.5	0.8
2010～2017年	1.1	0.5

（注）労働生産性については国内総生産と就業者数と労働時間のデータを用いて，1時間当たりの労働生産性成長率を算出した．実質賃金は年間の給与額を労働時間とCPIで除し，1時間当たりの実質賃金成長率を求めた．1969年以前のCPIには生鮮食品を含まない数値を使った．1972年以前の労働者数は沖縄県を含まない．1974年以前の労働時間は，サービス業を含まない産業計のものを用いた．
（出所）総務省統計局，内閣府ウェブサイト．

エコノミー」の到来だと声高に主張した．この生産性加速はしばしばコンピュータおよび情報技術（IT）の普及によるものとされている．理論が予測する通り，実質賃金成長率も同様に上昇した．1995年から2015年にかけて，生産性は年率2.1%上昇し，実質賃金は年率1.8%上昇した．
結論：理論と歴史の両方から，生産性と実質賃金との密接な関係が確認される．

【小問】 ●移民労働者の流入は，労働需要，労働供給，労働の限界生産物，均衡賃金にどのような影響を及ぼすか．

コラム 買い手独占

これまで需要と供給を使って労働市場の分析を行ってきた．その際に，労働市場が競争的であることを仮定した．すなわち，多くの労働の売り手と買い手が存在すると仮定し，それぞれの売り手と買い手は賃金に対してほとんど影響を及ぼさないと仮定した．

しかし，労働市場が一つの大きな雇用主によって支配されているような小さな町を想像してみよう．雇用主は，現在の賃金に対して大きな影響力を行使できるので，市場支配力を利用して，その結果を変えてしまうかもしれない．このように，一つの買い手しか存在しないような市場は買い手独占と呼ばれる．

買い手独占（一つの買い手しかいない市場）は売り手独占（一つの売り手しかいない市場）に多くの点で類似している．第15章において，売り手独占企業が競争企業ほど財を生産しなかったことを思い出そう．売り手独占企業は，販売量を減少させることによって，生産物の需要曲線上を移動し，価格を上昇させて，利潤を高める．同様に，労働市場における買い手独占企業は，競争企業よりも少ない労働者しか雇用しない．買い手独占企業は，就業可能な仕事の数を減らすことによって，労働供給曲線上を移動し，支払う賃金を下げ，利潤を高める．このように，売り手独占者と買い手独占者は，どちらも市場の経済活動を弱めるため，その結果，市場の経済活動は社会的に最適な水準を下回る．どちらのケースも，市場支配力が存在するために，市場の成果が歪み，死荷重が発生する．

現実世界では，買い手独占はめったにみられないために，本書では，買い手独占のきちんとしたモデルを説明していない．ほとんどの労働市場では，労働者は多くの（選択可能な）雇用主を持ち，そして，企業は労働者を引きつけるためにお互いに競争する．この場合には，需要と供給のモデルを利用するのが最もふさわしいのである．

4 他の生産要素：土地と資本

これまでは，企業がどのように雇用者数を決定し，その決定がどのように労働者の賃金を決定するかをみてきた．企業は労働者を雇用すると同時に，他の生産要素の投入についても決定している．たとえば，この章の例では，りんご生産企業はりんご園の規模と農夫のためのはしごの数を選択しなければならないかもしれない．企業の生産要素は三つの範疇に分類されると考えられる．すなわち，労働と土地と資本である．

労働と**土地**という用語の意味は明白である．しかし，**資本**の定義は若干注意を要する．経済学者は，生産に使用される設備と建造物のストックを指して，**資本**という用語を使用する．すなわち，経済の資本とは，過去に生産され，それが蓄積されて現在新しい財・サービスを生産するために利用されている財を表す．りんご生産企業についていえば，資本ストックには，木に登るのに使用するはしご，りんごを輸送するのに使用するトラック，りんごを貯蔵するのに使用する建物，そして，りんごの木そのものも含まれる．

●土地の市場と資本の市場の均衡

生産に関わった土地と資本の所有者がどれだけの所得を得るかを決定するものは何だろうか．この質問に答える前に，購入価格とレンタル料という二つの価格を区別する必要がある．土地や資本の**購入価格**は，その生産要素を無期限に所有するために支払われる価格である．**レンタル料**は，ある限定された期間その生産要素を使用するために支払われる価格である．この区別を覚えておくことは重要である．なぜならば，これからみるように，これらの価格は若干異なる経済の作用によって決定されるからである．

用語の定義ができたところで，労働市場において展開した生産要素需要の理論を土地の市場と資本の市場に適用することができる．賃金は，結局のところ，労働者のレンタル料にすぎない．そのため，賃金の決定について学習したことの多くは，土地と資本のレンタル料にも適用できる．図18-7のよ

資本 capital：財・サービスの生産に使用される設備や建造物．

図 18-7 土地の市場と資本の市場

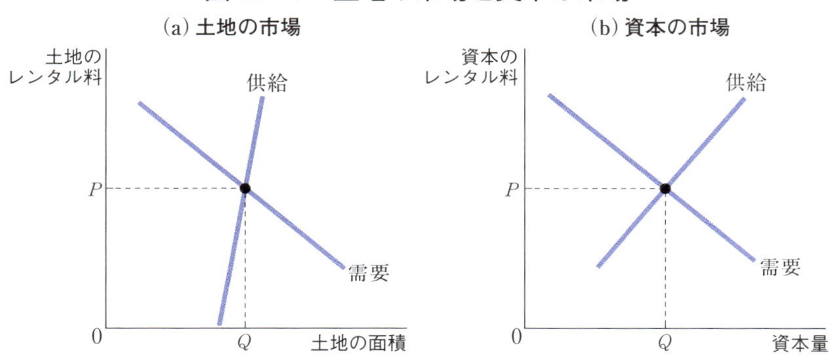

需要と供給は，パネル(a)が示すように，土地の所有者に支払われる報酬を決定し，パネル(b)が示すように，資本の所有者に支払われる報酬を決定する．それぞれの生産要素に対する需要は，その要素の限界生産物の価値に依存する．

うに，パネル(a)に示される土地のレンタル料とパネル(b)に示される資本のレンタル料は，需要と供給によって決まる．さらに，土地と資本に対する需要は，労働に対する需要と同じように決まる．すなわち，りんご生産企業がどれだけの土地とはしごを借りるかを決定する際には，何人の労働者を雇用するかを決定したときと同じ論理に従う．土地と資本のどちらについても，企業は生産要素の限界生産物の価値がその生産要素の価格と等しくなるところまで土地や資本の使用量を増加させる．このように，各生産要素の需要曲線は，その生産要素の限界生産物を反映する．

これで，労働者，地主，資本所有者のそれぞれにどれだけの所得がもたらされるかを説明することができる．生産要素を使用する企業が競争的で，かつ利潤を最大化している限り，生産要素のレンタル料はその生産要素の限界生産物の価値に等しくならなければならない．**労働と土地と資本は，それぞれの生産過程への限界寄与度の価値を所得として得るのである．**

次に土地と資本の購入価格について考えてみよう．レンタル料と購入価格は関係している．もし土地や資本が高いレンタル所得を将来にわたって生み出すのであれば，買い手はもっと高い価格であっても土地や資本をもっと買ってもよいと思う．そして，いまみたように，どの時点における均衡レンタル所得もその生産要素の限界生産物の価値に等しい．したがって，土地や資本の均衡購入価格は，限界生産物の現在の価値と将来の予想される価値との両方に依存する．

●生産要素間の関係

これまでみてきたように，労働，土地，資本というどの生産要素の価格も，その生産要素の限界生産物の価値に等しい．さらに，どの生産要素の限界生産物も，その生産要素の利用可能量に依存する．限界生産物逓減により，供給量が豊富な生産要素は限界生産物が小さく，したがって価格が低い．一方，供給量が希少な生産要素は限界生産物が大きく，価格が高い．そのため，生産要素の供給量が減少すると，その均衡要素価格は上昇する．

しかしながら，どの生産要素の供給量の変化も，その生産要素の市場にのみ影響を与えるわけではない．ほとんどの状況では，生産要素が一緒に使用されるので，各生産要素の生産性は生産過程において使用可能な他の生産要素の量に依存する．したがってどれか一つの生産要素の供給量を変化させるような出来事が起こると，その生産要素の所得が変化するだけでなく，すべての生産要素の所得が変化する．

たとえば，労働者がりんごを収穫する際に使用するはしごがハリケーンによって大量に壊れたとしよう．さまざまな生産要素の所得には何が起こるだろうか．最も明白なのは，はしごの供給量が減少すると，はしごの均衡レンタル料が上昇することである．幸運にもはしごが壊れなかった所有者は，りんご生産企業にはしごを貸し出すことでより多くの収益を得る．

しかし，この出来事の影響ははしごの市場のみにとどまらない．使用できるはしごが少なくなったために，農作業者の限界生産物が減少する．そのために，はしごの供給量の減少によって，農作業者に対する需要が減少し，均衡賃金は下落する．

この話は一般的な教訓を示している．**生産要素の供給量を変化させるどのような出来事も，すべての生産要素の所得を変化させる可能性がある．**その出来事が生産要素の限界生産物の価値に与える影響を分析することによって，すべての生産要素の所得の変化をみることができる．

コラム 資本所得とは何か

労働所得は理解しやすい概念である．労働者が雇用主からもらうのは給料だからである．しかしながら，資本によって得られる所得はあまり明らかではない．

本書の分析では，家計がはしごやドリル・プレスや倉庫などの資本ストックを所有し，資本ストックを利用する企業に貸すことを暗黙のうちに仮定してきた．この場合には，資本所得は家計が資本の利用に対して受け取るレントである．この仮定によって，資本所有者にどのように支払いがなされるかという分析は簡単になったが，しかしこれはまったく現実的ではない．実際には，企業は使用する資本を自分で所有し，資本からの所得も企業が受け取るのが普通である．

しかしながら，資本からの所得は最終的には家計に支払われる．資本からの所得の一部は，企業にお金を貸した家計へ利子の形で支払われる．利子を受け取る例として，債券保有者と銀行預金者がいる．このように，銀行口座に利子が払い込まれるとき，その利子所得は経済の資本所得の一部なのである．

さらに，資本からの所得の一部は，配当の形で家計に支払われる．配当は，企業による企業の株主への支払いである．株主は，企業の所有権を購入しており，したがって，企業の利潤の分配を受け取る資格がある．

企業は，家計へ資本所得のすべてを利子や配当の形で支払うわけではない．企業の内部に資本所得の一部が留保されることもあり，企業はそれを使って追加の資本を購入することもある．こうした留保所得は，企業の株主に支払われるものではないが，それにもかかわらず，株主はなおそこから利益を得る．資本所得を留保することによって，企業の資本所有額が増加するために，将来の企業収益が増加することが期待され，それによって企業の株式の価値が高まる．

これらの制度的な細部は，興味深く，重要なものであるが，資本の所有者が得る所得に関するわれわれの結論を変えるものではない．資本所得が利子や配当の形で家計に移ろうが，内部留保として企業に残ろうが，資本所得は限界生産物価値に従って支払われるのである．

ケース・スタディ 黒死病の経済学

14世紀のヨーロッパでは，ペストによってたった数年で人口の約３分の１の人が亡くなった．**黒死病**と呼ばれるこの恐ろしい出来事は，ここまで展開してきた生産要素市場の理論を検証する自然実験になる．幸運にも生き延びた人々に対する黒死病の効果を考察しよう．労働者の賃金や地主の地代には，どのようなことが起こったと考えられるだろうか．

この質問に答えるために，人口の減少が労働の限界生産物と土地の限界生産物に与えた効果を検討しよう．労働者の供給が減少すると，労働の限界生産物が増加する（これは，限界生産物逓減が逆に作用している）．したがって，黒死病は賃金を上昇させたと予想される．

土地と労働は生産にあたって一緒に使用されるので，労働者の供給量の減少は，中世ヨーロッパにおけるもう一つの主要な生産要素であった土地の市場にも影響を及ぼした．土地を耕作するのに利用可能な労働者が減少すると，土地を１単位増やしても，生産量は前ほど増加しなくなる．言い換えると，土地の限界生産物が減少する．したがって，黒死病は地代を低下させたことが予想される．

実際に，この予測はどちらも歴史上の証拠と一致している．賃金はこの期間に約２倍に上昇し，地代は50％以上低下した．黒死病によって，小作農階級は経済的に裕福となり，地主階級の所得は減少したのである．

【小問】
- 土地と資本の所有者の所得を決定する要因は何か．
- 資本量の増加はすでに資本を所有している人の所得にどのような影響を与えるか．また労働者の所得にはどのような影響を与えるか．

5 結論

この章では，労働と土地と資本が生産過程で果たす役割に対してどれだけの報酬が支払われるかを説明した．ここで展開した理論は，**分配の新古典派理論**と呼ばれる．新古典派理論によると，各生産要素に支払われる額はその生産要素の需要と供給に依存する．そして，需要は個々の生産要素の限界生産性に依存する．均衡において，各生産要素は財・サービスの生産への限界寄与度にあたる価値を稼ぐ．

分配の新古典派理論は広く受け入れられている．ほとんどの経済学者は，16兆ドルにも及ぶアメリカ経済の所得がさまざまな構成員の間にどのように分配されるかを説明しようとする際に，新古典派理論から出発する．続く二つの章では，所得の分配についてより詳細に考察する．後にみるように，新古典派理論はこの議論の枠組みを提供する．

これまでのところでも，この理論を用いてこの章のはじめに提示した「なぜコンピュータ・プログラマーの賃金はガソリンスタンドの店員の賃金よりも高いのだろうか」という質問に答えることができる．その理由は，コンピュータ・プログラマーはガソリンスタンドの店員よりも市場価値の高い財を生産することができるからである．人々は，面白いコンピュータ・ゲームには喜んでお金を支払いたいと思うが，ガソリンを入れてもらうことや窓を拭いてもらうことにはあまりお金を支払いたいと思わない．これらの労働者の賃金は，彼らが生産する財の市場価格を反映する．もし人々が突然コンピュータを使用することに飽きて，ドライブにもっと時間を費やすようになれば，これらの財の価格は変化するだろう．そして，これら二つの労働者のグループの均衡賃金も変化するだろう．

- 経済の所得は，生産要素市場において分配される．労働と土地と資本は，三つの最も重要な生産要素である．
- 労働などの生産要素に対する需要は，生産要素を使用して財・サービスを生産する企業から生じる派生需要である．利潤を最大化する競争企業は，生産要素の限界生産物の価値が価格に等しくなる点まで各生産要素を使用する．
- 労働の供給は個人の労働と余暇の間のトレードオフから生ずる．右上がりの労働供給曲線は，人々が賃金の上昇に対して労働時間を増やして余暇を減らすという反応をすることを意味する．

- 各生産要素に支払われる価格は，その生産要素の需要と供給が釣り合うように調整される．生産要素需要は，その生産要素の限界生産物の価値を反映するので，均衡においては財・サービスの生産への限界寄与度に従って各生産要素に報酬が支払われる．
- 生産要素は一緒に使用されるので，どの生産要素の限界生産物も，利用可能なすべての生産要素の数量に依存する．その結果，一つの生産要素の供給量の変化によってすべての生産要素の均衡所得が変化する．

確認問題

1. 資本・土地所有者に対して労働者の米国の国民所得の比率はおよそどれだけか．
   a. 25%
   b. 45%
   c. 65%
   d. 85%
2. もし企業が競争的で利潤最大化しているならば，労働需要曲線は何によって決定されるか．
   a. 労働時間の機会費用
   b. 労働の限界生産物の価値
   c. 所得効果と代替効果を相殺すること
   d. 資本の限界生産物の価値
3. 競争市場で営業しているパン屋は，ケーキ1個20ドルでその生産物を売り，時給10ドルで労働者を雇用する．利潤を最大化するために，労働の限界生産物がどれだけになるまで労働者を雇用すべきか．
   a. 1時間当たり1/2個のケーキ
   b. 1時間当たり2個のケーキ
   c. 1時間当たり10個のケーキ
   d. 1時間当たり15個のケーキ
4. 労働の限界生産物を増価させる技術の進歩によって，労働（　　）曲線を（　　　）にシフトさせる．

a. 需要，左方

b. 需要，右方

c. 供給，左方

d. 供給，右方

5. 1973年頃にアメリカ経済は生産性成長の大きな（　　　）を経験し，実質賃金の成長が（　　　）した．

a. 加速，加速

b. 加速，減速

c. 減速，加速

d. 減速，減速

6. 嵐によって多くの工場が壊れ，資本残高が減少した．この事象によって要素市場に対してどのような効果をもたらしたか．

a. 賃金と資本のレンタル価格の両方が上昇する．

b. 賃金と資本のレンタル価格の両方が下落する．

c. 賃金が上昇し，資本のレンタル価格が下落する．

d. 賃金が下落し，資本のレンタル価格が上昇する．

復習問題

1. 企業の生産関数が労働の限界生産物にどのように関係しているか説明しなさい．また企業の労働の限界生産物が限界生産物の価値にどのように関係しているか説明しなさい．さらに企業の限界生産物の価値が労働に対する需要にどのように関係しているか説明しなさい．

2. 労働需要をシフトさせる出来事の例を二つ挙げて，その理由を説明しなさい．

3. 労働供給をシフトさせる出来事の例を二つ挙げて，その理由を説明しなさい．

4. どのように労働需要と労働供給が均衡するように調整され，賃金が労働の限界生産物の価値と等しくなるかについて説明しなさい．

5. もし大量の移民の流入によってアメリカの人口が突然急増すると，賃金には何が起こるか．土地と資本の所有者が得るレンタル料には何が起こるか．

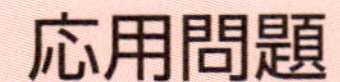

応用問題

1. 大統領が医療費を削減することをめざして新しい法律を提案するとしよう．その内容は，すべてのアメリカ人が毎日りんごを１個ずつ食べなければならないというものである．
   a. この「１日１個りんご法」は，りんごに対する需要と均衡価格にどのような影響を及ぼすだろうか．
   b. この法律は農夫の限界生産物と限界生産物の価値にどのような影響を及ぼすだろうか．
   c. この法律は農夫に対する需要と均衡賃金にどのような影響を及ぼすだろうか．
2. 以下のそれぞれの出来事がコンピュータ製造業の労働需要に与える影響を示しなさい．
   a. 連邦議会がすべてのアメリカの大学生にパソコンを買い与える．
   b. 工学やコンピュータ・サイエンスを専攻する大学生が増える．
   c. コンピュータ企業が新しい製造工場を建設する．
3. ある完全競争企業は労働を唯一の投入物として使用すると想定しよう．企業の生産関数は以下の通りである．

労働日数	産出量
0	0
1	7
2	13
3	19
4	25
5	28
6	29
7	29

   a. 労働者の限界生産物を計算しなさい．
   b. 生産物１単位の価格は10ドルである．各労働者の限界生産物の価値を

計算しなさい.

c. 日当0ドルから100ドルまでのすべての賃金に対する労働者の雇用数を示す需要曲線を計算しなさい.

d. 企業の労働需要曲線を図に描きなさい.

e. もし生産物の価格が10ドルから12ドルに上昇するならば，この需要曲線はどうなるか.

4. スマイリング・カウ乳業は1ガロン当たり4ドルで売りたいだけ牛乳を売ることができる．そして，1日当たり100ドルの資本レンタル料で借りたいだけ搾乳ロボットを借りることができる．スマイリング・カウ乳業は次の生産表に直面している.

ロボットの数	総生産量（ガロン）
0	0
1	50
2	85
3	115
4	140
5	150
6	155

a. この企業が生産物を販売する市場構造はどのようなものか．この市場について何がいえるか.

b. この企業がロボットを借りる市場構造はどのようなものか．この市場について何がいえるか.

c. 追加的に投入されるロボットの限界生産物と限界生産物の価値を計算しなさい.

d. この企業は何台のロボットを借りるべきか．説明しなさい.

5. エクテニア国には20軒のりんご園があり，それぞれ競争状態にある．それらは2ドルの世界価格でりんごを売っている．以下の式は，各りんご園の生産関数と労働の限界生産物を表している.

$$Q=100L-L^2$$

$$MPL=100-2L$$

ただし，Q は1日に生産されるりんごの数，L は労働者数，MPL は労働の限界生産物である．

a.　各りんご園の労働需要を1日当たり賃金 W の関数として表しなさい．りんご市場の労働需要はどれだけか．

b.　エクテニアには1日当たり賃金に依存せずに労働を供給する200人の労働者が存在するとする．彼らの1日当たり賃金 W を求めなさい．各りんご園は何人の労働者を雇用するだろうか．また，各りんご園主にどれだけの利潤をもらたすか．

c.　もしりんごの世界価格が2倍に上昇して4ドルになった場合，労働者とりんご園主の所得がどうなるかを計算しなさい．

d.　いま，りんごの価格が2ドルに戻ったが，ハリケーンのためにりんご園の半分が被害を受けたと想定しよう．ハリケーンは各労働者と被害を受けなかった各りんご園主の所得にどのような影響を及ぼすだろうか．計算しなさい．エクテニア全体の所得はどうなるだろうか．

6.　進取の気性に富んだあなたのおじさんが7人の従業員を雇ってサンドイッチ店を開いた．従業員は時給12ドルを受け取り，サンドイッチの値段は1個6ドルである．あなたのおじさんが利潤を最大化しているのであれば，おじさんが雇用した最後の労働者の限界生産物の価値はどれだけだろうか．その労働者の限界生産物はどれだけだろうか．

7.　リードベリー株式会社が完全競争生産物市場で鉛筆を販売し，完全競争労働市場で労働者を雇用している．労働者にとっての市場賃金率は1日当たり150ドルであると仮定しなさい．

a.　リードベリー社はどのようなルールに従って，利潤最大化を達成する労働量を雇用するのだろうか．

b.　利潤最大化の産出量で，最後に雇用された労働者の限界生産物が1日当たり30箱の鉛筆であるとする．このとき，1箱の鉛筆の価格を計算しなさい．

c.　労働供給曲線とリードベリー社の労働需要曲線（図18-3のような）を描き，鉛筆生産労働者の労働市場の図（図18-4のような）を描きなさい．それらの図のなかで均衡賃金を示しなさい．また企業にとっての労働量と市場における労働量をそれぞれの図に示しなさい．これらの図の関係はどうなるだろうか．

d. 鉛筆生産労働者が成長産業であるコンピュータ産業に職を変えると想定しよう．上記の c の図と並べて，この変化が均衡賃金および鉛筆市場の労働量とリードベリー社の労働量にどのように影響するかを示しなさい．この変化は，リードベリー社の労働の限界生産物に影響を及ぼすだろうか．

8. 労働者に健康保険や有給育児休暇のようなある程度の付加給付を与えるように企業に要求することを，政策立案者はしばしば提案する．このような政策が労働市場に及ぼす影響を考えてみよう．

a. 雇用1時間当たり3ドルの付加給付を労働者に与えることを義務づける法律があるとしよう．この法律は，企業が各労働者から得る限界利潤に影響を及ぼすだろうか．その法律は，労働の需要曲線に影響を及ぼすだろうか．縦軸に賃金をとった図を描いて答えなさい．

b. もし労働供給に変化がなければ，この法律は雇用と賃金にどのような影響を及ぼすだろうか．

c. 労働供給曲線がこの法律に反応してシフトするとすれば，それはどのような理由だろうか．労働供給曲線のシフトによって，この法律が賃金と雇用に及ぼす影響は増加するだろうか，それとも減少するだろうか．

d. 第6章で議論したように，労働者の賃金，とりわけ，未熟練で経験のない労働者の賃金は，最低賃金法によって均衡水準以上に維持されている．これらの労働者にとって付加給付命令はどのような効果をもたらすだろうか．

9. 経済学者の中には，アメリカ経済が全体として以下の生産関数，いわゆるコブ=ダグラス型生産関数でモデル化できると考える者がいる．

$$Y = AK^{1/3}L^{2/3}$$

ただし，Y：産出量，K：資本量，L：労働量，A：技術の状態を測定するパラメータである．この生産関数について，労働の限界生産物は，

$$MPL = (2/3)A(K/L)^{1/3}$$

である．

産出物の価格 P が2，A が3，K が1,000,000，L が1,000と想定しよう．労働市場は競争的であるので，労働者に労働の限界生産物の価値を支払う．

a. 生産量 Y と生産額 PY を計算しなさい.

b. 賃金 W と実質賃金 W/P を計算しなさい（賃金はドル建てで測った労働補償であり，実質賃金は産出物単位で測った労働補償である).

c. 労働分配率（産出額に対する労働者への支払額の比率，つまり $(WL)/(PY)$）を計算しなさい.

d. 以下のシナリオのそれぞれにおいて，産出量 Y と賃金 W と実質賃金 W/P と労働分配率 $(WL)/(PL)$ がどうなるかを計算しなさい.

i）P を 2 から 3 へ上昇させるインフレーションが発生する.

ii）技術進歩によって A が 3 から 9 へ上昇する.

iii）資本蓄積によって K が1,000,000から8,000,000へ増加する.

e. アメリカ経済は多くの変化があったにもかかわらず，労働分配率が相対的に安定している．この観察は，コブ=ダグラス型の生産関数と整合的であるか，説明しなさい.

CHAPTER 19

第19章

勤労所得と差別

Keywords
補償賃金格差 compensating differential
人的資本 human capital
労働組合 union
ストライキ strike
効率賃金 efficiency wages
差別 discrimination

今日のアメリカにおける医師の平均年収は約20万ドル，警察官の平均年収は約６万ドル，ファストフード店の調理担当者の平均年収は約２万ドルである．これらの例は，われわれの経済では所得に大きな格差のあることを示している．このような所得の違いによって，高級アパートに住み，リムジンに乗り，リヴィエラ海岸に避暑に行く人々がいる一方で，小さなアパートに住み，バスを利用することが多く，裏庭でしか避暑を楽しめない人々がいる理由を説明できる．

なぜこれほどまでに人々の所得は異なるのだろうか．労働市場に関する新古典派的な基礎理論を展開した第18章は，この問題に一つの答えを与えてくれた．第18章で学んだように，賃金は，労働の需要と供給によって決まる．そして，労働需要は労働の限界生産性を反映している．したがって，均衡において，個々の労働者には，経済の財・サービス生産に対する彼らの限界的な貢献分の価値（限界寄与度）に等しい賃金が支払われる．

以上のような労働市場に関する理論は，経済学者に広く受け入れられているが，これから説明することのほんの端緒にすぎない．日常的に観察される所得の大きな違いがなぜ発生するのかを理解するためには，このような一般的な賃金決定の仕組みだけではなく，さまざまなタイプの労働の需要と供給が何によって決定されているかをより正確に検討しなければならない．そのことがこの章の目的である．

1 均衡賃金に関するいくつかの決定要因

労働者は，いろいろな点でそれぞれに異なっている．また，仕事にも賃金や金銭以外のさまざまに異なった属性がある．この節では，仕事や労働者の特徴が，労働需要，労働供給，均衡賃金にどのような影響を及ぼすかを考察する．

●補償賃金格差

労働者がある仕事に就くかどうかを決める際に，賃金はその人が考慮する数多くの仕事属性の一つにすぎない．仕事には簡単で面白く安全なものもあるが，他方では，きつくて面白くなく危険なものもある．そして，金銭以外の面で好ましい仕事であればあるほど，所与の賃金でこの仕事に喜んで就きたいと考える人々が増加する．言い換えれば，簡単で面白くて安全な仕事に対する労働供給は，きつくて面白くなくて危険な仕事に対する労働供給よりも多い．その結果，「好ましい」仕事は，「好ましくない」仕事よりも均衡賃金が低くなる傾向がある．

たとえば，あなたが地方の浜辺で夏休みのアルバイト先を探しているとしよう．その際に，二つの種類の仕事が選択可能であるとしよう．浜辺で利用許可証を保持しているかどうかをチェックする仕事と，ごみ収集の仕事のどちらかである．前者の仕事は，日中に浜辺をゆっくりとぶらつきながら，行楽客が浜辺の利用許可証を携帯しているかどうかを確かめることである．後者の仕事は，夜明け前に起きて，汚れたうるさいトラックを運転しながら町中のごみを収集する仕事である．あなたはどちらの仕事をしたいだろうか．もし二つの仕事の賃金が同じであれば，ほとんどの人は浜辺での利用許可証チェックの仕事を選ぶだろう．ごみ収集の仕事に就きたい人々を集めるには，町はごみ収集の仕事に対して，浜辺で利用許可証をチェックする仕事よりも高い賃金を提示しなければならない．

経済学者は，金銭以外の面で仕事の属性が異なることによって発生する賃金格差のことを**補償賃金格差**と呼ぶ．補償賃金格差の存在は，経済のなかでは一般的にみられる．以下に，いくつかの例を示してみよう．

- 炭鉱労働者は，教育水準が同じような他の労働者よりも賃金が高い．炭鉱労働者の賃金が高いのは，炭鉱労働者になると長期的な健康問題が出てくることに加えて，汚れにまみれ，しかも危険という石炭掘りの仕事の属性を補償するからである．
- 夜勤の工場労働者は，昼勤の工場労働者よりも賃金が高い．このことは，昼に寝て夜に働くという多くの人が好ましくないと考えているライフスタイルが強制されることに対する補償である．
- 大学教授は，同じような教育水準の弁護士や医師よりも給料が低い．弁護士や医師のほうが給料が高いということは，大学教授がその仕事によって

補償賃金格差 compensating differential：仕事の金銭以外の属性の違いを埋め合わせるために生じる賃金の格差．

得ている大きな知的・個人的な満足感を弁護士や医師は得ていないことに対する補償である（実際，経済学を教えることはあまりにも面白いので，経済学の教授が何らかの賃金を得ているという事実すら驚きだ）.

人的資本

前章で議論したように，**資本**という言葉は，通常は経済における設備や建造物などのストックを意味する．資本ストックには，農家の保有するトラクター，製造業者の持つ工場，教師の使う黒板などが含まれる．資本の本質は，それ自身も生産された生産要素であるという点である．

経済には，上記のような物的資本に比べると有形度が低いが，生産に際して同じくらい重要な資本がもう1種類ある．それは，人々への投資によって蓄積される**人的資本**である．人的資本のなかで最も重要なものは教育（水準）である．他のすべての形態の資本と同じように，教育は，将来の生産性を上昇させるためにある時点で支出された資源の量を表している．しかしながら，他の形態の資本とは異なり，教育投資は特定の個人に結びついている．まさにこの結びつきによって，教育は人的資本になっているのである．

驚くことではないが，平均してみると，多くの人的資本を持つ労働者は，少ない人的資本を持つ労働者よりも多く稼いでいる．たとえば，アメリカでは大卒者は高卒資格だけの労働者の2倍近く稼いでいる．このような大きな格差は，世界中の多くの国で観察される．教育水準の高い人があまりいない発展途上国では，この格差が一層激しくなる傾向がある．

なぜ教育によって賃金が上昇するのかは，需要と供給の視点から容易に理解することができる．労働の需要側である企業は，高度の教育を受けた労働者により多くの賃金を支払おうとする．なぜならば，高度の教育を受けた労働者のほうが，より多くの限界生産物を生産するからである．労働の供給側である労働者は，それなりの報酬が補償されていなければ，積極的に教育を受ける費用を負担しようとはしない．したがって，高度な教育を受けた労働者と低い教育しか受けていない労働者との賃金格差は，教育を受ける費用に対する補償格差とみなすこともできるかもしれない．

人的資本 human capital：教育，訓練，経験を通じて労働者が獲得する知識と技能．

増大する技能・スキルの価値

「金持ちはますます金持ちになり，貧乏人はますます貧乏になる.」多くのことわざがそうであるように，このことわざも必ずしも本当ではない．しかし，最近では本当になりつつある．多くの研究によって，熟練労働者と未熟練労働者との間の賃金格差が，ここ数十年で拡大していることが明らかになっている．

表19-1は，典型的な大卒者の賃金と高卒で他に専門的な教育を受けていない人の賃金を比較したものである．このデータは，教育の違いによる金銭的な報酬の差が拡大していることを示している．1974年，大卒の男性は，高卒の男性に比べて平均して42％高い賃金を得ていた．ところが，2014年になると，この比率は81％に拡大した．女性の場合も，大学に行くことによる報酬の差が1974年の35％から2014年には71％に拡大している．したがって，上級の学校に行くインセンティブは，今日でも相変わらず大きい．

なぜ熟練労働者と未熟練労働者との間の賃金格差が最近になって拡大し

表19－1 教育水準別の平均年収

	1974年	2014年
男性		
高卒（大学進学せず）	52,521ドル	46,688ドル
大卒	74,801ドル	84,567ドル
差額の割合	＋42％	＋81％
女性		
高卒（大学進学せず）	30,185ドル	34,394ドル
大卒	40,831ドル	58,894ドル
差額の割合	＋35％	＋71％

（注）収入データはインフレ調整済み，2014年ドル表記．データは18歳以上の年間を通じて働いたフルタイム労働者のもの．大卒者のデータには，修士や博士などの大学院者を含まない．
（出所）アメリカ国勢調査局および著者の計算による．

大卒者は，大卒の便益を享受していない労働者よりもつねに多く稼いでいる．ただし，収入の格差は過去数十年でさらに拡大している．

たのだろうか．その理由は定かではないが，経済学者は，この傾向を説明するために二つの仮説を提示している．どちらの仮説も，時間を通じて熟練労働者に対する需要が未熟練労働者に対する需要に比べて相対的に増大したことを示唆している．つまり，需要の相対的なシフトが相対賃金の変化として表れ，それがより大きな格差をもたらすようになった．

第１の仮説は，国際貿易が熟練労働者と未熟練労働者の間の相対的な需要を変化させたというものである．近年，他国との貿易額はかなり増大している．アメリカの財・サービスの総生産額に対する比率でみると，アメリカへの輸入は，1974年には８％だったが，2014年には17％にまで上昇した．また，アメリカからの輸出は，1974年には８％だったが，2014年には14％まで上昇した．多くの国では，未熟練労働者が多く賃金も低い．そのため，アメリカは未熟練労働者によって生産された財を輸入し，熟練労働者によって生産された財を輸出する傾向がある．したがって，国際貿易が拡大すると，熟練労働者に対する国内需要は増大するが，未熟練労働者に対する国内需要は減少してしまう．

第２の仮説は，技術の変化が熟練労働者と未熟練労働者との間の相対的な需要を変化させたというものである．一例として，コンピュータの導入について考えてみよう．コンピュータは，新式の機械を使うことができる熟練労働者の需要を増加させるが，コンピュータに取って代わられる仕事を担当していた未熟練労働者の需要を減少させる．たとえば，多くの企業は，現在，業務を記録するにあたってコンピュータ・データベースを使うようになり，ファイリング・キャビネット（整理棚）を使うことは少なくなっている．このような変化は，コンピュータ・プログラマーに対する需要を増加させ，ファイル整理を担当する事務職員に対する需要を減少させる．したがって，コンピュータを利用する企業が増加すると，熟練労働者に対する需要が増加し，未熟練労働者に対する需要が減少する．経済学者はこの現象を**スキル偏向型技術進歩**という．

経済学者は，賃金分布の変化に関して貿易や技術やその他の要因の重要性について議論を重ねている．なぜ所得格差が拡大したのかについては，どうも答えは１つではなさそうである．国際貿易の拡大とスキル偏向型技術の変化の要因とが合わさって，この数十年にみられる所得の不平等度の変化をもたらしているかもしれない．次章では不平等の拡大の問題についてより詳しく議論しよう．

不平等とスキル

「直近30年間のアメリカにおける所得不平等の拡大の主な原因は，あるスキルを持った労働者が他の労働者よりも多くの恩恵を受けるような技術変化が起こったことである．」

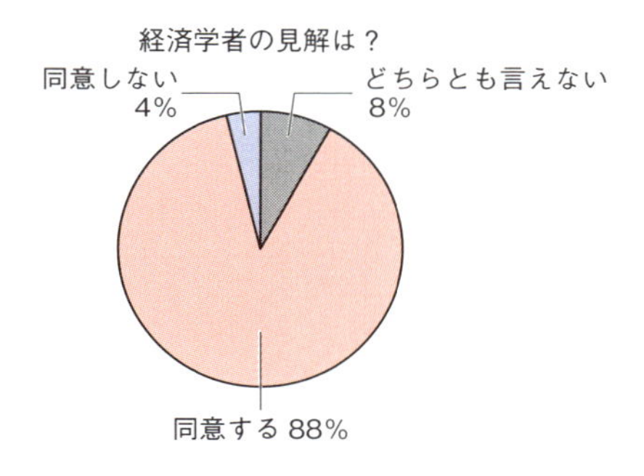

（出所） IGM Economic Experts Panel, January 24, 2012.

●能力，努力，運

なぜメジャーリーグの野球選手はマイナーリーグの選手よりも賃金が高いのだろうか．このような賃金の差が補償格差でないことは確かである．メジャーリーグでプレイすることは，マイナーリーグでプレイすることよりも楽しくないはずはないし，実際，きわめて心地よいはずである．また，メジャーリーグは，高い教育水準や長い経験を要求しているわけでもない．メジャーリーグの選手が多く稼ぐ理由の大部分は，彼らの生まれつきの能力が高いことにある．

生まれつきの能力は，あらゆる職業に従事するすべての労働者にとって重要なことである．遺伝的要素や育ち方によって，人々の身体的·精神的な特徴は異なってくる．たとえば，強い人もいれば，弱い人もいる．また，賢い人もいれば，そうではない人もいる．さらに，社交的な人もいれば，人づきあいが不得手な人もいる．これらを含めた数多くの個人的な特性は，その人がどれだけ生産性が高いかを決定づける．つまり，それらの個人的な特性は，その人が稼得する賃金を決定する役割を果たしている．

能力と密接な関連があるのが努力である．ある人は一生懸命に働くが，ある人は怠け者である．一生懸命働く人は生産性が高く，高い賃金を稼いでいても驚くにはあたらない．企業は，労働者が生産した量に基づいて賃金を支払うことで，ある程度まで労働者に直接報いようとする．たとえば，セールスマンは，しばしば彼らの売上高に比例する形（歩合制）で賃金が支払われる．また，年収やボーナスの増大といったより間接的な形で，一生懸命働いたことが報われるケースもある．

運もまた賃金の決定に際して役割を果たしている．たとえば，真空管を使ったテレビの修理技術を覚えるために職業訓練校に通っていた人がいて，この技能が固体電子工学の登場によって時代遅れのものになってしまったとする．そうすると，その人は，同じような年数の訓練を受けた他の人々よりも低い賃金しか得られなくなるはずである．前者の労働者の賃金が低くなったのは，運が悪かったからである．この点に関しては，経済学者も気がついてはいるが，あまり注目してこなかった．

賃金が決まる際に，こうした能力，努力，運はどれほど重要なのだろうか．これらの要素は測定が難しいので，この問いに答えることは難しい．しかし，間接的な証拠は，これらの要因が非常に重要であることを示唆している．労働経済学者が賃金を研究する際には，労働者の賃金を学歴，経験年数，年齢，仕事属性といった測定可能な変数と関係づける．理論から予想されるように，これらの変数は労働者の賃金に影響を及ぼす．しかしながら，これらの要因は，アメリカ経済における賃金のバラツキの50%未満しか説明することができない．このように賃金のバラツキのかなりの部分が説明できないということは，能力，努力，運を含むその他の捨象された変数が，賃金の決定に際して重要な役割を果たしていることになる．

ハンサムや美人であることの便益

人々は多くの点で異なっている．そのなかの一つは外見的な魅力度である．たとえば，女優のエマ・ストーンは美人である．一部にはそのせいもあって，彼女の映画には多くの観客が集まる．また，驚くことではないが，ストーン女史にとって，多くの観客は多くの所得を意味する．

それでは，美しいことの経済的な便益は，どの程度一般的なのだろうか．労働経済学者ダニエル・ハマメシュとジェフ・ビドルは，1994年12月に『アメリカン・エコノミック・レビュー』に掲載された論文でこの問いに答えようとした．ハマメシュとビドルは，アメリカとカナダで行われた個人に関する（面接）調査のデータを分析した．この調査では，面接調査を行った人たちが回答者の容貌のよし悪しについても評価することを求められた．そこで，ハマメシュとビドルは，回答者の賃金が教育年数や経験年数などの標準的な決定要因によってどのくらい影響を受けるかだけでなく，容貌のよし悪しによってどのくらい影響を受けるかという分析も行った．

その結果，ハマメシュとビドルは，美しいことに対して報酬が支払われていることを発見した．具体的には，平均よりも魅力的とみなされた人々は，平均的な容貌の人よりも５％多く稼いでいた．さらに，平均的な容貌の人々は，平均以下の容貌の人よりも５％から10％多く稼いでいた．そして，同じような結果が，男性と女性のどちらに対しても得られた．

これらの賃金の違いは何を説明しているのだろうか．「美しいことに対する割増賃金」については，いくつかの解釈が可能である．

第１の解釈は，容貌のよいことそれ自体を，生産性や賃金を決定する一種の生まれつきの能力とみなすことである．映画スターのような身体属性を持って生まれてくる人がいるが，そうでない人もいる．容貌のよいことは，公衆の面前で行う仕事には有益である．たとえば，俳優，セールスマン，ウェイターなどが当てはまる．この場合，企業にとって，魅力的な労働者はそうではない労働者よりも価値が大きい．そして，企業が魅力的な労働者に対して多く支払うのは，顧客の好みを反映している．

第２の解釈は，報告された容貌のよさを，別のタイプの能力の間接的な指標と考えることである．人々がどの程度魅力的にみえるかということは，遺伝的な要因だけでは決まらない．着ているもの，ヘアスタイル，物腰などの個人がコントロールできるような特徴にも依存している．おそらく，面接調査において魅力的なイメージを与えることに成功した人は，他の業務に就いても同様に成功している知性的な人である傾向がより強い．

第3の解釈は，容貌のよいことへの報酬は，一種の差別だとするものである．差別については，この章の後半でもう一度取り上げる．

教育に関するもう一つの見方：シグナリング

教育を人的資本とする見方についてはすでに本章の前のほうで議論した．この見方によると，学校教育を受けることは生産性を上昇させるので，労働者の賃金を上昇させる．このような見方は広く受け入れられているが，別の理論を提示している経済学者もいる．彼らは，教育水準の達成度によって，企業が優秀な能力を持つ労働者とそうでない労働者とを選別しているという点を強調する．この見方によると，たとえば，人々が大学を卒業したということは，彼らの生産性が上昇したわけではなく，彼らの潜在能力が高いことを雇用主に伝える**シグナル（信号）**にすぎない．能力の高い人々は，そうでない人々よりも容易に大卒の資格を取得することができるので，高い能力を持つ人ほど大卒の資格を得ようとする．その結果，企業にとっては，大卒の資格を能力の指標として解釈することが合理的になる．

教育に関するシグナル理論は，第16章で検討した広告に関するシグナル理論と似ている．広告のシグナル理論では，広告自体には（製品に関する）具体的な情報は何も含まれていないが，広告に積極的にお金を使うということによって消費者に自社の製品の質のよさを伝えている．教育に関するシグナル理論では，学校教育を受けること自体は生産性に実質的な便益をもたらさないが，自ら進んで数年の学校教育を受けることによって，雇用主に自らの生まれつきの生産性の高さを伝えることができる．いずれの場合も，その本源的な便益を求めて行動がとられるのではなく，そういう行動を自発的にとることによって，それを観察する他者に私的な情報を伝えるための行動がとられるのである．

したがって，教育に関しては二つの見方が存在する．一つは人的資本理論であり，もう一つはシグナル理論である．二つの理論はどちらも，教育水準の高い人が低い人よりもなぜより多く稼ぐことができるかを説明できる．人的資本理論では，教育によって労働者の生産性が高くなるためである．シグナル理論では，教育水準が生まれつきの能力と相関しているためである．ところが，この二つの理論は，教育水準の上昇を目的とする政策の効果について，根本的に異なった予測をもたらす．人的資本理論によれば，すべての人々の教育水準の上昇は，生産性の上昇をもたらすので，すべての人々の賃金上昇につながることになる．一方，シグナル理論によれば，教育は生産性を上昇させないので，すべての労働者の教育水準を上げても賃金には影響を与えないことになる．

おそらく真理はこの二つの極端な理論の中間あたりにあるのだろう．教育の便益は，おそらく人的資本による生産性上昇効果とシグナルによる生産性顕示効果の二つの組合せからなっている．どちらの効果がより大きいかについては，はっきりとした結論はまだ出ていない．

●スーパースター現象

多くの俳優たちはわずかしか収入がないために，しばしば生活のためにウェイターなどの仕事をしなければならない．ところが，俳優ロバート・ダウニー・ジュニアは，1本の映画に出演するたびに数百万ドルの所得を得ている．同様に，テニスをプレイしている多くの人々は，趣味でプレイしているにすぎないが，マリア・シャラポワは，プロツアーを通じて数百万ドルというお金を手に入れている．ダウニー・ジュニアとシャラポワはそれぞれの分野におけるスーパースターであり，彼らが大衆を魅了する力は，天文学的な所得に反映されている．

なぜダウニー・ジュニアやシャラポワはこれほど多く稼げるのだろうか．確かに，同じ職業に就いていても所得が異なることは驚くことではない．すぐれた大工は平凡な大工よりも多く稼ぐし，すぐれた配管工は平凡な配管工よりも多く稼ぐ．人々の能力や努力度はそれぞれに異なっており，この違いが所得の違いをもたらしている．しかしながら，最良の大工や配管工であっても，俳優やスポーツ選手の間で一般的にみられるように数百万ドルも稼ぐということはない．このような違いをもたらしている要因は何だろうか．

ダウニー・ジュニアやシャラポワが得ている法外な所得を理解するためには，彼らのサービスが販売されている市場の特別な性格を検討しなければならない．スーパースターは，以下の二つの特徴を持っている市場で生まれる．

- その市場におけるすべての顧客が，最良の生産者によって生み出される財（・サービス）を享受したがっている．
- そのような財（・サービス）は，すべての顧客に低い費用で供給することを可能にする技術を用いて最良の生産者によって生産される．

ロバート・ダウニー・ジュニアが最良の俳優であれば，誰もが彼の次の映画をみたがる．そして，そのことは，彼の半分程度の才能しかない俳優の映画を2回みることでは代替できない．さらに，すべての人がロバート・ダウニー・ジュニアの演技を楽しむことができる．映画はいくらでも複製できるので，ダウニー・ジュニアは彼のサービスを同時に何百万人もの人に提供することができる．同様に，テニスの試合はテレビで放映されるので，何百万人ものファンがマリア・シャラポワの超人的なプレイを満喫できる．

以上のことから，なぜスーパースター的な大工や配管工が存在しないのかを理解することができる．他の条件を一定とすると，すべての人々は最良の大工を雇いたいと思うが，大工は映画俳優と異なりごく限られた顧客にしかサービスを提供することができない．最良の大工は平均的な大工よりも多少高い賃金を稼ぐことはできるが，平均的な大工も依然として結構よい賃金を稼ぐことができるのである．

均衡水準を上回る賃金：最低賃金法，労働組合，効率賃金

労働者の賃金格差に関する分析のほとんどは，労働市場の均衡モデルに基づいている．つまり，賃金は労働の需要と供給が等しくなるように調整されると仮定されている．ところが，この仮定はつねに当てはまるわけではない．実際，ある種の労働者には，需要と供給が均衡する以上の水準に賃金が設定されている．なぜそのようなことになるのかについて，三つの理由を考察してみよう．

賃金が均衡水準を上回る理由の一つは，第6章で最初に触れた最低賃金法

の存在である．アメリカ経済において，ほとんどの労働者は，最低賃金法による影響を受けていない．ほとんどの労働者の均衡賃金は，法的な最低水準をかなり上回っているからである．ところが，特定の労働者，とくに最も未熟練かつ未経験な労働者の賃金は，最低賃金法によって，規制されていないときの労働市場で得られるはずの賃金水準を上回る．

賃金が均衡水準を上回る2番めの理由は，労働組合の市場支配力である．**労働組合**とは，賃金や労働条件について雇用主と交渉する労働者の団体のことである．労働組合は，労働組合がない状態のときにそうなると考えられる水準以上に賃金を上昇させる．おそらく，**ストライキ**を起こすことによって，企業に対して労働者を（業務から）引き揚げさせるぞと脅すことができるからである．いくつかの研究によれば，労働組合のある労働者は，同種の組合のない労働者に比べて約10〜20%多い収入を得ている．

賃金が均衡水準を上回る3番めの理由は，**効率賃金**理論によるものである．この理論によれば，企業は，高賃金を支払うことでより高い利潤を得ることができる．そうすることによって，労働者の生産性を高めることができるからである．とくに，高賃金は労働者の離職を減らし，労働意欲を増進し，その企業に応募してくる労働者の質を引き上げる．もしこの理論が正しいとすると，企業によっては，自社の労働者に一般的な水準よりも高い賃金を支払おうとするかもしれない．

均衡水準を上回る賃金は，それが最低賃金法，労働組合，効率賃金のいずれによってもたらされようと，労働市場に対して同じような影響をもたらす．たとえば，均衡水準を上回る方向に賃金が上昇すると，労働供給量が増加し，労働需要量が減少する．その結果，労働の余剰，つまり失業が発生する．失業の研究や失業対策としての公共政策は，通常はマクロ経済学の扱うトピックとされ，したがって，この章で扱える範囲を超えている．しかし，所得の分析の際にこれらの問題を完全に無視してしまうと間違いを犯すこととなる．多くの賃金格差は労働市場が均衡しているという仮定のままでも理解できる

労働組合 union：賃金や労働条件について雇用主と交渉をする労働者の団体．
ストライキ strike：労働組合による労働者の組織的な就業拒否．
効率賃金 efficiency wages：労働者の生産性を高めるために，企業が均衡水準以上の賃金を支払うこと．

が，均衡水準を上回る賃金は，場合によっては，重要な役割を果たすのである．

【小問】 ●補償賃金格差を定義し，その例を挙げなさい．
●教育水準のより高い労働者がより低い労働者よりも多く稼ぐことができる理由を二つ挙げなさい．

2 差別の経済学

賃金格差をもたらしているもう一つの源泉は差別である．差別は，同じような個人に対して，人種，民族，性別，年齢などの個人的特徴が異なるというだけの理由で市場における就業機会に差が出るときに発生する．差別は，社会のなかのあるグループの人々に対して偏見を持つ人々がいることを反映している．差別はしばしば激しい論争を引き起こす感情的なトピックであるが，経済学者は，このトピックを神話と現実を切り離して客観的に研究しようとしている．

●労働市場における差別の測定

労働市場における差別は，それぞれのグループの所得にどの程度の影響を与えているのだろうか．この質問は重要ではあるが，答えることは簡単ではない．

表19-2が示すように，労働者のグループ間で賃金に大きな差があることは疑いようもない．アメリカにおける平均的な黒人男性労働者の賃金は，平均的な白人男性労働者の賃金よりも20%低い．そして，平均的な黒人女性労働者の賃金は，平均的な白人女性労働者の賃金よりも17%低い．性別による違いはもっと大きい．平均的な白人女性の賃金は平均的な白人男性の賃金に比べて21%低い．そして平均的な黒人女性の賃金は平均的な黒人男性の賃金よりも18%低い．このことを額面通りに受け取れば，このような格差は，多くの雇用主が黒人や女性を差別している証拠にみえる．

しかしながら，この推測には潜在的な問題がある．差別の存在しない労働

差別 discrimination：人種，民族，性別，年齢などの個人的属性が異なるというだけの理由で，同じような個人に提供される就業機会が異なること．

表 19－2 人種・性別の平均年収（中位数）

	白人	黒人	黒人労働者の収入の低さの割合
男性	51,022ドル	40,719ドル	20%
女性	40,439ドル	33,533ドル	17%
女性労働者の収入の低さの割合	21%	18%	

（注）収入データは2014年のもので，14歳以上の年間を通じて働いたフルタイム労働者のもの．２種類以上の人種を申告した労働者を除く．
（出所）アメリカ国勢調査局．

市場においてさえ，賃金は人によって異なるからである．その人自身が持っている人的資本の量や，行うことが可能な，あるいは進んでやりたいと思う作業の種類は人によって異なっている．経済のなかで観察される賃金格差は，ある程度までは前節で議論した均衡賃金の決定要因に帰着させることが可能である．黒人対白人，女性対男性といった大まかなグループ間の賃金格差を観察するだけでは，雇用主が差別を行っていることを証明することはできない．

たとえば，人的資本の役割を考えてみよう．2014年，25歳以上の男性でみると，大卒資格を持つ者は白人の32%，黒人の20%であった．また25歳以上の女性では，白人の32%，黒人の24%が大卒資格を持っていた．したがって，白人と黒人との賃金格差は，少なくともある程度は教育水準の違いで説明できる．

さらに，人的資本は，在学年数という尺度が示す以上に賃金格差の説明として重要かもしれない．長年にわたって，黒人が多く居住する地域にある公立学校は，支出額や学級定員などの点で，白人が多く居住する地域の公立学校よりも質が劣っている．したがって，教育の量だけでなく質についても測定することができれば，これらのグループの間の人的資本の違いはさらに拡大するはずである．

仕事の経験という形態で獲得された人的資本によっても，賃金格差を説明することができる．とくに，女性の場合，子育てのためにキャリアが途切れる傾向がより強い．多くの女性が家庭に子どもをかかえる24歳から44歳までの年齢層では，同じ年齢層の男性の90%が労働力化しているのに比べて，

75%しか労働力化していない．その結果，女性労働者は，とくに歳をとってくると，男性労働者に比べて仕事経験がより少なくなる傾向がある．

そして，もう一つの賃金格差の源泉は補償賃金格差である．平均してみると女性と男性とは必ずしも同じ仕事に就くわけではない．この事実により，ある程度まで男性と女性の賃金格差を説明できる．たとえば，秘書には女性が多いが，トラック運転手には男性が多い．秘書とトラック運転手との相対賃金は，部分的にはそれぞれの仕事の労働条件に依存している．こうした金銭以外の側面は測定が難しいので，観察される賃金格差を説明する際に補償賃金格差の実際の重要性を測定することは難しい．

結局，グループ間に存在する賃金格差の研究からは，アメリカの労働市場においてどれだけ差別が存在するかということについて，明確な結論は出ていない．多くの経済学者は，観察された賃金格差の一部は差別によるものだと信じている．しかしながら，それがどの程度かについては合意が存在しない．経済学者が合意している唯一の結論は，「グループ間の平均賃金の格差は，部分的には人的資本の違いと仕事の属性の違いを反映したものである」という消極的なものである．したがって，賃金格差が存在するという事実だけでは，どの程度労働市場に差別が存在するかということについて何もいうことはできない．

もちろん，労働者のグループ間における人的資本の格差は，差別のようなものも反映しているのかもしれない．たとえば，歴史的にみて，女子学生にはあまり厳密ではないカリキュラムしか提供されてこなかったということは，差別が実際にあったと考えることができる．同様に，歴史的に黒人学生にとって通学可能であった学校の質が低いのは，市議会や教育委員会側の偏見に根ざしているかもしれない．しかし，この種の差別は，女性が労働者として働きはじめるずっと前から起こっている．この場合，徴候は経済的なものだとしても，病弊は政治的なものである．

ケース・スタディ　エミリーはラキーシャよりも雇われやすい？

労働市場での結果から差別の程度を測定することは難しいが，そのような差別の存在を説得的に示す証拠が，独創的な“社会実験”から生み出されている．経済学者のマリアン・バートランドとセンディル・ムライナサンは，ボストンとシカゴの新聞に掲載された1300件の求人広告に約5000の捏造した履歴書を送る形で応募した．それらの履歴書の半分には，アフリカ系アメリカ人の社会で一般的なラキーシャ・ワシントンとかジャマル・ジョーンズといった名前が書かれていた．もう半分には，白人の間で一般的なエミリー・ウォルシュやグレッグ・ベーカーといった名前で応募した．その他の点では，履歴書は同じものだった．この実験結果は，2004年9月の『アメリカン・エコノミック・レビュー』に掲載された．

この2人の研究者は，二つのグループの履歴書に対する雇用主の対応に大きな違いを発見した．白人系の名前を持つ応募者は，アフリカ系アメリカ人の名前を持つ応募者よりも約50%高い割合で，興味を持った雇用主からの電話をもらった．この研究によれば，このような差別は，求人広告で機会均等を重視する雇用主だと主張している人々を含むすべてのタイプの雇用主で発生した．研究者は，人種差別は依然として労働市場での顕著な特徴であると結論づけた．

雇用主による差別

今度は，差別の測定の問題から，労働市場における差別の背後にある経済的作用に目を向けてみよう．ある社会において，人的資本レベルや仕事の属性を考慮したにもかかわらず，一方のグループが他方のグループよりも低い賃金を得ている場合，この格差の責任は誰にあるのだろうか．

この問いに対する答えは明らかではない．差別的な賃金格差については，雇用主に責任があるのは当然のように思える．実際，雇用主は，採用の際に雇い入れる人数と各人に支払う賃金とを決める．したがって，もしあるグループの労働者が当然稼げるはずの賃金よりも低い賃金を得ているとすれば，それは雇用主に責任があると思われる．しかし，多くの経済学者はこの安易な解答に対して懐疑的である．彼らは，競争的な市場経済は雇用主の差別を自然に矯正する手段を提供すると考えているからである．この矯正手段は利潤動機と呼ばれている．

労働者が髪の色で差別されている経済を考えてみよう．ブロンド（金髪）とブルネット（黒髪）の労働者は，同じ技能，経験，職業倫理を持っているとしよう．ただし，雇用主はブロンドの労働者を差別してあまり雇用したくないとしよう．したがって，差別のないときよりもブロンドに対する労働需要は少ない．その結果，ブロンドはブルネットよりも低い賃金しか稼げない．

このような賃金格差は，どの程度続くだろうか．この経済には，企業が競争者を打ち負かす簡単な方法が存在する．それはブロンドの労働者を雇うことである．ブロンドの労働者を雇うことによって，企業が支払う賃金は低くなるので，ブルネットを雇う企業よりも費用が小さくなる．時が経つにつれて，多くの「ブロンド」企業が市場に参入し，このような費用の優位性を享受するようになる．そうなると，既存の「ブルネット」企業は，費用が高いために，新しい参入者に直面して利益を失いはじめる．そして，このような損失が続けば，ブルネット企業は破産してしまう．最終的には，ブロンド企業の参入とブルネット企業の退出によって，ブロンド労働者に対する需要は増加し，ブルネット労働者に対する需要は減少する．この過程は，両者の賃金格差が消滅するまで続く．

簡単にいえば，お金を儲けることにしか関心がない事業主は，差別を行う事業主と競争する際に有利な立場にある．その結果，差別をしない企業は，差別をする企業に取って代わるようになる．このように，競争市場は雇用主の差別に対する自然な矯正手段を持っているのである．

(人種)隔離された市街電車と利潤動機

20世紀の初め，アメリカ南部の多くの町では，市街電車内で人種隔離が行われていた．白人の客は車内の前のほうに座り，そして，黒人の客は車内の後ろのほうに座るようになっていた．なぜこのような差別的な慣行が生まれ，またそれが続いたのだろうか．また，市街電車を走らせる企業は，このような慣行をどのようにみていたのだろうか．

1986年の『ジャーナル・オブ・エコノミック・ヒストリー』の論文において，経済史家ジェニファー・ローバックはこれらの質問に答えている．ローバックは，市街電車内における人種隔離は，そのような隔離を定めた法律の結果であったことを発見した．法律が施行される前には，座席における人種差別はめったになく，むしろ，喫煙者と非喫煙者とを隔離することのほうがより一般的であった.

さらに，市街電車を走らせている会社は，しばしば人種隔離を要求する法律に反対した．異なる人種に対して別々の席を用意することは，企業の費用を増大させ，利潤を減少させるからである．ある鉄道会社の経営者は市議会に対して，隔離を規定した法律の下では「会社は多数の空席を引きずって走らなければならない」と異議を申し立てた.

ローバックは，ある南部の町の当時の状況を以下のように描いている.

「鉄道会社は，隔離政策を始めたわけでもないし，この法律に熱心に従おうともしなかった．州による立法化，公衆の煽動，鉄道会社の社長を逮捕するという脅しなど，鉄道会社が市街電車内で人種隔離を図るようにするためのあらゆる手段が動員された．……経営者には，公民権法や人種の平等を信奉する気持ちはなかった．資料によると，彼らの主要な動機は経済的なものであった．すなわち，隔離にはお金がかかるのである．……鉄道会社の職員は，黒人を好きだったかもしれないし，嫌いだったかもしれない．しかしながら，彼らにはそのような偏見にしがみつくために利潤を放棄するなどという気はまったくなかった.」

南部の市街電車の話は，次のような一般的な教訓を示している．すなわち，企業の所有者は，通常は特定のグループを差別することよりも利潤を稼ぐことのほうに興味を示す．企業が差別的な慣行に手を染めるとき，差別の究極の源泉は，しばしば企業自体ではなく，その他のところにある．上記のケースにおいて，市街電車の会社が白人と黒人とを隔離したのは，会社としては反対だった差別的な法律によって隔離を強制されたからであった.

●顧客と政府による差別

利潤動機は，差別的な賃金格差を解消させる強い力を持っているが，そのような格差解消作用には限界がある．ここでは，そのうち最も重要な二つの要因，顧客の好みと政府の政策を紹介しよう.

差別に対する顧客の好みがどのように賃金に影響を及ぼすかを理解するた

めに，再びブロンドとブルネットの髪を持つ人だけからなる仮想的な経済を考えてみよう．レストランのオーナーはウェイターを雇う際にブロンドの人を差別するとしよう．その結果，ブロンドのウェイターは，ブルネットのウェイターよりも低い賃金しか稼げない．この場合，ブロンドのウェイターを雇って開店しようとするレストランは，より低い価格を提示できる．顧客が食事の質と価格にしか関心がなければ，ブロンドに差別的な企業は倒産してしまうだろうし，賃金格差も解消されるだろう．

一方，顧客がブルネットのウェイターに給仕してもらうことを好むこともありうる．そして，このような差別的な好みが強いものであれば，ブロンドのウェイターだけを雇用するレストランが参入してきても，ブロンドとブルネットとの賃金格差はなくならない．すなわち，顧客が差別的な好みを持っていると，競争市場は差別的な賃金格差と両立するのである．そのような差別のある経済では，二つのタイプのレストランが存在するはずである．ブロンドのウェイターだけを雇うレストランは，より低い費用で経営できるので料金が比較的安い．ブルネットのウェイターだけを雇うレストランは，より高い費用がかかるために料金が高い．このとき，ウェイターの髪の色をまったく気にしない顧客は，ブロンドのレストランの低い価格に魅力を感じるだろう．また，ブルネットのウェイターに執着する顧客は，ブルネットのレストランに出かけるだろう．つまり，彼らは差別的な好みを満足させるために高い料金を支払う．

競争市場のなかで差別が存続するもう一つの要因は，政府による差別的な慣行の強制である．たとえば，もし政府がブロンドの人はレストランで皿洗いはできるがウェイターとして働くことはできないという法律をつくると，賃金格差は競争市場でも存続する．先のケース・スタディで紹介した電車内の人種隔離を定めた法律の例は，政府の強制による差別の一例である．同様に，南アフリカ共和国でアパルトヘイトと呼ばれた人種隔離政策が1990年に廃止されるまでは，黒人はいくつかの仕事に就くことが禁じられていた．差別的な政府は，自由な競争市場がもたらす通常の平等化作用が働かないようにするために，そのような法律を導入していたのである．

まとめると以下のようになる．すなわち，**競争市場には，雇用主による差別を自然に解消させる力がある．利潤にしか関心がない企業の参入によって，**

差別的な賃金格差が解消される傾向があるためである．ただし，競争市場においても差別的な賃金格差が存続することがある．それは，顧客が差別的な慣行を維持するために進んで高い料金を支払う場合や，政府がそのような慣行を法的に強制するような場合である．

スポーツにおける差別

先にみたように，差別の有無を測定することはしばしば困難である．あるグループの労働者が差別されていると判断するためには，研究者は，経済のなかでそのグループと他のグループとの間に存在する生産性の違いを補正しなければならない．しかし，多くの企業では，特定の労働者が財・サービスの生産にどの程度の寄与をしているかを測定することは難しい．

そのような補正が容易なタイプの企業として，スポーツ・チームがある．プロのスポーツ・チームは生産性を測定するための数多くの客観的な尺度を持っている．たとえば，野球であれば，選手の打率，ホームランの数，盗塁数などを測定することができる．

スポーツ・チームに関する研究は，実際に人種差別が一般的に行われており，その原因の多くが観客側にあることを示唆している．1988年に『ジャーナル・オブ・レイバー・エコノミクス』に発表された研究は，バスケットボール選手の給料について検討し，黒人選手は同じような能力を持つ白人選手よりも収入が20％少ないことを見出している．また，この研究は，バスケットボールの観客動員数が，白人選手を多く擁しているチームほど多いことを示している．これらの事実の一つの解釈は，少なくとも研究がなされた時点では，観客自体に差別意識があったために，チームのオーナーにとっては白人選手のほうが黒人選手よりも利益をもたらしたというものである．観客側にそのような差別意識があると，チームのオーナーが利潤にしか関心がないタイプであっても，差別的な賃金格差が存続する可能性がある．

同じような状況は，かつては野球選手にも存在した．1960年代後半以降のデータを用いた分析によると，黒人選手は同じような能力の白人選手よりも稼いでいる額が少なかった．さらに，黒人投手のほうが白人投手よりもよい成績を残しているにもかかわらず，黒人投手が投げた試合の観客動員数は，白人投手が投げた試合の観客動員数よりも少なかった．ただし，より最近の野球選手の年俸を分析した研究によると，差別的な賃金格差を示すような証拠はみられなくなっている．

1990年に『クォータリー・ジャーナル・オブ・エコノミクス』に発表された別の論文は，昔のベースボール・カード（野球選手のブロマイド）の市場価格について検討している．この研究でも同じような差別の証拠が見つかっている．黒人の野手のカードは，同じくらいの成績を残している白人の野手のカードよりも10％低い価格で取引されていたし，黒人の投手のカードは同じくらいの成績を残している白人の投手よりも13％低い価格で取引されていた．これらの結果は，野球ファンの間に差別意識が存在することを示している．

【小問】
- なぜあるグループの労働者が他の労働者に比べて差別的な扱いを受けていることを立証することは難しいのか．
- 利潤最大化企業は，どのようにして差別的な賃金格差を解消するのか説明しなさい．
- 差別的な賃金格差が存続する理由は何か．

3 結論

競争市場においては，労働者は財・サービスの生産に対する限界寄与度の価値に等しい賃金を稼いでいる．しかしながら，限界生産物の価値に影響を与える要因は数多く存在する．企業は，有能で勤勉かつ豊富な経験を持つ教育水準の高い労働者に対して，彼らの生産性が高いため，高い賃金を支払う．企業は，顧客が差別意識を持っている労働者に対しては，収入に対する寄与度が低いために低い賃金を支払う．

前章と本章で展開した労働市場の理論は，なぜ労働者によって賃金に差があるのかを説明している．ただし，この理論は，所得分配の結果が何らかの意味で平等，公平あるいは望ましいかどうかについては何もふれていない．この点については，次の第20章で取り上げることにする．

- 労働者は，さまざまな理由によって異なった賃金を稼ぐ．その理由の１つとして，賃金格差は仕事の属性に対する補償の役割を果たしていることが挙げられる．他の条件が一定であれば，難しくて面白くない仕事に就いている労働者は，簡単で面白い仕事に就いている労働者よりも高い賃金を得る．
- 多くの人的資本を持っている労働者には，少ない人的資本しか持っていない労働者よりも高い賃金が支払われる．人的資本を蓄積することの収益性は高く，また，この20年で増大している．
- 理論から予測されるように，教育年数，経験，仕事の属性は所得に影響を与えるが，経済学者が測定できる要因では所得変動のかなりの部分が説明できない．説明できない変動部分は，主に生まれつきの才能，努力，運によるものである．
- 経済学者によっては，教育水準のより高い人々が高い所得を得ているのは，教育が生産性を上昇させるからではなく，生まれつきの才能に恵まれている労働者が，教育水準の高いことを能力のシグナルとして雇用主に伝えているからであると主張する．このシグナル理論が正しいとすると，すべての労働者の教育水準を高めることは，全体的な賃金水準の上昇にはつながらない．
- 賃金は，場合によっては，需要と供給が均衡する水準を上回る．賃金が均衡水準を上回る理由には，最低賃金法，労働組合，効率賃金の三つがある．
- 所得格差の一部分は，人種，性別やその他の要因に基づいた差別によると考えることが可能である．しかしながら，差別の程度を測定することは難しい．そのためには，人的資本の違いや仕事属性の違いを調整しなければならないからである．
- 競争市場は，差別が賃金に与える影響を抑制する傾向がある．ある労働者のグループの賃金が，限界生産性とは関係のない要因で他のグループの賃金よりも低くなっていれば，両者を差別しない企業は差別をする企業よりも多く利潤を稼げるからである．したがって，利潤最大化行動は，差別的な賃金格差を削減するように作用する．ただし，顧客が差別を行っている企業に進んで高い価格を支払ったり，政府が企業に差別を強制するような法律をつくったりすると，競争市場においても差別は存続する．

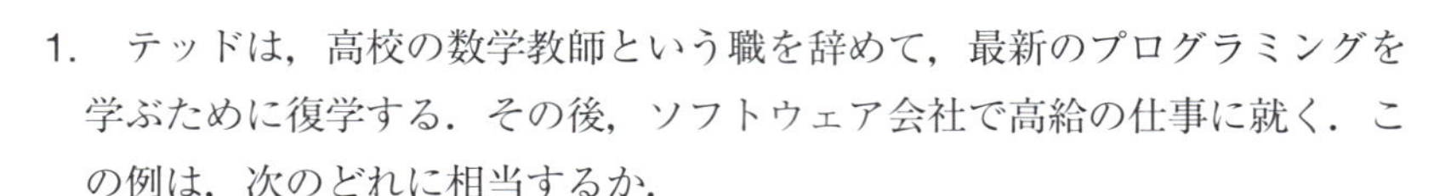

確認問題

1. テッドは，高校の数学教師という職を辞めて，最新のプログラミングを学ぶために復学する．その後，ソフトウェア会社で高給の仕事に就く．この例は，次のどれに相当するか．
   a. 補償賃金格差
   b. 人的資本
   c. シグナル（信用）効果
   d. 効率賃金
2. マーシャルとリリーは地元のデパートで働いている．接客係のマーシャルは，トイレ掃除をするリリーよりも給料が低い．この例は，次のどれに相当するか．
   a. 補償賃金格差
   b. 人的資本
   c. シグナル（信用）効果
   d. 効率賃金
3. バーニーは小さな製造会社を経営している．彼は，より少ない給料でも必要な労働者をすべて雇えるにもかかわらず，地域の他企業の2倍の給料を従業員に支払っている．彼は，より高い賃金は彼の労働者の忠誠心と仕事熱心さをより高めてくれると信じている．この例は，次のどれに相当するか．
   a. 補償賃金格差
   b. 人的資本
   c. シグナル（信用）効果
   d. 効率賃金
4. 事業コンサルタント企業がロビンを雇ったのは，彼女が大学で数学を専攻していたからである．ただし，彼女の新しい仕事には，彼女が学んだ数学は必要とされない．この企業は，数学を専攻していて卒業できた誰もが賢いはずだと信じている．この例は，次のどれに相当するか．

a.　補償賃金格差

b.　人的資本

c.　シグナル（信用）効果

d.　効率賃金

5.　人種差別が労働市場での成果にどの程度の影響を与えるかを測定することは難しい．その理由は，下記のどれに相当するか．

a.　測定には欠かせない賃金データは，簡単には入手できないから．

b.　企業が人種差別慣行を隠そうと，支払っている賃金を正確に報告しないから．

c.　労働者の特性はさまざまであり，また彼らが就いている仕事のタイプも異なるから．

d.　すべてのグループの労働者に最低賃金法が適用されているから．

6.　自由に参入・退出ができる市場での競争力は，誰による人種差別から生じる賃金格差を解消させると考えられるか．

a.　雇用主

b.　顧客

c.　政府

d.　a，b，c すべて

復習問題

1.　炭鉱労働者は，なぜ他の同じような教育水準の労働者よりも高い賃金を得るのだろうか．

2.　教育は，どのような意味で資本の一種だと考えられるのか．

3.　教育が労働者の生産性を上昇させることなく賃金を上昇させる可能性があるとすれば，それはどのような理由によるものか．

4.　どのような条件があると，高収入のスーパースターが生まれるだろうか．歯学の分野でスーパースターを見つけられるか．音楽の分野ではどうか．

あなたの考えを述べ，理由を説明しなさい．

5. 労働者の賃金が需要と供給が均衡する水準を上回るかもしれない理由を三つ挙げなさい．
6. 差別によってあるグループの労働者が低い賃金しか得ていないことを証明しようとする際に，どのような点が問題となるのか．
7. 経済的な競争の力が，人種差別を悪化させたり，改善させたりすることはあるだろうか．
8. 競争市場においても差別が存続する状況の例を一つ挙げなさい．

応用問題

1. 大学生は，民間企業や政府で夏休み中だけ研修生として働くこと（インターンシップ）がある．それによって得る所得はかなり少なく，場合によってはゼロのこともある．
   a. このような仕事をすることの機会費用とはどのようなものか．
   b. 学生がなぜこうした仕事を進んでしようとするのか説明しなさい．
   c. （上記のような低賃金で）研修生として働く労働者と，そのときにもっと高い賃金で夏休み中だけの仕事をする労働者とがともに中高年になったときの所得を仮に比較できるとすると，どのようなことを発見できると期待できるか．
2. 第6章で説明したように，最低賃金法は，低賃金労働者の労働市場を歪める．このような歪みを少なくするために，経済学者のなかには，成人に対しては通常の最低賃金を支払い，10代の若者に対しては「より低い最低賃金」を支払うという二重最低賃金制度を提唱する人もいる．通常の最低賃金制度が，成人労働者よりも10代の労働者の労働市場を阻害してしまう理由を二つ述べなさい．
3. 労働経済学の基本的な発見によれば，労働市場においてより長い経験を持つ労働者は，たとえ同じ教育を受けていても，そのような経験が少ない労働者よりも高い賃金を得ている．なぜそのようなことが起こるのか．また，別の研究によれば，同じ職での経験（すなわち「同一職での勤続年数」）が長いほど賃金が高くなる傾向がある．それはなぜか，説明しなさい.

4. 短大や大学によっては，経済学の教授のほうが他の分野の教授よりも高い給料を得ている.
   a. なぜこのようなことが起こるのか.
   b. 他の短大や大学のなかには，すべての分野の教授に同一の給料を支払っているところもある．また，経済学の教授のほうが他の分野の教授よりも担当授業数が少ないところもある．このような担当授業数の違いは，どのような役割を果たしているのか.
5. ある人が，あなたに次のような選択肢を提供したとしよう．一つは，世界最高の大学で4年間の勉強ができるが，その大学に在籍したということは秘密にするというものであり，もう一つは，世界最高の大学から公式の学位を得ることができるが，実際には在籍できないというものである．この二つの選択肢のうち，どちらがあなたの将来所得を高めると思われるか．この問いに答える際に，教育の役割に関するシグナル理論と人的資本理論に関する論争に言及しなさい.
6. レコードが100年以上前に発明されたとき，音楽家は突然みずからの音楽を安い費用で多くの聴衆に提供できるようになった．このことは最もすぐれた音楽家の所得にどのような影響を与えたと考えられるか．また，平均的なレベルの音楽家の所得に対しては，どのような影響を与えたと考えられるか.
7. 現在の教育論争は，教師の給与が訓練期間と経験年数のみに基づいた標準給与表に基づいて支払われるべきか，あるいは，彼らの給与の一部は業績（いわゆる能力給）によって支払われるべきか，というものである.
   a. なぜ能力給が望ましいことがあるのか.
   b. 誰が能力給システムに反対するのか.
   c. 能力給が潜在的にもたらす難題とはどのようなものか.
   d. 関連した問題：ある学校区は，なぜその周辺地域で支払われている給与よりもかなり高い給料を教師に支払っているのか.
8. アラン・グリーンスパン（後の連邦準備理事会議長）が1960年代に経済コンサルタントを始めた際，彼は当初女性の経済学者を雇った．当時，彼は『ニューヨーク・タイムズ』に次のように語っている．「自分はつねに男性と女性とを平等に評価してきた．ところが，他の人たちはそうでなかったので，優秀な女性経済学者は男性経済学者より安く雇えた」．グリーンスパンの行動は，利潤最大化行動に合致しているか．このような行動は賞賛に値するだろうか．それとも軽蔑に値する行動だろうか．もしグリーンスパンのような雇用主が増えると，男女の賃金格差にはどのようなことが起きるか．当時の他の経済コンサルティング企業は，なぜグリーンスパンのビジネス戦略を真似しなかったのか．

CHAPTER 20

第20章

所得不平等と貧困

Keywords

貧困率 poverty rate
貧困ライン poverty line
現物給付 in-kind transfers
ライフサイクル life cycle
恒常所得 permanent income
功利主義 utilitarianism
効用 utility
リベラリズム（自由主義） liberalism
マクシミン原則 maximin criterion
社会保険 social insurance
自由至上主義（リバタリアニズム） libertarianism
生活保護（生活扶助） welfare
負の所得税 negative income tax

イギリスの偉大なウィンストン・チャーチル元首相は，かつてもう一つの経済システムを次のように要約した.「資本主義の本質的に悪い部分は，その恩恵が不平等に分配されることである．社会主義の本質的に良い部分は，悲惨さが平等に分配されることである.」このチャーチルの警句は，次の二つの事実に注意を向けさせる．一つ目は，資源配分のために市場を用いる国々は，そうでない国々に比べて，通常はより大きな繁栄を達成する点である．これは，アダム・スミスの見えざる手が働く結果である．二つ目は，市場経済が生み出す繁栄が，平等には分配されない点である．所得が，経済階層の上位層と下位層にある人々の間で大きく異なってしまう可能性がある．この，お金持ちと貧しい人との違いをもたらす要因は何かというのは，余裕のあるお金持ちにとっても，苦しみにもがく貧しい人にとっても，そして野心を持ちつつ不安を抱える中産階級にとっても，魅力ある重要な研究テーマである．

前の二つの章の分析から，なぜ人によって所得に差が生じるのかについて，ある程度理解できたはずである．ある人の所得は，その人が提供する労働の需要と供給に依存しており，また，そのような需給状況は，当人の生まれつきの能力，人的資本，補償賃金格差，差別の有無などにも依存している．雇用所得は，アメリカ経済で生み出される所得の約３分の２を占めている．そのため，賃金を決定する要因は，同時に経済全体の所得が社会のさまざまな人にどのように分配されているかを決定する主な要因でもある．言い換えれば，それによって，誰が金持ちになり誰が貧乏になるかが決まる．

本章では，所得の分配について検討する．後に明らかになるように，この主題を取り上げる際には，経済政策の役割に関する根本的な問題提起をすることになる．第１章の経済学の十大原理の一つは，「政府が市場のもたらす成果を改善できることもある」である．この可能性は，所得の分配を考える際にはとくに重要である．市場の見えざる手は，資源を効率的に配分するが，必ずしも資源が公平に配分されるわけではない．そのため，全員ではないが，ほとんどの経済学者は，より平等な状況を達成するために政府は所得の再分配を行うべきだと考えている．しかしながら，その際に，政府は「人々はトレードオフ（相反する関係）に直面している」というもう一つの経済学の十大原理に直面することになる．つまり，所得分配をより公平にする政策を導入すると，そのことがインセンティブ（誘因）を歪め，行動を変化させ，その結果，資源の配分をより非効率なものにしてしまう．

所得の分配に関する本章の議論は，3段階に分かれている．最初に，社会にはどの程度の不平等が存在するかを紹介する．次に，所得分配を変更する際に政府がどのような役割を果たすべきかについて，いくつかの異なる見方を検討する．最後に，社会のなかで最も貧しい人々を助けることを目的とするさまざまな公共政策について議論する．

1 不平等の尺度

まず，所得分配の研究を，次のような尺度に関する四つの質問を提示することから始めよう．

- 社会にはどの程度の不平等が存在するのか．
- どれだけの人々が貧困のなかで暮らしているのか．
- 不平等度を測定する際にどのような問題が発生するのか．
- 人々はどのくらいの頻度でさまざまな所得階層間を移動するのか．

この四つの質問に答えることは，所得分配を変更することを目的とする公共政策を検討する際の自然な出発点である．

●アメリカにおける所得の不平等度

すべての世帯をその年収によって区分けしてみよう．具体的には，同じ大きさの五つのグループ，つまり五分位に分ける．表20-1は，五分位それぞれの所得範囲と上位5％層の所得範囲を示したものである．この表をみると，自分の世帯がどの所得階層に属しているかがわかる．

経済学者は，長期間にわたる所得分布の違いを検討する際には，表20-2のような形で所得データを提示するほうが有益であることに気づいている．この表は，それぞれの階層の世帯が受け取った総所得の割合を示している．この表によると，2014年において，最下位層は総所得の3.6％しか得ていないのに対し，最上位層は総所得の48.9％を得ている．言い換えれば，最上位

表 20－1 アメリカにおける所得分配（2014年）

階層	世帯の年収（ドル）
最下位層	～29,100
第２下位層	29,101～52,697
中位層	52,698～82,032
第２上位層	82,033～129,006
最上位層	129,007～
上位５％層	230,030～

（出所）アメリカ国勢調査局.

表 20－2 アメリカにおける所得不平等

年	最下位層（%）	第２下位層（%）	中位層（%）	第２上位層（%）	最上位層（%）	上位５％層（%）
2014	3.6	9.2	15.1	23.2	48.9	20.8
2010	3.8	9.4	15.4	23.5	47.9	20.0
2000	4.3	9.8	15.4	22.7	47.7	21.1
1990	4.6	10.8	16.6	23.8	44.3	17.4
1980	5.3	11.6	17.6	24.4	41.1	14.6
1970	5.4	12.2	17.6	23.8	40.9	15.6
1960	4.8	12.2	17.8	24.0	41.3	15.9
1950	4.5	12.0	17.4	23.4	42.7	17.3
1935	4.1	9.2	14.1	20.9	51.7	26.5

（注）この表は，各五分位に相当する家計の税引き前所得と最上位５％の家計の同所得の（総所得に対する）百分位が示されている.
（出所）アメリカ国勢調査局.

と最下位の所得階層は，世帯数は同じであるにもかかわらず，前者は後者の約13倍の所得を得ていることになる.

表20-2のいちばん右の列は，きわめて裕福な世帯が得た所得の総所得に対する割合を示している．2014年において，上位５％の裕福な世帯は総所得の20.8%を得ていた．したがって，上位５％の最も裕福な世帯の総所得は，下位40%の貧しい世帯の総所得よりも多い.

表20-2はまた，1935年以降のさまざまな年次における所得分配の状況を

示している．第一印象では，所得分配の状況は時代の推移に関係なくきわめて安定しているようにみえる．過去数十年にわたって，最下位の所得階層は総所得の約４～５％しか得ていない一方で，最上位の所得階層は総所得の約40～50％を得ている．しかしながら，この表をよく調べてみると，不平等の程度に関してある種の傾向が観察される．1935年から1970年にかけて，所得分配は少しずつ平等化している．最下位層のシェアは4.1％から5.4％に上昇し，最上位層のシェアは51.7％から40.9％に低下している．ところが，最近では，この傾向が逆転している．1970年から2014年にかけて最下位層のシェアは5.4％から3.6％に低下し，最上位層のシェアは40.9％から48.9％に上昇している．

第19章では，最近になって不平等度が増大した理由のいくつかについて議論した．低賃金国との国際貿易の増加ならびに技術上の変化によって，未熟練労働者に対する需要が減少し，熟練労働者に対する需要が増大している．その結果，未熟練労働者の賃金が熟練労働者の賃金に比べて下落し，この相対賃金の変化が世帯所得の不平等を拡大させているのである．

●各国における所得の不平等度

アメリカにおける不平等度は，他の国と比べるとどの程度なのだろうか．この質問は興味深いものであるが，それに答えるには問題がある．国によっては，そういったデータがないところもある．仮にあったとしても，世界中のすべての国が，同じ方法でデータを集めているわけではない．たとえば，ある国は個人所得のデータを集めているが，別の国は世帯所得のデータだけを集めている．また，支出データを集めて所得としている国もある．そのため，二つの国の間に違いが見出されても，それが両国の真の違いを反映しているのか，たんにデータ収集方法の違いを反映しているにすぎないのかについて確信が持てない．

このような警告を念頭に置いたうえで，主要な20カ国における不平等度を比較した図20-1を考察してみよう．ここで使用されている不平等度の指標は，最上位層の所得を最下位層の所得で割った（五）分位比である．最も平等な国はスウェーデンであり，最上位層は最下位層の3.7倍を受け取っている．最も不平等な国は南アフリカであり，最上位層が最下位層の28.5倍を受

図 20－1　世界各国の不平等度

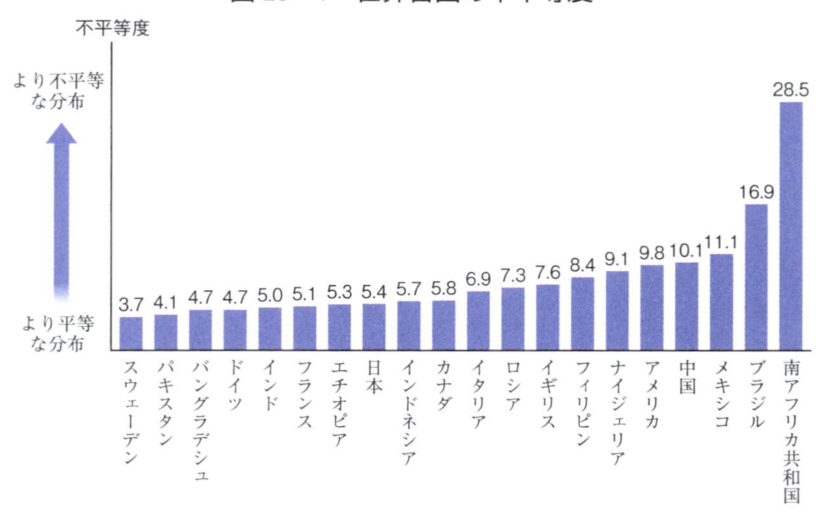

（出所）*Human Development Report, 2015.*
この図は，所得の最上位層と最下位層の比率を示している．これらの国々のなかでスウェーデンとパキスタンが最も経済的な豊かさの度合が平等であり，南アフリカ共和国やブラジルが最も不平等である．

け取っている．すべての国々で貧富の差は著しいが，不平等度は世界中ではかなり異なっている．

不平等度でランク付けすると，アメリカは，典型的な国よりも不平等度が大きくなっている．アメリカは，日本やドイツのような多くの経済的な先進国に比べて所得格差がかなり大きい．ただし，南アフリカやブラジルなどの一部の発展途上国に比べると，アメリカの所得分配はより平等である．アメリカは，世界で最も人口の多い中国と同じ程度の不平等度である．

●貧困率

通常，所得分配状況の測定には貧困率が用いられる．**貧困率**とは，世帯所得が**貧困ライン**と呼ばれる絶対水準を下回る世帯に属する人々の全人口に対

貧困率 poverty rate：世帯所得が貧困ラインと呼ばれる絶対的な水準を下回る人口の比率．
貧困ライン poverty line：連邦政府が個々の家族規模に応じて設定した，それを下回るとその世帯は貧困であるとみなされる絶対的な水準．

図20-2　貧困率

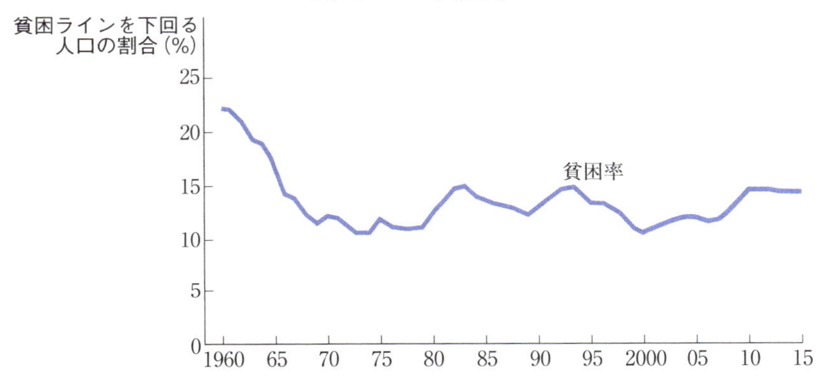

（出所）アメリカ国勢調査局.

貧困率とは，貧困ラインと呼ばれる絶対所得水準以下の所得を得ている人々の全人口に占める百分比を示している.

する百分比である．貧困ラインは，連邦政府によって必要最低限の食事を提供するのに必要な費用の約３倍に設定されている．貧困ラインは世帯規模に依存し，物価水準の変化を考慮して毎年改定されている.

貧困率によって何がわかるかを知るために，2014年のデータをみてみよう．この年には，アメリカの中位の世帯は約６万6632ドルの所得を得ており，４人世帯の貧困ラインは２万4230ドル，貧困率は14.8%であった．言い換えれば，アメリカの全人口の14.8%の人々が，世帯規模を勘案して設定された貧困ラインを下回る所得しかない世帯の構成員であった.

図20-2は，公的なデータが利用できるようになった1959年以降の貧困率の推移を示している．この図から，貧困率が1959年の22.4%から1973年の11.1%まで低下していることがわかる．この傾向は驚くにはあたらない．（インフレ調整後の）平均所得は，この期間に50%以上増大しているからである．貧困ラインは，相対的ではなく絶対的な基準なので，経済成長によって全体の所得分布が上方に押し上げられると，より多くの世帯が貧困ラインよりも上の水準に押し上げられる．ケネディ大統領がかつて言ったように，「上げ潮はすべての船を浮き上がらせる」のである.

しかしながら，1970年代初め以降，経済の上げ潮は一部の船を置き去りにしはじめる．平均所得が継続的に増大しているにもかかわらず，貧困率は低

表 20-3 貧しいのは誰か

グループ	貧困率（%）
すべての人	14.8
白人（ヒスパニックを除く）	10.1
黒　人	26.2
ヒスパニック	23.6
アジア，太平洋諸島出身者	12.0
子ども（18歳以下）	21.1
高齢者（64歳以上）	10.0
夫　婦	6.2
配偶者なしの女性世帯主	33.1

（注）データは2014年のもの．
（出所）アメリカ国勢調査局．

この表は，貧困率が人口のさまざまなグループの間で非常にばらつきがあることを示している．

下せず，1973年の水準よりも悪化している．ここ数十年にわたって貧困解消傾向が消滅しているという事実は，表20-2に示された不平等度の増大と緊密に関連している．経済成長によって平均的な世帯の所得は増大したが，最貧困層は不平等度の増大によって経済成長の繁栄を享受できなかった．

貧困はすべての人々に影響を与える経済的な病弊だが，すべてのグループに同じように影響を与えるわけではない．表20-3はいくつかのグループの貧困率を示しているが，そこから次の三つの衝撃的な事実が浮かび上がる．

- 貧困は人種との相関が高い．黒人やヒスパニックは，白人に比べて約2倍以上も貧困に苦しむ傾向がある．
- 貧困は年齢との相関が高い．子どもは，貧しい世帯の一員である割合が平均よりも高く，高齢者は，貧しい世帯の一員である割合が平均よりも低い．
- 貧困は世帯構成との相関が高い．シングルマザーが世帯主である世帯は，夫婦世帯に比べて，約5倍も貧困に苦しむ傾向がある．

これらの三つの事実は，長年にわたってアメリカ社会を特徴づけてきており，どのような人々が貧困に陥りやすいかを示している．さらに，これらの特徴は，同時に作用する．すなわち，女性が世帯主である世帯の黒人およびヒスパニックの子どもたちは，約半分が貧困に苦しんでいる．

●不平等を測定する際の問題点

所得分配や貧困率に関するデータは，社会における不平等度に関する理解をある程度促進させてくれる．しかしながら，これらのデータの解釈は，必ずしも簡単ではない．データは，世帯の年間所得に基づいている．しかしながら，人々が気にするのは，所得ではなく，よい生活水準を維持する能力である．少なくとも三つの理由によって，所得分配や貧困率に関するデータからは，生活水準の不平等度に関して不完全な様子しか伝わらない．

現物給付　所得分配や貧困率の測定は，世帯の**現金**所得に基づいている．しかしながら，貧しい人々は，さまざまな政府の政策を通じて無料での食事提供，住宅サービス補助，医療サービス補助といった多くの非金銭的な給付を受けている．貧しい人々に現金ではなく財・サービスの形で与えられる給付を**現物給付**という．標準的な不平等度の尺度は，これらの現物給付を考慮に入れていない．

ほとんどの現物給付は，社会のなかで最も貧しい人々が受け取るので，所得の一部に現物給付を含めないと，測定された貧困率に大きな影響が出てくる．国勢調査局（Census Bureau）の研究によると，市場価値で評価した現物給付を所得に含めると，貧困ライン以下で生活する世帯数は，標準的な指標が示すよりも約10%少なくなる．

ライフサイクル上の変化　所得は人々が生きていくなかで予測可能な形で変化する．たとえば，とくにまだ就学中の若い労働者は，少ない所得しか得ていない．しかし，こうした若い労働者の所得は，円熟した経験豊富な労働者になるにつれて増加し，50歳ごろにピークに達し，その後65歳ごろに退職するまで急速に減少する．このような通常の所得変化のパターンは，**ライフサイクル**と呼ばれる．

現物給付 in-kind transfers：現金ではなく現物（財・サービス）の形で与えられる給付．
ライフサイクル life cycle：一生を通した所得変化に関する通常のパターン．

人々は，借金や貯蓄をすることによって，ライフサイクルにおける所得変化をならすことができる．そのため，人々の生活水準は，どの時点においても，年々の所得よりも生涯所得のほうにより依存している．若年層は，学校に通ったり家を買ったりするためにしばしば借金をし，所得が将来増加したときに借金を返済する．貯蓄率が最高になるのは，中年に達するときである．人々は引退後の生活を見込んで貯蓄をするので，引退時に所得が大幅に減少しても，必ずしも生活水準まで同じように低下するわけではない．このような典型的なライフサイクルのパターンは，年間所得分布の不平等を引き起こす．しかしそのことが必然的に真の生活の不平等を表しているわけではない．

一時所得と恒常所得　所得は，予測可能なライフサイクル上の変化だけではなく，偶然の，あるいは一時的な要因によっても生涯のなかで変化する．ある年に霜害によってフロリダのオレンジが全滅すると，フロリダのオレンジ栽培者の所得は一時的に減少する．同時に，フロリダの霜害によってオレンジの価格が上昇すると，カリフォルニアのオレンジ栽培者の所得は一時的に増大する．さらに翌年には逆のことが起こるかもしれない．

人々がライフサイクルに伴う所得の増減を貸し借りによってならすことができるのとちょうど同じように，一時的な所得変化の増減も貸し借りによってならすことができる．家計は所得が多いときに貯蓄し少ないときに借金をする（あるいは貯蓄を取り崩す）ので，一時所得の変化は，生活水準に即影響を与えるわけではない．家計が財・サービスを購入する能力は，おもに通常の場合に受け取る，あるいは平均的に受け取る所得である**恒常所得**に依存する．

生活水準の不平等度を測定するためには，年間所得よりも恒常所得の分布をみるほうが適当である．多くの経済学者は，人々は彼らの恒常所得に応じて消費をすると信じている．その結果，消費の不平等度が，恒常所得の不平等度の一つの指標となる．恒常所得と消費とは所得の一時的な変化に影響を受けにくいので，それらは，現在所得よりも平等に分布している．

恒常所得 permanent income：人の通常の所得．

ケース・スタディ もう一つの不平等度指標

ダラス連邦準備銀行のマイケル・コックスとリチャード・アルムの2008年の研究は，不平等度の指標が異なると，いかに異なった結果が導き出されるかを示している．コックスとアルムは，アメリカの五分位最上位層の世帯所得と五分位最下位層の世帯所得とがどれだけ異なっているかを比較している．

コックスとアルムによれば，2006年の五分位最上位層のアメリカの世帯は14万9963ドルの平均所得を得ているが，五分位最下位層は9974ドルの平均所得を得ている．したがって，最上位層は，最下位層の約15倍の所得を得ていた．

この貧富の差は，税金を勘案すると少し縮まる．税制は累進的であるから，最上位層は，最下位層よりもより高い所得の割合を税金として支払う．コックスとアルムは，最上位層の税引き後所得が最下位層の14倍になることを見出した．

両者の差は，所得の代わりに消費をみるとさらに縮小する．ある年に異常に所得の多かった家計は最上位層に属しがちであるが，彼らは所得からより多くの割合を貯蓄する傾向がある．他方，ある年に異常に所得の少なかった家計は最下位層に属しがちであるが，貯蓄を切り崩して消費する傾向がある．コックスとアルムによれば，五分位最上位の家計は五分位最下位の家計よりも3.9倍消費が多いだけだった．

この消費格差は，世帯人員の違いを補正するとさらに小さくなる．より大きな世帯は2人の稼ぎ手を持つ傾向が強いので，そのような世帯は所得分配上の上位層になりがちである．しかし，大きな世帯では，より大勢の人々を養う必要がある．コックスとアルムは，五分位最上位の世帯は平均3.1名からなるが，五分位最下位層では1.7名からなると報告している．その結果，五分位最上位の世帯の1人当たり消費は，五分位最下位の世帯の1人当たり消費の2.1倍にまで縮まった．

これらのデータは，ものに換算した平均生活水準の不平等度が年間所得の不平等度よりもかなり小さいことを示している．

●所得階層間の移動

人々は「金持ち」や「貧しい人」について話すとき，まるで金持ちは永遠に金持ちで，貧しい人は永遠に貧しい人であるかのような話し方をすることがある．実際には，そのようなことはまったくない．所得階層間の移動は，アメリカ経済では頻繁にみられる．運がよかったり勤勉であることによって所得階層が上がる場合もあるし，運が悪かったり怠慢なことによって所得階層が下がる場合もある．このような所得階層間の移動は，所得の一時的な変動を反映する場合もあれば，恒常的な変動を反映する場合もある．

所得は時間とともに変化するので，一時的に貧困に陥っている世帯は貧困率が示唆するより大きいが，長期的に貧困状態にある世帯はそれほど多くはない．典型的な10年間をみてみると，約４分の１の世帯が少なくとも１年間は貧困ラインを下回っている．しかし，８年以上も貧困ラインを下回る世帯は３％未満にすぎない．一時的に貧しい人々と恒常的に貧しい人々とは異なる問題に直面しているはずなので，貧困撲滅を目的とした政策を立案する際には，両者を区別する必要がある．

所得階層間の移動を測定するもう一つの方法は，経済的な成功が世代間でどのくらい継続的であるかを知ることである．このトピックを研究している経済学者によると，平均を上回る所得を得ている状況は親から子どもに受け継がれるが，その持続性は完全からはほど遠く，所得階層間の大きな移動が示唆されている．父親が同世代の平均所得よりも20％以上多い所得を得ている場合，彼の息子はその同世代の平均所得よりも８％以上多い所得を稼ぐ傾向にある．また，祖父の所得と孫（男性）の所得との間の相関はほとんどない．

このような世代をまたいだ所得階層間の移動の結果，アメリカには独力で億万長者になった人物がかなり多く存在する（遺産相続した財産を散在してしまった相続人もかなりいるが）．ある研究によれば，アメリカの億万長者の約５名のうち４名は，事業を始めたり会社で出世したりすることによって，自力で稼いだ人たちである．彼らの財産を相続した人たちは，５分の１にすぎない．

【小問】 ●貧困率は何を測定するか．

● 測定された貧困率を解釈する際の潜在的な問題点を三つ指摘しなさい．

2 所得再分配に関する政治哲学

これまで所得がどのように分配されるかをみたし，測定された不平等度を解釈する際に直面するいくつかの問題点についても考察した．これまでの議論は，たんに世界がどのようになっているかを述べてきたという意味で実証的なものであった．したがって，この節では，「政府は所得の不平等に関して何をすべきか」という政策立案者が直面する規範的な課題に目を向ける．

この問いかけは，たんに経済学的な問いかけにとどまらない．経済分析だけでは，政策立案者が社会をもっと平等主義的にするように努力すべきか否かについて答えることはできない．この問いかけに対してどう答えるかは，大部分が政治哲学の課題である．しかし，所得の再分配にあたって政府がどのような役割を果たすべきかという議論は，経済政策に関する多くの論争の中心になっているので，ここでは経済学から離れて，政治哲学について少し検討してみよう．

● 功利主義

政治哲学における卓越した思想として，**功利主義**がある．功利主義の創始者は，イギリスの哲学者ジェレミー・ベンサム（1748～1832年）とジョン・スチュワート・ミル（1806～1873年）である．功利主義の目的は，大部分が，道徳や公共政策に関する問題に対して個々人の意思決定の論理を適用することにある．

功利主義の出発点は，個人が現在の境遇から得る幸福感や満足感を表す**効用**という概念である．効用とは，幸福の尺度であり，功利主義者にとっては，すべての公的および個人的な行動の究極の目的である．功利主義者の主張によると，政府にとってふさわしい目的とは，社会におけるすべての人々によ

功利主義 utilitarianism：政府は社会におけるすべての人の総効用を最大化する政策を選択すべきであるという政治哲学．
効用 utility：幸福や満足度の尺度．

って達成される効用の合計を最大化することである.

所得再分配に関する功利主義者の主張は,**限界効用逓減**の仮定に基礎を置いている.貧しい人々が1ドル多くもらえば,同じ額を金持ちがもらうよりもより多くの追加的な効用がもたらされると考えることは理にかなっているようにみえる.言い換えれば,所得が1ドル増加するにつれて,1ドル余計にもらうことによる満足感の増加分は減少するのである.このもっともらしい想定は,効用の合計の最大化という功利主義者の目的と相まって,政府は所得をより平等に分配するように努力すべきであるという含意を生む.

議論は単純である.ピーターは8万ドル,ポールは2万ドル稼ぐということを除けば,ピーターとポールは同じであるとしよう.この場合,ピーターから1ドルを取り上げてポールに与えると,ピーターの効用は減り,ポールの効用は増える.しかし,限界効用は逓減するので,ピーターの効用の減少分はポールの効用の増大分よりも小さい.したがって,この所得の再分配によって,功利主義者の目的である効用の総和(総効用)が増大する.

このような功利主義者の議論は,一見,政府は社会のすべての人の所得がちょうど同じになるまで所得再分配を行うべきだといっているようにみえる.実際,総所得(上記の例では10万ドル)が一定であれば,そういうことになる.ところが,実際には総所得は一定ではない.功利主義者が所得の完全平等化を否定するのは,第1章で述べた「人々はさまざまなインセンティブ(誘因)に反応する」という**経済学の十大原理**の一つを受け入れているからである.

ピーターから所得の一部を取り上げてポールに与えるには,政府は,アメリカの連邦所得税や社会福祉制度のような形で,所得を再分配しなければならない.これらの政策の下では,高い所得の人々は高い税金を払い,低い所得の人々は移転所得を受け取る.このような移転所得は,だんだん少なくなってくる.稼ぎが増えるにつれて,政府からの受け取りが少なくなるからである.ただし,ピーターがより高い所得税に直面したり,ポールが移転所得がだんだん減るシステムに直面すると,すべての追加所得のほんの一部分しか自分のものにできなくなるので,両者ともに熱心に働く意欲がより減退してくる.彼らが2人とも前よりも働かなくなれば,社会全体の所得は減少し,その結果,効用の総和も減少する.そのため,功利主義的な政府は,より平等な状況から得られる便益と，インセンティブが歪められることから生じる損失とを比較検討しなければならない．したがって，効用の総和を最大にするには，政府は社会を完全に平等化することをやめなければならない．

このような功利主義的な論理は，有名な逸話によってうまく説明できる．ピーターとポールを，砂漠のなかの異なった場所で窮地に陥っている喉の渇いた旅人としよう．ピーターの側のオアシスには水が豊富にあるが，ポールの側のオアシスにはわずかしかない．このとき，もし政府が費用をかけずに一つのオアシスからもう一つのオアシスに水を移し替えることができれば，二つの場所の水の量を同一にすることによって効用の総和を最大にできるだろう．しかし，政府が水漏れのするバケツしか持っていないとすると，一方から他方に水を移す際に，一部の水は途中でこぼれてなくなってしまう．この場合，功利主義的な政府は，ポールの喉の渇きの程度とバケツの水漏れ具合に応じて，依然としてピーターからポールへある程度の水を移そうとするにちがいない．しかし，水漏れのするバケツしか利用できないので，功利主義的な政府でも両者の水を完全に同一にしようとはしない．

●リベラリズム

不平等についての第2の考え方は，**リベラリズム（自由主義）**と呼ばれるものである．この考え方は，哲学者ジョン・ロールズが著書『正義論』で展開した．この本は1971年に出版され，すぐに政治哲学の古典になった．

ロールズは，社会の制度，法律，政策は公正であるべきだという前提から始める．そして，社会の構成員であるわれわれは公正が何を意味するかについてどのように合意できるだろうか，という自然な問いかけに答えようとする．すべての人々の考え方は，不可避的に個々人の特別な境遇に基づかざるをえない．つまり，才能豊かであるか否か，勤勉であるか怠慢であるか，十分な教育を受けているか否か，裕福な家庭に生まれたか貧しい家庭に生まれたか，などの境遇である．とすると，われわれは，公正な社会とは何かということを客観的に決定することができるのだろうか．

この問いかけに対する回答として，ロールズは以下のような思考実験を行

リベラリズム（自由主義） liberalism：政府は「無知のベール」に包まれた公平な観察者に評価されるように，公正であるとみなされる政策を選択すべきであるという政治哲学．

うことを提唱する．まず，われわれが生を受ける前（来世に生まれる前），社会で支配的となるルールを設計するために一堂に会して会議を行うとしよう．この段階では，誰も将来自分の境遇がどのようなものになるかを知らない．ロールズ流にいえば，われわれは，「無知のベール」に包まれたままの「原初状態」で会議の席についている．ロールズは，このような原初状態において，われわれは社会の公正なルールを定めることができると主張する．なぜならば，われわれはそのルールがすべての人々にどのような影響を及ぼすかを考慮しなければならないからである．ロールズの言葉を借りれば，「すべての人々は同じような立場にあり，誰も特定の状況に有利な原則を設計することができないので，そこで決定される公正に関する原則は公平な形の同意あるいは交渉の結果である」．公共政策や制度をこのような方法で設計すれば，どのような政策が公正であるかについて客観的に合意できる．

次にロールズは，この無知のベールに包まれたなかで立案された公共政策は，何を達成しようとしているかについて考察する．具体的には，各自がどのような所得階層の家庭に生まれるかわからないときに，どのような所得分配状況を公平と考えるかについて考察する．ロールズは，原初状態にある人は，自分が最下位層の所得階層に属する可能性にとくに関心があると主張する．したがって，公共政策を立案する際には，社会のなかで最も不遇な状況にある人の福祉を高めることを目的とすべきである．すなわち，ロールズは，功利主義者が主張するようにすべての人の効用の総和を最大化するのではなく，最も貧しい状況にある人々の効用を最大化しようと提唱している．このようなロールズのルールは，最小を最大にするという意味で**マクシミン原則**と呼ばれている．

マクシミン原則は，社会のなかで最も恵まれない人々を重視するので，所得分配を平等化することを目的とした公共政策を正当化する．金持ちから貧しい人に所得を移転することによって，社会は最も恵まれない人々の幸福度を高める．ただし，マクシミン原則は完全に平等な社会を推奨しているわけではない．政府が所得の完全な平等化を約束すると，人々は勤勉に働くインセンティブを持たなくなる．そして，社会の総所得は極端に減少し，最も恵

マクシミン原則 maximin criterion：政府は社会において最も悪い状況にある人の福祉を最大化しようとするべきであるという主張．

まれない人々の暮らし向きも悪化する．したがって，マクシミン原則はある程度の所得の不平等を許容する．そうすれば人々のインセンティブが増大するし，貧しい人を扶助する社会の能力も増大するからである．そうはいうものの，ロールズ流の考え方は，社会のなかで最も恵まれない人々だけに焦点を当てているので，功利主義よりも大胆な所得再分配を求める．

以上のようなロールズの考え方には議論の余地がある．しかしながら，彼が提唱した思考実験はかなり魅力的である．この思考実験によって，所得再分配を**社会保険**の一形態としてとらえることができるからである．すなわち，無知のベールに包まれた原初状態という視点に立ったとき，所得再分配政策は保険政策に等しくなる．自分の住む家を持っている人は，家が火災で燃えてしまうというリスクから身を守るために火災保険に加入する．同様に，社会全体として金持ちに課税して貧しい人の所得にあてるという政策を選択することは，われわれすべてが貧しい家庭に生まれるかもしれないという可能性に対して保険をかけていることになる．人々はたいていリスクを好まないので，このような保険を提供する社会に生まれることは幸福なはずである．

しかしながら，無知のベールに包まれた合理的な人々がマクシミン原則に従うほどリスク回避的かどうかについては，明白ではない．実際，原初状態にある個人は，どのような所得階層の家庭に生まれるかわからないので，公共政策を立案する際にすべての可能性を同一に扱うかもしれない．その場合，無知のベールに包まれた状況における最善の政策は，社会の構成員の平均的な効用を最大化することになり，結果的に公正の概念は，ロールズ流のマクシミン原則よりも功利主義的な考え方に近くなるはずである．

自由至上主義（リバタリアニズム）

不平等に関する第3の考え方は，**自由至上主義（リバタリアニズム）**と呼ばれるものである．これまで考察した功利主義とリベラリズムという二つの考え方は，ともに社会全体のなかで生み出された所得を政策立案者がある社会目的を達成するために自由に再分配できる共通の資源とみなしている．対

社会保険 social insurance： 人々を困難に陥るリスクから保護する目的を持つ政府の政策．
自由至上主義（リバタリアニズム） libertarianism：政府は罪を罰し，自発的な同意を守らせるべきだが所得を再分配すべきではないという政治哲学．

照的に，自由至上主義者は，所得を稼ぐのは社会自体ではなく，社会の個々の構成員だけであると主張する．したがって，自由至上主義者によると，政府は，特定の所得分配状況を達成するために，ある種の人々から所得を取り上げて他の人々に分け与えるべきではないということになる．

たとえば，哲学者ロバート・ノージックは，1974年に出版された有名な著書『アナーキー・国家・ユートピア』のなかで，以下のように述べている．

> 「われわれは，パイをいい加減に切り分けてしまい最後の数分間で微調整を試みるような人にパイを分け与えてもらう子どもの状況にあるのではない．この世には，すべての資源をコントロールし，かつ共同ですべての資源をどのように分け与えるべきかを決めることができる特定の個人やグループなど存在しない．個々人が得るものは，彼があるものと交換に他の人から得たものか，あるいは贈り物としてもらったものである．自由な社会では，さまざまな人々が異なった資源をコントロールしており，新たに所有するという行為は，個々人の自発的な交換や行動から生じるのである．」

功利主義者やリベラリストは，社会のなかでどの程度の不平等が望ましいかを判断しようとするが，ノージックは，このような問いかけ自体の正当性を否定する．

経済的な帰結を評価する際の自由至上主義者の考え方は，このような結果が生じる過程を評価することである．たとえば，ある人が他の人から盗むというような，不公正に達成された所得分配状況については，政府はその問題を解決する権利と義務がある．しかし，所得分配を決定する過程が公正である限り，結果としての分配状況は，それがどれほど不平等であっても公平である．

ノージックは，ロールズのリベラリズムを，社会における所得再分配と講義における成績評価との類似性を用いて批判している．現在あなたが受講している経済学の講義における評価の公平さについて，判断を求められたとしよう．そのとき，あなたは無知のベールをまとって，個々の学生の能力や努力の程度を知らないまま成績評価の分布を決めることができるだろうか．また，あなたは結果的にしかわからない評価点の分布が平等か不平等かを考慮しないで，学生の成績を決定する過程が公平なものとなるようにすることができるだろうか．少なくともこの成績評価のケースに関しては，結果よりも過程の公平さが大切だとする自由至上主義者のほうが説得的である．

自由至上主義者は，機会の平等のほうが所得の平等よりも重要であると主張する．彼らは，政府はすべての人々がみずからの才能を発揮して成功できる機会が持てるように個人の権利を補強すべきであると信じている．そして，このようなゲームのルールがいったん確立されれば，政府には結果としての所得分配状況を変更する正当な理由は何もないと考えるのである．

【小問】 ●ペトラはパウラよりも稼いでいる．そこで，パウラの所得を補助するためにペトラに課税することが提案された．このとき，功利主義者，リベラリスト，自由至上主義者は，この提案をどのように評価することになるか．

3 貧困を減らすための政策

これまでみてきたように，政治哲学者は，所得分配の状況を変更する際に政府がどのような役割を果たすべきかについて，さまざまな意見を持っている．多くの投票者の間で行われる政治的論争も，同じような意見の不一致を反映したものとなる．しかしながら，これだけ論争が続いているにもかかわらず，多くの人々は，最低限，政府は最も貧しい人々に対しては援助すべきであると考えている．よく使われている比喩を用いれば，政府はどのような市民でもあまりにも惨めな状態に陥らないように「セーフティ・ネット（安全網）」を提供すべきなのである．

貧困は，政策立案者が直面する最も難しい問題の一つである．貧しい世帯は，一般的な世帯よりもホームレス，薬物依存，健康問題，10代の妊娠，非識字，失業，低学歴を経験する傾向が高い．また，貧しい世帯の構成員ほど，罪を犯したり，犯罪の犠牲者になったりする傾向がある．貧困の原因と結果とを識別することは難しいが，貧困がさまざまな経済的あるいは社会的な病理と結びついていることは疑いない．

いま，あなたが政府の政策立案者であり，貧しい生活をしている人々の数を減らすことを目的としているとしよう．あなたは，この目的をどのようにして達成するだろうか．以下では，あなたが考慮するはずのいくつかの政策について考察してみよう．このような政策はどれも人々を貧困から救うものの，どれも完全な政策ではないので，それらの政策の最善の組合せを決定することは容易ではない．

●最低賃金法

雇用主が労働者に支払う賃金の最低額を定める法律は，長年論争の的になってきた．この法律を支持する人たちは，最低賃金は政府がまったく費用をかけずに低賃金で働く貧しい人々を救済できる手段だと考えている．一方，この法律に反対する人たちは，最低賃金は本来それが守ろうとしている人々を逆に傷つけてしまうと考えている．

最低賃金の役割は，最初に第6章で取り上げた需要・供給分析を使うと簡単に理解できる．未熟練で経験の浅い労働者にとって，高い最低賃金は，賃金を需要と供給が釣り合う水準以上に引き上げてしまう．そのため，企業の労働費用は増大し，労働需要量が減少する．その結果，最低賃金の影響を受けるような労働者の失業が増加する．上昇した最低賃金で雇用される労働者は便益を得るが，本来低い賃金であれば雇われるはずだった労働者は，不利益を被る．

最低賃金の効果がどのようなものになるかは，需要の価格弾力性に大きく依存する．高い最低賃金を支持する人たちは，未熟練労働者の需要は相対的に価格弾力性が低いので，最低賃金を高く設定しても，雇用はわずかしか減少しないと主張する．最低賃金に反対する人々は，労働需要はとくに企業が雇用や生産を調整できる長期においてより弾力的であると主張する．また彼らは，最低賃金で働く労働者の多くは中産階級の10代の若者なので，高い最低賃金は貧しい人々を救済する政策としては不完全であると注意を促している．

●生活保護（生活扶助）

政府が貧しい人々の生活水準を上昇させる一つの方法は，政府が彼らの所得を補塡することである．政府は主に生活保護制度によってこれを実行する．

生活保護（生活扶助）とは，政府のさまざまなプログラムを指す幅の広い用語である．「貧困家庭一時扶助（TANF）」は，子どもはいるが世帯を支える能力のある成人がいない世帯を扶助するプログラムである．このような補助金を受け取る典型的な世帯では，父親がいないため，母親が家にいて幼児を育てている．もう一つの生活保護プログラムは，「追加的所得補償（SSI：Supplemental Security Income）」と呼ばれるものであり，病気あるいは障害を持っている貧しい人々に扶助を与えている．どちらの生活保護プログラムにおいても，貧しい人々は，たんに所得が少ないという理由だけで保護を受ける資格を得るわけではないことに注意しよう．扶助の対象者は，幼児がいたり障害者であったりといった追加的な「窮状」を立証しなければならない．

生活保護プログラムに対してよく行われる批判は，それが「貧困者」となるインセンティブを人々に与えてしまうということである．たとえば，多くの世帯は父親がいなくなるだけで金銭的な扶助を受ける資格ができるので，このプログラムは世帯の崩壊を促す可能性がある．また，貧しい未婚の女性は，幼児がいるだけで扶助を受けられるので，このプログラムの導入は婚外子の増加をもたらす可能性がある．貧しい未婚の母親の存在は貧困問題の重要な一因となっており，生活保護プログラムはこのような貧しい未婚の母親の数を増大させているようにみえる．そのため，生活保護制度を批判する人たちは，この種の政策が本来解決しようとしている問題をさらに悪化させていると主張する．こうした議論を受けて，生活保護制度は1996年の法律で改定され，受給者が生活保護を受けられる期間が制限されることとなった．

このような生活保護制度にまつわる潜在的な問題は，どれほど深刻なのだろうか．この点については誰も確かなことはわからない．社会福祉制度に賛成する人たちは，生活保護に依存する貧しい未婚の母になることはどう考えても大変なことであると指摘する．そして，そのような状態にやむなく陥らないかぎり，生活保護をあてにした人生を送ろうとする人はあまりいないはずだと考えている．さらに，統計をみてみると，生活保護制度は反対者が時折主張する「両親のそろった世帯の減少は主に社会福祉制度のせいである」

生活保護（生活扶助） welfare：生活困窮者の所得を補塡する政府のプログラム．

という考え方は支持されないことがわかる．実際，1970年代初め以降，（インフレ調整した）生活保護の水準は低下しているが，ひとり親と生活している子どもの比率は上昇している．

●負の所得税

政府が徴税システムを選択する場合，必ず所得分配に影響を与える．この点はとくに累進的な所得税の場合に顕著である．累進税制の下では，高所得世帯は低所得世帯よりも高い比率の所得税を支払うことになるからである．第12章で説明したように，所得階層間の公平性は，税制を設計する際の重要な目標となっている．

多くの経済学者は，**負の所得税**によって貧しい人々の所得を補填することを推奨する．この政策では，すべての世帯はその所得を政府に申告する．そして，高所得世帯は所得に応じて税金を支払い，低所得世帯は補助金を得る．言い換えれば，後者は「負の所得税」を「支払う」のである．

たとえば，政府が以下のような式に基づいて世帯の税金支払額を計算するとしよう．

税金支払額 ＝(所得の３分の１)－１万ドル

この場合，６万ドルの所得がある世帯は１万ドルの税金を支払い，９万ドルの所得がある世帯は２万ドルの税金を支払う．３万ドルの所得がある世帯の税金はゼロである．そして，１万5000ドルしか所得のない世帯はマイナス5000ドルの税金を「支払う」．言い換えれば，政府はこのような世帯に5000ドルの小切手を送付するのである．

負の所得税制度の下では，貧しい世帯は窮状を訴える必要なしに金銭的な扶助を得ることができる．扶助を受けるのに必要な資格は低所得だけである．考え方によっては，このような特徴は，好ましい点でもあるし，好ましくない点でもある．負の所得税制度は，生活保護制度の批判者が現行制度によってもたらされていると信じているひとり親家庭の増加や家族の崩壊を助長はしない．しかし，他方で，負の所得税は，不運な人々だけではなく，たんに怠慢だったり，みようによっては政府の援助に甘えているだけの人々に補助

負の所得税 negative income tax：高所得の家計から収入を得て低所得の家計に給付を与える税制．

金を与えることにもなってしまう.

負の所得税と同じような役割を果たす現行の税法上の規定は，勤労所得税額控除（EITC）である．貧しい勤労世帯はこの控除を得ることによって，当該年に支払った税金以上の所得税還付金を受け取ることができる．この勤労所得税額控除制度は貧しい勤労世帯だけに適用されるので，他の反貧困政策が批判されているように受領者の労働意欲に悪影響を与えることはない．しかしながら，同じ理由によって，失業や病気，あるいは他の働くうえでの障害による貧困を軽減する役割を果たすことはできない．

●現物給付

貧しい人々を扶助するもう一つの方法は，生活水準を高めるために必要なある種の財・サービスを直接提供することである．たとえば，慈善団体は，貧しい人々に食料品や衣料品，寝る場所，クリスマスのおもちゃを提供している．政府は，貧困家庭に補助的栄養支援プログラム（SNAP）によって食料品を提供している．このプログラムは，フードスタンプと呼ばれていた同じようなプログラムを置き換えたものだが，お店で食料品を買うために使える（代金が即時に自分の口座から引き落とされる）デビットカードに似たプラスチック製のカードを低所得の家庭に供与するものである．さらに政府は，多くの貧しい人々にメディケイドと呼ばれる医療保険を提供している．

貧しい人々を扶助するには，上記のような現物給付と直接現金を給付する現金給付とどちらが望ましいだろうか．この点については，はっきりしたことはいえない．

現物給付のほうがよいといっている人たちは，貧しい人々は現物給付によって彼らが最も必要としているものを手に入れることができると主張する．社会のなかの極貧状態にある人々は，他の人々と比べて，アルコールや薬物の常習者である傾向が高い．このような人々に食料と寝る場所とを提供することで，社会は彼らへの援助は麻薬やアルコールへの依存を強めることには使われていないということを確信することができる．このことは，貧しい人々に対して現金を給付するよりも現物を給付するほうが政治的にも人気がある理由の一つである．

一方，現金給付のほうがよいといっている人たちは，現物給付は非効率的で非礼なやり方だと主張する．政府は，貧しい人々がどのような財・サービスを最も必要としているかを知らない．また，多くの貧しい人々はたまたま運の悪かった普通の人々である．不運であったにせよ，彼らは，自分たちの生活水準をどのようにして高めればよいかを最もよく知っている．したがって，彼らが望んでいないかもしれない財・サービスを現物給付で与えるよりも，彼らに現金を給付し，彼らが最も必要とするものを自由に購入できるようにするほうが望ましいかもしれないというのである．

●反貧困政策と労働意欲

貧しい人々の扶助を目的とする政策の多くは，貧しい人々が自力で貧困から抜け出そうとする意欲を減退させてしまうという意図せざる影響をもたらす可能性がある．その理由を理解するために，次のような例を考えてみよう．ある世帯が妥当な生活水準を維持するには，2万ドルの所得が必要であるとする．そして，政府は貧しい人々のことを心配して，すべての世帯に2万ドルを提供することを約束するとしよう．つまり，各世帯がどのような所得を稼いでいても，政府はその所得と2万ドルとの差額を補塡するとする．この政策が導入されると，どのような結果になるだろうか．

このような政策が労働意欲に与える影響は明白である．すなわち，働いても2万ドル以下の所得しか稼げないと考える人々は，誰も仕事を見つけて働こうというインセンティブを持たなくなる．そのような状況にある人にとっては，稼いだ所得分だけ政府から支給される所得補償分が減少してしまうからである．実際，このとき政府は所得の増加分に対して100％の税金を課しているといえる．限界実効税率を100％とする政策は，必ず大きな非効率をもたらす．

このような高い実効税率によってもたらされる悪影響は，かなり長期にわたって持続する傾向がある．働く意欲をなくした人は，仕事を通じて得られる実地訓練（オン・ザ・ジョブ・トレーニング）を受ける機会を失ってしまうからである．さらに，その子どもたちは，正社員の仕事についている両親を観察することによって学ぶことのできるさまざまな教訓を得ることができなくなる．このことは，彼らが自分自身で職を見つけて仕事をするという能力に悪影響を及ぼすかもしれない．

これまで議論してきた反貧困政策は仮想的なものであるが，一見して思うほど非現実的なものではない．生活保護，メディケイド，SNAP，EITC（勤労所得税額控除）は，すべて貧しい人々を扶助することを目的としたプログラムであり，しかも，すべて世帯所得と関連している．つまり，世帯所得が増大すると，世帯によってはこれらのプログラムの適用を受けられなくなる．また，これらのプログラムが全部まとめて提供されていると，（扶助を受けている）世帯によっては非常に高い限界実効税率に直面することもまれではない．また，時には限界実効税率が100％を超えているケースもあり，このような場合には，貧しい世帯は働いて所得が増えるとかえって暮らし向きが悪くなってしまう．つまり，政府が貧しい人々を扶助しようとすることによって，かえって貧しい人々の労働意欲を減退させてしまうのである．反貧困政策に反対する人たちによると，これらのプログラムは，労働に対する意識に悪影響を及ぼし「貧困に対する慣れ」をつくりあげてしまう．

以上のような問題を簡単に解決するには，貧しい人々の所得が増加するにつれて扶助を減らしていけばよいようにみえる．たとえば，もし貧しい世帯が1ドル稼ぐごとに扶助を30セントずつ削減していけば，限界実効税率は30％になる．このような実効税率は，ある程度の労働意欲の減退を引き起こすが，労働意欲をすべて失わせるわけではない．

この解決策の問題点は，貧困を撲滅するのにかかる（社会的な）費用が増大してしまうことである．貧しい世帯の所得が増加するにつれて扶助額を少しずつ減らしていくと，貧困水準を少しだけ上回っていた世帯も，かなりの扶助を申請できるようになる．しかも，扶助額を減少させる程度がゆるやかであればあるほど，生活保護を受けられる世帯が増加し，プログラムの費用がさらに増大する．したがって，政策立案者は，貧しい人々に高い限界税率を課すことと，納税者に貧困を減らすための高い費用を負担してもらうこととのトレードオフに直面する．

反貧困政策によって生じる就業意欲の減退を緩和する方法はほかにもいろいろとある．一つの方法は給付を受ける人間に対して政府の提供する仕事に就くことを義務づけることである（この制度は**就労義務付雇用手当支給**と呼ばれることもある）．もう一つの方法は給付を一定期間のみ与えることである．この方法は，1996年の生活保護改革法で実行された．この法律では，生活保護を受ける期間に5年という制限が課せられた．クリントン大統領が法律にサインした際，彼は，この政策を次のように説明した．つまり，「生活保護に頼ることは次善の機会であるべきで，生き方であってはならない」と．

【小問】 ●貧しい人々を扶助することを目的とした三つの政策を挙げて，それぞれの長所と短所について議論しなさい．

結論

人々は，長い間社会の所得分配について思案してきた．古代ギリシャの哲学者プラトンも，理想的な社会においては，最も金持ちの人の所得は最も貧しい人の所得の4倍を超えるべきではないと述べている．不平等度の測定は難しいが，われわれの社会にはプラトンが推奨する水準をかなり上回る不平等が存在する．

第1章で議論した**経済学の十大原理**の一つは，「政府が市場のもたらす成果を改善できることもある」である．しかしながら，この原則が所得分配にどのように適用されるべきかについては，ほとんど合意が得られていない．現在でも，どの程度の所得の不平等が望ましいかについて哲学者や政策立案者の間で合意は得られていないし，公共政策が所得再分配を目的とすべきかどうかについてさえ意見がまとまらない．こうした意見の不一致があることは，数多くの公開討論が開かれていることからもわかる．たとえば，立法者（である議員たち）は，増税が行われるときにはいつでも，増税が金持ち，中産階級，貧しい人々にそれぞれどの程度の負担を強いることになるかについて議論を交わしている．

もう一つの**経済学の十大原理**は，「人々はトレードオフ（相反する関係）に直面している」である．この原理は，所得の不平等について考える際には，忘れてはならない重要なものである．成功した人を冷遇して失敗した人を厚遇するような政策は，人々の成功したいというインセンティブを弱めてしまう．したがって，政策立案者は，平等と効率性との間のトレードオフに直面している．成果をより平等に分配しようとすると，成果自体がより小さなものになってしまうからである．このことは，所得分配の問題に関してほとんどの人が合意している一つの教訓である．

- 所得分配に関するデータは，アメリカ社会にかなりの格差が存在することを示している．五分位所得階層の最上位にある金持ち世帯の所得は，最下位層の所得の約12倍である．
- 現物給付，所得のライフサイクル，一時所得，所得階層間の移動は，所得格差を理解するうえできわめて重要である．したがって，単年度における所得分配のデータだけを用いて社会の不平等度を測定することは困難である．これらの他の要因を考慮すると，経済的福祉は年間所得よりも平等に分布する傾向がある．
- 政治哲学者は，政府が所得分配状況を変更する際に果たす役割について異なった意見を持っている．（ジョン・スチュワート・ミルのような）功利主義者は，社会における人々の効用の総和を最大にするような所得分配状況を選択する．（ジョン・ロールズのような）リベラリストは，どのような所得階層に生まれるかわからない「無知のベール」に包まれた状態を仮定して，所得分配状況を決定する．（ロバート・ノージックのような）自由至上主義者は，政府は個人が公正な競争ができるように努力すべきであるが，結果としての所得分配の不平等度には関心を向けるべきではないと考える．
- 最低賃金法，生活保護，負の所得税，現物給付といったさまざまな政策は，貧しい人々を扶助することを目的としている．これらの政策はそれぞれある種の世帯が貧困から抜け出すことを手助けするが，意図せざる副作用をもたらすこともある．金銭的な扶助は所得の増大につれて減少するので，貧しい人々は，しばしばかなり高い限界実効税率に直面している．このような高い限界実効税率は，貧しい世帯が自力で貧困から抜け出そうとする意欲を減退させる．

確認問題

1. 今日のアメリカでは，所得五分位で最下位層の家計は，すべての所得の（　　　）％を稼いでいるが，最上位層の家計は（　　　）％を稼いでいる．
   a. 2，70
   b. 4，50
   c. 6，35
   d. 8，25
2. 所得格差を各国で比較すると，アメリカの状態は下記のどれに相当するか．
   a. 世界の中で最も平等な国である．
   b. 典型的な国に比べてより平等だが，最も平等ではない．
   c. 典型的な国に比べてより不平等だが，最も不平等ではない．
   d. 世界の中で最も不平等な国である．
3. 功利主義者は金持ちから貧しい人への所得再分配を，次の条件がある限り有意義なものと信じている．その条件とは，下記のどれか．
   a. 社会の中で最悪の状態にある人々が便益を得られる限り．
   b. そのようなシステムに貢献する人々が望む限り．
   c. 税引き後および所得移転後の所得が彼の限界生産物を反映している限り．
   d. 労働意欲をゆがめる効果があまり大きくない限り．
4. ロールズ流の「無知のベール」に包まれたままの原初状態という思考実験は，次のどのような事実に注意を向けることを意味するか．
   a. 貧しい人たちのほとんどが，より良い仕事を探して貧困から抜け出す方法を知らない．
   b. 私たちが生まれてきた境遇は主に運の問題である．
   c. 金持ちは多くのお金を持っていて，それらをどう使えばよいかを知らない．
   d. すべての人が機会平等で人生をはじめるときにのみ，良い結果が得られる.

5. 負の所得税は，どのような条件のときにふさわしい政策となるか.
   a. 低所得の人々が政府から移転所得を得られるとき
   b. 政府が労働意欲を損なうことなく税収を増加させられるとき
   c. すべての人々が通常の所得税のときよりもより少なく支払うとき
   d. 一部の納税者がラッファー曲線の間違った側に位置しているとき
6. 所得が増えるにつれて便益が少なくなっていくように設計された反貧困政策は，どのような影響を及ぼすか.
   a. 貧しい人々の労働意欲を増大させる.
   b. 未熟練労働者の労働供給が過剰になる.
   c. 貧しい人々が直面する限界実効税率を増大させる.
   d. すべての人に便益が及ぶプログラムよりもお金がかかる.

復習問題

1. アメリカの五分位最上位層の金持ち世帯が稼いでいる所得は，五分位最下位層にある貧しい人々の所得の3倍だろうか，6倍だろうか，それとも12倍だろうか.
2. 過去40年間でアメリカの最上位層が得た所得のシェアはどのように変わったか.
3. アメリカでは，どのようなグループの人々が，最も貧困に苦しむ傾向が高くなっているか.
4. 所得の不平等度を測定する際に，なぜ一時的な所得変化やライフサイクル上の所得変化が測定を難しくする原因になるのだろうか.
5. 功利主義者，リベラリスト，自由至上主義者は，どの程度の所得不平等度を許容できると考えているか.
6. 貧しい人々に対して現金給付ではなく現物給付をすることのよい点と悪い点とは何か.
7. 反貧困政策は，どのようにして貧しい人たちの労働意欲を減退させるのだろうか．このような意欲減退は，どのようにすれば軽減できるか．またその提案にはどのような問題点があるのだろうか.

応用問題

1. 表20-2は，アメリカにおける所得の不平等度が1970年以来増大していることを示している．このような増大をもたらしている要因はすでに第19章で述べたが，どのようなものだったか．
2. 表20-3によれば，貧困ラインを下回る所得しか得ていない世帯に属している子どもの比率は，そのような世帯に属している高齢者の比率のほぼ２倍である．異なる社会政策プログラムへの政府の予算配分は，この現象にどのような影響を与えているか．
3. 本章では，所得階層間の移動の重要性について議論している．
   a. 政府は，世代内における所得階層間の移動を促進するためにどのような政策を追求することができるか．
   b. 政府は，世代間における所得階層間の移動を促進するためにどのような政策を追求することができるか．
   c. 所得階層間の移動を促進するためのプログラムへの支出を増大させるために，現在行われている生活保護プログラムの支出を削減すべきだろうか．そのよい点と悪い点とを列挙しなさい．
4. 次のような二つの地域を考える．まず，一方の地域では，10世帯がそれぞれ10万ドルの所得を得て，10世帯がそれぞれ２万ドルの所得を得ている．もう一方の地域では，10世帯がそれぞれ20万ドルの所得を得て，10世帯がそれぞれ２万2000ドルの所得を得ている．
   a. どちらの地域の所得分配のほうが不平等か．どちらの地域の貧困問題のほうが深刻か．
   b. ロールズであれば，どちらの所得分配状況をより好ましいと考えるか．説明しなさい．
   c. あなた自身は，どちらの所得分配状況をより好ましいと考えるか．説明しなさい．
   d. なぜ人によっては反対の選好を持つのか．
5. 本章では，所得再分配を実施するときの制約条件を説明する際に，「水漏れのするバケツ」との類似性を用いた．

a. アメリカの所得再分配システムでは，どの要素がバケツの水漏れに相当するか．具体的に答えなさい．

b. あなたは，共和党員や民主党員は一般的に所得再分配のために使用されるバケツがより水漏れのするものだと信じていると思うか．そのような信念は，政府がどの程度の所得再分配を行うべきかという彼らの考え方にどのように影響するか．

6. 10人で構成される社会において，二つの種類の所得分布が存在するとしよう．一方の場合，9人がそれぞれ3万ドルの所得を得て，1人が1万ドルの所得を得ているとする．もう一方の場合，すべての人が2万5000ドルを得ているとする．

a. この社会が前者の所得分配状況にあるとすると，功利主義者であれば，所得再分配に関してどのような議論をするか．

b. ロールズであれば，どちらの所得分配状況をより平等と考えるか．説明しなさい．

c. ノージックであれば，どちらの所得分配状況をより平等と考えるか．説明しなさい．

7. 現物給付の市場価値を世帯所得に加算すると，貧困率はかなり低くなるはずである．最も大きな現物給付はメディケイドという貧しい人々のための政府管掌健康保険プログラムである．このプログラムの費用は1世帯当たり7000ドルである．

a. このような受給世帯に対して，政府がメディケイドの代わりに7000ドルの小切手を支給すると，これらの世帯の多くは与えられたお金を医療保険の購入費用として使うだろうか，意見を述べなさい．また，その理由を述べなさい（4人世帯における貧困ラインが約2万ドルであることを思い出すこと）．

b. 問aに対するあなたの答えは，貧困率を決定する際に現物給付を（市場価格ではなく）政府が支払う価格で評価すべきか否かについてのあなたの考え方にどのような影響を与えるか．説明しなさい．

c. 問aに対するあなたの答えは，貧しい人々を扶助する際に現金と現物のどちらで給付すべきかについてのあなたの考え方にどのような影響を与えるか．説明しなさい．

8. アメリカの貧困家庭一時扶助（TANF）と勤労所得税額控除（EITC）という二つの所得保障プログラムについて考察しなさい.

a. 子どもがいて所得のかなり低い女性がさらに所得を稼ごうとすると，彼女はTANFからの扶助が減額される．あなたは，このようなTANFの特徴が低所得の女性の労働供給に与える効果についてどう考えるか．説明しなさい.

b. ETICは，低所得労働者が（あるレベルまで）より多くの所得を稼ぐにつれてより多くの扶助を提供する．あなたは，このようなプログラムが個々の低所得者の労働供給に与える効果についてどう考えるか．説明しなさい.

c. TANFを廃止してその分をEITCに割り当てるとどのような不都合が生じるだろうか.

PART VII

第VII部
より進んだ話題

CHAPTER 21

第21章

消費者選択の理論

Keywords
予算制約線 budget constraint
無差別曲線 indifference curve
限界代替率 marginal rate of substitution
完全代替財 perfect substitutes
完全補完財 perfect complements
正常財 normal good
劣等財 inferior good
所得効果 income effect
代替効果 substitution effect
ギッフェン財 Giffen good

店の中に足を踏み入れると，購入対象となりうる財がたくさんある．だがあなたの予算は限られているので，買いたいものをすべて購入することはできない．したがって，販売されているさまざまな財の価格を考慮して，所与の予算の下でニーズと欲求に最もあう財の組合せを購入する．

この章では，消費者が何を購入するかをどのように決定するかを説明する理論を展開する．これまで本書では，消費者の決定を需要曲線で表してきた．財の需要曲線は消費者の支払許容額を反映している．財の価格が上昇すると，消費者が購入しようとする量が減るために需要量は減少する．ここでは需要曲線の背後にある決定についてより詳細に考察する．第14章の競争企業の理論を学ぶことで供給をより深く理解できたように，この章で提示される消費者選択の理論を学ぶことで，需要をより深く理解できるようになる．

第１章の**経済学の十大原理**の一つは，「人々はトレードオフ（相反する関係）に直面している」である．消費者選択の理論は，人々が消費者として直面するトレードオフを検討する．ある消費者がある財の購入量を増やすと，他の財の購入量が減少する．レジャーに費やす時間を増やして仕事に費やす時間を減らすと，所得が減少して消費が減少する．所得のうち現在の支出を増やして貯蓄を減らすと，将来の消費量を減らさなければならない．消費者選択の理論はこうしたトレードオフに直面している消費者がどのように意思決定を行い，また環境の変化にどのように反応するかを分析する．

この章では，基本的な消費者選択の理論を展開した後，それを家計の意思決定に関する問題に応用する．具体的には，以下の三つの問題を考える．

- すべての需要曲線は右下がりになるか．
- 賃金は労働供給にどのような影響を与えるか．
- 利子率は家計の貯蓄にどのような影響を与えるか．

一見，これらの問題はまったく関係がないように思えるかもしれない．しかし，あとでみるように，どの問題を論じる際にも消費者選択の理論を用いることができるのである．

予算制約線：消費者は何を買うことができるか

ほとんどの人は，自分たちが消費する財の量を増やしたり，質を上げたりしたいと思っている．たとえば，より長い休暇，より贅沢な車，より高級なレストランでの食事などである．だが，人々は，望んでいる以下の消費しかしていない．支出は所得によって**制約**，あるいは制限されているからである．ここでは，消費者選択の学習を，所得と支出の関係を検討することから始めよう．

簡単化のために，ピザとペプシという2種類の財のみを購入する消費者が直面する決定を分析する．もちろん，実際には人々は何千種類もの異なる財を購入する．しかし，二つの財しか存在しないという仮定を置くことで，消費者の選択についての基本的洞察を変えることなく，問題をきわめて簡単にすることができる．

まず，ピザとペプシへの支出額が消費者の所得にどのように制約されるかを考えてみよう．この消費者は月に1000ドルの所得を得て，それをすべてピザとペプシに支出するとしよう．ピザ1枚の価格は10ドル，ペプシ1リットルの価格は2ドルである．

図21-1の表は消費者が購入できるピザとペプシのたくさんの組合せの一部を示している．表の第1行は，消費者が所得をすべてピザに支出した場合，月に100枚のピザを食べることができるが，ペプシをまったく購入できないことを示している．第2行は，90枚のピザと50リットルのペプシという，消費可能な別の組合せを示している．他の行も同様である．表のそれぞれの消費の組合せは，費用がちょうど1000ドルになっている．

図21-1のグラフは，消費者が選択できる消費の組合せを図にしたものである．縦軸にはペプシの量（リットル），横軸にはピザの枚数がとられている．この図には三つの点が記されている．A点では消費者はペプシをまったく購入せず，100枚のピザを消費する．B点ではピザをまったく購入せず，500リットルのペプシを消費する．C点では50枚のピザと250リットルのペプシを購入する．C点はA点とB点とを結ぶ線のちょうど真ん中に位置し，この点において消費者はピザとペプシに同じ額（500ドル）を支出する．こ

図21－1 消費者の予算制約線

ピザの枚数	ペプシの量（リットル）	ピザへの支出（ドル）	ペプシへの支出（ドル）	総支出（ドル）
100	0	1,000	0	1,000
90	50	900	100	1,000
80	100	800	200	1,000
70	150	700	300	1,000
60	200	600	400	1,000
50	250	500	500	1,000
40	300	400	600	1,000
30	350	300	700	1,000
20	400	200	800	1,000
10	450	100	900	1,000
0	500	0	1,000	1,000

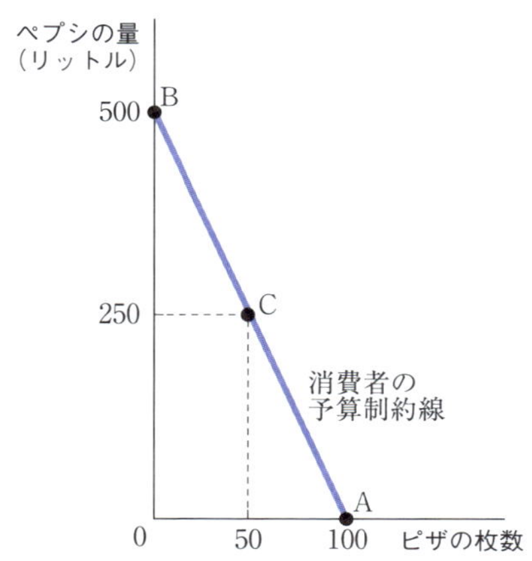

予算制約線は，所与の所得の下で消費者が購入できるさまざまな財の組合せを示している．ここでは消費者はピザとペプシの組合せを購入する．このグラフと表は，消費者の所得が1000ドル，ピザの価格が10ドル，ペプシの価格が2ドルのときに消費者が何を購入できるかを示している．

の三つの点は消費者が選択することができるピザとペプシのたくさんの組合せのごく一部にすぎない．実際にはA点とB点とを結ぶ線上のすべての点が選択可能である．この線は**予算制約線**と呼ばれ，消費者が購入できる消費

予算制約線 budget constraint：消費者が購入できる消費の組合せの境界線.

の組合せを示している．このケースでは，予算制約線は消費者が直面するピザとペプシとの間のトレードオフを示している．

予算制約線の傾きは，消費者がある財を他の財と交換できる比率を表している．二つの点の間の傾きは垂直の距離の変化を水平の距離の変化で割ったもの（「高さ/幅」）であることを思い出そう．A点とB点との間は，垂直の距離が500リットル，水平の距離がピザ100枚である．したがって，傾きはピザ1枚当たり5リットルとなる（実際には予算制約線は右下がりなので，傾きは負の値である．しかし，われわれの目的のためには，負の符号を無視しても差し支えない）．

予算制約線の傾きは，二つの財の**相対価格**，すなわち他の財の価格と比較したある財の価格に等しいことに注意しよう．1枚のピザは1リットルのペプシの5倍の費用である．したがって，ピザ1枚の機会費用は5リットルのペプシである．予算制約線の傾きが5ということは，市場で消費者が直面しているトレードオフ，すなわち1枚のピザが5リットルのペプシと交換されることを反映している．

【小問】 ●ペプシの価格が5ドル，ピザの価格が10ドルの場合，所得が1000ドルの消費者の予算制約線を描きなさい．この予算制約線の傾きはどれほどか．

2 選好：消費者は何を望むか

この章の目的は，消費者がどのように選択を行うかを理解することである．予算制約線は分析の一部にすぎない．予算制約線は消費者の所得と財の価格が与えられているときに，消費者が購入できる財の組合せを示している．しかし，消費者の選択は予算制約線だけではなく，その二つの財の好ましさ，すなわち財に対する選好にも依存する．したがって，消費者の選好の分析が次の課題である．

●無差別曲線による選好の表現

消費者は選好によって，ピザとペプシのさまざまな組合せのなかから選択ができるようになる．消費者に対して二つの異なる組合せが提示されると，

図 21-2 消費者の選好

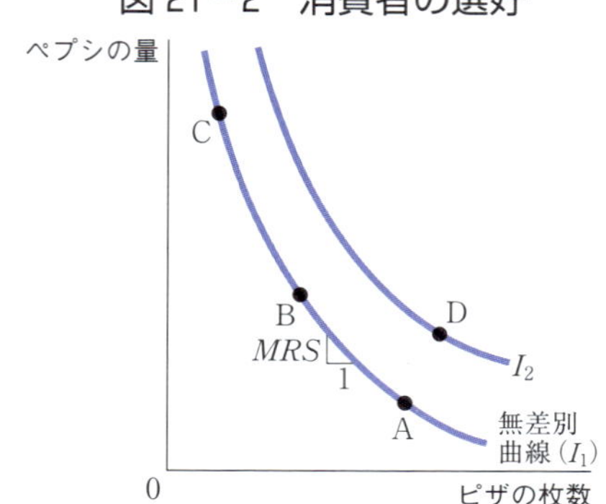

消費者の選好は無差別曲線で表される．ここでは，無差別曲線は消費者が同じ満足度を得るようなピザとペプシの組合せを示している．消費者はより多くの財を好むので，上方の無差別曲線（ここでは I_2）上の点は下方の無差別曲線（ここでは I_1）上の点よりも好まれる．限界代替率（*MRS*）は消費者がピザとペプシを交換してもよいと思う比率を示している．これは，ピザ1枚と交換してもよいと思うペプシの量を測っている．

消費者は自分の好みにあう組合せを選択する．もし二つの組合せに対する好みがまったく同じであれば，消費者にとってその二つの組合せは**無差別**であるという．

消費者の予算制約線を図で示したように，選好もまた図で示すことができる．それには無差別曲線を用いる．**無差別曲線**は，消費者が同じ満足を得られる消費のさまざまな組合せを示す．このケースでは，無差別曲線は消費者が同じ満足を得られるピザとペプシの組合せを表している．

図21-2は，消費者のたくさんの無差別曲線のなかから2本だけを選んで描いたものである．A点，B点，C点は同じ無差別曲線上にあるので，それらの組合せは消費者にとって無差別である．驚くにはあたらないが，もし消費者のピザの消費がたとえばA点からB点に減少すると，同じ満足度を得るためにはペプシの消費が増加しなければならない．ピザの消費がB点からC点にさらに減少すると，ペプシの消費量はさらに増加しなければならない．

無差別曲線上のどの点の傾きも，消費者が一つの財をもう一つの財と交換

無差別曲線 indifference curve：消費者の満足度を同じ水準に保つ消費の組合せを示す曲線．

してもよいと思う比率に等しい．この比率のことを**限界代替率（*MRS*）**という．このケースでは，限界代替率は消費者がピザ１枚の消費の減少に対する埋め合わせとしてどれだけペプシを必要とするかを示している．無差別曲線は直線ではないので，限界代替率は無差別曲線上のすべての点で同じというわけではないことに注意しよう．消費者が一つの財を他の財と交換しようとする比率は，消費者がすでに消費している財の量に依存する．すなわち，消費者がピザをペプシと交換しようとする比率は，どれだけ空腹か（あるいは喉が渇いているか），言い換えれば，現在どれだけピザとペプシを消費しているかに依存する．

消費者は同一の無差別曲線上ではすべての点で同じ満足を得るが，別々の無差別曲線の間では好みに差が出る．消費者にとっては消費が少ないよりも多いほうがよいので，上方に位置する無差別曲線のほうが下方に位置する無差別曲線よりも好まれる．図 21-2 では，曲線 I_2 上の点は曲線 I_1 上のどの点よりも好まれる．

消費者の無差別曲線の集合から，消費者の選好の完全な順番を得ることができる．すなわち，無差別曲線を用いることで，あらゆる二つの財の組合せに順番をつけることができる．無差別曲線を用いると，たとえば D 点は A 点よりも上方の無差別曲線上にあるので，D 点のほうが A 点よりも好まれることがわかる（この結論は明白かもしれない．D 点のほうがより多くのペプシとピザを消費できるからである）．さらに，無差別曲線によって，D 点のほうが C 点よりも好まれることもわかる．D 点のほうが上方の無差別曲線上にあるからである．D 点は C 点よりも少ないペプシしか消費できないが，その C 点より満足するのに十分なだけのピザを消費できる．どちらの点が上方の無差別曲線上にあるかをみることで，ピザとペプシのどの組合せに対しても無差別曲線の集合を用いて順番をつけることができる．

●無差別曲線の四つの性質

無差別曲線は消費者の選好を表すので，選好を反映した特定の性質を持つ．ここでは，ほとんどの無差別曲線の特徴である四つの性質を考える．

限界代替率 marginal rate of substitution：消費者が一つの財を他の財と交換してもよいと思う比率．

図 21 − 3　無差別曲線の交差は不可能

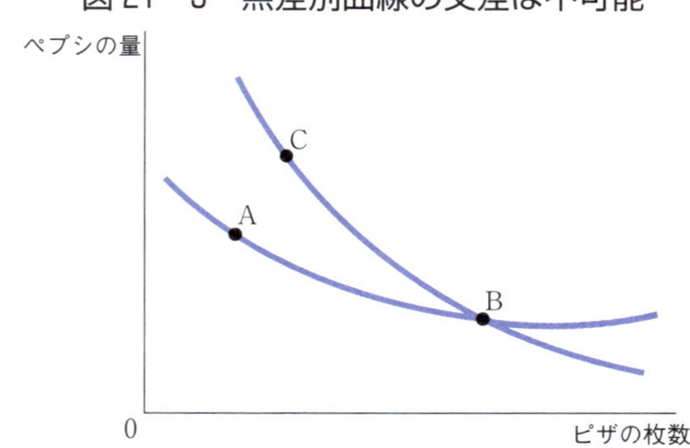

この図のような状況は決して起こらない．この二つの無差別曲線では，C 点のほうが A 点よりも両方の財の消費量が多いにもかかわらず，消費者は A 点，B 点，C 点で同じ満足度を得ている．

● **性質 1 ：上方の無差別曲線上の点は下方の無差別曲線上の点よりも好まれる．** 人々にとっては通常，財を多く消費するほうが少なく消費するよりよい．より多くの量を好むことは，無差別曲線に反映されている．図 21-2 が示すように，上方の無差別曲線は下方の無差別曲線よりも財の量が多い点に対応している．したがって，消費者は上方に位置する無差別曲線上の点のほうを好む．

● **性質 2 ：無差別曲線は右下がりである．** 無差別曲線の傾きは，消費者が一つの財を他のもう一つの財と代替してもよいと思う比率を表している．ほとんどの場合，消費者はどちらの財も気に入っている．したがって，一つの財の量が減ったときに，消費者をそれまでと同じように満足させるためには，もう一つの財の量が増えなければならない．そのため，ほとんどの無差別曲線は右下がりになる．

● **性質 3 ：無差別曲線は交わらない．** これがなぜ正しいかをみるために，図 21-3 のように二つの無差別曲線が交わるとしよう．この場合，A 点と B 点は同じ無差別曲線上にあるので，この 2 点の消費者の満足度は同じである．さらに，B 点と C 点は同じ無差別曲線上にあるので，この 2 点の消費者の満足度も同じである．しかし，このことは，C 点のほうがどちらの財の量も多いにもかかわらず，A 点と C 点で消費者が同じ満足度を得る

図 21－4　内側に膨らんだ無差別曲線

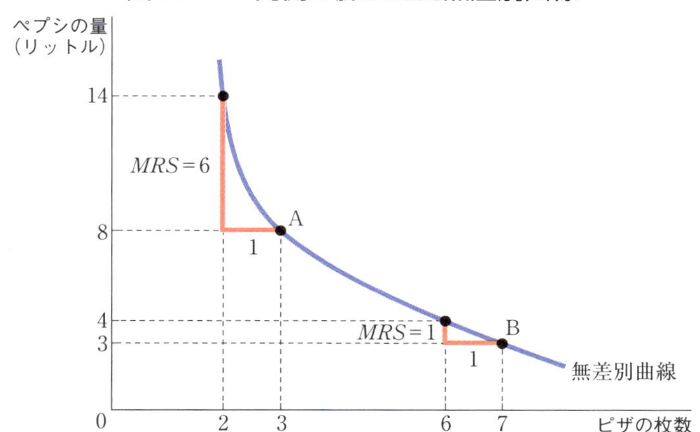

無差別曲線は通常，原点からみて内側に膨らんでいる．この形状は限界代替率（*MRS*）が消費者による二つの財の消費量に依存することを意味している．A点では，消費者はピザを少ししか持っていないが，ペプシをたくさん持っているので，１枚のピザをあきらめるのに多くのペプシが必要になる．限界代替率はピザ１枚当たりペプシ６リットルである．B点では，消費者はピザをたくさん持っているが，ペプシを少ししか持っていないので，１枚のピザをあきらめるのに必要なペプシは少しだけになる．限界代替率はピザ１枚当たりペプシ１リットルである．

ことを意味する．これは，消費者はつねに財の量が多いほうを好むという仮定に反する．したがって，無差別曲線は交わらない．

- **性質４：無差別曲線は原点からみて内側に膨らんでいる．** 無差別曲線の傾きは，限界代替率，すなわち消費者が一つの財をもう一つの財と交換してもよいと思う比率を表している．限界代替率（*MRS*）は通常，消費者が現在消費しているそれぞれの財の量に依存する．とくに，人々はたくさん持っている財を比較的進んで手離そうとし，ほとんど持っていない財をあまり手離したくないので，無差別曲線は原点からみて内側に膨らんでいる．例として図21-4を考えてみよう．A点において，消費者はたくさんのペプシを持っているが，ピザは少ししか持っていないので，とても空腹だが，あまり喉は渇いていない．そのため，１枚のピザをあきらめさせるためには６リットルのペプシがないといけない．すなわち，限界代替率はピザ１枚当たりペプシ６リットルである．一方，B点においては，消費者はたくさんのピザを持っているが，ペプシは少ししか持っていないので，とても喉が渇いているが，あまり空腹ではない．B点では，1リットルのペプシを得るために1枚のピザを進んで放棄するだろう．すなわち，限界代替率はピザ1枚当たりペプシ1リットルである．したがって，原点からみて内側に膨らんだ無差別曲線は，消費者がすでにたくさん持っている財を比較的進んで手離すことを反映している．

●無差別曲線の二つの極端な例

無差別曲線の形状は，消費者が一つの財をもう一つの財とどのような割合で交換するかを反映している．財が互いに代替されやすければ，無差別曲線はあまり膨らまない．代替が難しければ，無差別曲線はかなり膨らむ．なぜこれが正しいのかをみるために，極端なケースについて考えてみよう．

完全代替財　いまあなたが5セント硬貨と10セント硬貨のいくつかの組合せを提示されたとしよう．あなたはその組合せにどのように順番をつけるだろうか．

おそらく，あなたはそれぞれの組合せの総貨幣価値だけに関心があるだろう．もしそうであれば，つねに1枚の10セント硬貨を2枚の5セント硬貨と交換しようとする．5セント硬貨と10セント硬貨がどのような組合せであったとしても，あなたの5セント硬貨と10セント硬貨の限界代替率（MRS）は固定された数字，すなわち2である．

5セント硬貨と10セント硬貨に対するあなたの選好は，図21-5のパネル(a)で表すことができる．限界代替率が一定なので，無差別曲線は直線になる．無差別曲線が直線になるこの極端なケースを，二つの財は**完全代替財**であるという．

完全補完財　いまあなたがいくつかの靴の組合せを提示されたとしよう．そのうちいくつかの靴は左足用で，残りの靴は右足用である．あなたはこれらの組合せにどのように順番をつけるだろうか．

完全代替財 perfect substitutes：無差別曲線が直線になるような二つの財．

図 21－5　完全代替財と完全補完財

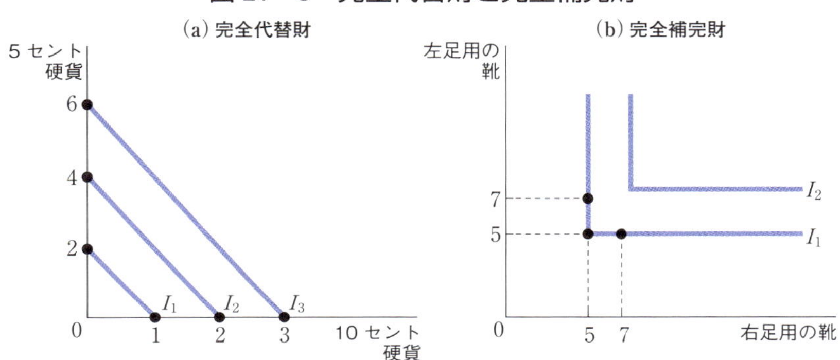

5セント硬貨と10セント硬貨のように二つの財が簡単に代替できるときには，パネル(a)に示されるように無差別曲線は直線になる．左足用の靴と右足用の靴のように二つの財の補完性が強いときには，パネル(b)に示されるように無差別曲線は直角になる．

このケースでは，あなたは靴のペアの数だけに関心があるだろう．言い換えれば，そこからペアをいくつつくれるかに基づいて組合せを判断するだろう．五つの左足用の靴と七つの右足用の靴の組合せからは，5足のペアしかできない．もう一つ右足用の靴があっても，それに対応する左足用の靴がなければ価値を持たないのである．

左足用の靴と右足用の靴に対するあなたの選好は，図21-5のパネル(b)で表すことができる．このケースでは，五つの左足用の靴と五つの右足用の靴の組合せは，五つの左足用の靴と七つの右足用の靴の組合せと同じ満足度を得る．それはまた，七つの左足用の靴と五つの右足用の靴でも同じことである．したがって，無差別曲線は直角となる．無差別曲線が直角になるこの極端なケースを，二つの財は**完全補完財**であるという．

もちろん現実には，ほとんどの財は（5セント硬貨と10セント硬貨のような）完全代替財でもないし，（左足用の靴と右足用の靴のような）完全補完財でもない．典型的には，無差別曲線は原点からみて内側に膨らんでいるが，直角になるほどではない．

【小問】 ● ピザとペプシの無差別曲線をいくつか描き，これらの無差別曲線

完全補完財 perfect complements：無差別曲線が直角になるような二つの財．

の四つの性質を説明しなさい.

3 最適化：消費者は何を選ぶのか

この章の目的は，消費者がどのように選択を行うかを理解することである．この分析に必要な二つの用具，消費者の予算制約線（どれだけ支出できるのか）と消費者の選好（何に支出したいのか）についてはすでに述べた．ここで，この二つを一緒にして，何を購入するかという消費者の意思決定を考察しよう．

●消費者の最適選択

ペプシとピザの例についてもう一度考えてみよう．消費者はペプシとピザの可能な組合せのうち最高のもの，すなわち最も上方の無差別曲線上にある組合せを達成したい．しかし，消費者は，消費者にとって利用可能な総資金を表す予算制約線上かその内側の組合せしか選択できない．

図21-6は，消費者のたくさんの無差別曲線のなかから3本を選び，予算制約線とあわせて描いたものである．消費者が到達できる最も上方の無差別曲線（図ではI_2）はちょうど予算制約線に触れている．この無差別曲線と予算制約線が触れている点を**最適点**という．消費者はA点のほうを好むが，A点は予算制約線よりも上方に位置するので，その組合せを購入することはできない．消費者はB点の組合せを購入できるが，その点は下方の無差別曲線上にあり，したがって消費者の満足度は低い．最適点は，消費者にとって消費可能なペプシとピザの最良の組合せを表している．

最適点では，無差別曲線の傾きが予算制約線の傾きと等しいことに注意しよう．このことを無差別曲線が予算制約線に*接している*という．無差別曲線の傾きはペプシとピザの限界代替率であり，予算制約線の傾きはペプシとピザの相対価格である．したがって，**消費者は二つの財の相対価格と限界代替率が等しくなるような消費を選択する**.

第7章では，消費者が財に置く価値が市場価格にどのように反映されているかをみた．ここでの消費者選択の分析は，同じ結果を違った方法で示している．消費の選択をするにあたって，消費者は2財の相対価格を与えられた

図 21-6 消費者の最適点

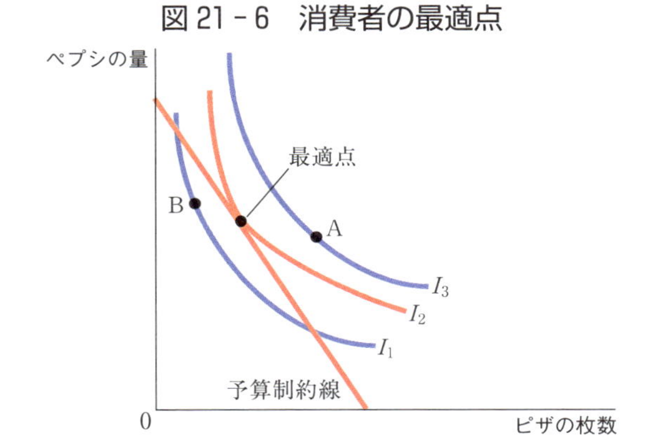

消費者は予算制約線上で最も上方の無差別曲線上の点を選択する．最適点と呼ばれるこの点では，限界代替率は二つの財の相対価格に等しい．ここでは消費者が到達できる最も上方の無差別曲線は I_2 である．消費者は I_3 上にある A 点のほうを好むが，このピザとペプシの組合せは購入できない．それに対して，I_1 上にある B 点は購入可能ではあるが，下方の無差別曲線上にあるので消費者はそれを好まない．

ものとして，限界代替率と相対価格が等しくなる点を選択する．相対価格は市場が一つの財をもう一つの財と交換しようとする比率であり，他方，限界代替率は消費者が一つの財をもう一つの財と交換しようとする比率である．消費者の最適点では，（限界代替率で測った）消費者の二つの財の評価と（相対価格で測った）市場の評価は等しい．消費者の最適化の結果，異なる財の市場価格は消費者がそれらの財に対して置く価値を反映したものとなる．

●所得の変化はどのように消費者の選択に影響を及ぼすか

消費者がどのように消費を決定するかをみてきたので，今度はこの決定が所得の変化にどのように反応するかを検討しよう．ここでは，所得が増加した場合を考えてみよう．所得が増加すると，消費者は両方の財をより多く購入できる．したがって，所得の増加は図 21-7 のように予算制約線を外側にシフトさせる．２財の相対価格は変化していないので，新しい予算制約線の傾きは当初の予算制約線の傾きと同じである．すなわち，所得の増加は予算制約線の平行なシフトをもたらす．

外側にシフトした予算制約線によって，消費者はピザとペプシのよりよい

コラム 効用：消費者の選好と最適化を表すもう一つの方法

この章では，消費者の選好を表すのに無差別曲線を用いている．消費者の選好を表すもう一つのよく知られた方法は，効用という概念を用いるものである．効用は，消費者が財の組合せから得る満足や幸福の理論的な尺度である．経済学者は，ある財の組合せが他の財の組合せよりも大きな効用を消費者にもたらすときに，消費者が前者を後者よりも選好するという．

無差別曲線と効用は密接に結びついている．消費者は上方の無差別曲線上の点のほうを好むので，上方の無差別曲線上の財の組合せはより高い効用をもたらす．同一の無差別曲線上ではどの点においても消費者の満足度は等しいので，同一の無差別曲線上の財の組合せはすべて同一の効用をもたらす．無差別曲線は「同一効用」曲線と考えることもできる．

財の限界効用とは，財を1単位多く消費することによる効用の増大のことをいう．ほとんどの財は，限界効用逓減が働くと仮定されている．すなわち，すでに消費している財の量が多ければ多いほど，その財を1単位多く消費することによる限界効用は低下するのである．

2財間の限界代替率はそれらの財の限界効用に依存する．たとえば，X財がY財の2倍の限界効用をある人に与えるとき，その人がX財を1単位失ったときに同じ効用を得るにはY財2単位が補償される必要があり，このとき限界代替率は2となる．より一般的に表現すると，限界代替率（したがって，無差別曲線の傾き）は，ある財の限界効用をもう一つの財の限界効用で割った値となる．

効用分析は，消費の最適化を説明する別の方法である．消費の最適化が達成されている点においては，限界代替率が価格比（相対価格）と等しいということを思い出そう．すなわち，

$$MRS=\frac{P_X}{P_Y}$$

限界代替率は限界効用の比率に等しいので，上の消費最適化条件は以下のように書くことができる．

$$\frac{MU_X}{MU_Y}=\frac{P_X}{P_Y}$$

これをさらに書き換えると，

$$\frac{MU_X}{P_X}=\frac{MU_Y}{P_Y}$$

この等式は簡単に解釈ができる．最適点では，X 財購入のため 1 ドル費やすことによって得られる限界効用と Y 財購入のため 1 ドル費やすことにより得られる限界効用が等しい（その理由は，もしこの等式が成立しなければ，消費者は 1 ドル当たりの限界効用が低い財の消費を減らし，限界効用の高い財の消費を増やすことによって，効用を増加させることができるからである．このことは，消費の最適化が成立しているというもともとの仮定と矛盾する）．

経済学者は消費者選択の理論を議論するときに，その理論を違う言い方で表現するかもしれない．ある経済学者は，消費者の目的は効用最大化であるというかもしれない．別の経済学者は，消費者の目的はなるべく上方の無差別曲線上に到達することだと言うかもしれない．前者は，消費が最適化されている点では 1 ドル当たりの限界効用がすべての財について同じであるという結論になるのに対し，後者は消費が最適化されている点では無差別曲線と予算制約線が接しているという結論になる．これらは，実は同じことを 2 通りの方法で述べているだけである．

組合せを選択できる．言い換えれば，消費者は上方の無差別曲線上の組み合わせを選択できるのである．予算制約線のシフトと無差別曲線によって表される消費者の選好を所与とすると，消費者の最適点は「当初の最適点」から「新しい最適点」へ移動する．

図 21-7 において，消費者が前よりも多くのピザとペプシを選択していることに注意しよう．論理的には，所得の増加に伴ってどちらの財の消費も増えるとは限らないが，この状況は最も一般的なものである．第 4 章を思い出せばわかるように，所得の増加につれて消費者がある財をもっと消費したがるとき，経済学者はその財を**正常財**と呼ぶ．図 21-7 の無差別曲線は，ピザとペプシがどちらも正常財であるという仮定の下に描かれている．

図 21－7 所得の増加

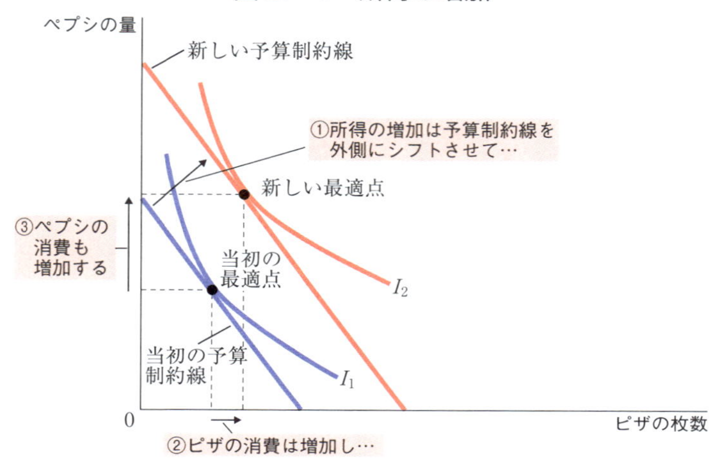

消費者の所得が増加すると，予算制約線は外側にシフトする．どちらの財も正常財であれば，所得の増加によって両方の財の購入量が増加する．ここでは，消費者はピザとペプシの購入を増やしている．

図 21－8 劣等財

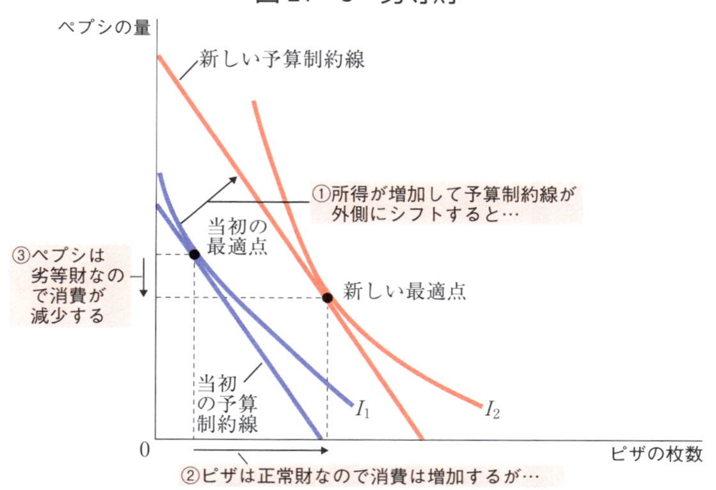

消費者の所得が増加したときに購入量が減る財のことを劣等財という．ここではペプシが劣等財である．消費者の所得が増加して予算制約線が外側にシフトすると，消費者のピザの購入量は増加するがペプシの購入量は減少する．

図21-8は，所得の増加によってピザの消費は増加するが，ペプシの消費が減少する例を描いている．所得の増加につれて消費者がある財の消費を減らすとき，経済学者はその財を**劣等財**と呼ぶ．図21-8の無差別曲線は，ピザは正常財だがペプシは劣等財であるという仮定の下に描かれている．

世界に存在するほとんどの財は正常財だが，現実にはいくつかの劣等財も存在する．一つの例はバスの利用である．所得が増加するにつれて，消費者は車を所有したり，タクシーを利用したりして，バスにあまり乗らなくなる．したがって，バスの利用は劣等財である．

●価格の変化はどのように消費者の選択に影響を及ぼすか

消費者選択のこのモデルを使って，2財のうちの一つの価格が変化したときに消費者の選択がどのように変化するか考えてみよう．ここでは，ペプシの価格が1リットル当たり2ドルから1ドルになったとする．価格の下落によって消費者の購入機会の組合せが広がることは驚くにはあたらない．言い換えれば，どの財の価格の下落も予算制約線を外側に回転させる．

図21-9は，価格の下落が予算制約線にどのような影響を及ぼすかについてより明確に示したものである．消費者が所得の全額1000ドルをすべてピザに使うのであれば，ペプシの価格は無関係である．図のA点の位置は変わらない．しかし，消費者が所得の全額1000ドルをすべてペプシに使うのであれば，500リットルだった購入量は今度は1000リットルになる．したがって，予算制約線の端点はB点からD点に移動する．

この場合，予算制約線の外側への回転によって傾きが変わることに注意しよう（この変化は先ほど述べた状況，すなわち価格が変わらずに所得が変わったときに起こった変化とは異なる）．すでに議論したように，予算制約線の傾きはピザとペプシの相対価格を反映したものである．ペプシの価格が2ドルから1ドルに下落し，ピザの価格は10ドルのままなので，消費者は今度は5リットルではなく10リットルのペプシでないと1枚のピザと交換できなくなった．その結果，新しい予算制約線の傾きは急になる．

予算制約線のそのような変化がどのように両財の消費を変化させるかは，

正常財 normal good：他の条件が一定のときに，所得の増加によって需要量が増加する財．
劣等財 inferior good：他の条件が一定のときに，所得の増加によって需要量が減少する財．

図 21 - 9　価格の変化

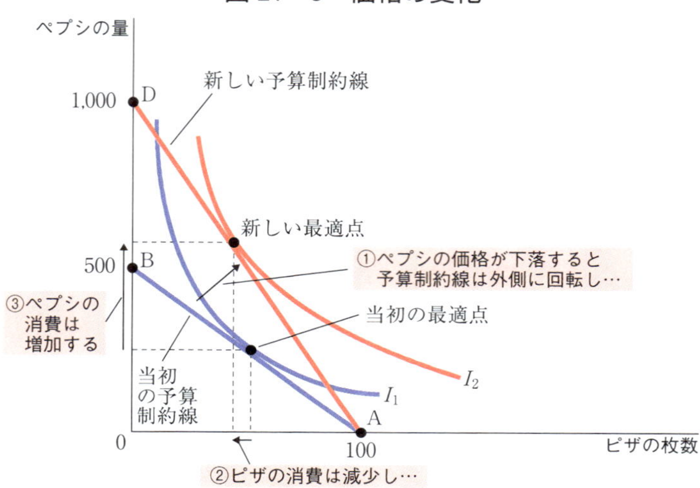

ペプシの価格が下落すると，消費者の予算制約線は外側に回転して傾きが変わる．消費者は当初の最適点から新しい最適点に移動し，ピザとペプシの両方の購入量が変化する．このケースでは，ペプシの消費量は増加し，ピザの消費量は減少する．

消費者の選好に依存する．この図に描かれている無差別曲線では，消費者のペプシの購入量は増加し，ピザの購入量は減少する．

●所得効果と代替効果

財の価格の変化による消費への影響は，**所得効果**と**代替効果**の二つに分解できる．これらの効果がどのようなものであるかをみるために，ペプシの価格が下落したときに消費者がどのように反応するかを考えてみよう．消費者は次のように考えるだろう．

● 「やった．ペプシが安くなったので，所得は変わらないけれども購買力が

所得効果 income effect：価格の変化によって消費者が下方あるいは上方の無差別曲線へ移動することによる消費の変化．
代替効果 substitution effect：価格の変化によって消費者が所与の無差別曲線上を新しい限界代替率の点へ移動することによる消費の変化．

増えた．前よりも金持ちになったのと一緒だ．金持ちになったからピザもペプシも多く買える」（これが所得効果である）

- 「ペプシが安くなったのでピザを１枚あきらめれば前よりも多くのペプシを買える．ピザは相対的に高くなったので，ピザの購入を減らしてペプシをたくさん購入しよう」（これが代替効果である）

どちらのほうが説得力があるだろうか．

実は，両方とも道理にかなっている．ペプシの価格の下落は消費者をより豊かにする．ピザとペプシがどちらも正常財であれば，購買力の増加分は両方の財に振り分けられるだろう．この所得効果により，消費者のピザとペプシの購入は増える．しかし同時に，ペプシはピザよりも相対的に安くなっている．この代替効果により，消費者はペプシの消費を多くしてピザの消費を少なくする．

次にこれらの効果が同時に働いたことによる最終的な結果をみてみよう．所得効果と代替効果はどちらもペプシの購入を増やすので，消費者のペプシの購入量は確実に増加する．しかし，ピザについては，所得効果と代替効果は逆の方向に働く．その結果，消費者がピザの購入を増やすのか減らすのかは明らかではない．所得効果と代替効果の大きさによって，どちらの結果にもなりうる．この結論は表21-1にまとめられている．

所得効果と代替効果を無差別曲線を用いて解釈すると以下のようになる．**所得効果は，無差別曲線の上方への移動によって生じる消費の変化である．代替効果は，同一の無差別曲線上で限界代替率が異なることによって生じる**

表21－1　ペプシの価格が下落したときの所得効果と代替効果

財	所得効果	代替効果	総効果
ペプシ	消費者が裕福になってペプシの購入量を増やす．	ペプシが相対的に安くなるので消費者はペプシの購入量を増やす．	所得効果と代替効果が同じ方向に働くので，消費者はペプシの購入量を増やす．
ピザ	消費者が裕福になってピザの購入量を増やす．	ピザが相対的に高くなるので消費者はピザの購入量を減らす．	所得効果と代替効果が逆の方向に働くので，ピザの購入量が増えるか減るかは確定しない．

図 21－10　所得効果と代替効果

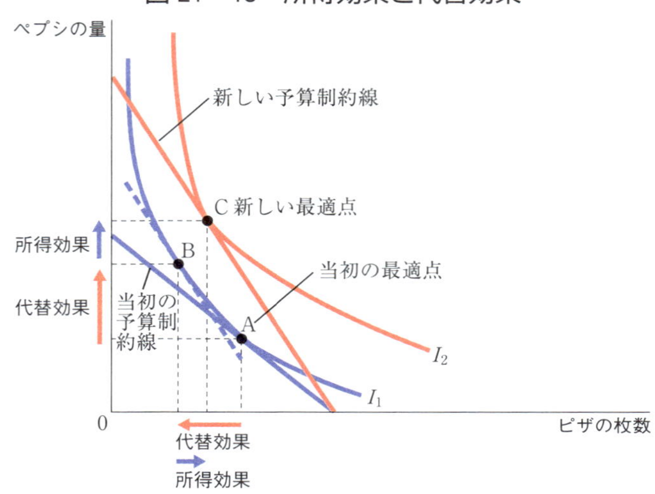

価格変化の影響は所得効果と代替効果に分解できる．代替効果とは，無差別曲線上を異なる限界代替率の点に移動することであり，ここでは無差別曲線 I_1 上の A 点から B 点への変化で表される．所得効果とは，上方の無差別曲線へのシフトであり，ここでは無差別曲線 I_1 上の B 点から無差別曲線 I_3 上の C 点への変化で表される．

消費の変化である．

図 21-10 は，消費者の決定の変化が所得効果と代替効果にどのように分解されるかを，図を用いて表している．ペプシの価格が下落すると，消費者は当初の最適点 A から新しい最適点 C へと移動する．この変化は二つの段階に分けることができる．まず，消費者は当初の無差別曲線 I_1 **上を** A 点から B 点に移動する．この 2 点における消費者の満足度は変わらないが，B 点における限界代替率は新しい相対価格を反映している（B 点を通る破線は新しい予算制約線と平行であり，したがって新しい相対価格を反映している）．次に消費者は B 点から C 点に移動することによって，上方の無差別曲線へと**シフト**する．B 点と C 点は異なる無差別曲線上にあるが，この 2 点の限界代替率は等しい．すなわち，無差別曲線 I_1 の B 点における傾きは，無差別曲線 I_2 の C 点における傾きと等しい．

消費者が実際に B 点を選ぶことは決してないが，この点は消費者の決定を決める二つの効果を明らかにするのに有用である．A 点から B 点への変化は，消費者の厚生を変えるのではなく，限界代替率の変化のみを表していることに注意しよう．同様に，B 点から C 点への変化は，限界代替率を変えるのではなく，厚生の変化のみを表していることに注意しよう．したがって，A 点から B 点への移動は代替効果を表し，B 点から C 点への移動は所得効果を表す．

●需要曲線の導出

これまでは，財の価格の変化が消費者の予算制約線，したがって彼が購入する二つの財の量をどのように変化させるかをみてきた．どのような財の需要曲線も，これらの消費の決定を反映している．需要曲線は，与えられた価格の下での財の需要量を表していることを思い出そう．消費者の需要曲線は，予算制約線と無差別曲線から導かれる最適な決定を要約したものとみることができる．

たとえば，図21-11では，ペプシの需要を考察している．パネル(a)は，価格が1リットル当たり2ドルから1ドルに下落したときに，消費者の予算制約線が外側にシフトすることを示している．所得効果と代替効果により，消費者はペプシの購入を250リットルから750リットルへと増加させる．パネル(b)は，この消費者の決定から導き出される需要曲線を示している．この

図 21－11　需要曲線の導出

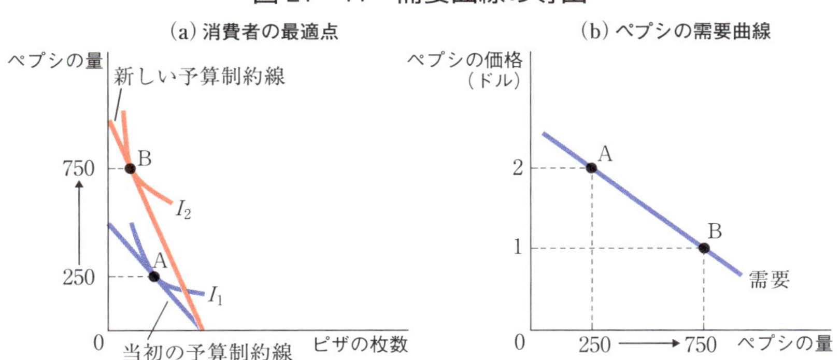

パネル(a)はペプシの価格が2ドルから1ドルに下落したときに消費者の最適点が A 点から B 点へ移動し，ペプシの消費量が250リットルから750リットルに増加することを示している．パネル(b)の需要曲線は価格と需要量との関係を表している．

ように，消費者選択の理論は，消費者の需要曲線の理論的基礎を提供する．

需要曲線が消費者選択の理論から当然の帰結として導かれるのを知ると嬉しいが，このこと自体は理論をどんどん進めることを正当化するものではない．人々が価格の変化に反応することを言うために，厳密な分析枠組みは必要ないのである．しかし，消費者選択の理論は，次の節でみるように，人々の人生におけるさまざまな決定を調べるのに有用である．

【小問】 ●ペプシとピザの予算制約線と無差別曲線を描きなさい．ピザの価格が上昇したときに，予算制約線と消費者の最適な選択に何が起こるかを示しなさい．図においてその変化を所得効果と代替効果に分解しなさい．

4 三つの応用

消費者選択の基本的な理論を展開してきたところで，それを用いて経済がどのように機能しているかに関する，三つの問題を考えてみよう．この三つの問題は，一見すると無関係に思えるかもしれない．しかし，それぞれの問題は家計の決定に関連しているので，いま展開してきた消費者行動のモデルを用いて論じることができる．

●すべての需要曲線は右下がりか

通常，財の価格が上昇すると，購入量は減少する．**需要法則**と呼ばれるこの通常の行動は，需要曲線の右下がりの傾きに反映されている．

しかしながら，経済理論の観点からは，需要曲線は時として右上がりになることもある．すなわち，消費者は時として需要法則を破って，価格が上昇したときに購入量を増やすことがある．これがどのように起こるかをみるために図 21-12 を使って考えてみよう．この例では消費者は肉とジャガイモという二つの財を購入する．当初，消費者の予算制約線は A 点と B 点を結ぶ線であり，最適点は C 点である．ジャガイモの価格が上昇すると，予算制約線は内側に回転し，新しい予算制約線は A 点と D 点とを結ぶ線になる．新しい最適点は E 点である．ジャガイモの価格の上昇によってジャガイモの購入量が増えていることに注意しよう．

図 21－12　ギッフェン財

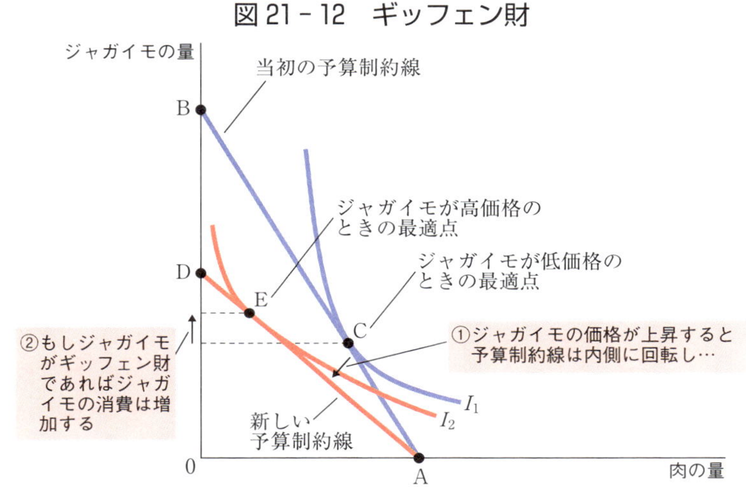

この例では，ジャガイモの価格が上昇すると，消費者の最適点がC点からE点にシフトする．このケースでは，消費者はジャガイモの価格の上昇に対して肉の購入を減らし，ジャガイモの購入を増やしている．

なぜ消費者はこのような奇妙な反応をするのだろうか．その理由はジャガイモが強い劣等財だからである．つまり，消費者は所得が増加するとジャガイモの購入を大量に減らし，逆に所得が減少するとジャガイモの購入を大量に増やす．図21-12にあるように，ジャガイモの価格が上昇すると消費者は相対的に貧しくなる，つまり，価格上昇によって消費者は，内側の無差別曲線上に位置することになる．消費者が相対的に貧しくなり，また，ジャガイモが劣等財であるため，所得効果によって，消費者は肉の購入を減らし，ジャガイモの購入を増やす．同時に，ジャガイモは肉よりも相対的に高くなったので，代替効果によって，ジャガイモの購入を減らし，肉の購入を増やす．この例に見られるように，所得効果が代替効果をはるかに上回る場合，消費者はジャガイモの価格の上昇に対して，肉の購入を減らし，ジャガイモの購入を増やす．

経済学者は需要の法則に従わない財を**ギッフェン財**という用語で表す（こ

ギッフェン財 Giffen good：価格の上昇によって需要量が増加する財．

の用語は最初にこの可能性を指摘した経済学者ロバート・ギッフェンにちなんでいる）．この例では，ジャガイモがギッフェン財である．ギッフェン財は劣等財であり，かつ所得効果が代替効果を上回るような財である．したがって，需要曲線は右上がりになる．

ギッフェン財は存在するか

ギッフェン財が観察されたことはあるのだろうか．歴史家のなかには，19世紀のアイルランドのジャガイモ飢饉のときのジャガイモは，実際にギッフェン財だったという人もいる．ジャガイモは大半の人々の食料だったので，その価格が上昇したときの所得効果は大きかった．人々は贅沢品だった肉を減らし，主食のジャガイモの購入を増やすことで生活水準の悪化に対応した．したがって，ジャガイモの価格の上昇は実際にジャガイモの需要量を増やしたといわれている．

2008年の『アメリカン・エコノミック・レビュー』に掲載されたロバート・ジェンセンとノーラン・ミラーによる研究では，似たような，しかしもっと具体的な証拠が報告されている．彼らは，中国湖南省で5カ月にわたる実験を行った．ランダムに選んだ家計に対して，現地の必需食料であるコメの購入を補助するクーポン券を与え，コメの価格変化に対して消費がどのように反応するかを調べた．その結果，貧しい家計がギッフェン的な行動をすることを発見した．クーポン券による補助によってもたらされたコメ価格の下落によって，貧しい家計はコメの消費量を減らし，補助をやめるとコメの消費量を増やしたのである．ジェンセンとミラーは「われわれの知る限り，これが最初のギッフェン行動の厳密な証拠である」と書いている．

消費者選択の理論から需要曲線が右上がりになることは考えられることであり，しかもそのような状況が実際にも起こりうる．したがって，第4章で学習した需要法則は，完全には信頼できるものではない．しかし，ギッフェン財はめったに存在しないといってよいだろう．

●賃金は労働供給にどのような影響を及ぼすか

ここまでは，消費者選択の理論を用いて個人が所得を二つの財にどのように配分するかを分析してきた．同じ理論を用いて，個人が自分の時間を仕事と余暇にどのように配分するかを分析することができる．人々は彼らの時間を余暇を楽しむことと消費財を購入できるよう働くこととに配分する．時間配分問題の本質は，余暇と消費のトレードオフである．

フリーランスのソフトウェアの設計者であるカイラが直面する問題を考えてみよう．カイラが1週間のうちで起きている時間は100時間である．彼女はそのうちの何時間かを『マインクラフト』ゲームをしたり，テレビで『バチェラー』をみたり，教科書を読んだりして余暇として使う．残りの時間でコンピュータを使ってソフトウェアを開発する．ソフトウェアの開発の時給は50ドルであり，それを食料，服，音楽のダウンロードなどの消費財に支出する．カイラの賃金（時給50ドル）は彼女が直面する余暇と消費とのトレードオフを反映している．余暇を1時間放棄して働くごとに50ドルの消費が可能になる．

図21-13はカイラの予算制約線を示している．もし彼女が100時間すべてを余暇に費やすと，何の消費もできなくなる．100時間すべてを仕事に費や

図 21 - 13　仕事 - 余暇の決定

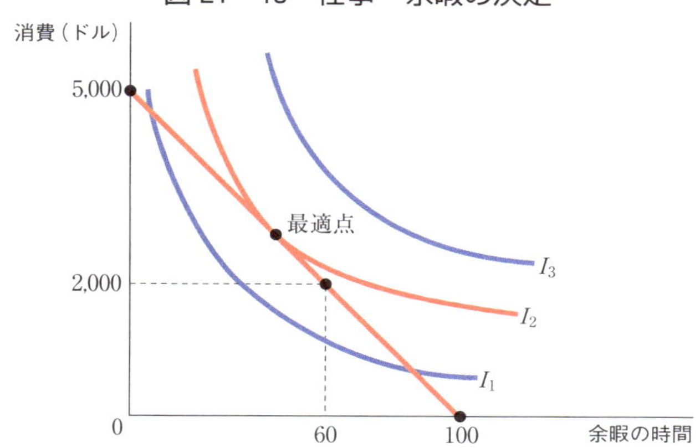

この図はカイラがどれだけ働くかを決定するための予算制約線，彼女の消費と余暇に対する無差別曲線，および最適点を示している．

すと，週5000ドル分の消費ができるが，余暇がまったくない．標準である週40時間の労働をすると，60時間の余暇と週2000ドル分の消費を享受できる．

図21-13は無差別曲線を用いてカイラの消費と余暇に対する選好を表している．ここでは，消費と余暇がカイラの選択する二つの「財」である．余暇と消費が多いほうがよいので，カイラは必ず上方の無差別曲線上の点を下方の無差別曲線上の点よりも好む．時給50ドルのときには，「最適点」と記された点の消費と余暇の組合せを選ぶ．この組合せは予算制約線上で最も上方の無差別曲線 I_2 上の点である．

ここで，カイラの時給が50ドルから60ドルに上昇したときに何が起こるかを考えてみよう．図21-14は二つの可能性を表している．どちらのケースも，左側の図で示されているように，予算制約線は BC_1 から BC_2 へと外側にシフトする．そのシフトによって，予算制約線の傾きは相対価格の変化を反映して急になる．すなわち，賃金が上昇すると，カイラは余暇を1時間あきらめることで，以前よりも多くの消費が可能になる．

無差別曲線に表されているように，カイラの選好は賃金の上昇によって消費と余暇の選択がどのように反応するかを決定する．どちらのパネルにおいても消費は増加している．しかし，賃金の変化に対する余暇の変化は二つのケースで異なる．パネル(a)では，カイラは賃金の上昇によって余暇を減らしている．パネル(b)では，余暇を増やしている．

カイラによる消費と余暇の選択は，彼女の労働供給を決める．余暇を増やせば労働時間が減ることになるからである．図21-14のそれぞれのパネルにおいて，右側の図はカイラの決定から導き出される労働供給を表している．パネル(a)では，賃金の上昇によって余暇を減らして労働を増やしているので，労働供給曲線は右上がりである．パネル(b)では，賃金の上昇によって余暇を増やして労働を減らしているので，労働供給曲線は「逆の」傾きを持っている．

一見すると，逆の傾きを持つ労働供給曲線は奇妙に思える．賃金が上昇したのになぜ労働を減らすのだろうか．この答えは，賃金上昇の所得効果と代替効果を考察することから得られる．

まず代替効果を考えてみよう．カイラの賃金が上昇すると，余暇は所得に比べて高価になるので，カイラは余暇を減らして消費を増やす．言い換えれ

図 21－14　賃金の上昇

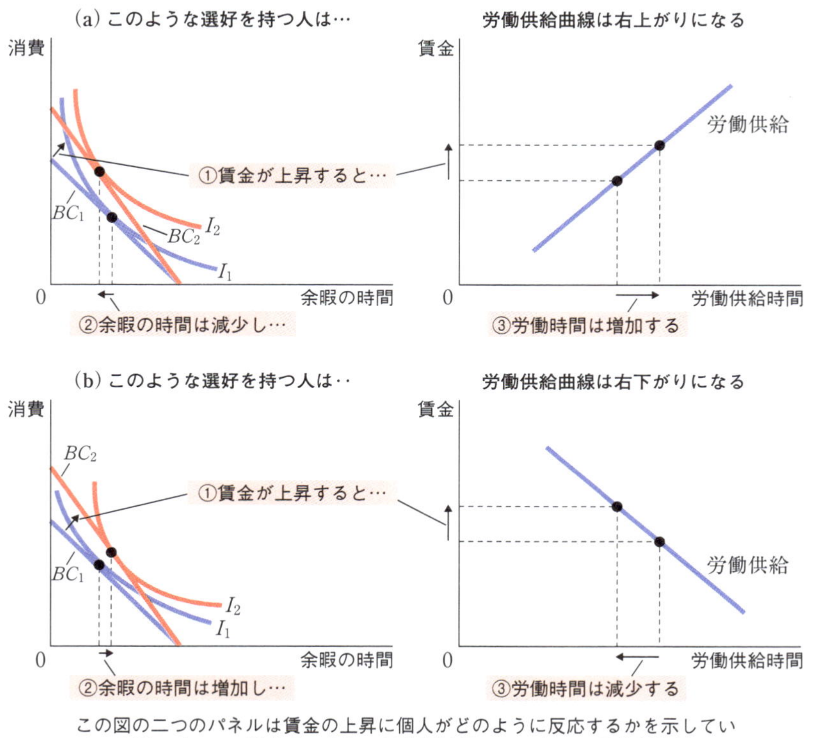

この図の二つのパネルは賃金の上昇に個人がどのように反応するかを示している．左側のグラフは消費者の当初の予算制約線 BC_1 と新しい予算制約線 BC_2，消費者の消費と余暇の最適な選択を示している．右側のグラフはその結果としての労働供給曲線を示している．労働時間は総時間から余暇の時間を差し引いたものなので，余暇のどのような変化もその裏側にある労働供給量の変化を意味する．パネル(a)では，賃金が上昇すると，消費が増加して余暇が減少し，その結果労働供給曲線は右上がりになる．パネル(b)では，賃金が上昇すると，消費と余暇の両方が増加して，その結果，労働供給曲線は右下がりになる．

ば，賃金が高くなったことに反応してカイラはもっと働くようになるので，代替効果は労働供給曲線を右上がりにするように働く．

次に所得効果を考えてみよう．カイラの賃金が上昇すると，カイラは上方の無差別曲線に移動する．彼女は以前よりも豊かになっている．消費と余暇がどちらも正常財であれば，彼女は消費と余暇の両方を増やそうとする．言い換えれば，所得効果は彼女の労働時間を減らし，労働供給曲線の傾きを右下がりにするように働く．

結局，賃金の上昇によってカイラが労働を増やすか減らすかは，経済理論からは明らかにはできない．カイラにとって代替効果のほうが所得効果よりも大きければ労働時間を増やすし，所得効果のほうが代替効果よりも大きければ労働時間を減らす．したがって，労働供給曲線は右上がりにも右下がりにもなりうる．

ケース・スタディ 労働供給に対する所得効果：歴史的趨勢，宝くじの当選者，カーネギーの推測

右下がりの労働供給曲線という考えは，一見たんなる理論的な可能性にすぎないと思えるかもしれないが，実際にはそうではない．長期を対象とした考察では，労働供給曲線が実際に右下がりになることが実証されている．100年前には多くの人が週6日働いていたが，今日では週5日が標準である．1週間当たりの労働の長さが短くなっていくのと同時に，（インフレ調整した）典型的な労働者の賃金は上昇してきた．

この歴史的パターンを経済学者は次のように説明している．時が経つにつれて，技術進歩は労働者の生産性を高め，したがって労働需要を増やしてきた．労働需要の増大は均衡賃金の上昇をもたらす．賃金が上昇するということは，働くことの報酬が増加するということである．しかし，多くの労働者はこのインセンティブの増加に反応してより多く働くのではなく，豊かになった一部を余暇の増大に回すことのほうを選んだ．言い換えれば，賃金の上昇による所得効果が代替効果を上回っていたのである．

労働供給に対する所得効果が大きいという証拠は，まったく違う種類のデータからもみることができる．宝くじの高額賞金の当選者は，所得が大幅に増加し，その結果予算制約線は外側に大きくシフトする．しかし，当選者の賃金は変化しないので，予算制約線の傾きは当初のままである．したがって，代替効果は存在しない．そこで，宝くじの当選者の行動を調べれば，労働供給における所得効果のみを扱うことができる．

宝くじの当選者の研究の結果は所得効果を顕著に示している．5万ドル以上の当選者のうち，ほぼ25％の人が1年以内に仕事をやめ，他に9％の人が労働時間を減らした．100万ドル以上の当選者では，ほぼ40％の人

が仕事をやめた．このような高額の賞金の労働供給への所得効果はかなり大きい．

同様の結果は，1993年に『クォータリー・ジャーナル・オブ・エコノミクス』に発表された，遺産相続の労働供給への影響を調べた研究にもみられる．この研究では，15万ドル以上相続した人は，２万5000ドル以下しか相続しなかった人に比べて４倍も仕事をやめる確率が高いことが明らかになった．この発見を19世紀の実業家アンドリュー・カーネギーが知ったとしても驚きはしなかっただろう．カーネギーは「巨大な富を息子に残す親は，息子の才能とエネルギーを無駄にしてしまい，巨大な富を残さなかったときと比べて，彼の人生を有益でなく価値の低いものにしてしまう」と警告した．すなわち，カーネギーは，労働供給への所得効果がかなり大きく，温情主義的見解からそれを悲しいことだと考えたのである．カーネギーは，生涯を通じて，またその死に際しても莫大な富の多くを寄附した．

●利子率は家計の貯蓄にどのような影響を及ぼすか

誰もが直面する重要な決定は，所得のうちどれくらいをいま消費し，どれくらいを将来のために貯蓄するかというものである．消費者選択の理論を用いると，人々がどのようにこの決定を行うのか，そして貯蓄から得られる利子に貯蓄額がどれくらい依存するのかを分析することができる．

ソールという労働者が，退職後の人生を考えているとする．彼の直面する決定について考えてみよう．簡単化のために，ソールの人生を二つの期間に分ける．第１の期間ではソールは若くて働いている．第２の期間では彼は年老いて引退している．若年期には，ソールは10万ドルを稼ぐ．彼はこの所得を現在（若年期）の消費と貯蓄とに分ける．老年期には，ソールは貯蓄とそこから得られる利子から消費する．

いま利子率が10%だとしよう．ソールは若年期に１ドル貯蓄するごとに，老年期に1.1ドルの消費が可能となる．「若年期の消費」と「老年期の消費」は，ソールが選択しなければならない二つの財とみなすことができる．利子率は二つの財の相対価格を決定する．

図21-15は，ソールの予算制約線を示している．貯蓄をまったくしなければ，ソールは若年期に10万ドルの消費をして老年期には何も消費しないこと

図 21 - 15 消費 - 貯蓄の決定

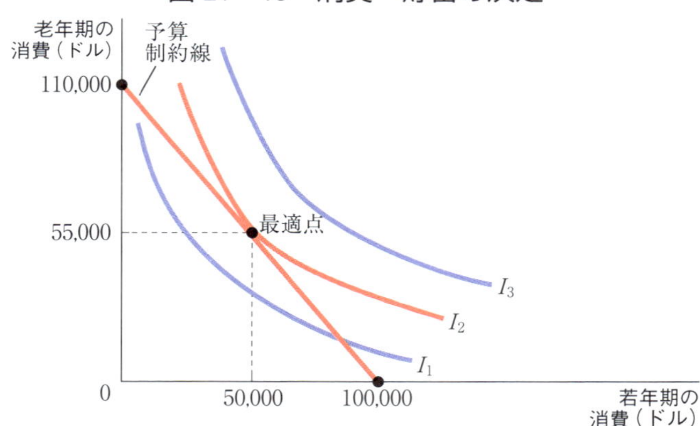

この図はある人が人生の二つの期において，どれだけの量を消費するかを決めるにあたっての予算制約線，選好を表す無差別曲線，および最適点を表している．

になる．すべてを貯蓄してしまえば，ソールは若年期には何も消費できないが，老年期には11万ドルの消費ができる．予算制約線はこの二つの組合せを含むすべての可能性を示している．

図 21-15 は無差別曲線を用いてソールの 2 期間の消費に対する選好を表している．ソールはどちらの期においても消費が多いほうがよいので，上方の無差別曲線上の点を下方の無差別曲線上の点よりも好む．ソールは選好を所与として，2 期間の消費の最適な組合せを選ぶが，それは予算制約線上で最も上方の無差別曲線上の点である．この最適点において，彼は若年期に 5 万ドル消費し，老年期に 5 万5000ドル消費する．

ここで利子率が10%から20%に上昇したときに何が起こるかを考えてみよう．図 21-16 は二つの可能性を示している．どちらのケースにおいても，予算制約線は外側に回転して傾きが急となる．新たな高い利子率の下では，ソールは若年期に 1 ドルの消費をあきらめるごとに老年期により多くの消費をできるようになる．

二つのパネルは，それぞれ，ソールの異なる選好のもとでの結果を示している．どちらのケースにおいても，老年期の消費は増加する．しかし，利子率の変化に対する若年期の消費の反応は異なっている．パネル(a)では，ソ

図 21－16　利子率の上昇

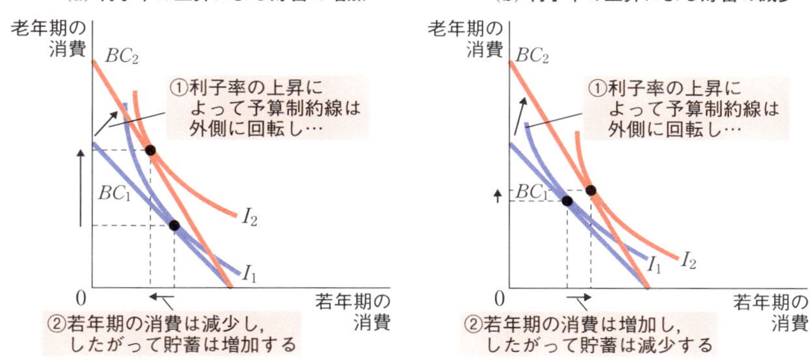

どちらのパネルにおいても，利子率の上昇によって予算制約線は外側に回転する．パネル(a)では，若年期の消費が減少し，老年期の消費が増加する．その結果，若年期の貯蓄が増加する．パネル(b)では，両期の消費が増加する．その結果，若年期の貯蓄が減少する．

ールは利子率の上昇に対して若年期の消費を減らしている．パネル(b)では，若年期の消費を増やしている．

ソールの貯蓄は若年期の所得から若年期の消費を差し引いたものである．したがって，パネル(a)では，利子率が高くなったことで若年期の消費が減るので貯蓄が増加するはずである．パネル(b)では，利子率が高くなったことで若年期の消費が増えるので貯蓄が減少するはずである．

パネル(b)に示されているケースは，一見奇妙に思えるかもしれない．貯蓄の収益が増大しているにもかかわらず，ソールは貯蓄を減らしているからである．しかし，実はこの行動はそれほどおかしくはない．このことは利子率の上昇による所得効果と代替効果を考えると理解できる．

まず代替効果を考えてみよう．利子率が上昇すると，老年期の消費は若年期の消費に比べて相対的に安くなる．したがって，代替効果によって，ソールは老年期の消費を増やして若年期の消費を減らす．言い換えれば，代替効果はソールの貯蓄を促進する．

次に所得効果を考えてみよう．利子率が上昇すると，ソールは上方の無差別曲線に移動する．このとき，彼は以前よりも豊かになっている．両期の消費が正常財である限り，ソールはこの経済厚生の増大を両期の消費を増やすことに用いようとする．言い換えれば，所得効果はソールに貯蓄を減らすように働きかける．

結果は所得効果と代替効果の両方に依存する．利子率の上昇による代替効果が所得効果を上回れば，ソールは貯蓄を増やす．所得効果が代替効果を上回れば，ソールは貯蓄を減らす．したがって，消費者選択の理論から，利子率の上昇は貯蓄を増やすことも減らすこともあることがわかる．

この不確定な結果は経済理論の立場からは興味深いが，経済政策の立場からはがっかりするものである．租税政策の重要な問題は，貯蓄が利子率にどのように反応するかに部分的に依存しているからである．一部の経済学者は，利子や他の資本所得への課税の引下げを主張してきたが，それはそのような政策の変更によって課税後に得られる利子が増大し，貯蓄をするほうが得になるため，人々が貯蓄を増やすようになると考えるからである．他の経済学者は，所得効果と代替効果が相殺されるために，そのような課税の変更は貯蓄を増やさず，減らすことさえあると主張してきた．残念なことに，研究は進んだが，利子率が貯蓄にどのように影響を及ぼすかについて，一致した見解には達していない．その結果，経済学者の間でも，貯蓄の促進を意図した税制の変更が実際に意図した効果をもたらすかどうかについての同意はない．

【小問】 ● 賃金の上昇によって労働時間が減少する可能性がどのように生じるかを説明しなさい．

5 結論：人々は本当にこのように考えるのか

消費者選択の理論は，人々がどのように決定を行うかを描写している．すでにみたように，この理論は幅広く応用できる．消費者選択の理論によって，ピザとペプシの選択，仕事と余暇の選択，消費と貯蓄の選択などを説明できる．

しかしながら，この段階ではあなたは消費者選択の理論を疑いの目でみているかもしれない．なぜならば，結局あなた自身が消費者だからである．あなたは店に入るたびに何を購入するかを決定するが，決定の際に予算制約線や無差別曲線をいちいち思い描いているわけではない．あなた自身の意思決定に関するこの知識は，理論に対する反証なのだろうか．

答えをいうと，それは反証にはなっていない．消費者選択の理論は，人々がどのように意思決定するかをありのままに示そうとするものではない．それはあくまでもモデルである．最初に第２章で議論したように，モデルは現実そのものを完璧に表そうとするものではないのである．

消費者選択の理論の見方として最適な方法は，消費者がどのように意思決定をするかの比喩と捉えることである．（経済学者でもなければ）誰も理論で描かれたような明示的な最適化行動をしていない．しかし，消費者は選択が金銭的資源によって制約されていることを知っている．そのような制約の下で，消費者は達成可能ななかで最も高い満足度を得ようと最善をつくすのである．消費者選択の理論は，この内在的かつ心理的過程を明示的かつ経済学的分析が可能になるような方法で描こうとしているのである．

プディングの品質検査はそれを食べることであるように，理論の検証はそれを適用することである．この章の最後の節で，消費者選択の理論を三つの実際の経済の問題に適用した．さらに上級の経済学の科目を履修すれば，この理論がさらなる多くの分析のための枠組みを提供していることがわかるだろう．

- 消費者の予算制約線は，所得と財の価格が所与であるときに，消費者が購入できる財の組合せを示している．予算制約線の傾きは財の相対価格に等しい．
- 消費者の無差別曲線は消費者の選好を表している．１本の無差別曲線は消費者に同じ満足度をもたらすさまざまな財の組合せを示している．上方の無差別曲線上の点は下方の無差別曲線上の点よりも選好される．どの点における無差別曲線の傾きも，消費者の限界代替率，すなわち消費者がある財をもう一つの財と交換しようとする比率である．
- 消費者にとっては予算制約線上で最も上方の無差別曲線上の点を選ぶことが最適である．この点では，無差別曲線の傾き（財の間の限界代替率）は予算制約線の傾き（財の相対価格）に等しい．（限界代替率で測った）消費者の二つの財の評価と（相対価格で測った）市場の評価が等しい.

- 財の価格の下落が消費者の選択に及ぼす影響は，所得効果と代替効果に分解できる．所得効果は，価格の下落によって消費者がより豊かになることから生じる消費の変化である．代替効果は，価格の変化によって相対的に安くなった財の消費が増えることから生じる消費の変化である．所得効果は下方の無差別曲線から上方の無差別曲線への移動で表され，代替効果は同一の無差別曲線上の異なる傾きを持つ点への移動で表される.
- 消費者選択の理論は，多くの状況に応用できる．それによって，なぜ需要曲線が右上がりとなりうるのか，なぜ賃金の上昇が労働供給量の増加あるいは減少をもたらすのか，そして，なぜ利子率の上昇が貯蓄の増加あるいは減少をもたらすのかを説明することができる.

確認問題

1. エミリオは，10ドルのピザと2ドルのソーダを買う．彼の所得は100ドルである．次のどの状況で彼の予算制約線は外側に平行移動するか.
   a. ピザの価格が5ドル，ソーダの価格が1ドル，所得が50ドルとなる場合.
   b. ピザの価格が20ドル，ソーダの価格が4ドルになるが，所得は変わらない場合.
   c. ピザの価格が8ドル，ソーダの価格が1ドル，所得が120ドルとなる場合.
   d. ピザの価格が20ドル，ソーダの価格が4ドル，所得が400ドルとなる場合.
2. 無差別曲線上では，曲線の傾きは消費者の何を表しているか.
   a. 所得
   b. 一つの財をもう一つの財と交換してもよいと思う比率
   c. 二つの財は代替財か補完財か
   d. 需要の弾力性
3. マシューとスーザンは，シャツの価格が100ドル，帽子の価格が50ドルのとき，それらの消費を最適化する消費者である．マシューは，4枚のシャツと16個の帽子を購入し，スーザンは6枚のシャツと12個の帽子を購入する．この情報から，マシューの限界代替率は，シャツ1枚当たり（　　）個の帽子であり，スーザンのそれは（　　）個である．

a. 2，1

b. 2，2

c. 4，1

d. 4，2

4. ダリウスは，ロブスターとチキンの2財のみを購入する．ロブスターは正常財だが，チキンは劣等財である．ロブスターの価格が上がったとき，ダリウスはどうするか．

a. 両財とも購入を減らす．

b. ロブスターの購入を増やすが，チキンの購入を減らす．

c. ロブスターの購入を減らすが，チキンの購入を増やす．

d. ロブスターの購入を減らすが，チキンの購入は増やすか減らすか分からない．

5. パスタの価格が上昇して消費者がパスタの購入を増やすとすれば，

a. パスタは正常財で所得効果が代替効果よりも大きい．

b. パスタは正常財で代替効果が所得効果よりも大きい．

c. パスタは劣等財で所得効果が代替効果よりも大きい．

d. パスタは劣等財で代替効果が所得効果よりも大きい．

6. 労働の供給曲線が右上がりになるのはどのようなときか．

a. レジャーが正常財であるとき

b. 消費が正常財であるとき

c. レジャーの所得効果が代替効果よりも大きいとき

d. レジャーの代替効果が所得効果よりも大きいとき

復習問題

1. ある消費者の所得は3000ドルである．ワインの価格は1杯3ドルで，チーズの価格は1ポンド6ドルである．ワインの数量を縦軸にとってこの消費者の予算制約線を描きなさい．予算制約線の傾きはどれほどか．

2. ある消費者のワインとチーズの無差別曲線を描きなさい．無差別曲線の四つの性質を述べ，説明しなさい．
3. ワインとチーズの無差別曲線上の１点を取り上げ，限界代替率を示しなさい．限界代替率は何を表しているか．
4. ある消費者の予算制約線とワインとチーズの無差別曲線を描き，消費の最適点を示しなさい．ワイン１杯の価格が３ドルでチーズ１ポンドの価格が６ドルのとき，最適点における限界代替率はいくらか．
5. ワインとチーズを消費するある人の給料が上がり，所得が3000ドルから4000ドルに増加した．ワインとチーズが両方とも正常財の場合，何が起こるかを示しなさい．チーズが劣等財の場合に何が起こるかを示しなさい．
6. ワインの価格がグラス１杯３ドルのままで，チーズの価格が１ポンド６ドルから10ドルに上昇した．ある消費者の予算制約が3000ドルのとき，ワインとチーズの消費がどのように変化するかを示しなさい．また，その変化を所得効果と代替効果に分解しなさい．
7. チーズの価格が上昇したときにチーズの消費が増えることはありうるか．説明しなさい．

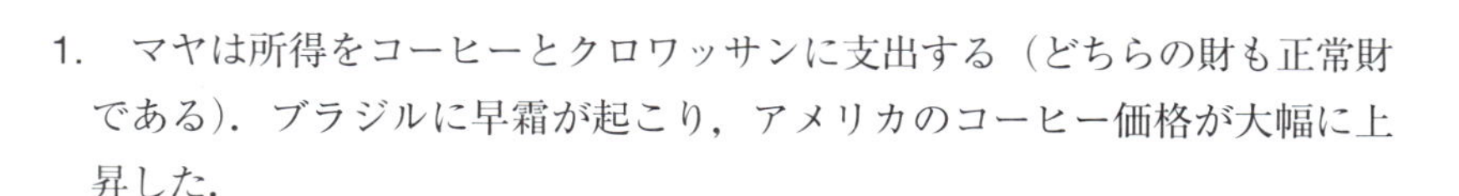

応用問題

1. マヤは所得をコーヒーとクロワッサンに支出する（どちらの財も正常財である）．ブラジルに早霜が起こり，アメリカのコーヒー価格が大幅に上昇した．
   a. 早霜によるマヤの予算制約線への影響を示しなさい．
   b. クロワッサンの代替効果が所得効果を上回ると仮定して，早霜がマヤの最適な消費の組合せにどんな影響を及ぼすかを示しなさい．
   c. クロワッサンの所得効果が代替効果を上回ると仮定して，早霜がマヤの最適な消費の組合せにどんな影響を及ぼすかを示しなさい．
2. 以下の二つの財の組合せを比べなさい．
   - コカ・コーラとペプシ
   - スキーとスキーブーツ

   a. 二つの財が補完財となるのはどちらのケースか．二つの財が代替財となるのはどちらのケースか.

b. 無差別曲線が直線に近くなるのはどちらのケースだろうか. 無差別曲線がかなり内側に膨らむのはどちらのケースだろうか.

c. 二つの財の相対価格が変化したときに消費者が大きく消費を変えるのはどちらのケースだろうか.

3. あなたはソーダとピザのみを消費するとしよう. ある日, ソーダの価格が上昇し, ピザの価格が下落したが, あなたの満足度は価格の変化前と同じであるとしよう.

a. この状況を図の上で表しなさい.

b. 二つの財の消費はどのように変化するか. あなたの反応は所得効果や代替効果にどのように依存しているか.

c. 価格変化前に消費していたソーダとピザの組合せは購入できるだろうか.

4. キャロルはチーズとクラッカーしか消費しない.

a. キャロルにとってどちらの財も劣等財になるということはあるだろうか. 説明しなさい.

b. キャロルにとってチーズは正常財だが, クラッカーは劣等財だとしよう. チーズの価格が下落した場合, キャロルのクラッカーの消費はどうなるだろうか. また, チーズの消費はどうなるだろうか. 説明しなさい.

5. ヤコブは牛乳とクッキーのみを購入する.

a. 1年め, ヤコブは100ドル稼ぎ, 牛乳は1クォート2ドル, クッキーは1ダース4ドルであった. ヤコブの予算制約線を描きなさい.

b. 2年め, どちらの価格も10%上昇したが, ヤコブの所得も10%増加したとしよう. ヤコブの新しい予算制約線を描きなさい. 2年めの最適な牛乳とクッキーの消費の組合せは1年めと比べて変化しただろうか.

6. 次の文章が正しいか間違っているかを理由を含めて述べなさい.

a. すべてのギッフェン財は, 劣等財である.

b. すべての劣等財は, ギッフェン財である.

7. ある大学生は, 食事に関して次の二つの選択肢を持っている. ダイニングホールで食事を6ドルで食べるか, スープを1ドル50セントで食べるかである. 彼の1週間の予算は60ドルである.

a. 予算制約線を描き，ダイニングホールの食事とスープとの間のトレードオフを示しなさい．それぞれの食事に半額ずつ支出すると仮定し，最適な組合せを示す無差別曲線を描きなさい．最適な点をA点として示しなさい．

b. スープの価格が2ドルになり，ダイニングホールでの食事に予算の30%を支出するようになったと仮定しよう．問aの図を用いて，この価格変化がどのような影響を及ぼすかを示しなさい．新しい最適な点をB点として示しなさい．

c. 価格変化によって，スープの消費量はどうなったか．この結果から，所得効果と代替効果についてどのようなことがいえるか．説明しなさい．

d. A点とB点を用いて，スープの需要曲線を描きなさい．このような財は何と呼ばれるか．

8. あなたが何時間働くかという決定について考えてみよう．

a. 所得税はないものと仮定して，あなたの予算制約線を描きなさい．同じ図に，あなたが15%の所得税を支払う場合の予算制約線を描きなさい．

b. 課税によって労働時間が増える場合，減る場合，変化しない場合を示し，説明しなさい．

9. アニヤは週に100時間起きている．一つの図にアニヤの時給が12ドルの場合，16ドルの場合，20ドルの場合の予算制約線を描きなさい．さらに，時給が12ドルと16ドルの間では労働供給曲線が右上がりになり，16ドルと20ドルの間では労働供給曲線が右下がりになるような無差別曲線を描きなさい．

10. 仕事とレジャーに時間を配分しようとしている人の無差別曲線を描きなさい．いま賃金が上昇したとしよう．その人の消費が減ることはありうるだろうか．それは現実的だろうか．説明しなさい（ヒント：所得効果と代替効果を考えなさい）．

11. 経済学者のジョージ・スティグラーは，かつてこう述べた．消費者理論に従えば，「所得が増加したときにある財の消費が減らなければ，価格が上昇したときにはその財の消費は必ず減ることになる」．これを所得効果と代替効果の概念を用いて説明しなさい．

12. 社会福祉制度は非常に貧しい世帯に所得を支給する．典型的には，所得がまったくない世帯に最も大きな支給がなされ，世帯の収入が増加するにつれて支給額はしだいに減少して最後にはゼロになる．この制度が世帯の労働供給にどのような影響を与えうるかを考えてみよう．

a. 社会福祉制度が存在しないと仮定したときの世帯の予算制約線を描きなさい．同じ図に社会福祉制度が存在するときの予算制約線を描きなさい．

b. 同じ図に無差別曲線を書き加えて，社会福祉制度によって世帯の労働時間がどのように減少するかを示しなさい．所得効果と代替効果を用いてその結果を説明しなさい．

c. 問 b で用いた図で，社会福祉制度が世帯の経済的福祉にどのような影響を及ぼすかを示しなさい．

13. 5人の消費者のりんごと梨の限界効用が以下のように与えられている．

	りんごの限界効用	梨の限界効用
クレア	6	12
フィル	6	6
ヘイリー	3	6
アレックス	6	3
ルーク	3	12

りんごの価格は1ドルで，梨は2ドルである．りんごと梨の消費の組合せを最適化している消費者がいるとすれば，それは誰か．最適化していない消費者は，その支出をどのように変えるべきか．

CHAPTER 22

第22章 ミクロ経済学のフロンティア

Keywords

モラルハザード（倫理の欠如） moral hazard
エージェント（代理人） agent
プリンシパル（依頼人） principal
アドバース・セレクション（逆選択，逆淘汰） adverse selection
シグナリング（情報発信） signaling
スクリーニング（振分け） screening
政治経済学 political economy
コンドルセのパラドックス Condorcet paradox
アローの不可能性定理 Arrow's impossibility theorem
中位投票者定理 median voter theorem
行動経済学 behavioral economics

経済学は人々が行う選択と，その結果として生じる人々の相互作用を研究する学問である．これまでの章でみてきたように，この研究には多様な側面がある．しかし，これまでの章で学んできた諸側面が，完璧で不変なものとして仕上がった宝石細工のようなものだと考えるのは誤りである．あらゆる科学者と同じように，経済学者もまた研究すべき新しい領域と説明すべき新しい現象をいつも探している．ミクロ経済学に関するこの最後の章では，この学問のフロンティアにある三つの話題を提供し，経済学者が人間行動と社会への理解をどのように発展させようとしているのかを学ぶ.

最初の話題は情報の非対称性に関する経済学である．異なった数多くの状況において，ある人々が他の人々よりも多く情報を持っており，そのような保有情報の違いは，人々が行う選択や，人々がお互いにどのように取引するかに影響を与える．このような非対称性について考えることにより，中古車市場から贈り物をする習慣に至るまでの世の中のさまざまな側面を解明することができる.

この章で検討する2番めの話題は政治経済学である．この本のあらゆるところで，市場が失敗する事例や，政府の政策によって事態が潜在的に改善可能な事例を数多くみてきた．しかし，そこでは，「潜在的に」という修飾語が欠かせない．そのような潜在力が実現できるかどうかは，政治制度がどれくらいうまく機能するかに依存しているからである．政治経済学の分野は，政府の機能を理解するために経済学の手法を利用する.

この章の3番めの話題は行動経済学である．この分野は，心理学で得られたいくつかの洞察を経済問題の研究に取り入れている．この分野は，通常の経済理論にみられるよりももっと繊細で複雑な人間行動の見方を提供してくれるし，おそらく，それらの見方はより現実に近いものである.

この章では，多くの領域を扱う．そのために，これら三つの話題のあらゆる面を扱うのではなく，それぞれの一端を紹介する．本章の一つの目的は，経済がどのように機能しているかについて，経済学者が自分たちの知識を広げようと努力を傾けている方向のいくつかを示すことである．もう一つの目的は，あなたにもっと多くの経済学の科目を学ぼうという意欲を起こしてもらうことにある.

情報の非対称性

「君の知らないことを知ってるよ」．子どもたちの間でよく使われる挑発的な言葉だが，それはまた，人々がお互いにどのように情報交換するかについての深い真実も伝えている．何が起こっているかについて，ある人が他の人よりもよく知っていることは，世の中で数多くある．ある事柄に関連する知識をどれだけ入手しているかについて差があるとき，それを**情報の非対称性**という．

そうした事例は数多くある．労働者は自分がどれだけ熱心に仕事をするかについて，雇用主よりもよく知っている．中古車の売り手は，車の状態について買い手よりもよく知っている．前者は**隠された行動**の例であり，後者は**隠された性質**の例である．どちらの場合も，情報を知らされていない側（雇用主や車の買い手）は，関連する情報を知りたいだろう．しかし，情報を持つ側（労働者や車の売り手）は，情報を隠そうとするインセンティブを持つかもしれない．

情報の非対称性は非常に広範に存在するため，経済学者はこの数十年，その影響を研究することに大きな努力を払ってきた．この研究が明らかにした洞察のいくつかを議論することにしよう．

●隠された行動：プリンシパル，エージェント，モラルハザード

モラルハザード（倫理の欠如）とは，**エージェント（代理人）**と呼ばれる人が，**プリンシパル（依頼人）**と呼ばれる人のために仕事をするときに生じる問題である．プリンシパルがエージェントの行動を完全には監視できない場合，エージェントは，プリンシパルが望ましいと考えるほど努力しない傾向がある．「モラルハザード」という表現は，エージェントによる不適切も

モラルハザード（倫理の欠如） moral hazard：完全に監視されていない個人が正直でなかったり他の望ましくない行動に走る傾向のこと．
エージェント（代理人） agent：プリンシパル（依頼人）と呼ばれる他人のために行動する人物．
プリンシパル（依頼人） principal：エージェント（代理人）と呼ばれる人物に自分のために行動してもらう人物．

しくは「道徳的でない（モラルのない）」行動がとられるリスク，すなわち「危険（ハザード）」を指している．そのような状況では，プリンシパルは，さまざまな手段を用いて，エージェントがきちんと行動するように促そうとする．

雇用関係は古典的な例である．雇用主はプリンシパルであり，労働者はエージェントである．完全には監視されない労働者が，責務を回避しようとする誘惑にかられるというモラルハザード問題がある．雇用主は，この問題にさまざまな方法で対応することができる．

- **より効果的な監視**：雇用者は労働者の行動を隠し撮りするビデオカメラを設置することがある．目的は監督者が不在のときにとりがちな無責任な行動を見つけることである．
- **高賃金**：（第19章で議論された）**効率賃金理論**によると，雇用主のなかには，労働市場で需要と供給が均衡する水準よりも高い賃金を労働者に支払おうとする人たちがいる．均衡賃金以上に稼ぐ労働者は，怠けようとはあまりしないだろう．もしそのことが見つかって解雇されると，別の高賃金の仕事を見つけられないかもしれないからである．
- **後払い**：企業は，労働者への報酬支払いの一部を遅らせることができる．そのため，労働者は，もし怠けていることがわかって解雇されると，大きな痛手を被ることになる．後払いの一つの例は，年末のボーナスである．同様に，企業は労働者に対して，彼らがもっと歳をとってからより多く支払うことを選ぶかもしれない．労働者が歳をとるにつれて獲得する賃金上昇などは，経験に対する手当だけでなく，モラルハザードへの対策なのかもしれない．

雇用主は，モラルハザード問題を軽減するために，こうしたさまざまな仕組みを組み合わせて用いることができる．

職場に限らず，他にも多くのモラルハザードに関する事例がある．火災保険に入っている家主は，消火器をあまり買わなくなる傾向がある．消火器の費用は家主の負担だが，消火器で大きな便益を得るのは保険会社だからである．またある家族は洪水のリスクが高いような川の近くに，景観を楽しむた

コラム 株式会社経営

現代経済における生産のほとんどは株式会社のなかで行われる．株式会社以外の企業と同様に，株式会社は生産要素の市場で投入物を買い，財・サービスの市場で生産物を売る．また，株式会社は，その他の企業と同じように，意思決定を利潤最大化の目的に従ってなす．しかし，大きな株式会社は，小さな家族経営などでは起こらないような問題を抱えることになる．

株式会社を他と区別するのは何だろうか．法的な視点からは，株式会社は，一個の独立した法的存在であるという免許を認められた組織であり，その独自の権利と義務が所有者や被雇用者の権利や義務から区別される．経済学的な視点からは，株式会社の組織形態の最も重要な特徴は，所有と経営の分離である．株主と呼ばれる人々のグループは株式会社を所有し，その利潤を分け合う．経営者と呼ばれる人々のもう一つのグループは，株式会社の資源をどのように配置するかについての決定を行うために，株式会社によって雇用される．

所有と経営の分離は，プリンシパル-エージェント問題を生み出す．この場合，株主はプリンシパルで，経営者はエージェントである．社長や他の経営者は利用可能なビジネス機会を知る最善の地位にあり，株主のために利潤を最大化する仕事を委ねられている．しかし彼らにこの仕事を確実に実行させることはいつもやさしいわけではない．経営者は自分自身の目標，たとえば，気楽な生活をする，豪華なオフィスとプライベート・ジェットを持つ，ぜいたくなパーティを催す，巨大な企業王国を支配する，といった目標を持っている．経営者の目標は利潤最大化の目標とつねに一致するわけではない．

株式会社の取締役会は経営トップを雇用し，また解雇する責任を負う．取締役会は経営者の業績を監視し，彼らへの報酬の組合せを設計する．これには，しばしば株主の利害と経営者の利害を一致させることをめざした報奨制度が含まれる．経営者は業績に基づいたボーナスやその企業の株式を購入するオプションを与えられることがあるが，企業の業績がよければそれらのほうが価値は高い.

しかし，取締役自身が株主のエージェントであることに注意が必要である．経営者を監督する取締役会の存在はプリンシパル-エージェント問題の所在を変えるだけである．そこでの問題は，取締役会が，株主の利益のために最善を尽くすという法的な義務をどのようにして確実に果たさせるかということになる．もし取締役が経営者と友好的すぎるならば，要求されている監督をしないかもしれない.

株式会社のプリンシパル-エージェント問題は2005年ごろに大きなニュースになった．エンロン，タイコ，ワールドコムといったいくつかの著名企業のトップの経営者が株主の犠牲の上に私腹を肥やす行いをしていたことがわかったのだ．これらのケースは，行為があまりにも行き過ぎたものであったために犯罪となり，これらの企業経営者は解雇されただけでなく刑務所送りとなった．株主の中には，経営者を十分に監督できなかったとして，取締役を訴えたものもいた.

幸いなことに，企業経営者の犯罪行為はまれである．しかし，ある意味でそれは氷山の一角でしかない．ほとんどの大企業がそうであるように，所有と経営が分離しているときにはいつでも，株主の利害と経営者の利害の間に避けがたい緊張があるのである.

めに住むかもしれない．洪水が起こっても，災害の復興費用を負担するのは政府であるからだ．こうした問題に取り組むために，多くの規制が存在する．たとえば，家主に消火器を購入するように保険会社が要求したり，洪水が起こるリスクの高い土地に住宅を建築したりすることを政府が禁止することなどである．しかし，保険会社は家主がどれほど注意深いかについての完全な情報を持っておらず，政府は家族がどこに住むかを選ぶときに引き受けようとしているリスクについて完全な情報を持っていない．その結果，モラルハザードの問題はなくならないのである.

●隠された性質：アドバース・セレクションとレモンの問題

アドバース・セレクション（逆選択，逆淘汰）は，販売される商品の属性について，売り手のほうが買い手よりもよく知っているような市場で発生する問題である．そのような場合，買い手は，品質の低い財を買わされるリスクを負う．すなわち，どのような財を売りに出すかという（売り手の）「選択」が，情報のない買い手の視点からは「逆（不利）」になるかもしれないのである．

アドバース・セレクションの古典的な例は，中古車市場である．中古車の売り手は車の欠陥を知っているが，買い手はしばしばそれを知らない．最低の品質の車の所有者は，最高の品質の車の所有者に比べると車を売ろうとする傾向が強いだろう．そのため，買い手は「レモン（欠陥車）」を手にすることを懸念するだろう．その結果，多くの人々は中古車市場で車を買うことを避ける．このレモンの問題は，なぜ数週間しか使われていない車が同じタイプの新車よりも数千ドルも安くなるかを説明している．中古車の買い手は，売り手が買い手の知らない何かを知っているため，すぐに手放したのだと推測するのである．

アドバース・セレクションの２番めの例は，労働市場で生じる．効率賃金理論によると，労働者には能力の違いがあり，労働者は雇用主である企業よりも自分の能力についてよく知っている．企業が賃金を引き下げると，他で仕事を見つけやすいことをよく知っている能力のある労働者ほど離職する傾向がある．逆にいえば，優秀な労働者の集団を引きつけるために，企業は均衡水準以上の賃金を支払うかもしれない．

アドバース・セレクションの３番めの例は，保険市場で生じる．たとえば，健康（医療）保険に入る人たちは，自分の健康上の問題について保険会社よりもよく知っている．健康上の問題を多く隠している人々は，そうでない人々よりも健康保険に入ることが多いため，健康保険の価格は病気がちな人々の費用を反映することになってしまう．その結果，標準的な健康状態の人々は，保険料が高いために保険に入らないと決定するかもしれない．

市場がアドバース・セレクションに苦しんでいるときには，見えざる手の魔法の力は必ずしも働かない．中古車市場では，よい車の所有者は，疑い深い買い手が支払おうとするような低い価格では，売らずに手元に置いておこ

アドバース・セレクション（逆選択，逆淘汰） adverse selection：複数の観察できない属性の混合状態が，情報を保有していない集団の観点からは望ましくないものになる傾向．

うとするだろう．労働市場では，需要と供給が等しくなる水準よりも高いところで賃金が固定し，その結果失業が発生するかもしれない．保険市場では，リスクの低い人たちは，提供される保険プランが自分たちの真の特性を反映したものでないために，保険に加入しないかもしれない．政府が健康保険を提供することを支持する人たちは，民間市場に任せていては適切な額の健康保険が提供されないとする理由の一つとして，アドバース・セレクションの問題を指摘することがある．

●私的情報を伝達するシグナリング

情報の非対称性は時として公共政策がとられる動機となることがあるが，それはまた，個人が情報の非対称性の要因以外では説明がつかないような行動をとる動機にもなる．市場は情報の非対称性の問題にさまざまな方法で対応する．その一つがシグナリング（情報発信）であり，情報を有する側が私的情報を明らかにして信頼してもらうという目的のためだけにとる行動のことをいう．

これまでの章でも，すでにシグナリングの例をいくつかみてきた．第16章では，企業が高品質の製品であることのシグナルを潜在的な消費者に伝えるために，広告にお金を費やすかもしれないことをみた．また第19章では，自身の生産性を高めるという理由ではなく，高い能力を持っているというシグナルを潜在的な雇用主に伝えるためだけに，学生が大卒資格を得るかもしれないことを学んだ．二つのシグナリングの事例（広告，教育）は，非常に異なるものにみえるかもしれないが，本質的にはほとんど同じものである．どちらの場合も，情報を持つ側（企業，学生）は，情報を持たない側（顧客，雇用主）に自分たちが高い質を提供できると納得してもらうためにシグナルを送る．

有効なシグナルとなる行動をとるには何が必要だろうか．明らかに有効なシグナルには費用がかかるに違いない．もしシグナルに費用がかからなければ，誰もがシグナルを送るだろうし，そうなれば何も情報を伝達できないことになる．同じ理由で，もう一つ必要なことがある．シグナルは高品質の製

シグナリング（情報発信）signaling：情報を保有している集団が情報を保有していない集団に対して私的情報を明らかにするためにとる行動．

品を有する人にとっては費用があまり高くないか，便益が大きいものでなければならない．もしそうでなければ，誰もが同じようなシグナル伝達のインセンティブを持つことになるので，シグナルは何も明らかにしないことになる．

もう一度，二つの例について考えてみよう．広告の場合，よい製品を持つ企業は広告によって大きな便益を手にする．その製品を一度試してみた顧客は，繰り返し購入する顧客になる可能性が高いからである．このように，よい製品を持つ企業にとっては，シグナル（広告）の費用を支払うことは合理的であり，顧客にとっても，シグナルを製品の品質の高さを示す情報の一つとして用いることが合理的となる．教育の場合には，才能のある人は才能のない人よりも容易に入学試験に合格することができる．このように，才能のある人にとっては，シグナル（教育）の費用を支払うことは合理的であり，雇用主にとってもそのシグナルを才能についての情報の一部として用いることが合理的となる．

世界はシグナリングの事例に満ちている．雑誌広告では「テレビでおなじみの」という言い方をすることがある．雑誌で製品を売っている企業は，なぜこのような事実を強調するのだろうか．一つの可能性は，雑誌の読者が自社製品の品質が高いと推測してくれるだろうと期待して，企業は，高価なシグナル（テレビのスポット広告）に対して支払い意欲があることを伝えようとしているということである．同じ理由で，エリート校の卒業生は，いつもその事実を自分の履歴書に書くのである．

シグナルとしての贈り物

ある男性がガールフレンドの誕生日に何をプレゼントしようかと熟考している．彼は「彼女に現金をあげよう．結局，彼女が僕の好みを知らないのと同じように，僕は彼女の好みがわからないし，現金だったら彼女は何でも欲しいものを買える」と自分に言い聞かせる．しかし，彼女に現金を手渡した途端，彼女は怒り出す．彼女は彼が自分のことを愛してくれていないと確信し，彼とのつきあいをやめる．

この話の背後にある経済理論とは何だろうか．

ある意味で，贈り物をするというのは，奇妙な習慣である．この話の男性が示唆するように，人々は自分の嗜好について他の人よりもよく知っているのが普通であり，誰もが現物の譲渡よりも現金を好むと思うかもしれない．もしあなたの雇用主が小切手の代わりに勝手に選んだ商品で給与を支払おうとしたら，あなたはその支払方法に抵抗するだろう．しかし，あなたを愛する（とあなたが希望する）人が同じことをするときには，あなたの反応は非常に異なったものとなるだろう．

贈り物の一つの解釈は，それが情報の非対称性とシグナリングを反映しているということである．この話の男性は，ガールフレンドが知りたいこと，すなわち，「彼は本当に私のことを愛してくれているのだろうか」ということについての私的情報を持っている．彼女に合った贈り物を選ぶことは，彼の愛情のシグナルである．確かに，現金を渡す代わりに贈り物を選ぶ行為は，（彼が彼女に発信する）シグナルとしてふさわしい特徴を持っている．その行為には費用（時間）がかかるし，その費用は（彼がどれだけ彼女を愛しているかという）私的情報に依存する．もし彼が本当に彼女を愛しているのならば，彼はいつも彼女のことを考えているのだから，彼女に合った贈り物を選ぶことがやさしくなる．もし彼が彼女を愛していないのならば，適切な贈り物を選ぶことがずっと難しくなる．このように，ガールフレンドにふさわしい贈り物を用意することは，彼にとって，彼女を愛しているという私的情報を伝える一つの方法である．現金を贈るということは，彼が贈り物選びをわざわざしようとしないことを示している．

贈り物のシグナリング理論は，観察されるもう一つの事実とも整合的である．すなわち，人々は，愛情の深さが最も問題となっているときに，その習慣（＝贈り物）に最も気を使う．したがって，ガールフレンドやボーイフレンドに現金を渡すことは通常は悪い手段である．しかし，大学生が両親から小切手を受け取って腹を立てることはほとんどないだろう．両親の愛情を疑うことはあまりなく，現金を贈られたからといって，それを愛情が欠如していることのシグナルとは考えないからである．

私的情報開示を促すスクリーニング

情報を持つ側が自分の私的情報を明らかにする行動をとるとき，その現象はシグナリング（情報発信）と呼ばれる．情報を持たない側が私的情報を明らかにするように促す行動をとるとき，その現象は**スクリーニング（振分け）**と呼ばれる．

スクリーニングには常識となっているものがある．中古車を購入しようとする人は，その前に自動車整備工に点検してもらうように売り手に頼むかもしれない．この要請を断る売り手は，その車が欠陥車であるという私的情報を明らかにすることになる．買い手は，安い価格を提示するか，あるいは別の車を探すだろう．

スクリーニングの他の例はもう少し微妙なものである．たとえば，自動車保険を販売する企業を考えてみよう．企業は，安全な運転をする人には低い保険料を提示し，乱暴な運転をする人には高い保険料を課したいと考えるだろう．しかし，どうすればドライバーに自分が安全な運転者と乱暴な運転者のどちらに分類されるかを言ってもらえるだろうか．ドライバーは自分が安全な運転をするか乱暴な運転をするかを知っているが，乱暴な運転をする人はそれを認めようとしないだろう．ドライバーの経歴は一つの情報であるが（保険会社は実際にそれを用いる），自動車事故には本質的に偶然の要素があるために，経歴は将来のリスクの不完全な指標にしかならない．

保険会社は，異なるタイプの保険契約を提示することで，２種類のドライバーに自分たちを分類させることができるかもしれない．一つの契約は，保険料が高く，どのような事故が生じてもすべての費用を補償する．もう一つの契約は，保険料は低いが，たとえば1000ドルを免責とする（つまり，ドライバーは損害のうちの1000ドルについては自分で責任を持ち，保険会社は残りのリスクを負う）．乱暴な運転をするドライバーは，事故に遭いやすいために，その免責が大きな自己負担となることに注意しよう．このように，免責を十分に大きくすれば，保険料の低い保険契約は安全な運転をするドライバーを引きつけるだろう．一方，免責がない保険料の高い保険契約は乱暴な運転をするドライバーを引きつけるだろう．こうした二つの契約に直面して，２種類のドライバーは，異なる保険契約を選ぶことでみずからの私的情報を明らかにするのである．

スクリーニング（振分け） screening：情報を保有していない集団が情報を保有している集団に情報を自発的に明らかにさせるためにとる行動．

●情報の非対称性と公共政策

これまでモラルハザードとアドバース・セレクションという2種類の情報の非対称性を検討してきた．そして，個人がシグナリングやスクリーニングの問題にどのように対応するかを理解した．それでは，情報の非対称性について学ぶことで，公共政策の適切な範囲について何が示唆されるかを考察しよう．

ミクロ経済学では，市場の成功と失敗の間の緊張関係が最も重要である．第7章では，需要と供給の均衡は，社会が市場から得ることのできる総余剰が最大になるという意味で効率的であることを学んだ．アダム・スミスの見えざる手はその最高位に君臨するだろう．その結論は，外部性（第10章），公共財（第11章），不完全競争（第15章から第17章），貧困（第20章）を学ぶことで修正された．これらの章では，政府が時には市場の成果を改善することがあることを示した．

情報の非対称性について学ぶと，市場について用心しなければならない新しい理由が得られる．ある人々が他の人々よりも多くの情報を持っているときには，市場は資源を最適に配分することに失敗するかもしれない．高品質の中古車を持っている人々は，買い手が欠陥車を手に入れまいとするために，車を売ることに苦労するかもしれない．健康上の問題があまりない人々は，保険会社がそうした人と大きな健康上の問題を抱えている人（しかもそれを隠している人）とをひとくくりにするために，低コストの健康保険に入るのが難しくなるかもしれない．

情報の非対称性がある場合には政府の介入を必要とするかもしれないが，三つの事実がこの問題を複雑にする．第1に，これまでみてきたように，民間市場は，シグナリングとスクリーニングを用いてみずから情報の非対称性に対処できることがある．第2に，政府が民間市場よりも多くの情報を持っていることはめったにない．たとえ市場の資源配分が理想的ではないとしても，それは手に入れられる最善の状態かもしれない．すなわち，情報の非対称性がある場合に，政策立案者は明らかに不完全な市場の成果を改善することが難しいかもしれない．第3に，政府はそれ自体が不完全な制度である．第3の点は，次の節で取り上げる話題となる．

【小問】 ●生命保険に入る人は，毎年ある一定額を支払い，死亡するとそれよりはるかに大きな額が遺族に支払われる．あなたは，生命保険に入った人の死亡率が普通の人の死亡率よりも高くなると思うか，それとも低くなると思うか．どうしてこれがモラルハザードやアドバース・セレクションの例になるのか．保険会社はこうした問題にどのように対処するか．

2 政治経済学

これまでみてきたように，なすがままに任された市場は，必ずしも望ましい資源配分をもたらさない．市場の成果が非効率もしくは不公平と判断された場合，市場に介入し，状況を改善する役割が政府にはあるのかもしれない．しかし，積極的な政府を取り入れてみる前に，われわれはもう一つの事実を考慮しなければならない．政府もまた不完全な制度であるということである．政治経済学（公共選択と呼ばれることもある）の分野では，経済学の手法を用いて政府がどのように機能するかを研究する．

●コンドルセの投票パラドックス

ほとんどの先進的な社会では，政府の政策を民主主義的な原則に従って決定する．たとえば，ある町が新しい公園を建設するにあたり二つの候補地から一つを選ぶ場合，ただたんに過半数の支持を得た候補地を選ぶという単純な方法がある．しかし，多くの場合，政策の決定に際してとりうる選択肢は三つ以上ある．先の公園の例でいえば，新しい公園を建設する候補地は三つ以上の候補地から選択することが可能かもしれない．複数の選択肢から最善のものを選択しようとする場合，18世紀フランスの政治学者コンドルセの有名な指摘のように，民主主義は問題に直面する可能性がある．

たとえば，A，B，C という三つの選択肢が存在し，選択肢 A，B，C に対して，表22-1に示されているような 3 種類の選好を持つ有権者が存在するとしよう．これらの有権者で構成される町の町長は，有権者全員の選好を

政治経済学 political economy：経済学の分析方法を用いた政府の分析．

表 22-1 コンドルセのパラドックス

	有権者のタイプ		
	タイプ1	タイプ2	タイプ3
全有権者に占める各タイプの割合	35	45	20
最もよい	A	B	C
2番めによい	B	C	A
3番めによい	C	A	B

（注）もし有権者が選択肢 A，B，C に対して上のような選好を持っている場合，二者択一の多数決の下では，A が B を下し，B が C を下し，C が A を下す．

集計して，地域全体の選好を決定したいと考えている．この場合，町長はどのようにすべきだろうか．

まず，町長が二者択一の投票を試みたとしよう．もし，町長が有権者に選択肢 B と C のなかから投票で一つを選ばせると，タイプ 1 とタイプ 2 の有権者が B に投票するので，選択肢 B が過半数の支持を得る．つぎに，A と B のなかから一つを選ぶと，タイプ 1 とタイプ 3 の有権者が選択肢 A に投票するので，選択肢 A が過半数の支持を得る．町長は，A が B に勝ち，B が C に勝ったので，選択肢 A が有権者の明確な選択であると結論づけるかもしれない．

しかし，そのように結論づけることは早計である．町長が有権者に選択肢 A と C から投票で一つを選ばせると，タイプ 2 とタイプ 3 の有権者たちが選択肢 C に投票をし，今度は選択肢 C が過半数を得る．つまり，二者択一の多数決の下では，A が B に勝ち，B が C に勝ち，C が A に勝つことになる．通常，われわれは選好が**推移性**という特性を満たすことを期待する．つまり，A が B よりも好まれ，B が C よりも好まれる場合，A が C よりも好まれることを期待するのである．**コンドルセのパラドックス**とは，民主的に選ばれた結果がこの推移性という特性に必ずしも従わないことをいう．二者択一の投票では，個人がどのような選好を持つかによって，社会全体の選好結果が場合によっては推移性を満たすかもしれないが，表 22-1 の例が示すように，推移性を（いつも）満たすと考えることはできない．

コンドルセのパラドックス Condorcet paradox：過半数原則の多数決制が推移性を満たす社会選好を生み出すことに失敗すること．

コンドルセのパラドックスの一つの結論は，投票の順序に結果が左右されるということである．もし，町長がまず選択肢Aと選択肢Bの二者択一の投票を行い，次にその勝者と選択肢Cの二者択一の投票をすると，町では最終的に選択肢Cが選択される．しかし，もし最初に選択肢Bと選択肢Cの二者択一の投票を行い，そしてその勝者と選択肢Aとの二者択一の投票を実施した場合，今度は選択肢Aが選択される．同様に，まず，選択肢Aと選択肢Cの二者択一の投票を実施し，つぎにその勝者と選択肢Bとの二者択一の投票を行った場合，選択肢Bが町の結論として選択される．

コンドルセのパラドックスは，二つの教訓を教えてくれる．直接的な教訓としては，三つ以上の選択肢がある場合，議事進行の仕方（つまり，どの選択肢間の投票を何番めに行うかという順序設定の仕方）が民主的な選挙の結果に多大なる影響を与えるということである．より広い意味での教訓としては，過半数制の多数決それ自体は，社会が本当に望む結果を教えてくれるものではないということである．

●アローの不可能性定理

コンドルセのパラドックスに気づいてから，政治学者は既存の投票システムの研究や新しい投票システムを提案することに多くの時間を費やしてきた．たとえば，先の町長の例でいえば，二者択一の多数決投票を実施する代わりに，各有権者にすべての可能な選択肢に順位をつけてもらうように頼むことが考えられる．そして，最下位の選択肢に1ポイント，最後から2番めの選択肢に2ポイント，最後から3番めの選択肢に3ポイントをつけるといった具合に，各有権者の出した結果に点数を与え，それを全有権者分集計し，最も多いポイントを得た選択肢を社会全体の選択とするという方法である．表22-1の選好の下では，選択肢Bが勝者となる（各自計算して確かめなさい）．この投票・集計方法は，この方法を発明した18世紀フランスの数学者で政治学者でもあるジャン＝シャルル・ド・ボルダにちなんで**ボルダ方式**と呼ばれる．この方法は，人気投票によってスポーツチームを順位づけする際などによく用いられる．

しかしそもそも，完全な投票システムというものは存在するのだろうか．経済学者ケネス・アローは，1951年に出した彼の著書『社会的選択と個人的評価』のなかでこの問いを取り上げた．本のなかでアローはまず，完璧な投票システムとはどうあるべきかを定義することから始めた．アローは，社会に存在する全個人が，とりうるすべての選択肢 A，B，C，…に対し選好を持っていることを仮定した．そのうえで，複数の選択肢から一つの選択肢を選ぶためには，社会は以下の特性を満たす投票の仕組みを持つことが望ましいと仮定した．

- **一致性**：もし全員が B よりも A を選好するなら，A は B よりもよい．
- **推移性**：もし A が B に勝ち，B が C に勝つなら，A は C よりもよい．
- **無関係な選択肢からの独立性**：選択肢 A と B の順位は，第 3 の選択肢 C が選択可能か否かに影響されない．
- **独裁者の不在**：他の人がどのような選好を持っていようと，自分の選好がつねに優先されるような人物はいない．

これらの特性はすべて，選挙システムが持つべき望ましい特性のようにみえる．しかし，アローは，議論の余地のない形で，**これらすべての特性を満たす投票システムは存在しない**ことを数学的に証明した．この驚くべき結果は，**アローの不可能性定理**と呼ばれている．

アローの不可能性定理を証明するために必要な数学はこの本のレベルを超えるので，なぜこの定理が真実であるのかをこれまでに挙げたいくつかの例から直観的に考えてみよう．これまでみてきたように，二者択一の多数決制には問題が伴う．すなわち，コンドルセのパラドックスが示すように，多数決制では推移性を満たす結果がつねに導き出されるとは限らない．

もう一つの例であるボルダ方式では，無関係な選択肢からの独立性を満たすことができない．表 22-1 の選好を用いると，すでにみたようにボルダ方式では選択肢 B が選ばれる．しかし，突然，選択肢 C が選択不可能となり，選択肢 A と B から一つをボルダ方式で選ぶことになると，今度は選択肢 A が選ばれる（この結果も計算して確かめてみよう）．つまり，選択肢 C が排

アローの不可能性定理 Arrow's impossibility theorem：ある仮定された条件の下では，個人の選好を集計して一連の妥当な特徴を持つ社会の選好を導き出す仕組みが存在しないことを示す数学的な結果．

除されると，選択肢 A と B の順位が変わってしまうのである．このように結果が変わる要因は，ボルダ方式の結果が選択肢 A と B が獲得したポイントに依存して決まり，選択肢 A と B が獲得するポイント自体は，無関係な選択肢 C が選択可能か否かに依存する点にある．

アローの不可能性定理は意義深いが，われわれを不安に陥れるような結果である．アローの不可能性定理は，政府の形態として民主主義を廃止すべきだと主張しているわけでないが，社会を構成するすべての個人の選好を集計するためにどのような投票の仕組みを用いたとしても，社会的選択を行う仕組みとしては何らかの欠点があると主張している．

●中位投票者は王様

アローの不可能性定理にもかかわらず，過半数原則の多数決制に従った投票は，ほとんどの社会において指導者や公共政策を選ぶ方法となっている．政府を研究する次の段階として，過半数原則の多数決制に支配されている政府がどのように機能するかという点に着目する．つまり，民主的な社会では，どの政策が選ばれるのかを誰が決定しているのだろうか．場合によっては，民主的な政府の理論は，驚くほど単純な答えを導き出すこともある．

例を用いて考えてみよう．ある社会が，軍隊や国立公園といった公共財にどれくらいの予算を割り当てるかを決めるという状況を考える．各有権者は，自分にとって最も望ましい予算がいくらなのかわかっていて，自分の最も望ましい予算に近いほうの選択肢をつねに好むとする．したがって，最も低予算を望む有権者から最も高予算を望む有権者までを順に並べることができる．図 22-1 はその一例である．この例では，100人の有権者が存在し，有権者の最も望ましい予算はゼロから200億ドルまで散らばっている．このような選好を所与とすると，民主主義はどのような結果をもたらすと予想されるだろうか．

中位投票者定理という有名な結果に従えば，過半数原則の多数決制は中位

中位投票者定理 median voter theorem：有権者全員で直線上の 1 点を選び，各有権者はその点が自分の最も望ましい点と最も近くなることを願うとき，過半数原則の多数決制では，中位投票者が最も好む点を全員で選ぶ点としてとりあげることになることを示す数学的結果．

図 22－1　中位投票者定理

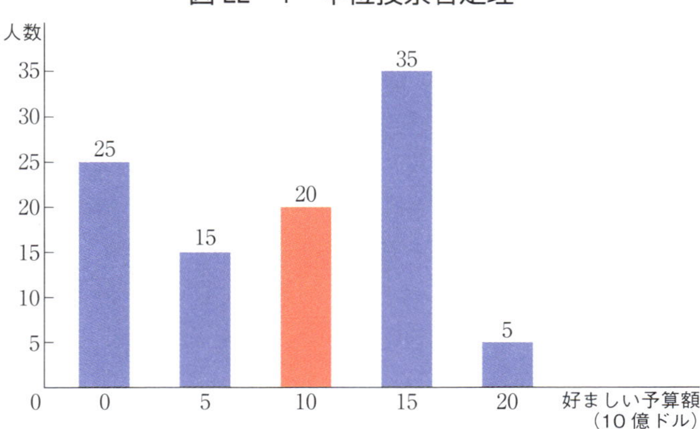

この棒グラフは，100人の有権者の最も好む予算が，0ドルから200億ドルまでの五つの選択肢にどのように分布しているかを示している．もし，この社会が過半数原則の多数決で予算を決めるのであれば，結果は，予算100億ドルを望む中位投票者が望む結果に決まる．

投票者が最も好む選択肢を選択するという結果をもたらす．**中位投票者**とは，分布のちょうど真ん中に位置する投票者のことをいう．この例では，最も望ましい予算順に有権者を並べ，両側の端からそれぞれ50番めの有権者を探すと，中位投票者は100億ドルの予算を望んでいることがわかる．参照値として，最も望ましい予算の平均（最も望ましい予算額を合計して有権者の数で割ったもの）を考えると，その額は90億ドルになり，最頻値（最も多くの有権者から好まれる額）を考えると，その額は150億ドルとなる．

二者択一の選挙では，中位投票者から好まれる選択肢は，他のどの選択肢も打ち負かすことができるので，中位投票者は選挙結果を支配する存在である．われわれの例では，過半数の有権者が中位投票者の望む100億ドルという予算額以上の予算を望んでいるが，同時に過半数の有権者が100億ドル以下の予算を望んでいる．もし，誰かが100億ドルではなくたとえば80億ドルという提案をしたら，100億ドル以上の予算を望む有権者は中位投票者と同じほうに投票するだろう．同様に，誰かが100億ドルではなく120億ドルという提案をしたら，100億ドル以下の予算を望む有権者は中位投票者と同じほうに投票するだろう．どちらの場合も，中位投票者が投票する選択肢が過半数を得る．

この場合，コンドルセの投票パラドックスの問題はどうなるのだろうか．個々の有権者自身がとりあげた最も望ましいと思う1点を選好し，連続する直線上から1点を全員の選好としてとりあげるとき，コンドルセのパラドックスは起こりえないという結果が得られる．この場合も，中位投票者が最も望む選択肢は，他のすべての選択肢を打ち負かす．

中位投票者定理から得られる一つの結論は，もし二つの政党が存在し，各々の政党が自分の党が選挙に勝つ確率を最大にしたければ，彼らはそれぞれ中位投票者の立場に近づくだろうということである．たとえば，民主党が150億ドルの予算を主張する一方で，共和党が100億ドルの予算を主張するとしよう．個別の選択肢でみると，150億ドルという選択肢は他のどの選択肢よりも多くの有権者の支持を集めているので，民主党の立場のほうがある意味で人気があるといえる．しかし，結果は，共和党が50％以上の票を得る．100億ドルを望む20人の有権者の票に，50億ドルを望む15人の票と予算ゼロを望む25人の有権者の票をあわせて得るからである．もし民主党が勝ちたければ中位投票者の立場に近づくだろう．そのため，この理論はなぜ二大政党制の下では政党同士が似通っているのかを説明することができる．つまり，二つの政党はどちらも中位投票者の立場のほうへ動くのである．

中位投票者定理から得られるもう一つの結論は，少数意見にはあまり重きが置かれないということである．たとえば，有権者の40％が国立公園に多額の予算を割り当ててほしいと望み，残りの60％の有権者が国立公園には予算をまったく割り当ててほしくないと考えているとしよう．この場合，少数意見がどれだけまとまっていても，中位投票者の選好は予算ゼロなので予算ゼロが選択される．このように，過半数原則の多数決制では，人々の選好を考慮した妥協点を見出すのではなく，分布のちょうど真ん中にいる人物の選好のみを考慮して決められるのである．これが民主主義の論理である．

●政治家もまた人間

経済学者は，消費者行動を研究するとき，消費者は最も高水準の満足を与えてくれる財・サービスの組合せを購入すると仮定し，企業行動を研究するとき，企業は最も高水準の利潤を生み出す量の財・サービスを生産すると仮定する．それでは，実際に政治に関わる人々の行動を研究するときには，経済学者は何を仮定すべきだろうか．

政治家も目的を持っている．政治の指導者たちはつねに社会全体の幸福を追求していると仮定したり，彼らは効率と公平の最適な組合せを探していると仮定したりするのもよいかもしれないが，たぶん現実的ではない．消費者や企業の所有者の場合と同様に，政治家も利己心が彼らの行動の強力な動機となりうる．政治家によっては，再選されたいがために，票を確固たるものとするためなら国益を犠牲にするかもしれない．またたんなる物欲に突き動かされる政治家もいるだろう．もし，こういう考え方に疑問がある読者がいれば，世界の貧しい国をみてみるべきだろう．そこでは，政府役人の汚職が国の経済成長の妨げとなっている．

この教科書は，政治的行動理論を展開するためのものではない．ただし，経済政策を考える際には，政策が慈悲深い王様（あるいは慈悲深い経済学者）によって決定されているのではなく，赤裸々な欲を持つ生身の人間によって決定されていることを心にとめておこう．政治家は，国益を追求しようとして行動するときもあるが，彼ら自身の政治的・金銭的野心によって行動している場合もある．実際に採用される経済政策が，経済学の教科書で理想とされている経済政策とは似ても似つかないものであっても，それは決して驚くべきではない．

【小問】 ●ある公立学校を抱える学区が，学校の予算を決めようとしている．予算の結果によって生徒と教師の比率が決まる．世論調査によれば，20％の有権者が生徒と教師の比率として9：1を，25％の有権者が10：1を，15％が11：1を，そして，40％の有権者が12：1を望んでいる．もしこの学区が多数決制をとる場合，どのような投票結果がこの学区で予想されるか．説明しなさい．

3 行動経済学

経済学とは，人間行動を分析する学問である．ただし，そう主張するのは，経済学だけではない．社会科学としての心理学も，人々が生活のなかで行うさまざまな選択に手がかりを与えてくれる．従来，経済学と心理学は独自の道を歩んできた．一つの理由は，各々が異なった範囲の問題に取り組んできたためである．ところが，最近，**行動経済学**という分野が現れ，経済学者が心理学の基本的な洞察を利用するようになってきている．この節では，これらの心理学的洞察のいくつかについて検討してみよう．

人々は，必ずしも合理的には行動しない

経済理論は，時として**ホモ・エコノミクス**と呼ばれる特定の種の生命体を対象としている．この種の成員たちは，つねに合理的である．彼らは，企業の所有者として利潤を最大化しようとする．また，消費者として，効用を最大化しようとする（あるいは，同じことだが，無差別曲線の最も高いところの点を選択しようとする）．直面する制約条件の下で，彼らは，すべての費用と便益とを比較考量し，可能な選択肢のなかからつねに最適な行動を選択する．

しかしながら，実際の人々は，**ホモ・サピエンス**である．彼らは，経済学が想定する合理的で計算高い人々に多くの点で似ているが，もっと複雑である．彼らは，忘れやすいし，衝動的だし，混同しがちだし，感情的だし，近視眼的でもある．このような人々の理性の不十分さこそ，心理学が糧とするものである．ところが，最近まで，経済学者は，それらを無視してきた．

経済学と心理学の境界領域で活躍してきた最初の社会科学者であるハーバート・サイモンは，人間とは最大化を求める合理的な主体ではなく，**満足を求める主体**だとみなすべきだと提案している．つねに最適な行動を選択するというよりも，たんに十分に（自己）満足できるような決定をする．同様に，ある経済学者は，人間とは「ほぼ」合理的にすぎないとか，あるいは「限定合理性」を示すといった提案をしている．

人間の意思決定に関する研究は，人々が犯しがちな規則的な過ちをみつけようとしてきた．以下に，いくつかの事例を挙げよう．

● **人々は，自信過剰である．** たとえば，国連に加盟するアフリカ諸国の数とか，北アメリカで最も高い山の標高といった，数字に関する質問を受けた

行動経済学 behavioral economics：心理学の洞察をとり入れた経済学の一分野．

としよう．ただし，そのときに単一の推定値ではなく，90％の信頼区間を答えるように求められたとする．つまり，真の値が90％の確率でそのなかに入っているような区間を答えるのである．心理学者はこのような実験を行い，多くの人がとても狭い範囲，つまり真の値がその範囲に入る確率が90％よりはるかに狭い範囲でしか答えないことを発見した．つまり，たいていの人々は，自分自身の能力をかなり過信している．

- **人々は，少数の印象深い観察事実に重きを置きすぎる傾向がある．** あなたはいま，X というブランドの車を買おうとしているとしよう．そして，その信頼性を知るために，X の所有者1000名に調査した消費者レポートを読むとする．そのとき，X を持っている友人にたまたま出会い，自分の車は欠陥品だと言われたとしよう．あなたは彼女の観察をどのように評価するだろうか．合理的に考えれば，彼女はたんに標本数を1000から1001に高めたにすぎず，あまり重要な情報を与えていないはずである．ところが，友人の話はとても印象的なので，意思決定の際に，あなたは，おそらく彼女が言ったことを必要以上に重視したい誘惑にかられるだろう．
- **人々は，自分の考えを変えたがらない．** 人々は，自分がすでに持っている信念を確認するために事実を解釈しようとする傾向がある．ある研究では，被験者に対して，死刑が犯罪を抑制するかどうかを扱った報告書を読んで評価するように求めた．その報告書を読んだあと，もともと死刑に賛成していた人たちは，自分の見方をさらに確信するようになったと言った．一方，もともと死刑に反対していた人たちも，自分の見方をもっと確信するようになったと言った．二つのグループの人々は，同じものをまったく反対の方向に解釈したのである．この行動はしばしば**確証バイアス**と呼ばれる．

普段の生活のなかで自分が行うさまざまな決定を考えてみよう．そのとき，同じような特徴が見つかるだろうか．

合理性からの乖離が経済現象の理解に役立つかどうかは，激しい論争の的になっている．興味深い事例が，401(k)プランの研究で発生している．401(k)プランとは，一部の企業が自社の従業員に対して提供している税制上の優遇措置が与えられた退職貯蓄勘定である．ある企業では，従業員は簡単な書類に書き込むだけで401(k)プランに加入できる．別の企業では，従業員は自動的に401(k)プランに加入することになっており，簡単な書類に書き込むだけで脱退できる．ところが，後者のケースのほうが，より多くの従業員が加入していることが判明した．もし従業員が満足を最大にする完璧な合理主義者であれば，雇用主がどのような初期条件を与えようと，最適な退職貯蓄額を選択するはずである．ところが，実際には，先の従業員にはかなり惰性で行動している様子がうかがえる．このような行動を理解するには，合理的な人間モデルを一度捨て去ったほうが簡単なように思われる．

心理学や常識は合理性の仮定を疑っているのに，なぜ経済学はそのような合理性の仮定に立脚しているのかと質問したい人もいるだろう．一つの答えは，そのような仮定は，まったく正しいとはいえないにしても，筋道立った正確な行動モデルを生み出す程度には真であるというものである．たとえば，競争企業と独占企業の違いを学習したときには，企業が合理的に利潤を最大化するという想定は，多くの重要で妥当な洞察を与えてくれた．そのようなストーリーのなかに合理性から乖離した複雑な心理を導入すると，現実味が加わるかもしれないが，水を濁らせることになって，かえって洞察が難しくなってしまう．第2章で述べたように，経済モデルは，現実を忠実に再現することを意図しているのではなく，身近な問題の本質を示すことを意図している．

経済学者がしばしば合理性を仮定するもう一つの理由は，経済学者自身がそもそも合理的で最大化を求める主体ではないからかもしれない．一般の人々と同様に，経済学者は自信過剰であり，自分の考えを変えたがらない．そのため，人間行動に関するさまざまな理論を選ぶにあたって，惰性に走りすぎているのかもしれない．さらに，経済学者は，完全ではないが十分に役立つ理論に満足しているのかもしれない．合理的人間モデルは，満足を求める主体である社会科学者が選択した理論なのかもしれない．

●人々は，公平さを尊重する

人間行動に関するもう一つの洞察は，**最後通牒ゲーム**と呼ばれる実験でうまく例示できる．ゲームは，次のようにして行われる．2人の見知らぬ者同士の実験協力者が，最終的に100ドルを獲得できるかもしれないゲームを開始するように言われる．ゲームを始める前に，彼らはルールを教わる．ゲームはまず，コインを投げて実験協力者にプレイヤーAとBを割り当てる．プレイヤーAの役割は，100ドルを2人のプレイヤーで分配する方法を提案することである．プレイヤーAが提案したあと，プレイヤーBがこの提案を受け入れるかどうかを決定する．プレイヤーBがこの提案を受け入れれば，2人のプレイヤーは，提案に従って分配金を受け取る．拒絶すれば，2人のプレイヤーは，何ももらえないまま解散する．どちらの場合も，ゲームはそこで終了する．

次に進む前に，このような状況のとき，あなただったらどうするか少し考えてみてほしい．プレイヤーAだとしたら，100ドルをどのように分配する提案をするだろうか．プレイヤーBだったら，どのような分配案であれば受け入れるだろうか．

このような状況のときに，伝統的な経済理論は，人々は合理的に富の最大化を行うと仮定する．この仮定があれば，以下のような単純な予測が成り立つ．プレイヤーAは，プレイヤーAが99ドル，プレイヤーBが1ドルを受け取る提案をし，プレイヤーBもその提案を受け入れるというものである．結局，提案がなされると，プレイヤーBは，少しでもお金が得られるのであれば，提案を受け入れることで状況が改善する．しかも，プレイヤーAは，その提案を受け入れることがプレイヤーBの利益になると知っているので，プレイヤーAにはプレイヤーBに1ドルより多く分配する提案をする理由がない．（第17章で扱った）ゲーム理論の言葉でいえば，99対1の分配案は，ナッシュ均衡になっている．

ところが，実験経済学者が実際にこの最後通牒ゲームをやらせてみると，結果は上記のものとは相当に異なっていた．プレイヤーBの役割の人々は，1ドル程度の金額が得られる提案を通常は拒絶する．プレイヤーAの役割の人々は，このことを前もってわかっているので，通常プレイヤーBに1ドルよりも多い額を与える提案をする．なかには50対50の分配案を提示する人もいるが，自分の取り分を少し多くしてプレイヤーBに30〜40ドルを与える提案をする人のほうが多い．この場合，プレイヤーBはたいてい提案を受け入れる．

なぜ，そうなるのだろうか．自然な解釈は，人々は，生来の公正さに関する信念にかられているからだというものである．99対１の配分案は，多くの人々にとっては極度に不公平に感じられるので，受け取らないことが不利だとわかっていても誰も受け取らない．一方，70対30の配分案は，依然として公平ではないが，人々に通常の利己心を捨てさせるほどには不公平でもない．

家計や企業行動の研究では，生来の公平感というものは，何の役割も果たしてこなかった．しかし，最後通牒ゲームの結果は，もしかしたらそうしたものが何らかの役割を果たすのかもしれないことを示唆している．たとえば，第18章や第19章で，賃金が労働需要と労働供給によってどのように決定されるのか検討した．経済学者によっては，企業が自社の従業員に支払う金額について認知してもらえる公平度も，賃金決定の構図に入れるべきだとしている．したがって，企業の業績がとくによい年には，（プレイヤーＢのような立場にある）従業員は，たとえそれが標準的な均衡状態で決まる額ではないとしても，公平な割合の褒美を期待するかもしれない．（プレイヤーＡのような立場にある）企業は，従業員があまり努力をしなくなったり，ストライキや破壊行為で仕返しをしたりするかもしれないと恐れて，均衡賃金を上回る賃金を従業員に支払うかもしれない．

●人々は，長期にわたっては終始一貫していない

洗濯，私道の雪かき，納税書類書きといった退屈な作業を想像してほしい．そこで，以下のような質問を考えてみよう．

1. これらの作業を行うために直ちに50分を使うこと（A）と，明日60分を使ってそれらを行うこと（B）とでは，どちらがよいか．
2. これらの作業を毎日50分，90日間行うこと（A）と，毎日60分，91日行うこと（B）とでは，どちらがよいか．

こんな質問をされたら，多くの人が，質問１についてはＢを選び，質問２についてはＡを選ぶだろう．（質問２のような）かなり先の将来を見据える場合，人々は，退屈な作業に費やす時間を最小限にとどめようとする．ところが，（質問１のような）直ちにそれらの作業をやらなければならない状況では，先延ばししようとするのである．

ある意味では，このような行動は驚くべきことではない．誰でも先延ばしにすることはあるからだ．ところが，合理的な人間を想定する理論の立場からは，そういうことは謎めいたこととなる．質問2に答える際に，50分，90日を選択する人がいるとしよう．そして，90日めがやってきたときに，当人の気が変わってもかまわないとしよう．実際，そのときには，質問1の状態に直面することになるので，次の日に作業を行うことを選択するはずである．しかしながら，なぜたんに時間が過ぎたというだけで，彼の意思決定に影響が出るのだろうか．

人々は，人生のなかで何度も自分自身で計画を立てるが，それをきちんと実行することができない．喫煙者は禁煙しようと心に決めるが，最後のたばこを吸ってから数時間も経つと，別のたばこを探しはじめ，自分との約束を破ってしまう．痩せようと頑張っている人は，食後のデザートをやめようと心に誓うが，ウェイターがデザートを載せたワゴンを押してくると，その誓いを忘れてしまう．どちらのケースも，目の前に迫った楽しみへの願望に負けて，意思決定者自身が過去に立てた自分の計画を破棄してしまうのである．

経済学者のなかには，消費-貯蓄決定は，人々が首尾一貫していないこと（時間非整合性）を示す重要な事例だと信じている人々がいる．多くの人々にとって，支出とは，目の前にある楽しみの一種である．一方，貯蓄は，禁煙やダイエットと同様，遠い将来の楽しみのために現在の楽しみを犠牲にすることを必要とする行為である．しかも，多くの喫煙者が禁煙したいと願ったり，太り気味の人がダイエットをしたいと願ったりするように，多くの消費者もまたもっと貯蓄したいと願っている．あるアンケート調査によれば，76％ものアメリカ人が，引退後に備えた貯蓄が十分にできていないと感じているのである．

このように人々が首尾一貫しない行動をとるということの含意は，人々は，将来に向けて自分の身を縛ることによって，計画を実行する方法を探してみるべきだということである．禁煙しようとする喫煙者はたばこを捨て去ることができるし，ダイエット中の人は冷蔵庫に鍵をかけることができる．それでは，貯蓄が足りない人は何ができるだろうか．それは，お金を使う前に封印してしまうことである．401(k)プランのようなある種の退職勘定は，まさにそうした方法である．労働者は，自分の給与の一部をあらかじめ天引きされることに同意し，そのお金は，違約金を支払わないかぎり退職前には使えない口座に預金される．この種の退職勘定は，目の前の楽しみにふけることから人々を守っているので，もしかしたらそのことが退職勘定に人気が集まる理由かもしれない．

【小問】 ● 人々の意思決定が，従来の経済理論が想定してきた合理的な人間の意思決定と異なっている事例を三つ以上挙げなさい．

4 結論

この章では，ミクロ経済学の最先端の話題を検討した．すでに気づいているかもしれないが，本書では，それらのアイデアを概観するにとどめ，それらを十分に記述することはしていない．これは偶然ではない．一つの理由は，これらの話題の詳細はより進んだコースで学ぶにちがいないと考えているからである．もう一つの理由は，これらの話題は現在研究が進行中の領域であり，したがって，いまだ肉づけの段階にあるためである．

これらの話題をより広い視点で理解するためには，第1章の経済学の十大原理を思い出そう．その一つの原理は，「通常，市場は経済活動を組織する良策である」であり，もう一つの原理は，「政府が市場のもたらす成果を改善できることもある」であった．読者は，経済学の勉強をするにつれて，それらの理解に際しての注意に加えて，それらの真意をも十分に堪能できるようになる．情報の非対称性について学べば，市場の役割について注意深くなれるはずだし，政治経済学について学べば，政府の示す解決策の妥当性について注意深くなれるはずである．そして，行動経済学について学べば，人々の意思決定に依存するような（市場や政府を含む）いかなる制度についても注意深くなれるはずである．

これらの話題に統一的なテーマをつけるとすれば，それは，人生とは複雑であるということになる．情報は完全ではなく，政府は完全ではなく，そして人々もまた完全ではない．もちろん，読者は，経済学を学びはじめるずっと前からそのことを知っていただろう．ただし，経済学者は，みずからを取り巻く世界を説明し改善もしていける可能性があれば，これらの不完全性について可能な限り正確に理解する必要があるのである．

- 多くの経済取引において，情報は非対称的である．隠された行動がとられるときには，プリンシパル（依頼人）はエージェント（代理人）からモラルハザード（倫理の欠如）の問題で損害を受けることを心配するかもしれない．性質が隠されているときには，買い手は売り手の間のアドバース・セレクション（逆選択，逆淘汰）の問題を心配するかもしれない．民間の市場は，時には，シグナリング（情報発信）とスクリーニング（振分け）によって情報の非対称性に対処することもある．
- 政府の政策は市場の成果を改善することもあるが，政府はそれ自体が不完全な制度である．コンドルセのパラドックスは，多数決制が推移的な社会的選好を必ずしも生み出さないことを示している．アローの不可能性定理は，いかなる投票制度も完全でないことを示している．多くの状況で，民主主義は，他の有権者の選好がどのようなものであろうと，中位投票者が望む結果を生み出す．さらに政府の政策を決定する個人は，国益よりも利己心によって動機づけられるかもしれない．
- 心理学と経済学の研究は，人間の意思決定が伝統的な経済理論において仮定されるよりもはるかに複雑であることを明らかにしている．人々は必ずしもつねに合理的なわけではなく，（自分が損をすることになっても）経済的成果の公平性に留意するし，また時間を通じて非整合的なこともある．

確認問題

1. エラインは，家系に重大な病歴があるので，健康保険を購入する．他方，彼女の友人のジェリーは，健康的な家系なので，健康保険を購入しない．この例は次のどれに該当するか．
   a. モラルハザード
   b. アドバース・セレクション
   c. シグナリング

d.　スクリーニング

2.　ジョージは，自分が亡くなった場合に家族に100万ドル支払ってくれる生命保険に加入している．このため，彼は趣味であるバンジージャンプを控えようとしない．この例は次のどれに該当するか．

a.　モラルハザード

b.　アドバース・セレクション

c.　シグナリング

d.　スクリーニング

3.　クレーマー保険会社は，生命保険を契約する前に保険申込者に健康診断を課し，健康に重大な問題のある申込者に対しては，高い保険料を適用している．この例は次のどれに該当するか．

a.　モラルハザード

b.　アドバース・セレクション

c.　シグナリング

d.　スクリーニング

4.　コンドルセのパラドックスは，二者択一の投票が（　　　）ことを示すことでアローの不可能制定理を示している．

a.　不確実性の原則と矛盾している

b.　推移性の成り立たない社会的選好をもたらす

c.　無関係な選択肢からの独立性に反する

d.　１人の人を独裁者とする

5.　２人の候補者が町長の座を争っており，独立記念日の花火の予算が重要な争点となっている．100名の有権者のうち40名は３万ドルの予算，30名は１万ドルの予算，残りの30名は全く予算を計上しないことを望んでいる．この争点において，結局予算はいくらになるか．

a.　１万ドル

b.　１万5000ドル

c.　２万ドル

d.　３万ドル

6.　最後通牒ゲームと呼ばれる実験から分かったことは何か．

a.　自分の能力を過信している．

b. 戦略的状況では，ナッシュ均衡を採る．

c. 自分の損失になったとしても公平さを重視する．

d. 時間が経つにつれ矛盾した決定を行う．

復習問題

1. モラルハザードとは何か．この問題を軽減するため，雇用主ができることを三つ挙げなさい．
2. アドバース・セレクションとは何か．アドバース・セレクションが問題となりうる市場の例を挙げなさい．
3. シグナリングとスクリーニングを定義し，それぞれの例を一つずつ挙げなさい．
4. コンドルセが指摘した投票による決定の，通常と異なる特性とはどのようなものか．
5. 過半数原則による多数決制が，平均の投票者よりも中位の投票者の選好を尊重することになる理由を説明しなさい．
6. 最後通牒ゲームとはどのようなものか説明しなさい．伝統的な経済理論からはこのゲームについてどのような結果が予想されるか．実験はこの予想を立証するだろうか．説明しなさい．

応用問題

1. 以下に述べるそれぞれの状況はモラルハザードを伴う．それぞれの場合について，プリンシパルとエージェントを識別し，なぜ情報の非対称性が存在するか説明しなさい．そこに述べられている行動はモラルハザードの問題をどのようにして軽減するのだろうか．

   a. 家主が借家人に保証金の支払いを要求する．

   b. 企業が重役に対して会社の株式を将来一定価格で買えるオプション付きの報酬（ストック・オプション）を支払う．

   c. 自動車保険会社が盗難防止装置を自動車に取り付ける顧客の保険料を割り引く．

2. “長寿繁栄健康”保険会社は家族保険に対して年間5000ドルの保険料を請求しているとしよう．同社の社長が利潤を増やすために年間の保険料を6000ドルに引き上げることを提案したとする．もし会社がこの提案に従えば，どのような経済問題が発生するだろうか．その会社の保険加入者の健康状態は平均的にみてよくなるだろうか，悪くなるだろうか．その会社の利潤は必ず増えるだろうか．
3. 本章のケース・スタディでは，ある男性がガールフレンドに適当な贈り物をあげることによってどのようなシグナルを送ることができるかを説明している．「君を愛しているよ」と言うのもまたシグナルとして使えるとあなたは思うか．理由も説明しなさい．
4. 2010年にオバマ大統領が署名して法律となった健康保険改革は，以下の二つの規定を含んでいる

   i）保険会社は加入申請者すべてに健康保険を提供しなければならず，申請者の今までの健康状態にかかわらず同一の保険料を課さなければならない．

   ii）すべての人は健康保険に加入しなければならず，加入しなければ罰金が課される．

   a. どちらの規定がアドバース・セレクションの問題を悪化させるか．
   b. a. で解答した規定がなぜ法律に含まれたのだろうか．
   c. なぜもう一つの規定が法律に含まれたのだろうか．
5. ケンがアイスクリーム・パーラーに入っていった．

   ウェイター：「今日はバニラとチョコレートがあります」
   ケン：「バニラをください」
   ウェイター：「うっかり忘れていました．ストロベリーもあります」
   ケン：「それならチョコレートをください」
   意思決定の標準的な性質のうち，ケンはどの性質を満たしていないだろうか（ヒント：アローの不可能性定理に関する節を読み返しなさい）．
6. 3人の友人たちが夕食のためのレストラン選びをしている．彼らの好みは下記のようになっている．

	ラチェル	ロス	ジョイ
第1希望	イタリアン	イタリアン	中華
第2希望	中華	中華	メキシカン
第3希望	メキシカン	メキシカン	フレンチ
第4希望	フレンチ	フレンチ	イタリアン

a.　もし彼ら3人が決定の際にボルダ方式を使うとしたら，彼らはどのレストランに食べに行くだろうか．

b.　そのようにして選んだレストランへの道すがら，彼らがメキシカンとフレンチのレストランが両方とも閉まっていることを知り，ボルダ方式でもう一度残りの二つのレストランの間で決めることになったとする．そうなると，彼らはどのレストランに行くだろうか．

c.　あなたの問aおよび問bへの答えは，アローの不可能性定理とどのように関連しているか．

7.　3人の友人たちがTV番組を選ぼうとしている．下記が彼らの好みである．

	チャンドラー	フォーベ	モニカ
第1希望	エンパイア	スーパーガール	ホームランド
第2希望	スーパーガール	ホームランド	エンパイア
第3希望	ホームランド	エンパイア	スーパーガール

a.　もし彼らがボルダ方式を使って選択すると，どうなるか．

b.　モニカが多数決での投票を提案したとする．彼女は，最初に『エンパイア』と『スーパーガール』の間で選び，次に最初の投票の勝者と『ホームランド』との間で選んだらどうかと提案する．もし，彼らすべてが正直に自分たちの好みにしたがって投票すると，どのような結果になるだろうか．

c.　チャンドラーはモニカの提案に同意すべきだろうか．どのような投票システムを彼は好むだろうか．

d.　フォーベとモニカがチャンドラーを説得してモニカの提案に従うことになったとしよう．最初のラウンドでチャンドラーは不正直に『エンパイア』より『スーパーガール』が好きだと言ったとする．なぜ彼はこのように言うかもしれないのか．

8. 5名のルームメートが彼らの寮の部屋で映画をみながら週末を過ごすとし，何本の映画をみるかを議論しているとしよう．下表には，各自が望んで支払ってもよい金額が示されている．

	クウェンティン	スパイク	リドレイ	マーティン	スティーブン
1本め	14ドル	10ドル	8ドル	4ドル	2ドル
2本め	12	8	4	2	0
3本め	10	6	2	0	0
4本め	6	2	0	0	0
5本め	2	0	0	0	0

DVDを1枚買うと15ドルかかり，それをルームメートで公平に負担すると各々が1本の映画につき3ドル支払うこととなる．

a. 効率的な鑑賞映画数（すなわち総余剰を最大にする本数）は何本か．

b. 各々のルームメートの基準からすると，好ましい映画の数は何本か．

c. 中位数のルームメートの選好はどのようなものだろうか．

d. もしルームメートたちが，中位数の投票者の選好に対抗して効率的な結果に関する投票を行うとすると，各々はどのように投票するか．またどのような結果が多数決を得るか．

e. もしルームメートの1人が別の映画数の提案をしたとすると，彼の提案は上記問dの勝者を投票で打ち負かせるか．

f. 公共財の提供に際して効率的な結果に到達するのに多数決ルールに頼ることができるだろうか．

9. 2軒のアイスクリーム店が1マイルの海辺沿いのどこに店を出すか決めようとしている．海辺にいる人たちは，ビーチに沿って一様に分布しており，それぞれ最も近い売店から1日1個のアイスクリームを買うとする．それぞれのアイスクリームの売店は顧客の数を最大にしたいと思っている．2軒の売店は海辺沿いのどこに立地するだろうか．この質問に対する答えからあなたが思い出すのは，この章のどの結果だろうか．

10. 政府は困窮者を助ける方法として二つのことを考えている．一つは彼らに現金を与える方法であり，もう一つは無料の食堂で食事を与える方法である．

a. 現金を与えるほうに賛成する理由を合理的な消費者の標準的な理論に

基づいて述べなさい.

b. 無料の食堂のほうが現金の手渡しよりもよいかもしれない理由を情報の非対称性に基づいて述べなさい.

c. 無料の食堂のほうが現金の手渡しよりもよいかもしれない理由を行動経済学に基づいて述べなさい.

訳者あとがき

本書は，『マンキュー経済学』の第４版（原著第８版）となる．第２版や第３版と比べてみても，全体の構成に変更はない．現時点における「経済学原理」の完成形が示されているともいえるだろう．Ⅰ巻ミクロ編では，効用関数を用いない直観的な説明を整合的に展開し，Ⅱ巻マクロ編では，長期の均衡分析を説明した後に短期の景気変動を取り扱うことで，短期均衡から長期均衡への収束を説明できている．「わかりやすく，簡潔に」という，『マンキュー経済学』の最大の特徴は変わっていない．

第３版は，世界金融危機の後の改訂であったために，世界金融危機とその後の持続的な景気低迷に関連する項目が，数多く導入された．効率的市場の考え方と金融規制，銀行自己資本とレバレッジ，中央銀行の金融危機対応，住宅価格の高騰・急落の影響，などである．それらは，今回の改訂においても残されている．最終章（Ⅱ巻マクロ編第18章）で論じられる主要なマクロ経済政策論争のなかにも，景気後退期における政府支出増大の可否，金融政策目標としてのゼロ・インフレの可否，など，世界金融危機と関連の深い項目が入っている．金融危機は，その後の回復が遅く先進各国においてまだ途上であるうえに，経済学者に取り組むべき多くの課題を提示することとなった．大学院レベルの標準的マクロモデルとなった動学的確率一般均衡（DSGE）モデルにも，金融仲介機関が導入されて，その景気変動への影響が検討されている．

日本経済は，他の先進諸国に先駆けて，1990年代初頭のバブル崩壊を経験し，その後，経済停滞が長く続いた．その間，金融政策はゼロ金利が常態化し，国債などの諸資産大量購入（量的緩和）といった非伝統的政策手段も工夫され，実施されてきた．景気が弱含むたびに財政刺激が繰り返し実施されてきたし，将来の高齢化に備えた税率引上げは先送りされてきたので，公債残高がGDPの200％を超えるという記録的な水準に到達している．アベノミクスや異次元金融緩和といった財政金融政策によって，ようやくデフレーションを脱することができたが，金融政策の目標とされた２％インフレはなかなかに実現できていない．

デフレ下では，インフレ下の常識が必ずしも通用しない．本書でも検討されているように，インフレ下ではCPIの変動に比べてGDPデフレーターの変動のほうが小さい．値上がりした商品の購入量を減らす消費者行動が原因なのだが，同じ行動がデフレ下では全く逆の結果をもたらしてしまう．消費者が値下がりした商品の購入量を増やすので，GDPデフレーターのほうが大きく動くのである．また，原油価格上昇などの供給ショックが国内のインフレをもたらすことも世界の常識であるが，最近の日本では通用しない．GDPの計算において，原油などの輸入品目はマイナス項目なので，原油価格上昇は単独ではGDPデフレーターを下げてしまう．通常なら，原油を原材料として使用する諸財の価格がおしなべて上昇するので，このマイナス影響は圧倒されてしまい，GDPデフレーターは高まるのである．しかし，デフレ下の日本では，諸財の価格が十分に値上げされないので，マイナス影響のほうが優ってしまい，2007年前後の原油価格上昇時にGDPデフレーターは実際に低下した．

長期停滞，デフレ（低インフレ）下での物価変動などは，先進諸国に共通したきわめて重要な研究・政策課題となっており，多くの経済学者がその解明に取り組んでいる．「ミネルバのフクロウは夜に鳴く」と言われる．本書で経済学のおもしろさに目覚めた学生諸君が，日本の現実を分析して世界に発信する日の来ることを期待したい．

『マンキュー経済学Ⅰ，Ⅱ（第４版）』の翻訳は，第３版と同じ６名のチームで実施した．それぞれの担当は下記のとおりである．足立英之：第５章〜第６章（ミクロ編），第５章〜第７章，第18章（マクロ編），石川城太：第７章〜第９章，第13章〜第14章，第21章（ミクロ編），小川英治：第18章（ミクロ編），第13章〜第16章（マクロ編），地主敏樹：第１章〜第４章（ミクロ編，マクロ編），第11章〜第12章（マクロ編），中馬宏之：第19章〜第20章（ミクロ編），第８章，第10章，第17章（マクロ編），柳川隆：第10章〜第12章，第15章〜第17章（ミクロ編）．なお，ミクロ編第22章については足立・石川・中馬・柳川が，また，マクロ編第９章については小川・地主が共同で翻訳した．また，日本のデータを用いた図表は，一橋大学大学院経営管理研究科の山崎邦利氏が担当してくれた.

2019年 6 月

訳者一同（文責　地主）

G L O S S A R Y

ア行

アドバース・セレクション（逆選択，逆淘汰） adverse selection：複数の観察できない属性の混合状態が，情報を保有していない集団の観点からは望ましくないものになる傾向.

アローの不可能性定理 Arrow's impossibility theorem：ある仮定された条件の下では，個人の選好を集計して一連の妥当な特徴を持つ社会の選好を導き出す仕組みが存在しないことを示す数学的な結果.

一括税 lump-sum tax：すべての人が同額を支払う税.

意欲喪失労働者 discouraged workers：働きたいにもかかわらず職を探すことをあきらめてしまった人のこと.

インセンティブ（誘因） incentive：人々に何らかの行動を促す要因.

インフレーション（インフレ） inflation：経済において価格が全体として上昇すること.

インフレ税 inflation tax：紙幣の増刷によって得られる政府の収入.

インフレ率 inflation rate：物価指数の前期からの変化率.

エージェント（代理人） agent：プリンシパル（依頼人）と呼ばれる他人のために行動する人物.

応益原則 benefits principle：政府によるサービスから受ける便益に応じて税を支払うべきだという考え方.

応能原則 ability-to-pay principle：各人が税をどれだけ負担できるかに応じて課税されるべきだという考え方.

カ行

会計上の利潤 accounting profit：総収入から明示的総費用を差し引いたもの.

外部性 externality：ある人の行動が周囲の人の経済厚生に，金銭の補償なく影響を及ぼすこと.

外部性の内部化 internalizing the externality：人々が自分の行動の及ぼす外部効果を考慮に入れるように，インセンティブを変えること.

開放経済 open economy：外国の経済と自由にお互いに取引が行われる経済.

価格差別 price discrimination：同じ財を異なる顧客に異なる価格で売る商慣行.

価格の下限（規制） price floor：ある財を販売できる価格の法的最低限度の設定.

価格の上限（規制） price ceiling：ある財を販売できる価格の法的最高限度の設定.

貸付資金市場 market for loanable funds：貯蓄をする人々が資金を供給し，投資するために資金を必要とする人々が借り入れる市場.

寡占 oligopoly：ほんの少数の売り手が類似あるいは同一の製品を提供する市場構造.

価値貯蔵手段 store of value：人々が購買力を現在から将来に移転するときに使用するもの.

株式　stock：企業の所有権の一部に対する請求権.
貨幣　money：経済において人々が他の人々から財・サービスを購入する際に通常使用される資産.
貨幣供給　money supply：経済において利用可能な貨幣の量.
貨幣乗数　money multiplier：銀行システムが準備1ドルにつき創出する貨幣の量.
貨幣数量説　quantity theory of money：利用可能な貨幣量が物価水準を決定し，利用可能な貨幣量の成長率がインフレ率を決定するという理論.
貨幣の中立性　monetary neutrality：貨幣供給の変化は実質変数に影響を与えないという主張.
貨幣の流通速度　velocity of money：貨幣の所有者が代わる頻度.
可変費用　variable costs：生産量の変化につれて変わる費用.
カルテル　cartel：一体となって行動する企業の集団.
関税　tariff：海外で生産されて国内で販売される財に課される税.
完全代替財　perfect substitutes：無差別曲線が直線になるような二つの財.
完全補完財　perfect complements：無差別曲線が直角になるような二つの財.
機会費用　opportunity cost：あるものを手に入れるためにあきらめなければならないもの.
企業特殊リスク　firm-specific risk：ある一企業のみに影響を及ぼすリスク.
技術知識　technological knowledge：財・サービスを生産する最善の方法に関する社会の知識.
希少性　scarcity：社会の資源に限りがあるという性質.
犠牲率　sacrifice ratio：インフレ率が1％ポイント低下する過程で年間の産出量が何パーセント失われるかを示す数字.
ギッフェン財　Giffen good：価格の上昇によって需要量が増加する財.
規範的な主張　normative statements：世界がどのようにあるべきかを規定しようという主張.
規模に関して収穫一定　constant returns to scale：生産量が増加しても長期の平均総費用が変化しない性質.
規模の経済　economies of scale：生産量が増加するにつれて長期の平均総費用が減少する性質.
規模の不経済　diseconomies of scale：生産量が増加するにつれて長期の平均総費用が増大する性質.
逆進税　regressive tax：高所得の納税者のほうが低所得の納税者よりも税が所得に占める割合が小さい税.
キャッチアップ効果　catch-up effect：貧しい状態から出発した国のほうが，豊かな状態から出発した国よりも速く成長するという性質.
供給曲線　supply curve：ある財の価格と供給量の関係を表す図.
供給ショック　supply shock：企業の原価や価格に直接的に影響し，一国経済の総供給曲線ならびにフィリップス曲線をシフトさせるような出来事.
供給の価格弾力性　price elasticity of supply：ある財の供給量がその財の価格の変化にどれくらい反応するかを測る尺度であり，供給量の変化率を価格の変化率で割ることによって計算される.
供給表　supply schedule：ある財の価格と供給量の関係を表す表.
供給法則　law of supply：他の条件が一定であれば，ある財の価格が上昇するときに供給量が増加すること.

供給量 quantity supplied：売り手が売りたいと思い，かつ売ることのできる財の量.
矯正税 corrective tax：民間の意思決定者が，負の外部性から生じる社会的費用を考慮に入れるよう促すことを意図する税.
競争市場 competitive market：多数の売り手と買い手が存在し，特定の売り手や買い手が市場価格に与える影響が無視できる市場.
共謀 collusion：ある市場にいる企業の間で，生産量や価格に関して結ばれる協定.
共有資源 common resources：消費において競合的ではあるが，排除可能ではない財.
共有地の悲劇 Tragedy of the Commons：社会全体の観点からみて，なぜ共有資源が望ましい量以上に利用されるのかを説明する比喩.
均衡 equilibrium：需要量と供給量が等しくなる水準に価格が到達した状況.
均衡価格 equilibrium price：需要量と供給量が釣り合っているときの価格.
銀行資本 bank capital：銀行のオーナーが銀行の資本金として注入した資金.
均衡取引量 equilibrium quantity：均衡価格における需要量と供給量.
金融市場 financial markets：貯蓄をする人が借り手に資金を直接提供できる市場.
金融システム financial system：経済において，ある人の貯蓄と別の人の投資を結びつける手助けをする機関と市場の集合体.
金融政策 monetary policy：中央銀行の政策立案者による貨幣供給の調節.
金融仲介機関 financial intermediaries：貯蓄をする人が借り手に間接的に資金を提供できる金融機関.
靴底（シューレザー）コスト shoeleather costs：インフレーションによって人々が手持ちの現金を減らすために生じる資源の浪費.
クラウディング・アウト crowding out：政府による借入れの結果，投資が減少すること.
クラウディング・アウト効果 crowding-out effect：拡張的な財政政策によって利子率が上昇し，それによって投資支出が減少するため総需要の増加が相殺されること.
クラブ財 club goods：排除可能であるが，消費において競合的でない財.
景気後退 recession：実質所得が減少し，失業が増加する時期.
景気循環 business cycle：雇用や生産といった経済活動の変動.
経済学 economics：社会が希少な資源をいかに管理するのかを扱う学問.
経済学上の利潤 economic profit：総収入から明示的費用と潜在的費用を含む総費用を差し引いたもの.
計算単位 unit of account：人々が価格を表示したり借金を記録するときの尺度.
ゲーム理論 game theory：戦略的な状況で，人々がどのような行動をとるかの研究.
減価 depreciation：ある通貨の価値をその通貨で買える外国通貨の量によって測ったとき，その通貨の価値が減少すること.
限界収入 marginal revenue：1単位多く販売することによる総収入の変化分.
限界生産物 marginal product：投入物を1単位多くすることにより生じる生産の増加分.
限界生産物逓減 diminishing marginal product：投入物の量が増加するにつれて，投入物の限界生産物が減少するという性質.
限界生産物の価値 value of the marginal product：投入物の限界生産物に生産物価格を掛けたもの.
限界生産力逓減 diminishing returns：投入量が増加するに従って，1単位の投入の追加による利益が減少するという性質.
限界税率 marginal tax rate：1ドルの所得の増加に対する税の増加分.
限界代替率 marginal rate of substitution：消費者が一つの財を他の財と交換してもよいと

思う比率.

限界的な変化　marginal changes：行動計画に対する微調整.

限界費用　marginal cost：1単位多く生産することによる総費用の増加分.

現在価値　present value：一般的な利子率を用いて，ある所与の将来の金額を生み出すのに必要な現在の金額を計算したもの.

現物給付　in-kind transfers：現金ではなく現物（財・サービス）の形で与えられる給付.

コアCPI　core CPI：食料とエネルギーを除く消費者財・サービスの全般的な費用（日本では，食料を除いたものをコアCPI，さらにエネルギーも除いたものをコアコアCPIと呼ぶこともある）.

公開市場操作　open-market operations：中央銀行による国債の売買.

交換手段　medium of exchange：財・サービスの購入にあたって，買い手が売り手に与えるもの.

公共財　public goods：排除可能でなく，かつ消費において競合的でない財.

恒常所得　permanent income：人の通常の所得.

厚生経済学　welfare economics：資源配分が経済厚生に与える影響を研究する分野.

構造的失業　structural unemployment：ある労働市場における求人数が不十分なために，その職につきたいと思っているすべての労働者に不十分な職数しか提供できないことによって発生する失業.

公定歩合　discount rate：中央銀行が銀行に貸し出す際の利子率.

行動経済学　behavioral economics：心理学の洞察をとり入れた経済学の一分野.

購買力平価　purchasing-power parity：どの通貨でもその1単位ですべての国において同じ量の財を買うことができるという為替相場決定の理論.

公平（性）　equality：経済的な繁栄が社会の構成員の間にバランスよく分配されている状態.

効用　utility：幸福や満足度の尺度.

功利主義　utilitarianism：政府は社会におけるすべての人の総効用を最大化する政策を選択すべきであるという政治哲学.

効率市場仮説　efficient markets hypothesis：ある資産の価格はその資産価値に関するすべての公開された情報を反映しているという理論.

効率（性）　efficiency：社会が希少な資源から最大限のものを得ている状態.

効率賃金　efficiency wages：労働者の生産性を高めるために，企業が均衡水準以上の賃金を支払うこと.

効率的規模　efficient scale：平均総費用を最小にする生産量.

合理的期待　rational expectations：人々が将来を予測する際に，政府の政策に関する情報を含めた保有するすべての情報を最適に利用するという理論.

合理的な人々　rational people：自分たちの目的を達成するために，与えられた条件の下で，手立てを整えてベストを尽くす人々.

国内総生産　gross domestic product, GDP：一定期間において，一国で生産されるすべての最終的な財・サービスの市場価値.

国民貯蓄（貯蓄）　national saving（saving）：経済の総所得のうち，消費と政府支出以外の部分.

コースの定理　Coase theorem：もし民間の当事者たちが資源の配分について費用をかけることなく交渉できるならば，外部性の問題を自分たちで解決できるという命題.

固定費用　fixed costs：生産量が変化しても変わらない費用.

古典派の二分法　classical dichotomy：理論上，変数を名目変数と実質変数の2種類に分類すること．

コンドルセのパラドックス　Condorcet paradox：過半数原則の多数決制が推移性を満たす社会選好を生み出すことに失敗すること．

サ行

債券　bond：負債の証明書．

財政赤字　budget deficit：政府の支出が収入を上回っている状態．

財政黒字　budget surplus：政府の収入が支出を上回っている状態．

財政政策　fiscal policy：政府の政策立案者による政府支出・課税水準の設定．

差別　discrimination：人種，民族，性別，年齢などの個人的属性が異なるというだけの理由で，同じような個人に提供される就業機会が異なること．

サンクコスト（埋没費用）　sunk cost：すでに支払うことが決まっており，回収できない費用．

死荷重　deadweight loss：税などの市場の歪みから生じる総余剰の減少．

シグナリング（情報発信）　signaling：情報を保有している集団が情報を保有していない集団に対して私的情報を明らかにするためにとる行動．

自己資本比率規制　capital requirement：銀行資本の最低水準を決めている公的規制．

市場　market：特定の財・サービスを扱う売り手と買い手の集まり．

市場経済　market economy：市場において財・サービスをやりとりする多くの企業や家計による，分権的な意思決定を通じて資源が配分される経済．

市場支配力　market power：１人もしくは数人の小集団が市場価格に対して実質的に持っている影響力．

市場の失敗　market failure：市場が自分の力で資源を効率的に配分するのに失敗した状態．

市場リスク（マーケット・リスク）　market risk：株式市場のすべての会社に共通するリスク．

自然産出量水準　natural level of output：失業率が正常な水準となる長期において経済が達成する財・サービスの生産量．

自然失業率　natural rate of unemployment：その周辺を失業率が変動する正常な水準の失業率．

自然失業率仮説　natural-rate hypothesis：失業率は最終的には，インフレ率に関係なく正常な（または自然な）水準に戻るという主張．

自然独占　natural monopoly：一つの企業が，二つまたはそれ以上の企業よりも低い費用で市場全体に財やサービスを供給できることから生じる独占．

失業保険　unemployment insurance：労働者が失業したときに部分的に所得を保障する政府のプログラム．

失業率　unemployment rate：労働力に占める失業者の割合．

実質為替相場　real exchange rate：ある国の財・サービスを他の国の財・サービスと取引する際の相場．

実質 GDP　real GDP：一定価格で評価した財・サービスの生産．

実質変数　real variables：物質的な単位で測られる変数．

実質利子率　real interest rate：インフレーションの影響を補正した利子率．

実証的な主張　positive statements：世界がどのようなものであるかを叙述しようとする主張．

GDP デフレーター　GDP deflator：名目 GDP と実質 GDP の比率を100倍して計算した物

価水準の尺度.

私的財 private goods：排除可能であり，かつ消費において競合的である財.

自動安定化装置 automatic stabilizers：経済が景気後退に入ったときに，政策立案者が意図的な行動を何もとらなくても，総需要を刺激するように財政政策が変更されること.

支配戦略 dominant strategy：ゲームにおいて，他のプレイヤーによって選ばれる戦略に関係なく，あるプレイヤーにとって最適な戦略.

支払許容額 willingness to pay：買い手が財に対して支払ってもよいと思う最大額.

資本 capital：財・サービスの生産に使用される設備や建造物.

資本逃避 capital flight：ある国の資産に対する需要が，突然大きく減少すること.

社会保険 social insurance：人々を困難に陥るリスクから保護する目的を持つ政府の政策.

自由至上主義（リバタリアニズム） libertarianism：政府は罪を罰し，自発的な同意を守らせるべきだが所得を再分配すべきではないという政治哲学.

囚人のジレンマ prisoners' dilemma：相互に利益が得られるときでさえ，なぜ協調を維持することが困難であるかを例示する，２人の囚人の間の特定の「ゲーム」.

需要曲線 demand curve：ある財の価格と需要量の関係を表す図.

需要と供給の法則 law of supply and demand：ある財の需要量と供給量が釣り合うようにその財の価格が調整されるという主張.

需要の価格弾力性 price elasticity of demand：ある財の需要量がその財の価格の変化に対してどれくらい反応するかを測る尺度であり，需要量の変化率を価格の変化率で割ることによって計算される.

需要の交差価格弾力性 cross-price elasticity of demand：ある財の需要量が他の財の価格の変化に対してどれくらい反応するかを測る尺度であり，第１財の需要量の変化率を第２財の価格の変化率で割ることによって計算される.

需要の所得弾力性 income elasticity of demand：ある財の需要量が消費者の所得の変化にどれくらい反応するかを測る尺度であり，需要量の変化率を所得の変化率で割ることによって計算される.

需要表 demand schedule：ある財の価格と需要量の関係を表す表.

需要法則 law of demand：他の条件が一定であれば，ある財の価格が上昇するときに需要量が減少すること.

需要量 quantity demanded：買い手が買いたいと思い，かつ買うことのできる財の量.

循環的失業 cyclical unemployment：自然失業率から乖離した失業.

純資本流出 net capital outflow：国内居住者による外国資産の購入から非居住者による国内資産の購入を差し引いたもの.

準備 reserves：銀行が預金として受け入れるが貸出にまわさない残高.

準備率 reserve ratio：銀行が保有する準備の預金総額に対する比率.

純輸出 net exports：外国人による国内生産財への支出（輸出）から国内居住者による外国財への支出（輸入）を差し引いたもの．貿易収支とも呼ばれる.

乗数効果 multiplier effect：拡張的な財政政策によって所得が増加し，それによって消費支出が増加するために総需要がさらに増加すること.

消費 consumption：新築住宅の購入を除く，家計の財・サービスへの支出.

消費者物価指数 consumer price index, CPI：典型的な消費者が購入した財・サービスの総合的費用の尺度.

消費者余剰 consumer surplus：買い手の支払許容額から実際に支払った金額を差し引いた額.

消費における競合性 rivalry in consumption：ある人が利用すると他の人の利用できる量が減少するという財の性質.
商品貨幣 commodity money：本源的価値を持つ商品の形態をとる貨幣.
情報の効率性 informational efficiency：資産価格がすべての利用可能な情報を合理的に反映する状況.
将来価値 future value：現在の金額が将来いくらになるのかを所与の一般的な利子率を用いて計算したもの.
職探し job search：労働者が自分の好みや熟練度にふさわしい仕事を見つけるまでのプロセス.
所得効果 income effect：価格の変化によって消費者が下方あるいは上方の無差別曲線へ移動することによる消費の変化.
所有権 property rights：個人が希少な資源を所有し，自由にコントロールできるようにする権利.
人的資本 human capital：教育，訓練，経験を通じて労働者が獲得する知識と技能.
垂直的公平 vertical equity：高い支払能力を持つ納税者ほど多くの金額を支払うべきだという考え方.
水平的公平 horizontal equity：同じような支払能力を持つ納税者は同じ金額を支払うべきだという考え方.
（貨幣）数量方程式 quantity equation：方程式$M \times V = P \times Y$は，貨幣数量．貨幣の流通速度と経済における財・サービスの産出の名目金額とを関係づけている.
スクリーニング（振分け） screening：情報を保有していない集団が情報を保有している集団に情報を自発的に明らかにさせるためにとる行動.
スタグフレーション stagflation：産出量が減少し，物価が上昇する時期.
ストライキ strike：労働組合による労働者の組織的な就業拒否.
生活保護（生活扶助） welfare：生活困窮者の所得を補填する政府のプログラム.
生産可能性フロンティア production possibilities frontier：利用可能な生産要素と生産技術が与えられている場合に，その経済が生産可能な生産物のさまざまな組合せを描いたグラフ.
生産関数 production function：ある財の生産に使用される投入物の量とその財の生産量との関係.
生産者物価指数 producer price index：企業が購入した財・サービスのバスケットの費用の尺度.
生産者余剰 producer surplus：売り手が受け取った金額から売り手の費用を差し引いた額.
生産性 productivity：労働者が１人１時間当たりに生産する財・サービスの量.
生産要素 factors of production：財・サービスの生産に使用される投入物.
政治経済学 political economy：経済学の分析方法を用いた政府の分析.
正常財 normal good：他の条件が一定のときに，所得の増加によって需要量が増加する財.
税の帰着 tax incidence：税の負担が市場の参加者に割り振られる方法.
政府支出 government purchases：地方自治体，州政府，連邦政府による財・サービスへの支出.
政府貯蓄 public saving：政府が税収から支出を支払ったあとに残る額.
世界価格 world price：世界市場で成立している財価格.
絶対優位 absolute advantage：ある財の生産性に基づく生産者間の比較.
潜在的費用 implicit costs：企業からのお金の支出がない投入費用.

増価 appreciation：ある通貨の価値をその通貨で買える外国通貨の量によって測ったとき，その通貨の価値が増加すること.

総供給曲線 aggregate-supply curve：それぞれの物価水準の下で企業が生産・販売する財・サービスの量を示す曲線.

総収入 total revenue：ある財の買い手が支払い，売り手が受け取る合計金額．その財の価格に販売量を掛けることによって計算される.

総需要曲線 aggregate-demand curve：それぞれの物価水準の下で家計と企業と政府が買いたい財・サービスの量を示す曲線.

総需要と総供給のモデル model of aggregate demand and aggregate supply：長期趨勢を取り巻く経済活動の短期的変動を説明する際にほとんどの経済学者が利用するモデル.

総費用 total cost：企業が生産に要する投入物の市場価値.

タ行

代替効果 substitution effect：価格の変化によって消費者が所与の無差別曲線上を新しい限界代替率の点へ移動することによる消費の変化.

代替財 substitutes：片方の財の価格が上昇すると，もう片方の財の需要が増大する関係にある二つの財.

団体交渉 collective bargaining：労働組合と企業が雇用条件について合意に至るまでのプロセス.

弾力性 elasticity：需要量あるいは供給量が，その決定要因の一つの変化に反応する度合いを測る尺度.

中位投票者定理 median voter theorem：有権者全員で直線上の１点を選び，各有権者はその点が自分の最も望ましい点と最も近くなることを願うとき，過半数原則の多数決制では，中位投票者が最も好む点を全員で選ぶ点としてとりあげることになることを示す数学的結果.

中央銀行 central bank：銀行システムを監督し経済における貨幣量を調節する組織.

通貨（現金通貨） currency：一般の人々が所有している紙幣と硬貨.

天然資源 natural resources：土地，河川，鉱床のように，自然が供給する財・サービスの生産への投入物.

投資 investment：企業資本，住宅資本，在庫への支出.

投資信託 mutual fund：大衆に自社株式を販売し，その資金を使って株式と債券のポートフォリオを購入する機関.

独占（者） monopoly：密接な代替財のない製品の唯一の販売者である企業.

独占的競争 monopolistic competition：類似しているが同質ではない製品を多くの企業が販売している市場構造.

取引費用 transaction costs：当事者たちが契約に合意し，それを遂行する過程で負担する費用.

ナ行

ナッシュ均衡 Nash equilibrium：相互作用をする経済主体がそれぞれ，他のすべての主体が選んだ戦略を所与として，自己の最適な戦略を選ぶ状況.

ハ行

排除可能性　excludability：他の人が利用できないようにすることができるという財の性質.
比較優位　comparative advantage：ある財の機会費用に基づく生産者間の比較.
費用　cost：財を生産するために売り手が放棄しなければならないすべてのものの価値.
費用-便益分析　cost-benefit analysis：公共財の供給における社会的な費用と便益とを比較する研究.
比例税　proportional tax：高所得の納税者も低所得の納税者も所得の同じ割合を支払う税.
貧困ライン　poverty line：連邦政府が個々の家族規模に応じて設定した，それを下回るとその世帯は貧困であるとみなされる絶対的な水準.
貧困率　poverty rate：世帯所得が貧困ラインと呼ばれる絶対的な水準を下回る人口の比率.
ファイナンス　finance：人々が時間を通じて資源を配分し，リスクをコントロールするにあたってどのように意思決定を行うかを研究する学問.
ファンダメンタル分析　fundamental analysis：企業の会計報告書や将来の見通しから企業価値を決定する研究.
フィッシャー効果　Fisher effect：インフレ率の変化に対し，名目利子率の変化が1対1の関係で調整されること.
フィリップス曲線　Phillips curve：インフレ率と失業率の短期的なトレードオフ関係を示す曲線.
フェデラル・ファンド・レート　federal funds rate：銀行などが相互に翌日までの資金を貸し借りするときの利子率.
（法定）不換紙幣　fiat money：政府の宣言によって貨幣として用いられる本源的価値を持たない貨幣.
不況　depression：厳しい景気後退.
複利　compounding：銀行預金のように，稼いだ利子がそのまま口座に残り，将来さらに利子を稼ぐという形でお金の合計が蓄積されていくこと.
不足（超過需要）　shortage（excess demand）：需要量が供給量よりも多い状況.
物価スライド制　indexation：法律や契約により，インフレーションの影響に対して貨幣金額を自動的に修正すること.
物的資本　physical capital：財・サービスの生産に用いられる設備と建造物のストック.
負の所得税　negative income tax：高所得の家計から収入を得て低所得の家計に給付を与える税制.
部分準備銀行制度　fractional-reserve banking：銀行が預金の一部だけを準備として保有する銀行システム.
フリーライダー（ただ乗り）　free rider：ある財に対する対価を支払わずに，その便益だけを享受する人.
プリンシパル（依頼人）　principal：エージェント（代理人）と呼ばれる人物に自分のために行動してもらう人物.
フロー循環図　circular-flow diagram：家計と企業の間で，市場を通じてお金がどのように流れるかを示した視覚的な経済モデル.
分散　diversification：単一のリスクをそれよりも小さな複数のリスクに置き換えることでリスクを減少させること.
平均可変費用　average variable cost：可変費用を生産量で割ったもの.

平均固定費用　average fixed cost：固定費用を生産量で割ったもの.

平均収入　average revenue：総収入を販売量で割ったもの.

平均税率　average tax rate：支払われる総税額を総所得で割ったもの.

平均総費用　average total cost：総費用を生産量で割ったもの.

閉鎖経済　closed economy：外国の経済とお互いに取引が行われない経済.

貿易赤字　trade deficit：輸入が輸出を超過すること.

貿易黒字　trade surplus：輸出が輸入を超過すること.

貿易収支　trade balance：ある国の輸出額から輸入額を差し引いたもの．純輸出とも呼ばれる.

貿易収支均衡　balanced trade：輸出と輸入が等しい状況.

貿易政策　trade policy：ある国の財・サービスの輸出や輸入に直接的に影響を及ぼす政府の政策.

法定準備制度　reserve requirements：銀行が保有する預金に対して最低限積まなければいけない準備量に対する規制.

補完財　complements：片方の財の価格が上昇すると，もう片方の財の需要が減少する関係にある二つの財.

補償賃金格差　compensating differential：仕事の金銭以外の属性の違いを埋め合わせるために生じる賃金の格差.

マ行

マクシミン原則　maximin criterion：政府は社会において最も悪い状況にある人の福祉を最大化しようとするべきであるという主張.

マクロ経済学　macroeconomics：インフレーション，失業，経済成長など，経済全体に関わる現象を研究する学問.

摩擦的失業　frictional unemployment：労働者が自分たちの好みや熟練度に最も適合する職を探すのに時間がかかることによって発生する失業.

ミクロ経済学　microeconomics：家計や企業がどのように意思決定を行い，それらが相互にどのように関わりあうかを研究する学問.

民間貯蓄　private saving：家計の所得のうち，税金の支払いと消費に使ったあとに残る額.

無差別曲線　indifference curve：消費者の満足度を同じ水準に保つ消費の組合せを示す曲線.

明示的費用　explicit costs：企業からのお金の支出がある投入費用.

名目為替相場　nominal exchange rate：ある国の通貨を他の国の通貨と取引する際の相場.

名目 GDP　nominal GDP：その期の価格で評価した財・サービスの生産.

名目変数　nominal variables：貨幣単位で測られる変数.

名目利子率　nominal interest rate：インフレーションの影響を補正せずに日頃発表される利子率.

メニューコスト　menu costs：価格変更に伴うコスト.

モラルハザード（倫理の欠如）　moral hazard：完全に監視されていない個人が正直でなかったり他の望ましくない行動に走る傾向のこと.

ヤ行

輸出（品）　exports：国内で生産され，海外で販売される財・サービス.

輸入（品） imports：海外で生産され，国内で販売される財・サービス.
要求払い預金 demand deposits：預金者が（小切手を切るなどの方法で）すぐに利用できる銀行口座の残高.
予算制約線 budget constraint：消費者が購入できる消費の組合せの境界線.
余剰（超過供給） surplus（excess supply）：供給量が需要量よりも多い状況.

ラ行

ライフサイクル life cycle：一生を通した所得変化に関する通常のパターン.
ランダムウォーク random walk：ある変数の経路について，その変化が予測不可能なこと.
利潤 profit：総収入から総費用を差し引いたもの.
リスク回避 risk aversion：不確実性を嫌うこと.
リベラリズム（自由主義） liberalism：政府は「無知のベール」に包まれた公平な観察者に評価されるように，公正であるとみなされる政策を選択すべきであるという政治哲学.
流動性 liquidity：資産が経済の交換手段に変換される容易さ.
流動性選好理論 theory of liquidity preference：貨幣需要と貨幣供給が均衡するように利子率が調整されるというケインズの理論.
累進税 progressive tax：高所得の納税者のほうが低所得の納税者よりも税が所得に占める割合が大きい税.
劣等財 inferior good：他の条件が一定のときに，所得の増加によって需要量が減少する財.
レバレッジ leverage：既存資金を超えて投資するために借入金を用いること.
レバレッジ・レシオ leverage ratio：銀行資本に対する資産の割合.
連邦準備（制度） Federal Reserve, Fed：アメリカの中央銀行.
労働組合 union：賃金や労働条件について雇用主と交渉をする労働者の団体.
労働の限界生産物 marginal product of labor：労働を 1 単位追加することによる生産量の増加分.
労働力 labor force：雇用者数と失業者数をあわせた総労働者数.
労働力率 labor-force participation rate：成人人口に占める労働力の割合.

K E Y W O R D S

【a】

ability-to-pay principle →応能原則
absolute advantage →絶対優位
accounting profit →会計上の利潤
adverse selection →アドバース・セレクション（逆選択，逆淘汰）
agent →エージェント（代理人）
aggregate-demand curve →総需要曲線
aggregate-supply curve →総供給曲線
appreciation →増価
Arrow's impossibility theorem →アローの不可能性定理
automatic stabilizers →自動安定化装置
average fixed cost →平均固定費用
average revenue →平均収入
average tax rate →平均税率
average total cost →平均総費用
average variable cost →平均可変費用

【b】

balanced trade →貿易収支均衡
bank capital →銀行資本
behavioral economics →行動経済学
benefits principle →応益原則
bond →債券
budget constraint →予算制約線
budget deficit →財政赤字
budget surplus →財政黒字
business cycle →景気循環

【c】

capital flight →資本逃避
capital requirement →自己資本比率規制
capital →資本
cartel →カルテル
catch-up effect →キャッチアップ効果
central bank →中央銀行
circular-flow diagram →フロー循環図
classical dichotomy →古典派の二分法
closed economy →閉鎖経済
club goods →クラブ財
Coase theorem →コースの定理
collective bargaining →団体交渉
collusion →共謀
commodity money →商品貨幣
common resources →共有資源
comparative advantage →比較優位
compensating differential →補償賃金格差
competitive market →競争市場
complements →補完財
compounding →複利
Condorcet Paradox →コンドルセのパラドックス
constant returns to scale →規模に関して収穫一定
consumer price index，CPI →消費者物価指数
consumer surplus →消費者余剰
consumption →消費
core CPI →コア CPI
corrective tax →矯正税
cost →費用
cost-benefit analysis →費用-便益分析
cross-price elasticity of demand →需要の交差価格弾力性
crowding out →クラウディング・アウト
crowding-out effect →クラウディング・アウト効果
currency →通貨（現金通貨）

cyclical unemployment →循環的失業

【d】

deadweight loss →死荷重
demand curve →需要曲線
demand deposits →要求払い預金
demand schedule →需要表
depreciation →減価
depression →不況
diminishing marginal product →限界生産物逓減
diminishing returns →限界生産力逓減
discount rate →公定歩合
discouraged workers →意欲喪失労働者
discrimination →差別
diseconomies of scale →規模の不経済
diversification →分散
dominant strategy →支配戦略

【e】

economic profit →経済学上の利潤
economics →経済学
economies of scale →規模の経済
efficiency →効率（性）
efficiency wages →効率賃金
efficient markets hypothesis →効率市場仮説
efficient scale →効率的規模
elasticity →弾力性
equality →公平（性）
equilibrium →均衡
equilibrium price →均衡価格
equilibrium quantity →均衡取引量
excludability →排除可能性
explicit costs →明示的費用
exports →輸出（品）
externality →外部性

【f】

factors of production →生産要素
federal funds rate →フェデラル・ファンド・レート
Federal Reserve, Fed →連邦準備（制度）
fiat money →（法定）不換紙幣
finance →ファイナンス
financial intermediaries →金融仲介機関
financial markets →金融市場
financial system →金融システム
firm-specific risk →企業特殊リスク
fiscal policy →財政政策
Fisher effect →フィッシャー効果
fixed costs →固定費用
fractional-reserve banking →部分準備銀行制度
free rider →フリーライダー（ただ乗り）
frictional unemployment →摩擦的失業
fundamental analysis →ファンダメンタル分析
future value →将来価値

【g】

game theory →ゲーム理論
GDP deflator →GDPデフレーター
Giffen good →ギッフェン財
government purchases →政府支出
gross domestic product, GDP →国内総生産

【h】

horizontal equity →水平的公平
human capital →人的資本

【i】

implicit costs →潜在的費用
imports →輸入（品）
incentive →インセンティブ（誘因）
income effect →所得効果
income elasticity of demand →需要の所得弾力性
indexation →物価スライド制
indifference curve →無差別曲線
inferior good →劣等財
inflation →インフレーション（インフ

レ）
inflation rate →インフレ率
inflation tax →インフレ税
informational efficiency →情報の効率性
in-kind transfers →現物給付
internalizing the externality →外部性の内部化
investment →投資

【j】

job search →職探し

【l】

labor force →労働力
labor-force participation rate →労働力率
law of demand →需要法則
law of supply and demand →需要と供給の法則
law of supply →供給法則
leverage →レバレッジ
leverage ratio →レバレッジ・レシオ
liberalism →リベラリズム（自由主義）
libertarianism →自由至上主義（リバタリアニズム）
life cycle →ライフサイクル
liquidity →流動性
lump-sum tax →一括税

【m】

macroeconomics →マクロ経済学
marginal change →限界的な変化
marginal cost →限界費用
marginal product of labor →労働の限界生産物
marginal product →限界生産物
marginal rate of substitution →限界代替率
marginal revenue →限界収入
marginal tax rate →限界税率
market →市場
market economy →市場経済
market failure →市場の失敗
market for loanable funds →貸付資金市場
market power →市場支配力
market risk →市場リスク（マーケット・リスク）
maximin criterion →マクシミン原則
median voter theorem →中位投票者定理
medium of exchange →交換手段
menu costs →メニューコスト
microeconomics →ミクロ経済学
model of aggregate demand and aggregate supply →総需要と総供給のモデル
monetary neutrality →貨幣の中立性
monetary policy →金融政策
money multiplier →貨幣乗数
money supply →貨幣供給
money →貨幣
monopolistic competition →独占的競争
monopoly →独占（者）
moral hazard →モラルハザード（倫理の欠如）
multiplier effect →乗数効果
mutual fund →投資信託

【n】

Nash equilibrium →ナッシュ均衡
national saving（saving）→国民貯蓄（貯蓄）
natural level of output →自然産出量水準
natural monopoly →自然独占
natural-rate hypothesis →自然失業率仮説
natural rate of unemployment →自然失業率
natural resources →天然資源
negative income tax →負の所得税
net capital outflow →純資本流出
net exports →純輸出
nominal exchange rate →名目為替相場
nominal GDP →名目 GDP
nominal interest rate →名目利子率

nominal variables →名目変数
normal good →正常財
normative statements →規範的な主張

【o】

oligopoly →寡占
open economy →開放経済
open-market operations →公開市場操作
opportunity cost →機会費用

【p】

perfect complements →完全補完財
perfect substitutes →完全代替財
permanent income →恒常所得
Phillips curve →フィリップス曲線
physical capital →物的資本
political economy →政治経済学
positive statements →実証的な主張
poverty line →貧困ライン
poverty rate →貧困率
present value →現在価値
price ceiling →価格の上限（規制）
price discrimination →価格差別
price elasticity of demand →需要の価格弾力性
price elasticity of supply →供給の価格弾力性
price floor →価格の下限（規制）
principal →プリンシパル（依頼人）
prisoners' dilemma →囚人のジレンマ
private goods →私的財
private saving →民間貯蓄
producer price index →生産者物価指数
producer surplus →生産者余剰
production function →生産関数
production possibilities frontier →生産可能性フロンティア
productivity →生産性
profit →利潤
progressive tax →累進税
property rights →所有権
proportional tax →比例税
public goods →公共財
public saving →政府貯蓄
purchasing-power parity →購買力平価

【q】

quantity demanded →需要量
quantity equation →（貨幣）数量方程式
quantity supplied →供給量
quantity theory of money →貨幣数量説

【r】

random walk →ランダムウォーク
rational expectations →合理的期待
rational people →合理的な人々
real exchange rate →実質為替相場
real GDP →実質 GDP
real interest rate →実質利子率
real variables →実質変数
recession →景気後退
regressive tax →逆進税
reserve ratio →準備率
reserve requirements →法定準備制度
reserves →準備
risk aversion →リスク回避
rivalry in consumption →消費における競合性

【s】

sacrifice ratio →犠牲率
scarcity →希少性
screening →スクリーニング（振分け）
shoeleather costs →靴底（シューレザー）コスト
shortage（excess demand）→不足（超過需要）
signaling →シグナリング（情報発信）
social insurance →社会保険
stagflation →スタグフレーション
stock →株式
store of value →価値貯蔵手段
strike →ストライキ
structural unemployment →構造的失業

substitutes　→代替財
substitution effect　→代替効果
sunk cost　→サンクコスト（埋没費用）
supply curve　→供給曲線
supply schedule　→供給表
supply shock　→供給ショック
surplus（excess supply）　→余剰（超過供給）

【t】

tariff　→関税
tax incidence　→税の帰着
technological knowledge　→技術知識
theory of liquidity preference　→流動性選好理論
total cost　→総費用
total revenue　→総収入
trade balance　→貿易収支
trade deficit　→貿易赤字
trade policy　→貿易政策
trade surplus　→貿易黒字
Tragedy of the Commons　→共有地の悲劇
transaction costs　→取引費用

【u】

unemployment insurance　→失業保険
unemployment rate　→失業率
union　→労働組合
unit of account　→計算単位
utilitarianism　→功利主義
utility　→効用

【v】

value of the marginal product　→限界生産物の価値
variable costs　→可変費用
velocity of money　→貨幣の流通速度
vertical equity　→垂直的公平

【w】

welfare economics　→厚生経済学
welfare　→生活保護（生活扶助）
willingness to pay　→支払許容額
world price　→世界価格

(太字は脚注)

INDEX

ア行

カ行

サ 行

タ 行

マ 行

ヤ 行

ラ・ワ 行

著 者 紹 介

N·グレゴリー·マンキュー（N. Gregory Mankiw）

ハーバード大学経済学部ロバートM. ベレン教授．1958年生まれ．

学生時代はプリンストン大学とMITで経済学を学んだ．教師になってからは，マクロ経済学，ミクロ経済学，統計学，および経済学原理を教えた経験を持っている．一夏のことであったが，ロングビーチ島でヨットの指導員をしたこともある．

学術上および政策上の論争にも頻繁に参加している．彼の著作は，*American Economic Review, Journal of Political Economy, Quarterly Journal of Economics* などの学術誌に掲載されてきたし，より一般向けの *New York Times* 紙や *Wall Street Journal* 紙などのオピニオン欄にも載せられてきた．ベストセラーとなった中級教科書『マンキュー　マクロ経済学』（Worth社，邦訳は東洋経済新報社）の著者でもある．通常の教育と研究および著述に加えて，全米経済研究所（NBER）の研究員，（連邦）議会予算局やボストンおよびニューヨーク連邦準備銀行の顧問，ETS（TOEFLやTOEICなどの実施機関）の経済学上級試験の開発委員なども務めてきた．

また，2003年から2005年にかけて，大統領経済諮問委員会（CEA）の委員長でもあった．

マサチューセッツ州ウェルズリー市に，妻であるデボラと3人の子ども，キャサリン，ニコラス，ピーター，そしてボーダーテリア犬のトービンとともに住んでいる．

訳　者　紹　介

足立英之（あだち　ひでゆき）
1940年広島県生まれ．1963年神戸大学経済学部卒業．1970年ロチェスター大学 Ph.D. 神戸大学名誉教授．尾道市立大学名誉教授．

石川城太（いしかわ　じょうた）
1960年千葉県生まれ．1983年一橋大学経済学部卒業．1990年ウェスタン・オンタリオ大学 Ph.D. 現在，一橋大学大学院経済学研究科教授．

小川英治（おがわ　えいじ）
1957年北海道生まれ．1986年一橋大学大学院商学研究科博士課程単位取得．一橋大学博士（商学）．現在，一橋大学大学院経営管理研究科教授．

地主敏樹（ぢぬし　としき）
1959年兵庫県生まれ．1981年神戸大学経済学部卒業．1989年ハーバード大学 Ph.D. 現在，関西大学総合情報学部教授．神戸大学名誉教授．

中馬宏之（ちゅうま　ひろゆき）
1951年生まれ．1975年一橋大学経済学部卒業．1984年ニューヨーク州立大学 Ph.D. 現在，成城大学社会イノベーション学部教授．一橋大学名誉教授．

柳川　隆（やながわ　たかし）
1959年大阪府生まれ．1984年香川大学経済学部卒業．1993年ノースカロライナ大学 Ph.D. 現在，神戸大学先端融合研究環教授．

マンキュー経済学 I　ミクロ編（第４版）
2019 年 10 月 10 日　第 1 刷発行
2020 年 2 月 24 日　第 2 刷発行

著　者――N・グレゴリー・マンキュー
訳　者――足立英之／石川城太／小川英治／地主敏樹／中馬宏之／柳川　隆
発行者――駒橋憲一
発行所――東洋経済新報社
〒103-8345　東京都中央区日本橋本石町 1-2-1
電話＝東洋経済コールセンター　03(6386)1040
https://toyokeizai.net/

装　丁…………吉住郷司
印　刷…………東港出版印刷
製　本…………積信堂
編集担当………茅根恭子
Printed in Japan　　ISBN 978-4-492-31519-4

第Ⅴ部　**企業行動と産業組織**

第13章　生産の費用
第14章　競争市場における企業
→ ⑨企業の理論は，競争市場における供給行動の裏側にあるさまざまな意思決定を解明する．

第15章　独占
第16章　独占的競争
第17章　寡占
→ ⑩市場支配力を持つ企業は，市場のもたらす資源配分を非効率的にしかねない．

第Ⅵ部　**労働市場の経済学**

第18章　生産要素市場
第19章　勤労所得と差別
第20章　所得不平等と貧困
→ ⑪多くの人々が所得の大半を稼いでいる労働市場の特徴を分析する．

第Ⅶ部　**より進んだ話題**

第21章　消費者選択の理論
第22章　ミクロ経済学のフロンティア
→ ⑫ミクロ経済学に関する追加的なトピックスとして，家計の意思決定，非対称情報，政治経済学および行動経済学を説明する．

マンキュー経済学Ⅱ　マクロ編（第4版）

★は入門経済学所収

第Ⅰ部　**イントロダクション**

★第1章　経済学の十大原理
★第2章　経済学者らしく考える
★第3章　相互依存と交易（貿易）からの利益
★第4章　市場における需要と供給の作用

第Ⅱ部　**マクロ経済学のデータ**

★第5章　国民所得の測定
★第6章　生計費の測定
→ ⑬経済全体の推移を観察するには，経済全体の生産量および一般的な物価水準が用いられる．

第Ⅲ部　**長期の実物経済**

★第7章　生産と成長
★第8章　貯蓄，投資と金融システム
第9章　ファイナンスの基本的な分析手法
第10章　失業
→ ⑭GDP成長率，貯蓄と投資，実質利子率や失業など，主要な実質変数の長期的な決定要因を説明する．

第Ⅳ部　**長期における貨幣と価格**

第11章　貨幣システム
第12章　貨幣量の成長とインフレーション
→ ⑮物価水準やインフレ率などの名目変数の長期的な決定に重要な役割を果たす貨幣システムについて説明する．

第Ⅴ部　**開放経済のマクロ経済学**

★第13章　開放マクロ経済学：基本的概念
→ ⑯貿易収支や純対外投資，および為替レートをみることで，ある国の他国との経済的相互作用が説明できる．

第14章　開放経済のマクロ経済理論
→ ⑰貿易収支や実質為替レートなどといった実質変数の決定要因である開放経済の長期モデルについて説明する．

第Ⅵ部　**短期の経済変動**

★第15章　総需要と総供給
第16章　総需要に対する金融・財政政策の影響
第17章　インフレ率と失業率の短期的トレードオフ関係
→ ⑱総需要－総供給モデルを使って，短期の経済変動，金融財政政策の短期的効果，さまざまな実質変数と名目変数との間の短期的なつながりについて説明する．

第Ⅶ部　**おわりに**

第18章　マクロ経済政策に関する六つの論争
→ ⑲経済政策に関する主要な六つの論争に関して，両サイドの主張を提示する．